ЧЕЛОВѢКЪ

КАКЪ

ПРЕДМЕТЪ ВОСПИТАНІЯ.

ТОМЪ ВТОРОЙ.

ЧЕЛОВѢКЪ

КАКЪ

ПРЕДМЕТЪ ВОСПИТАНІЯ.

ОПЫТЪ ПЕДАГОГИЧЕСКОЙ АНТРОПОЛОГІИ

КОНСТАНТИНА УШИНСКАГО.

ИЗДАНІЕ ВТОРОЕ.

ТОМЪ ВТОРОЙ.

С.-ПЕТЕРБУРГЪ
Типографія А. М. Котомина, на углу Большой Морск. и Невск. д. № 18.
1871.

ОТЛАВЛЕНІЕ.

ПРЕДИСЛОВІЕ

КО ВТОРОМУ ТОМУ.

Въ предисловіи къ *первому* тому „Антропологіи" я выразилъ надежду помѣстить во *второмъ* не только анализъ процессовъ *чувствованія* и *воли*, но анализъ и тѣхъ духовныхъ особенностей, которыя составляютъ отличительную черту психической жизни человѣка. Однако же эта надежда, какъ видитъ читатель, не вполнѣ осуществилась и во второмъ томѣ исполнена только первая половина задачи. Это произошло отчасти отъ нездоровья, а отчасти отъ того, что изложеніе явленій *чувствованія* и *воли* заняло болѣе мѣста, чѣмъ я ожидалъ. Я конечно могъ бы и не издавать въ свѣтъ этого тома, пока не окончилъ бы всего труда; но, зная, что нѣкоторые изъ педагоговъ уже начали пользоваться моею книгою при преподаваніи педагогики, я желалъ выдать поскорѣе хоть то, что готово.

Читатели, познакомившіеся уже съ первымъ томомъ „Антропологіи", найдутъ, можетъ быть, что изложеніе второго не вполнѣ соотвѣтствуетъ первому, что въ немъ менѣе точности и опредѣленности; но это уже зависитъ отъ самаго свойства предметовъ и ихъ предварительной обработки. Явленія чувствованія и воли, какъ извѣстно всякому, кто знакомъ съ психологической литературой, разработаны гораздо менѣе, чѣмъ явленія сознанія. Неопредѣленность, неясность, шаткость наблюденій, противорѣчіе въ мнѣніяхъ — составляютъ отличительную черту этихъ главъ во всѣхъ психологическихъ курсахъ. Можетъ быть, читатель, знакомый съ литературой этого отдѣла психологіи, найдетъ даже, что въ нашемъ трудѣ онъ сдѣлалъ нѣкоторые успѣхи.

Самый способъ изслѣдованія явленій и во второмъ томѣ остался прежній; ибо я признаю его единственно раціональнымъ. Но изъ критическихъ разборовъ, вызванныхъ первымъ томомъ, можно было убѣдиться, что способъ этотъ не вполнѣ понятъ, и въ этомъ нѣтъ ничего удивительнаго. Въ психологіи такъ всѣ привыкли строить теоріи, а не изучать факты и, отправляясь отъ какого нибудь прежде установившагося міросозерцанія, выдвигать впередъ тѣ психическія явленія, которыя подходятъ подъ такое міросозерцаніе, упрямо отворачиваясь отъ другихъ, которыя могли бы его смутить, что я нисколько не удивился, узнавъ, что одни причисляютъ мои воззрѣнія къ идеалистическимъ, другіе къ матеріалистическимъ, а третьи упрекаютъ въ противорѣчіи самому себѣ. Это я предвидѣлъ и въ предисловіи къ первому тому. Никто не захотѣлъ критиковать мой трудъ только на основаніи выставленныхъ въ немъ фактовъ, т. е. на единственномъ основаніи, на которомъ онъ можетъ быть критикованъ. Видя въ духѣ точно такую же необходимую гипотезу, сосредоточивающую міръ психическихъ явленій, какъ и въ матеріи другую гипотезу, сосредоточивающую міръ явленій физическихъ, я не придаю никакого значенія тому, назовутъ-ли меня матеріалистомъ, или идеалистомъ. Я просто беру психическія явленія, всѣмъ знакомыя, какъ результаты самонаблюденій и внутренняго опыта человѣка, анализирую ихъ, группирую, и если гдѣ ставлю гипотезу, то нигдѣ не прикрываю ее.

Психологія такъ долго находилась въ зависимости отъ философіи, что нельзя ожидать, чтобы взглядъ на нее, какъ на науку, не имѣющую ничего общаго съ философскими умозрѣніями, какъ на науку наблюденія и опыта, установился скоро—установился не только въ заглавіи психологическихъ теорій, гдѣ онъ давно уже заявляетъ себя, но и на самомъ дѣлѣ. Я можетъ быть поступилъ дурно, не выяснивъ прежде отношенія моей психологіи къ философіи, которая въ настоящее время, послѣ погрома гегелевской системы, представляетъ однѣ развалины. Но этимъ выясненіемъ отношенія психологіи къ философіи мнѣ будетъ всего удобнѣе заняться въ предисловіи къ третьему тому, такъ-какъ въ третьемъ томѣ отношеніе это уже само собою установится.

Теперь же скажу только мимоходомъ, для удаленія дальнѣйшихъ недоразумѣній, что, по моему убѣжденію, въ настоящее время и сама философія можетъ явиться только посредницею между психологіею и науками природы. Въ настоящее время возможна только такая философія, которая основывала бы постройку научнаго міросозерцанія, съ одной стороны, на фактахъ, добытыхъ психическимъ самонаблюденіемъ, а съ другой—на фактахъ, добытыхъ наблюденіемъ надъ внѣшнею для человѣка природою. Другой философіи

Въ *третьемъ* томѣ я надѣюсь помѣстить окончаніе „Антропологіи“ и педогогическія приложенія, изъ нея выведенныя. Эти педагогическія приложенія должны, по моему плану, составить сжатый учебникъ педагогики; но такой учебникъ, котораго никакъ нельзя было бы заучивать. Этого въ особенности я хочу потому, что считаю заучиванье всякихъ педагогическихъ учебниковъ не только безполезною, но даже вредною тратою времени. Если воспитатель хорошо познакомится съ законами человѣческой природы, на сколько они намъ извѣстны, то для него достаточно здраваго разсудка, чтобы оцѣнить ту или другую педагогическую мѣру, тотъ или другой педагогическій пріемъ; а этихъ мѣръ и пріемовъ безчисленное множество, ибо каждый данный дѣйствительный случай непремѣнно видоизмѣняетъ всякій пріемъ и всякую мѣру.

К. Ушинскій.

20 марта 1869 г.

въ настоящее время—я не понимаю. Если основать философію на однихъ психическихъ фактахъ, то выйдетъ самый туманный и неопредѣленный идеализмъ; если основать ее на однихъ, извѣстныхъ намъ, фактахъ внѣшней природы,—какъ это дѣлаетъ такъ называемая *позитивная* философія,—то выйдетъ какъ разъ столько же туманный и столько же неопредѣленный матеріализмъ; но въ обоихъ случаяхъ откроется обширное поле человѣческой фантазіи, оцѣнка которой возможна уже на основаніи правилъ поэзіи или реторики, а не основаніяхъ науки. Отправляясь отъ *идеальнаго* воззрѣнія Гегеля и отъ *позитивной* философіи Конта, какъ бы забывшей самое существованіе психическихъ явленій, мыслитель одинаково удаляется отъ дѣйствительнаго знанія и попадаетъ уже въ міръ фантастическихъ построекъ, гдѣ величественнѣйшіе дворцы выстраиваются очень легко и скоро именно потому, что это дворцы карточные.

Сохраняя за собою право въ *третьемъ* томѣ выяснить отношеніе моей книги къ различнымъ физическимъ и психическимъ теоріямъ, я предоставляю этотъ *второй* томъ здравому смыслу читателя, и прошу его, не навязывая мнѣ никакихъ предвзятыхъ міросозерцаній, критиковать меня единственно съ фактической стороны. вѣрны ли тѣ факты, изъ которыхъ я дѣлаю выводъ, и соотвѣтствуетъ-ли выводъ факту. Если при анализѣ фактовъ я наталкиваюсь на противорѣчія, которыхъ нельзя объяснить, то стараюсь самъ указать на нихъ читателю. Я считаю это лучшимъ, чѣмъ прикрывать ихъ какою-нибудь туманною гипотезою и выдавать эту гипотезу за глубокомысленный выводъ. Неужели игра въ гипотезы (эта игра въ философскія жмурки) не надоѣла наконецъ человѣку? Не гораздо-ли лучше сказать себѣ простое „не знаю", чѣмъ обманывать и себя и другихъ?

Объ одномъ только я прошу читателя: я прошу его помнить, что психическій фактъ, который онъ сознаетъ совершающимся въ самомъ себѣ, точно такой же несомнѣнный фактъ, какъ и фактъ какой бы то ни было точной науки. Замѣчая въ себѣ такой фактъ, всякій изъ насъ можетъ быть увѣренъ, что онъ одинаково повторяется въ мильонахъ подобныхъ намъ существъ, и что потому онъ и можетъ быть изучаемъ, и достоинъ самаго внимательнаго изученія. Неразумное забвеніе самаго существованія огромной сферы психологическихъ фактовъ влечетъ теперь въ крайность противоположную той, въ которую еще недавно увлекалось мышленіе, остановившееся на однихъ психическихъ явленіяхъ и смотрѣвшее сквозь призму ихъ на весь внѣшній міръ.

ЧЕЛОВѢКЪ КАКЪ ПРЕДМЕТЪ ВОСПИТАНІЯ.

ПЕДАГОГИЧЕСКАЯ АНТРОПОЛОГІЯ.

ЧАСТЬ II.

ГЛАВА I.

О чувствованіяхъ вообще: вступленіе.

1. Въ первомъ томѣ нашей «Антропологіи» мы окончили описаніе явленій сознавательнаго процесса и, начавъ съ простѣйшихъ явленій ощущенія, дошли послѣдовательно до образованія понятій. Но всякій изъ насъ испытываетъ, что душа наша не остается равнодушною ко всѣмъ этимъ, ея же собственнымъ актамъ, что на одни ощущенія и сочетанія ощущеній она отвѣчаетъ очень часто (если не всегда) удовольствіемъ, радостью, любовью, желаніемъ, а на другія—неудовольствіемъ, печалью, гнѣвомъ, или отвращеніемъ. Такимъ образомъ, въ душевномъ мірѣ открываются намъ новыя, доселѣ нами еще нетронутыя явленія.

2. Что эти *внутреннія волненія души* (назовемъ ихъ покуда хоть такъ) не одно и то-же съ тѣми ощущеніями, которыми они вызываются, въ этомъ не трудно убѣдиться самымъ простымъ наблюденіемъ. Если какое-нибудь пріятное ощущеніе прекратилось противъ нашей воли, то мы испытываемъ неудовольствіе, а иногда и желаніе, чтобы ощущеніе это опять продолжалось. Ощущать намъ болѣе нечего, ибо ощущеніе прекратилось, и мы именно испытываемъ неудовольствіе, потому что ощущенія этого нѣтъ. Слѣдовательно, между ощущеніемъ и тѣмъ чувствомъ, которое вызвано въ насъ его прекращеніемъ, есть существенная разница. Точно также, по прекращеніи какого-нибудь непріятнаго или болѣзненнаго ощущенія, мы чувствуемъ пріятное облегченіе, тогда какъ ощущенія уже собственно нѣтъ. «Мы можемъ легко, какъ гово-

ритъ Фрисъ, вообразить себѣ существо, представленія котораго о вещахъ даже вообще не сопровождаются никакимъ чувствомъ удовольствія или неудовольствія, въ которомъ нѣтъ никакой оцѣнки достоинства или недостатка вещей» [1]).

3. Несоизмѣримость ощущенія съ сопровождающими его душевными волненіями подмѣчается очень ясно при сліяніи различныхъ волненій этого рода съ однимъ и тѣмъ же ощущеніемъ. Такъ, напримѣръ, ощущеніе одного и того-же вкуса можетъ быть для меня сегодня пріятнымъ, а завтра непріятнымъ, хотя при этомъ я ясно сознаю, что мною испытывается одинъ и тотъ-же вкусъ. Одно и тоже представленіе можетъ утромъ меня разсмѣшить, вечеромъ разсердить, сегодня возбудить во мнѣ пріятныя надежды, а завтра страхъ или гнѣвъ. Слѣдовательно, въ обоихъ этихъ случаяхъ ощущенія и сочетаніе ощущеній, т. е. представленія, остаются неизмѣнными и эту ихъ тождественность я ясно сознаю; но душа моя отзывается въ разное время различно на эти тождественныя ощущенія и представленія. Изъ этого мы логически можемъ вывести, что подобные разнообразные отзывы души на ея же собственныя ощущенія и представленія должны составить для насъ особый классъ явленій, извѣстныхъ подъ общимъ именемъ *чувствъ* и *желаній*.

4. Къ сожалѣнію, слово *чувство* употребляется въ нашемъ языкѣ (да и не въ одномъ нашемъ) безразлично, какъ для чувства слуха, зрѣнія, обонянія и т. д., такъ и для тѣхъ внутреннихъ чувствъ души, которыми она отзывается на эти внѣшнія ощущенія и сочетанія, изъ нихъ составляемыя [2]). Эта общность названія для психическихъ явленій совершенно различнаго рода имѣетъ только то основаніе, что какъ тѣ, такъ и другія могутъ быть названы актами души; но, тѣмъ не менѣе, каждый изъ насъ слишкомъ ясно сознаетъ различіе между этими актами для того, чтобы смѣшать ихъ подъ однимъ общимъ названіемъ. Одни изъ этихъ актовъ суть прямые отзывы души на внѣшнія впечатлѣнія, и эти отзывы души мы назвали ощущеніями; а вторые суть уже отзывы души на самыя ощущенія, и мы предлагаемъ, въ отличіе отъ чувствъ, назвать ихъ *чувствованіями*. Слово это старинное, книжное, но для нашей цѣли оно уже тѣмъ хорошо, что неудобно сказать—*чувствованіе слуха, чувствованіе зрѣнія* и т. д. [3]). Такимъ образомъ слово *чув-*

---

[1]) Fries, T. I, S. 40. Это справедливо; но добавленіе Фриса, что, на оборотъ, чувствованіе безъ представленія невозможно, совершенно несправедливо, какъ мы увидимъ ниже.

[2]) «Слово чувство (sentiment, Gefühl), говоритъ Миллеръ, имѣетъ столько различныхъ значеній въ разговорномъ языкѣ и даже въ психологіи, что нельзя опредѣлить, которое изъ нихъ настоящее». (Man. de phys. p. 511). О различномъ и неправильномъ употребленіи слова чувство (The feeling) въ англійскомъ языкѣ см. у Миля (Mill's Logic. B. I, ch. III, p. 54).

[3]) На путаницу психическихъ терминовъ въ подобномъ случаѣ жалуются

ство будетъ для насъ общимъ генерическимъ названіемъ, какъ для *ощущеній*, которыми душа наша отзывается на внѣшнія впечатлѣнія, такъ и для *чувствованій*, которыми она отзывается на собственныя же ощущенія. Если же *чувствованія* мы будемъ иногда называть *чувствами внутренними* или *душевными*, то не потому, чтобы мы признавали ощущеніе чѣмъ-то внѣшнимъ для души. Мы видѣли, что и ощущенія суть собственные акты души [1]). Но чувствованія, если можно такъ выразиться, будутъ еще родственнѣе для души, чѣмъ ощущенія [2]). Въ чувствованіяхъ выражается субъективное отношеніе души къ ощущеніямъ, причиною которыхъ является внѣшній міръ, дѣйствующій на насъ чрезъ посредство органовъ внѣшнихъ чувствъ. Это отзывы души на ея же собственныя ощущенія, по выраженію Миля. Чувствованія неотдѣлимѣе отъ души, чѣмъ ощущенія, и ихъ-то именно человѣкъ не можетъ сообщить другому человѣку. Еще Кантъ замѣтилъ, что человѣкъ можетъ сойтись съ другимъ человѣкомъ въ томъ, что сахаръ сладокъ, а щавель киселъ; но не сойдется въ томъ, что кислое можетъ одному нравиться, а другому быть противно, и латинская поговорка de gustibus non disputandum относится именно къ чувствованіямъ, а не къ ощущеніямъ [3]).

4. Такая особенная *задушевность* или субъективность чувствованій не допускаетъ ихъ полнаго и яснаго выраженія въ представленіяхъ,

---

почти всѣ психологи. Такъ напр. Вайтцъ (Lehrbuch der Psychologie, S. 287) сваливаетъ на эту путаницу даже темноту психологическихъ теорій. Это обвиненіе кажется намъ несправедливымъ, ибо теорія должна вносить научную систему въ языкъ, какъ это дѣлаютъ, напр., естественныя науки; и не языкъ виноватъ, если многіе психологи при опредѣленіи чувствованій довольствуются еще темною фразою Гегеля: «Das dumpfe Weben des Geistes in sich». Опредѣляя такъ психическія явленія, нельзя сваливать на языкъ темноту нашихъ психическихъ понятій.

[1]) Пед. Антр. т. I, гл. X. п. 12.

[2]) «Говоря философски, говоритъ Дж. Ст. Миль, всѣ ощущенія суть состоянія души, а не состоянія тѣла (и потому нельзя раздѣлять чувствъ на тѣлесныя и душевныя). Если же ощущенія (sensations) называются тѣлесными чувствованіями, то только какъ такой разрядъ чувствъ, который производится непосредственно состояніями тѣла, тогда какъ другаго рода чувства, мысли наприм. и душевныя движенія (emotions) возбуждаются не непосредственно какими-либо дѣйствіями на тѣлесные органы, но уже ощущеніями или прежними мыслями». Mill's Logic. B. I. Ch. III. p. 51. Очень здравый взглядъ; жаль только, что Миль тутъ же не отдѣлилъ чувствованій отъ мыслей.

[3]) Antropologie § 67. Тоже почти у Beneke. Lehrbuch der Psych. § 238. Waitz. Lehrbuch der Psych. S. 272. Тоже у Декарта Les passions de l'ame. Art. 29.

такъ-что между нашими представленіями и нашими чувствованіями существуетъ, по замѣчанію Гербарта, нѣкоторая несоизмѣримость, и мы «въ нашихъ представленіяхъ не можемъ выразить всего, что въ насъ происходитъ» [1]). Это отношеніе чувствованій къ нашимъ представленіямъ было, безъ сомнѣнія, одною изъ причинъ того, что мы и до сихъ поръ не имѣемъ даже сколько-нибудь полнаго и систематическаго перечисленія этихъ важныхъ и характеристическихъ душевныхъ явленій имѣющихъ такое громадное значеніе для эстетика, юриста, политика и педагога. Даже въ отношеніи *интеллектуальныхъ*, или *формальныхъ* чувствъ, каковы удивленіе, недоумѣніе, сомнѣніе и т. п., наиболѣе удавшихся гербартовской теоріи, Вайтцъ находится вынужденнымъ сказать, что «психологія не такъ далеко ушла, чтобы даже перечислить ихъ вполнѣ» [2]). Декартъ свою книгу «О страстяхъ», подъ которыми онъ наиболѣе разумѣлъ чувствованія, начинаетъ жалобою на классическихъ писателей древности, что они ничего не сдѣлали для изученія столь интереснаго, важнаго и *не особенно труднаго* предмета, «такъ-какъ всякій можетъ наблюдать чувствованія (les passions) въ самомъ себѣ» [3]). Но, подъ конецъ своей книги самъ Декартъ, кажется, убѣдился, что это изученіе не такъ легко, какимъ оно показалось ему съ перваго взгляда. Замѣчательно, что Спиноза свое изложеніе теоріи чувствованій и желаній начинаетъ такою же жалобою на Декарта [4]). Лучшимъ же доказательствомъ трудности этого отдѣла психологіи служитъ то, что, не смотря на послѣдовательные труды многихъ психологовъ Англіи и Германіи, отдѣлъ чувствованій и доселѣ остается гораздо темнѣе того, въ которомъ излагается процессъ сознаванія. Послѣдній англійскій психологъ Бэнъ приходитъ также въ большое затрудненіе по поводу перечисленія чувствованій [5]) и вынужденъ даже предположить возможность чувствованій до того индивидуальныхъ, что «они никогда не могутъ сдѣлаться извѣстными всему человѣчеству» [6]).

5. Мы не будемъ вдаваться здѣсь въ подробную исторію этого отдѣла психологіи; но не можемъ однако-же не указать на *три главныя теоріи*, старающіяся, каждая съ своей точки зрѣнія, объяснить появленіе чувствованій въ душѣ. Изъ критическаго разбора этихъ теорій возникъ и тотъ взглядъ, который мы сами хотимъ предложить читателю, а потому этотъ взглядъ будетъ понятнѣе, когда мы объяснимъ его исторію [7]). Первую изъ этихъ трехъ теорій мы можемъ назвать *физіоло-*

[1]) Herbart. Lehrbuch der Psych. § 95. См. также у Waitz'a § 31., S. 298.

[2]) Waitz. Lehrbuch der Psych. § 32. S. 302.

[3]) Les passions de l'ame. Art.

[4]) Spinoza. Eth. P. III.

[5]) The Emotion and the Will, p. 27.

[6]) Ibid. p. 90.

[7]) Критика уже успѣла упрекнуть насъ въ томъ, что мы разбираемъ критически различныя психологическія теоріи. (Журн. министр. народ-

гическою, вторую *механическою*, а третью, пожалуй, хоть—*философскою*. Представителями первой, *физiологической*, будутъ для насъ Декартъ и Мальбраншъ—съ одной стороны, и Бэнъ—съ другой. Представителями второй, т. е. *механической* теорiи—Гербартъ и его, болѣе или менѣе, вѣрные и сознательные послѣдователи: Дробишъ, Вайцъ, Бенеке. Представителями *философской* теорiи—Спиноза, Гегель, Эрдманъ, Розенкранцъ, Шопенгауеръ, въ новѣйшее время: Фортлаге, Браубахъ, Фихте (младшiй).

ГЛАВА II.

Физiологическая теорiя чувствованiй.

1. Страннымъ можетъ показаться, что именно Декартъ, признаваемый обыкновенно родоначальникомъ новаго идеализма, совпадаетъ въ объясненiи чувствованiй и желанiй съ писателями матерiалистическаго направленiя. Но эта странность объясняется тѣмъ, что Декартъ, какъ философъ по преимуществу, какъ человѣкъ, привыкшiй жить болѣе головою, чѣмъ сердцемъ, ставитъ идею и вообще сознавательный процессъ вездѣ на первый планъ: видитъ въ способности познаванiя единственную духовную способность и назначаетъ чувствованiямъ и желанiямъ (или, по его выраженiю, вообще страстямъ) самую подчиненную роль. Страсти, по убѣжденiю Декарта, служатъ для укрѣпленiя въ душѣ представленiй, которыя безъ этого скоро бы исчезли [1]. Замѣчательно, что и Кантъ, этотъ человѣкъ почти превратившiйся въ одно мышленiе, смотритъ еще презрительнѣе на чувствованiя и страсти и видитъ въ нихъ почти-что враговъ независимости человѣческой мысли [2].

2. Безъ сомнѣнiя, замѣчанiе Декарта не лишено справедливости, и представленiя наши, пропитанныя чувствованiями, или, по выраженiю Бенеке, «аффективные образы», оставляютъ по самой своей аффектности прочнѣйшiй слѣдъ въ душѣ, чѣмъ тѣ, къ которымъ мы относимся безразлично. Но мы полагаемъ, что человѣкъ, не увлеченный односторонностью умственной работы и знающiй самъ по себѣ, что такое *жизнь сердца*, согласится съ нами, что видѣть въ нашихъ горестяхъ и радостяхъ, въ нашихъ наслажденiяхъ и страданiяхъ, въ гнѣвѣ, любви и отчаянiи только дидактическiе прiемы природы для укрѣпленiя въ нашей

просвѣщенiя за 1868 годъ, май, статья г. Владиславлева). Этихъ теорiй будто бы не знаютъ наши педагоги, а потому и не могутъ ими интересоваться. Мы же думаемъ, что не имѣемъ права не показать нашимъ читателямъ, почему беремъ ту, а не другую теорiю, и почему, признавая во взятой нами теорiи одно, измѣняемъ или отвергаемъ другое. Къ этому обязываемся мы требованiями науки и требованiями литературной честности.

[1]) Les passions da l'ame. Art. 74.

[2]) Kant's Antr. §§ 73 и 74.

памяти тѣхъ или другихъ представленій и идей, значитъ превращать человѣка въ какую то думающую машину. Если мы думаемъ не для того только, чтобы любить и ненавидѣть, то, безъ сомнѣнія, не для того же любимъ и ненавидимъ, чтобы думать. Этотъ сухой, безчувственный взглядъ на человѣка отзывается нестерпимою гордостью философа, воображающаго, что онъ одинъ только живетъ, какъ слѣдуетъ, т. е. головою. При этомъ случаѣ мы должны отдать справедливость Гегелю, что онъ гораздо лучше, чѣмъ Кантъ, оцѣнилъ важное значеніе страстей въ человѣческой жизни и призналъ, что безъ страсти ничего великаго сдѣлано быть не можетъ [1]). Да развѣ самъ Кантъ не можетъ служить лучшимъ примѣромъ безграничной страсти увлеченія?

3. При такомъ философско-аскетическомъ взглядѣ на *чувствованія* не удивительно, что идеалистъ Декартъ, обезпечивъ за идеей и разумомъ право духовности, не затрудняется приписать причину чувствованій, желаній и страстей особеннаго рода невидимымъ *животнымъ газамъ* (les esprits animaux) [2]), совершенно матеріальнаго происхожденія, такъ какъ, по мнѣнію Декарта, они вырабатываются изъ пищи [3]), а послѣдователь Декарта, Малебраншъ, прямо говоритъ о ихъ выдѣленіи изъ крови [4]). По мнѣнію Декарта газы эти или «нѣкотораго рода воздухъ» (un certain air ou vent), заключаются въ полости мозга и проходятъ въ нервахъ, и движеніями этихъ-то газовъ производятся, поддерживаются и укрѣпляются страсти [5]). Движеніе нервныхъ газовъ сообщается маленькой железѣ, находящейся внутри мозга, которая и есть мѣстопребываніе души [6]). Такимъ образомъ любовь, наприм. есть душевное движеніе (emotion), производимое движеніями газовъ, возбуждающихъ душу стремиться къ соединенію съ предметомъ, который ей кажется соотвѣтствующимъ [7]), а желаніе есть «волненіе души, производимое газами, которые располагаютъ ее хотѣть въ будущемъ вещей, кажущихся ей пріятными» [8]).

4. Эти *животные газы* и *мозговая железа*, какъ мѣстопребываніе души, звучатъ теперь для насъ нѣсколько странно. Мы нуждаемся въ

---

[1]) Hegel's Philos. des Geistes. II-e Abth. § 474.

[2]) Descart. Les passions de l'ame, art. 7.

[3]) Ibid. art. 98.

[4]) Oeuvres de Malebr. 1854. Th. II. p. 122.

[5]) Descart. art. 31, 37, 46.

[6]) Ibid. art. 31, 51.

[7]) Ibid. art. 86.

[8]) Ошибочно было бы думать однако, что *Декартъ* положилъ основаніе физіологическому взгляду на чувствованія и страсти. Этотъ взглядъ существовалъ до Аристотеля. Разбирая предшествовавшія ему психологическія теоріи, Аристот. говоритъ: «одни говорятъ о гнѣвѣ, что это есть желаніе прекращенія страданій, а другіе, что это есть кипѣніе крови, обливающей сердце». (De Anima. L. I. c. I). Слѣдов., Декартъ только развилъ подобное же воззрѣніе на чувствованія и страсти.

болѣе тонкихъ выраженіяхъ. Намъ трудно помириться даже съ *нервными токами* Бэна и *психо-физическими* движеніями Фехнера; мы требуемъ еще болѣе неуловимыхъ и туманныхъ фразъ, въ родѣ *функцій нервнаго организма* и т. п. Но вѣдь въ сущности это все одно и тоже—одно и тоже незнаніе. Декартъ также произвольно изобрѣтаетъ свои животные газы, какъ Бэнъ свои токи, Фехнеръ свои психо-физическія движенія, а Фохтъ свои мыслительныя функціи мозга. Не будемъ же очень строги къ Декарту за то, что онъ обманывалъ себя не тѣми фразами, которыми мы теперь себя обманываемъ. Древніе, по свидѣтельству Аристотеля, обманывали себя еще болѣе грубыми физіологическими объясненіями чувствъ. Всякій вѣкъ имѣетъ свою собственную моду въ пополненіи пробѣловъ въ своихъ знаніяхъ. Мы увидимъ даже, что декартовская гипотеза имѣетъ отчасти вѣрное основаніе и что если бы Гербартъ и его послѣдователи взглянули на чувствованія также и съ точки зрѣнія Декарта, то избѣжали бы другой крайности.

5. Что для Декарта его *животные газы*, то для Бэна его *нервные токи*, разнообразными движеніями которыхъ по нервной системѣ онъ старается разъяснить различнаго рода душевныя движенія (emotions—тоже, что мы называли чувствованіями) и даже прямо называетъ эти токи *эмоціональными токами* [1]). Но не даромъ для психологіи прошло два столѣтія послѣ Декарта; не даромъ трудились надъ нею такія лица, какъ Локкъ, Ридъ, Броунъ, и другіе. Бэнъ видитъ уже невозможность объяснять движеніями токовъ всѣ явленія чувствованій; онъ только ставитъ послѣднія въ зависимости отъ первыхъ, но и при этомъ ограниченіи идетъ гораздо далѣе того, чѣмъ допускаютъ факты; такъ, напр., онъ говоритъ, что «органическіе аффекты, производимые душевными волненіями или, по нашему, чувствованіями и желаніями (какъ напр. сокращеніе и растяженіе мускуловъ, блѣдность или краска въ лицѣ, отдѣленіе слюнныхъ, потовыхъ и другихъ железъ и т. п.), столь существенны для развитія извѣстныхъ душевныхъ волненій (по нашему чувствованій и желаній), что если бы эти органическіе аффекты были остановлены въ своемъ теченіи, то и самыя душевныя движенія непремѣнно были бы другія [2])».

6. Въ этомъ замѣчаніи Бэна есть также своя доля правды. Уже Декартъ указалъ на то свойство душевныхъ чувствованій и желаній, что они, дѣйствуя на нашъ тѣлесный организмъ, вызываютъ въ немъ особенное состояніе, которое, въ свою очередь, дѣйствуя обратно на душу, поддерживаетъ въ ней страсти, его вызвавшія. Правда и то, что останавливая *нашею волею* отраженіе душевнаго волненія въ нервахъ, мы уменьшаемъ самое волненіе и не даемъ ему усилиться, какъ это замѣтилъ наблюдательный Кантъ. «Попросите,» говоритъ онъ, «разсердившагося человѣка сѣсть, и онъ уже будетъ менѣе сердиться, потому что

---

[1]) Al. Bain. The Emotion and the Will, p. 41.

[2]) Ibid. pag. 28.

сидя сердиться не удобно» [1]). Но, *во первыхъ*, это уже обратное дѣйствіе чувствованія, зародившагося въ душѣ и отразившагося въ особенномъ состояніи нервнаго организма; а *во вторыхъ*, есть ли хотя малѣйшее сомнѣніе въ томъ, что человѣкъ, потерявшій способность плакать, не потеряетъ способности горевать, и что параличъ личнаго нерва (nervus facialis), послѣ чего лицо человѣка дѣлается совершенно неспособнымъ выражать гнѣвъ, радость, презрительную насмѣшку или страданія, нисколько не лишитъ человѣка возможности по прежнему же гнѣваться, радоваться, презирать и страдать?

7. Впрочемъ, что самъ Бэнъ не придаетъ того значенія своимъ «токамъ нервной энергіи», какое придаетъ Декартъ своимъ животнымъ газамъ», ясно уже изъ слѣдующихъ словъ: «въ удовольствіи, говоритъ Бэнъ, дѣйствуютъ мускулы, поднимающіе бровь и расширяющіе ротъ,— въ неудовольствіи сокращаются противоположные мускулы; но ничего не извѣстно о томъ мозговомъ процессѣ, которымъ опредѣляется это предпочтеніе. Стимулы удовольствій и страданій идутъ по однимъ и тѣмъ же каналамъ чувствованія; ходъ ихъ распространенія по сложной мозговой системѣ одинаково открытъ для обоихъ, но *есть нѣчто*, что въ одномъ случаѣ опредѣляетъ теченіе къ одной специальной части, а не ко всѣмъ частямъ безразлично» [2]). Однакоже это не мѣшаетъ Бэну съ особенною силою налегать вездѣ на тѣлесныя проявленія чувствованій и часто даже указывать на нихъ, какъ на причину самихъ чувствованій.

Ниже, при критикѣ *механической* теоріи чувствованій, мы оцѣнимъ все дѣйствительное значеніе этихъ попытокъ объяснить душевныя волненія физіологическими явленіями; но здѣсь укажемъ только на слабыя стороны этого проявленія.

8. Главный недостатокъ физіологической теоріи состоитъ въ томъ, что, изучая чувствованія, какъ физіологическіе процессы, мы будемъ бродить въ совершенной темнотѣ, ибо если психологія, по вѣрному замѣчанію Д. С. Миля, мало знаетъ о душевныхъ явленіяхъ, то физіологія знаетъ о нихъ и того менѣе [3]). Что пользы въ томъ, что мы будемъ разводить по нервамъ наши «нервные токи» или «животные га-

---

[1]) Antrop. § 77.

[2]) Bain. Ibid. p. 13 и 14. Впрочемъ, вообще надобно замѣтить о Бэнѣ, что въ первомъ своемъ сочиненіи (The Senses and the Intellect) онъ гораздо болѣе матеріалистъ, чѣмъ во второмъ (The Emotion and the Will), гдѣ, напр., на первой же страницѣ встрѣчается у него слѣдующее выраженіе: «фактъ или свойство, называемое чувствомъ, совершенно отличается отъ всякаго физическаго свойства матеріи», или нѣсколько далѣе: «мы замѣчаемъ въ живомъ существѣ большое собраніе матеріальныхъ качествъ, но свойство, называемое чувствомъ или сознаніемъ, отличается отъ свойствъ матеріи и составляетъ послѣднее неразлагаемое проявленіе, основу великаго организма, называемаго душою.»

[3]) Mill's Logic. T. II. p. 431

зы», или опускать и подымать наши «психо-физическія движенія», какъ дѣлаетъ Фехнеръ, когда мы ровно ничего не знаемъ ни объ этихъ газахъ, ни объ этихъ токахъ и движеніяхъ, и когда всѣ эти газы, токи, психо-физическія движенія чистѣйшее произведеніе нашей фантазіи? Кромѣ того, что бы ни открыла физіологія въ жизни нервовъ, она, какъ и всякая другая наука внѣшней для насъ природы, не можетъ открыть ничего кромѣ движеній, какъ мы показали это въ первой части нашей «Антропологіи» [1]), а между движеніемъ и психическимъ явленіемъ нѣтъ ничего общаго: они вполнѣ несоизмѣримы. Наконецъ, теорія, стремящаяся объяснить чувствованія и желанія физіологическими процессами въ организмѣ, всегда встрѣтитъ непреодолимое препятствіе въ тѣхъ психическихъ фактахъ, которые указываютъ на такую зависимость нашихъ чувствованій отъ нашихъ представленій, что одно и тоже ощущеніе, идущее изъ внѣшняго міра, можетъ въ разное время породить въ насъ самыя различныя чувствованія и желанія. На эту-то именно зависимость нашихъ чувствованій отъ нашихъ представленій весьма удачно и плодовито для науки обратила вниманіе гербартовская теорія чувствованій, которой, по ея отличительному характеру, составляющему ея силу и ея односторонность, мы придали названіе механической.

ГЛАВА III.

Механическая или математическая теорія чувствованій.

1. Душа, по теоріи Гербарта, есть только «представляющее существо», или, вѣрнѣе, совершенно безхарактерная арена, въ которой борятся между собою представленія. Изъ этой борьбы представленій возникаютъ какъ сознаваемость ихъ, такъ и сопровождающія ихъ чувствованія и желанія [2]). Чувствованія, по теоріи Гербарта, не составляютъ чего-нибудь отдѣльнаго отъ представленій, и особенная способность души чувствовать и желать есть выдумка психологовъ. Но чувствованіе не есть представленіе, а, напротивъ, до того несоизмѣримо съ представленіемъ, что его и выразить нельзя въ формѣ представленія, потому-то чувствованія неясны [3]). «Такъ-какъ въ насъ находится множество представленій въ самыхъ разнообразныхъ соединеніяхъ, то каждое *новое воспріятіе* дѣйствуетъ какъ возбужденіе (Reiz), которымъ одни представленія затрудняются, другія вызываются и усиливаются, текущія вереницы нарушаются или приводятся въ движеніе, и возбуждаются различныя душевныя состоянія. Явленіе это будетъ еще сложнѣе, если, какъ бываетъ обыкновенно, новое представленіе само по себѣ разнообразно, такъ-что оно разомъ входитъ въ разнообразныя вереницы и даетъ

[1]) Пед. Антр. т. I. Гл. XXXIX пп. 9—13.

[2]) Herbart's Schrift. zur Psychol. B. I. S. 71.

[3]) Ibid. S. 80.

имъ толчокъ, который приводитъ ихъ въ новыя соотношенія, затрудненія или сліянія» [1]).

2. Ту же мысль развиваетъ еще болѣе послѣдователь Гербарта Вайцъ, говоря: «чувствованія не могутъ быть отдѣлены отъ представленій; гдѣ нѣтъ представленій, тамъ нѣтъ и чувствованій, и безъ хода представленій чувствованія невозможны, а возможны только ощущенія. Чувствованія порождаются въ насъ самимъ ходомъ представленій и выражаютъ собою характеръ этого хода. Одно представленіе вытѣсняетъ изъ души другое и, въ свою очередь, вытѣсняется третьимъ. Это вытѣсненіе и затрудненіе (сопротивленіе вытѣсняемаго представленія) *происходитъ съ большею или меньшею силою*. Вотъ это-то взаимное давленіе представленій, условливаемое ихъ относительною силою, а не содержаніемъ, и выражается въ чувствованіяхъ. Представленіямъ, слѣдовательно, принадлежитъ самое содержаніе, а въ чувствованіяхъ выражается только форма взаимныхъ отношеній одного представленія къ другимъ и напряженность ихъ взаимнаго гнета.»

3. Чтобы яснѣе понять гербартовскую теорію чувствованій, представимъ себѣ вмѣстѣ съ Вайцемъ [2]), что два представленія, совершенно *равносильныя*, встрѣтились въ душѣ: случай, по мнѣнію Вайца, *почти* невозможный. При такой равносильности встрѣтившихся въ душѣ представленій, они будутъ взаимно парализировать силу другъ друга и ни одно изъ нихъ не возникнетъ въ сознаніи; или, другими словами, отъ такой встрѣчи двухъ равносильныхъ представленій въ душѣ не образуется сознательнаго представленія. (Спрашивается, между прочимъ, кто же будетъ сознавать эти несознаваемыя представленія и равенство ихъ силъ, и что такое представленіе внѣ сознанія, какъ мѣтко спрашиваетъ гербартіанцевъ гегелистъ Розенкранцъ?) Но при этомъ столкновеніи равносильныхъ представленій, хотя ни одно изъ нихъ не возникнетъ къ сознанію, состояніе души будетъ уже иное, чѣмъ то, какое было бы въ ней вовсе безъ борьбы представленій. Такъ тѣло, поддерживаемое другимъ тѣломъ, остается въ покоѣ: оно не падаетъ, но стремленіе его упасть выражается въ его вѣсѣ. Эта-то относительная стремительность и взаимный гнетъ представленій, такъ сказать, относительный вѣсъ ихъ, выражается въ различныхъ чувствованіяхъ. Чѣмъ сильнѣе будутъ два парализирующія другъ друга представленія, тѣмъ и степень чувства будетъ сильнѣе. «Ясно, говоритъ Вайцъ, что въ такомъ случаѣ состояніе души будетъ зависѣть вовсе не отъ *качественнаго содержанія* представленій, взаимно противудѣйствующихъ (парализирующихъ другъ друга) и потому несознаваемыхъ, но отъ степени силы, которою обладаютъ эти парализирующія другъ друга представленія.» Но такая равносильность представленій—

---

[1]) Ibid. § 39. S. 32.

[2]) Waitz. § 30 S. 293—295.

случай *почти* невозможный [1]), такъ какъ, по теоріи Гербарта, представленія находятся въ состояніи безпрестаннаго пониженія и возникновенія (ослабленія и усиленія) и кромѣ того всегда возможно появленіе въ сознаніи новыхъ представленій, которыя нарушатъ равновѣсіе борющихся представленій или замѣняютъ ихъ собою. Гораздо обыкновеннѣе то явленіе, что одно представленіе оказывается слабѣе другаго и, слѣдовательно, вытѣсняетъ его изъ сознанія. Но если при этомъ въ душѣ удерживается представленіе, положимъ, съ силою A, безъ всякаго противодѣйствія другаго представленія, то состояніе души будетъ уже иное, чѣмъ-то, какое она испытаетъ, если предположить въ ней представленіе, положимъ, съ силою $A + d$, которое для того, чтобы удержаться въ сознаніи, должно тѣснить другое представленіе, стремящееся войти въ сознаніе съ силою d. Въ обоихъ случаяхъ за сознаваемымъ представленіемъ остается только сила A, но состояніе души въ обоихъ случаяхъ будетъ различно, и вотъ это-то различіе и выражается въ насъ чувствованіемъ (Gefühl).

«Каждый гнетъ одного представленія другими, говоритъ Вайцъ, долженъ сопровождаться опредѣленнымъ чувствованіемъ, сила котораго измѣряется силою вытѣсняемаго представленія. Такъ, чѣмъ болѣе будетъ сила d въ приведенномъ примѣрѣ, тѣмъ замѣтнѣе будетъ чувствованіе, которымъ сопровождается первое представленіе, удерживающееся въ сознаніи еще съ силою A. Такимъ образомъ качественное содержаніе того, что представляется, нисколько при этомъ не измѣнится, и чувствованіе, совершенно независимо отъ качественнаго содержанія представленія, основывается только на образѣ и способѣ (Art und Weise) вступленія представленія въ сознаніе и тѣхъ обстоятельствахъ, при которыхъ представленіе дѣйствительно вступаетъ въ сознаніе [2])».

4. Въ этомъ наблюденіи надъ появленіемъ чувствованій въ душѣ чрезвычайно много вѣрнаго, и Гербарту первому принадлежитъ честь глубоко, хотя односторонне, анализировать *такое* именно появленіе чувствованій въ душѣ, на которое, впрочемъ, обратилъ вниманіе еще Спиноза. «Различные люди», говоритъ Спиноза, «могутъ быть различно аффектированы однимъ и тѣмъ же предметомъ, и одинъ и тотъ же человѣкъ можетъ быть различно аффектированъ однимъ и тѣмъ же предметомъ въ различное время» [3]). Въ самомъ дѣлѣ, наблюдая въ себѣ зарожденіе чувства гнѣва, радости, печали и т. п., мы скоро убѣдимся, что въ этихъ чувствованіяхъ

---

[1]) Однако любопытно было бы знать тѣ исключенія, которыя заставили сказать Вайца *почти*. Такія исключенія объяснили бы намъ многое, какъ многое объясняютъ въ физіологіи уродливыя, повидимому, произведенія природы. Мы думаемъ однако, что Вайцъ не могъ оправдать своего *почти* психическими фактами, иначе онъ долженъ бы былъ признать возможность чувствованія безъ представленія, что именно отвергается гербартовской теоріей.

[2]) Waitz. § 40 S. 295.

[3]) Spinosa. Eth. P. 1. Prop. 51.

именно выражается отношеніе уже готоваго содержанія нашей души къ представленію, которое вновь вступаетъ въ наше сознаніе, или, почему бы то ни было, вновь возникаетъ въ нашей памяти, переходя изъ безсознательнаго состоянія въ сознательное. Не само по себѣ содержаніе представленія, а его отношеніе къ другимъ, уже находящимся въ насъ представленіямъ, условливаетъ появленіе чувствованія и его характеръ. Впослѣдствіи мы оцѣнимъ все психологическое и педагогическое значеніе этого зоркаго наблюденія, которое, вмѣстѣ съ наблюденіемъ надъ ассоціаціей представленій, положило основу опытной психологіи. Но теперь намъ слѣдуетъ указать на его односторонность и на то, что Гербартъ и его послѣдователи, увлекаясь этимъ вѣрнымъ, но одностороннимъ воззрѣніемъ, сдѣлали изъ него выводы, какихъ нельзя было сдѣлать.

5. Прежде всего мы видимъ, что Гербартъ даетъ душѣ слишкомъ механическій характеръ, представляя ее въ видѣ какой-то борьбы представленій, причемъ степень ихъ взаимнаго давленія и сопротивленія выражается различными чувствованіями. Все это дѣлается какъ-то само собою, безъ участія тѣла съ одной стороны и безъ участія души съ другой. Положимъ, однако, что такое представленіе души, какъ ни трудно примириться съ нимъ живому чувству человѣка, возможно; но, спрашивается, имѣлъ ли право Гербартъ, даже при такомъ механическомъ или математическомъ представленіи души, отрицать въ ней особенную способность къ чувствованіямъ, какъ это онъ дѣлаетъ? Положимъ, что чувствованія происходятъ отъ разнообразія въ силѣ давленія одного представленія другимъ, но все же, чтобы чувствовать это различіе силъ, душѣ нужна особенная способность. Душа должна имѣть способность не только сознавать восторжествовавшее представленіе, но и чувствовать ту степень усилія, въ которую обходится представленію эта возможность удержаться въ сознаніи. Влагая эту способность въ самое представленіе, вмѣсто того, чтобы влагать его въ душу, мы собственно не измѣняемъ дѣла и не подвигаемся ни на шагъ въ разъясненіи происхожденія этихъ психическихъ явленій. Что же объяснится намъ въ этомъ происхожденіи, если мы примемъ, что не душа, а каждое представленіе, само по себѣ, сознаетъ въ одно и тоже время свое содержаніе и свое механическое отношеніе къ другимъ представленіямъ, усиливающимся войти въ сознаніе? Самая сила давленія одного представленія другимъ зависитъ, конечно, не отъ чего-либо иного, а отъ того же содержанія представленій. Что же выиграетъ наука, если вмѣсто одной души съ двумя способностями, сознанія и чувствованія, она поставитъ столько же душъ, сколько представленій, и признаетъ за представленіемъ также двѣ способности: способность сознавать свое собственное содержаніе и способность чувствовать отношеніе этого содержанія къ содержанію другихъ представленій? Разъясненіе фактовъ не подвинется отъ этого ни на шагъ впередъ и мы только, вмѣсто одной гипотезы, съ которою такъ сроднилась наша

душа, поставимъ другую, съ которой она не можетъ примириться, не смотря на всѣ свои усилія.

6. Но главный недостатокъ гербартовской теоріи тотъ, что она не объясняетъ самаго важнаго, именно того, для объясненія чего она создана: не объясняетъ специфическаго, качественнаго различія въ чувствованіяхъ, обративъ все вниманіе только на степень ихъ силы. Однако же степень силы чувствованія и его специфическое качество не одно и то же, и каждое изъ чувствованій, не теряя своего специфическаго характера, можетъ быть сильнѣе и слабѣе. Горе ни въ какомъ случаѣ не есть слабая или сильная степень радости, хотя горе и радость одинаково могутъ быть слабы и сильны. Признавъ, что душа ощущаетъ всякое замедленіе или ускореніе въ ходѣ своей дѣятельности, его перерывчатость или его постоянство, взаимное давленіе представленій другъ другомъ, мы все же не объяснимъ себѣ, почему одни изъ этихъ явленій будутъ душѣ пріятны, а другія непріятны,—самое *качество* чувствованій останется загадкой, неразрѣшимою, по теоріи Гербарта, которая, какъ и всякая другая математическая теорія можетъ объяснить въ явленіяхъ только то, что есть въ нихъ количественнаго, а не качественнаго.

7. Всего очевиднѣе достоинство или недостатки данной гипотезы выказываются, конечно, при самомъ объясненіи ею тѣхъ явленій, для объясненій которыхъ она создана. Вотъ почему мы позволимъ себѣ, признавая всю важность гербартовской теоріи чувствованій, анализировать самую приложимость ея къ объясненіямъ психическихъ явленій. Возьмемъ для этого, напр., душевно-умственное чувство ожиданія,—одно изъ «простѣйшихъ и важнѣйшихъ чувствъ», по выраженію Вайца, и изъ котораго гербартіанцы выводятъ многія другія.

Чувство ожиданія, по гербартовской теоріи, возникаетъ изъ того, что въ душѣ нашей уже установились вереницы какихъ-нибудь представленій, соотвѣтствующія рядамъ какихъ-нибудь внѣшнихъ явленій, напр. ряду явленій природы, или ряду поступковъ человѣка. Естественно, что если что-нибудь вызоветъ въ сознаніи первое звено данной вереницы представленій, то оно повлечетъ за собою другое, за другимъ потянется третье и т. д., изъ чего само собою возникнетъ *чувство ожиданія*. Но положимъ, что въ ряду явленій природы, соотвѣтствовавшемъ вызванной вереницѣ представленій, появится какой-нибудь *новый* членъ или исчезнетъ одинъ изъ прежнихъ, тогда появится *чувство обмана* (Täuschung [1]).

Это совершенно вѣрно; но ожиданіе и обманъ только формальныя чувствованія, они одинаково могутъ быть пріятны и непріятны, полны страха или надежды, возбуждать радость или печаль, гнѣвъ или злобу. Если мы ожидаемъ какой-нибудь бѣды, то можетъ ли быть что-нибудь пріятнѣе обмана въ этомъ ожиданіи? Вотъ этого-то механическая теорія

[1]) Waitz § 32, S. 302.

и не можетъ объяснить. Она говоритъ: «чувство удовлетвореннаго ожиданія *необходимо* пріятно, такъ какъ весь процессъ принялъ такой исходъ, какого требовало теченіе представленій» [1]. Но во 1), это положеніе противорѣчитъ факту: мы никакъ не думаемъ, чтобы человѣкъ, получившій прощеніе подъ самой висѣлицей, очень обидѣлся тѣмъ, что исходъ теченія его представленій измѣнился, а во 2), слово *необходимо* ничего само по себѣ не объясняетъ: почему же необходимо? Почему душѣ пріятенъ безпрепятственный ходъ ея представленій, и почему ей непріятны препятствія, мѣшающія этому ходу? Не значитъ ли это, другими словами, что въ душѣ, кромѣ представленій, слѣдуетъ предположить *стремленіе* къ безпрепятственной психической дѣятельности, — стремленіе, независащее отъ самихъ представленій? Но этого-то именно и не хочется *механической* теоріи, которая поставила себѣ задачею «показать, какъ могутъ появиться *пріятныя* и *непріятныя* чувства безъ всякаго отношенія къ чувственнымъ стремленіямъ, и безъ какихъ бы то ни было прирожденныхъ склонностей и стремленій» [2]. Но развѣ сказать «необходимо пріятно» или «необходимо непріятно» значитъ показать, почему пріятно или непріятно?

8. Возьмемъ другой примѣръ приложенія гербартовской теоріи къ частнымъ психическимъ явленіямъ. Такъ, теорія эта вынуждена объяснять скуку утомленіемъ [3]; но это объясненіе ясно противорѣчитъ общему сознанію, которое готово скорѣе назвать скуку недостаткомъ утомленія, необходимаго для спокойствія души, что опять указало бы намъ на необходимость признать въ душѣ стремленіе къ дѣятельности, а этого-то и не могла допустить гербартовская теорія. Точно также мы могли бы указать на безсиліе *механической* теоріи объяснить вполнѣ чувство удивленія, сомнѣнія и т. п., если бы это не завело насъ слишкомъ далеко и если бы объясненіе этихъ специфическихъ чувствованій не ожидало насъ впереди.

9. Но если уже въ объясненіи такихъ *формальныхъ* чувствованій, каковы: *ожиданіе, нетерпѣніе, чувство обмана, удивленіе, скука* и т. п. механическая теорія оказывается односторонною, то еще болѣе выражается эта односторонность, когда дѣло доходитъ до такихъ чувствъ, полныхъ опредѣленнаго содержанія, каковы: горе, радость, страхъ, гнѣвъ, тѣлесныя страданія и наслажденія. Всѣ эти чувствованія, которыя именно на всѣхъ человѣческихъ языкахъ и называются чувствованіями, — *механическая* теорія просто вычеркиваетъ не только изъ своего списка чувствованій, давъ имъ особое названіе *аффектовъ*, но даже прямо изъ списка *психическихъ* явленій, отбрасывая всѣ аффекты въ область *физіологіи* [4].

---

[1] Waitz § 32, S. 303.
[2] Ibid. S. 303.
[3] Ibid. § 34 S. 35.
[4] Herbart's Lehrb. der Psychol. S. 76.

У самого Гербарта есть еще попытка психологически объяснить страданія и наслажденія [1]; но такъ какъ эта попытка не могла удаться и обличала только односторонность теоріи, то Вайцъ прямо отказывается отъ нея и сваливаетъ все дѣло на физіологію [2]). И въ этомъ случаѣ Вайцъ послѣдовательнѣе своего учителя; въ самомъ дѣлѣ, чувствованія *тѣлесныхъ* страданій или наслажденій нѣтъ никакой возможности вывести изъ борьбы представленій.

Но эта невозможность относится не къ однимъ *тѣлеснымъ чувствованіямъ*, и напрасно механическая теорія старается отдѣлить ихъ отъ *душевныхъ* [3]): и тѣ, и другія одинаково ощущаются душою, и если предметы душевнаго и тѣлеснаго наслажденія различны и если этимъ различіемъ условливается даже самая прочность наслажденій, то тѣмъ не менѣе удовольствіе все же остается однимъ и тѣмъ же чувствомъ удовольствія, чѣмъ бы оно ни было вызвано. Страданіе отъ голода, конечно, не зависитъ отъ представленій, а напротивъ часто самое теченіе представленій зависитъ отъ чувства пробуждающагося голода. Точно также нерѣдко и чувство гнѣва, страха или веселости вовсе не выходитъ изъ представленій, а, напротивъ, самими этими чувствованіями условливается характеръ представленій. Многія патологическія явленія (о которыхъ подробнѣе мы скажемъ ниже) указываютъ прямо на возможность возбужденія въ душѣ различнаго рода чувствованій: гнѣва, страха, печали, любви, вовсе независимо отъ представленій, такъ что эти чувствованія, возбужденныя въ душѣ болѣзненнымъ состояніемъ организма (бѣшенствомъ, ипохондріей, и т. п.), уже сами подбираютъ соотвѣтствующія имъ представленія, а не выходятъ изъ хода представленій.

10. Вотъ почему сторонники механической теоріи Гербарта, Дробишъ, Вайцъ и даже Бенеке (наиболѣе удалившійся отъ этой теоріи), вовсе выбрасываютъ перечисленныя нами *характерныя* чувствованія изъ ряда чувствованій, дѣлаютъ изъ нихъ особый родъ *аффектовъ* [4]) и, по большей части, обходятъ ихъ объясненіе. Въ отдѣлѣ чувствованій они оставляютъ только именно тѣ *умственныя* чувствованія, которыя на общепринятомъ языкѣ всего рѣже называются этимъ именемъ, каковы напр. чувство ожиданія, сомнѣнія, контраста, удивленія и т. п. *формальныя* чувствованія, сопровождающія нашъ умственный процессъ. Правда, эти психологи стараются привлечь въ ту же категорію и чувство *удовольствія* или *неудовольствія*: но мы уже видѣли, какъ не удается эта попытка Вайцу, и увидимъ ниже, какъ неудается она и Бенеке, хотя онъ и сдѣлалъ уже большую уступку, и если не призналъ стремленій, врожденныхъ душѣ, то призналъ стремительность,

---

[1]) См. Herbart's S. 77. Также Anmerk. 1. Также Waitz § 32, S. 306.

[2]) Waitz § 112, p. 413.

[3]) Waitz. ibid.

[4]) Впрочемъ это отдѣленіе сдѣлано прежде Гербарта.

врожденную его гипотетическимъ *первичнымъ силамъ*, выработы мымъ душою.

Кромѣ этихъ формальныхъ чувствъ, *механическая* теорія пр знаетъ еще чувства, принадлежащія только человѣку, а именно эс тическія и нравственныя [1]); но и о нихъ намъ еще не время го рить.

Спрашивается, не обличается ли односторонность теоріи и нев ность ея основной гипотезы, если она должна выбрасывать значите нѣйшую часть явленій, для объясненія которыхъ призвана, а при об ясненіи другихъ, какъ мы видѣли, впадать въ противорѣчіе съ ф томъ?

11. Желая уяснить и болѣе приложить къ фактамъ теорію Гербе та, Бенеке долженъ былъ уже нѣсколько отступить отъ нея; но та какъ все же онъ настаивалъ на томъ, что въ душѣ нѣтъ никак врожденной способности чувствовать и никакихъ врожденныхъ стрем ній, то и его теорія *происхожденія чувствованій* также мало уд летворительна.

Наши читатели, безъ сомнѣнія, знакомы съ основными поняті бенековской теоріи, и знаютъ, что по этой теоріи сознаніе и всѣ явленія выходятъ изъ *соединенія первичныхъ силъ* души (Urverm gen) и *возбужденій* или внѣшнихъ впечатлѣній (Reize). Изъ этой гипотезы хочетъ вывести Бенеке *чувствованія* и *желанія*, какъ ра нообразія въ соотношеніяхъ между *первичными силами* и *возбужд ніями*. Эти два необходимые фактора всякаго сознательнаго явле могутъ находиться въ слѣдующихъ *пяти* различныхъ отношеніях между собою:

1) Если *возбужденіе* (впечатлѣніе) такъ слабо, что не наполня собою *первичной* силы, тогда рождается чувство *неудовлетворе ности*, неудовольствія (Unlust). Такъ напр., мы получаемъ чувст неудовлетворенности, неудовольствія, если разсматриваемъ предмет недостаточно освѣщенный, или слушаемъ звуки, слишкомъ тихіе д того, чтобы мы могли ихъ ясно разслышать.

2) Если *возбужденіе* (впечатлѣніе) какъ-разъ соотвѣтствуетъ во принимающей *первичной силѣ*, тогда мы получаемъ въ результатѣ н чувствованіе, а *представленіе*. Такъ, когда мы разсматриваемъ пре метъ при достаточномъ освѣщеніи, то у насъ рождается *ясное* о не представленіе.

3) Если *первичная сила* получаетъ обильное наполненіе *возбуж деніемъ*, болѣе, чѣмъ ей нужно, то въ результатѣ получается *чувст во удовольствія*. Таково впечатлѣніе ярко-освѣщенной бальной зал звуковъ музыки и движенія танцующихъ паръ; таково впечатлѣні производимое на дѣтей рождественской елкой и т. п.

4) Если эта полнота *возбужденія* постоянно возрастаетъ, то ест

---

[1]) Waitz, § 36—40.

ственно, что наконецъ *первичная сила* должна быть *перевозбуждена* (überreizt), и мы сознаемъ это отношеніе, какъ мало-по малу возникающее чувство пресыщенія и отвращенія (Ueberdruss, Ekel). Такъ, по свидѣтельству Рау, пьяницъ отучаютъ отъ водки, подмѣшивая ее во всѣ кушанья и напитки. Такъ, говорятъ, наши торговцы лакомствъ до рвоты кормятъ сладкимъ своихъ маленькихъ прикащиковъ и послѣ того считаютъ свои лакомые товары безопасными.

5) Наконецъ, если случается, что черезъ-чуръ обильное возбужденіе внезапно наполняетъ первичную силу, то получается ощущеніе боли и страданія [1]).

12. Уже само собою видно, что это таже гербартовская теорія, но менѣе глубокая и развитая, и на столько мельче, на сколько легче для пониманія; но главный недостатокъ ея тотъ же самый, какъ и теоріи Гербарта. Мы все же никакъ не выведемъ чувства изъ представленія, а должны приписать *первичнымъ силамъ*, кромѣ способности сознанія возбужденій, еще способность чувствованія разнообразныхъ отношеній къ нимъ этимъ *возбужденій*. Хотя Бенеке не утомляется повторить, что нѣтъ никакой врожденной *способности чувствованія* [2]); но въ сущности онъ признаетъ ее, только приписываетъ не душѣ, а своимъ гипотетическимъ *первичнымъ силамъ*; но такъ какъ эти силы вырабатываются душою же, то мы и не видимъ никакого выигрыша для науки признать гипотезу Бенеке. Вся разница ея съ теоріей Гербарта состоитъ только въ томъ, что ту же способность чувствованія, которую Гербартъ приписываетъ представленіямъ, Бенеке приписываетъ *первичнымъ силамъ*, главному душевному фактору представленій [3]).

13. Что же касается до объясненія частныхъ психическихъ явленій, то теорія Бенеке еще болѣе гербартовской показываетъ свою несостоятельность. Такъ, по теоріи Бенеке, недостаточность *возбужденія* (впечатлѣнія) составляетъ причину неудовольствія; но развѣ самый слабый запахъ розы непріятнѣе для насъ самаго сильнаго запаха сженаго пера? Теорія говоритъ, что постепенное и медленное возбужденіе до излишка даетъ намъ чувство отвращенія, а внезапное усиленіе—чувство страданія; но развѣ мы не испытаемъ страданія, опустивъ пальцы въ холодную воду и нагрѣвая ее медленно до степени кипѣнія? Объ этомъ могли бы сказать кое-что несчастные раки, которыхъ кухарка кидаетъ

---

[1]) Положенія взяты у Бенеке: Lehrbuch der Psychol. § 58, а объясняющіе примѣры у Рау, удачнѣйшаго популяризатора Бенеке (Rau, Benecke's Seelenlehre § 24).

[2]) Lehrbuch der Psychol., 226, 113 и др.

[3]) Первичная сила могла бы остаться совершенно равнодушною къ силѣ или слабости возбужденія. Притомъ же мы ощущаемъ не силу или слабость возбужденія относительно первичной силы, о которой мы ничего не знали бы безъ теоріи Бенеке, а удовольствіе, страданіе, страхъ; а въ этихъ чувствахъ нѣтъ ничего общаго съ тѣмъ, что говоритъ Бенеке.

въ холодную воду и ставитъ на плиту. По теоріи Бенеке обильно льющіяся возбужденія доставляютъ удовольствіе; но развѣ обильно льющіеся дисгармоническіе звуки и дурные запахи могутъ доставить кому-нибудь удовольствіе?

14. *Принципъ сравненія*, вводимый Бенеке въ процессъ чувствованія, также имѣетъ много справедливаго. «Подъ именемъ чувствованія» говоритъ Бенеке, «мы разумѣемъ непосредственное сознаніе, присущее намъ въ каждый моментъ нашей бодретвенной жизни, о свойствѣ нашихъ психическихъ состояній. Эти свойства (сила, возбужденность, свѣжесть, крѣпость и т. д.) мы сознаемъ, сравнивая между собою два или болѣе состоянія наши, одновременныя или близко одинъ за другимъ наступающія.» Одинъ изъ этихъ факторовъ процесса сравненія, именно тотъ, съ которымъ сравнивается, Бенеке называетъ *основаніемъ* чувствованія, а другой, приравниваемый,—*чувствованіемъ* [1]). Дѣйствительно, сравненіе не только играетъ важную роль въ степени напряженности нашихъ чувствованій, но даже можетъ измѣнить самый характеръ ихъ: такъ напр., сравнивая свое состояніе съ богатствомъ, еще большимъ, мы можемъ ощущать непріятное чувство, которое измѣняется, если мы подумаемъ о людяхъ бѣднѣе насъ. Но при этомъ мы вовсе не ощущаемъ какой-нибудь крѣпости, слабости или свѣжести соединенія *первичной силы* и *возбужденія*, а нѣчто совершенно иное, специфическое.

15. Несостоятельность механической или математической теоріи вызывается еще яснѣе, когда она хочетъ объяснить происхожденіе желаній, не признавая никакихъ врожденныхъ человѣку стремленій.

Гербартъ прямо указываетъ на трудность и даже невозможность провести границу между *желаніемъ* и *чувствованіемъ* [2]); Вайцъ, последователь Гербарта, считаетъ желаніе однимъ изъ чувствованій, которое происходитъ вслѣдствіе того, «что удовлетвореніе (чего?) что-нибудь удалено» [3]). Но уже изъ самыхъ словъ Вайца видно, что къ удовлетворенности чувствованій должно предшествовать *стремленіе* быть удовлетвореннымъ. Эта очевидная несообразность побудила Бенеке придать своимъ *первичнымъ силамъ* особенную *стремительность*, которую будто бы они имѣютъ *по самой природѣ своей еще до своего соединенія съ возбужденіями* [4]), т. е. прежде появленія сознанія. Неужели же и послѣ этого Бенеке могъ сказать, что онъ не признаетъ никакихъ врожденныхъ стремленій и генетически объясняетъ всѣ психическія явленія?

16. По теоріи Бенеке прирожденная стремительность остается въ первичной силѣ до тѣхъ поръ, пока сила эта *до-сыта* не наполнится

[1]) Lehrbuch der Psychol. § 235.

[2]) Lehrbuch der Psychol. § 31.

[3]) Waitz. § 40.

[4]) Beneke. §§ 26, 59, 113.

возбужденіемъ, т. е. впечатлѣніемъ. Соединеніе первичной силы и возбужденія (по минованіи періода сознательности) остается въ душѣ *слѣдомъ*, находящимся внѣ сознанія, но который можетъ быть возбужданъ къ сознательности. Если это слѣдъ *пріятнаго* впечатлѣнія, то онъ способенъ къ двоякому воспроизведенію: или какъ простое *воспоминанія* удовольствія, или какъ *желаніе* его повторенія [1]). «Если воспроизводительный актъ такъ близокъ къ первоначальному, отъ котораго остается слѣдъ въ душѣ, что впечатлѣніе удовольствія сохранилось во всей своей полнотѣ, то происходитъ *воспоминаніе* удовольствія. Но по мѣрѣ того, какъ *возбужденіе* отдѣляется и *первичная сила* становится свободною отъ возбужденія (Reizleer), свойственная ей первоначальная стремительность опять выступаетъ, но уже въ измѣненномъ видѣ: на сколько первичная сила была наполнена исчезающимъ (теперь) возбужденіемъ, на столько дѣлается она уже не *неопредѣленнымъ стремленіемъ*, готовымъ принять всякое возбужденіе, а *опредѣленнымъ желаніемъ*, стремящимся къ тому возбужденію, которымъ первичная сила была наполнена [2]). Самая напряженность стремленія опредѣляется степенью освобожденія первичной силы отъ возбужденія» [3]).

17. Не говоря уже о томъ, что самое основаніе этого происхожденія желаній ложно, ибо принимаетъ логическую безсмыслицу—*стремленіе ко всему*, что равняется отрицанію стремленія, мы спросимъ только слѣдующее: имѣлъ ли при этомъ Бенеке право утверждать, что его теорія не нуждается въ признаніи какихъ бы то ни было природныхъ стремленій, и далеко ли бенековское опредѣленіе желаній отстоитъ отъ опредѣленія, дѣлаемаго Спинозою, который, какъ извѣстно, всю психическую природу основывалъ на прирожденныхъ (но конечно опредѣленныхъ) стремленіяхъ? «Желаніе», говоритъ Спиноза, «есть природное стремленіе, сопровождаемое сознаніемъ (cupiditas est appetitus cum ejusdem conscientia).» Но если и есть разница между опредѣленіями Бенеке и Спинозы, то все преимущество на сторонѣ Спинозы: его опредѣленіе не имѣетъ въ основаніи логической безсмыслицы (неопредѣленное стремленіе), какъ бенековское; оно кромѣ того яснѣе и вѣрнѣе дѣйствительности, хотя и въ немъ не достаетъ еще одной черты. Желаніе, какъ мы подробнѣе увидимъ ниже, есть уже произведеніе не двухъ, а трехъ душевныхъ факторовъ: а) прирожденнаго опредѣленнаго стремленія, условливающаго возможность того или другаго чувствованія, б) чувствованія, условливаемаго прирожденнымъ стремленіемъ, и в) сознательнаго представленія желаемаго, безъ котораго желаніе невозможно.

---

[1]) Beneke. § 173, см. также Rau, § 25.

[2]) Beneke. § 113, § 201.

[3]) Ibid. § 171.

ГЛАВА IV.

Философская теорія чувствованій.

1. Въ послѣднее время многіе психологи, вышедшіе изъ школы Гербарта и Бенеке, разладили съ теоріями своихъ учителей именно за невозможность объяснить появленіе чувствованій и желаній помимо прирожденныхъ стремленій. И вотъ понятіе *стремленія* (Trieb), вновь поддержанное философіей Шопенгауера, стало играть въ психологіи первенствующую роль. Но, конечно, идея *врожденныхъ стремленій*—вовсе идея не новая. Вся философія Платона построена на врожденныхъ человѣку стремленіяхъ. Стоическая школа защищала эту мысль въ борьбѣ съ эпикурейцами, и послѣдователь стоиковъ, Цицеронъ, весьма справедливо придавалъ большое нравственное значеніе тому, выводятся ли чувствованія изъ стремленій или, наоборотъ, стремленія изъ чувствованій [1]). Но можетъ быть ни у кого идея врожденныхъ стремленій не приняла такихъ обширныхъ размѣровъ, какъ у Спинозы. Онъ не только называлъ желаніе «сознательнымъ стремленіемъ», но и во всѣхъ рѣшеніяхъ души видѣлъ «ничто иное, какъ одно ея стремленіе, которое разнообразится, смотря по различію состоянія тѣла», такъ что стремленія тѣла и рѣшенія души у Спинозы одно и тоже [2]), а самое стремленіе есть *сущность* человѣка, изъ которой проистекаютъ всѣ измѣненія, необходимыя для самосохраненія этой сущности [3]). Но такъ какъ умъ, по мнѣнію Спинозы, есть тоже самое, что и воля (Voluntas et intellectus unum et idem sunt) [4]), то изъ этого уже видно, какую всеобъемлющую и всеобъясняющую роль имѣло *природное стремленіе* (appetitus) въ психологіи Спинозы. Это же самое стремленіе, только подъ нѣмецкимъ уже названіемъ (Trieb), легло въ основу всей Шопенгауеровской философіи.

2. Другаго взгляда на роль *стремленія* нельзя и ожидать отъ такого философа, каковъ Спиноза, и отъ такого міросозерцанія, какое выразилось въ его великой философской поэмѣ и потомъ легло въ основаніе другой великой поэмы, хотя не столь художественно обработанной и уже не оригинальной, т. е. философской системы Гегеля. Кто видитъ въ мірѣ только всемогуще-развивающуюся идею, подобную нашимъ идеямъ, но только вполнѣ завершенную и потому не знающую предѣловъ и препятствій, тотъ, конечно, не можетъ видѣть въ стремленіяхъ, желаніяхъ и актахъ человѣческой воли ничего, кромѣ выводовъ изъ этой всеобнимающей и всевыполняющей абсолютной идеи, необходимыхъ, какъ мате-

---

1) Cicero. De officiis. Lib. I. c. 2, 5.

2) Mentis decreta nihil sunt praeter ipsos appetitus.

3) Ibid. P. III. Prop. 9. Schol. Совершенное же уничтоженіе воли въ стремленіи см. Eth. P. II. Prop. 48 и 49.

4) Ibid. Prop. 49 Coroll. Eth. I. Prop. 32.

матическіе. Психологическія воззрѣнія Гегеля были только развитіемъ идей Спинозы, если конечно исключить тѣ пошлые компромиссы, которые внушены были Гегелю его личными и практическими разсчетами и за которые потому такъ справедливо упрекаетъ его Гейнъ. Для Гегеля, какъ и для Спинозы, душа есть только *идея* тѣла, одна изъ ступеней развитія абсолютной идеи, а при такомъ взглядѣ на душу врожденныя стремленія, конечно, должны рѣшать все [1]). Мы уже выше неоднократно указывали на несостоятельность онтологическихъ попытокъ въ психологіи; но, тѣмъ не менѣе, отвергая притязанія идеализма на тождественность абсолютной идеи во вселенной и въ умѣ философа, мы не видимъ однако надобности отвергать *единственную гипотезу*, которая можетъ сколько-нибудь уяснить намъ явленія чувствованій и желаній и ихъ взаимныя соотношенія.

3. Однако же, принимая *гипотезу врожденныхъ стремленій*, мы останемся вѣрны нашему главному принципу, и никогда не забудемъ, что это только гипотеза, призванная для объясненія психическихъ явленій, но не могущая лечь въ основу какихъ бы то ни было метафизическихъ построекъ. Признавая врожденныя стремленія, мы не должны забывать, что можемъ узнать о существованіи и характерѣ этихъ стремленій только уже тогда, когда они проявятся въ чувствованіяхъ, желаніяхъ и дѣйствіяхъ, и не имѣемъ права, не измѣняя требованіямъ науки, строить на этомъ предположеніи, какъ бы естественно оно намъ ни казалось, еще другія предположенія. Гипотеза не можетъ быть основаніемъ научныхъ соображеній, а только ключемъ въ сводѣ научнаго зданія, который придется и перемѣнить, когда, при новыхъ матеріалахъ, явится возможность поднять зданіе выше; основою же этого зданія должны быть факты, и ничего болѣе, кромѣ фактовъ. На сколько прирожденныя стремленія раскрываются намъ въ чувствованіяхъ, желаніяхъ и дѣйствіяхъ человѣка, на столько мы и въ правѣ говорить о стремленіяхъ въ такой *опытной* наукѣ, какою должна быть психологія.

4. Но не такъ думали тѣ новѣйшіе психологи (Браубахъ, Фортлаге, Фихте-младшій), которые, чувствуя необходимость воротиться къ прежней гипотезѣ стремленій и подкрѣпляемые эксцентрическою философіею Шопенгауера, положили *стремленіе* (Trieb) въ основу цѣлаго ряда соображеній и выводовъ, совершенно оторвавшихся отъ опыта и наблюденія. Мы не будемъ разбирать здѣсь теорій всѣхъ этихъ психологовъ; для этого назначается нами особое сочиненіе; но не можемъ и здѣсь уже не указать на односторонность, въ которую можетъ увлечь психолога философская система Шопенгауера.

5. Главная отличительная мысль шопенгауеровской философіи, рѣзко отличающая его систему отъ всѣхъ прежнихъ, состоитъ въ томъ, что онъ отдѣляетъ *волю* отъ *познаванія* и ставитъ ее на первый планъ;

---

[1]) Сравн. Spinoza. Eth. II. Prop. 13 и 19 и Hegel's Werke. Die Philos. des Geistes. II Abth. S. 5, 20 и др.

тогда-какъ во всѣхъ прежнихъ психологическихъ и философскихъ системахъ воля являлась только какъ выраженіе сознанія и результатъ познаванія.

Шопенгауеръ думаетъ, что «это раздѣленіе недѣлимой прежде личности (Я), или души, на двѣ разнородныя части должно имѣть для философіи тоже значеніе, какое для химіи имѣло первое разложеніе воды на ея составныя части». По Шопенгауеру «вѣчное и неразрушимое въ человѣкѣ—жизненный принципъ его—есть не душа, но, употребляя опять химическій терминъ, «радикалъ души», и этотъ радикалъ есть воля. Такъ-называемая душа есть уже нѣчто сложное: соединеніе воли и разума» [1]).

«Разумъ», по Шопенгауеру, «есть уже второстепенная *простая функція мозга*, произведеніе организма, и какъ отправленіе мозга условливается организмомъ. Воля, напротивъ, есть нѣчто первоначальное, основной принципъ организма, и сама условливаетъ организмъ.» «Воля есть существо само по себѣ (an sich), и это существо предварительно въ процессѣ представленія (этой функціи мозга), представляетъ себя какъ органическое тѣло. Только вслѣдствіе формы познаванія (или дѣятельности мозга), т. е. только въ представленіи является для каждаго его собственное тѣло, какъ нѣчто пространственное, расчлененное, органическое въ представленіи, а не внѣ представленія, не непосредственно въ самосознаніи» [2]).

Такимъ образомъ у Шопенгауера, во первыхъ, воля является какъ нѣчто вполнѣ первоначальное, какъ существо само по себѣ (als Ding an sich); во вторыхъ, тѣло является только видимостью, объективированіемъ воли, а познаваніе только функціею мозга.

6. Здѣсь не мѣсто разбирать критически мнѣніе Шопенгауера [3]), но мы замѣтимъ только, что въ этой оригинальной односторонности, которая, какъ мы думаемъ, не можетъ выдержать строгой критики, есть чрезвычайно вѣрная и глубокая мысль, есть, если не полное исправленіе промаха прежнихъ германско-философскихъ системъ, то, по крайней мѣрѣ, полное обнаруженіе этого промаха. Въ самомъ дѣлѣ, германская философія, и даже психологія, до Шопенгауера, преимущественно занималась одною познавательною способностью человѣка, одною *головою* (принимая общенародное выраженіе), оставляя разборъ *сердца* (тоже по общенародному выраженію) почти не тронутымъ. Воля, стремленія, внутреннія чувства, страсти, инстинкты, вообще вся дѣйствующая сторона человѣка, если и находили себѣ мѣсто въ философскихъ системахъ, то только весьма незначительное: разсматривались вскользь, поверхностно, скорѣе какъ незначительное добавленіе къ главному предмету, т. е. познавательной способности. Шопенгауеръ первый обратилъ вниманіе на это важное упу-

---

[1]) Ueber den Willen in der Natur von Schopenhauer. 1864 § 19.

[2]) Ibid., s. 20.

[3]) Мы встрѣтимся еще съ этимъ взглядомъ далѣе, въ главѣ «о волѣ».

щеніе въ изученіи человѣка. Но, какъ всякій пропагандистъ новой мысли, онъ зашелъ слишкомъ далеко, и не только поставилъ волю рядомъ съ познавательною способностію, но отбросилъ послѣднюю въ разрядъ тѣлесныхъ отправленій [1]). Между взглядомъ Шопенгауера на стремленія и взглядомъ Спинозы и Гегеля мы видимъ только ту разницу, что у идеалистовъ врожденныя *стремленія* выходятъ, какъ выводы, изъ абсолютной идеи, отразившейся въ душѣ человѣка, какъ необходимое слѣдствіе всемогущей разумности этой идеи, а изъ стремленія уже возникаютъ чувствованія, желанія и рѣшенія воли, кажущіяся намъ свободными; тогда-какъ Шопенгауеръ перерѣзываетъ эту нить, связывающую идею и ея необходимыя послѣдствія, и кладетъ въ основу всего само *стремленіе* или какую-то *безсознательную волю*, непринадлежащую никому, не порождающуюся ни изъ какой идеи, а напротивъ такую, которая сама порождаетъ идеи. Эта безсознательная воля, существующая какъ-то самостоятельно, творитъ у Шопенгауера все, а равно и у его послѣдователей, Браубаха и Фортлаге.

7. На такое понятіе о волѣ гербартіанцы обыкновенно замѣчаютъ, что «хотя и есть представленія безъ воли, но, по крайней мѣрѣ, въ нашемъ сознаніи, нѣтъ воли безъ представленія того, чего хочешь, ибо, чтобы хотѣть, должно прежде всего знать, чего хочешь» [2]). Но какимъ бы дѣльнымъ не казалось намъ однако же это возраженіе Дробиша, которое онъ дѣлаетъ всѣмъ психологамъ, увлекшимся философіей Шопенгауера, но оно много теряетъ своей силы, когда мы взглянемъ на нѣкоторые общеизвѣстные факты, ясно показывающіе, что стремленіе очень часто предшествуетъ сознанію того, къ чему человѣкъ стремится. Безъ сомнѣнія, новорожденный младенецъ не имѣетъ никакихъ представленій ни о пищѣ, ни о ѣдѣ, а между тѣмъ хочетъ ѣсть [3]). Развѣ изъ представленія о ѣдѣ является желаніе ѣсть? Скорѣе можно принять наоборотъ. Развѣ въ животномъ, никогда не видавшемъ животныхъ того же рода, но другаго пола, не пробудятся половые инстинкты? Уже Локкъ, не смотря на свою вражду къ идеѣ врожденности, долженъ былъ сказать, что воля прежде всего опредѣляется «сильнѣйшимъ настоящимъ неудовольствіемъ (The greatest present uneasinesse»). И это была едва ли не единственная изъ мыслей Локка, которую вполнѣ призналъ Лейбницъ и потомъ Ридъ [4]). Та же самая мысль проводится,

---

[1]) Даже у Вундта, послѣдняго изъ германскихъ психологовъ, всего двѣ небольшія главы посвящены всѣмъ чувствованіямъ (см. Menschen-und Thierseele. II B).

[2]) Moral-Statistik von Drobisch. S. 78.

[3]) Ридъ думаетъ даже, что «тяжелое чувство голода есть все, что можетъ ощущать ребенокъ въ первые дни своей жизни». Work'sof Read. Vol. II. p. 551.

[4]) Каждое стремленіе, говор. Ридъ, сопровождается ему только свойственнымъ ощущеніемъ неудовольствія. Every appetite is accompanied with an uneasy sensation proper to it). Ibid. p. 551.

во всей антропологіи Канта. Конечно, не сознаніе необходимости тепла для организма, которое приходитъ къ человѣку очень поздно, или вовсе не приходитъ, дѣлаетъ тепло пріятнымъ. Многіе ли люди знаютъ и теперь, почему тепло необходимо для организма? Мы прежде хотимъ ѣсть, чѣмъ знаемъ, что такое ѣда, и ищемъ тепла прежде, чѣмъ знаемъ, что такое тепло. «Инстинктивными движеніями, какъ говоритъ Миллеръ, и называются именно такія, разумность которыхъ не сознается» [1]). Вотъ почему Миллеръ, признавая инстинктъ столь же необходимымъ для животнаго, какъ и самая его организація, приписываетъ и самый инстинктъ той же творящей силѣ, которая выработываетъ и организуетъ животное. «Окончательная причина инстинкта, говоритъ Миллеръ, не заключается въ какомъ - нибудь органѣ, но принадлежитъ вполнѣ силѣ организующей, дѣйствующей по необходимымъ законамъ и разумнымъ принципамъ» [2]).

8. Не входя однако здѣсь въ разборъ того, что такое инстинктъ и отчего онъ зависитъ, мы видимъ въ немъ только фактъ, доказывающій очень сильно противъ гербартіанцевъ, что стремленіе можетъ предшествовать сознанію того, къ чему оно направлено, и что во всякомъ нашемъ, уже сознаваемомъ желаніи лежитъ въ основѣ такое безсознательное стремленіе. Конечно, мы привели здѣсь только такъ называемыя тѣлесныя стремленія, но и въ тѣлесныхъ стремленіяхъ есть душевные элементы. Нѣтъ, конечно, сомнѣнія, что пріятный запахъ производитъ одно движеніе въ нашихъ обонятельныхъ нервахъ, а непріятный — другое; но здѣсь вопросъ въ томъ, почему одно изъ этихъ движеній душѣ пріятно, а другое — непріятно. «Причина этого, по выраженію знаменитаго физика Эйлера, лежитъ въ природѣ самой души и намъ неизвѣстна» [3]). Тоже самое, какъ мы увидимъ далѣе, приложимо и къ чисто душевнымъ движеніямъ, эстетическимъ и нравственнымъ.

9. Но, видя несостоятельность возраженія гербартіанцевъ, которое они выставляютъ принятію *стремленій*, какъ основѣ чувствованій и желаній, мы, тѣмъ не менѣе, не становимся вполнѣ и на сторону шопенгауеровской философіи. Принимая *стремленіе*, *какъ необходимую гипотезу*, мы не забудемъ однако, что это не болѣе какъ гипотеза, и предпочитаемъ лучше остановиться на ней, чѣмъ блуждать безплодно въ туманныхъ сферахъ, куда переносится мысль, признавая *безсознательную волю* точно также, какъ и признавая *абсолютную идею*.

10. Мы уже видѣли выше, какъ вредно переносить слово *идея*, созданное для обозначенія нашего душевнаго явленія, на нѣчто внѣ насъ лежащее, на внѣшнюю природу, и объяснять ее идеями, подобными нашимъ. Точно также опасно и безплодно переносить чисто психическій терминъ воли во внѣшнюю для насъ природу и объяснять

[1]) Man. de phys. T. II. p. 77.

[2]) Ibid. p. 98.

[3]) Lettres d'Euler. L. XXVII. p. 318.

какою-то безсознательною, внѣ насъ лежащею волею даже нашу собственную волю. Мы просто не выходимъ изъ области фактовъ и гдѣ замѣчаемъ въ психическихъ явленіяхъ присутствіе сознательной воли, тамъ ее и указываемъ, а гдѣ не замѣчаемъ, тамъ указываемъ на ея отсутствіе. Наша роль въ этомъ случаѣ очень легка, мы только описываемъ явленія, не принимая на себя отвѣтственности объяснять ихъ и тамъ, гдѣ не хватаетъ фактовъ.

Чтобы понять вполнѣ необходимость такой осторожности, мы выставимъ здѣсь, какъ примѣръ того, къ чему можетъ увлечь психолога принятіе шопенгауеровской системы, систему Фортлаге; но чтобы понять систему Фортлаге, мы должны указать предварительно, какъ она сложилась.

11. Самъ Фортлаге, въ предисловіи къ своей психологіи, указываетъ съ благодарностію на Шопенгауера, Бенеке, Дюбуа-Реймона, какъ на людей, которымъ его система обязана основными идеями своими. И дѣйствительно, мы можемъ прослѣдить, какъ развилась мысль Фортлаге подъ вліяніемъ этихъ предшествовавшихъ ему писателей.

Каждому изъ нашихъ читателей, вѣроятно, извѣстна давно уже пущенная въ ходъ гипотеза *о силѣ въ скрытомъ состояніи*. Гипотеза эта имѣла свое мѣсто, имѣетъ его и теперь, въ естественныхъ наукахъ; но Бенеке первый, если мы не ошибаемся, вздумалъ перенести эту гипотезу въ психическія явленія. Въ его *слѣдахъ* сознаніе находится точно въ такомъ же скрытомъ состояніи, въ какомъ находится въ физикѣ теплородъ въ водѣ при извѣстныхъ условіяхъ. Это сознаніе въ скрытомъ состояніи обнаруживается при возбужденіи слѣда какимъ-нибудь новымъ впечатлѣніемъ. Бенеке не остановила невозможность этой мысли, т. е. невозможность признать сознаніе въ безсознательномъ состояніи; ибо что же другое можетъ значить сознаніе въ скрытомъ состояніи, какъ не *сознаніе* въ *безсознательномъ* состояніи, т. е. совершенную нелѣпость? Къ этой гипотезѣ Бенеке, которую онъ проводитъ вездѣ, нигдѣ не высказывая ее съ тою ясностью, которая очевидно обнаружила бы ея невозможность, само собою присоединилось потомъ знаменитое открытіе берлинскаго физіолога Дюбуа-Реймона, о которомъ мы уже упоминали выше [1]). Дюбуа-Реймонъ показалъ опытами, что живые нервы въ спокойномъ состояніи обнаруживаютъ электричество на электрометрѣ; а при дѣятельномъ перестаютъ обнаруживать, слѣдовательно поглощаютъ его, какъ силу, необходимую для ихъ работъ. Это навело мечтательныхъ психологовъ на мысль, что сознаніе есть подобная же живая сила, которая можетъ быть въ открытомъ и скрытомъ состояніи. Весьма естественно, къ этой мысли присоединилась и другая, а именно та, что всѣ разнородныя силы природы суть только различныя формы одной и той же силы, или лучше сказать, различныя формы движенія. Мы тоже упоминали и объ этой мысли выше. Здѣсь же скажемъ только вскользь, что мысль эта невольно подталкивала

---

[1]) Педаг. Антр. Ч. I. Гл. XI. п. 1.

метафизирующихъ психологовъ отыскать такой же общій принципъ д… всѣхъ душевныхъ явленій, какой былъ отысканъ (или предполагает… отысканнымъ) для всѣхъ физическихъ явленій. И этотъ принципъ он… нашли въ шопенгауеровской системѣ: въ безсознательной и всемогущ… волѣ или однимъ словомъ въ *стремленіи* (Trieb).

12. Переворачивая мысль Бенеке, видѣвшаго возможность выработ… сознанія изъ безсознательныхъ силъ природы и существованія его в… скрытомъ состояніи, Фортлаге *переноситъ эту гипотезу въ самое с… знаніе* и старается объяснить его какъ физическую силу, находящу… въ скрытомъ, задержанномъ состояніи, въ состояніи стремленія, напр… женности, колебанія, сомнѣнія, вопроса (im fragenden Zustande).

Чтобы сдѣлать такую гипотезу вѣроятною, Фортлаге, какъ псих… логъ, начинаетъ наблюденіемъ надъ сознаніемъ. Онъ показываетъ, ч… первое проявленіе сознанія выражается въ сомнѣніи, колебаніи, въ фор… вопроса, въ формѣ любопытства, приглядыванья и прислушиванья, ко… оно собственно еще ничего не видитъ и не слышитъ; что потомъ созн… ніе, увидѣвъ и услышавъ, не останавливается на томъ, что видитъ … слышитъ, но все спѣшитъ впередъ и впередъ, безпрестанно спраш… ваетъ, ищетъ, сомнѣвается, и въ этомъ будто бы выражается вся с… щественная дѣятельность сознанія. [1])

Присутствіе сознанія въ живомъ организмѣ, по Фортлаге, мы узнае… по произвольнымъ движеніямъ; но какъ же мы узнаемъ произвол… мыхъ движеній? Какъ отличаемъ произвольныя движенія отъ непро… вольныхъ? Задавшись этимъ вопросомъ, Фортлаге разрѣшаетъ его оч… остроумно: «произвольное движеніе отъ непроизвольнаго, говоритъ он… отличается возможностію ошибки, а вслѣдствіе этого, сомнѣніемъ, нер… шительностію, колебаніемъ въ выборѣ. Если магнитная стрѣлка обр… щается однимъ концомъ *всегда* къ сѣверу, то непроизвольность эт… движенія мы именно выводимъ изъ того, что стрѣлка всегда и безош… бочно обращается къ сѣверу. Произвольность же движеній животн… тѣмъ и отличается, что животное можетъ ошибиться, а потому сомн… вается, колеблется, смотритъ, слушаетъ, ощупываетъ вопросител… Какъ только это вопросительное состояніе прекращается, такъ прек… щается и сознаніе. Какъ только колебаніе превращается въ рѣшен… такъ и сила, проявляющаяся сознаніемъ въ своей вопросительной форм… превращается въ безсознательно дѣйствующую силу, двигающую живо… ное [2]).

13. До сихъ поръ Фортлаге не выходитъ изъ области психологіи, … мы можемъ быть только благодарны ему, что онъ внесъ въ нее нов… идею, которая справедлива, если только принять въ расчетъ ея од… сторонность и то, что она не объясняетъ всей сущности сознанія, а б… ретъ одну его сторону. Если бы мы могли наблюдать сознаніе толь…

---

[1]) System der Psychologie, von K. Fortlage. 1855. Erst. Th. § 7 und § 8.
[2]) Ibid. S. 93 и др.

въ другихъ живыхъ существахъ (что, конечно, невозможно), а не въ самихъ себѣ, то не могли бы ничего прибавить къ опредѣленію сознанія, которое даетъ намъ Фортлаге. Мы и могли бы узнать о сознаніи только какъ о сомнѣніи, нерѣшительности и т. д.; но, имѣя возможность наблюдать сознаніе въ самихъ себѣ, мы видимъ, что оно не всегда выражается въ формѣ вопроса или сомнѣнія, а гораздо чаще въ формѣ непосредственнаго чувства. Какое же тутъ сомнѣніе, если мнѣ больно и я чувствую боль? Въ выборѣ средствъ избавиться отъ боли проявится уже колебаніе, но самое чувство боли предшествуетъ этому колебанію.

Слѣдовательно, теорія Фортлаге въ психологическомъ отношеніи односторонняя и есть выводъ изъ наблюденій, а не самонаблюденій. Но эта теорія была ему нужна для другой цѣли, которая раскрывается вполнѣ только въ началѣ втораго тома его психологіи.

Такъ уже онъ прямо говоритъ: «Стремленіе (Trieb), подобно теплотѣ и электричеству, есть невѣсомое существо (imponderabiles Wesen), которое, входя въ малѣйшія частицы массы, импульсы которыхъ имъ заряжены, проявляется преходящимъ образомъ въ видѣ опредѣленной силы»[1]).

Зная же, что вся психологія Фортлаге построена на *стремленіи* и всѣ психологическія явленія объясняются какъ стремленія, мы поймемъ все значеніе брошеннаго здѣсь намека, что стремленіе, эта основа, или лучше, сущность души, эта основа всѣхъ психическихъ явленій, есть ничто иное, какъ *невѣсомое вещество*, подобное электричеству или теплотѣ. Это еще тѣмъ яснѣе, что нѣсколько выше Фортлаге требуетъ, въ противоположность Гегелю, не признававшему стремленій въ бездушной природѣ[2]), чтобы и въ физикѣ всѣ невѣсомые агенты назывались не *силами*, а *стремленіями*[3]).

14. Далѣе Фортлаге развиваетъ свою мысль такъ: «Не стремленіе вообще даетъ намъ знать о свойствахъ невѣсомаго агента, но только стремленіе въ незадержанномъ или безсознательномъ состояніи; тогда какъ стремленіе въ возвышенномъ (напряженномъ) и въ само на себя обращенномъ состояніи, т. е. въ состояніи вопроса есть существо, доступное только внутреннему наблюденію или внутреннему чувству. Внутреннее же наблюденіе показываетъ намъ, что стремленіе не перестаетъ быть стремленіемъ, проявляясь дѣятельною силою въ пространственныхъ движеніяхъ, что его специфическія свойства, законы его механизма и его переходовъ, существенно одни и тѣже какъ въ сознательномъ, такъ и въ безсознательномъ состояніяхъ». (Фортлаге не подумалъ о томъ, что это, можетъ быть, происходитъ отъ того, что самые невѣсомые агенты и теоріи ихъ проявленій суть только созданія человѣческой души и что самое понятіе о силѣ взято нами изъ психическаго міра и перенесено

[1]) Ibid. Zweit Th. S. 23.
[2]) Die Phil. des Geistes. § 426.
[3]) Syst. der Psych. v. Fortlage, Lr. T. 25.

на физическій) [1]). «Вотъ почему, говоритъ Фортлаге, можно бы вс невѣсомыя жидкости физики назвать стремленіями, только имѣя пр этомъ въ виду, что стремленіе есть обширнѣйшее понятіе, а невѣсом жидкость—болѣе тѣсное (т. е. невѣсомая жидкость есть видъ, а стре леніе—родъ), или, что хотя всѣ невѣсомые агенты могутъ быть назва стремленіями и именно стремленіями на извѣстной спеціальной ступе ихъ существованія, но что не всѣ стремленія дѣйствуютъ какъ нев сомыя жидкости, а только тѣ, которыя находятся въ безсознательно состояніи» [2]).

То есть, выражаясь яснѣе, Фортлаге хочетъ сказать: сознаніе ес невѣсомая жидкость; но не всякая невѣсомая жидкость есть сознаніе, только та, которая находится въ сознательномъ состояніи. Въ сознательном же состояніи находится невѣсомая жидкость тогда, когда она находится скрытомъ, задержанномъ состояніи (gehemten Zustande), какъ теплоро въ водѣ. Слѣдовательно, изъ этого выходитъ прямо, что вода со скрыты въ ней теплородомъ есть сознательное существо. Этого-то вывода и не хот лось Фортлаге. Вотъ почему, можетъ быть, онъ и выразился здѣсь та темно.

15. Говоря далѣе о томъ, что импульсы невѣсомыхъ дѣятелей пе реходятъ съ одной массы на другую, не имѣя однако самостоятельн бытія безъ отношенія къ массамъ, Фортлаге вдругъ дѣлаетъ такой, н изъ чего не вытекающій, выводъ: «Если мы сдѣлаемъ одинъ шагъ, т натолкнемся на такія жидкости (fluida), которыя не только имѣютъ сп собность переходить съ массы на массу со своими импульсами, но так могутъ оставаться въ колебаніи (in der Schwebe zu stehen), перейт ли имъ на массу a, или на массу b, или не переходить ни на ту, н на другую, *и въ этомъ нерѣшительномъ колебаніи могутъ пребы вать цѣлые періоды времени, не сообщая своихъ импульсовъ н одной изъ массъ, около которыхъ вертится вопросъ.* Такіе аген называются *стремленіями*, на сколько они сообщаютъ свои импуль извѣстнымъ массамъ, а на сколько они, не сообщая своихъ импульсов остаются сами въ себѣ замкнутыми, называются они *актами сознан* и *пониманія*» [3]).

Спрашивается, почему такую простую мысль такъ затемнилъ Фор лаге? Мы думаемъ потому, что обнаженная отъ своихъ ученыхъ тум новъ и переведенная на простой человѣческій языкъ, она является са мою невѣроятною гипотезою; а между тѣмъ это любимая мысль Фортлаг

16. Фортлаге говоритъ: стоитъ сдѣлать одинъ шагъ, чтобы перейт отъ невѣсомой жидкости физики къ невѣсомой жидкости сознанія, и д лаетъ прыжокъ, въ которомъ всякая логика сломитъ себѣ шею. Нев

---

[1]) Какъ мы то показали выше. См. Человѣкъ какъ пред. воспит. Т. I глава XXXV пп. 19—24.

[2]) Fortlage, zw. Th. S. 26 и 27.

[3]) Ib. § 27 и 28. Курсивъ въ подлинникѣ.

сомыя жидкости—не только гипотеза, но и устарѣлая гипотеза. Но и прежде никто не предполагалъ невѣсомыхъ жидкостей существующими отдѣльно отъ тѣлъ, а только въ тѣлахъ въ скрытомъ состояніи, выходя изъ котораго они производятъ ощущаемыя явленія. Фортлаге же признаетъ невѣсомую жидкость, которая можетъ въ продолжительный періодъ времени балансировать между тѣлами, какъ птица на воздухѣ, не рѣшаясь, на которое изъ нихъ спуститься. Кромѣ того мы можемъ еще понять физическую гипотезу о скрытомъ, задержанномъ (gehemten) теплородѣ или электричествѣ именно потому, что они предполагаются скрытыми въ какомъ-нибудь тѣлѣ или задержанными этимъ тѣломъ, недопускающимъ ихъ проявиться; но въ чемъ же скрыть такой балансирующій между тѣлами *флюидумъ?* Ужъ не въ самомъ ли себѣ? Но вѣдь это невозможно. Если мы говоримъ, что человѣкъ можетъ скрыться самъ въ себѣ, то это потому, что человѣкъ организмъ; но какъ же спрячется само въ себя тѣло однообразное, состоящее изъ однообразныхъ атомовъ? Какъ спрятаться желѣзу въ самого себя?

Но да не подумаетъ читатель, что въ обширномъ и глубоко-обдуманномъ сочиненіи Фортлаге только и есть, что эта гипотеза. Правда, она составляетъ любимую мысль Фортлаге, красную нить его книги; но тѣмъ не менѣе у Фортлаге много совершенно новыхъ и удачныхъ психическихъ анализовъ, которыми, безъ сомнѣнія, воспользуется наука.

17. Мы съ намѣреніемъ остановились на мнѣніяхъ Фортлаге, чтобы показать читателю, какъ опасно, принявъ даже *самую необходимую, самую неизбѣжную гипотезу*, счесть эту гипотезу за фактъ и строить на ней цѣлое міросозерцаніе.

Невозможно не признать въ человѣкѣ *стремленій*, предшествующихъ появленію чувствованій и желаній и условливающихъ ихъ появленіе и ихъ характеръ. На существованіе такихъ стремленій указываютъ факты, ясные какъ день и извѣстные каждому. Разбирая теорію Гербарта и его послѣдователей, мы показали читателю, какъ невозможно обойтись психологіи безъ признанія врожденныхъ стремленій, а разбирая мнѣнія послѣдователей Шопенгауера, мы показали, какъ опасно увлечься этою, вполнѣ необходимою гипотезою. Вотъ почему мы постараемся воспользоваться теоріей стремленій для группировки и объясненія душевныхъ явленій и въ то же время удержимся отъ всякихъ фантазій, въ какія насъ увлекла бы эта гипотеза, если бы мы придали ей значеніе факта.

О существованіи стремленій мы можемъ узнать только въ ихъ проявленіи, т. е. тогда только, когда стремленіе становится сознаваемымъ, а сознаваемое стремленіе есть уже не стремленіе, а чувствованіе или желаніе. Слѣдовательно, стремленіе есть *гипотеза*, но *гипотеза необходимая*. Такою мы ее и признаемъ.

ГЛАВА V.

Гипотеза стремленій.

1. Прежде всего взглянемъ на то, для означенія какого понятія м употребляемъ слово *стремленіе*.

Замѣчая, что магнитная стрѣлка, какъ бы мы ее ни отклоняли, пр доставленная себѣ самой, всегда однимъ концомъ своимъ обращается к сѣверу, и не зная дѣйствительной причины такого явленія, мы говори что магнитная стрѣлка имѣетъ *стремленіе* обращаться однимъ конц своимъ къ сѣверу, а другимъ къ югу. Мы называемъ, слѣдователь стремленіемъ не самую дѣятельность стрѣлки, но *неизвѣстную на причину*, которая въ данномъ случаѣ заставляетъ магнитную стрѣ двигаться, и притомъ двигаться такъ, а не иначе. Замѣтимъ при этом что если бы мы увидали, что кто-нибудь подвинулъ одинъ конецъ стрѣ къ сѣверу, то мы не назвали бы этого стремленіемъ. Слѣдователь мы называемъ стремленіемъ не только неизвѣстную намъ причину зам чаемой нами дѣятельности, но и притомъ такую причину, которую м предполагаемъ въ самомъ существѣ, обнаруживающемъ ту или друг дѣятельность, а не внѣ его.

2. Если замѣчаемую нами дѣятельность обнаруживаетъ сущес живое, то въ этомъ случаѣ, вмѣсто слова *стремленіе*, мы часто употр ляемъ другое слово: *инстинктъ*; но разумѣемъ подъ словомъ инстинк какъ-разъ тоже самое, что разумѣемъ и подъ словомъ стремленіе, т. разумѣемъ неизвѣстную намъ причину замѣчаемой нами дѣятельнос живаго существа и притомъ причину, лежащую въ самомъ живомъ с ществѣ, а не внѣ его. И замѣчательно, что если намъ удается откр причину дѣятельности животнаго, лежащую или въ его организмѣ, и въ его жизненномъ опытѣ и предполагаемомъ разсудкѣ, то мы не наз ваемъ уже этой причины инстинктомъ. Слѣдовательно, подъ имен инстинкта и животнаго стремленія мы разумѣемъ всегда и непремѣн *неизвѣстную намъ причину дѣятельности, лежащую въ самомъ су ствѣ, обнаруживающемъ ту или другую дѣятельность*. Замѣчая нап что черепаха, только что вышедшая изъ яйца, на песчаной мор отмели, тотчасъ же устремляется къ морю, мы указываемъ прич такого явленія въ инстинктѣ этого животнаго, именно потому, что можемъ предположить, чтобы черепаха, находясь еще въ яйцѣ, мо что-нибудь узнать о морѣ и его положеніи, о томъ, что это именно т элементъ, гдѣ ей назначено жить, и о томъ, наконецъ, что на бер ей очень опасно, такъ какъ множество птицъ хотятъ поживиться мягкимъ тѣломъ. Не имѣя возможности предположить такихъ сложн опытныхъ знаній въ черепахѣ, только что вышедшей изъ яйца, мы у зываемъ причину ея цѣлесообразнаго движенія къ морю во врожденн ей инстинктѣ, т. е. выражаясь проще, говоримъ, что *причина это явленія намъ неизвѣстна*, но что причина эта, по нашей вѣрѣ въ прич

ность всѣхъ явленій [1]), непремѣнно должна быть, и притомъ въ самой черепахѣ, а не внѣ ея.

3. Это послѣднее качество стремленій и инстинктовъ, т. е. что они лежатъ въ самомъ дѣйствующемъ существѣ, подало Спинозѣ поводъ выводить самое стремленіе изъ сущности существа. И дѣйствительно, между нашимъ понятіемъ *сущности* и нашимъ понятіемъ *стремленія* нѣтъ большой разницы. Подъ именемъ сущности мы разумѣемъ спокойную причину или совокупность спокойныхъ причинъ характеристической дѣятельности того или другаго существа. Подъ именемъ же стремленія мы разумѣемъ уже дѣйствующую причину дѣятельности. Такъ напр., мы говоримъ: при нагрѣваніи такихъ-то двухъ тѣлъ, въ нихъ обнаруживается стремленіе къ химическому соединенію. Но и здѣсь мы опять же не знаемъ, не есть-ли сама сущность та же дѣятельность, только скрытая отъ нашего наблюденія, слѣдовательно, и не можемъ логически отдѣлить понятія *сущность* отъ понятія *стремленіе*. Еще Спиноза сказалъ, что тѣла отличаются одно отъ другаго движеніемъ или покоемъ, быстротою или медленностію движенія, а «не сущностію» [2]). Эта мысль геніальнаго философа нашла себѣ обширное подтвержденіе въ современномъ естествознаніи, которое также стремится доказать, что разнообразіе явленій зависитъ отъ разнообразія въ движеніяхъ, и успѣло доказать это вполнѣ, по крайней мѣрѣ, въ отношеніи теплоты и движенія [3]).

Слѣдовательно, *стремленіемъ мы называемъ неизвѣстную намъ причину дѣятельности, обнаруживаемую тѣмъ или другимъ существомъ, и притомъ такую причину, которую мы предполагаемъ въ самой сущности даннаго существа.* Таково логическое происхожденіе идеи стремленія. Эта идея, слѣдовательно, есть *субъективная*, но вмѣстѣ съ тѣмъ *логически необходимая* идея, столь же необходимая, какъ идея сущности или идея причины.

4. Если мы перенесемъ наблюденіе стремленія въ психическую сферу, и станемъ наблюдать его въ самихъ себѣ, то придемъ совершенно къ тождественнымъ результатамъ. И въ себѣ самихъ мы называемъ стремленіемъ неизвѣстную намъ причину, возбуждающую въ насъ тѣ или другія психическія или психофизическія явленія. Такъ напр., мы не назовемъ стремленіемъ или инстинктомъ той причины, которая заставляетъ насъ строить домъ, шить теплую одежду, запасать хлѣбъ на будущій годъ,—не назовемъ именно потому, что мы видимъ причину этихъ нашихъ дѣятельностей въ сознательной мысли о ихъ необходимости или о ихъ пользѣ для насъ. Если же мы называемъ инстинктомъ или животнымъ стремленіемъ причину, побуждающую только-что родившееся дитя искать пищи въ сосцахѣ матери и выполнять при этомъ очень сложный и нелегкій процессъ сосанія, то именно потому, что мы не можемъ пред-

---

[1]) Педаг. Антр. Т. I. Глава XXXIX.

[2]) Spinoza. Eth. P. II. Prop. 13. Lem. 1.

[3]) Psycho-Physik von T. Fechner. Leipz. 1860. Th. I. S. 29.

положить въ только-что родившемся ребенкѣ ни сознательной мысли о потребности питанія, ни тѣхъ знаній изъ физики, которыя нужны для того, чтобы устроить пневматическую машину изо рта. На этомъ основаніи мы раздѣляемъ дѣйствія сознательныя отъ дѣйствій инстинктивныхъ.

5. Однако же, если мы будемъ внимательно анализировать наши сознательныя дѣйствія, т. е. такія, причину которыхъ мы сознаемъ, то замѣтимъ, что въ основѣ каждаго такого дѣйствія, подъ цѣлымъ рядомъ сознательныхъ причинъ, лежитъ всегда причина несознаваемая, безсознательное стремленіе или инстинктъ. Такъ напр., человѣкъ пашетъ поле и засѣваетъ его по сознательной причинѣ о необходимости пищи и на будущій годъ. Необходимость пищи онъ также узналъ изъ многочисленныхъ опытовъ голода; но никто, конечно, не скажетъ, чтобы человѣкъ испытывалъ голодъ вслѣдствіе сознанія необходимости пищи для продолженія жизни. Слѣдовательно, и въ основѣ цѣлой цѣпи сознательныхъ причинъ, обусловливающихъ сложную дѣятельность земледѣльца, лежитъ причина безсознательная: инстинктивное стремленіе человѣка къ пищѣ. Наука, показывая намъ необходимость возобновленія тканей нашего тѣла для продолженія нашей жизненной дѣятельности, расширяетъ цѣпь сознательныхъ причинъ; но много ли и теперь есть людей, которые сознаютъ ясно, почему человѣку нужно ѣсть и пить? А всѣ, тѣмъ не менѣе, хотятъ ѣсть и пить. Точно также, многіе ли сознаютъ значеніе воздуха въ пищевомъ процессѣ? Но между тѣмъ ни къ чему, можетъ быть, человѣкъ не стремится такъ жадно, какъ къ воздуху, даже и не зная о его существованіи. Стремленіе къ пищѣ пробуждается въ младенцѣ прежде, чѣмъ онъ имѣетъ понятіе не только о необходимости пищи, но даже вообще понятіе о пищѣ. Мы, конечно, не можемъ припомнить тогдашняго состоянія нашей души [1]), и въ настоящее время побужденіе голода немедленно пробуждаетъ въ насъ представленіе о пищѣ, но первое стремленіе не могло выразиться иначе, какъ, по выраженію Локка, «въ чувствѣ недостатка». Точно также мы садимъ резеду, потому что она хорошо пахнетъ; но почему намъ нравится запахъ резеды—это остается для насъ неизвѣстнымъ, и это неизвѣстное лежитъ въ основѣ цѣлаго ряда сознательныхъ дѣйствій нашихъ. Даже эстетическія наши наслажденія, въ концѣ концовъ, сводятся къ безсознательнымъ стремленіямъ. Всѣ люди, болѣе или менѣе, имѣютъ эстетическое чувство, а между тѣмъ еще никто до сихъ поръ не опредѣлилъ, что такое красота въ музыкѣ, поэзіи, живописи. Мы можемъ изучать условія красоты, т. е. возводить ихъ въ сознаніе, но почему именно такое, а не другое соединеніе линій и красокъ, почему именно такое, а не другое сочетаніе звуковъ нравится намъ, — этого мы не знаемъ. Да если бы, наконецъ, наука и открыла намъ это, то все же мы должны были бы признать, что *чувствовали* красоту прежде, чѣмъ

---

[1]) «Состоянія удовольствія и страданія, говоритъ Бэнъ, *не такъ легко* воспроизводятся, какъ образы внѣшняго міра» (The Will, p. 432).

узнали причину этого чувства. Тоже самое должны мы признать и въ отношеніи причинъ нашей нравственной дѣятельности. Развѣ и теперь еще не спорятъ о причинѣ нравственныхъ стремленій человѣка, послѣ того, какъ эти нравственныя стремленія проявляются человѣчествомъ въ продолженіи многихъ и многихъ тысячелѣтій? Тоже самое относится и къ стремленіямъ религіознымъ. Развѣ и теперь еще не появляются ежегодно теоріи происхожденія этихъ стремленій, создавшихъ тысячеобразныя религіозныя вѣрованія, идущія въ глубь древности далѣе всякихъ историческихъ изслѣдованій?

5. Слѣдовательно, не должны ли мы признать, что въ основѣ всякой нашей сознательной дѣятельности все же лежитъ *безсознательное стремленіе? Хочется, нравится, не хочется, не нравится* — для насъ послѣдняя причина всѣхъ нашихъ сознательныхъ дѣйствій. Возьмите, какое хотите, дѣйствіе, и какъ бы оно ни казалось вамъ проникнуто сознаніемъ, анализируйте его до послѣднихъ предѣловъ, и вы найдете въ основѣ его безсознательное стремленіе. Положимъ напр., что, вникая въ условія гармоническаго сочетанія звуковъ, мы откроемъ, что эти сочетанія тѣмъ болѣе намъ нравятся, чѣмъ болѣе даютъ намъ дѣятельности въ сферѣ звуковъ и чѣмъ безпрепятственнѣе и въ тоже время обширнѣе можетъ совершаться эта дѣятельность [1]; но и тогда причина, почему душѣ нравится обширная и безпрепятственная дѣятельность, останется для насъ неизвѣстною, и мы опять же принуждены будемъ назвать эту неизвѣстную причину таинственнымъ именемъ *врожденнаго стремленія къ сознательной дѣятельности*; ибо эта причина лежитъ *въ насъ самихъ*, а не внѣ насъ.

6. Не трудно убѣдиться, что причина того, что намъ *хочется* и *нравится* и что, слѣдовательно, составляетъ безсознательную основу нашей сознательной дѣятельности, лежитъ не въ предметѣ, возбуждающемъ въ насъ пріятныя ощущенія, а въ насъ самихъ. Мое желаніе ѣсть дѣлаетъ мнѣ хлѣбъ пріятнымъ, а не хлѣбъ пробуждаетъ во мнѣ чувство голода, хотя конечно видъ хлѣба очень часто можетъ отвлечь мое вниманіе отъ другихъ предметовъ и тѣмъ самымъ дать мнѣ возможность почувствовать то, уже существующее, состояніе моего организма, которое отразится въ душѣ чувствомъ голода. «Мы желаемъ вещи, говоритъ Спиноза, не потому, что она кажется намъ хорошею, но потому вещь кажется намъ хорошею, что мы ее желаемъ» [2]. Эту мысль слѣдовало бы уяснить такъ: мы *желаемъ* вещи не потому, что она кажется намъ хорошею, но она кажется намъ хорошею вслѣдствіе безсознательнаго въ ней *стремленія*, въ насъ существующаго. Не должно смѣшивать этихъ двухъ понятій: *желаніе* и *стремленіе*. Конечне, въ основѣ каждаго желанія лежитъ безсознательное стремленіе; но здѣсь къ нему присоединяется уже сознательное представленіе желаемаго, извлеченное

[1] Пед. Антроп. т. I. гл. VII, п. 10—12.

[2] Spinoza. Eth. P. III. Prop. 9 и 39. Schol.

изъ многочисленныхъ опытовъ удовлетворенія первоначально безсозн тельному стремленію.

7. Все раздѣленіе нами предметовъ на *полезные*, *безполезные*, *вредные*, на *пріятные*, *непріятные* и *безразличные* дѣлается на основаніи такихъ безсознательныхъ стремленій нашей природы, т. на основаніи такихъ, возникающихъ въ насъ психическихъ состояні причины которыхъ скрываются внѣ нашего сознанія.

8. *Безсознательныя стремленія превращаются въ сознатель желанія не иначе, какъ черезъ посредство чувствованій*. Безсознател ное стремленіе къ пищѣ, называемое голодомъ, дѣлаетъ намъ хлѣбъ *пр ятнымъ* и послѣ этого мы уже сознательно *желаемъ* и ищемъ хлѣ Слѣдовательно, *чувствованіе удовольствія*, сопровождающаго удов твореніе безсознательнаго стремленія, превратило это *безсознатель стремленіе* въ *сознательное желаніе*. Безсознательно стремимся къ гармоніи звуковъ и, слыша гармоническіе звуки, получаемъ удово ствіе, а впослѣдствіи уже сознательно желаемъ этихъ звуковъ, знаемъ, что они доставляютъ намъ удовольствіе. *Таковъ психическ актъ, во всей своей простотѣ и точности*. Стремленіе, чувство ніе и представленіе [1])—вотъ три психическія явленія, которыя соед няются въ сложномъ актѣ желанія. Конечно, *первый членъ* этой це мы *только предполагаемъ*, но тѣмъ не менѣе предположеніе его насъ логически неизбѣжно: мы *не можемъ* иначе объяснить появле въ насъ тѣхъ или другихъ *чувствованій*, какъ предположивъ тѣ другія безсознательныя стремленія въ нашей природѣ; а появленію насъ сознательныхъ желаній мы также необходимо должны предпосл появленіе въ насъ чувствованій, условливающихъ всѣ наши жела и нежеланія [2]). Въ *желаніи* уже соединяется воспоминаніе испыта ныхъ чувствованій и представленіе предмета, возбудившаго въ на эти чувствованія.

ГЛАВА VI.

Врожденныя стремленія: стремленіе къ единичному существ ванію.

1. Путемъ анализа нашихъ чувствованій и желаній мы доходи

---

[1]) Незнаніе сложности желанія и исторіи образованія желаній ведетъ самымъ уродливымъ и практически вреднымъ предположеніямъ. Тако напр. мнѣніе о врожденности желаній преступленія, мнѣніе, раздѣляемое знаменитымъ Кетле со многими другими (Sur l'homme, par Quetelet. Pa 1833. T. II. p. 108).

[2]) Придерживаясь Спинозы, Мюллеръ говоритъ: «чувствованія суть созн ваемыя желанія» (Man. de Phys. T. II. p. 511). Мы же видимъ, что чув вованіе есть самостоятельный актъ души, возбуждающійся въ ней удов твореніемъ или неудовлетвореніемъ стремленій.

до сознанія полной необходимости признать существованіе врожденных *стремленій*, хотя сами эти стремленія находятся внѣ области сознанія и мы узнаемъ о нихъ только въ нашихъ чувствованіяхъ и еще болѣе въ нашихъ желаніяхъ. Но мы не только узнаемъ о существованіи стремленій вообще, но должны опредѣлить ихъ какъ стремленія къ чему-нибудь опредѣленному, ибо признаніе неопредѣленнаго стремленія, стремленія ко всему или, что все равно, ни къ чему, въ родѣ шопенгауеровской воли, за которою слѣдуетъ идея, но которой она не предшествуетъ, противорѣчитъ самому понятію стремленія — уничтожаетъ это понятіе и рисуетъ воображенію какое-то существо, уже непонятное человѣку. Наука же, во всякомъ случаѣ, не должна выходить изъ области человѣческаго пониманія.

2. Само собою разумѣется, что опредѣленіе стремленій, врожденныхъ человѣку, и классификацію ихъ, мы можемъ сдѣлать только на основаніи анализа тѣхъ чувствованій и въ особенности желаній, въ которыхъ стремленія обнаруживаются для сознанія, доходя всякій разъ въ нашемъ анализѣ до необходимости признанія того или другаго врожденнаго стремленія, безъ котораго самое чувствованіе или желаніе было бы необъяснимо. Перечисляя самыя простыя и всѣмъ людямъ одинаково свойственныя желанія и при томъ такія, слѣды которыхъ мы находимъ и у животныхъ (выдѣляя слѣдовательно желанія, свойственныя только человѣку) и соединяя эти животныя желанія въ отдѣльныя группы по принципу сходства, мы найдемъ нѣсколько обширныхъ стремленій, прирожденныхъ если не каждому одушевленному организму, то всѣмъ наиболѣе развитымъ изъ нихъ.

3. Къ такимъ врожденнымъ, безсознательнымъ стремленіямъ слѣдуетъ причислить, *во-первыхъ*, стремленіе къ *индивидуальному существованію*, куда относятся какъ *пищевое* стремленіе, такъ и всѣ инстинкты индивидуальнаго самосохраненія; *во-вторыхъ* стремленіе *къ общественному и родовому существованію*, куда относится и половой инстинктъ; *въ-третьихъ*, стремленіе *къ сознательной дѣятельности*, выражаемое прежде всего тоскою бездѣйствія. Первые два рода стремленій мы можемъ характеризовать названіемъ *растительныхъ*, ибо они выходятъ изъ потребностей растительнаго организма [1], третій же родъ свойственъ только существамъ, одареннымъ жизнью и потому стремящимся *жить*. Психологія, основанная на началахъ шопенгауеровской философіи, разыскивая стремленія, находитъ ихъ безчисленное множество. Такъ Фортлаге находитъ стремленія высшія и низшія, мирныя, кровныя, стремленія репульсіи, стремленіе къ ассимиляціи и многое множество другихъ [2]. Но вмѣсто того, чтобы творить стрем-

[1]) Пед. Антр. т. I. Гл. VI.

[2]) System der Psychologie von K. Fortlage. 1855. Erst. Th. §§ 33, 38 et cet.

ленія, мы считаемъ лучшимъ изучать проявленія тѣхъ, которыя все известны.

Стремленіе къ индивидуальному существованію.

4. Тѣло наше, какъ и всякій другой растительный организмъ, име потребность *питанія* для развитія своихъ органовъ, которое и со шается не иначе, какъ черезъ уподобленіе тѣломъ элементовъ внѣш для него природы. Процессъ питанія какъ въ человѣкѣ, такъ и растеніи совершается одинаково, видоизмѣняясь, но не измѣняясь с щественно [1]). Но въ растеніи, по отсутствію души, процессъ совершается, не сопровождаясь сознаніемъ. Въ одушевленномъ же щест҃вѣ душа ощущаетъ эти процессы, ощущаетъ сперва появленіе требности питанія, а потомъ удовлетвореніе ея—ощущаетъ, такъ сказ начало и конецъ процесса.

5. Нѣтъ сомнѣнія, что ощущеніе душою растительныхъ потребнос тѣла и тѣхъ или другихъ фазисовъ изъ процесса ихъ удовлетворе совершается черезъ того же посредника, черезъ котораго, какъ мы дѣли это выше, тѣлесныя впечатлѣнія превращаются въ душев ощущенія, т. е. черезъ посредство нервнаго организма [2]). Это посре ство необходимо слѣдуетъ предположить и на него указываютъ мно факты анатоміи и физіологіи, хотя еще наука далеко не раскры вполнѣ, какія измѣненія происходятъ въ нервномъ организмѣ, по вліяніемъ которыхъ душа испытываетъ ощущеніе голода, жажды, потребности дыханія, относящейся также къ пищевому процессу.

Мы видѣли также выше, что въ животномъ организмѣ къ *расти тельнымъ пищевымъ потребностямъ* тѣла прибавляется еще од условливаемая уже особенностію животнаго. Въ животномъ потребнос пищи является уже не только вслѣдствіе потребности развитія органо и размноженія, какъ въ растеніи, но и вслѣдствіе того, что ткани жи вотнаго организма, безпрестанно потребляемыя дѣятельностью живо требуютъ безпрестаннаго же обновленія, такъ-что въ животномъ пит тельный процессъ по окончаніи роста слѣдовало бы назвать собствен *возобновительнымъ* [3]).

6. Мы ощущаемъ голодъ и жажду точно такъ же, какъ ощущае цвѣтъ, звукъ, свѣтъ, запахъ и т. д., т. е. ощущаемъ особенное со стояніе нервнаго организма и поэтому мы отнесли эти ощущенія к особенному разряду *общихъ ощущеній*; [4]) здѣсь же насъ занимают не сами эти *ощущенія*, а *чувствованія*, которыми они сопровождаютс тѣ страданія, которыми напр. сопровождается долго неудовлетворяема

---

[1]) Педаг. Антроп. т. I. Гл.

[2]) Menschen und Thier-Seele von Wundt. 1311. B. II. S. 24.

[3]) Пед. Антр. т. I. гл. IV.

[4]) Пед. Антр. т. I. Гл. VII. п. 27.

голодъ, и то удовольствіе, которымъ сопровождается его удовлетвореніе. Почему долгое неудовлетвореніе голода мучительно, а удовлетвореніе его пріятно? На эти столь простые вопросы мы и должны отвѣчать также просто—*не знаемъ*. Если бы магнитная стрѣлка была одарена душою, то ей, вѣроятно, казалось бы очень естественнымъ стремиться однимъ концомъ къ сѣверу, а другимъ къ югу; если бы она была одарена способностью чувствованія, то весьма вѣроятно, что ей также казалось бы очень естественнымъ ощущать удовольствіе, когда это стремленіе удовлетворяется, и неудовольствіе, когда удовлетвореніе ея стремленія встрѣчаетъ помѣху; но, тѣмъ не менѣе, это естественное было бы совершенно непонятнымъ.

7. Мы можемъ только *предположить*, что душа въ своемъ стремленіи *къ жизненной дѣятельности*, встрѣчая недостатокъ въ тѣлесныхъ силахъ, необходимыхъ для этой дѣятельности, испытываетъ страданія, не сознавая причины этихъ страданій. Это, во всякомъ случаѣ, спасительный голосъ природы, безъ котораго жизненная дѣятельность скоро истощила бы силы тѣла и сама должна была бы остановиться: для растеній не нужно этого голоса, такъ какъ у нихъ нѣтъ жизненной дѣятельности. Но это тѣсная связь души и тѣла лежитъ *внѣ нашего сознанія*, и не оно, въ непосредственной своей формѣ, а только новѣйшая наука, весьма сложными опытами и наблюденіями, открываетъ, что ткани тѣла измѣняются подъ вліяніемъ жизненной дѣятельности. Не только животное, но и человѣкъ неминуемо погибли бы, если бы могли продолжать жизненную дѣятельность до совершеннаго истощенія силъ, даже испытывая ощущеніе голода, но не чувствуя побуждающей силы сопровождающихъ его страданій, или если бы, напримѣръ, не испытывали страданій при недостаткѣ воздуха, который также необходимъ для творенія крови, какъ и пища.

8. Пищевое стремленіе, съ присоединеніемъ къ нему и процесса дыханія обставлено множествомъ *рефлективныхъ процессовъ*, которые также могутъ совершаться безъ всякаго участія сознанія, таковы: отдѣленіе слюнныхъ железъ, глотаніе, движеніе желудка, біеніе сердца, дыханіе и др. Сложный актъ кормленія младенца грудью также есть сложный *рефлексъ* множества органовъ, приходящихъ въ движеніе при пробужденіи стремленія, для удовлетворенія котораго этотъ рефлексъ назначенъ.

9. Ощущеніе голода само по себѣ нельзя назвать страданіемъ; въ легкой степени аппетита, оно можетъ быть даже пріятнымъ и возбуждающимъ чувствомъ, особенно, если въ виду хорошій обѣдъ; а напротивъ, отсутствіе аппетита есть тяжелое и непріятное чувство. Точно также и удовлетвореніе аппетита, независимо отъ вкуса пищи, начинаетъ доставлять удовольствіе только тогда, когда аппетитъ возросъ до степени безпокойнаго ощущенія; такъ-что мы можемъ принять, что душа испытываетъ страданія при ощущеніи голода собственно отъ того, что нормальное состояніе нервной системы, необходимое для совершенія жизненной

дѣятельности, все болѣе и болѣе нарушается. Вѣрно или нѣтъ [illegible] предположеніе, однако же несомнѣнно то, что интензивность чувст[illegible] наслажденія питаніемъ (независимо отъ вкуса пищи) находится въ п[illegible] мой зависимости отъ степени голода, который мы удовлетворяемъ; [illegible] такомъ-то смыслѣ голодъ называется лучшимъ на свѣтѣ поваро[illegible] Мы должны вынести нѣкоторое страданіе, чтобы получить наслажде[illegible] и чѣмъ интензивнѣе было страданіе, тѣмъ интензивнѣе и удовольст[illegible] удовлетворяя же всякій разъ только-что зарождающемуся аппетиту [illegible] даже предупреждая его появленіе, какъ это часто бываетъ, мы вмѣ[illegible] съ тѣмъ не наслаждаемся и удовлетвореніемъ голода, хотя можемъ [illegible] наслаждаться специальнымъ вкусомъ пищи.

10. Различіе во вкусѣ пищи и наше различное отношеніе къ ра[illegible] личнымъ вкусамъ, вѣроятно, имѣетъ свое основаніе также въ питате[illegible] номъ процессѣ; но основаніе это еще не раскрыто химіею и физіолог[illegible] Кажется должны быть *вкусы и запахи примитивные*, пріятные [illegible] непріятные вообще для человѣка; по крайней мѣрѣ, на это намека[illegible] производство словъ, общее, кажется, всѣмъ языкамъ, по которому по[illegible] тіе сладкаго перенесено и на душевныя удовольствія, а понятіе гор[illegible] и на душевныя страданія. Но всемірная гастрономія, а можетъ бы[illegible] отчасти и человѣческія идіосинкразіи, часто передающіяся наслѣдствен[illegible] такъ измѣнили примитивные вкусы, что до нихъ теперь и добрат[illegible] трудно. Горькое часто нравится гастроному также, какъ и кислое, [illegible] что считается противнымъ у одного народа, то составляетъ лакомст[illegible] у другаго. Здѣсь, кажется, присоединяется еще удовольствіе чи[illegible] психической дѣятельности сознавательнаго процесса, который, буд[illegible] обращенъ ко вкусовымъ ощущеніямъ, находитъ удовольствіе въ пр[illegible] цессѣ распознаванія, сравненія и комбинаціи — своего рода вкусов[illegible] музыкѣ; большую роль, должно быть, играетъ здѣсь также тщесла[illegible] свойственное вообще знатокамъ во всѣхъ искусствахъ. Для насъ важ[illegible] только то, что и въ отношеніи наслажденій вкуса и обонянія боль[illegible] или меньшая интензивность наслажденія покупается не иначе, ка[illegible] большею или меньшею интензивностью лишеній: нѣтъ такого пріятн[illegible] вкуса, который не переставъ бы быть пріятнымъ при постоянно[illegible] удовлетвореніи и неприправляемый чувствомъ удовлетворяемаго [illegible] лода.

11. Но изъ самой перемѣнчивости вкусовыхъ и обонятельны[illegible] удовольствій мы видимъ уже, что ихъ никакъ нельзя поставить [illegible] ряду съ удовольствіями удовлетворяемаго голода. Это—несущественн[illegible] требованія природы, а потому они пробуждаются и глохнутъ отъ удов[illegible] творенія и неудовлетворенія. Вѣроятно, что если бы дитя никогда [illegible] кормить сладкимъ, то оно не получило бы стремленія къ сладостя[illegible] но вѣроятно также и то, что сладкая пища, употребляемая постоян[illegible] сначала потеряла бы для него всякую пріятность, а потомъ стала б[illegible] отвратительна. Но главное дѣло здѣсь не въ сладкомъ и не въ горьком[illegible] а въ томъ, чтобъ не обращать усиленной психической дѣятельно[illegible]

дѣтей въ такую узкую и неплодовитую сферу, какую представляютъ для сознанія вкусовыя ощущенія.

12. Непріятность чувства голода психически объясняется тѣмъ, что душа въ своемъ стремленіи къ дѣятельности встрѣчаетъ затрудненіе въ истощенномъ тѣлѣ. Если нервная система наша чѣмъ-нибудь сильно возбуждена, то мы долго не ощущаемъ самой настоятельной потребности пищи; но наконецъ потребность эта становится такъ интензивна, что мы не можемъ уже думать, не замѣчая ея. Однако же, когда голодъ достигаетъ высокой степени, то специфическія мученія его прекращаются, и появляется не остановка работы нервной системы, какъ слѣдовало бы ожидать, но ея усиленная дѣятельность, которая ускоряетъ смерть организма, быстро поглощая его послѣднія силы. Слѣдовательно, мы никакъ не можемъ сказать, какъ хотятъ того иные, чтобы на душевную работу шелъ только избытокъ органическихъ силъ тѣла: напротивъ, при недостаткѣ этихъ силъ, онѣ всѣ идутъ на душевную дѣятельность, т. е. на ту дѣятельность нервовъ, которая, какъ мы видѣли, необходима при душевныхъ работахъ. Если было бы наоборотъ, то при недостаткѣ питанія прежде всего прекращалась бы душевная дѣятельность, а мы видимъ, напротивъ, что она усиливается и мученія голода сопровождаются безумными мечтами, въ которыхъ, такъ сказать, сгораютъ послѣдніе атомы пищи [1]).

13. *Возобновительный процессъ* въ животномъ, кромѣ чувства голода, сопровождается еще ощущеніемъ усталости и бодрости, а эти органическія ощущенія сопровождаются *чувствованіями*: страданіемъ, которое можетъ достичь сильной интензивности, какъ напр. тогда, когда человѣку долго мѣшаютъ спать, и удовольствіемъ, которое всякій изъ насъ испытываетъ при бодромъ состояніи тѣла. Но это обиліе физическихъ силъ, если мы не даемъ ему исхода въ дѣятельности, само можетъ сдѣлаться причиною страданій.

14. Исходъ этому избытку безпрестанно накопляющихся физическихъ силъ природа прежде всего указываетъ *въ тѣлесныхъ движеніяхъ*. Стремленіе къ тѣлеснымъ движеніямъ обнаруживается уже въ зародышевомъ состояніи человѣка и животныхъ, и мы отчасти согласны съ Беномъ [2]), приписывающимъ причину этихъ движеній накопленію мозговой энергіи, но думаемъ, что въ иныхъ случаяхъ потребность движенія прямо объясняется накопленіемъ массы крови. Мы всѣ испытываемъ очень ясно потребность движенія въ членахъ, когда они долго остаются въ одномъ и томъ же положеніи и при неудовлетвореніи это-

---

[1]) Вскрытіе животныхъ, умершихъ голодною смертью, показало, что менѣе всего теряютъ своего вѣсу *нервы* (Физіологическія письма Фогта, стр. 180). Но не значитъ ли это, что нервы питаются на счетъ другихъ элементовъ тѣла? Безъ питанія они не могли бы продолжать своей дѣятельности.

[2]) Bain. The Will.

му стремленію чувство страданія можетъ достичь высокой степени. Вотъ на эту-то потребность движеній указываетъ и Гербартъ [1]), замѣчая ее особенно въ дѣтяхъ и молодыхъ животныхъ или, прямѣе, въ молодыхъ животныхъ организмахъ, у которыхъ выработка физическихъ силъ идетъ очень быстро, тогда какъ трата ихъ собственно на душевные процессы еще не велика. Естественно, что вмѣстѣ съ ослабленіемъ процесса выработки физическихъ силъ и возрастаніемъ дѣятельности душевной, все болѣе и болѣе поглощающей эти силы, и самая потребность тѣлесныхъ движеній уменьшается.

15. Но это тѣлесное стремленіе къ движеніямъ, выходящее изъ избытка физическихъ силъ, слѣдуетъ строго отдѣлять отъ стремленія къ сознательной дѣятельности, которая можетъ продолжаться и тогда, когда физическихъ силъ не хватаетъ даже для правильныхъ, нормальныхъ отправленій растительнаго организма, такъ что сознательная дѣятельность, продолжая совершаться, совершается въ ущербъ тѣлесному организму, истребляя тѣ силы, которыя нужны для его питанія [2]).

16. Къ этимъ же пищевымъ стремленіямъ, возникающимъ изъ потребности растительнаго и возобновительнаго процесса слѣдуетъ конечно отнести и потребность влаги или *жажду*, потребность воздуха, необходимаго въ кровотвореніи, равно какъ и потребность опредѣленной температуры, которая сказывается въ удовольствіи, ощущаемомъ нами при теплѣ и прохладѣ, и въ неудовольствіи, которое ощущаемъ мы при холодѣ или жарѣ. Мы стремимся къ теплу или прохладѣ не потому, чтобы (какъ того хочетъ Бэнъ) испытали уже удовольствіе того и другаго, но потому, что испытываемъ страданія, когда температура переходитъ опредѣленный предѣлъ.

17. Достаточно ли этихъ указаній природы для того, чтобы возобновительный процессъ могъ безпрепятственно совершаться—этого мы не беремся рѣшить. Гегель считаетъ стремленіе непогрѣшимымъ; но это онтологическое предположеніе, котораго нельзя оправдать фактами. Что называется непогрѣшимымъ, въ отношеніи внѣшней для насъ природы,—этого мы не можемъ знать; что же касается до непогрѣшительности этого голоса природы въ отношеніи сохраненія и обезпеченія нашей жизни, то есть поводы сомнѣваться въ такой непогрѣшимости. Дѣйствительно, у иныхъ животныхъ этотъ голосъ природы очень вѣренъ, но въ человѣкѣ мы замѣчаемъ иногда такія стремленія, удовлетвореніе которыхъ прямо вредно организму. Такъ дѣти слабогрудыя любятъ чрезмѣрно усиленные крики и движенія, которыя для нихъ положительно вредны; такъ золотушныя любятъ все мучнистое, а также и все острое, что то же для нихъ вредно. Стремится ли при этомъ природа къ разрушенію собственнаго своего дѣла или это есть уже из-

---

[1]) Lehrbuch der Psychol.

[2]) См. Пед. Антр. т. I, гл. XI. п. 5.

вращеніе, вносимое въ организмъ болѣзнею—для разрѣшенія подобныхъ онтологическихъ вопросовъ мы не имѣемъ никакихъ данныхъ.

18. Пищевыя стремленія иногда обставлены у животныхъ поразительными инстинктами, которыхъ у человѣка замѣчается гораздо менѣе. Слѣдуетъ ли видѣть въ этомъ разсчетъ созданія, имѣющій въ виду умственныя способности человѣка, или можетъ быть самое пользованіе человѣка своими умственными способностями мало по малу заглушило въ немъ природные инстинкты—этого мы также рѣшить не беремся по недостатку данныхъ. Замѣтимъ только, что обоняніе, а можетъ быть у низшихъ животныхъ и осязаніе, играетъ очень важную роль въ пищевыхъ инстинктахъ. Обоняніе, такъ близко граничащее со вкусомъ и осязаніемъ, что дѣятельность ихъ часто и различить невозможно [1]), есть само по себѣ уже удовлетвореніе пищеваго стремленія, но удовлетвореніе такое ничтожное, что оно можетъ служить только указаніемъ, что данная пища можетъ утолить голодъ, уже мучащій животное. Обоняніемъ животное приводится къ опытамъ удовлетворенія голода тою или другою пищею; а опытъ, сопровождающійся пріятнымъ чувствомъ удовлетворенія, сдѣлавшись опредѣленнымъ представленіемъ, превращаетъ безсознательное *стремленіе* къ пищѣ въ опредѣленное *желаніе* той или другой пищи.

19. Въ область этого же стремленія къ индивидуальному существованію мы должны отнести и тѣ инстинкты *самосохраненія* или, вѣрнѣе, *самозащиты*, которыхъ много замѣчается у разныхъ животныхъ, но которые едвали есть у человѣка. По крайней мѣрѣ, наблюдая надъ дѣтьми, мы замѣчаемъ, что средства самозащиты пріобрѣтаются у нихъ опытомъ: вслѣдствіе опытовъ узнаетъ ребенокъ, что огонь жжется и что упасть больно. Можетъ быть, при болѣе внимательномъ наблюденіи и можно было бы замѣтить, что и у дитяти есть нѣкоторые врожденные пріемы самозащиты; но это не имѣетъ для нашей цѣли никакого важнаго значенія.

ГЛАВА VII.

Инстинктивныя стремленія къ общественному и родовому существованію.

1. Какъ бы ни казалось намъ разумнымъ стремленіе къ общественности въ человѣкѣ и сколько бы потомъ человѣкъ ни вносилъ въ это стремленіе яснаго разсчета тѣхъ пользъ, которыя извлекаетъ онъ изъ общественной жизни, но, вглядѣвшись внимательно въ факты, мы должны признать, что въ основѣ этого стремленія къ обществу лежитъ природный инстинктъ, дѣйствующій въ человѣкѣ прежде, чѣмъ становятся въ немъ возможными эгоистическіе разсчеты. Это тѣмъ болѣе

[1]) Пед. Антр. т. I. гл. XII пп. 15, 17 и 18.

очевидно, что тотъ же инстинктъ общественности дѣйствуетъ и въ жи... вотныхъ, у которыхъ мы не можемъ предполагать такого обшир... развитія разсудка, какое нужно было бы, чтобы понять пользу об... ственной жизни.

2. Аристотель, кажется, первый назвалъ человѣка *животны... общественнымъ*, а за нимъ многіе писатели повторяли эту фразу. ... отвергая, конечно, стремленія къ общественности въ человѣкѣ, мы ... жны однако замѣтить, что это стремленіе вовсе не есть исключите... ная принадлежность человѣка. Не только человѣкъ, но и многія живо... ныя живутъ обществами, а нѣкоторыя такими обществами, обширно... и сложное устройство которыхъ невольно поражаютъ самаго человѣ...: таковы общества муравьевъ, пчелъ и другихъ насѣкомыхъ, нѣкоторы... породъ рыбъ, птицъ и, наконецъ, нѣкоторыхъ четвероногихъ животны... и въ особенности изъ породы грызуновъ. Слѣдовательно, предпола... въ человѣкѣ инстинктивное стремленіе къ общественности, мы не м... жемъ не видѣть такого же стремленія и въ животныхъ.

3. Уже въ первой части нашей антропологіи, разсматривая органи... мы, мы нашли два рода ихъ: организмы *единичные* и организмы *о... щественные* [1]. Мы нашли также, что организмы общественные та... же самостоятельныя явленія природы, какъ и организмы единичные, ... что происхожденіе какъ тѣхъ, такъ и другихъ одинаково неизвѣстн... и что организмы общественные тѣмъ отличаются отъ организмовъ ед... ничныхъ, что, тогда-какъ въ послѣднихъ члены организма связаны м... теріально, въ первыхъ, т. е. въ общественныхъ, они связаны меж... собою нематерьяльною связью, но условіями жизни и развитія. М... нашли, кромѣ того, что существованіе общественныхъ организмовъ мож... но уже замѣтить въ царствѣ растеній, въ тѣхъ *двудомныхъ* расте... іяхъ, которыя, не будучи связаны между собою матеріально, тѣмъ н... менѣе необходимы другъ для друга, такъ что родовое ихъ существо... ваніе условливается сосѣдствомъ двухъ экземпляровъ разнаго пола ... тѣмъ, что вѣтеръ или насѣкомыя переносятъ плодотворную пыль с... *тычинокъ* одного экземпляра на *плоднички* другаго. Къ этому ж... разряду явленій мы причисляли явленія семьи, рода, племенъ и рас... —явленія, общія человѣку, животнымъ и растеніямъ.

4. Эта *потребность общественности*, существующая и въ раст... ніяхъ, и въ животныхъ, не чувствуется въ первыхъ по отсутстві... въ нихъ чувствующей души и чувствуется во вторыхъ, точно так... какъ потребность пищи и питья, существующая въ растеніяхъ, толь... въ животныхъ превращается въ голодъ и жажду, т. е. начинаетъ ощ... щаться. Слѣдовательно, мы признаемъ, что инстинктъ общественност... есть только ощущеніе душою растительныхъ потребностей тѣла. Къ п... требностямъ же растительнаго организма мы причисляли не только суще...

---

[1] Пед. Антроп. т. I. Гл. 1. п. 5 и 6.

ствованіе и развитіе организмовъ единичныхъ, но и ихъ родовое и общественное существованіе, о чемъ заботится та же природа.

5. Обыкновенно стремленіе къ родовому существованію видятъ только въ *одномъ*, такъ называемомъ, половомъ побужденіи, но это несправедливо. Конечно, половое побужденіе и половые инстинкты самымъ очевиднымъ образомъ способствуютъ къ родовому продолженію существованія; но не одни они. Соединеніе животныхъ въ обширныя и стройныя общества никакъ нельзя приписать однимъ половымъ побужденіямъ, изъ которыхъ также никакъ нельзя вывести и заботъ родителей о своемъ потомствѣ. *Безполая*, рабочая пчела можетъ служить лучшимъ доказательствомъ этого. Она уничтожаетъ трутня, послѣ того, какъ оплодотвореніе матки совершилось, и заботится о червѣ, т. е. *потомствѣ*, *вовсе* не изъ половыхъ побужденій. То же самое замѣчаемъ мы у муравьевъ и многихъ другихъ насѣкомыхъ. Половыя побужденія развиваются въ извѣстный періодъ возраста и проходятъ вмѣстѣ съ нимъ, тогда какъ инстинктъ общественности высказывается гораздо прежде появленія половыхъ побужденій и переживаетъ ихъ. Домашнія животныя ищутъ ласки и ласкаются сами даже къ животнымъ другой породы и къ человѣку гораздо прежде развитія половыхъ побужденій; напротивъ, съ развитіемъ этихъ побужденій многія животныя ищутъ уединенія. Птицы передъ полетомъ собираются въ стаи вовсе не изъ половыхъ побужденій; напротивъ, многія изъ нихъ разлетаются въ разныя стороны, когда начинаютъ строить гнѣзда. Эти и многіе другіе факты того же рода могутъ убѣдить всякаго, что инстинктъ общественности гораздо обширнѣе половаго инстинкта и что половой инстинктъ есть только одинъ изъ видовъ инстинкта общественности.

6. Вотъ чѣмъ объясняется ошибка тѣхъ писателей, которые, какъ напримѣръ, Бэнъ [1]), самую нѣжность отношеній между родителями и дѣтьми, а слѣдовательно и между родичами, объясняютъ половыми инстинктами, что совершенно отвергается фактами. Бэнъ, напримѣръ, выводитъ материнскую любовь изъ *нѣжныхъ чувствованій* (tender emotions) и объясняетъ ихъ нѣжностью кожи ребенка, его округленными формами, его свѣтлыми глазками, слѣдовательно, прямо выводитъ материнскую любовь къ дитятѣ изъ половыхъ инстинктовъ: какъ будто мать менѣе любитъ свое больное дитя, худое, покрытое золотухою, слѣпое и уродливое для всѣхъ, кромѣ матери? Правда, Бэнъ потомъ смягчаетъ эту мысль, говоря, что материнское чувство *возрастаетъ* вмѣстѣ съ накопленіемъ заботъ о дитяти, которое становится тѣмъ дороже для матери, чѣмъ болѣе заботъ она къ нему приложила. Эта послѣдняя мысль совершенно справедлива; но здѣсь дѣло не въ томъ, чтобы объяснить, какъ и почему *возрастаетъ* и развивается материнское чувство въ женщинѣ, но въ томъ, чтобы показать, какъ оно *зарождается* вообще въ живомъ существѣ. Прежде, чѣмъ мать станетъ

[1]) Bain. The Emotion, p. 106.

заботиться о ребенкѣ, она уже чувствуетъ потребность этихъ заботъ, а въ томъ-то и дѣло, чтобы объяснить появленіе этой потребности.

7. Многія животныя заботятся о своихъ дѣтяхъ прежде ихъ появленія на свѣтъ, заботятся даже и тогда, когда никогда ихъ не увидятъ. Слѣдовательно, выводить материнское чувство изъ предмета этого чувства — невозможно. Оно выходитъ изъ состоянія самаго организма, точно также, какъ чувство голода или жажды, и если мы не можемъ объяснить себѣ появленіе перваго, то нечего удивляться, что не можемъ объяснить себѣ и появленіе послѣдняго. Наше дѣло состоитъ только въ томъ, чтобы замѣтить фактъ, отдѣлить въ немъ посторонніе примѣси, и дать ему надлежащее мѣсто въ ряду другихъ подобныхъ же фактовъ. Такъ, разбирая явленіе инстинктивной материнской любви въ женщинѣ, мы, руководствуясь одними фактами, а не предвзятыми теоріями, не смѣшаемъ ее, съ одной стороны, съ половыми инстинктами, а съ другой уже съ чисто человѣческою любовью, не свойственною животнымъ.

8. Въ материнской любви есть только одно общее съ половыми инстинктами, а именно то, что какъ материнская любовь, такъ и половые инстинкты, выходятъ изъ органической потребности общественности, которая ощущается душою въ различныхъ формахъ: и въ формѣ стремленія различныхъ половъ другъ къ другу, и въ формѣ материнской любви, и въ формѣ стремленія къ товариществу, и въ формѣ сближенія существъ одного рода безъ различія пола, и въ формѣ потребности ласкъ. Что же касается до отличія инстинктивной материнской любви, общей всему живущему, отъ материнской любви женщины, то это различіе заключается въ томъ, что, тогда какъ инстинктивная любовь прекращается вмѣстѣ съ прекращеніемъ тѣхъ органическихъ состояній, изъ которыхъ она вышла, материнская, чисто человѣческая любовь не знаетъ себѣ предѣла. Самая ласковая собачка начинаетъ ворчать и огрызаться на своего любимаго хозяина въ ту же минуту, какъ у нея завелся дѣтенышъ. Она еще даже не видала его, а уже любитъ, ибо въ этомъ случаѣ гнѣвъ есть только выраженіе любви. Но какъ-только окончится періодъ кормленія, собака уже не знаетъ своего дитяти. Здѣсь мы ясно видимъ возникновеніе материнской любви изъ органическихъ состояній, съ началомъ которыхъ привязанность начинается, съ окончаніемъ которыхъ она прекращается. Если бы привязанность эта была слѣдствіемъ заботъ матери о своемъ дѣтенышѣ, то тогда такое ея появленіе и прекращеніе были бы необъяснимы. У матери человѣка есть, безъ сомнѣнія, и эта инстинктивная привязанность; но въ ней есть и другая, чисто человѣческая основа, основа, чуждая животному міру.

9. Находя, что въ материнской любви, кромѣ стороны чисто человѣческой, объясняемой только душевными потребностями, есть еще и инстинктивная сторона, выходящая изъ органической потребности, мы нисколько не унижаемъ этой любви, а, напротивъ, придаемъ ей самое обширное, міровое значеніе. Голосъ тѣлесной природы есть также го-

лосъ Творца ея, и слѣпой развѣ можетъ не видѣть, какъ громко говоритъ этотъ божественный голосъ въ природѣ женщины, какъ только она станетъ матерью. «Какъ часто можно видѣть, говоритъ Ридъ, что молодая женщина, въ самый веселый періодъ своей жизни, когда она безъ всякихъ заботъ, проводила свои дни въ удовольствіяхъ, а ночи въ глубокомъ снѣ, вдругъ преображается въ заботливую, попечительную, безсонную кормилицу своего дорогаго дитяти, которая проводитъ свой день только въ томъ, что смотритъ на свое дитя и заботится о малѣйшихъ его потребностяхъ, а по ночамъ сама себя лишаетъ сна на цѣлые мѣсяцы, только для того, чтобы оно могло покоиться безопасно на ея рукахъ. Забывая сама себя, она сосредоточиваетъ всѣ свои заботы на этомъ маленькомъ существѣ. Если бы мы не видѣли ежедневно такого внезапнаго превращенія привычекъ, занятій и самаго направленія ума въ женщинѣ, то оно показалось бы намъ болѣе удивительнымъ, чѣмъ любая изъ метаморфозъ, разсказанныхъ Овидіемъ» [1]. Но невозможно не видѣть, что эта удивительная метаморфоза совершается слишкомъ внезапно и быстро, чтобы объяснить ее *заботами* матери о ребенкѣ, и что именно происхожденіе самыхъ этихъ заботъ можетъ найти себѣ объясненіе только въ органическихъ перемѣнахъ, въ которыхъ громко заявляетъ свои требованія голосъ природы. Нельзя же объяснить этой внезапной перемѣны работами души, когда именно мы замѣчаемъ крутую перемѣну въ направленіи самихъ этихъ работъ, нисколько необъясняемую работами предшествующими.

10. Вотъ причины, побудившія насъ, рядомъ съ пищевыми стремленіями, ощущаемыми душою, какъ состоянія нервнаго организма, поставить и стремленіе къ общественности, какъ таковое же отраженіе въ душѣ органическихъ состояній. Первое стремленіе со всѣми своими формами, голодомъ, жаждою, потребностію дыханія, стремленіями къ опредѣленной температурѣ, къ свѣту, со всѣми инстинктами самосохраненія, очевидно назначено природою къ сохраненію и развитію *единичнаго* организма, какъ растительнаго такъ и животнаго, съ тою только разницею, что въ растеніи эти стремленія не чувствуются, а въ животномъ душа ощущаетъ потребность удовлетворить ихъ. Второе стремленіе— *стремленіе къ общественности*, выходя изъ тѣхъ же органическихъ состояній, изъ которыхъ выходятъ всѣ инстинкты, очевидно назначено природою для сохраненія и развитія родоваго и общественнаго существованія организмовъ. Если половыя отношенія необходимы для продолженія рода организма, то и тѣ общественныя, которыя не условливаются половыми, необходимы для того же. Пчела не можетъ иначе жить, какъ въ роѣ; но какъ начался рой, это намъ одинаково неизвѣстно, какъ и то, какъ начался организмъ. Само собою разумѣется, что, говоря здѣсь о томъ, что эти стремленія *назначены* для продолженія единичнаго общественнаго и родоваго существованія организмовъ, мы только сни-

---

[1] Read. V. II. p. 161.

дѣтельствуемъ фактъ, нисколько не олицетворяя природы: т. е. дру- гими словами, мы говоримъ *только*, что этими инстинктами дѣй- ствительно обезпечивается родовое и общественное существованіе орга- низмовъ.

11. Удовлетворяя пищевымъ потребностямъ и потребностямъ об- щественности, животное ощущаетъ эти потребности не какъ потреб- ности природы для него внѣшней, но какъ свои собственныя потреб- ности, значенія которыхъ въ общемъ хозяйствѣ природы оно вовсе не понимаетъ. Животное ищетъ пищи не для того, чтобы продолжить свое существованіе, а потому, что ему хочется ѣсть; бабочка устроиваетъ судьбу своего будущаго потомства, котораго она никогда не увидитъ, конечно не для того, чтобы сохранить для энтомологіи извѣстный ви[д] бабочки, а потому, что чувствуетъ неопреодолимую потребность посту- пать такъ, а не иначе. Человѣкъ, какъ животное и на столько, на сколько онъ животное, также подчиняется голосу природы, не созна- вая міроваго значенія этого голоса. Удовлетворяя своимъ пищевымъ и общественнымъ инстинктамъ, человѣкъ, какъ животное, просто удовле- творяетъ имъ только потому, что чувствуетъ потребность удовлетво- рить имъ въ ихъ разнообразной формѣ.

12. Отсюда уже видна вся несостоятельность передъ фактами тѣхъ теорій, которыя видятъ въ обществѣ только произвольное учрежденіе человѣка, устроенное по эгоистическимъ разсчетамъ разсудка, и кото- рыя предполагаютъ въ основѣ общества или какой-то соціальный кон- трактъ, какъ предполагаетъ Руссо, или какую-то предварительную вой- ну всѣхъ противъ каждаго, и каждаго противъ всѣхъ, какъ предпола- гаетъ Гоббезъ. Мы же видимъ, что если бы человѣкъ и не обладалъ тѣми духовными особенностями, которыя дѣлаютъ его человѣкомъ, то все же онъ жилъ бы, какъ и многія другія животныя, въ обществахъ и обществами. Какого рода были бы эти общества—мы не знаемъ: че- ловѣческія особенности немедленно же начинаютъ видоизмѣнять при- родные инстинкты, и ни путешествія, ни исторія не представляютъ намъ человѣка въ такомъ видѣ, въ какомъ онъ долженъ бы быть, если бы руководствовался только своими животными инстинктами, не видо- измѣняя ихъ своими духовными, чисто человѣческими особенностями. Человѣкъ вездѣ является для насъ уже человѣкомъ, а не животнымъ; но это, тѣмъ не менѣе, не должно намъ мѣшать отличать въ чело- вѣкѣ то, что обще ему съ животнымъ, отъ того, что составляетъ его человѣческую особенность. Какъ бы ни былъ видоизмѣненъ и развитъ животный инстинктъ особенностями человѣческой природы, но мы имѣ- емъ всегда возможность доискаться первичныхъ основъ этого инстинкта, или, другими словами, какъ бы ни казалось намъ разумно или разсу- дочно то или другое явленіе человѣческой жизни, мы должны всегда попробовать, не доищемся ли въ основаніи этого разумнаго явленія какого-нибудь неразумнаго инстинкта. Для такихъ анализовъ служатъ намъ превосходнымъ средствомъ факты изъ жизни животныхъ. Въ ко-

комъ бы дикомъ состоянія мы ни брали человѣка, у насъ всегда можетъ оставаться подозрѣніе, что факты, представляемые его жизнью, уже не первичные факты, что въ нихъ уже много измѣнено человѣческою особенностью; но когда мы находимъ тѣже самые факты въ жизни животныхъ, даже самыхъ низшихъ породъ, тогда у насъ не остается сомнѣнія, что эти общіе факты принадлежатъ и въ человѣкѣ его животной природѣ.

13. Но тогда-какъ животное не сознаетъ міроваго значенія тѣхъ инстинктовъ, которымъ оно удовлетворяетъ, человѣкъ мало по малу достигаетъ до этого сознанія и, удовлетворяя своимъ инстинктивнымъ стремленіямъ, болѣе или менѣе понимаетъ, какое значеніе въ жизни міра имѣютъ факты, вытекающіе изъ этого удовлетворенія. Человѣкъ, руководимый инстинктомъ, создаетъ общество; но потомъ, сознавая пользу общества для себя и его необходимость для всѣхъ людей, живущихъ и будущихъ, видоизмѣняетъ это общество сообразно своему пониманію, видоизмѣняетъ до того, что съ перваго раза кажется даже страннымъ приписать основу этой чисто разсудочной работы слѣпому инстинкту; но, тѣмъ не менѣе, психологъ не долженъ останавливаться передъ этою странностью и долженъ анализомъ отличить, что въ сложныхъ общественныхъ явленіяхъ принадлежитъ самосознанію человѣка и что его животному инстинкту.

14. Изъ инстинктивнаго стремленія къ общественности выходитъ множество явленій, изъ которыхъ мы перечислимъ только самыя крупныя. Изъ него выходитъ: 1) половое стремленіе, которое, въ свою очередь, обставлено у многихъ животныхъ изумительнѣйшими инстинктами; 2) изъ стремленія къ общественности вытекаетъ и чувство родительской нѣжности и побудительная причина всѣхъ тѣхъ заботъ родителей о дѣтяхъ и дальнѣйшемъ потомствѣ, которыя поражаютъ насъ, особенно, въ царствѣ насѣкомыхъ, гдѣ менѣе всего можно предпологать разсудочнаго развитія; 3) изъ стремленія же къ общественности вытекаютъ тѣ явленія товарищества или, лучше сказать, ассоціацій, которыя во множествѣ представляетъ намъ міръ животныхъ; 4) изъ этого же стремленія къ общественности вытекаетъ та потребность ласки, которую мы замѣчаемъ не только у человѣка, гдѣ она сильно развита, но и у многихъ животныхъ и которая иначе не могла быть объяснена.

15. Потребность ласки и любви не вытекаетъ изъ предмета любви, но есть органическая потребность человѣка, проявляющаяся и у многихъ животныхъ. Это едва-ли не самое высшее проявленіе животной жизни, которое, какъ мы увидимъ дальше, принимаетъ въ человѣкѣ совершенно духовную форму. Но какъ бы ни казалась духовна потребность, чтобы насъ любили, она, тѣмъ не менѣе, въ глубочайшей основѣ своей, имѣетъ органическій инстинктъ. Это великій голосъ природы, говорящій всякому живому существу, что оно есть только часть міра и что его бытіе и благоденствіе условливается цѣлымъ міромъ. Животное безотчетно повинуется этому голосу, безотчетно повинуется ему и человѣкъ. Но,

изучая міръ, изучая собственную исторію свою, человѣкъ понима наконецъ, все великое и глубокое значеніе этого голоса приро сознаетъ себя дѣйствительно только органомъ міровой жизни и, осв щая темный инстинктъ свѣтомъ идеи, ищетъ благоденствія не тол ко другихъ людей, но и цѣлаго міра. Конечно, мы можемъ раскры это преобразованіе только тогда, когда будемъ излагать явленія само знанія и слѣдить за тѣмъ, какъ человѣческая особенность преобразовыва въ человѣкѣ всѣ животные инстинкты, какъ она превращаетъ въ разумн идею всѣ тѣ потребности растительныхъ организмовъ, которыя ска ваются въ животномъ инстинктивными стремленіями удовлетворить св имъ пищевымъ и общественнымъ потребностямъ, самой потребности к торыхъ оно не знаетъ, но настоятельность которыхъ оно *чувствуе* Человѣкъ, какъ и животное, повинуется въ этомъ случаѣ только гол природы; но, тогда-какъ для животныхъ этотъ голосъ только понуд тельные звуки, для человѣка, по мѣрѣ его развитія, голосъ этотъ пр вращается въ понятное слово, а вмѣстѣ съ тѣмъ и законъ необход мости превращается въ законъ разумный, выполняемый потому, что о разуменъ, а не потому только, что ему нельзя не повиноваться.

ГЛАВА VIII.

Стремленіе къ сознательной дѣятельности.

1. Всѣ стремленія, перечисленныя нами въ предшествующей глав составляютъ въ сущности одно стремленіе — *стремленіе быть*, стре леніе къ *существованію* и расширенію этого существованія въ пр странствѣ и времени, т. е. въ разрожденію и продолженію въ пото ствѣ. Это, какъ мы уже видѣли, есть характеристическая черта *раст тельнаго организма* [1]), который общъ и растенію, и животному; и животное прежде всего есть растеніе, растущее, развивающееся и ра множающееся. Но тогда-какъ въ растеніи эти органическія потребнос не ощущаются, въ животномъ они ощущаются, какъ органическія стр ленія, хотя не въ формѣ стремленій, но въ чувствованіяхъ и желаніях происходящихъ изъ органическихъ стремленій растительной природы. Эт *органическія стремленія* прежде всего выражаются чувствомъ нед статка или страданія, потомъ чувствомъ удовлетворенія, удовольствія наконецъ въ формѣ опредѣленныхъ желаній, въ которыхъ уже есть пре ставленіе желаемаго.

2. Наряду съ этимъ органическимъ стремленіемъ *быть*, принадл жащимъ бездушной природѣ, хотя и ощущаемымъ душою, мы замѣчаем другое стремленіе—стремленіе, идущее какъ бы въ разрѣзъ съ первым- *стремленіе жить*, общее всему *живущему*, т. е. всему чувствующем

---

[1]) Педаг. Антр. т. I. Гл. III. п. 1—4.

міру. Это стремленіе удовлетворяется на счетъ силъ, добытыхъ растительными процессами, такъ что силы, заготовляемыя растительными процессами, идутъ не на одинъ ростъ и размноженіе, но поглощаются частію животными процессами, или просто—процессами жизни, ибо жить значитъ ничто иное, какъ чувствовать, мыслить и дѣйствовать. Живая душа въ этомъ своемъ отношеніи къ растительнымъ процессамъ организма представляется, по выраженію Гербарта, «паразитомъ, живущимъ на счетъ тѣла» [1]).

3. Стремленіе растительнаго организма къ развитію единичнаго существованія, къ расширенію его въ пространствѣ и къ продолженію во времени, сказывается въ душѣ *общими* ощущеніями голода, жажды, потребности отдыха и движенія и, наконецъ, въ формѣ общественныхъ и въ частности половыхъ стремленій. Значеніе этого голоса растительной природы не доступно непосредственному сознанію человѣка, хотя человѣкъ и повинуется этому голосу: человѣкъ хочетъ ѣсть и пить вовсе не для того, чтобы продолжать свое существованіе, но потому, что ему хочется ѣсть и пить; онъ отдыхаетъ не потому, чтобы сознавалъ потребность отдыха для здороваго существованія тѣла, но потому, что ощущаетъ страданіе отъ ненормальнаго состоянія, въ которое впадаетъ нервный организмъ при чрезмѣрномъ истощеніи; точно также ищетъ человѣкъ и половыхъ сближеній, нисколько не думая о продолженіи своего рода, и основываетъ первыя общества, нисколько не расчитывая пользы общественной жизни, а только повинуясь голосу своего растительнаго организма. Душа повинуется этому голосу не потому, чтобы *понимала* его смыслъ, — хотя и можетъ понять его впослѣдствіи,—но потому, что испытываетъ страданія, сопряженныя съ неповиновеніемъ ему. Мы видимъ даже, что душа развитая, сильная, полная уже *своихъ* собственныхъ, *душевныхъ*, интересовъ, можетъ не повиноваться голосу растительной природы: можетъ заставить тѣло работать до совершеннаго истощенія силъ, можетъ совершенно подавить половыя стремленія, можетъ даже отказать тѣлу въ пищѣ и, увлекаемая какою-нибудь страстною идеею, довести истощеніе тѣла до голодной смерти. «Кто можетъ умереть, того нельзя ни къ чему принудить»—говорилъ римлянинъ, и это выраженіе справедливо не только въ отношеніи человѣка къ другимъ людямъ, но и въ отношеніяхъ человѣка къ самой природѣ. Человѣкъ можетъ противиться и ея могучему требованію бытія, и разрушить ея разсчеты на силу ея тѣлесныхъ стремленій.

4. Стремленіе *жить*, или стремленіе къ сознательной дѣятельности, т. е. стремленіе мыслить, чувствовать, дѣйствовать свойственно, кажется, не одному человѣку. Мы видимъ, что и животное, по удовлетвореніи всѣхъ своихъ тѣлесныхъ потребностей, не остается спокойнымъ: оно доступно скукѣ, любитъ играть, рѣзвиться, пѣть, проявляетъ явные признаки любопытства, ищетъ ласки. Чѣмъ выше порода животнаго, тѣмъ проявленія потребности сознательной дѣятельности замѣтнѣе. Собака пренебрегаетъ даже удовлетвореніемъ тѣлесныхъ потребностей, по-

[1]) Lehrb. der Psych. § 68.

требностями пищи и отдыха, ради психическихъ наслажденій, изъ избѣжанія психическихъ страданій. Потерявъ любимаго господина, со видимо страдаетъ психически, отказывается отъ самаго лакомаго ку иногда даже умираетъ отъ тоски и голода. Лошади способны къ так привязанности. Левъ въ Jardin des Plantes въ Парижѣ тосковалъ и зывался отъ пищи, когда издохла маленькая собачка, съ котор сидѣлъ въ одной клѣткѣ.

5. Если въ низшихъ породахъ животныхъ мы менѣе замѣчае требностей психической дѣятельности, то можетъ быть потому, что психическій міръ слишкомъ замкнутъ для насъ, а можетъ быть тому, что имъ слишкомъ много сознательной работы даютъ уже стремленія, возникающія изъ растительныхъ процессовъ: бабочка своею недолгую жизнь употребляетъ на то, чтобы обезпечить выво развитіе своего будущаго потомства, котораго она никогда не увид и обезопасить его отъ тѣхъ случайностей, которыхъ она и знать н жетъ. Даже у человѣка, какъ справедливо замѣчаетъ Бокль [1]), мы димъ прогрессивное возрастаніе чисто психическихъ интересовъ по м того, какъ удовлетвореніе его тѣлесныхъ потребностей становится него легче и поглощаетъ менѣе его дѣятельность. Науки и искус возникаютъ тогда, когда накопленіе капиталовъ и изобрѣтеніе ор значительно уже облегчаетъ сознательный трудъ человѣка въ удовлетвор потребностей его тѣлесной жизни. И въ индивидуальномъ человѣкѣ замѣчаемъ тоже самое. Человѣкъ, который съ утра до вечера и жизнь свою бьется изъ за куска насущнаго хлѣба, плохо развивается но плохо развивается также и тотъ человѣкъ, чья психическая потр ность дѣятельности найдетъ себѣ обильное удовлетвореніе въ тѣлесн наслажденіяхъ и, неразвитая во время, привыкнетъ къ узкимъ пре ламъ этой сферы.

Явленіе это весьма понятно. Душа требуетъ сознательной дѣят ности безразлично, откуда бы ни шла ея задача. Если задачи этой д ятельности даются тѣломъ и его естественными или искуственн зданными потребностями и даются въ такомъ обиліи, что душа едва пѣваетъ удовлетворять имъ, то психическое стремленіе удовлетвор хотя иногда самымъ жалкимъ образомъ, но удовлетворено.

6. Но едва ли есть страшнѣе наказаніе для человѣка, какъ удо творивъ всѣмъ его физическимъ потребностямъ, въ тоже время лиш его, *по возможности*, всякой психической дѣятельности, полное л шеніе которой, къ счастію, невозможно. Едва ли можетъ быть нак ніе тяжелѣе одиночнаго заключенія, и безъ работы, въ американ тюрьмѣ, чистой, теплой, при столѣ вовсе не скудномъ. Волъ, пост ленный въ такое положеніе, будетъ еще жирѣть, но человѣкъ нег приходитъ въ совершенное отчаяніе и впадаетъ въ безуміе, если найдетъ въ самомъ себѣ источника душевной дѣятельности.

[1]) Исторія цивилизаціи. Перев. Бестужева. (Изд. 1864). стр. 31.

7. Еще болѣе мы оцѣнимъ, какое основное значеніе имѣетъ для души человѣка потребность психической дѣятельности, если взглянемъ на обыкновенные мотивы нашихъ дѣйствій.

Если человѣкъ не принадлежитъ къ одной изъ двухъ категорій людей, психическая дѣятельность которыхъ совершенно обезпечена обиліемъ матеріаловъ,—если каждое утро не спрашиваетъ у человѣка: «а что ты будешь ѣсть сегодня?», или если онъ не поглощенъ какою-нибудь *страстною* работою, для которой всѣхъ дней жизни кажется ему мало,—то однимъ изъ самыхъ обыкновенныхъ мотивовъ человѣческихъ поступковъ является отыскиваніе такъ называемыхъ развлеченій, или другими словами, матеріаловъ для психической дѣятельности. Книги, употребляемыя какъ средство развлеченія и поглощающія такую огромную часть времени у каждаго образованнаго человѣка, карты, поглощающія почти столь же значительную часть времени у многихъ, вечеринки, прогулки, игрушки всякаго рода для малыхъ и взрослыхъ, вино, сонъ, наконецъ, какъ отчаянное средство отъ нечего дѣлать,—все это и многое множество другихъ *препровожденій времени* не имѣетъ въ сущности другаго значенія, какъ удовлетвореніе врожденнаго человѣческой душѣ стремленія къ безпрерывной дѣятельности. Страшная и жалкая фраза—*убить время*, которая такъ часто слышится, лучше всего характеризуетъ это *коренное* и *великое* стремленіе души. Человѣку такъ мало, кажется, отпущено времени, а между тѣмъ онъ ищетъ всевозможныхъ средствъ *убивать его*. Почему же человѣкъ такъ сердится на время, котораго у него въ запасѣ такъ немного? Не на время сердится человѣкъ, а только выражаетъ этой фразой муку души, ни чѣмъ не занятой.

8. Кто наблюдалъ надъ дѣтьми, тотъ знаетъ, что дитя счастливо не тогда, когда его забавляютъ, хотя оно и хохочетъ,—но тогда, когда оно совершенно серьезно занимается увлекающимъ его дѣломъ. Руссо говоритъ, что дитя или смѣется, или плачетъ [1]) и забываетъ самое нормальное состояніе дѣтской души. Къ кому дитя больше привяжется: къ тому ли, кто его смѣшитъ и лакомитъ, или къ тому, кто съумѣетъ давать ему увлекательную работу? Какую игрушку предпочитаетъ дитя: ту ли, которая тѣшитъ его блескомъ, звономъ и яркими красками, или ту, которая даетъ посильную, но самостоятельную дѣятельность его душѣ? И замѣтьте, что послѣ веселья дѣти непремѣнно скучаютъ, или что за сильнымъ смѣхомъ почти всегда слѣдуютъ слезы, тогда-какъ самостоятельная дѣятельность оставляетъ душу въ нормальномъ, здоровомъ состояніи. Изъ этихъ наблюденій, дѣлаемыхъ всѣми педагогами, мы вправѣ вывести, что въ душѣ дитяти сильнѣе всего высказывается стремленіе къ самостоятельной дѣятельности.

9. Если мы будемъ анализировать страстныя (аффективныя) состоянія человѣческой души, то найдемъ въ основѣ этихъ состояній опять же врожденное душѣ стремленіе къ дѣятельности.

---

[1]) Emile, p. 250.

Возьмемъ, напр., чувство глубокаго горя, испытываемое нами при потерѣ любимаго человѣка и мы увидимъ, что и здѣсь одна изъ причинъ нашихъ страданій заключается въ пораженіи души въ ея стремленіи къ психической дѣятельности. Чѣмъ болѣе душа наша находила дѣятельности въ привязанности къ оплакиваемому человѣку, чѣмъ больше насоздавала она изъ разнообразныхъ отношеній къ нему различныхъ *сочетаній слѣдовъ* [1]), чѣмъ обширнѣе и вѣтвистѣе была сѣть этихъ сочетаній, тѣмъ тяжелѣе для насъ потеря. Почти во всемъ, что мы дѣлали, думали и чувствовали, почти во всѣхъ вереницахъ нашихъ представленій, проникнутыхъ чувствованіями и желаніями,—человѣкъ этотъ былъ необходимымъ звеномъ, красною нитью во всѣхъ безчисленныхъ работахъ нашей души. И вдругъ все это сложное зданіе, надъ постройкой котораго душа наша столько потрудилась, составлявшее, можетъ быть, все содержаніе нашей души, рухнуло и лежитъ въ развалинахъ. Не разъ мысль наша пробуетъ кинуться на привычную дорогу; но ей на встрѣчу грозныя слова: «его или ея уже нѣтъ и сюда ходить больше незачѣмъ.» Человѣкъ пытается поднять какую-нибудь длинную, давно скованную вереницу представленій, и вся эта вереница разваливается на куски: изъ нея вырвано главное связующее звено; человѣкъ хочетъ предпринять что-нибудь новое и останавливается: нѣтъ уже того, кто входилъ въ каждое его желаніе и каждое предпріятіе. Словомъ, все обширное поле душевной дѣятельности превратилось въ одну развалину, въ обширное кладбище, и, порываясь ежеминутно къ этому кладбищу, человѣкъ ежеминутно поворачиваетъ назадъ съ чувствомъ душевнаго страданія.

10. Человѣку приходится теперь начать новую душевную постройку; но каждая новая душевная постройка, сколоченная на скорую руку изъ обыденныхъ матеріаловъ, вначалѣ и слишкомъ тѣсна, и вмѣстѣ слишкомъ широка, словомъ не уютна, въ сравненіи съ тѣмъ обширнымъ и въ тоже время хорошо знакомымъ жилищемъ, гдѣ душѣ такъ легко и въ тоже время, такъ широко работалось. Но вотъ новый баракъ мало по малу отстроивается, прибавляется покой за покоемъ и этажъ за этажемъ. Съ каждымъ годомъ работа все расширяется и идетъ все веселѣе, человѣкъ все больше входитъ въ свою работу и все рѣже и рѣже вздыхаетъ о прежнемъ счастіи.

Вотъ почему люди праздные труднѣе переносятъ горе, чѣмъ люди, побуждаемые къ безустанному труду потребностями матеріальной жизни. Вотъ почему молодость горюетъ, повидимому, сильнѣе старости; но скорѣе ея излечивается отъ своего горя: молодость гораздо способнѣе, чѣмъ старость, связывать новыя сочетанія слѣдовъ, выплетать новыя ихъ сѣти и выстроивать новыя зданія; у старости же часто не хватаетъ матеріаловъ для новыхъ душевныхъ построекъ. Гоголь подмѣтилъ и ярко выразилъ эту черту старческаго горя въ своихъ старосвѣтскихъ

[1]) Человѣкъ какъ предм. воспит. Ч. I, Гл. XXV.

помѣщикахъ. Образъ старушки такъ вплелся во всю сѣть, составлявшую содержаніе души Афанасія Ивановича, что какъ-только судьба вырвала эту красную нить, то и все это содержаніе развалилось, хотя старикъ продолжалъ еще двигаться.

11. Много горестей переноситъ человѣческое сердце; но едва ли есть горе безвыходнѣе того, которое переноситъ пожилая женщина, потерявшая любимаго, и уже взрослаго, сына. Всѣ душевныя движенія этой женщины, всѣ вереницы ея мыслей, желаній, надеждъ, предпріятій сплелись съ идеей объ этомъ утраченномъ человѣкѣ. Она начала жить имъ еще съ тѣхъ поръ, какъ почувствовала его жизнь подъ сердцемъ, и съ тѣхъ поръ, каждую минуту и десятки лѣтъ, вплетала его образъ во всякое душевное свое движеніе. Въ душѣ ея не осталось ни одного уголка, куда бы она не внесла этого дорогаго, всеосвѣщающаго образа, и чѣмъ больше мысль о сынѣ вплеталась во всѣ самыя затаенныя тропы ея души, тѣмъ становился онъ ей дороже. На одной изъ картинъ въ Ватиканѣ Пресвятая Дѣва изображена старухою, лобзающею зіяющую рану на рукѣ своего Сына, только что снятаго со креста. Можетъ быть, слѣдуетъ обвинить художника, что онъ слишкомъ человѣчески представилъ избранный имъ сюжетъ; но вглядитесь въ лицо этой женщины, изображенное съ необыкновенною силою, и вы поймете сразу, что весь міръ,—и земля и небо, всѣ жизненныя отношенія, вся праздничная и будничная обстановка жизни, всѣ желанія и надежды, все, что создавала душа этой женщины въ продолженіи долгой ея жизни,—изорвано, измято, уничтожено, и что теперь для нея весь міръ въ одной этой помертвѣлой рукѣ, лежащей у нея на колѣнахъ, и въ одной этой потемнѣлой, запекшейся язвѣ.

12. Но не одно горе показываетъ намъ въ своемъ основаніи прирожденное стремленіе души къ дѣятельности. Тоже самое замѣтимъ мы и во всѣхъ другихъ чувствованіяхъ, какъ это мы увидимъ ниже. Но и теперь мы не можемъ не привести нѣсколькихъ примѣровъ, которые показали бы читателю, почему мы положили въ основу всѣхъ душевныхъ стремленій—стремленіе души къ дѣятельности.

Одно изъ самыхъ тяжелыхъ для человѣка чувствованій—это, безспорно, чувство страха, и вотъ почему также одно изъ величайшихъ наслажденій, какія только дано человѣку испытывать, есть освобожденіе изъ подъ невыносимаго гнета подавляющаго страха. Но почему же такъ тяжелъ страхъ и особенно страхъ бѣдствія, еще не вполнѣ обозначившагося и размѣры котораго еще не опредѣлились? Наблюдайте надъ проявленіемъ этого чувствованія, и вы замѣтите, что оно тяжело именно потому, что ставитъ непреодолимую преграду для дальнѣйшей душевной дѣятельности. Страхъ бросаетъ тяжелые камни по всѣмъ тѣмъ путямъ, по которымъ привыкла ходить наша душа, а потому не даетъ ей возможности дѣйствовать свободно. Сильный страхъ, какъ тысяченогій полипъ, вплетается во всю нашу душевную работу и останавливаетъ ее, а замѣтьте, что чѣмъ сильнѣе, обширнѣе и долговременнѣе угнеталъ насъ страхъ, тѣмъ большій восторгъ обнимаетъ насъ, когда мы преодолѣваемъ страхъ и когда душа, въ которой потребность дѣятельности, сдержанная плотиною страха, накопилась, наконецъ прорываетъ эту плотину. Такъ, горный потокъ, заваленный на время лавиною, долго копитъ свои силы; но когда, наконецъ, прорветъ снѣга, то несется и разливается съ силою, равною тому препятствію, которое онъ опрокинулъ.

13. Если мы приложимъ нашу мысль къ привязанностямъ и ненавистямъ разнаго рода, то скоро увидимъ, что и въ нихъ лежитъ въ основѣ врожденное стремленіе души къ дѣятельности.

Всего сильнѣе, конечно, бываютъ привязанности человѣка къ человѣку, именно потому, что ничто такъ не способно дать душѣ человѣка такую обширную дѣятельность, какую можетъ дать другой человѣкъ. Если же скряга привязывается къ золоту, то привязывается онъ, конечно, не къ металлу, но къ тѣмъ мыслямъ, чувствамъ, надеждамъ и мечтамъ, которыя вызываются въ немъ деньгами, какъ это ярко выставилъ Пушкинъ въ своемъ «Скупомъ рыцарѣ». Въ этомъ постоянномъ прикопленіи богатства уже давно открылась для скряги постоянная и притомъ прогрессивная психическая дѣятельность, и вотъ чѣмъ объясняются слова Ювенала: «Crescit amor nummi quantum ipsa pecunia crescit».

14. Съ кѣмъ мы дружимся скорѣе всего?—Съ тѣмъ, чьи мысли, чувства, желанія открываютъ больше новыхъ сферъ нашей психической дѣятельности. Къ кому мы питаемъ наибольшую ненависть? Именно тому, кто повсюду является преградою къ прогрессивному движенію той же нашей психической дѣятельности, къ тому, чей образъ или мысли останавливаетъ наши собственныя мысли. Тиранство мысли, которой мы, почему бы то ни было, не можемъ ни принять, ни забыть, ни опровергнуть, едва ли не всего сильнѣе возбуждаетъ нашу ненависть.

15. Приведенныхъ нами общеизвѣстныхъ явленій психической жизни достаточно, чтобы оправдать, почему мы придаемъ такое важное значеніе стремленію души къ сознательной дѣятельности, какого не придаютъ обыкновенно. Это стремленіе признается, конечно, всѣми психологами (нельзя же его не видѣть!); но обыкновенно ему отводятъ мѣсто между множествомъ другихъ стремленій. Такъ напр., Броунъ помѣщаетъ его въ число десяти главнѣйшихъ родовъ желаній человѣка и придаетъ ему, конечно, большое значеніе, но все же не то, на которое оно имѣетъ полное право. Впрочемъ, мы не можемъ отказать себѣ въ удовольствіи привести здѣсь слова Броуна, доказывающія прирожденность душѣ стремленія къ дѣятельности.

«Начиная дѣятельность или интересуясь дѣятельностью другихъ, говоритъ Броунъ, мы не имѣемъ мысли ни о неудовольствіи, которое должны избѣжать, ни о счастьи, которое должны испытать. Мы уже заняты прежде, чѣмъ почувствовали удовольствіе занятія; мы уже и заняты прежде, чѣмъ почувствовали неудовольствіе, происходящее оттого, что мы ничѣмъ не заняты. Природа не ожидаетъ нашихъ размышленій и разсчетовъ; она, правда, даетъ намъ способность разсуждать и разсчитывать, чтобы мы могли исправлять злоупотребленія нашихъ желаній но желаніе, необходимое для нашего собственнаго благоденствія и для благоденствія окружающихъ насъ, природа пробуждаетъ въ насъ безъ нашего содѣйствія» [1]).

Отбросивъ фаталистическій оттѣнокъ, проглядывающій въ этой мысли Броуна, мы найдемъ въ ней прекрасное доказательство *первобытности* стремленія къ сознательной дѣятельности. Душа стремится къ дѣятельности не потому, что испытала удовольствія, происходящія изъ дѣятельности, или страданія отъ недостатка дѣятельности, а прямо потому, что это стремленіе составляетъ ея сущность, потому что душа, невѣдомо для нея самой и независимо отъ ея желаній, независимо отъ какихъ-либо послѣдующихъ разсчетовъ и соображеній, является сама неисчерпаемымъ источникомъ этого стремленія.

16. Гербартъ, не признававшій никакихъ врожденныхъ стремленій, не могъ конечно признать и врожденнаго стремленія души къ дѣятельности. Но за то отрицаніе такого яснаго психическаго явленія заставило его впасть въ противорѣчіе съ самимъ собою. Такъ онъ приписываетъ это стремленіе (не отдѣляя его отъ физической потребности движеній) не духу, а жизни [2]), и это говоритъ тотъ же самый Гербартъ, который еще прежде физіологовъ отвергъ гипотезу *жизненной силы!* Еще яснѣе выходитъ это противорѣчіе, когда Гербартъ, въ другомъ мѣстѣ, даже самыя чувствованія (Gefühlen) выводитъ нѣкоторымъ образомъ изъ стремленія къ дѣятельности [3]).

17. Бенеке не можетъ отвернуться отъ признанія врожденности стремленія къ дѣятельности, но придаетъ ее своимъ «первичнымъ силамъ». Но если душа съ врожденными стремленіями есть гипотеза, то первичныя силы съ своею стремительностью тоже гипотеза, и мы предпочитаемъ всемірную гипотезу человѣчества ни чѣмъ не оправданной гипотезѣ одного теоретика.

18. Такимъ образомъ мы признаемъ, что душѣ *врождено* стремленіе къ дѣятельности и что всякій человѣкъ, одаренный самосознаніемъ, найдетъ непремѣнно это стремленіе въ своей душѣ. «Монархъ— говоритъ Броунъ,—занимающійся тѣми добровольными трудами, которые онъ называетъ забавами, долженъ почувствовать общность своей природы съ природою поденщика.» [4]) Но странно, какъ Броунъ, сознававшій общность этого стремленія и его первобытность, удовольствовался только тѣмъ, что помѣстилъ его, кажется, *восьмымъ* въ числѣ своихъ десяти главныхъ желаній. Не самъ ли Броунъ, въ другомъ мѣстѣ, говоритъ: «Какъ бы ни былъ несчастливъ человѣкъ, но если намъ удастся занять его какимъ-нибудь образомъ, то онъ уже счастливъ»? Не могла ли эта самая мысль побудить Броуна не только не ставить стремленія къ дѣятельности ниже

[1]) Lectures on the philosophy of the human Mind: by Th. *Brown*. Twentieth Edition. London. 1860. p. 445.

[2]) Herbarts. Lehrbuch der Ps. § 110. S. 70.

[3]) Ibid. § 52.

[4]) Brown. p. 445.

стремленія къ счастію, но даже не ставитъ ихъ наравнѣ, такъ-какъ р
вое, по своей первобытности, несомнѣнно предшествуетъ второму?.

19. Стремленіе *къ счастію* или стремленіе къ удовольствію, к
торое выставляется многими психологами и философами за осно
стремленіе души, изъ котораго будто бы проистекаютъ всѣ прочія, н
сомнѣнно есть уже стремленіе *производное*, условливаемое предста
віемъ того, къ чему стремишься, условливаемое, слѣдовательно, со
тами удовольствія и неудовольствія, которые должны предшество
желанію счастія. Кантъ совершенно справедливъ, говоря, что «состо
страданій непремѣнно должно предшествовать всякому удовольствію»
Эта мысль Канта согласна и съ мыслію Локка, который всѣ пер
дѣйствія наши, а слѣдовательно и тѣ, которыя доставляютъ намъ
результатѣ удовольствіе, выводитъ изъ «величайшаго настоящаго не
вольствія (the greatest present uneasinesse)» [2]. Замѣчательно, ч
въ этой мысли своей Локкъ сходится съ великимъ своимъ антагонист
Лейбницемъ, и что въ первыхъ изданіяхъ своего знаменитаго сочин
(Of human understanding), Локкъ придерживался общепринятой те
мысли, что *идея величайшаго блага* опредѣляетъ дѣятельность че
вѣка, но потомъ, «послѣ строгаго изслѣдованія», отказался отъ не
принялъ, что стремленіе выйти изъ непріятнаго положенія есть пер
ный источникъ человѣческой дѣятельности.

20. Мы уже видѣли, что тѣ непріятныя положенія, изъ которы
человѣкъ стремится выйти, установляются самою природою въ т
состояніяхъ нервнаго организма, которыя отзываются въ душѣ нер
вольствіемъ и страданіемъ; но источника того неудовольствія, кото
испытываетъ душа при отсутствіи сознательной дѣятельности, дол
искать въ самой же душѣ, въ ея стремленіи къ сознательной жиз
которой она еще не знаетъ, но отсутствіе которой ее тяготитъ. В
почему, вѣроятно, и Кантъ самое стремленіе къ жизни называетъ тя
лымъ. «Чувствовать жизнь, говоритъ онъ, есть ничто иное, какъ ч
ствовать себя вынужденнымъ безпрестанно выходить изъ настоящаго с
стоянія. Это тягостное побужденіе оставлять моментъ, въ котор
мы находимся, и переходить въ другой, имѣетъ въ себѣ нѣчто у
ряющее и можетъ даже довести человѣка до рѣшимости прекратить св
жизнь, если онъ уже испробовалъ наслажденія всякаго рода и для не
не остается никакихъ новыхъ наслажденій» [3]. Но нѣтъ ли сред
избавиться отъ такого непріятнаго подталкивающаго стремленія душ
не прибѣгая къ такимъ энергическимъ средствамъ? На это Кантъ на
отвѣчаетъ слѣдующее: «Если мы замѣчаемъ въ себѣ недостатокъ ощуще
то это производитъ въ насъ нѣкоторый ужасъ пустоты (horror vacui) и
ставляетъ какъ бы предчувствіе смерти, смерти медленной и болѣе

[1]) Kant's Antropologie. 1838. § 59. S. 145.

[2]) Locke's Works, P. I. Ch. XXI. p. 33.

[3]) Kant's Antr. § 60. S. 147.

гостной, чѣмъ та, когда судьба разомъ перерѣзываетъ нить нашей жизни».

21. Намъ кажется, что мысль Канта можетъ быть выражена яснѣе, если мы замѣнимъ его философскій языкъ языкомъ психологическимъ. Если *нѣчто* побуждаетъ насъ переходить отъ одной душевной дѣятельности къ другой и даже искать этой другой, еще не зная ее, то ясно, что это нѣчто не есть удовольствіе новой дѣятельности, которой мы еще не знаемъ, а чувство неудовлетворенія старою, которая начинаетъ намъ уже надоѣдать. Но почему же начинаетъ она надоѣдать намъ?— Именно потому, что она *стара*, т. е. потому, что она, намъ извѣстна, или наконецъ, другими словами, потому что она, какъ извѣстная, мало даетъ дѣятельности душѣ нашей; слѣдоавтельно, главною побудкою души въ жизненной дѣятельности является недостатокъ этой самой дѣятельности, т. е. стремленіе къ дѣятельности, живущее въ душѣ.

22. Такимъ образомъ, мы признаемъ два источника стремленій: одинъ *тѣлесный*, т. е. нашъ растительный организмъ со всѣми его органическими потребностями, и другой *душевный*, т. е. душу съ ея неизсякаемымъ стремленіемъ къ сознательной дѣятельности. Оба эти стремленія вмѣстѣ составляютъ одно общее, всеобнимающее собою стремленіе: *быть* и *жить*. Для тѣла важно — *быть*; для души же — *жить*. Существованіе безъ жизни не имѣетъ для души никакого значенія. Далѣе мы откроемъ еще третій источникъ стремленій въ тѣхъ особенностяхъ которыя свойственны только душѣ человѣка и совокупность которыхъ мы называемъ *духомъ*; но признавъ этотъ третій источникъ уже теперь, мы затруднили бы наше изслѣдованіе; а потому, предоставивъ себѣ впослѣдствіи разсмотрѣть *духовныя* стремленія человѣка, мы взглянемъ теперь на происхожденіе чувствованій изъ первыхъ двухъ источниковъ: стремленій, выходящихъ изъ потребностей тѣла, и стремленія, вытекающаго изъ единственной потребности души.

ГЛАВА IX.

Происхожденіе чувствованій изъ органическихъ причинъ.

1. Какъ ни разнообразны стремленія, возникающія изъ потребности организма, но чувствованія, которыя, въ свою очередь, возникаютъ изъ удовлетворенія или неудовлетворенія этихъ стремленій, имѣютъ общій характеръ, если только отдѣлить спеціальность самихъ *ощущеній*. Такъ, напр., неудовлетворенность пищеваго стремленія и стремленія къ тѣлеснымъ движеніямъ возбуждаютъ въ душѣ, независимо отъ разнообразія самихъ ощущеній, одинаковыя чувствованія, а именно: неудовлетвореніе этихъ потребностей, возрастая постепенно въ своей напряженности, выражается чувствомъ неудовлетворенности, безпокойства, такъ называемой физической тоски и, наконецъ, положительныхъ страданій, которыя, въ свою очередь, могутъ возрастать въ своей интензивности до невыносимой степени. Точно также удовлетвореніе тѣхъ же стремленій, незави-

симо отъ специфическаго ощущенія, сопровождающаго это удовлетвореніе, отражается въ душѣ, смотря по степени напряженности самаго стремленія, чувствованіями удовлетворенности, спокойствія, довольства и, наконецъ, болѣе или менѣе, напряженныхъ наслажденій. Всѣмъ этимъ чувствованіямъ, возникающимъ отъ удовлетворенія или неудовлетворенія органическихъ стремленій, какого бы они рода ни были, мы можемъ придать общее названіе, а именно: *чувствованій удовольствія* и *неудовольствія*.

2. Мы отчасти видѣли уже выше, въ какомъ взаимномъ отношеніи являются въ душѣ чувствованія удовольствія и неудовольствія, возникающія отъ удовлетворенія или неудовлетворенія тѣлесныхъ потребностей. Удовольствіе, въ этомъ случаѣ, находится въ постоянной зависимости отъ неудовольствія. Безъ предварительнаго появленія неудовольствія, удовольствіе не могло бы появиться: если бы, напримѣръ, пищевая потребность человѣка удовлетворялась немедленно по мѣрѣ ея проявленія, то человѣкъ никогда не испыталъ бы удовольствія процесса питанія. Степень же силы удовольствія находится въ прямой зависимости отъ степени силы предшествующаго ему неудовольствія. Чѣмъ напряженнѣе голодъ, тѣмъ напряженнѣе наслажденіе при его удовлетвореніи.

3. Человѣкъ только на печальную монету страданій можетъ покупать наслажденія. Всѣ попытки обмануть природу при этомъ торгѣ оказываются безуспѣшными. Человѣкъ безпрерывно пытается уменьшить страданія, возникающія изъ неудовлетворенія тѣлесныхъ потребностей, и усилить степень наслажденія при ихъ удовлетвореніи; но чувство *пресыщенія* наказываетъ его за эти попытки обмана. Если же, не сознавая неизбѣжности закона природы, человѣкъ настойчиво идетъ по этому пути, то неумолимая природа выполняетъ надъ нимъ то превращеніе, которому подверглись сластолюбивые путники Улисса, во дворцѣ Цирцеи, или онъ доходитъ до мрачной апатіи ко всему. Эту черту человѣческой природы выразилъ образно Сократъ, говоря, что Юпитеръ бросилъ на землю двухъ близнецовъ, наслажденіе и страданіе, такъ связавши ихъ спинами, что никто не можетъ развязать.

4. Гораздо менѣе было наблюдаемо то явленіе, что изъ состояній тѣлеснаго организма, кромѣ этихъ *общихъ чувствованій*, удовольствія или неудовольствія, могутъ порождаться чувствованія *спеціальныя*, каковы: гнѣвъ, страхъ, печаль, радость, влеченіе, отвращеніе. Какъ порождаются эти чувствованія въ душѣ изъ состояній тѣлеснаго организма—этого психологія не знаетъ; точно также, какъ не знаетъ она и того, какимъ образомъ вибрація глазнаго нерва возбуждаетъ въ душѣ ощущеніе свѣта и различныхъ красокъ. Физіологія, съ своей стороны, также не знаетъ, каковы тѣ состоянія нервнаго организма, которыми условливается чувство голода или жажды, а равно и *органическое* появленіе чувствованій гнѣва или страха; но, тѣмъ не менѣе, факты такого органическаго появленія различныхъ чувствованій несомнѣнны.

5. Общая характеристическая черта всѣхъ чувствованій, возникаю-

щихъ въ душѣ изъ состояній организма, та, что всѣ они являются для души *безпричинными*. Душа *испытываетъ* эти чувствованія, но не находитъ въ себѣ самой причины ихъ. «Безпричинная радость», «безпричинная печаль», «безпричинный гнѣвъ», «безпричинный страхъ» говоримъ мы именно потому, что, испытывая эти чувствованія въ насъ самихъ, мы не можемъ отыскать причины имъ въ нашемъ сознаніи. Не находимъ же мы этой причины потому, что она не въ сознаніи, а въ ненормальныхъ состояніяхъ нашего тѣлеснаго организма, на что ясно указываетъ множество медицинскихъ наблюденій.

6. Ложное стремленіе наукъ къ уединенію было причиною, что психологи до сихъ поръ такъ мало обратили вниманія на эти органическія чувствованія, которыя, тѣмъ не менѣе, по *качеству* своему, ничѣмъ не отличаются отъ тѣхъ душевныхъ чувствованій, причину которыхъ мы можемъ отыскать въ нашемъ сознаніи. *Безпричинный* гнѣвъ, возникающій изъ органическаго разстройства, точно такой же гнѣвъ, какъ и тотъ, причину котораго мы ясно сознаемъ въ какомъ нибудь разсердившемъ насъ событіи. Разница здѣсь не въ качествѣ, а въ источникѣ: одинъ гнѣвъ выходитъ изъ области, лежащей внѣ нашего сознанія, а другой—изъ причинъ, сознаваемыхъ нами; но какъ тотъ, такъ и другой—оба одинаково принадлежатъ душѣ; ибо понятіе гнѣвающагося фосфора точно также нелѣпо, какъ и фосфора видящаго или слышащаго [1]). Чувствованія, какъ и ощущенія, принадлежатъ душѣ; но причины, ихъ вызывающія, могутъ лежать и въ тѣлѣ.

7. Изъ психологовъ особенное вниманіе на органическія чувствованія обратилъ Карусъ. «Какъ всѣ первобытныя чувствованія, говоритъ онъ, радость возникаетъ изъ двоякаго корня: иногда изъ ночи безсознанія, а иногда изъ дня сознательной жизни представленій. Чѣмъ свѣжѣе здоровье, чѣмъ благопріятнѣе отношенія организма ко внѣшнему міру, чѣмъ быстрѣе и нормальнѣе дѣйствуютъ всѣ жизненныя функціи, — тѣмъ благопріятнѣе съ этой стороны настроеніе къ развитію чувства радости, и все это дѣйствуетъ тѣмъ могущественнѣе, чѣмъ менѣе еще развилась душа въ самостоятельный духъ. Отсюда такое разнообразіе радостнаго возбужденія въ различныхъ возрастахъ и въ различныхъ личностяхъ. Младенецъ, дитя, отрокъ (но уже менѣе), могутъ быть исполнены радости, сами не зная почему: черты лица ихъ освѣщаются этимъ чувствомъ, веселая улыбка играетъ у нихъ на устахъ, и всѣ вопросы о причинѣ ихъ радости были бы напрасны.» «Точно также и печаль, говоритъ Карусъ далѣе, выходитъ изъ двухъ различныхъ областей—сознательной и безсознательной. Печаль (причина которой лежитъ въ безсознательной области) есть частью замедленное біеніе сердца, блѣдность, происходящая отъ удаленія крови изъ волосныхъ сосудовъ кожи, замедленное дыханіе и проч. Отъ особеннаго отраженія этихъ безсознательныхъ процессовъ въ самосознательномъ духѣ, образуется въ связи съ

[1]) Пед. Антр. Ч. I. Гл. XXXVIII.

одновременнымъ представленiемъ несчастiя то, что мы называемъ
чалью. Конечно, влiянiя, которыя перiодически возбуждаютъ печаль
безсознательной сторонѣ, могутъ быть очень разнообразны. Уже
перемѣны атмосферы имѣютъ весьма чувствительное влiянiе. Тума
дни, холодная сырость производятъ печальное настроенiе. Одни клим
болѣе способствуютъ этому настроенiю, другiе—менѣе. Прекращенiе
чали также можетъ выходить изъ сознательной области, какъ и без
знательной. Всякому извѣстно, сколько способствуютъ прекращенiю
чальнаго настроенiя духа тѣлесное движенiе и особенно движенiе на с
жемъ воздухѣ при солнечномъ сiянiи. Не подлежитъ сомнѣнiю, что
рактеры цѣлыхъ народностей условливаются климатомъ» [1]). Карусъ
тается также дать и объясненiе этого явленiя, но, конечно, даетъ
гипотетическое. «Пытаясь, говоритъ онъ, по возможности, уяснить
процессы, при которыхъ исчезаетъ печаль, мы должны себѣ предста
какъ вся жизнь представленiй особеннымъ, таинственнымъ образомъ
зана съ извѣстными (извѣстны ли они?) неизмѣримыми перемѣнам
иннервацiонномъ напряженiи мозга», т. е. другими словами и откро
нѣе — разгадка этого явленiя скрывается въ непостижимой связи
и нервнаго организма.

8. Не вдаваясь, вмѣстѣ съ Карусомъ, въ туманное объясненiе эт
явленiй, которое дало его психологiи много поэтическихъ, но не фи
ческихъ страницъ [2]), мы однако, тѣмъ не менѣе, полагаемъ, что
хологъ не можетъ отвернуться отъ этихъ явленiй, и если не мож
объяснить ихъ, то все же долженъ признать ихъ существованiе и
имѣетъ права строить теорiи, которая имъ противорѣчитъ. Вотъ поч
мы вмѣняемъ въ вину Гербарту и его послѣдователямъ, что они постр
свою теорiю возникновенiя чувствованiй единственно изъ борьбы пр
ставленiй, какъ бы позабывъ тѣ случаи, когда чувствованiя возника
прямо изъ состоянiй организма. Еслибы они не замѣтили влiянiй орг
низма на наши чувствованiя, и черезъ нихъ и на ходъ нашихъ пр
ставленiй въ нормальномъ состоянiи, то все же патологическiе слу
этого рода могли бы раскрыть имъ глаза. «Предположимъ себѣ, говор
Карусъ, что въ одной изъ тропическихъ странъ, въ жаркiй, лѣтнiй
день, при солнечномъ сiянiи, идетъ здоровый человѣкъ съ непокры
головою. Напряженность солнечныхъ лучей условливаетъ сильное ра
рѣченiе головы, и кровь, стремительно приливая къ мозгу, привод
его въ состоянiе, которое мы въ медицинѣ называемъ воспаленiемъ
вотъ этотъ покойный, еще недавно столь разумный человѣкъ, чувству
себя духовно разстроеннымъ: его мысли путаются, его обыкновен
мiросозерцанiе извращается, безумнѣйшiя фантазiи тѣснятся въ его ду
и онъ совершаетъ самыя яростныя дѣйствiя» [3]). Можно сознаться

[1]) Die Antropologie v. K. Schmidt. II Th. 1865. S. 302—304.

[2]) Vorlesungen ueber Psychologie von C. Carus. 1831. Vorles. XII и X

[3]) Ibid. S. 237.

невозможности объяснить подобныя явленія какъ психологически, такъ и физіологически; но отвернуться отъ нихъ нельзя.

9. Какія измѣненія происходятъ въ организмѣ подъ вліяніемъ ядэ бѣшеныхъ животныхъ — этого медицина не знаетъ. «Водобоязнь не оставляетъ на субъектахъ, ей подвергшихся, никакихъ поврежденій, которыми можно было бы объяснить болѣзненные припадки, наблюдаемые во время жизни субъекта, а кровь, выпускаемая у живыхъ субъектовъ, подвергшихся водобоязни, тоже не обнаруживаетъ никакихъ измѣненій» [1]. Тѣмъ не менѣе, кто же можетъ сомнѣваться, что причина водобоязни есть чисто физическая? Чѣмъ же однако яснѣе всего обнаруживается это послѣдствіе укушенія бѣшенаго животнаго? «Первый періодъ бѣшенства проявляется печалью, безпокойствомъ, безсонницей, головными болями, нѣкоторою живостью и болтливостью; во второмъ появляется неодолимое отвращеніе къ жидкостямъ, сопровождаемое ужасомъ» [2]. Не должно ли же признать, что причина чисто психическихъ явленій, каковы страхъ, отвращеніе, печаль, гнѣвъ, въ припадкахъ водобоязни находится не въ душѣ и ея представленіяхъ, а въ болѣзненномъ разстройствѣ тѣлеснаго организма?

10. Ипохондрія, зависящая часто отъ физическихъ причинъ и нерѣдко бывающая недугомъ наслѣдственнымъ [3], не вызываетъ ли также безпричиннаго чувства печали, недовѣрія, страха? Страхъ — это самое угнетающее изъ человѣческихъ чувствованій—можетъ достичь при ипохондріи такой напряженности, что человѣкъ для того только, чтобы не бояться за жизнь свою, рѣшается прекратить ее. Конечно, медики еще не согласны въ томъ, приписать ли въ ипохондріи большее вліяніе причинамъ душевнымъ или тѣлеснымъ [4]; но, во всякомъ случаѣ, если эта болѣзнь можетъ быть наслѣдственна, то кажется нельзя сомнѣватьcя, что причина ея лежитъ также и въ ненормальномъ состояніи нервнаго организма.

11. Факты говорятъ ясно, что даже чувства привязанности, или влеченія къ предмету, могутъ порождаться подъ вліяніемъ органическихъ причинъ, лежащихъ внѣ нашего сознанія. Ласковая собаченка, за минуту лизавшая руку господина, даже и тогда, когда онъ ее наказывалъ, тотчасъ же начинаетъ огрызаться на него, какъ только произведетъ на свѣтъ щенка. Конечно, мы замѣчаемъ здѣсь только проявленіе гнѣва, но не трудно видѣть, что гнѣвъ въ этомъ случаѣ есть только оборотная сторона привязанности, быстро развившейся подъ вліяніемъ органическихъ измѣненій въ животномъ. И привязанность эта продолжается у животнаго ровно столько времени, сколько организмъ его находится въ осо-

[1] Elements de Pathologie generale par Chomel. 4 Edit. Paris. p. 166.

[2] Traité de Pathologie, par Grissole, Paris. 1852, T. II, p. 139—141.

[3] Ib. p. 684.

[4] Handbuch der specialen Pathologie v. Virchof. 1855. B. VI. Erst Abt. v. Hass. S. 119.

бенномъ состоянія, а именно весь періодъ кормленія, и затѣмъ исчез
безъ слѣда, тогда какъ должна была бы усилиться, если бы эта при
занность зависѣла отъ ассоціаціи представленій, какъ это дѣлает
человѣка, у котораго органическая привязанность есть только основа п
вязанности душевной, неимѣющей конца. И замѣтьте, что живот
привязанность котораго къ человѣку ростетъ съ годами, не выказыв
этого возрастанія привязанности въ отношеніи своихъ собственныхъ
тенышей. Не ясно ли, что въ обоихъ случаяхъ причина привязанн
различна? Въ *одномъ*—это періодическое состояніе организма, а въ д
томъ—все растущая и расширяющаяся ассоціація представленій? Може
же не удивляться, что, при такихъ ясныхъ фактахъ, многіе философ
психологи продолжаютъ объяснять явленія материнской привязанно
общія и человѣку и животнымъ, разсчетами эгоизма или *одной* ассоціа
представленій?

12. Мы видѣли, какъ возникаетъ чувство отвращенія въ водобоя
но, по замѣчанію знатока душевныхъ болѣзней, Эскироля, у безумны
чаще всего оказывается измѣненіе душевныхъ привязанностей, такъ
они или становятся равнодушными къ своимъ роднымъ и друзьямъ, и
выказываютъ имъ даже ненависть. Безумные бѣгутъ, кричатъ, предаю
бѣшенству «безъ всякихъ другихъ побужденій, какъ только крича
бѣжать, убивать» [1]). Кто же сомнѣвается, что всѣ эти чувствова
всѣ эти извращенія чувствованій возникаютъ у безумныхъ изъ нено
мальнаго состоянія тѣлеснаго организма, а не изъ ассоціацій предст
леній? На оборотъ, самыя представленія здѣсь подбираются уже т
чувствованіемъ, которое возникло въ душѣ подъ вліяніемъ физическ
страданій. Безумный въ своихъ мечтахъ подбираетъ именно тѣ пр
ставленія, которыя даютъ пищу угнетающему его органическому чувст

13. Въ виду такихъ несомнѣнныхъ фактовъ мы не можемъ призн
ни теоріи, объясняющей всѣ чувства изъ эгоизма, ни теоріи, объясня
щей всѣ чувства изъ борьбы представленій. Мы видимъ ясно, что ч
ствованія могутъ порождаться въ душѣ безъ всякаго эгоистическаго р
счета и безъ всякой борьбы представленій. Въ эту послѣднюю ошиб
впадаютъ не только Гербартъ и его послѣдователи, но даже и Спино
когда выдаетъ за аксіому, что «виды мышленія, каковы: любовь, же
ніе, и другія чувствованія души, какими бы именами ихъ ни называ
не могутъ существовать безъ того, чтобы въ индивидуумѣ, въ котор
они совершаются, не было идеи о вещи любимой, желаемой и пр
тогда-какъ идея можетъ существовать безъ всякаго другаго вида мысли» [2]
Мы же видимъ, что чувствованія могутъ рождаться вовсе не изъ иде
а прямо появляться въ душѣ, какъ отзывы ея на органическія измѣ
нія, для души неизвѣстныя: могутъ рождаться въ душѣ точно так
какъ рождаются въ ней ощущенія звука или свѣта въ отвѣтъ на вн

[1]) Traité de Pathologie par. Grisolle T. II p. 665.

[2]) Spinoza. Eth. P. II. Ax. 3.

нію слуховыхъ или зрительныхъ нервовъ, о которой душа ничего не знаетъ, и страданія голода или жажды въ отвѣтъ на спеціальное состояніе организма.

14. Если изъ всего матеріальнаго міра душа можетъ ощущать только нервный организмъ, или, по выраженію Каруса, «созерцаетъ міръ подъ формою нервной системы» [1]), то понятно само собой, какое рѣшительное вліяніе должны оказывать на психологическія явленія всѣ патологическія или періодическія измѣненія въ этомъ организмѣ. Если мы приняли, что предполагаемыя вибраціи нервовъ выражаются въ душѣ разнообразными ощущеніями, то точно также, и въ виду представленныхъ фактовъ, должны принять, что патологическія или періодическія перемѣны въ нервной системѣ отражаются въ душѣ различными чувствованіями. Въ обоихъ случаяхъ, душа одинаково не знаетъ ни о причинѣ своихъ ощущеній, ни о причинѣ своихъ чувствованій, а *просто испытываетъ ихъ*. Карусъ, правда, намекаетъ, что душа прямо испытываетъ различныя органическія измѣненія; но мы думаемъ, что гдѣ дѣло идетъ о чувствѣ, тамъ необходимо принять посредствующее участіе нервной системы. Измѣненіе въ составѣ крови, напр., дѣйствуетъ на измѣненіе нашихъ чувствъ, но конечно не иначе, какъ черезъ посредство нервной системы, подчиняющейся вліянію такого измѣненія крови.

15. Видя изъ такихъ несомнѣнныхъ фактовъ, что всѣ элементарныя чувствованія, удовольствіе и неудовольствіе, гнѣвъ, страхъ, привязанность и отвращеніе, могутъ рождаться въ душѣ *безпричинно*, т. е. безъ причинъ, доступныхъ непосредственному ея сознанію, и только подъ вліяніемъ патологическихъ и періодическихъ состояній нервнаго организма, мы должны приписать способность этихъ чувствованій душѣ совершенно на томъ же основаніи, на которомъ приписали мы ей способность зрительныхъ, слуховыхъ и осязательныхъ ощущеній, изъ которыхъ возникаютъ всѣ наши представленія.

Вотъ почему мы одинаково отвергаемъ и теорію возникновенія чувствованій изъ эгоизма, и теорію возникновенія ихъ изъ столкновенія представленій, хотя признаемъ много справедливаго въ обѣихъ, какъ это мы сейчасъ покажемъ.

ГЛАВА X.

Происхожденіе чувствованій изъ сознательныхъ представленій.

1. Если нужно было доказывать возможность происхожденія чувствованій изъ непосредственнаго вліянія на душу состояній тѣлеснаго организма, то едва ли нужно доказывать, какъ могутъ рождаться чувствованія изъ представленій. Страшный предметъ внушаетъ намъ страхъ, хотя бы мы передъ этимъ находились въ самомъ спокойномъ и радост-

[1]) Carus. Vorles. S. 264.

номъ настроенія; веселая мысль часто заставляетъ насъ улыбнуть при самомъ печальномъ настроеніи духа. Здѣсь ясно, что чувствова возникаетъ изъ представленій или, лучше сказать, изъ нашего отнош нія къ представленію, потому что одно и тоже представленіе въ о номъ лицѣ можетъ возбудить страхъ, въ другомъ гнѣвъ, въ треть смѣхъ и т. д.

2. Для краткости станемъ называть всѣ чувствованія, возникаю изъ представленій—*душевными*, въ отличіе отъ тѣхъ, о которыхъ [illegible] говорили въ прошедшей главѣ и которыя, такъ какъ они, не вѣдо для насъ самихъ, возникаютъ въ душѣ нашей изъ тѣхъ или други состояній организма, назовемъ *органическими*. Мы не придаемъ о беннаго значенія самымъ этимъ терминамъ; но они покудова годят намъ для нашей ближайшей цѣли.

3. По качеству, *органическія* чувствованія отъ *душевныхъ* не ра личаются. Гнѣвъ, возбужденный въ душѣ какою нибудь органическ причиной, и потому органическій гнѣвъ, точно такой же гнѣвъ, ка и тотъ, причину котораго мы ясно сознаемъ въ томъ или другомъ пре ставленіи. Но *органическія* чувствованія отличаются отъ *душевн* способомъ своего происхожденія: ибо тогда-какъ первыя, *органическі* предшествуютъ представленіямъ и подбираютъ ихъ соотвѣтственно с ему спеціальному характеру, вторыя, т. е. *душевныя*, сами возни ютъ изъ сознаваемыхъ нами представленій и руководятся ими.

4. Однако же человѣку недостаточно только сознавать представле чтобы изъ него возникло въ его душѣ то или другое чувствованіе: [illegible] долженъ еще *понимать* отношеніе этого представленія къ самому с бѣ, къ своей личности. Человѣку недостаточно видѣть наведенное [illegible] него ружье, чтобы почувствовать страхъ: онъ долженъ еще *понима* какая опасность грозитъ ему въ этомъ случаѣ; если же онъ этого [illegible] понимаетъ, то и не почувствуетъ страха.

5. Но и одного этого пониманія недостаточно еще, чтобы то [illegible] другое представленіе вызвало въ душѣ человѣка то или другое чувст ваніе. Если мы представимъ себѣ человѣка, который вовсе *не бои смерти*, то заряженное ружье, на него наведенное, не возбудитъ [illegible] немъ никакого страха. Слѣдовательно, для того, чтобы почувствова страхъ въ данномъ случаѣ, надобно еще бояться смерти, т. е. друг словами, надобно *носить* въ себѣ *стремленіе* къ жизни. Вотъ эт то послѣдняго условія и не замѣтили Гербартъ и его послѣдовате отвергавшіе всѣ врожденныя стремленія, и выводившіе всѣ чувство нія только изъ взаимнаго отношенія представленій [1]). Мы же вид ясно, что въ какую бы борьбу мы ни ставили представленій, изъ ни не возникнетъ душевное чувствованіе, если мы не предположимъ въ [illegible] ловѣкѣ никакихъ врожденныхъ стремленій.

6. Самый спеціальный характеръ чувствованія зависитъ также [illegible]

---

1) См. выше гл. IV.

отъ представленія, возбуждающаго чувствованіе, но возникаетъ изъ отношеній этого представленія къ тому, кто представляетъ. Вотъ почему одно и тоже представленіе можетъ возбуждать въ различныхъ людяхъ самыя противоположныя чувствованія. Такъ, напримѣръ, приходъ нежданнаго гостя, возбуждающій радость въ душѣ гостепріимнаго и щедраго человѣка, возбудитъ негодованіе и страхъ въ душѣ скряги. Слухи о приближающемся голодѣ, заставляющіе печалиться и такихъ людей, которымъ нечего бояться голода, могутъ наполнить душу сребролюбца самыми радостными надеждами. Даже въ одномъ и томъ же человѣкѣ одно и тоже представленіе можетъ возбуждать различныя чувствованія въ разное время: что возбуждало страхъ въ дѣтствѣ, то можетъ насъ потомъ смѣшить, и даже то, что разсердило насъ утромъ, можетъ развеселить насъ послѣ обѣда. Отчего же зависитъ такое разнообразіе чувствованій, возбуждаемыхъ однимъ и тѣмъ же представленіемъ? На это обыкновенно отвѣчаютъ: отъ различнаго *настроенія* души, и отвѣчаютъ совершенно справедливо.

7. Наблюдая надъ проявленіями различныхъ чувствованій у дѣтей, мы замѣчаемъ, что большею частію одинаковое представленіе дѣйствуетъ на дѣтей одинаково; но съ теченіемъ времени душа человѣка пріобрѣтаетъ свой особенный, ей только свойственный, строй—и тогда уже одно и тоже представленіе начинаетъ вызывать у разныхъ людей разныя чувствованія. Слѣдовательно, душевный строй есть, главнымъ образомъ, произведеніе жизни и вырабатывается жизненными опытами, которые для каждаго человѣка различны. Конечно, въ этой выработкѣ принимаетъ большое участіе и врожденный темпераментъ человѣка, но теперь насъ занимаетъ не этотъ вопросъ.

8. Вначалѣ стремленія, и душевныя и тѣлесныя, во всѣхъ людяхъ одни и тѣ же. Всякій человѣкъ хочетъ ѣсть, пить, ищетъ общества себѣ подобныхъ, ищетъ душевной и тѣлесной дѣятельности. Правда, онъ и потомъ ищетъ все того же; но въ способѣ удовлетворенія этихъ стремленій уже замѣчается большое разнообразіе. Возьмемъ для примѣра самое простое стремленіе—стремленіе къ пищѣ. Сначала это только *общее* стремленіе удовлетворить тѣлесной потребности питанія и удовлетворить ее чѣмъ бы то ни было. Только-что родившійся младенецъ не разбираетъ пищи. Но, вмѣстѣ съ удовлетвореніемъ, неопредѣленное *стремленіе* къ пищѣ начинаетъ вырабатываться въ опредѣленныя *желанія* той или другой пищи; такъ что потомъ одна и таже пища можетъ возбуждать въ одномъ удовольствіе, а въ другомъ отвращеніе.

9. То, что мы сказали въ отношеніи тѣлесныхъ стремленій, еще болѣе примѣнимо и къ тому единственному душевному стремленію, которое мы до сихъ поръ отыскали, а именно къ стремленію души къ сознательной дѣятельности [1]). Вначалѣ это только *общее* стремленіе,

[1]) См. выше гл. X.

и душу удовлетворяетъ всякая сознательная дѣятельность, только при- шлась бы она душѣ по силамъ. Но со временемъ человѣка естест- но увлекаетъ та сфера дѣятельности, которую онъ самъ же предва- тельно разработалъ и въ которой потому душа его работаетъ и ш и легче, и успѣшнѣе, чѣмъ во всѣхъ другихъ. Но такъ-какъ эти с ры дѣятельности до безконечности разнообразны, также разнообра- какъ жизни людскія, то отсюда возникаетъ безконечное разнообра въ чувствованіяхъ, возбуждаемыхъ одними и тѣми же представлен въ различныхъ людяхъ. Въ отношеніи стремленія человѣка къ со тельной дѣятельности, разнообразіе человѣческихъ желаній и накл ностей еще гораздо болѣе, чѣмъ въ отношеніи удовлетворенія по ностей тѣлесныхъ, которыя до нѣкоторой степени сохраняютъ сходство у всѣхъ людей.

10. Намъ еще не время говорить здѣсь о выработкѣ опредѣлен желаній, наклонностей и страстей изъ врожденныхъ стремленій, такъ какъ эти психическія явленія относятся къ области воли. Но, тѣм менѣе, мы должны уже имѣть въ виду эту выработку, о которой и выше сказали нѣсколько словъ, чтобы понять, какимъ образом людей изъ однихъ и тѣхъ же прирожденныхъ стремленій могутъ работаться самыя разнообразныя настроенія души, чѣмъ условлив и различіе чувствованій, вызываемыхъ у разныхъ лицъ одними и т же представленіемъ. Совокупность этихъ уже выработанныхъ же желаній, наклонностей и страстей и составляетъ то, что мы называ *строемъ* души.

11. Сначала, въ своей сознательной жизни человѣкъ одинаково носится ко всѣмъ возможнымъ представленіямъ, но это продолж до первыхъ опытовъ жизни. Съ перваго же раза опыты эти показыв ему, что одни предметы удовлетворяютъ его стремленіямъ, другіе н одни удовлетворяютъ больше и лучше, другіе меньше и хуже, тр совсѣмъ не удовлетворяютъ, четвертые мѣшаютъ этому удовлетвор и т. д. Тогда уже безучастность человѣка къ представленіямъ пре щается и одни изъ нихъ возбуждаютъ въ душѣ его радость, д гнѣвъ, третьи страхъ и т. д. Отсюда уже понятно, какъ можетъ ра образиться строй души у разныхъ людей съ теченіемъ жизни.

12. Еще понятнѣе станетъ намъ это, если мы прослѣдимъ х бѣгло, развитіе въ душѣ какой-нибудь страсти. Нѣтъ сомнѣнія, человѣкъ не родится ни скупымъ, ни щедрымъ; но, смотря по т въ чемъ найдетъ онъ больше удовольствія и пищи для своей со тельной дѣятельности, въ сбереженіи ли денегъ или въ тратѣ и можетъ образоваться въ немъ та или другая наклонность. Само это различіе взгляда, какъ чрезвычайно мѣтко указалъ Броунъ, мо зависѣть даже отъ случайности, повидимому, очень мелкой. Ден только символъ или орудіе наслажденія. Рубль, оставаясь въ н шемъ карманѣ, представляетъ собою множество разнообразнѣйшихъ н слажденій: тотъ же самый рубль, истраченный нами, даетъ намъ о наслажденіе, очень небольшое и часто очень скоро забываемое. Б

мальчику, напр., случилось истратить свой первый грошъ, надъ которымъ онъ много мечталъ, на такое удовольствіе, которое быстро исчезло безъ слѣда, и если дитя вспомнитъ то счастливое состояніе своей души, которое онъ испытывалъ, обладая грошемъ, то душу его можетъ наполнить сожалѣніе объ истраченныхъ деньгахъ. Сожалѣніе же это, повторяясь часто, можетъ положить въ душѣ первыя основы скупости. Если же мальчикъ на свои первыя деньги купилъ прочную и занимательную вещь, которая даетъ ему много наслажденій, такъ-что онъ позабудетъ о счастливыхъ минутахъ, когда онъ еще былъ обладателемъ своихъ денегъ, то направленіе его наклонностей можетъ быть другое [1]). Когда же та или другая наклонность образуется, наконецъ, въ человѣкѣ, тогда и душа его станетъ своимъ особеннымъ, ей только свойственнымъ, чувствомъ отвѣчать на представленія.

13. Строй души условливается, конечно, слѣдами пережитыхъ ею представленій: не безхарактерными слѣдами, о которыхъ мы говорили въ первой части нашей антропологіи, но слѣдами, которые проникнуты тѣми чувствованіями, съ которыми представленія входили въ душу человѣка. Если бы въ человѣкѣ не было никакихъ врожденныхъ стремленій, то онъ относился бы безучастно ко всякаго рода представленіямъ и ко всякой комбинаціи ихъ, и въ душѣ сохранялись бы слѣды этихъ представленій, скованные вереницами и сѣтями по законамъ памяти, но не имѣющіе никакого *чувственнаго* характера. Но какъ только мы предположимъ въ человѣкѣ врожденныя стремленія, такъ и предметы внѣшняго міра, представленія о которыхъ мало-по-малу наполняютъ его душу, получаютъ для него чувственное разнообразіе; а вмѣстѣ съ тѣмъ вереницы и сѣти слѣдовъ представленій, сохраняющіяся въ его памяти, должны быть проникнуты тѣми чувствованіями, съ которыми эти представленія воспринимались. Это относится не къ однимъ какимъ-нибудь слѣдамъ представленій, но ко всѣмъ безъ исключенія. Даже самое отвлеченное ученое мышленіе, по вѣрному замѣчанію великаго мыслителя и физіолога Миллера, не свободно отъ этого оттѣнка страстности. Ученый, составившій какую-нибудь гипотезу въ тиши кабинета и необъявившій ее никому, тѣмъ не менѣе чувствуетъ неудовольствіе, когда эта гипотеза оказывается ошибочною [2]).

14. Всякое новое представленіе, входящее въ душу ребенка, непремѣнно имѣетъ свой особый чувственный характеръ, и въ памяти дитяти сохраняется не только слѣдъ самаго представленія, но и слѣдъ того чувства, съ которымъ оно было воспринято душою. Изъ этихъ *чувственныхъ* слѣдовъ возникаютъ проникнутые разнообразнѣйшими чувствованіями вереницы и сѣти, а всѣ онѣ вмѣстѣ составляютъ то, что мы называемъ *строемъ души*. Новое представленіе, входя въ душу человѣка, относится уже не прямо къ его прирожденнымъ стремленіямъ, а

[1]) Brown, p. 461 и 462.

[2]) Man. de Physiol. P. 11, p. 512.

къ тому строю души, который выработался изъ тѣхъ же прирожденны стремленій черезъ посредство жизненнаго опыта. И вотъ почему кажд новое представленіе, каждое новое звено, которое вплетаетъ челов въ сѣть своихъ представленій, вызываетъ въ каждой душѣ свой особ звукъ, свое особое душевное чувство, такъ что въ этомъ отношен Бэнъ былъ совершенно правъ, утверждая, что чувствованія въ разли ныхъ людяхъ могутъ достигать такой индивидуальности, что одинъ ч ловѣкъ не можетъ вполнѣ передать другому того, что самъ чувствуетъ [1].

15. Теперь намъ уже будетъ понятно, почему Спиноза называ чувствованія отношеніемъ новыхъ представленій къ совокупности стре леній человѣка, составляющей его сущность [2]). Спиноза только отдѣлялъ стремленій отъ желаній, наклонностей и страстей, какъ это сдѣлали, замѣтивъ между тѣмъ, что какъ бы ни были слож человѣческія стремленія и склонности, мы, анализируя ихъ, всегда на демъ въ основѣ тоже врожденное стремленіе, только разработан опытами жизни въ ту или другую форму.

16. Это отношеніе новаго представленія къ ассоціаціямъ слѣд старыхъ, проникнутыхъ опредѣленными чувствованіями, отыскивает сознаніемъ въ разсудочномъ процессѣ. Встрѣчаясь съ новымъ предста леніемъ, человѣкъ иногда долго и нерѣшительно примѣриваетъ его къ тѣмъ, то къ другимъ вереницамъ прежнихъ представленій и пр этомъ душа всегда издаетъ различный звукъ. Такъ, смотря на но явленіе, мы можемъ испытывать самыя разнообразныя чувствованія, ч зависятъ отъ того, съ какой стороны мы на него взглянемъ. При примѣркѣ сознаніе, конечно, руководится своею способностію сравни и различать, но самая чувственная оцѣнка представленія возникаетъ изъ этого *логическаго* процесса, хотя и посредствомъ его. «Чувст логическаго признанія, говоритъ Гербартъ, совершенно отличается эстетическаго (нравственнаго) предпочтенія или отверженія (Vorzieh und Verwerfen)» [3]). Мы можемъ очень хорошо понимать разсудко что извѣстное явленіе составляетъ для насъ благо; но въ то же врем это явленіе можетъ вызвать въ насъ чувство страха или отвращен смотря по чувственному характеру преобладающихъ въ насъ въ э время ассоціацій представленій. Такъ больной, понимающій очень хоро всю необходимость операціи, можетъ въ то же время бояться ее смотрѣть съ отвращеніемъ и ужасомъ на ея орудія. Но пусть больно глубоко вдумается въ опасность своей болѣзни и необходимость оп раціи, взглянетъ такъ, чтобы душа его наполнилась на минуту эти думами, и соотвѣтствующими имъ чувствованіями, и онъ посмотрит на руку оператора совсѣмъ съ другимъ чувствомъ, хотя черезъ мгн веніе можетъ быть опять поддается чувству страха.

---

[1]) Bain. p. 46.

[2]) Spinoza. Eth. P. II. P. IV. prop. 5.

[3]) Herbat's Lehrbuch der Psych. § 85.

17. Этотъ процессъ примѣриванія, результатомъ котораго являются различныя чувствованія, совершается иногда весьма медленно и замѣтно, а иногда такъ мгновенно, что мы готовы признать, что чувство родилось у насъ прежде соображенія и что мы, напримѣръ, сначала *почувствовали* опасность, какъ это обыкновенно говорится, а потомъ уже *поняли* ее. Но это не болѣе, какъ ошибка, происходящая отъ быстроты нашихъ соображеній, и отъ того, что онѣ совершаются въ насъ часто, не облекаясь въ форму словъ. Но если мы совершенно не понимаемъ опасности какого-нибудь явленія, то смотримъ на него очень спокойно и можемъ съ улыбкою на лицѣ выпить стаканъ отравы. Если же, наконецъ, не у людей, сколько намъ извѣстно, а у нѣкоторыхъ животныхъ, замѣчается способность чувствовать опасность, не понимая ее, то чувствованіе такого рода слѣдуетъ причислять къ *инстинктамъ*, т. е. къ чувствованіямъ *органическимъ*, а не душевнымъ. Это голосъ природы, которому безсознательно повинуется животное, какъ повинуется оно чувству голода и особенностямъ своихъ вкусовъ, указывающихъ ему на пищу, для него вредную и полезную, или какъ повинуется, напримѣръ, человѣкъ, одержимый водобоязнію, невольному отвращенію ко всякой жидкости. У человѣка, по крайней мѣрѣ въ настоящемъ его состояніи, мы не замѣчаемъ такихъ спасительныхъ инстинктовъ.

18. Объяснивъ, какъ образуется различіе душевнаго строя у разныхъ людей, мы тѣмъ самымъ уже объяснили, какъ можетъ измѣняться душевный строй у одного и того же человѣка съ теченіемъ его жизни. Но это измѣненіе можетъ быть общее и частное. *Общее*, коренное измѣненіе происходитъ медленно и трудно и, чѣмъ старше становится человѣкъ, тѣмъ оно дѣлается труднѣе. *Частное* же измѣненіе можетъ зависѣть отъ множества причинъ, какъ органическихъ, такъ и душевныхъ. Такъ, частное вредное настроеніе души быстро мѣняется подъ вліяніемъ болѣзненнаго и здороваго состоянія организма, подъ вліяніемъ погоды, часовъ дня и мимолетныхъ впечатлѣній. Но эти частныя перемѣны не нарушаютъ кореннаго строя души и она, на время выведенная изъ своего уровня, опять стремится возвратиться къ нему.

19. Не только у единичныхъ личностей, но и у цѣлыхъ народовъ, мы можемъ замѣтить разнообразіе въ душевномъ строѣ, а отсюда и разнообразіе чувствованій, вызываемое одними и тѣми же представленіями. Что разсердитъ и опечалитъ китайца, то можетъ разсмѣшить француза, и наоборотъ: отчего французъ придетъ въ бѣшенство, то можетъ очень слабо подѣйствовать на китайца. Душевный строй народа также мѣняется съ теченіемъ исторіи, и что пугало нашихъ предковъ, то смѣшитъ насъ теперь. Въ душевномъ строѣ народа, и особенно высшихъ слоевъ общества, безпрестанно замѣчаются также частныя измѣненія, не касающіяся кореннаго настроенія. Что лѣтъ пять тому назадъ встрѣчалось въ нашемъ обществѣ рукоплесканіями, то теперь можетъ быть встрѣчено насмѣшками. Угадывать это душевное настроеніе общества и руководить имъ составляетъ главную задачу политики; но

содѣйствовать образованію въ душѣ дитяти такого кореннаго строя, который достоинъ человѣка, — вотъ величайшая задача воспитанія и воспитателя.

ГЛАВА XI.

Практическое значеніе сердечныхъ чувствованій.

1. Наши поступки выходятъ изъ нашихъ желаній; а наши желанія изъ чувствованій, испытываемыхъ нами при удовлетвореніи или неудовлетвореніи нашихъ стремленій. Отсюда уже вытекаетъ само собою все практическое значеніе нашихъ чувствованій. «Всякій предметъ, говоритъ Бэнъ, который намъ нравится, завлекаетъ, очаровываетъ душу, настоящій ли онъ, будущій или воображаемый, примитивный или возникающій изъ ассоціаціи, есть сила, побуждающая насъ къ дѣйствію» [1]. Но въ другомъ мѣстѣ также справедливо замѣчаетъ тотъ же психологъ, что чувствованіе, чтобы сдѣлаться постояннымъ мотивомъ нашихъ дѣйствій (или по нашему превратить стремленіе въ желаніе [2]), должно оставить свой слѣдъ въ памяти [3]). Вотъ эти то слѣды чувствованій въ памяти и становятся мотивомъ сознательныхъ желаній. Не смотря однако на такую очевидность практическаго значенія чувствованій, въ обществѣ существуютъ въ этомъ отношеніи самыя шаткія понятія.

2. Въ обществѣ часто слышится фраза, что «ничто такъ не цѣнится въ человѣкѣ, какъ его чувство», а рядомъ слышится также и другая, совершенно противоположная, что «въ чувствахъ своихъ человѣкъ не воленъ». Но если человѣкъ не воленъ въ своихъ чувствованіяхъ, то ставить ему въ достоинство или въ укоръ эти самыя чувствованія также раціонально, какъ ставить ему въ достоинство или въ укоръ его физическія преимущества и недостатки. Однако же оба эти ходячія мнѣнія, какъ они ни противорѣчатъ другъ другу, имѣютъ много справедливаго.

3. Мнѣніе, что чувствованія въ человѣкѣ всего дороже, совершенно справедливо въ томъ отношеніи, что ни въ чемъ такъ не высказывается истинный, неподдѣльный человѣкъ, какъ въ своихъ чувствованіяхъ: высказывается самъ для себя и для другихъ, на сколько его чувствованія другимъ доступны. Ничто, ни слова, ни мысли, ни даже поступки наши не выражаютъ такъ ясно и вѣрно насъ самихъ и наши отношенія къ міру, какъ наши чувствованія: въ нихъ слышенъ характеръ не отдѣльной мысли, не отдѣльнаго рѣшенія, а всего содержанія души нашей и ея строя. Въ мысляхъ нашихъ мы можемъ сами себя обманывать, но чувствованія наши скажутъ намъ, что мы такое: не то, чѣмъ бы мы хотѣли быть, но то, что мы такое на самомъ дѣлѣ.

---

[1]) The Will, p. 396.

[2]) См. выше гл. V.

[3]) The Will, p. 423.

4. Часто, напримѣръ, человѣку кажется, что онъ безкорыстенъ, доброжелателенъ въ отношенія другихъ людей и искренно любитъ друзей своихъ; но пусть онъ внимательно прислушается къ тому, какимъ звукомъ отзовется его сердце на новость о неожиданномъ обогащенія или возвышенія его друга. Если сердце его издастъ звукъ веселый, то онъ можетъ заключить, что у него дѣйствительно доброе сердце и что онъ искренно любитъ своего друга; если же звукъ этотъ будетъ печаленъ, то пусть человѣкъ измѣнитъ мнѣніе о своемъ сердцѣ и о своемъ отношенія къ друзьямъ. Мы можемъ въ мысляхъ считать себя большими героями; но только въ чувствахъ нашихъ, отзывающихся на опасности, мы можемъ узнать, дѣйствительно ли мы герои. Вотъ почему Бенеке весьма удачно сказалъ, что въ мысляхъ нашихъ выражается наше *теоретическое*, а въ чувствованіяхъ—наше *практическое* отношеніе къ міру. Впрочемъ, ту же самую мысль выразилъ еще прежде Кантъ въ своей «Антропологіи».

5. Исторія нашихъ чувствованій есть самая интимная исторія нашей души. Со всѣми, сколько-нибудь значительными воспоминаніями у насъ непремѣнно связаны какія-нибудь замѣтныя и ясно опредѣленныя чувствованія. Въ душу нашу ложатся слѣды не простыхъ, но проникнутыхъ чувствами представленій, не простые абрисы сознанія, но раскрашенныя чувствами картины. Перетряхивая же цѣпь нашихъ воспоминаній, мы или слышимъ прежніе звуки, какіе раздавались тогда, когда она сплеталась, или они значительно уже измѣнились. Одни звенья этой цѣпи, звучавшія когда-то такъ сладостно или болѣзненно, издаютъ теперь какой-то глухой, неопредѣленный, чуть слышный звукъ; другія не издаютъ уже почти никакого, хотя мы ясно помнимъ, какъ сильно звучали они прежде. Третьи, наконецъ, къ нашему изумленію, совершенно перемѣнили свой тонъ и звучатъ, напримѣръ, печально, когда прежде звучали радостно. Это измѣненіе прежнихъ чувствованій есть самое вѣрное мѣрило нашихъ душевныхъ перемѣнъ: перемѣнъ въ самомъ строѣ нашей души, отъ чего измѣняется и резонансъ ея, когда по ней ударятъ новыя впечатлѣнія.

6. Борьба между различными чувствованіями въ одной и той же душѣ есть явленіе, знакомое каждому. Возможность такой борьбы объясняется тѣмъ, что изъ различныхъ органическихъ стремленій и изъ одного и того же основнаго стремленія души вырабатывается въ жизни много различныхъ желаній, наклонностей и страстей, которыя не пришли еще въ единство между собою и могутъ существовать въ душѣ разомъ, противорѣча другъ другу. Новое представленіе, входя въ сознаніе, можетъ удовлетворять одному желанію и противорѣчить въ тоже время другому, и, слѣдовательно, вызывать въ нашей душѣ различныя чувствованія, смотря по тому, къ какому ряду звеньевъ прилаживаетъ нашъ разсудокъ новое звено. Вотъ почему и чувствованія наши, какъ и наши мысли, могутъ противорѣчить одно другому.

7. Какое же стремленіе одолѣваетъ въ этой борьбѣ чувствованій? Это зависитъ отъ двухъ причинъ: во-первыхъ отъ самаго представленія, вы-

зывающаго въ насъ то или другое чувствованіе, а во-вторыхъ,
сравнительной силы борющихся въ душѣ первичныхъ стремленій тѣ
ныхъ и душевныхъ, и выработанныхъ душою, противоположныхъ
ній. Въ каждомъ представленіи есть много сторонъ, и если въ данн
представленіи болѣе сторонъ, удовлетворяющихъ стремленію А,
стремленію В, которыя противорѣчатъ другъ другу, то новое пред
леніе, конечно, примкнетъ къ ряду слѣдовъ, вызванныхъ дѣятельност
стремленія А, если мы примемъ, конечно, что оба ряда слѣдовъ,
никнутыхъ различными стремленіями, равносильны. Здѣсь, слѣдоват
борьба рѣшается самымъ характеромъ представленій. Но если сила
мительности въ двухъ рядахъ аффективныхъ (т. е. проникнутыхъ
ствами) представленій, различна, то борьба будетъ рѣшена, конечно,
пользу того ряда представленій, стремительность котораго сильнѣе. Та
если мы въ одно и тоже время чувствуемъ усталость и голодъ, то
бѣда останется на сторонѣ того стремленія, которое сильнѣе.

8. Изъ всего этого выходитъ само собою, что въ чувствова
нашихъ мы дѣйствительно невольны, ибо въ чувствованіяхъ выск
вается уже прошедшая исторія нашей души. Прежде, чѣмъ мы р
маемъ, хорошо или дурно наше чувствованіе, оно уже совершилось.
можемъ дать и не дать практическихъ послѣдствій чувствованію,
звавшемуся въ нашей душѣ, но тѣмъ не менѣе оно уже было. Въ
ствахъ своихъ, слѣдовательно, мы невольны; но также ли мы невол
въ томъ душевномъ строѣ, которымъ опредѣляется характеръ чувс
ваній?

9. Философы и психологи, даже отвергающіе свободу воли въ
вѣкѣ (напр.: Спиноза, Бэнъ, Локкъ и др.), тѣмъ не менѣе, призна
(и мы не можемъ не видѣть въ этомъ противорѣчія), что человѣкъ
жетъ воспитывать свои чувства, т. е. можетъ давать тотъ или дру
строй своей душѣ. Спиноза прямо указываетъ на то, что страсть,
крѣпляемая разумомъ, всегда сильнѣе страсти, имъ не подкрѣпляемо
что потому мы можемъ въ борьбѣ страстей склонять побѣду на ту
рону, которой придаемъ въ помощь нашъ разумъ, и признаетъ, что
насъ зависитъ направить нашу мысль на такія представленія, кот
ослабляютъ или усиливаютъ данную страсть. Того же мнѣнія держ
Локкъ и Бэнъ [1]).

10. Здѣсь еще не мѣсто анализировать противорѣчіе, скрывающ
въ психологическихъ воззрѣніяхъ этихъ писателей; но нѣтъ сомнѣ
что если такое дѣйствіе разума и свободной воли на чувствованія
можно, то не непосредственно, а только чрезъ вліяніе на подборъ
шихъ представленій и черезъ нихъ на цѣлый строй души. Дѣйст
такимъ образомъ, мы можемъ давать пищу однимъ наклонностям
усиливать ихъ на счетъ другихъ и, слѣдовательно, участвовать на

[1]) Eth. P. IV. Prop. 10 Sch. См. также у Броуна p. 427. Locke's
Cond. of the Und. p. 83.

волею въ настроенія нашей души, отъ котораго, какъ мы видѣли, зависитъ и самый характеръ чувствованій. Всякій легко можетъ сдѣлать это наблюденіе надъ самимъ собою, когда одно и тоже представленіе вызываетъ въ немъ различныя чувствованія, смотря по тому, на какую сторону представленія онъ обращаетъ преимущественное вниманіе: стоитъ только перемѣнить рядъ мыслей, чтобы почувствовать, напримѣръ, благодарность къ тому самому человѣку, на котораго мы, незадолго передъ тѣмъ, сердились; стоитъ только перемѣнить рядъ мыслей, чтобы почувствовать презрѣніе къ тому самому поступку, которому мы еще недавно удивлялись и т. д. Никакимъ насиліемъ, конечно, нельзя перемѣнить любовь въ отвращеніе и отвращеніе въ любовь, но этого можно достигнуть терпѣливымъ подборомъ представленій. Не разъ терпѣливому нашептыванію удается незамѣтнымъ подборомъ представленій перемѣнить въ другомъ человѣкѣ самое благосклонное расположеніе въ ненависть.

11. Сознаніе этой-то власти человѣка надъ своимъ душевнымъ строемъ, которымъ условливается разнообразіе чувствованій и въ тоже время сознаніе его безсилія надъ отдѣльными, внезапно высказывающимися чувствованіями, заставило Руссо, говоря о вмѣняемости преступленій, сказать о преступникахъ: «конечно, отъ нихъ болѣе не зависитъ не быть злыми и слабыми, но отъ нихъ зависѣло не сдѣлаться такими» [1]. Софистическій оттѣнокъ есть въ этой мысли, но въ сущности своей она совершенно вѣрна психологически.

12. Если же мы примемъ во вниманіе, что чувствованіями нашими опредѣляются наши желанія [2], а желаніями опредѣляются наши поступки, то изъ этого само собою уже выйдетъ необыкновенно важное, практическое значеніе нашихъ чувствованій. Мы не скажемъ вмѣстѣ съ Броуномъ, что «вся исторія есть ничто иное, какъ разсказъ о страстяхъ немногихъ руководителей человѣчества» [3], потому что взглядъ на исторію, выработанный послѣ Броуна, уже не допускаетъ такого выраженія. Но, тѣмъ не менѣе, нельзя не признать, что безчисленныя и безпрестанныя уклоненія человѣчества съ прямого историческаго пути совершаются подъ вліяніемъ страстей.

13. Что же касается до индивидуальной жизни, то всякъ изъ насъ самъ по себѣ знаетъ, какъ часто мы подчиняемся внушеніямъ страсти и какъ часто самый разсудокъ нашъ въ своихъ работахъ бываетъ подкупленъ страстью. И если, съ одной стороны, по выраженію Спинозы, страсть, подкрѣпляемая разумомъ, сильнѣе страсти, имъ неподкрѣпляемой, то и съ другой, можно быть гораздо болѣе увѣреннымъ, что разумное рѣшеніе перейдетъ въ исполненіе, когда оно подкрѣпляется сердечнымъ желаніемъ, чѣмъ тогда, когда оно ему противорѣчитъ. Только

---

[1] Emile p. 330.

[2] См. выше гл. VI.

[3] Brown p. 339. и у Бэна: The Will. p. 396.

человѣкъ, у котораго *умъ* хорошъ и *сердце* хорошо, вполнѣ хорошій и надежный человѣкъ.

14. Изъ сказаннаго уже само собою выходитъ, какъ важно для воспитателя знать исторію происхожденія и образованія человѣческихъ чувствованій, а изъ нихъ—желаній, наклонностей и страстей. «Порокъ, уже образовавшійся, говоритъ Броунъ, находится почти внѣ нашей власти; только въ то время, когда онъ еще въ состояніи скрытаго стремленія, мы можемъ надѣяться преодолѣть его моральными мотивами. Но, чтобы отличить это стремленіе прежде, чѣмъ оно распространилось и даже прежде, чѣмъ оно стало извѣстнымъ той самой душѣ, въ которой существуетъ,—обуздать страсть прежде, чѣмъ она стала свирѣпствовать, и приготовить заблаговременно добродѣтели позднѣйшихъ лѣтъ, для этого требуется такое знаніе душевной организаціи, которое можетъ быть пріобрѣтено только прилежнымъ изученіемъ природы прогресса и послѣдовательныхъ преобразованій нашихъ чувствованій» [1].

15. На измѣненіе нашихъ чувствованій, какъ мы сказали, мы можемъ имѣть посредственное вліяніе, а именно подборомъ представленій. Но кромѣ этого посредственнаго вліянія мы можемъ имѣть еще и прямое, но уже только не на измѣненіе чувствованій, а на *подавленіе* ихъ, на прекращеніе ихъ перехода въ органическія состоянія. Чтобы уяснить себѣ и это явленіе, мы должны взглянуть на взаимное отношеніе чувствованій *органическихъ* и *душевныхъ*.

ГЛАВА XII.

Взаимныя отношенія чувствованій органическихъ и душевныхъ.

1. Мы замѣтили уже выше, что между органическимъ чувствованіемъ гнѣва, страха, печали, радости и т. д. и душевными чувствованіями того же рода нѣтъ никакой разницы въ самомъ качествѣ чувствованій, а есть разница только въ способѣ ихъ происхожденія. Причину душевныхъ чувствованій мы сознаемъ, потому что она заключается въ отношеніи нашего же, новаго представленія ко всему строю нашей души. Причины органическихъ чувствованій мы не сознаемъ, потому что она скрыта въ томъ или другомъ состояніи тѣлеснаго организма и дѣйствуетъ оттуда на душу черезъ посредство недоступной для сознанія связи души и нервнаго организма. Но кромѣ сходства между органическими и душевными чувствованіями одного и того же рода, несомнѣнные факты обнаруживаютъ еще такую связь между ними, что душевныя чувствованія могутъ переходить въ органическія, а органическія условливать появленіе душевныхъ того же рода.

2. Что органическія чувствованія имѣютъ важное вліяніе на нашу душевную, сознательную дѣятельность—въ этомъ, безъ сомнѣнія,

[1]) Brown. p. 17.

рый могъ убѣдиться на самомъ себѣ. Вліяніе это, какъ мы уже видѣли выше[1]), выражается въ подборѣ представленій, которымъ распоряжается то или другое чувствованіе, вызванное въ душѣ тѣмъ или другимъ состояніемъ тѣлеснаго организма. Человѣкъ, страдающій разлитіемъ желчи, невольно подбираетъ такія представленія, которыя удовлетворяютъ чувству гнѣва, безпрестанно возникающему въ немъ изъ органическихъ причинъ, точно также, какъ чувство голода насильно заставляетъ человѣка думать о предметахъ, утоляющихъ голодъ.

3. Что мы можемъ болѣе или менѣе противиться такому вліянію органическихъ чувствованій на нашу сознательную дѣятельность—это также, безъ сомнѣнія, испыталъ всякій. Но какъ далеко идетъ такая возможность, это зависитъ, съ одной стороны, отъ силы и постоянства органической причины, возбуждающей то или другое безпричинное чувство въ нашей душѣ, а съ другой, отъ силы нашей воли, располагающей душевными работами.

4. Если же всякое вліяніе воли на подборъ нашихъ представленій совершенно прекращается, какъ это бываетъ съ нами каждый разъ, когда мы засыпаемъ, то органическое чувствованіе, не встрѣчая уже себѣ сопротивленія въ нашей волѣ, даетъ намъ такой подборъ представленій, какой оно способно дать по своему специфическому характеру, чѣмъ и отличаются существенно наши сновидѣнія отъ нашихъ мечтаній.

5. Сновидѣніе собственно есть таже мечта, но только вполнѣ управляемая организмомъ и возникающими изъ него чувствованіями. Если же иные ряды представленій и въ сновидѣніи отличаются разсудочностью, то это только потому, что эти ряды вызываются цѣльными изъ запаса памяти, а скованы они были по законамъ разсудка.

6. Правда, что и въ мечтахъ нашихъ, какъ это мы видѣли выше, принимаетъ участіе органическое чувствованіе, но это и дѣлаетъ мечту нашу сновидѣніемъ на яву. Однако же, какъ бы глубоко мы ни замечтались, мы, пока не заснемъ, чувствуемъ возможность вмѣшаться произволомъ въ нашу мечту и дать ей другое направленіе. Во снѣ же эта возможность для насъ прекращается.

7. Кромѣ того, во снѣ присоединяется еще новое обстоятельство. Воспринимающія чувства наши, зрѣніе, слухъ, осязаніе, перестаютъ дѣйствовать и, такимъ образомъ, перерѣзываются координаты, опредѣляющія наше положеніе въ дѣйствительномъ мірѣ. Отъ этого происходятъ двѣ особенности, которыми отличаются сновидѣнія. *Во-первыхъ*, во снѣ мы теряемъ возможность сравнивать степень яркости нашихъ внутреннихъ представленій, неподдерживаемыхъ силою внѣшнихъ впечатлѣній, со степенью яркости тѣхъ представленій, которыя, входя въ наше сознаніе, продолжаютъ поддерживаться впечатлѣніями внѣшняго предмета. Какъ бы мы сильно ни воображали, напримѣръ, пламя пожара, но, открывъ глаза и взглянувъ на дѣйствительный пожаръ, мы

[1]) Пед. Антр. ч. 1. гл. XVII. п. 1—3 и гл. XXVIII. п. 11.

даже просто на стѣну, освѣщенную дневнымъ свѣтомъ, мы почувству как блѣдно пламя нашего воображенія передъ дѣйствительнымъ на немъ. Во снѣ же мы теряемъ эту возможность сравненія, и созд нашего воображенія кажутся намъ дѣйствительностью. *Во-втор* прекращеніе дѣятельности нашихъ воспринимающихъ чувствъ лиш шаетъ насъ возможности отличать фантазію отъ дѣйствительнаго полненія. Если на яву я вижу волка, то мнѣ можетъ прійти въ мы какъ бы онъ на меня не кинулся, но отъ этой мысли, конечно, на меня не кинется; но если та же самая мысль рождается у насъ сновидѣніи, то она тутъ же немедленно и выполняется, развѣ нибудь другая мысль помѣшаетъ этому. Трезвыя условія дѣйстви ности, связывающія необузданную мечту, во снѣ перестаютъ ее зывать, и она дѣлается сновидѣніемъ немедленно же, какъ тольк кращеніе дѣятельности воспринимающихъ чувствъ изолируетъ чело отъ вліяній дѣйствительнаго міра.

8. Мы съ намѣреніемъ коснулись здѣсь вліянія органическихъ ствованій на сновидѣнія, чтобы тѣмъ самымъ показать яснѣе, образомъ тѣже чувствованія могутъ имѣть вліяніе на ходъ нашихъ ставленій въ бодрственномъ состояніи. Подъ вліяніемъ такого орга скаго чувства, мы можемъ, конечно, подбирать такія представле которыя удовлетворяютъ ему и, вмѣстѣ съ тѣмъ, стараясь оправ себя въ такомъ нашемъ отношеніи къ данному представленію, мы демъ отыскивать причину гнѣва, или страха, и такимъ образомъ вратимъ органическое чувствованіе въ душевное. Но какъ только пре тится дѣйствіе органической причины гнѣва и какъ только сознате жизнь души нашей вступитъ во всѣ свои права, такъ мы и призна всю ничтожность придуманныхъ нами причинъ, и нерѣдко удивля какъ причина, которая (какъ мы думали) возбуждала нашъ гнѣвъ, вратилась вдругъ, будто какимъ-нибудь волшебствомъ, въ прич возбуждающую смѣхъ.

9. Съ другой стороны, чувствованія *душевныя*, дѣйствуя дол повторяясь часто, могутъ возбудить въ насъ *органическія* чувство того же рода. Такъ человѣкъ, разсерженный чѣмъ-нибудь, продолж сердиться и тогда, когда давно уже пересталъ думать о событіи, званшемъ его гнѣвъ. Радостное событіе, совершившееся утромъ, ляетъ человѣка въ веселомъ расположеніи на цѣлый день, хотя бы и не вспоминалъ о томъ, что его обрадовало поутру. Эти явленія, знакомыя каждому, нельзя объяснить иначе, какъ признавъ, что ду ныя чувства наши совершаются въ насъ не безъ вліянія на нашъ ный организмъ, а черезъ него и на органическія отправленія всего т Если разлитіе желчи отражается въ душѣ гнѣвнымъ настроеніемъ, и въ свою очередь, постоянный или частый гнѣвъ, зависящій отъ сознаваемыхъ душевныхъ причинъ, можетъ вызвать разлитіе же Страданія легкихъ имѣютъ ясное вліяніе на душевное настроеніе

вѣка; но и душевное настроеніе человѣка, въ свою очередь, можетъ и здоровыя легкія сдѣлать больными.

10. Возможность перехода душевныхъ чувствованій въ органическія подала поводъ къ тѣмъ шаткимъ наблюденіямъ, которыхъ въ особенности много мы встрѣчаемъ у Декарта. Онъ полагаетъ, напримѣръ, что чувство страха разстроиваетъ пищевареніе, а чувство гнѣва — нѣтъ, что чувство любви способствуетъ перевариванію мясной пищи и т. п. [1]). Что это вліяніе есть, въ этомъ каждый болѣе или менѣе убѣждается опытомъ, и что это вліяніе должно быть, это указывается тѣмъ огромнымъ вліяніемъ, которое нервная система, прежде всего подвергающаяся, конечно, вліянію нашихъ душевныхъ чувствованій, имѣетъ на біеніе сердца, дыханіе, пищевареніе и вообще растительные процессы нашего организма. Но это важное вліяніе еще такъ мало разслѣдовано, что, какъ справедливо замѣчаетъ Бэнъ, едвали можно вывести изъ такихъ наблюденій что-нибудь положительное [2]).

11. Вотъ на этотъ то переходъ душевныхъ чувствованій въ органическія, которыя потомъ, въ свою очередь, дѣлаются источникомъ чувствованій того же рода, человѣкъ можетъ имѣть весьма сильное вліяніе. На эту возможность согласно указываютъ и Кантъ, и Бэнъ. Кантъ говоритъ, напримѣръ, что если разсердившагося человѣка попросить сѣсть, то уже этимъ самымъ гнѣвъ его уменьшится. Бэнъ думаетъ, что въ этомъ случаѣ, подавляя разомъ и насильственно распространеніе въ организмѣ даннаго чувства, мы дѣйствуемъ на нервную систему черезъ посредство мускуловъ [3]). Германскій физіологъ Людвигъ думаетъ, что въ этомъ случаѣ мы дѣйствуемъ прямо на нервы. Рѣшеніе этого вопроса, конечно, принадлежитъ физіологіи; для насъ же важно только то, что такое дѣйствіе возможно. Мы не можемъ противиться возникновенію въ насъ душевнаго чувства гнѣва; но можемъ прекратить его продолженіе, можемъ помѣшать перейти ему въ гнѣвъ органическій и, если послѣдній уже возникъ, то можемъ помѣшать его дальнѣйшему распространенію въ организмѣ.

12. По степени этой власти нашей мѣшать переходу душевныхъ чувствъ въ органическія мы можемъ судить о силѣ нашей воли, а не только о состояніи здоровья нашего тѣлеснаго организма, какъ это замѣчаетъ Бэнъ. Во всякомъ случаѣ, всякій человѣкъ въ этомъ отношеніи гораздо сильнѣе, чѣмъ онъ думаетъ, и если кто-нибудь, напримѣръ, извиняетъ себя очень легко своею, такъ называемою вспыльчивостью, то пусть, однакоже, подумаетъ онъ, отчего такъ уменьшается эта вспыльчивость въ присутствіи лица, передъ которымъ опасно быть вспыльчивымъ.

13. Изъ всего сказаннаго уже видно, какъ можетъ человѣкъ имѣть

[1]) Descart. Passions. Art. 97.

[2]) The Emotion, p. 21.

[3]) Ib. p. 14, 15.

вліяніе на воспитаніе своихъ чувствованій, давая пищу однимъ, живая органическое распространеніе другихъ и, такимъ образомъ, вяя самый строй нашей души. Но, конечно, все это можетъ не разомъ, и вотъ почему невольно вырывающееся у насъ чувств какомъ-нибудь новомъ представленіи можетъ служить намъ вѣрнѣйш показателемъ той ступени, которой мы достигли въ воспитаніи махъ себя.

ГЛАВА XIII.

Воплощеніе чувствованій.

1. Воплощеніе чувствованій принадлежитъ къ тѣмъ явленіямъ, торыя, будучи близко знакомы каждому, тѣмъ не менѣе, въ сущ своей, остаются совершенно непонятными. Кто не знаетъ, какое жені принимаетъ наше лицо въ минуты гнѣва, страха, радости печали; но кто же знаетъ, почему удовольствіе раздвигаетъ угл шего рта, а гнѣвъ сдвигаетъ мускулы лба; почему веселость выр улыбкой, а горе вырывается воплями и выливается слезами; гнѣвъ, достигшій до степени бѣшенства, усиливаетъ выдѣленіе а страхъ прекращаетъ это выдѣленіе? [1]).

2. Не придавая воплощенію чувствованій такого значенія, придаетъ ему Бэнъ, который часто самую причину чувствованія дитъ въ его воплощеніи, мы тѣмъ не менѣе должны признать, Бэнъ болѣе, чѣмъ кто либо другой, изучилъ этотъ отдѣлъ псих т. е. воплощеніе чувствованій. Но, какъ всякій спеціалистъ, далъ слишкомъ много значенія спеціальному предмету своихъ заня

3. Формы воплощенія чувствованій очень разнообразны: движенія членовъ, судорожное сжиманіе мускуловъ лица, или, ротъ, ихъ распущеніе (прекращеніе ихъ обыкновеннаго тоническ стоянія), ускореніе или замедленіе біенія сердца, ускореніе или ніе дыханія, румянецъ, блѣдность и, наконецъ, тотъ особенный, новатый оттѣнокъ, который замѣчается въ крайней степени дрожь, особенное чувство при корняхъ волосъ, испарина, холод жаръ кожи, обильное отдѣленіе железъ: слезныхъ, слюнныхъ гихъ, прекращеніе такого отдѣленія, выражающееся, напримѣръ, бенною сухостью во рту при ужасѣ, появленіе горечи во вкусѣ конецъ, самые разнообразные крики, вырывающіеся у насъ нев

---

[1]) «Столь разнообразныя выраженія чертъ лица въ различныхъ стяхъ — говоритъ Миллеръ — показываютъ, что всякое душевное со приводитъ въ дѣйствіе или ослабляетъ различныя группы волоконъ нерва. Мотивы же этого соотношенія между мускулами лица и разл страстями совершенно неизвѣстны» (Man. de Phys. P. II, p. 84). «мотивовъ» не лучше ли было сказать *средства*?

при сильныхъ чувствованіяхъ—вотъ краткое и далеко не полное исчисленіе всѣхъ тѣхъ тѣлесныхъ формъ, которыми, независимо отъ насъ, а часто и невѣдомо для насъ, воплощаются наши душевныя чувствованія. При этомъ слѣдуетъ замѣтить, что каждое основное чувствованіе находитъ себѣ особое, характерное выраженіе въ тѣлѣ. Выраженія страданія и удовольствія, радости и печали, смѣлости и страха, нѣжности и гнѣва такъ рѣзко и типически отличаются одно отъ другаго, что если бы люди не имѣли дара слова, то и тогда одинъ человѣкъ не лишонъ бы былъ возможности понимать, что дѣлается въ душѣ другаго [1]).

4. Никто, конечно, не сомнѣвается, что эти тѣлесныя выраженія чувствованій условлены самою природою, внѣ всякаго человѣческаго произвола и человѣческихъ расчетовъ, и что выраженіе горя слезами, а радости улыбкой не придумано людьми. Однако же всякій изъ насъ замѣчаетъ, что хотя эти выраженія чувствъ даны намъ природою, но мы, тѣмъ не менѣе, можемъ имѣть на нихъ значительное произвольное вліяніе: можемъ задерживать смѣхъ, *глотать слезы*, можемъ, ощущая страхъ въ душѣ, не допустить его выраженія въ тѣлѣ, и, обуреваемые злобой или досадой, строить сладкую физіономію. Хорошо выдержанный англичанинъ считаетъ достоинствомъ сохранять всегда невозмутимое выраженіе лица и съ отвращеніемъ смотритъ на дикаря, предающагося неумѣренному выраженію своихъ чувствованій. Человѣкъ не только въ себѣ, но даже въ животныхъ, ему подвластныхъ, замѣчательно измѣнилъ врожденное воплощеніе чувствъ. Лягавая собака, по замѣчанію Декарта, по природѣ своей, увидя птицу, кидается за нею, а услыша выстрѣлъ, бѣжитъ прочь; но человѣкъ пріучилъ ее поступать совершенно наоборотъ: увидя птицу — останавливаться, а услыша выстрѣлъ—кидаться на птицу [2]).

5. Человѣкъ можетъ по произволу не только задерживать воплощеніе чувствъ, но можетъ даже вызывать черты обыкновеннаго воплощенія того или другаго чувства и тогда, когда это чувство не испытывается его душою. Такъ актеръ рыдаетъ или смѣется, хотя въ душѣ его можетъ быть нѣтъ ни горя, ни веселости. Но если человѣкъ можетъ пріобрѣтать привычку сдерживать выраженіе чувства, то точно также

---

[1]) «Въ страстяхъ *возбуждающихъ*, говоритъ Миллеръ, возникаетъ напряженность, а иногда даже и конвульсіи въ мускулахъ, управляемыхъ нервами дыханія и личнымъ. Не только измѣняются черты лица, но и движеніе дыханія, отъ чего происходятъ стоны, вздохи, икота. Въ *страстяхъ угнетающихъ* (Миллеръ принимаетъ дѣленіе Спинозы), каковы: страхъ, ужасъ, тоска—всѣ мускулы распускаются, потому что уменьшается вліяніе спиннаго и головнаго мозга: ноги болѣе не поддерживаютъ тѣло, лицо опускается, глаза останавливаются неподвижно, голосъ прерывается». (Man. de Phys T. II, p. 83).

[2]) Descart. Les passions. Art. 50.

пріобрѣтается имъ привычка и притворнаго его усиленія. Такъ слез железы у иныхъ актеровъ дѣлаются подъ старость чрезвычайно с и начинаютъ неудержимо выдѣлять слезы при малѣйшемъ душевн волненія.

6. Частое воплощеніе чувствованій не можетъ остаться безъ посл ствій для самой физіономіи человѣка. Однѣ и тѣ же черты, вызы мыя чувствомъ въ физіономіи, повторяясь часто, оставляютъ на свой слѣдъ и, мало по малу, передѣлываютъ физіономію человѣка образно чувствованіямъ, волнующимъ его жизнь. Круглое и глад какъ яблочко, личико дитяти, похожее на чистые листы новаго альб все исписывается подъ старость глубоко врѣзывающимися выражені душевной жизни. Руссо совершенно справедливо замѣчаетъ, что даж въ зрѣломъ возрастѣ съ перемѣною страстей лицо измѣняется [1]).

7. Воплощеніе чувствованій не должно смѣшивать съ органическ ихъ распространеніемъ, хотя, можетъ быть, границы этихъ явленій г нибудь и сходятся между собою. По крайней мѣрѣ, мы видимъ, подавляя или измѣняя воплощеніе нашихъ чувствованій, сообразно шимъ разсудочнымъ цѣлямъ, мы, тѣмъ не менѣе, не подавляемъ сам чувства. Иногда, на оборотъ, чувство, котораго, почему бы то ни бы мы не допустили до выраженія въ нашей физіономіи, тѣмъ сильнѣе шуетъ въ нашей душѣ и въ нашемъ нервномъ организмѣ. Для то чтобы подавить чувство, мы должны возстать противъ него самого, не противъ его воплощенія. Въ высшемъ обществѣ выраженіе чувс вообще гораздо сдержаннѣе, чѣмъ у простыхъ людей: но тѣмъ не нѣе, страсти бушуютъ тамъ ничуть не слабѣе.

8. Власть человѣка надъ воплощеніемъ чувства иногда необъя велика: мы и представить себѣ не можемъ, какъ, напримѣръ, Стен Разинъ могъ молчать или смѣяться, когда московскіе палачи употребля все свое искусство, чтобы вызвать у него крикъ боли. Но существуют кажется, такія воплощенія чувствованій, которыхъ человѣкъ произволь вызвать въ себѣ не можетъ. Такъ въ крайней степени ужаса гл раскрываются до того неестественно широко, что едва ли можетъ чел вѣкъ такъ раскрыть ихъ произвольно.

9. Просимъ читателя обратить вниманіе на то, что мы причис ляемъ къ явленіямъ воплощенія чувствованій и тѣ *крики*, котор издаетъ человѣкъ невольно подъ вліяніемъ того или другого сильн чувства. Крики эти, какъ средства выраженія чувствованій, какъ б потонули теперь въ обширной массѣ средствъ, которыми обладаетъ г ворящій человѣкъ. Но, тѣмъ не менѣе, и теперь можно замѣтить эт первичныя, звуковыя выраженія душевныхъ чувствованій. Не одв только человѣкъ, но и всѣ животныя, обладающія легкими, выражают свои чувствованія также и криками, что совершенно объясняется ан томическимъ устройствомъ какъ дыхательныхъ и голосовыхъ органовъ,

[1]) Emile, p. 251.

такъ и тѣхъ нервовъ и мускуловъ, посредствомъ которыхъ выражается воплощеніе чувствованій въ тѣлѣ.

ГЛАВА XIV.

Воплощеніе чувствованій какъ органическая основа нервнаго сочувствія.

1. На воплощеніи чувствованій въ личной мимикѣ, въ движеніи членовъ, въ слезахъ, смѣхѣ, въ невольныхъ крикахъ основывается нѣсколько важныхъ психофизическихъ явленій, а именно: 1) нервное сочувствіе, 2) нервная подражательность, 3) нервное соревнованіе и, наконецъ, 4) сама тѣлесная возможность дара слова. Анализируемъ же каждое изъ этихъ важныхъ для психолога и педагога явленій.

Нервное сочувствіе.

2. Всякому извѣстно, что крики, стоны и вообще яркія выраженія страданія на лицѣ другаго человѣка, а также смѣхъ, зѣвота или выраженіе ужаса дѣйствуютъ заразительно на зрителя этихъ проявленій душевнаго состоянія. Слабонервному человѣку, напримѣръ, даже опасно смотрѣть на личныя судороги людей, подверженныхъ падучей болѣзни. Кликушество, столь знакомое намъ русскимъ и котораго никакъ не слѣдуетъ объяснять однимъ притворствомъ, скорѣе всего можно объяснить невольнымъ нервнымъ сочувствіемъ. Мы знаемъ одно село, въ которомъ одновременное появленіе нѣсколькихъ энергическихъ кликушъ заставило кликать почти всѣхъ молодыхъ женщинъ. Бэнъ прямо видитъ признакъ нервной слабости въ «стремленіи принять движеніе, совершающееся передъ нашими глазами, вмѣсто того, чтобы удерживать свое собственное направленіе» [1]).

3. Психологи много хлопотали о томъ, чтобы объяснить эту заразительность чувствованій. Бэнъ посвящаетъ этимъ объясненіямъ много страницъ своей книги; но, тѣмъ не менѣе, едвали мы не должны признать самымъ простымъ и естественнымъ объясненіе, данное Спинозою, который однакоже сдѣлалъ при этомъ важную ошибку и, поддавшись своей теоріи чувствъ, не отдѣлилъ *нервнаго* сочувствія отъ *душевнаго*.

4. Спиноза основываетъ сочувствіе на томъ, что всякое представленіе нами внѣшняго предмета непремѣнно отражается какимъ нибудь измѣненіемъ въ нашемъ тѣлесномъ организмѣ. «Если же, говоритъ онъ, природа представляемаго нами предмета подобна природѣ нашего тѣла, тогда идея внѣшняго предмета, который мы себѣ представляемъ (и который подвергается тому или другому измѣненію), вызоветъ и въ на-

[1]) The Emotion, p. 214.

шемъ тѣлѣ подобное же измѣненіе представляемаго предмета, и всл ствіе того, если мы представляемъ себѣ предметъ, подобный намъ, холящимся подъ вліяніемъ какой нибудь страсти, то это же предст леніе отразится подобнымъ же представленіемъ нашего тѣла. Вотъ чему, только представляя себѣ предметъ, подобный намъ, подъ вл емъ какого нибудь чувствованія, мы будемъ испытывать въ себѣ добное же чувствованіе.» Но тутъ же Спиноза къ этому соверш справедливому объясненію *нервнаго* сочувствія прибавляетъ соверш ложную мысль: «если же, говоритъ онъ, мы ненавидимъ этотъ, добный намъ предметъ, то испытываемъ чувствованія противопол ныя» [1]).

5. Эта неудачная прибавка Спинозы возникла отъ того, что он отдѣлилъ *нервнаго* сочувствія отъ сочувствія *душевнаго* и вообще ганическихъ чувствованій отъ чувствованій душевныхъ. Ненавидим мы или нѣтъ страдающаго человѣка, но если эти страданія выраж ся сильно, то мы неизбѣжно почувствуемъ къ нему *сострадание*, пр де еще, чѣмъ подумаемъ, что этотъ человѣкъ ненавидимъ нами. что въ этомъ случаѣ состраданіе возникаетъ помимо нашей воли шихъ *душевныхъ* чувствованій, тогда-какъ подавленіе состраданія никаетъ уже изъ соображенія причинъ, сознаваемыхъ душою. Вотъ чему Броунъ совершенно справедливо замѣчаетъ, что мы сострад страшному преступнику, когда видимъ ужасъ его казни, хотя бы тоже время сознавали, что онъ заслужилъ казнь еще большую [2]). это самое явленіе должно было бы показать Броуну, что и его ясненіе состраданія невѣрно. Онъ объясняетъ состраданіе закономъ минанія, т. е. тѣмъ, что «зрѣлище какихъ нибудь общихъ симп внутренняго чувства *напоминаетъ* намъ самое чувство точно та какъ портретъ или даже написанное имя вашего друга напоми намъ самого друга» [3]). Давъ такое объясненіе сочувствію, Бр весьма естественно, долженъ былъ прибѣгнуть къ извѣстному выраж Теренція—homo sum, humani nihil a me alienum puto,—и на ос ваніи этого сознанія человѣкомъ своей солидарности со всѣми др людьми объяснить явленіе сочувствія. Но при этомъ Броунъ соверш

---

[1]) Spinosa. Eth. P. III. Prop. 27. Самый большой недостатокъ псих гіи, какъ науки—это недостатокъ преемственности. Вайтцъ, наприм. писываетъ Гербарту то, что уже давно и гораздо яснѣе высказано До томъ, Аристотелемъ, Спинозою или Кантомъ; Бенеке развиваетъ и Гербарта, не упоминая о Гербартѣ; Бэнъ на цѣлыхъ страницахъ выражаетъ то, что давно уже выразилъ Спиноза гораздо лучше въ нѣс кихъ строкахъ. Отъ этого наука слабо подвигается впередъ и лиш шаетъ довѣрія: она все имѣетъ видъ теоріи, только что возникшей въ ловѣ того или другаго писателя.

[2]) Brown. p. 410.

[3]) Ib. p. 408.

забылъ, что сочувствіе проявляется уже въ младенцахъ, для которыхъ и выраженіе Теренція, и глубокое чувство, его внушившее, совершенно чужды. Онъ забылъ, что явленіе сочувствія мы видимъ даже у животныхъ.

6. Дѣло же въ томъ, что мы должны отличать сочувствіе *душевное* отъ сочувствія *нервнаго*. Первое не можетъ возникнуть иначе, какъ черезъ посредство мысли, второе совершается помимо мышленія. *Припоминать* чувство вовсе не то, что *сочувствовать*. Мы же часто сочувствуемъ прежде, чѣмъ замѣтимъ, что начали сочувствовать, и прежде, чѣмъ опредѣлили, какое чувство въ насъ возбуждено. О состраданіи душевномъ или, лучше сказать, духовномъ, возникающемъ изъ идеи общности человѣческой природы, мы должны говорить, конечно, въ третьемъ отдѣлѣ нашей книги, здѣсь же мы говоримъ о сочувствіи нервномъ.

7. Принявъ такое отдѣльное появленіе нервнаго сочувствія, мы находимъ, что оно очень хорошо объясняется вышеприведенными словами Спинозы, которыя, на новомъ языкѣ, могутъ быть выражены такъ: всякое представленіе необходимо выражается въ нервной системѣ и, выразившись въ ней, условливаетъ такое ея состояніе, которое можетъ обратно подѣйствовать на душу. Если въ глазахъ нашихъ отражается лицо страдающаго человѣка, а въ ушахъ раздаются его стоны, то въ нервной системѣ нашей развивается такое временное состояніе, которое, отзываясь въ душѣ чувствомъ страданія, на лицѣ выражается чертами страданій, а изъ груди вырываетъ звуки того же чувства. Для этого не нужно даже, чтобы сочувствующій *такимъ образомъ* понималъ, что лицо, на которое онъ смотритъ, страдаетъ и что эти измѣненныя черты и эти звуки выражаютъ именно страданіе. Человѣкъ, вовсе незнакомый съ мимическимъ выраженіемъ печали, не приметъ ее за радость, и вовсе незнакомый съ крикомъ ужаса, никогда не сочтетъ его за крикъ веселости. Безсловесный младенецъ, который конечно ни на себѣ самомъ, ни на другихъ не изучилъ воплощенія чувства печали или радости, тѣмъ не менѣе, кричитъ, видя угрюмое лицо, отвѣчаетъ плачемъ на плачъ и улыбкой на улыбку, не понимая вовсе значенія смѣющихся устъ, слезъ или печальныхъ стоновъ. Для того, чтобы зѣвота другаго вызвала у меня зѣвоту, вовсе нѣтъ надобности, чтобы я сознавалъ психическое значеніе зѣвка.

8. Вотъ что заставляетъ насъ вовсе не соглашаться съ Бэномъ, который тщетно хочетъ доказать, что способность сочувствія пріобрѣтается опытомъ. «Процессомъ наблюденія и индукціи, говоритъ онъ, каждое дитя узнаетъ значеніе улыбки, или сдвинутыхъ бровей, нѣжныхъ или грубыхъ звуковъ голоса. Молодой ученикъ замѣчаетъ въ самомъ себѣ связь (между чувствомъ и его выраженіемъ) и распространяетъ свои познанія наблюденіемъ надъ другими. Это первое изъ на-

шихъ познаній о нашей природѣ» [1]). Но мы видимъ, что такое об- ясненіе сочувствія опытомъ и наблюденіемъ противорѣчитъ фактамъ. нисколько не сомнѣваемся въ томъ, что опытъ и наблюденіе расши- ютъ предѣлы нашего сочувствія; но хотимъ только показать, что ко- на его коренится не въ опытахъ и наблюденіяхъ. Возможно ли пред- лагать въ младенцѣ такое наблюденіе надъ собственнымъ своимъ лицо которагo онъ никогда не видалъ? Кто бывалъ въ грудныхъ отдѣле- воспитательныхъ домовъ, тотъ знаетъ, какъ заразительно дѣйств- плачъ одного ребенка на другихъ. Даже у животныхъ, у которыхъ монаблюденія, какъ мы увидимъ далѣе, вовсе не существуетъ, сочу- ствіе появляется очень рано и вой одного щенка поднимаетъ общій Впрочемъ, въ одномъ мѣстѣ Бэнъ и самъ сознается, что въ сочувст- есть какое-то *инстинктивное* основаніе и что «нѣкоторыя изъ проя- леній чувства инстиктивно возбуждаютъ тоже самое чувство въ д- гихъ» [2]). Жаль только, что Бэнъ не остановился на этомъ инстинкт- номъ сочувствіи и не отличилъ его отъ сочувствія душевнаго.

9. Принявъ же существованіе органическихъ чувствованій, мы легко объяснимъ себѣ, что яркое выраженіе чувства другимъ, отра- шись въ насъ черезъ посредство зрѣнія или слуха, можетъ произве- въ нашемъ нервномъ организмѣ измѣненія, подобныя тѣмъ невѣдом- намъ измѣненіямъ, которыми возбуждаются въ насъ *безпричинныя* ч- ства гнѣва, страха и т. д. И въ томъ и въ другомъ случаѣ это ч- ство безпричинное: мы можемъ сострадать человѣку, нетолько не зн- мая почему, но даже не зная, что онъ страдаетъ. Разница толь- томъ, что въ органическихъ чувствахъ на нервную систему дѣйству- разстройство какихъ-нибудь физическихъ органовъ, а въ нервномъ чувствіи подобная же перемѣна въ нервной системѣ вызывается чатлѣніемъ на нее, пришедшимъ извнѣ черезъ зрительные и слух- органы. Нервное сочувствіе вовсе еще не условливаетъ собою сочувст- духовнаго, и вотъ почему люди слабонервные, или, лучше сказать, съ нервами, легко возбуждающимися, бываютъ часто въ одно и то время и сострадательны, и жестоки. Они не выносятъ тѣлесныхъ вы- женій страданія, не переносятъ криковъ и стоновъ, но въ тоже время идея страданія другихъ можетъ даже имъ нравиться и возбуж- въ нихъ удовольствіе. Операторъ, спокойно слушающій раздирающіе крики больнаго и продолжающій твердою и спокойною рукою опера- можетъ быть въ тоже время гораздо сострадательнѣе иной слабонер- дамы, которая падаетъ въ обморокъ при малѣйшемъ крикѣ страдані- въ тоже время преспокойно мучитъ своего мужа, дѣтей или прислу- Ребенокъ, пускающійся въ плачъ, когда слышитъ плачъ другаго, спокойно мучитъ животное, не имѣя еще ясной идеи страданія.

---

[1]) The Emotion, p. 211. Срав. также его же: The Will, p. 331 и его The Senses, p. 270.

[2]) The Emotion p. 210.

самыхъ палачей никто не заподозритъ въ состраданіи, а между тѣмъ бывали примѣры, что послѣ долгой кровавой работы (въ Китаѣ преступниковъ казнятъ осенью, за одинъ разъ)—они падали и умирали, и въ этомъ мы видимъ прямое дѣйствіе зрѣлища страданій на нервы и продолжительнаго подавленія невольнаго нервнаго *состраданія*, въ этимологическомъ смыслѣ этого слова. Вотъ почему полна истины замѣтка Джемса Миля, что лучшіе люди вовсе не искали общества и работали наединѣ въ пользу общества, сочувствуя его страданіямъ; но ясно, что это уже не *нервное* состраданіе.

10. Отъ смѣшенія нервнаго и духовнаго состраданія, происходитъ много запутанности и противорѣчій въ языкѣ психологовъ и моралистовъ. Такъ напр., Руссо говоритъ о духовномъ состраданіи, когда утверждаетъ, что человѣкъ сострадаетъ въ другихъ только тѣмъ бѣдствіямъ, отъ которыхъ не считаетъ самого себя свободнымъ [1]); но онъ же говоритъ о нервномъ состраданіи, когда замѣчаетъ, что «привычка видѣть страданія людей притупляетъ чувство состраданія» [2]) и приводитъ въ примѣръ священниковъ и медиковъ. Но ложь этой замѣтки ярко кидается въ глаза. Развѣ знаменитые герои человѣколюбія мало видѣли человѣческихъ страданій?

11. Конечно, и при такомъ объясненіи нервнаго сочувствія мы все же доходимъ до *неизвѣстнаго*, но это неизвѣстное будетъ уже то же, которое Спиноза выразилъ такъ: «душа человѣческая не знаетъ вовсе собственнаго тѣла и знаетъ о его существованіи только по идеѣ тѣхъ измѣненій, которыя оно испытываетъ.» [3]) Если мы замѣнимъ здѣсь слово *идея* словомъ *чувствованіе*, то мысль наша буетъ ясна. Душа наша не знаетъ измѣненій, происходящихъ въ нервной системѣ, но отвѣчаетъ на нихъ своими собственными актами, которые мы называемъ ощущеніями и чувствованіями.

12. Декартъ, Спиноза, Броунъ и др. согласно замѣчаютъ ту странность въ языкѣ, что, тогда-какъ въ немъ есть выраженіе для обозначенія сочувственнаго страданія (состраданіе) нѣтъ въ немъ выраженія для противоположнаго явленія, а именно, сочувственной радости. Броунъ даже пытается объяснить этотъ недостатокъ слова тѣмъ, что въ образованныхъ обществахъ принято выказывать всегда и постоянно чувство радости, такъ-что въ этомъ обычномъ, *фальшивомъ* выраженіи чувства теряется его истинное выраженіе [4]). Но мы замѣтимъ на это, что языкъ созданъ не тѣмъ образованнымъ обществомъ, въ которомъ принята такая манера фальшиваго *сорадостія*. Не объясняя отсутствія слова, выражающаго сочувственную радость, мы замѣтимъ только, что недостатокъ названія и для сочувственнаго ужаса, который, тѣмъ не

---

[1]) Emile p. 242.

[2]) Ibid. 252.

[3]) Eth. P. II. prop. 19.

[4]) Brown. p. 412.

менѣе, такъ рѣзко выражается въ такъ называемомъ паническомъ ст... хѣ. Кто испытывалъ этотъ страхъ, тотъ знаетъ, что онъ начина... безъ всякой мысли объ опасности: достаточно только видѣть т... людей, бѣгущую въ ужасѣ, чтобы побѣжать самому.

Нервная подражательность и соревнованіе.

13. «Основаніе подражанія и сочувствія, — одно и тоже, говор... Бэнъ; одно изъ нихъ относится къ нашимъ чувствамъ, а другое к... нашимъ дѣйствіямъ». [1]) Мы увлекаемся не только чувствованіям... и дѣйствіями другихъ и, можетъ быть, потому именно, что ... дѣйствія выходятъ также изъ чувствованій. Зрѣлище энергической с... ки сильно возмущаетъ наши чувствованія, а именно чувство си... и энергіи. Вотъ почему это зрѣлище и увлекаетъ мускулы зрител... ту сторону, куда быстрое движеніе совершается. Но мы увид... дальше, что подражательность основывается не на одномъ нервном... чувствіи, а выходитъ также изъ стремленія къ сознательной дѣя... ности, для которой подражаніе представляетъ наиболѣе удобную и ... кую форму [2]).

14. О соревнованіи Спиноза говоритъ, что оно есть тоже сочувс... но только въ приложеніи къ желанію и что соревнованіе есть «же... чего-нибудь, порождаемое въ насъ тѣмъ, что мы представляемъ ... ное намъ существо, одушевленное тѣмъ же желаніемъ» [3]). Ясно, ... здѣсь говорится уже о соревнованіи не нервномъ, а душевномъ, ко... выходитъ изъ представленія того, чего мы желаемъ. Но едва ли, ... этого душевнаго соревнованія, имѣющаго въ связи со стремленіем... совершенству такое важное значеніе въ жизни человѣка, не слѣд... признать существованіе соревнованія нервнаго и именно соревно... быстротѣ движеній, которое мы можемъ замѣтить у скачущихъ ло... Мускулы, приведенные въ сильное движеніе, вызванное нервным... чувствіемъ, производятъ эти движенія все съ ускоряющеюся сило... это уже не будетъ соревнованіе въ точномъ смыслѣ слова, а та... подражаніе, которое, будучи возбуждено разъ, собственною своею ... жительностью переходитъ границы подражанія.

---

[1]) The Emotion, p. 210.

[2]) Не можемъ не замѣтить при этомъ, что Мюллеръ объясняетъ по... жаніе привычкою связывать *идею* и *движеніе*. Въ примѣръ такой связ... приводитъ *зѣвоту*; но развѣ зѣвота есть слѣдствіе привычки?! (Phys. I... p. 96.

[3]) Eth. P. III. Prop. 26. schol.

ГЛАВА XV.

Воплощеніе чувствованій и нервное сочувствіе, какъ органическія основы рѣчи.

1. Если бы человѣкъ не обладалъ даромъ слова, духовную основу котораго мы узнаемъ далѣе, то нервное сочувствіе и воплощеніе чувствованій въ крикѣ, въ мимикѣ и въ тѣлодвиженіяхъ были бы единственными средствами душевнаго общенія между людьми. Такъ называемый языкъ животныхъ и останавливается именно на этой ступени. Если мимику, тѣлесное движеніе, крики и стоны, вызываемые въ насъ чувствованіями, можно назвать языкомъ, то конечно такимъ языкомъ обладаютъ и животныя, и, безъ сомнѣнія, имъ однимъ обладалъ человѣкъ до начала выработки слова, если было когда-нибудь такое время.

2. Этотъ органическій языкъ, языкъ чувствованій, а не мыслей, чувствованій, сопровождающихъ представленія и мысли, но не самихъ мыслей и представленій, свойственъ, безъ сомнѣнія, не однимъ животнымъ, но и человѣку и входитъ сильнымъ элементомъ въ человѣческій языкъ. Чтобы убѣдиться въ этомъ, стоитъ только сравнить безчувственное, холодное чтеніе какого-нибудь драматическаго отрывка съ представленіемъ того же отрывка на сценѣ хорошимъ актеромъ: мысли передаются тѣ же самыя и при медленномъ чтеніи мы, кажется, могли бы глубже вдуматься въ нихъ, но какая разница въ дѣйствіи на насъ! Вся же эта разница происходитъ именно оттого, что актеръ къ спокойному *языку мыслей* придаетъ страстный *языкъ чувства*, характеристическія видоизмѣненія голоса, мимику и тѣлодвиженія. Мы такъ привыкли пользоваться языкомъ чувства при разсказѣ или чтеніи, что даже не можемъ прочитать совершенно безстрастно отрывка, въ которомъ сколько-нибудь проглядываютъ тѣ или другія чувства, и совершенно монотонное чтеніе даже философскаго трактата непріятно поражаетъ насъ. Замѣчательно даже, что такое, совершенно безстрастное чтеніе дѣлаетъ для насъ менѣе понятнымъ самый отрывокъ. Это происходитъ оттого, что при эстетическомъ чтеніи, какъ его называютъ, истолкователемъ мысли становится чувство: т. е. извѣстный звукъ голоса по нервному сочувствію пробуждаетъ въ насъ именно то чувство, которое выражается въ словахъ. Такимъ образомъ, хорошій актеръ является лучшимъ истолкователемъ драматической пьесы, хотя не прибавляетъ къ ней ни одного слова, и хорошая игра шекспировской драмы на сценѣ объясняетъ намъ эту драму не только гораздо быстрѣе, но и гораздо полнѣе, чѣмъ обширный критическій трактатъ о той же драмѣ, хотя самая игра актера можетъ быть отчасти слѣдствіемъ спокойнаго критическаго изученія.

3. Но что же вноситъ актеръ въ драматическую пьесу, если не прибавляетъ къ ней ни одного своего слова? Въ *языкъ слова* онъ вноситъ единственно *языкъ чувства*, т. е. мимику, тѣлодвиженія и различныя видоизмѣненія голоса. По силѣ же вліянія на насъ игры хорошихъ актеровъ и даже чтецовъ и разсказчиковъ мы можемъ судить о необыкно-

венномъ разнообразіи, богатствѣ и сильномъ вліяніи на насъ этого языка чувства. Одной и той же фразѣ мы можемъ придать множество разнообразныхъ оттѣнковъ, не измѣнивъ въ ней, даже не переставивъ съ мѣста на мѣсто ни одного слова. Такъ, напр., извѣстному восклицанію Гамлета: «человѣкъ онъ былъ!»—хорошій актеръ можетъ придать множество самыхъ разнообразныхъ смысловъ: вопроса, утвержденія, сомнѣнія, презрѣнія, восторга, горести, глубокой ироніи, шутки и т. д. и придаетъ это все, не измѣняя въ самой фразѣ ни одного слова. Слѣдовательно, не въ правѣ ли мы заключить, что чувствованія выражаются не словами, а особеннымъ своимъ языкомъ? Словами можно *описывать* чувство; но, описывая чувство, мы будемъ только ходить вокругъ да около, тогда какъ хорошій актеръ однимъ или нѣсколькими звуками голоса заставитъ насъ почувствовать самое чувство, т. е. возбудитъ его въ насъ черезъ посредство нервнаго сочувствія. Еще разительнѣе выражается вся самостоятельность, гибкость, богатство и разнообразіе языка чувствованій въ *итальянской* оперѣ на *русской* сценѣ. Большинство слушателей не понимаетъ ни слова по итальянски и не знаетъ даже либретто, а между тѣмъ находится подъ сильнѣйшимъ и разнообразнѣйшимъ вліяніемъ прекраснаго пѣнія и художественной игры артистовъ. Не ясно ли, что возбудителемъ чувствованій здѣсь являются единственно звуки, мимика и тѣлодвиженія или пантомима? Эта самостоятельность и всеобщность языка чувствованія одна дала возможность знаменитому Ольриджу, не зная другаго языка, кромѣ англійскаго, глубоко потрясать публику на самыхъ разноязычныхъ театрахъ.

4. Убѣдившись въ совершенной отдѣльности языка чувствованій отъ языка мыслей, убѣдившись въ необыкновенномъ богатствѣ и разнообразіи этого языка чувствованій и въ его сильномъ и безпрестанномъ вмѣшательствѣ въ языкъ мыслей, мы вправѣ теперь задать себѣ вопросъ: на чемъ основывается, какими средствами пользуется этотъ богатый языкъ, удачно соперничающій своими богатствами съ самымъ развитымъ языкомъ мысли, или рѣчью? Нѣтъ никакого сомнѣнія, что самое дѣятельное орудіе этого языка чувствованій есть звукъ голоса. Вотъ почему справедливо называютъ музыку языкомъ чувства. Мы такъ мало наблюдали надъ характеристикою звуковъ человѣческаго голоса и такъ мало имѣемъ словъ для ея выраженія, что далеко не можемъ сказать словами того безконечнаго разнообразія интонацій голоса, которое, тѣмъ не менѣе, мы чувствуемъ и которому подчиняемся, слушая игру хорошаго актера или рѣчь великаго оратора. Могутъ ли наши бѣдныя названія—пониженіе, повышеніе голоса, перерывчатость, глухота, сдержанность—выразить хоть сколько-нибудь то разнообразіе чувствованій, которое заставляетъ насъ испытывать хорошій актеръ? Къ этому средству присоединяются два другія, болѣе грубыя, но, тѣмъ не менѣе, чрезвычайно разнообразныя, а именно: мимика и тѣлодвиженія.

5. Мимика, какъ выраженіе чувствованій, также мало изучена, какъ и звуки. Наши обычныя фразы: печальное выраженіе лица, весе

грустное, насмѣшливое, холодное и т. п., далеко не исчерпываютъ всего богатства средствъ личной мимики, и мы описываемъ эти средства только по ихъ дѣйствію на насъ. Нужно много страницъ, чтобы описать и разъяснить иное выраженіе лица, а оно дѣйствуетъ на насъ мгновенно и мы мгновенно проникаемся тѣми чувствами, которыя оно выражаетъ, далеко еще не будучи въ состояніи выразить этихъ чувствованій словами. Языкъ тѣлодвиженій уже болѣе грубъ и менѣе разнообразенъ, чѣмъ даже языкъ мимики, а не только звуковъ, но не менѣе выразителенъ. Говорятъ, что знаменитый Гаррикъ, при появленіи тѣни въ «Гамлетѣ», стоя спиной къ зрителямъ и не произнося ни одного слова, производилъ на нихъ вліяніе сильнаго ужаса.

6. Всѣ эти три средства языка чувствъ: звукъ, личная мимика и тѣлодвиженія, и особенно первыя два, находятся между собою въ тѣсной связи, для объясненія которой мы должны войти въ нѣкоторыя физіологическія подробности.—Эти подробности тѣмъ для насъ важны, что, уяснивъ намъ, хотя нѣсколько, языкъ чувствованій, покажутъ намъ и органическую основу словеснаго языка. Съ этой точки зрѣнія мы перейдемъ къ этимъ подробностямъ.

7. Кто сообразитъ все безконечное разнообразіе движеній, которыя употребляетъ языкъ чувства и мысли въ человѣкѣ, тотъ не будетъ удивленъ, узнавъ, что въ этомъ столь сложномъ явленіи принимаетъ участіе не одинъ какой нибудь нервъ, а очень сложная система нервовъ и мускуловъ. Мускульный аппаратъ рѣчи и движеній описали мы въ первой части нашей антропологіи [1]), а теперь намъ приходится описывать нервы этого сложнаго аппарата.

8. Изъ нервовъ орудіемъ языка—языка, какъ выраженія не только нашихъ мыслей, но и нашихъ чувствованій—являются слѣдующіе: 1) нервъ тройничный (nervus trigeminus), 2) нервъ личной (n. facialis), 3) блуждающій (n. vagus) съ прибавочнымъ (n. accessorius) или Вализіевымъ, и 4) нервъ подъязычный (n. magnus hipoglossus).

9. *Тройничный нервъ.* Двѣ вѣтви этого нерва состоятъ исключительно изъ волоконъ, передающихъ ощущеніе; въ третьей же вѣтви смѣшаны волокны чувства и волокны движенія [2]). Тройничный нервъ обусловливаетъ чувствительность всей передней части головы, начиная съ уха, чувствительность лица, слизистой оболочки глазъ, ноздрей, языка и полости рта [3]). Третья вѣтвь тройничнаго нерва, кромѣ выполненія своихъ функцій ощущенія, управляетъ еще движеніями нижней челюсти при жеваніи, а слѣдовательно и при произношеніи словъ. При перерѣзѣ этого нерва съ обѣихъ сторонъ движеніе челюсти прекращается. Замѣтимъ же еще, что тройничный нервъ заключаетъ въ себѣ и отдѣлительныя волокна слезной железы [4]), а слезы, какъ из-

[1]) Педаг. Антр. Ч. I. Гл. VIII.

[2]) Manuel de Phys. p. Müller. v. I. p. 671.

[3]) Шванъ, стр. 57.

[4]) Учеб. Германа, стр. 260.

вѣстно, служатъ также къ выраженію чувствованій. — Изъ опис
функцій тройничнаго нерва ясно уже, какое важное участіе прини
онъ какъ въ языкѣ чувствованій, такъ и въ языкѣ мыслей. Это уч
выражается не только въ двигательныхъ его волокнахъ, но и въ ощущ
щихъ, потому-что ощущеніе движеній лица, языка и челюстей, без
мнѣнія, играетъ очень важную роль въ нашемъ выраженіи чувствъ и мы

10. *Личной нервъ* есть главный двигательный нервъ лица, сл
вательно, главный двигательный нервъ всей личной мимики. Эт
самымъ уже объясняется важное значеніе этого нерва въ выраж
нашихъ чувствованій. У животныхъ, по мѣрѣ того, какъ мускулы
и физіономическія выраженія страстей уменьшаются, объемъ личн
нерва также становится менѣе [1]). Замѣчательно, что личной нервъ
ходится въ такой связи съ процессомъ дыханія, что Мюллеръ не з
мывается назвать его дыхательнымъ нервомъ лица (le nerf respira
de la face) въ томъ смыслѣ, что дѣйствіе этого нерва возбужд
всякій разъ, какъ движеніе дыханія выполняется съ большей энер
чѣмъ обыкновенно, или съ усиліемъ, особенно у людей съ разсл
нымъ организмомъ [2]). Роль этого нерва въ выраженіи чувствъ очев
внѣшнее представленіе черезъ посредство большаго мозга (а въ ч
ствахъ органическихъ то или другое состояніе организма) вызывает
душѣ то или другое чувствованіе, которое, въ свою очередь, дѣйств
обратно на мозгъ и приводитъ, безсознательно для насъ самихъ, л
ной нервъ въ дѣятельное состояніе, соотвѣтствующее возбужден
чувствованію; а дѣятельное состояніе личнаго нерва, который вес
стоитъ изъ двигательныхъ волоконъ, производитъ сокращенія
сленныхъ личныхъ мускуловъ; сокращенія же эти выражаются въ ф
зіономіи тѣмъ или другимъ ея характернымъ выраженіемъ.

11. *Блуждающій нервъ* съ добавочнымъ или Валлизіевымъ,
ходя изъ полости черепа, сходитъ вдоль по шеѣ и по груди до жел
посылая на этомъ пути вѣтви къ горлу, къ легкимъ и сердцу, ра
какъ къ органамъ глотанія и желудка [3]). Блуждающій нервъ съ д
вочнымъ даетъ чувствующія и движущія волокна механизму, приводя
въ движеніе гортань [4]). Раздраженіе вѣтви *добавочнаго* нерва, вых
щей изъ продолговатаго мозга, вызываетъ движеніе въ мышцахъ
тани. При перерѣзѣ этого нерва голосовая щель сильно расширяе
теряетъ способность суживаться, такъ-что животное не можетъ изда
голоса. *Блуждающій* нервъ, наоборотъ, растягиваетъ горта
щель. Въ нижнемъ гортанномъ нервѣ находятся оба рода волокон
суживающіе и расширяющіе гортанную щель. Германъ называетъ оба
нерва, блуждающій и добавочный, *смѣшаннымъ* нервомъ и при

---

[1]) Man. de Phys. v. 1. p. 775.

[2]) Ib. 774.

[3]) Шванъ, стр. 59.

[4]) Учебн. Германа стр. 256

даетъ смѣшанному нерву слѣдующія функціи: по пути отъ мозговаго центра къ оконечностямъ (къ центробѣжной дѣятельности) смѣшанный нервъ даетъ: a) *движущія* волокна для мышцъ мягкаго нёба, глотки и гортани, для мышцъ дыхательнаго горла и его вѣтвей, для пищепріемника, желудка и нѣкоторыхъ др., b) *задерживающія* волокна для сердца, c) *отдѣлительныя* волокна: для слизистой оболочки желудка и для почекъ, d) *сосудодвигательныя* волокна для легкихъ. Къ центростремительнымъ волокнамъ *смѣшаннаго* нерва Германъ относитъ: a) чувствующія волокна для всего дыхательнаго аппарата, для пищеварительнаго, отъ нёбной занавѣски до piloris, и *для сердца*, b) волокна, возбуждающія рефлексы въ дыхательныхъ мышцахъ, волокна задерживающія—для легкихъ и трофическія, завѣдывающія образованіемъ сахара въ печени.

Изъ одного описанія смѣшаннаго нерва видно уже, какое громадное участіе долженъ онъ принимать въ воплощеніи нашихъ чувствованій въ звукѣ; видно также и то, что движенія легкихъ, гортани и сердца находятся между собою въ тѣсной связи и состоятъ въ тоже время подъ сильнымъ вліяніемъ многихъ растительныхъ процессовъ. Здѣсь мы видимъ возможность физіологическаго соотношенія, которое, напримѣръ, замѣчаемъ мы между чувствомъ страха и отдѣленіемъ почекъ, между гнѣвомъ и отдѣленіемъ печени; вообще между страстными движеніями души и пищевареніемъ. Черезъ этотъ нервъ мы получаемъ ощущеніе движенія мышцъ легкихъ и горла, вызванныхъ нашею волею или, помимо нашей воли, какимъ-нибудь сильнымъ чувствованіемъ или, наконецъ, какою-нибудь чисто физическою причиною.

12. *Подъязычный нервъ* снабжаетъ двигательными волокнами всѣ мышцы языка, который и самъ есть ничто иное, какъ большая масса мышечныхъ волоконъ—одинъ большой мускулъ. Изъ этого понятно уже само собою важное значеніе подъязычнаго нерва въ образованіи звуковъ, условливающихъ рѣчь. Но весьма было бы ошибочно приписывать ему одному всѣ физіологическія явленія, которыми съ тѣлесной стороны условливается даръ слова. Язычный мускулъ безъ сомнѣнія принимаетъ важное участіе въ рѣчи, но раздѣляетъ это участіе съ нёбомъ и главное съ губами и челюстями, съ одной стороны, съ горломъ и легкими — съ другой. Вотъ почему для насъ замѣчательна тѣсная, анатомическая связь между личнымъ нервомъ и подъязычнымъ. Оба они выходятъ изъ одного и того же мозговаго центра, изъ *оливчатыхъ* тѣлъ [1]).

13. Всѣ эти нервы, тройничный съ личнымъ; блуждающій съ добавочнымъ и подъязычный, Мюллеръ считаетъ тремя позвоночными нервами головы [2]), принимая, конечно, мозговой узелъ за продолженіе позвоночнаго мозга [3]). Такимъ образомъ уже анатомически установлена самая тѣсная связь между мимикой и рѣчью — съ одной стороны, —

[1]) Man. de Phys. par Müller. p. 250.

[2]) Ib. v. I. p. 681.

[3]) См. Пед. антроп. Ч. I. Гл. IX. п. 7. 10 и др.

дыханіемъ, движеніемъ горла, легкихъ и сердца, а слѣдовательно, и с кровообращеніемъ—съ другой. Кромѣ того, через посредство симпатическаго нерва наши органы выраженія чувствъ находятся въ связи с отправленіями желудка и выдѣленіемъ различныхъ железъ: печени, почекъ, слезныхъ железъ. Вотъ тотъ необыкновенный сложный аппаратъ воплощенія чувствованій, посредствомъ котораго установляется тѣсная связь между чувствованіями нашей души и множествомъ физіологическихъ явленій въ нашемъ тѣлѣ. Через этотъ аппаратъ веселость иногда и внезапное горе приводятъ въ судорожное движеніе нашъ дыхательный органъ и эти движенія обнаруживаются смѣхомъ. Через этотъ же органъ чувство ужаса въ душѣ отражается въ лицѣ особеннымъ состояніемъ мускуловъ, въ сердцѣ—сжиманіемъ и потомъ усиленнымъ біеніемъ, въ легкихъ—затрудненіемъ дыханія, въ горлѣ—крикомъ и такимъ пораженіемъ мускуловъ, что голосъ отнимается, въ почкахъ—отдѣленіемъ, въ кожѣ—дрожью и т. д.

14. Надъ многими изъ этихъ физіологическихъ выраженій нашихъ душевныхъ чувствъ мы имѣемъ власть, не подлежащую сомнѣнію: мы можемъ смѣяться, хотя бы не чувствовали въ душѣ своей никакой причины смѣха; мы можемъ дать гнѣвное выраженіе нашей физіономіи, хотя бы не чувствовали въ душѣ ни малѣйшаго гнѣва; мы можемъ притворно издать крикъ ужаса или печали, или заставить задрожать нашъ голосъ, хотя мы ничего не боимся. Хорошій актеръ очевидно показываетъ намъ, на сколько мы властны свободно распоряжаться физіологическимъ выраженіемъ чувствованій, которыя совершаются также и помимо нашей воли. Конечно, власть эта имѣетъ свои предѣлы, и нѣкоторыхъ физіологическихъ явленій воплощенія мы не можемъ вызвать произвольно, но, во всякомъ случаѣ, власть эта очень обширна: можетъ быть, даже на ускореніе и замедленіе біенія сердца мы можемъ имѣть произвольное вліяніе.

15. Теперь предположимъ себѣ, что человѣкъ лишенъ дара слова, но не лишенъ въ тоже время возможности произвольно распоряжаться воплощеніемъ чувствованій, звуками, мимикой и тѣлодвиженіями, и что кромѣ того между людьми существуетъ то нервное сочувствіе, о которомъ мы говорили выше. Спрашивается, могли ли бы люди въ такомъ состояніи сообщать другъ другу свои чувствованія?—Въ этомъ не можетъ быть, конечно, ни малѣйшаго сомнѣнія; и, соображая все сказанное, мы должны признать, что такое сообщеніе необходимо установилось бы между людьми и было бы двоякаго рода: одно—непроизвольное, другое—произвольное. Разсмотримъ же оба эти рода сообщенія.

16. Непроизвольное сообщеніе чувствованій уже разъяснено нами выше, когда мы говорили о нервномъ сочувствіи. Крикъ ужаса, вырвавшійся у человѣка невольно, и изображеніе ужаса въ лицѣ и въ движеніяхъ также невольно пробудитъ ужасъ въ другомъ человѣкѣ, слышащемъ этотъ крикъ и созерцающемъ эти видимые символы ужаса. Это невольное сообщеніе чувствъ между людьми идетъ гораздо дальше, чѣмъ кажется с

перваго взгляда. Слушая хорошаго актера и смотря на него, мы испытываемъ самые разнообразные оттѣнки различныхъ чувствъ, вовсе не потому, чтобы мы знали, что вотъ такою-то интонаціею голоса, такимъ-то выраженіемъ лица и такимъ-то тѣлодвиженіемъ изображается такой-то оттѣнокъ такого-то чувства—мы вовсе не знаемъ этого и даже сами прежде никогда не издавали такихъ звуковъ, никогда не видали такихъ выраженій лица; тѣмъ не менѣе, эти звуки и эта мимика, путемъ нервнаго сочувствія, пробуждаютъ въ душѣ нашей именно тѣ чувствованія, которыя хотѣлъ пробудить актеръ. Слѣдовательно, мы видимъ, что область невольнаго нервнаго сочувствія не ограничивается однимъ рѣзкимъ и крайнимъ проявленіемъ сильнаго чувства. Даже въ простомъ разговорѣ съ другимъ лицомъ мы невольно подчиняемся этому невольному сочувствію, причина котораго не сознается нами; такъ напримѣръ, намъ иногда чрезвычайно трудно было бы опредѣлить, въ чемъ выражается внутреннее недовольство человѣка, съ которымъ мы говоримъ, а между тѣмъ мы очень вѣрно угадываемъ это недовольство и испытываемъ на себѣ его тяжелое дѣйствіе, не понимая, откуда оно идетъ.

17. Непроизвольный языкъ, условливаемый нервнымъ сочувствіемъ, общъ человѣку и животному. Посредствомъ этого-то языка животное угадываетъ чувства другихъ животныхъ того же рода, угадываетъ чувствомъ, а не пониманіемъ. Крикъ страха, изданный курицею, завидѣвшею коршуна, дѣйствуетъ, какъ мотивъ страха, на цынлятъ и они бѣгутъ спрятаться подъ крылья матери, бѣгутъ не потому, чтобы *понимали* значеніе крика, а потому, что онъ инстинктивно пробудилъ въ нихъ то же чувство, которое вызвало его въ матери.

18. Теперь предположимъ, что человѣкъ, обладая такимъ же языкомъ невольнаго нервнаго сочувствія, *обратитъ вниманіе на самый этотъ языкъ*. Положимъ, что онъ замѣтитъ, что чувство внезапнаго испуга всегда сопровождается въ немъ опредѣленными звуками голоса, опредѣленными выраженіями лица и опредѣленными тѣлодвиженіями, а чувство веселости—другими звуками, другою мимикою и другими тѣлодвиженіями, чувство горя—третьими и т. д.; тогда очень естественно, что человѣку можетъ придти на мысль и въ то время, когда онъ не испытываетъ никакого особеннаго чувствованія, произвесть тѣ же звуки и тѣ же мимическія движенія для того, чтобы возбудить въ другомъ требуемое чувство. Но такъ-какъ человѣкъ, какъ мы видѣли выше, можетъ произвольно распоряжаться воплощеніями чувствъ, хотя въ то время и не испытываетъ этихъ чувствъ, то естественно, что такое притворное выраженіе чувствъ ему удастся и возбудитъ въ другомъ существѣ, въ другомъ человѣкѣ, то или другое чувство, какъ возбуждаетъ ихъ въ насъ игра актера. Съ накопленіемъ этихъ наблюденій могъ бы установиться между людьми особенный языкъ, языкъ, выражающій чувствованія, *испытанныя прежде*, хотя и не испытываемыя въ то время, когда они выражаются. Тогда человѣкъ далъ бы уже *названія* своимъ душевнымъ чувствованіямъ, возбуждаемымъ въ немъ тѣми или другими

предметами, *названия* удовольствію и страданію, страху, гнѣву, люби отвращенію, боли, голоду и т. д. Отсюда уже возможенъ переходъ въ названію предметовъ, возбуждающихъ тѣ или другія чувствованія и жела

19. Отъ звука, какъ *невольнаго* выраженія чувства, человѣкъ посредствомъ *наблюденія* надъ самимъ собою и подобными ему сущ ствами, также выражающими свои внутреннія чувствованія и жела могъ перейти къ *произвольному* употребленію того же звука, тол *какъ представителя даннаго чувства*. Звукъ же, какъ произвольн представитель даннаго чувства, а не какъ его *необходимый* рефлексъ, есть уже не звукъ, а *слово*. Переходъ же отъ словъ, выражающ чувства, къ словамъ, выражающимъ представленія, весьма понят Нѣтъ сомнѣнія, что первобытный человѣкъ далъ названіе прежде вс тѣмъ предметамъ, которые сильно возбуждали въ душѣ его то или д гое чувствованіе, и что потребность чистаго интеллектуальнаго мышл развилась уже въ послѣдствіи, такъ-что языку мысли предшеств языкъ страсти. Вниманіе человѣка должно было прежде всего оста виться на тѣхъ предметахъ внѣшняго міра, которые почему либо сил возбуждали въ немъ то или другое чувствованіе: или страхъ, или гнѣ или надежду, или любовь, или отвращеніе. Поэтому естественно, что ловѣкъ перенесъ звуковыя рефлективныя воплощенія этихъ чувствова внушаемыхъ ему предметами внѣшняго міра, на самые предметы. Т кимъ образомъ, изъ *звуковыхъ рефлективныхъ представителей* чу ства, черезъ посредство самонаблюденія, могли образоваться *звуко представители предметовъ* или *дѣйствій*, т. е. *слова*, и яз страсти мало-по-малу могъ переходить въ языкъ мысли.

20. Но чѣмъ болѣе выработывался языкъ мысли, тѣмъ боле рялся въ немъ языкъ чувства. Звуки, невольно порождаемые душевн чувствами, превратившись въ произвольные символы мысли, сдѣлав *словами*, подвергались потомъ безчисленнымъ измѣненіямъ уже н законамъ чувства, а по законамъ мысли и подъ разнообразными в ніями различныхъ обстоятельствъ: потребностей жизни и смѣшенія родовъ. Понятно, что характеръ чувства долженъ былъ очень стереть слов при ихъ безпрестанномъ многовѣковомъ употребленіи для вы женія уже не чувствъ, а мыслей; однако же и теперь его легко за тить, особенно въ тѣхъ отступленіяхъ отъ общечеловѣческой ло которыя представляетъ грамматика каждаго языка. Особенно харак чувства замѣтенъ въ языкахъ, еще мало развитыхъ; но окончатель исчезъ онъ и въ языкахъ самыхъ развитыхъ, которые давно уже жи и развиваются по законамъ мысли, а не чувствованій и ихъ рефлекс

21. Мы должны будемъ возвратиться къ этому предмету въ тре отдѣлѣ нашей антропологіи, гдѣ будемъ говорить о происхожденіи че вѣческаго языка — этой видимой черты, отдѣляющей человѣка отъ ж вотнаго; но и здѣсь уже мы сочли необходимымъ указать на то, ка образомъ обширная система воплощенія чувствъ, которою Творецъ о рилъ человѣческій организмъ, преимущественно передъ всѣми дру

организмами, и которую человѣкъ, безъ сомнѣнія, еще развилъ употребленіемъ, которою, наконецъ, онъ овладѣлъ посредствомъ многочисленныхъ опытовъ, — сдѣлала возможнымъ не только симпатическій языкъ чувства, языкъ общій и человѣку, и животному, но и послужила тѣлеснымъ основаніемъ для дара слова, духовною основою котораго является самосознаніе, свойственное только душѣ человѣка.

ГЛАВА XVI.

Отдѣленіе чувствованій отъ желаній и душевныхъ чувственныхъ состояній.

1. До сихъ поръ мы раздѣляли чувствованія единственно по способу ихъ происхожденія и, на основаніи этого принципа, отдѣляли *чувствованія органическія* или *безпричинныя*, причина которыхъ скрывается въ состояніяхъ организма, отъ *чувствованій душевныхъ*, причина которыхъ ясно сознается нами въ представленіяхъ, вызывающихъ тѣ или другія чувствованія. Къ этимъ двумъ видамъ мы могли бы присоединить еще чувствованія *духовныя*, т. е., по нашему опредѣленію *духа* [1]), такія, которыя свойственны только одному человѣку; но, чтобы облегчить себѣ анализъ, мы всѣ эти чисто человѣческія психическія явленія относимъ къ третьей части нашей антропологіи, хотя и не можемъ вездѣ строго выдержать этой системы. Но каждый изъ насъ сознаетъ, конечно, что чувствованія раздѣляются не только по внѣшнему признаку своего происхожденія, но и по *внутреннему* своему *качеству*. Кто же смѣшаетъ гнѣвъ съ любовью, страхъ съ радостью? Вотъ объ этомъ-то дѣленіи по качеству мы и хотимъ говорить теперь.

2. Можетъ быть, ни въ чемъ такъ не выражается младенческое состояніе нашихъ психологическихъ понятій, какъ въ раздѣленіи чувствованій. Пусть два или три человѣка попробуютъ только перечислить испытываемыя ими чувствованія и они увидятъ, что счетъ у каждаго будетъ свой особый. Сначала это дѣло, можетъ быть, покажется имъ легкимъ, какимъ показалось оно и Декарту; но потомъ они убѣдятся, что это дѣло очень нелегкое, если и возможное. Откуда же происходитъ такое странное явленіе? Развѣ любовь, гнѣвъ, радость и страхъ не одинаково знакомы китайцу, французу или жителю Патагоніи? Развѣ наши прадѣды не также ненавидѣли и любили, какъ и мы? Если же эти психическія явленія совершались и продолжаютъ совершаться всегда и у всѣхъ одинаковымъ образомъ, то они выполняютъ всѣ требованія, чтобы сдѣлаться точными предметами научнаго изслѣдованія: откуда же происходитъ, что человѣкъ даже и не перечислилъ, а не только уже не размѣстилъ своихъ чувствованій въ какую-нибудь стройную систему, съ которой всѣ были бы согласны?

3. Странность этого явленія увеличивается, когда мы видимъ, что

[1]) См. Педаг. Антроп. ч. I. Гл. XLV. п. 2.

и тѣ люди, которые не только испытываютъ различнаго рода чувс
ванія, но и сдѣлали ихъ предметомъ своихъ спеціальныхъ и упорн
наблюденій, не достигли никакихъ положительныхъ результатовъ въ
численіи и классификаціи столь знакомыхъ каждому душевныхъ явл
«Проведеніе полной системы чувствованій—говоритъ знатокъ псих
гической литературы, профессоръ Фолькманъ—остается и до сихъ
благочестивымъ желаніемъ, осуществленіе котораго едва ли подвину
впередъ безчисленными попытками старыхъ психологій» [1]). Мы же
бавимъ, что и попытки новой психологіи, сдѣланныя для достиженія
же цѣли, дали такіе же, если еще не меньшіе, результаты, какъ по
пытки старой. Не можемъ же мы считать особымъ подвигомъ псих
говъ гербартовской школы, что они вовсе уклоняются отъ перечисл
чувствованій и ихъ классификаціи? Различныя чувствованія, тѣмъ
менѣе, остаются различными психическими явленіями, различіе котор
каждый замѣчаетъ.

4. У каждаго самостоятельнаго психолога, если онъ только не н
сываетъ съ намѣреніемъ туманнаго покрова на этотъ отдѣлъ психол
свой особый счетъ чувствованій и своя особая классификація. У
карта основныхъ чувствованій шесть [2]), у Спинозы—три, между ко
рыми онъ помѣщаетъ и *желаніе*, какъ третій видъ чувствован
Броунъ подраздѣляетъ *главныя* чувствованія по принципу времени
чувствованія, относящіяся къ настоящему, прошедшему и будущему,
воситъ къ послѣднимъ *желанія* и насчитываетъ однихъ *главных*
ланій десять, не сообщая намъ, сколько же неглавныхъ, и какъ от
сятся главныя къ неглавнымъ [4]). Новѣйшій англійскій психологъ Б
насчитываетъ уже одиннадцать группъ душевныхъ чувствованій [5]),
вѣйшій германскій психологъ Вундтъ совершенно избѣгаетъ перечис
нія чувствованій и скорѣе занимается лексикологіей *нѣкоторыхъ* н
званій этихъ психическихъ явленій, чѣмъ ихъ анализомъ [6]). Невол
поражаешься этимъ явленіемъ и спрашиваешь себя: возможно ли, въ
момъ дѣлѣ, перечислить чувствованія? Не безконечное ли ихъ м
жество? Не свои ли особыя чувствованія у каждаго человѣка?
появляются ли они случайно, не повторяясь вновь? Но уже одно
что люди понимаютъ чувствованія другъ друга, понимаютъ даже по
нему описанію чувствованія людей, давно отжившихъ, и вѣрно опр
ваютъ, какихъ послѣдствій должно ожидать отъ того или другаго ч
ствованія, показываетъ, что это явленія не случайныя, но постоянн
и что если могутъ быть, какъ догадывается Бэнъ, такія видоизмѣне

[1]) Grundr. der Psych. von Volkmann, S. 318.

[2]) Descartes. Les passions. Art. 69.

[3]) Eth. P. III. App. Def. 1. 2. 3.

[4]) Brown. p. 340.

[5]) The Emotions. p. 58—61.

[6]) Menschen-und Thier-Seele. II B. S. 25—27 и 35—37.

чувствованій, которыя не общи всѣмъ людямъ, то есть и такія *основныя*, которыя одинаково повторяются у всякаго человѣка всѣхъ вѣковъ и всѣхъ національностей. Неужели же нѣтъ возможности доискаться, по крайней мѣрѣ, этихъ основныхъ чувствованій и перечислить ихъ?

5. Намъ кажется, что, главная причина путаницы въ перечисленіи чувствованій заключается въ томъ, что приступая къ этому перечисленію, не отдѣляютъ, *во-первыхъ*, чувствованій отъ желаній, а *во-вторыхъ*, чувствованій самихъ по себѣ—отъ ихъ соединеній съ тѣми представленіями, которыми они вызываются и которыхъ, конечно, безчисленное множество, и *въ третьихъ*, не выдѣляютъ чувствованій, возникающихъ изъ человѣческихъ особенностей. Попробуемъ же прежде всего избѣжать этихъ ошибокъ.

6. *Отдѣленіе чувствованій отъ желаній.* Желаніе есть, конечно, тоже чувствованіе, но во 1) чувствованіе уже производное, а во 2) дающее само по себѣ цѣлую серію новыхъ явленій, относящихся къ области воли, куда и само оно должно быть причислено. Правда, что *желать* и *хотѣть*, какъ замѣчаетъ Ридъ [1]) (I wisch and I desire),—не одно и то же; но однако легко замѣтить, что это лишь *двѣ степени* одного и того же явленія. Въ существѣ, въ которомъ нѣтъ свободной воли (а мы именно покуда занимаемся такимъ существомъ), *желаніе* немедленно переходитъ въ *волю*, какъ-только будутъ устранены или подавлены всѣ противоборствующія ему въ самой душѣ желанія и нежеланія. Точно также воля немедленно переходитъ въ поступокъ, какъ только будутъ удалены всѣ препятствія къ такому переходу, представляемыя уже внѣшнимъ для души міромъ. Желаніе, слѣдовательно, есть уже начало воли въ процессѣ ея образованія еще въ самой душѣ. Вотъ почему въ отношеніи одного и того же предмета мы можемъ имѣть *различныя* желанія, но волю только *одну*. Какъ только желаніе наше возрастетъ до того, что подавитъ всѣ другія желанія, такъ оно и превратится въ волю.

7. Желаніе есть уже слѣдствіе соединенія того или другаго чувствованія съ тѣмъ или другимъ опредѣленнымъ представленіемъ. *Стремиться* мы можемъ и къ тому, чего не знаемъ и чего себѣ не представляемъ: такъ, младенецъ стремится къ пищѣ, не зная, что такое пища. Но *желать* мы можемъ только того, что уже знаемъ и что уже себѣ представляемъ болѣе или менѣе ясно. Человѣкъ стремится къ пищѣ и тогда, когда не знаетъ, что такое пища; но, попробовавъ той или другой пищи и испытавъ *удовольствіе*, происходящее отъ удовлетворенія голода этою пищею, уже сознательно ея желаетъ. Слѣдовательно, желаніе возникаетъ въ человѣкѣ изъ прирожденныхъ безсознательныхъ стремленій черезъ посредство соединенія представленія о предметѣ, удовлетворяющемъ или неудовлетворяющемъ данному стремленію, съ чув-

[1]) Read p. 122. Тоже у Аристотеля (Aristoteles Nicomachisch Ethik. uebers. von Stahr. B. III, Kap. 2. § 6).

ствованіемъ, возникающимъ при этомъ удовлетвореніи или неудовл... реніи. На этомъ основаніи, желаніе должно быть выдѣлено изъ об... чувствованій и отнесено къ области воли.

8. *Отдѣленіе чувствованій отъ чувственныхъ состояній ду...* или отъ соединенія чувствованій съ представленіями. Хотя всяко... *шевное* чувствованіе непремѣнно соединено съ какимъ-нибудь пре... леніемъ, но уже потому только, что одно и тоже чувствованіе мо... быть соединено съ разнообразнѣйшими представленіями, мы должны... го отдѣлять представленія отъ чувствованій, ими внушаемыхъ; ... мы потеряемся въ безчисленности чувствованій, соотвѣтствующей ... сленности представленій, и безчисленномъ разнообразіи ихъ сочет... Кромѣ того, мы видѣли, что тѣ же самыя чувствованія могутъ вы... зываться представленіями, а наоборотъ, вызывать ихъ, возникая ... не изъ представленій, а изъ органическихъ, несознаваемыхъ нами ... чинъ. Правда, что и въ томъ и въ другомъ случаѣ чувствованіе ... венно соединяется съ представленіемъ, такъ что мы не можемъ на... дать его въ его отдѣльности; но въ этомъ отношеніи оно раздѣляетъ су... тѣхъ химическихъ элементовъ, которые никогда не могутъ быть ... чены въ чистомъ видѣ, но всегда только въ соединеніи съ дру... элементами. Однакоже это обстоятельство не мѣшаетъ химику пр... мать эти элементы за самостоятельные, именно потому, что они мо... переходить изъ одного соединенія въ другое.

9. Чувствованія, сливаясь съ представленіями и съ самыми сл... ми сочетаніями представленій, составляютъ съ ними вмѣстѣ то, что... назовемъ покудова хоть *чувственнымъ состояніемъ души*. Пон... что хотя бы эти чувственныя состоянія возникали изъ немногихъ ... ментарныхъ чувствованій, но сами по себѣ они могутъ быть также ... нообразны, какъ могутъ быть разнообразны наши представленія и ... танія этихъ представленій. Кромѣ того, въ одномъ и томъ же со... ніи представленій можетъ открываться нами множество разнообраз... чувствованій, такъ-что отъ этого будутъ возникать уже *смѣшан... чувственныя состоянія души*. Такъ, напр., въ отношеніи къ из... человѣку мы можемъ испытывать самыя разнообразныя чувствова... изъ смѣшенія такихъ чувствованій образуется особое индивидуал... намъ только свойственное, чувствованіе къ этому человѣку, которое ... затруднимся разсказать другимъ иначе, какъ разсказавъ всю исторію ... образованія. Но развѣ это должно мѣшать психологу различать эле... ты этихъ сложныхъ продуктовъ душевной жизни? Этотъ переходъ ... ствованій въ чувственныя состоянія души такъ для насъ важенъ, ... мы посвятимъ ему особую слѣдующую главу.

10. *Отдѣленіе чувствованій душевныхъ отъ духовныхъ*. Сл... *душевный* отдѣляетъ для насъ изучаемыя нами чувствованія, какъ ... *органическихъ*, о которыхъ мы говорили выше, такъ и отъ *духовн...* о которыхъ мы будемъ говорить въ концѣ нашей антропологіи. Къ ду... ховнымъ чувствованіямъ и къ духовнымъ чувственнымъ состояніямъ ...

относимъ не только такія, какъ напр. чувствованіе права, чувствованія эстетическія, но и тѣ сложныя психическія явленія, въ которыхъ особенности *душевныя* перемѣшиваются съ особенностями *духовными*. Такъ, напр., чувствованіе *гнѣва* есть явленіе душевное, а чувствованіе *мести*, въ которомъ гнѣвъ является такимъ сильнымъ элементомъ и которое потому психологи, большею частію, помѣщаютъ рядомъ съ чувствованіемъ гнѣва, есть уже явленіе духовное, такъ какъ въ немъ къ чувствованію гнѣва присоединяется чувствованіе права. Конечно, мы не можемъ выдержать во всей строгости такого дѣленія и, поясняя примѣромъ то или другое чувствованіе, будемъ приводить и такія психическія явленія, которыя свойственны только человѣку; но тутъ же всегда укажемъ на тѣ *общія* душевные элементы, которые именно занимаютъ насъ въ этомъ отдѣлѣ.

ГЛАВА XVII.

Переходъ чувствованій въ чувственныя состоянія души.

1. Представленія наши сохраняются въ нашей памяти въ формѣ слѣдовъ, какъ бы мы ни представляли себѣ эти слѣды: въ формѣ ли нервныхъ привычекъ, или въ формѣ идей, или наконецъ въ той *двоякой* формѣ, какую мы признали, основываясь на фактахъ, ясно указывающихъ какъ на физическіе, такъ и на душевные элементы въ актахъ нашей памяти [1]). Но въ какой же формѣ сохраняются въ насъ слѣды испытанныхъ нами чувствованій? Что мы сохраняемъ слѣды чувствованій, въ этомъ не можетъ быть сомнѣнія. «Мы и желаемъ того или другаго, какъ справедливо замѣчаетъ Бэнъ, только потому, что *помнимъ* то или другое чувствованіе, испытанное нами» [2]). Но должно строго отдѣлять *воспоминаніе* чувствованія отъ его *воспроизведенія*. Мы можемъ вспоминать, какъ то или другое представленіе возбуждало когда-то нашъ гнѣвъ, и вовсе не чувствовать прежняго гнѣва при этомъ воспоминаніи. Но, съ другой стороны, представленіе, разъ возбудившее нашъ гнѣвъ, можетъ снова возбуждать его и даже такъ, что мы гнѣваемся уже при самомъ появленіи представленія, прежде даже, чѣмъ дадимъ себѣ отчетъ, почему мы гнѣваемся. Такъ лицо человѣка, нанесшаго намъ глубокое оскорбленіе, возбуждаетъ въ насъ чувство гнѣва, прежде чѣмъ мы подумаемъ о нанесенномъ намъ оскорбленіи. Точно также присутствіе любимаго человѣка возбуждаетъ въ насъ чувство любви прежде, чѣмъ мы подумаемъ о причинахъ и условіяхъ, изъ которыхъ родилось и въ которыхъ окрѣпло наше чувствованіе. Вотъ почему мы должны признать, что слѣды чувствованій сохраняются въ насъ, какъ и слѣды представленій. Но какъ сохраняются?

[1]) См. Пед. Антр. Ч. I. Гл. XXII.

[2]) Bain. The Emotion. p. 63.

2. Бэнъ замѣчаетъ, что чувствованія, пережитыя нами, труднѣе слабѣе воспроизводятся, чѣмъ представленія, занимавшія наше сознаніе [1]). Мы же полагаемъ, что чувствованія безъ представленія вовсе могутъ быть воспроизводимы нами сознательно и по произволу, хотя иногда и возникаютъ изъ органическихъ причинъ, лежащихъ внѣ нашего сознанія. Мы рѣшительно не видимъ возможности воспроизвести произвольно то или другое чувствованіе иначе, какъ вызвать его тѣмъ или другимъ представленіемъ, въ которомъ оно сохраняется. Не вдаваясь въ подробное изслѣдованіе этого вопроса, съ которымъ мы встрѣтимся ниже, мы примемъ покудова, что слѣды *душевныхъ* чувствованій испытанныхъ нами, сохраняются какъ въ *нервныхъ* [2]), такъ въ *идеальныхъ* слѣдахъ представленій, которыми эти чувствованія были въ насъ вызваны, или, другими словами, что въ душѣ сохраняются не безцвѣтные абрисы представленій, а раскрашенныя красками чувствованій которыми эти представленія и сочетанія ихъ проникнуты. Такія представленія и сочетанія, ассоціаціи представленій мы будемъ называть *представленіями чувственными* или *аффективными образами*. Если же въ душѣ нашей сохраняются цѣлыя вереницы и сѣти представленій, проникнутыхъ однимъ или многими чувствованіями, то мы назовемъ *чувственнымъ состояніемъ души*. Отъ большей же или меньшей сложности образовъ, проникнутыхъ чувствованіями, происходитъ много психическихъ явленій, очень интересныхъ и весьма важныхъ для психолога и педагога.

3. Одиночное ощущеніе, или его слѣдъ, не можетъ возбудить въ насъ ни *радости*, ни *печали*, хотя можетъ возбудить *удовольствіе* или *неудовольствіе*. Одиночное представленіе, не очень обширное, хотя и есть уже сочетаніе многихъ слѣдовъ многихъ ощущеній, но не доставитъ еще намъ на столько радости или печали, чтобы онѣ заслуживали это названіе. Но чѣмъ сложнѣе становится сочетаніе представленій, проникнутыхъ чувствомъ удовольствія, тѣмъ явственнѣе и постояннѣе выражается въ насъ состояніе радости или печали. Отдѣльный цвѣтъ, отдѣльный запахъ или вкусъ можетъ быть намъ пріятенъ или непріятенъ, т. е. можетъ, въ своей отдѣльности, возбуждать въ душѣ чувствованія удовольствія или неудовольствія, но не радость и не печаль. Для возбужденія въ насъ радости или печали необходима уже цѣлая ассоціація представленій, изъ которыхъ каждое возбуждаетъ въ душѣ нашей извѣстное чувствованіе. Тогда только душа наша получаетъ возможность, переходя отъ одного аффективнаго представленія къ другому, также проникнутому чувствованіями, *продолжить* состояніе удовольствія и неудовольствія, или обнимая разомъ цѣлую ассоціацію аффектированныхъ представленій или какую нибудь значительную часть ея, *расширить*

---

[1]) Bain. The Emotion. p. 38.

[2]) Или въ органическихъ состояніяхъ тѣла, какъ мы это показали выше для чувствованій органическихъ.

чувство удовольствія или неудовольствія до той степени, что мы можемъ назвать уже это душевное состояніе печалью или радостью [1]).

4. Чувствованіе, само по себѣ, можетъ быть только слабѣе или сильнѣе, *напряженнѣе* (интензивнѣе). Степень напряженности отдѣльнаго чувствованія зависитъ отъ двухъ причинъ: *во первыхъ*—отъ напряженности того стремленія, изъ удовлетворенія или неудовлетворенія котораго чувствованіе рождается, и *во вторыхъ*, отъ предмета, служащаго удовлетвореніемъ, смотря по тому въ какой степени онъ удовлетворяетъ стремленію или мѣшаетъ его удовлетворенію. По степени удовлетворенія стремленія напряженность чувства упадаетъ, и возрастаетъ снова вмѣстѣ съ усиленіемъ стремленія.

5. Понятно, что и напряженность *чувственнаго душевнаго состоянія* будетъ зависѣть отъ большей или меньшей напряженности тѣхъ чувствованій, которыми проникнуто то или другое сочетаніе представленій, условливающее чувственныя состоянія нашей души; но *обширность* чувственнаго состоянія, а вслѣдствіе того его продолжительность и постоянство зависятъ уже отъ обширности самихъ сочетаній, проникнутыхъ тѣми или другими чувствами. Одиночное или необширное представленіе не можетъ долго возбуждать то или другое чувствованіе. Необходима цѣлая ассоціація представленій для того, чтобы душа, переходя отъ одного изъ нихъ къ другому, могла возобновлять чувствованіе болѣе или менѣе продолжительно, смотря по обширности ассоціацій, его возбуждающихъ. Если какое-нибудь чувствованіе въ насъ слишкомъ напряжено, то мы сами навязываемъ на него цѣлый рядъ ассоціацій, не идущихъ даже къ дѣлу, только чтобы удержать чувство и расширить его. Такъ, подъ вліяніемъ гнѣва мы взводимъ иногда такія обвиненія на человѣка, возбудившаго въ насъ гнѣвъ, какія показались бы намъ забавными въ спокойную минуту. Душа наша, обнимая разомъ цѣлую большую ассоціацію представленій, проникнутыхъ однимъ и тѣмъ же чувствованіемъ, расширяетъ самое чувствованіе.

6. Въ самомъ *чувствованіи* мы можемъ только различать степень его напряженности, а въ *чувственномъ состояніи*, каковы напр. радость, печаль, любовь, ненависть, мы, кромѣ степени напряженности, зависящей отъ напряженности самаго чувствованія, проникающаго дан-

---

[1]) То, что мы называемъ *душевнымъ чувственнымъ* состояніемъ, Вундтъ называетъ *настроеніемъ* (Stimmung) и *аффектомъ*, совершенно измѣняя то значеніе этого слова, которое придано было прежними психологами (Menschen-und Thier-Seele B. II, S. 28). Но, натолкнувшись на это замѣчательное явленіе, Вундтъ скоро оставляетъ его, такъ-какъ оно противорѣчитъ его главному положенію. Къ тому же явленію пришелъ и Спенсеръ, и также безъ всякихъ послѣдствій (Principles of Pszychologie. § 201). Отбросивъ ложь теоріи, мы найдемъ здѣсь вѣрное наблюденіе. Фортлаге признаетъ даже особенныя «чувственныя понятія» (Gefühlsbegriffe), но также не даетъ этой мысли надлежащаго мѣста (Syst. d. Ps. I Th. § 15).

ную ассоціацію, должны различать степень *продолжительност*[illegible] *обширности* чувственнаго состоянія, которое уже зависитъ отъ обш[illegible] ности и разнообразія самихъ сочетаній, проникнутыхъ чувствомъ. Пр[illegible] должительность чувственнаго состоянія находится въ обратно-пропор[illegible] нальномъ отношеніи съ его обширностью. Только припоминая разо[illegible] какъ бы сводя въ одну сумму всѣ оскорбленія, нанесенныя намъ [illegible] шимъ врагомъ, мы чувствуемъ всю глубину и обширность нашей не[illegible] висти къ нему.

7. Отсюда уже понятна причина того психическаго явленія, на [illegible] торое обратилъ вниманіе и Бэнъ, хотя и не могъ объяснить его [illegible] исхожденія; а именно, что тѣ чувствованія живутъ въ насъ прочн[illegible] которыя могутъ соединиться съ идеями [1]). Теперь для насъ понят[illegible] почему мы дольше можемъ наслаждатся прекраснымъ видомъ, [illegible] прекраснымъ цвѣткомъ, и почему наслажденіе первымъ — гораздо обш[illegible] нѣе и глубже наслажденія вторымъ. Вотъ почему также самыя сильн[illegible] обширныя, постоянныя и прочныя страсти возникаютъ въ душѣ [illegible] къ такимъ предметамъ, которые могутъ дать душѣ нашей громадн[illegible] сочетанія представленій, каковы, напр., власть, деньги, природа, нар[illegible] искусства, человѣкъ, религія.

8. Всякому приходилось испытать и читать двѣ совершенно про[illegible] воположныя истины: *отъ повторенія чувство слабѣетъ и отъ* [illegible] *вторенія чувство усиливается*, или: чувство, долго не вызываем[illegible] замираетъ, чувство, часто вызываемое, притупляется. Это важное [illegible] тиворѣчіе мы встрѣчаемъ не только въ общественномъ мнѣніи, но [illegible] психологовъ. Такъ, напр. Бэнъ говоритъ, что «повтореніе чувств[illegible] нія имѣетъ оживляющее и убивающее вліяніе, смотря по обстоятел[illegible] ствамъ» [2]), но не объясняетъ этихъ обстоятельствъ. Выше же, тотъ [illegible] Бэнъ прямо утверждалъ, что «чувствованіе, часто испытываемое, ско[illegible] служитъ мотивомъ для нашихъ дѣйствій, чѣмъ то, которое мы [illegible] тываемъ рѣдко» [3]); тогда какъ Бенеке, наоборотъ, прямо говор[illegible] что «въ воспроизведеніи чувство уже слабѣетъ» [4]).

9. Это противорѣчіе и эта темнота въ объясненіи столь важн[illegible] психическаго явленія зависитъ отъ того, что психологи не отдѣля[illegible] ясною чертою чувствованій отъ чувственныхъ состояній. Признавъ [illegible] это отдѣленіе, мы объяснимъ себѣ замѣчательное усиленіе и ослабле[illegible] чувствованій отъ ихъ повторенія. Если мы испытываемъ данное чу[illegible] ствованіе въ связи съ однимъ и тѣмъ же представленіемъ, то съ ка[illegible] дымъ разомъ повторенія чувствованіе слабѣетъ, какъ и само предста[illegible] леніе [5]), если только конечно не возрождаются вновь и вновь [illegible]

---

[1]) The Emotion, p. 55.

[2]) Ib. p. 102.

[3]) Ib. p. 38.

[4]) Lehrb. der Psych. v. Benecke, § 245.

[5]) См. Пед. Антр. Ч. I. Гл. XVI, п. 7.

стремленія, которыя даютъ начало чувствованію, какъ возрождаются у насъ всѣ стремленія, вытекающія изъ дѣйствительныхъ потребностей тѣла. Но если предметъ, возбуждающій чувствованіе, таковъ, что допускаетъ большое углубленіе въ себя, т. е., другими словами, если предметъ таковъ, что ощущенія, получаемыя отъ него душою, могутъ оставлять въ ней многочисленные и разнообразные слѣды, изъ которыхъ будутъ вылетаться все большія и сложнѣйшія сочетанія, то чѣмъ болѣе мы будемъ углубляться въ такой предметъ, тѣмъ обширнѣе будетъ разростаться наше чувство къ нему и тѣмъ оно будетъ продолжительнѣе и прочнѣе.

10. Слѣдуетъ при этомъ напомнить читателю, что самая прочность слѣдовъ представленій зависитъ много отъ органовъ, черезъ которые получаются внѣшнія впечатлѣнія. Ощущенія, получаемыя нами черезъ органы зрѣнія и слуха, оставляютъ въ нашей памяти гораздо прочнѣйшіе слѣды, чѣмъ ощущенія, получаемыя черезъ органы вкуса, обонянія и даже осязанія. Мы почти совсѣмъ не можемъ припоминать ощущеній обонянія и вкуса и весьма слабо ощущенія осязанія, если они не соединены съ зрительными. Вотъ почему изъ ощущеній низшихъ чувствъ не можетъ выработаться такихъ прочныхъ и обширныхъ ассоціацій, какъ изъ ощущеній чувствъ высшихъ [1]; но за то ощущенія, даваемыя низшими чувствами, взятыя въ отдѣльности, замѣтно напряженнѣе, и находятся въ связи съ такими стремленіями, которыя періодически возрождаются изъ потребностей нашего тѣла.

11. Предоставивъ себѣ развить эти мысли полнѣе при анализѣ отдѣльныхъ видовъ чувствованій и чувственныхъ состояній, изъ нихъ возникающихъ, мы здѣсь укажемъ только читателю на все практическое значеніе, какое имѣетъ для воспитанія этотъ переходъ чувствованій въ чувственныя состоянія. Теперь для насъ будетъ понятно то явленіе, что если мы будемъ кормить дитя роскошнѣйшими блюдами (если бы это было нужно), но все одними и тѣми же, то мы не разовьемъ въ немъ такой страсти ко вкусовымъ ощущеніямъ, какъ тогда, если будемъ кормить его гораздо менѣе изысканнымъ, но разнообразнымъ столомъ, или, кормя его грубымъ столомъ, будемъ при этомъ часто лакомить его разнообразными лакомствами. Съ другой стороны, если мы будемъ вызывать въ ребенкѣ одни и тѣ же чувствованія одними и тѣми же представленіями, то мы мало по малу заглушимъ въ немъ самое то чувствованіе, которое, быть можетъ, хотѣли упрочить. Если же какое-нибудь чувствованіе будетъ вызываться разными представленіями и въ различ-

[1]) На этомъ различіи, общемъ для всѣхъ людей, Бенеке старался построить общую людямъ нравственность (Lehrb. der Psych. § 248); но, какъ мы увидимъ въ своемъ мѣстѣ, эта попытка Бенеке оказалась вполнѣ неудачною. Еще яснѣе для критики высказана эта неудачная попытка у Диттеса, одного изъ ревностнѣйшихъ истолкователей Бенеке. Das Aesthetische, v. Dittes. § 5.

ныхъ комбинаціяхъ, составляющихъ содержаніе какого-нибудь глубокаго предмета, то данное чувствованіе будетъ возрастать, пока найдетъ себѣ предѣловъ въ предѣлахъ самаго предмета; если же предметъ по содержанію своему безконеченъ, по крайней мѣрѣ, нечень для человѣка, каковы: наука, искусство, религія, то и чувство будетъ рости безконечно.

12. Отдѣливъ душевныя чувственныя состоянія отъ элементар чувствованій, изъ которыхъ эти состоянія слагаются въ связи съ личными представленіями, мы выиграемъ много въ упрощеніи и пріобрѣтемъ надежную точку опоры при анализѣ сложныхъ душев явленій. Не только общество, но даже и психологи говорятъ, о *чувствѣ ненависти*, какъ объ особомъ чувствѣ; но, анализир душевное состояніе, мы увидимъ, что въ немъ соединяется и чу гнѣва, и чувство отвращенія и множество желаній, что въ немъ даже замѣтить чувство удовольствія, какъ и чувство страданія, это въ самой сложной ассоціаціи разнообразнѣйшихъ представленій. почему и самая ненависть бываетъ безконечно разнообразна: не элементарное однородное чувство, а сложный продуктъ душ жизни.

13. Тоже самое слѣдуетъ сказать и о такъ называемомъ *любви*. Такого элементарнаго чувства нѣтъ, а есть только влеченіе къ предмету, удовлетворяющему нашимъ стремленіямъ. Въ же, какъ и въ ненависти, могутъ быть соединены самыя разнообр чувства: и страданіе, и наслажденіе, и радость, и печаль, и смѣлость, и даже гнѣвъ и ненависть. Кромѣ того въ любви уже видимъ множество желаній и нежеланій. Это также уже сложный дуктъ душевной жизни, который у каждаго можетъ быть свой ный, а потому и справедливо, что каждый любитъ по своему. самое слѣдуетъ сказать о такъ называемыхъ чувствованіяхъ: уваженія, благодарности, лести, зависти, злобѣ, и множествѣ дру

14. Понятно теперь, что если бы всѣ эти необычайно слож неисчислимо разнообразные продукты душевной жизни принимать ментарныя, однородныя чувствованія, то не было бы никакой ности ни перечислить человѣческихъ чувствованій, ни систематизир ихъ. Если же мы будемъ принимать за однородныя, элементарныя ствованія только тѣ, которыя не имѣютъ въ себѣ никакой и хотя связываются съ представленіями, но могутъ возникать и висимо отъ нихъ изъ органическихъ состояній тѣла, то это намъ какъ перечислить чувствованія, такъ и анализировать потомъ ныя чувственныя состоянія души.

ГЛАВА XVIII.

Выдѣленіе душевныхъ чувствованій и ихъ раздѣленіе.

1. Словомъ *душевный* мы отличаемъ разсматриваемыя нами чувствованія, во-первыхъ, отъ чувствованій *органическихъ*, а во-вторыхъ, отъ чувствованій *духовныхъ*. Подъ именемъ *органическихъ* чувствованій мы разумѣемъ такія, которыя возникаютъ изъ различныхъ какъ періодическихъ, такъ и патологическихъ состояній тѣлеснаго организма, и причинъ которыхъ, потому самому, мы не сознаемъ. Къ чувствованіямъ *духовнымъ* мы причисляемъ всѣ тѣ, которыя свойственны только человѣку, какъ напр. чувствованія эстетическія и нравственныя. Къ чувствованіямъ же *душевнымъ* мы относимъ всѣ тѣ, причина которыхъ заключается въ отношеніи нашихъ представленій къ нашимъ стремленіямъ, и которую, слѣдовательно, мы сознаемъ. Стремленія наши мы также можемъ раздѣлить на тѣлесныя, душевныя и духовныя. Къ *тѣлеснымъ* стремленіямъ мы отнесли всѣ тѣ, которыя возникаютъ изъ потребностей растительнаго процесса нашего тѣла. *Душевное* стремленіе мы замѣтили только одно—*стремленіе жить*, т. е. стремленіе къ сознательной дѣятельности, что для души одно и тоже. О стремленіяхъ *духовныхъ*, т. е. свойственныхъ только человѣку, намъ предстоитъ говорить впослѣдствіи.

2. Возникновеніе *душевныхъ чувствованій* изъ отношенія представленій къ нашимъ стремленіямъ, какого бы рода эти стремленія ни были, ясно само собою. Все, что удовлетворяетъ нашимъ стремленіямъ, доставляетъ намъ *удовольствіе*; все, что противорѣчитъ имъ,—*неудовольствіе*; все, что мѣшаетъ удовлетворенію нашихъ стремленій и что мы пытаемся преодолѣть, внушаетъ намъ *гнѣвъ*; все, что мѣшаетъ нашимъ стремленіямъ, такъ-что мы не рѣшаемся его преодолѣвать, внушаетъ намъ *страхъ*; все, что кажется намъ способнымъ удовлетворить наши стремленія, влечетъ насъ къ себѣ, внушаетъ намъ симпатію или *влеченіе*; все, что, наоборотъ, кажется намъ противнымъ нашему стремленію, внушаетъ намъ антипатію или *отвращеніе*. Такимъ образомъ, изъ разнообразія отношеній нашихъ стремленій къ нашимъ представленіямъ естественно порождаются въ насъ различныя душевныя чувствованія.

3. Мы сказали: къ нашимъ *врожденнымъ* стремленіямъ; но это выраженіе можетъ подать поводъ къ недоразумѣніямъ. Въ нашей душѣ могутъ возникать различныя чувствованія изъ отношенія представленій къ такимъ стремленіямъ, которыхъ мы никакъ не можемъ назвать врожденными. Такъ напр., человѣкъ, преданный азартной игрѣ, можетъ испытывать гнѣвъ, если что-нибудь мѣшаетъ удовлетворенію его страсти; можно ли же сказать, что здѣсь чувствованіе возникаетъ изъ отношенія представленія къ *врожденному* стремленію? Но, если мы разберемъ даже такое искусственное стремленіе, каково стремленіе къ азартной игрѣ, то

увидимъ въ основѣ его, *во-первыхъ*, прирожденное всякой душѣ стр... леніе къ дѣятельности, а *во-вторыхъ* — прирожденное только чело... стремленіе къ совершенству. Если же изъ такихъ законныхъ стремле... выработалась такая уродливая страсть, то причину этого слѣдуетъ иск... въ обстоятельствахъ жизни человѣка, въ его воспитаніи, въ его ... ственномъ и нравственномъ развитіи. Слѣдовательно, даже и въ ... шеніи чувствованій, порождаемыхъ азартною игрою, мы можемъ сказ... что они возникаютъ изъ отношенія представленій къ *врожденнымъ* стр... леніямъ человѣка, хотя эти врожденныя стремленія подъ вліяніемъ жи... приняли такое уродливое направленіе. Всѣ наши *желанія*, *наклонно...* *сти* и *страсти*, какъ бы сложны они ни были и какъ бы искусстве... ны ни казались, имѣютъ въ своемъ основаніи врожденное стремле... Но такъ какъ всякое желаніе образуется изъ стремленій посредств... жизненнаго опыта, а опыты эти безконечно разнообразны, то изъ одно... и того же врожденнаго стремленія можетъ образоваться множество раз... образныхъ желаній, наклонностей и страстей. Одно и тоже стрем... къ пищѣ, смотря по разнообразію его удовлетворенія, можетъ выр... таться во множество разнообразныхъ желаній той или другой ... смотря по тому, чѣмъ мы привыкли удовлетворять нашъ голодъ. ... еще гораздо плодовитѣе въ этомъ отношеніи душевное стремленіе ... сознательной дѣятельности. Каждая душа вырабатываетъ для себя ... бую сферу дѣятельности и въ ней чувствуетъ себя легко, рабо... широко и безъ препятствій, такъ-что то, что можетъ одному каза... обширною сферою дѣятельности, будетъ казаться для другаго тѣсною ... мою и наоборотъ. Понятно, что въ этомъ отношеніи все зависитъ ... жизненнаго опыта, опредѣлившаго нашу дѣятельность такъ или ...

4. Кромѣ перечисленныхъ выше чувствованій, *удовольствія* и ... *удовольствія*, *гнѣва*, *страха*, *влеченія* и *отвращенія*, появ... которыхъ въ процессѣ удовлетворенія нашимъ стремленіямъ ясно ... собою, мы должны причислить къ элементарнымъ чувствованіямъ ... нѣсколько такихъ, помѣщеніе которыхъ въ число *элементарныхъ чу...* *ствованій*, прямо порождающихся изъ нашихъ врожденныхъ стрем... потребуетъ оправданія и доказательства; таковы чувствованія: *скро...* *стыда*, *самодовольства*, *смѣлости* и *доброты*. Но само собою ... зумѣется, что оправданіе причисленія этихъ чувствованій къ чувство... ваніямъ элементарнымъ можетъ возникнуть только изъ подробнаго ... анализа.

5. Всѣ исчисленные нами чувствованія вызываются въ душѣ ... процессѣ удовлетворенія ею ея врожденныхъ стремленій, откуда бы ... шли эти стремленія: изъ тѣла, души или духа. Но есть еще рядъ ... быхъ чувствованій, служащихъ *средствами сознавательнаго проце...* спеціально удовлетворяющаго стремленію души къ сознательной дѣяте... ности. Таковы чувствованія: сомнѣнія, удивленія, контраста и др., ... которыхъ въ подробности мы скажемъ тогда, когда до нихъ дойде... дѣло. Чтобы отличить эти чувствованія, въ которыхъ и посредств...

которыхъ совершается самый процессъ сознательной дѣятельности, мы назовемъ ихъ *душевно умственными* чувствованіями въ отличіе отъ тѣхъ, которыя порождаются изъ самаго процесса удовлетворенія стремленій, но существуютъ какъ бы внѣ сознавательнаго процесса, и которыя мы назовемъ *душевно-сердечными*, по особенному чисто физіологическому вліянію ихъ на сердце, нервная система котораго преимущественно подвергается вліянію душевныхъ волненій [1]).

6. Итакъ мы раздѣляемъ всѣ чувствованія на три рода: а) *органическія*, б) *душевныя* и в) *духовныя*, изъ которыхъ разсматриваемъ здѣсь только душевныя, такъ какъ наблюденіе надъ *органическими* можетъ быть только отрывочное, а наблюденіе надъ *духовными* предстоитъ намъ въ 3-й части нашей антропологіи.

7. *Душевныя* чувствованія мы опять раздѣляемъ на два рода: а) *душевно-сердечныя* и б) *душевно-умственныя*. Подъ именемъ *душевно-сердечныхъ* мы разумѣемъ такія, которыя порождаются изъ отношенія представленій къ нашимъ стремленіямъ; подъ именемъ вторыхъ, *душевно-умственныхъ*, мы разумѣемъ такія, которыя сопровождаютъ умственный процессъ прилаживанія новыхъ представленій къ вереницамъ и сѣтямъ прежнихъ. Новое представленіе, которое противорѣчитъ прежнимъ, *удивитъ* насъ, но *не испугаетъ* и *не разсердитъ* до тѣхъ поръ, пока мы не поймемъ его отношенія къ нашимъ стремленіямъ. *Душевно-умственныя* чувствованія порождаются *умственной* оцѣнкой; тогда какъ *сердечныя* порождаются оцѣнкою сердечною, т. е. нашими интересами или, еще проще, нашими врожденными стремленіями, въ какую бы сложную форму желаній, наклонностей и страстей онѣ не выработались.

8. Мы займемся сначала чувствованіями *душевно-сердечными*, причисляя къ нимъ *пять* антагонистическихъ *паръ* сердечныхъ чувствованій, а именно: 1) *удовольствіе* и *неудовольствіе;* 2) *влеченіе* и *отвращеніе;* 3) *гнѣвъ* и *доброту;* 4) *страхъ* и *смѣлость* и 5) *стыдъ* и *самодовольство*.

ГЛАВА XIX.

Виды *душевно-сердечныхъ* чувствованій: 1) удовольствіе и неудовольствіе.

1. Нѣтъ чувствованій чаще повторяющихся, какъ чувствованія *удовольствія* и *неудовольствія;* но, не смотря на такое частое повтореніе, а можетъ быть именно по причинѣ его, чувствованія эти представляютъ наибольшую трудность для анализа. Не было ни одного психолога, ни одного философа и ни одного моралиста, который не употребилъ бы значительныхъ стараній къ изученію этихъ чувствованій. Они были главнымъ предметомъ спора между стоиками и эпикурейцами; на томъ или

[1]) Wundt. Menschen-und Thier-Seele. B. II. S. 23.

другомъ толкованіи ихъ софисты основывали свои моральныя прав
Платонъ во множествѣ діалоговъ затрогиваетъ этотъ предметъ и по
щаетъ ему исключительно цѣлый длинный діалогъ, подъ заглавіемъ «Ф
лебъ» или объ удовольствіи [1]). Аристотель въ своей «Этикѣ» посвящ
нѣсколько главъ [2]) опредѣленію чувства удовольствія и неудовольст
а въ своей «Риторикѣ» вновь возвращается къ тому же предмету.
новой философіи и психологіи, начиная Декартомъ и оканчивая Б
и Вундтомъ, нѣтъ мыслителя и нѣтъ психолога, который не почув
валъ бы на себѣ всей трудности анализа чувствованій удовольстві
неудовольствія и въ то же время всю основную важность этого ана
какъ для психологіи, такъ и для морали. Все это даетъ намъ п
надѣяться, что люди, знакомые съ трудностями этого анализа и зн
мающіе въ то же время всю громадную важность его для идеи во
танія, извинятъ насъ, что мы, затрогивая уже нѣсколько разъ э
вопросъ, будемъ снова и снова къ нему возвращаться. Въ этой г
мы займемся, если можно такъ выразиться, одною психическою
ріею этихъ противоположныхъ чувствованій, не переходя нигдѣ къ
моральному значенію; другими словами, мы будемъ разсматривать
чувствованія удовольствія или неудовольствія только какъ виды
ствованій, а не какъ *мотивы для нашей дѣятельности*, что
даетъ насъ въ главахъ о волѣ.

2. Мы думаемъ, что трудность наблюденія надъ чувствованіями
вольствія или неудовольствія не мало увеличивается тѣмъ, что он
ютъ способность соединяться со множествомъ другихъ душевныхъ
ній, а именно: со всѣми возможными *ощущеніями* и даже со
возможными *чувствованіями*. Но не должна ли самая эта способ
этихъ чувствованій соединяться со всѣми ощущеніями и чувствова
навести насъ на мысль, что само по себѣ чувство удовольствія и н
вольствія является чѣмъ то самостоятельнымъ, особеннымъ отъ
чувствованій и ощущеній, которыя имъ сопровождаются. Другим
вами, не должно ли быть во всѣхъ *пріятныхъ* ощущеніяхъ что-ни
общее, чему придалъ человѣкъ общее имя *удовольствія*, и во вс
непріятныхъ также что-нибудь общее, что человѣкъ назвалъ об
именемъ *неудовольствія?* «Языкъ людей—говоритъ Гезіодъ, ци
мый Аристотелемъ,—никогда не ошибается вполнѣ», и мы думаемъ,
въ такой общности термина, прилагаемаго къ самымъ разнообраз
ощущеніямъ и чувствованіямъ, есть вѣрное основаніе: мѣткое пси
гическое наблюденіе, сдѣланное человѣчествомъ.

3. Необходимость признанія самостоятельности анализируемыхъ
чувствованій выкажется еще яснѣе, если мы припомнимъ, что од
тоже ощущеніе, нисколько не измѣняясь въ своемъ специфическо
рактерѣ, можетъ сегодня вызвать въ человѣкѣ чувство удовольств

---

[1]) Dialogues de Platon. XII-me série. Edit. Charpantier. Philèbe ou du pl
[2]) *Arist.* Nicom. Eth. B. VII. Kap. II, §§ 13 и 14.

завтра въ томъ же человѣкѣ чувство неудовольствія, хотя человѣкъ сознаетъ, что самое ощущеніе не измѣнилось. Чувство аппетита или рождающагося голода можетъ вызвать въ человѣкѣ чувство удовольствія и чувство неудовольствія, смотря по тому, имѣетъ ли онъ въ виду хорошій обѣдъ или нѣтъ. Можно конечно сказать, что здѣсь мы испытываемъ разомъ чувство удовольствія и чувство неудовольствія [1]; но такое заключеніе будетъ явно несправедливымъ, ибо очевидно невозможно испытывать одной душѣ въ одно и тоже время два такія противоположныя, уничтожающія другъ друга чувствованія, каковы удовольствіе и неудовольствіе. Можно не испытывать ни того ни другаго; но испытывать оба вмѣстѣ — невозможно. Здѣсь мы должны только признать, что чувства голода и жажды суть специфическія внутреннія или органическія *ощущенія* душою тѣхъ или другихъ состояній въ организмѣ, а самое чувство удовольствія или неудовольствія есть уже отзывъ души на эти ощущенія.

4. Тоже самое слѣдуетъ сказать и объ отношеніи *чувствованія* неудовольствія или страданія къ органическому *ощущенію боли*. Если мы отдѣляемъ зрительныя ощущенія отъ удовольствія и неудовольствія, которыми они могутъ сопровождаться и несопровождаться, то на какомъ же основаніи не отдѣлимъ мы чувствованія непріятности боли отъ самаго ощущенія боли? Боль есть такое же специфическое ощущеніе даннаго состоянія тѣхъ или другихъ нервовъ, какъ и всякое другое. При порезѣ глазнаго нерва ощущается не боль, а свѣтъ; при пораженіи слуховыхъ нервовъ ощущается не боль, а звукъ [2]; при пораженіи нервовъ, передающихъ боль, ощущается не звукъ, не свѣтъ, — а боль.

5. Боль, какъ извѣстно, происходитъ отъ самыхъ разнообразныхъ внѣшнихъ причинъ; но точно также отъ разнообразныхъ внѣшнихъ причинъ могутъ происходить и свѣтъ, и звукъ, и ощущеніе запаха. Въ сущности же внутренняя причина боли должна быть одна и таже, а именно: насильственное сближеніе или насильственное разъединеніе частицъ нервовъ, переходящее предѣлы, положенные динамическими законами организма. Боль въ этомъ случаѣ есть спасительный указатель, что частицы организма приходятъ между собою въ такое соотношеніе, которое угрожаетъ жизни или здоровью организма; а страданіе, испытываемое при *ощущеніи* боли, есть спасительный голосъ природы, который, необъяснимо для насъ самихъ, говоритъ душѣ, что удовлетвореніе ея стремленія къ жизни находится въ опасности. Правда, мы не понимаемъ, откуда идетъ этотъ голосъ, а потому и называемъ его голосомъ фантастическаго существа или природы; но тѣмъ не менѣе мы можемъ отличить этотъ голосъ въ нашемъ сознаніи. Человѣкъ, напр., у котораго рука отнята параличемъ, очень обрадовался бы, почувствовавъ въ ней боль, и не съ удовольствіемъ, а съ истиннымъ наслажденіемъ при-

[1] Philèbe ou du plaisir, p. 474.

[2] Пед. Антроп. ч. I, гл. X, п. 11; а также ср. гл. VII, пп. 21, 25.

слушивался бы къ этой боли. Больной, котораго увѣрили, что ощущ горчичника есть симптомъ возможности выздоровленія, съ истин наслажденіемъ испытываетъ боль, производимую горчичникомъ. Фи или психологъ, изучающій самъ на себѣ характеристику различны довъ боли, можетъ съ неудовольствіемъ испытывать, что боль прош Конечно, на это могутъ замѣтить, что такія явленія возможны въ низкихъ степеняхъ боли, а когда боль усиливается, то челов можетъ уже не страдать. Это зависитъ отъ силы воли, отъ заним насъ идеи; но для насъ важна здѣсь самая возможность этого я а не его степень. Преданіе же говоритъ, что фанатизмъ нерѣдко ж лялъ людей съ удовольствіемъ переносить такія ощущенія боли, рыя пугаютъ насъ своею громадною напряженностью.

6. Признаемъ же ощущеніе голода, жажды, температуры, ощу потребности движеній, ощущеніе щекота, тошноты, равно какъ и образныя ощущенія боли за такія же специфическія ощущенія, ощущенія зрѣнія, вкуса, слуха и т. д. Между двумя этими родам щенія только та разница, что такъ называемыя *внѣшнія* ощ по особенному своему свойству, передаютъ намъ познаніе о вещах насъ лежащихъ, тогда какъ *ощущенія* внутреннія извѣщаютъ состояніяхъ нашего собственнаго организма. Чувствованіе же удово или неудовольствія можетъ сопровождать или не сопровождать ощ такъ и другія, и является показателемъ отношенія этихъ ощущен стремленію, живущему въ человѣкѣ: къ стремленію *быть* во вс видахъ, и къ стремленію *жить* сознательной жизнію [1]). Это отн мы можемъ понимать и можемъ только чувствовать: въ первомъ у насъ возникаетъ *органическое* чувствованіе удовольствія или вольствія, причины котораго мы не сознаемъ непосредственно, а ромъ—чувствованіе *душевное*. Но самое содержаніе чувствован при томъ, такъ и при другомъ его происхожденіи, будетъ одно

7. Мы увидимъ далѣе, что чувствованіе удовольствія и неу ствія комбинируется съ другими чувствованіями, изъ которы всегда сопровождаются неудовольствіемъ или удовольствіемъ, могутъ сопровождаться то удовольствіемъ, то неудовольствіемъ, напр., чувство скуки всегда непріятно; но точно также всегда и чувство стыда. Однакоже никто не смѣшаетъ чувства стыда ствомъ скуки. Слѣдовательно, чувство неудовольствія не долж смѣшиваемо ни съ чувствомъ стыда, ни съ чувствомъ скуки всегда ихъ сопровождаетъ. Тѣмъ болѣе нельзя смѣшать его ствомъ *гнѣва*, которое мы иногда нарочно поддерживаемъ въ себѣ какъ оно намъ нравится, — или съ чувствомъ *любви*, которое то мучитъ насъ, то доставляетъ намъ удовольствіе. Признавъ само ность чувства удовольствія и неудовольствія и его отдѣльност

---

[1]) См. выше, гл. VIII пп. 1 и 2.

отъ *другихъ чувствованій*, такъ и отъ *ощущеній*, мы можемъ теперь приступить къ ближайшему его изученію.

8. «*Удовольствіе* — говоритъ Аристотель — *есть опредѣленное возбужденіе* души и въ тоже время ощутительно-успокоивающій переходъ ея въ состояніе, соотвѣтствующее ея природѣ» [1]). Въ этомъ опредѣленіи есть нѣкоторое противорѣчіе: возбужденіе не есть успокоеніе, а успокоеніе не всегда доставляетъ душѣ удовольствіе, такъ какъ самое отсутствіе возбужденія сопровождается непріятнымъ чувствомъ скуки. Справедливо же въ этомъ опредѣленіи то, что чувство удовольствія или неудовольствія совершенно условливается стремленіями человѣка, создаетъ ли онъ эти стремленія въ видѣ опредѣленныхъ желаній, или безсознательно подчиняется имъ. Чувство неудовольствія будетъ именно чувствованіе человѣкомъ того гнета, которымъ сказываются живущія въ немъ стремленія при ихъ неудовлетвореніи. Чувствованіе же удовольствія есть ничто иное, какъ ощущеніе уменьшенія этого гнета или его совершеннаго прекращенія, когда стремленія удовлетворяются. Все же остальное въ удовольствіи или неудовольствіи будетъ специфическимъ ощущеніемъ или специфическимъ чувствованіемъ, которыя могутъ сопровождать чувство удовольствія, но могутъ и не сопровождать его. Такъ человѣкъ испытываетъ весьма ясное удовольствіе, когда боль прекращается, хотя это удовольствіе не сопровождается никакимъ опредѣленнымъ ощущеніемъ или чувствованіемъ. Къ этому же роду *чистыхъ* удовольствій (чистыхъ въ психическомъ, а не въ моральномъ смыслѣ) принадлежитъ чувство отдыха, смѣняющее чувство усталости. Мы не испытываемъ при этомъ никакихъ особыхъ ощущеній или чувствованій, а наслаждаемся только исчезновеніемъ страданія. Но чувство удовольствія, тѣмъ не менѣе, такъ ясно при этомъ, что Кантъ не затруднился назвать отдыхъ однимъ изъ напряженнѣйшихъ и законнѣйшихъ наслажденій.

9. Всѣ эти наблюденія и соображенія побуждаютъ насъ не соглашаться съ Бэномъ, когда онъ говоритъ:

«Какъ есть различнаго рода сладости, такъ есть и *качественное* различіе между различнаго рода удовольствіями и неудовольствіями. Чувство, вызываемое великимъ произведеніемъ искусства, совершенно отличается отъ удовольствія игры или взрыва любви. Всѣ они имѣютъ *много общее*; но каждому, кромѣ того, принадлежитъ своя особая характеристическая печать» [2]). Мы же видимъ, что эта «характеристическая печать» различнаго рода удовольствій принадлежитъ не самому чувству удовольствія, а тому тѣлесному или душевному явленію, которымъ оно вызывается. Само же чувство удовольствія или неудовольствія *по качеству* своему всегда одинаково, а различается только *количественно*: во-первыхъ, по степени своей напряженности; а во-вторыхъ, по степени своего постоянства и обширности.

[1]) Rhet. B. I, Kap. 2, § 1.
[2]) The Emotion, p. 30.

10. Степень напряженности удовольствія, какъ мы уже видъ зависитъ отъ силы самаго стремленія и степени неудовольствія, им возбуждаемаго. Въ этомъ отношеніи какъ удовольствіе, такъ и неудо вольствіе имѣютъ безчисленныя градаціи. и могутъ доходить отъ ед замѣтнаго довольства или недовольства до невыносимыхъ страданій, захватывающихъ душу наслажденій.

11. Степень же постоянства и обширности удовольствія или неудо вольствія зависитъ уже отъ обширности и прочности сочетаній тѣх представленій, которыми вызываются эти чувствованія. Вотъ почему, а не отъ качественнаго различія въ самомъ чувствѣ удовольствія, драм Шекспира, разыгранная хорошо, доставляетъ намъ такое обширное на слажденіе, что его, повидимому, нельзя и сравнивать съ наслажденіем вкусною пищею, которое можетъ быть очень напряженно, но всегд останется узкимъ и быстро преходящимъ. Самъ же Бэнъ, въ другом мѣстѣ, нападаетъ на мысль, которая могла бы не допустить ег ошибки. «Наслажденіе хорошимъ кушаньемъ, замѣчаетъ онъ, исчез вмѣстѣ съ кушаньемъ; а хорошая новость, услышанная по утр оживляетъ насъ радостнымъ чувствомъ на цѣлый день». Это явл объясняется, во-первыхъ, тѣмъ, что вкусовыя ощущенія, какъ м видѣли выше [1]), или вовсе не припоминаются, или очень сл и во-вторыхъ, тѣмъ, что вкусовое ощущеніе есть ощущеніе одино тогда-какъ хорошая новость есть огромное сочетаніе представленій, и которыхъ каждое внушаетъ душѣ свое отдѣльное чувствованіе, а в они сливаются въ сумму обширной и продолжительной радости. Ес Бэнъ отдѣлялъ, какъ это сдѣлали мы, *чувствованія* отъ *чувств ныхъ состояній души*, то не впалъ бы въ такую ошибку.

12. Какъ удовольствіе, такъ и неудовольствіе, соединившись с представленіями, не проходятъ для души безслѣдно, но оставляютъ св слѣдъ въ слѣдахъ тѣхъ самыхъ представленій, которыми были вызва Мы не будемъ разыскивать вмѣстѣ съ Бэномъ, что лучше вспомина человѣкомъ — удовольствіе или страданіе [2]), такъ-какъ мы думаем что это одинаково для обоихъ чувствованій, и зависитъ отъ ихъ важ зивности и свойства представленій, съ которыми они слились; но обрати вниманіе на то, что *припоминать* удовольствіе и *перечувствова* его вновь, хотя и не съ первобытной силой, не одно и тоже. Вс миная напр. хорошую картину, которую я видѣлъ, я могу ощущ удовольствіе, болѣе или менѣе напряженное; но вспоминая против удовольствіе, я испытываю даже неудовольствіе именно отъ того, ч не испытываю уже болѣе минувшаго удовольствія. Такъ воспомин молодости могутъ сопровождаться то удовольствіемъ, то неудово ствіемъ, смотря по тому, какъ вспоминающій относится къ нимъ: е онъ *прямо вспоминаетъ какое-нибудь счастливое событіе* св

[1]) Пед. Антр. ч. I, гл. VII, пп. 17 и 18.

[2]) The Emotion, p. 85.

молодости, то сердце его наполняется удовольствіемъ; если же онъ думаетъ, что это событіе миновалось и не воротится болѣе, то сердце его наполняется грустью. Присмотритесь и прислушайтесь, какъ старики разсказываютъ воспоминанія своей молодости, и вы замѣтите, какъ у нихъ улыбки смѣняются вздохами и вздохи улыбками.

13. Еще яснѣе подмѣчается то же явленіе при воспоминаніи протекшихъ страданій. Одно и то же воспоминаніе оскорбленія, полученнаго въ дѣтствѣ, можетъ наполнить душу человѣка пріятнымъ чувствомъ или горечью и злобою, смотря по тому, какъ человѣкъ отнесется къ своему воспоминанію. Если онъ взглянулъ на свое дѣтство какъ на нѣчто давно минувшее, съ чѣмъ нѣтъ у него болѣе никакой связи, то воспоминаніе дѣтскихъ страданій вызоветъ у него пріятное чувство; если же, наоборотъ, вспоминающій видитъ въ припоминаемомъ ребенкѣ тождественную съ нимъ личность — если, напр., онъ думаетъ о томъ, какое дурное вліяніе имѣло на всю его жизнь грубое обращеніе наставниковъ, или просто, наконецъ, силою воображенія переносится совершенно въ свою дѣтскую личность, то сердце его опять чувствуетъ жало оскорбленія и чувствуетъ, можетъ быть, даже сильнѣе, чѣмъ чувствовало въ то время, когда оскорбленіе было нанесено. При сильномъ воображеніи можно даже произвольно дѣлать этотъ опытъ и, вспоминая напр. протекшую опасность, то почувствовать мученіе страха, то удовольствіе, что эти мученія миновались. Эта способность произвольно вызывать чувство черезъ посредство воображенія даетъ игрѣ хорошихъ актеровъ оттѣнокъ глубокой истины, потрясающій публику.

14. Наблюдая далѣе надъ своими воспоминаніями, проникнутыми учаственымъ характеромъ, мы можемъ замѣтить и другую весьма важную характеристическую черту отношеній между этими двумя антагонистами — удовольствіемъ и неудовольствіемъ. Соединенныя вмѣстѣ въ одномъ раздражённомъ представленіи или сочетаніи представленій, они дѣйствуютъ другъ на друга какъ отрицательныя и положительныя величины, сведенныя въ одинъ итогъ. Поставленныя же рядомъ, но не слитыя въ одномъ представленіи, каждое изъ нихъ увеличиваетъ напряженность своего сосѣда всею силою своей противоположной напряженности. Пояснимъ примѣромъ оба случая.

15. Какъ сила жара, говоритъ Бэнъ, можетъ быть измѣряема количествомъ растапливаемаго имъ снѣга, такъ и сила удовольствія, относительно своего дѣйствія на душу, можетъ быть измѣряема количествомъ тѣхъ страданій, которыя оно въ состояніи утишить [1]). Дѣйствительно, если какое нибудь удовольствіе заставляетъ человѣка пренебрегать страданіями, то оно должно быть сильнѣе этихъ страданій. Но какъ тающій снѣгъ, превращаясь въ воду, поглощаетъ тепло изъ окружающей его атмосферы и охлаждаетъ ее, такъ и элементъ страданій, если не можетъ преодолѣть элемента удовольствій, заключающагося въ

[1]) The Emotion p. 30

одномъ и томъ же представленіи, то ослабляетъ его на всю силу ... страданій.

16. Совершенно обратное явленіе происходитъ тогда, если предс... ленія, проникнутыя противоположными чувствованіями, или такія ... въ итогѣ каждаго выходятъ противоположныя чувствованія, стоятъ ... домъ, не соединяясь: тогда пріятное представленіе усиливаетъ ... пріятность всею силою непріятности непріятнаго, и наоборотъ. Сто... вспомнить о своей бывшей бѣдности, чтобы гораздо сильнѣе почув... вать удовольствіе отъ своего настоящаго богатства, и наоборотъ ... итъ вспомнить свое прожитое богатство, чтобы гораздо сильнѣе по... ствовать свою настоящую бѣдность. Отъ этого же зависитъ то ... ніе, что, сидя въ уютной комнатѣ, въ веселомъ кругу, у свѣтла... мина, мы сильно увеличиваемъ свое удовольствіе, вспоминая или ... ображая вьюгу, холодъ, мракъ и уединеніе, царствующіе за стѣна... Если человѣкъ подмѣчаетъ эту особенность во взаимномъ отнош... чувствованій удовольствія и неудовольствія и пользуется ею, что... усилить напряженность своихъ наслажденій, то можетъ придти въ ... нымъ уродливымъ страстямъ. Но такъ-какъ эта способность самона... денія принадлежитъ только человѣку, то и эти страсти, возникающ... черезъ посредство такого самонаблюденія, составляютъ только чело... ческую принадлежность.

17. Такимъ образомъ, если мы одновременно представляемъ ... болѣе или менѣе обширную ассоціацію представленій, изъ котор... одни проникнуты непріятными чувствами, а другія — пріятными, ... однакожъ, что въ суммѣ непріятныхъ будетъ менѣе, чѣмъ пріятны... тогда *общее* впечатлѣніе всей ассоціаціи будетъ пріятное, но умень... ное суммою всѣхъ непріятныхъ представленій. Если же представлен... ассоціація такъ обширна, какъ напр. вся наша протекшая жизнь ... мы, не обнимая ее разомъ, перебираемъ въ ней одно представленіе ... другимъ, то пріятность *теперь* ощущаемаго представленія выигр... въ напряженности отъ сосѣдства съ *протекшимъ* непріятнымъ, и на... оборотъ; подъ конецъ же всего процесса останется у насъ воспом... ніе сильной, живой душевной дѣятельности, которая всегда душѣ ... ятна. Вотъ почему человѣкъ любитъ вспоминать свою протекшую жи... какъ бы она грустно ни прошла.

18. Замѣчательно однако, что воспоминаніе какой нибудь ... сдѣланной нами, какого нибудь нравственнаго проступка — всегда не... ятно; но это явленіе не противорѣчитъ общему закону и доказыв... только, что мы чувствуемъ солидарность съ нами всѣхъ нашихъ ... ступковъ во всю нашу жизнь, такъ-что безнравственный поступ... совершенный нами въ дѣтствѣ, свидѣтельствуетъ намъ вообще о ... нашемъ характерѣ именно потому, что настоящій характеръ нашъ ... выводъ всей нашей жизни. Еще же замѣчательнѣе то явленіе, ... если мы даже и сознаемъ, что измѣнились къ лучшему и что безнр... ственный поступокъ, сдѣланный нами прежде, теперь уже для ...

невозможенъ, то и тогда мы не перестаемъ совѣститься за него, если только усиленнымъ дѣйствіемъ нашего воображенія не разобьемъ нашу жизнь на части. Вотъ чувственное доказательство тожденности нашей души во всѣ моменты ея жизни.

19. Бываютъ, правда, и такія явленія, что человѣкъ съ какою-то радостью разсказываетъ свои прежніе проступки; но это уже происходитъ отъ того, что онъ не считаетъ эти проступки своими, а объясняетъ ихъ, напримѣръ, вліяніемъ окружающей среды и представляетъ себя несчастною жертвою этихъ вліяній. Если же, наконецъ, какъ это иногда бываетъ у закоренѣлыхъ злодѣевъ, человѣкъ просто хвастается своими злодѣйствами, то это именно потому, что онъ смотритъ на ихъ силу, на ихъ количественную, а не на ихъ качественную сторону. «Нѣтъ человѣка, какъ справедливо замѣчаетъ Броунъ, который, независимо отъ сладостныхъ плодовъ проступковъ, не пожелалъ бы имѣть чистой совѣсти. Это, быть можетъ, единственное *общее желаніе* всѣхъ людей» [1]).

20. Практическое значеніе чувствованій удовольствія и неудовольствія громадно. Это именно тѣ средства, которыми природа заставляетъ насъ выполнять ея требованія. Если бы органическое ощущеніе голода не сопровождалось страданіями, то человѣкъ умеръ бы отъ голода вскорѣ послѣ рожденія. Если бы стремленіе къ родовому существованію не было обставлено такими сильными побужденіями страданій и наслажденій, то родовое существованіе животныхъ организмовъ не было бы ничѣмъ обезпечено. Если бы скука не сопровождалась мучительнымъ чувствомъ, то что бы заставило человѣка перейти къ свободной дѣятельности, невынужденной тѣлесными заботами? *Удовольствіемъ* и *страданіемъ* природа подталкиваетъ и заманиваетъ и человѣка, и животное къ выполненію тѣхъ стремленій, которыя вложены въ ихъ тѣло и душу.

21. Это, безспорно, огромное значеніе чувствованій страданія и удовольствія въ жизни живыхъ существъ побудило многихъ философовъ и психологовъ видѣть въ этихъ чувствованіяхъ разгадку всѣхъ поступковъ, всѣхъ желаній и даже всѣхъ прочихъ чувствованій человѣка. И эта мысль совершенно справедлива, если мы только дополнимъ ее тѣмъ соображеніемъ, что сами эти чувствованія, удовольствія и неудовольствія, выходятъ изъ врожденныхъ тѣлу и душѣ стремленій, и что, такимъ образомъ, первою причиною дѣятельности живыхъ существъ является само *стремленіе*. Мать не потому любитъ свое новорожденное дитя, что эта любовь доставляетъ ей удовольствіе; а потому любовь доставляетъ ей удовольствіе, что она любитъ [2]). Чувство же это, какъ мы видѣли, пробуждается въ матери органическимъ состояніемъ, независимо отъ всякаго представленія о страданіяхъ или удовольствіяхъ. Любовь иногда страшно мучитъ насъ, но, тѣмъ не менѣе, остается въ

[1]) Brown., p. 418.
[2]) Ibid. p. 427.

душѣ нашей. Многіе съ удовольствіемъ вырвали бы изъ сердца чувст[illegible] зависти, но продолжають завидовать, не смотря на горечь этого чу[illegible] ства и на то отвращеніе, которое они сами къ нему питають.

22. Особенная же односторонность этого сенсуалистическаго взгляд[illegible] удовольствіе и неудовольствіе оказывается въ приложеніи къ тому стре[illegible] ленію, которое мы назвали стремленіемъ души къ сознательной дѣят[illegible] ности. Къ сознательной дѣятельности въ ея чистотѣ человѣкъ побу[illegible] дается непріятностью скуки, но при удовлетвореніи этому стремле[illegible] не чувствуетъ *удовольствія*. Человѣку, именно, свойственно увлека[illegible] идеей того дѣла, которое онъ дѣлаетъ, безъ всякаго расчета на полу[illegible] ніе какихъ бы то ни было удовольствій или на избѣжаніе какихъ [illegible] то ни было страданій. Напротивъ, часто человѣкъ для осуществленія св[illegible] идеи пренебрегаетъ и удовольствіями, и страданіями, и когда работае[illegible] то не чувствуетъ ни тѣхъ, ни другихъ. И только при такомъ отно[illegible] ніи человѣка къ дѣлу для него возможно *творчество*, какъ это [illegible] увидимъ ниже.

ГЛАВА XX.

Виды *душевно-сердечныхъ* чувствованій: 2) чувствованіе влечені[illegible] отвращенія.

1. Ни однимъ сердечнымъ чувствомъ не занимались люди столь[illegible] сколько *любовью*. Вся такъ называемая изящная литература пре[illegible] щественно посвящена всевозможнымъ проявленіямъ этого чувства. Фи[illegible] софы и психологи видѣли ясно, сколько важныхъ явленій индивидуа[illegible] ной и общественной жизни человѣка зиждется на чувствѣ любви, [illegible] не смотря на это, оно осталось едва ли не самымъ неопредѣленны[illegible] изъ всѣхъ сердечныхъ чувствованій.

2. Аристотель, въ своей «Реторикѣ», говоритъ: «любить — зна[illegible] желать другому того, что считаешь за благо, и желать при [illegible] не ради себя, но ради того, кого любишь, и стараться по возможно[illegible] доставить ему это благо» [1]. Въ этомъ *высокомъ* опредѣленіи любв[illegible] видимъ, съ одной стороны, что здѣсь чувство смѣшано съ желаніе[illegible] тогда какъ очевидно, что чувство любви побуждаетъ насъ же[illegible] блага любимому существу, а не желаніе блага пробуждаетъ въ н[illegible] чувство любви; съ другой стороны, подъ это опредѣленіе не по[illegible] дутъ вовсе тѣ явленія любви, въ которыхъ человѣкъ не думаетъ [illegible] стіи любимаго предмета, а только объ обладаніи имъ. Наконецъ, за[illegible] мѣтимъ, что Аристотель *самъ* противорѣчитъ своему опредѣленію, пос[illegible] вляя нѣсколько ниже *доброжелательство*, какъ особый видъ чувст[illegible] ваній, и опредѣляя это чувство такъ, что совершенно смѣшиваетъ [illegible] съ чувствомъ любви, такъ-какъ и доброжелательнымъ онъ называ[illegible] того, кто расположенъ сдѣлать другому какое нибудь благо, не ра[illegible]

[1] Rhet. B. II. Kap. IV. § 2.

ясь при этомъ никакими личными расчетами, а именно только желаніемъ сдѣлать что-нибудь хорошее тому, къ кому онъ расположенъ [1].

3. Декартъ, придерживаясь своей странной системы «животныхъ газовъ», говоритъ, что «любовь есть душевное движеніе, вызываемое движеніемъ газовъ, побуждающихъ душу соединиться добровольно съ предметами, которые кажутся душѣ пріятными, тогда-какъ ненависть есть душевное движеніе, которое побуждаетъ душу желать отдѣленія отъ предметовъ, представляющихся ей вредными» [2]. Правда, Декартъ при этомъ прибавляетъ, что онъ упоминаетъ здѣсь о «газахъ» именно для того, чтобъ отличить любовь и ненависть, зависящія отъ тѣла, «отъ сужденій, также побуждающихъ душу къ добровольному соединенію съ предметами, которые она считаетъ хорошими, и къ удаленію отъ тѣхъ, которые она считаетъ дурными». При этомъ Декартъ намекаетъ, что и самая любовь, возбужденная сужденіями, отличается отъ любви, возбуждаемой «животными газами». Другими словами, Декартъ хочетъ отличить органическое чувство любви отъ душевнаго; но чувство любви, чѣмъ бы оно ни возбуждалось, всегда въ душѣ одно и то же. Кромѣ того, хотя любовь и выражается въ желаніи соединиться съ любимымъ предметомъ, но само по себѣ чувство любви еще не есть желаніе. Наконецъ, мы знаемъ возможность такой высокой любви, когда человѣкъ добровольно удаляется отъ любимаго предмета, только чтобы доставить ему счастье. Аристотель, слѣдовательно, опредѣляетъ любовь слишкомъ высоко, а Декартъ — слишкомъ низко: оба же они, опредѣляя любовь желаніемъ, опредѣляли послѣдствія чувства любви, а не самое это чувство.

4. Выдѣленіе самаго чувства любви мы могли бы ожидать найти у Спинозы; но, увлеченный своею теоріею, выводящею всѣ чувствованія изъ радости и печали, Спиноза опредѣляетъ любовь «какъ чувство радости, сопровождаемое идеею ея внѣшней причины» [3]. Неточность этого опредѣленія кидается въ глаза сама собою. Чувство любви не всегда сопровождается чувствомъ радости, а иногда и чувствомъ горя; но отъ этой перемѣны сопровождающихъ ея чувствъ любовь не перестаетъ быть любовью; слѣдовательно, она есть чувство отдѣльное, независящее отъ радости и печали. Кромѣ того, опредѣливъ любовь какъ опредѣляетъ ее Спиноза, мы не отличимъ ее отъ того радостнаго чувства, которое испытываетъ иногда человѣкъ, при видѣ гибели и страданій ненавистнаго ему предмета.

5. Спиноза вооружается противъ опредѣленія любви, даннаго Декартомъ «какъ желанія соединиться съ любимымъ предметомъ», говоря, что это только одно изъ свойствъ любви, а не ея сущность. Но кто же можетъ опредѣлить *сущность* любви? Это также невозможно, какъ

---

[1] Ib. Kap. VII. § 2.

[2] Descartes. Passions de l'âme. Art. 79.

[3] Spinosa. Eth. P. III. Appen. § 5.

опредѣлять сущность зеленаго или краснаго цвѣта. Вопросы: что та любовь или что такое гнѣвъ — такіе же безотвѣтные вопросы, ка что такое сладость, или что такое свѣтъ, или что такое холодъ. бовь, говоритъ совершенно справедливо Бэнъ, — есть одинъ изъ послѣднихъ психологическихъ фактовъ (an ultimate fact), ко условія и характеръ мы можемъ изучать и опредѣлять, но котор не можемъ уже разложить» [1]). Доходя до такихъ послѣднихъ пси гическихъ фактовъ, точно также, какъ и доходя до послѣднихъ, далѣе неразлагаемыхъ фактовъ природы, человѣку остается толь зывать на нихъ: но опредѣлять ихъ сущности онъ не можетъ, опредѣленіе сущности есть не болѣе, какъ анализъ или разложен нятія опредѣляемаго предмета.

6. Напрасно мы искали бы болѣе точной характеристики люб другихъ психологовъ, слѣдующихъ за Спинозою. Такъ, обратившис Локку, мы найдемъ, что онъ выводитъ любовь изъ удовольствій, ставляемыхъ человѣку тѣмъ или другимъ предметомъ. «Если кто-ни говоритъ Локкъ, обратится къ мысли, которую онъ имѣетъ о удовольствіи, какое можетъ доставить присутствующій или отсутству предметъ, онъ имѣетъ *идею*, называемую нами любовью» [2]). Но пре всего, любовь вовсе не есть *идея*, а *чувство*, которое можетъ со нитьcя съ самыми различными идеями. Потомъ Локкъ требуетъ самонаблюденія, чтобы могло появиться чувство любви, требуетъ щенія человѣка на собственную свою мысль. Но это противорѣч самому простому наблюденію: мы замѣчаемъ въ себѣ чувство лю прежде, чѣмъ подумаемъ объ отношеніи нашемъ къ предмету.

7. Ридъ какъ бы не признаетъ отдѣльности чувства любви, и мѣщаетъ ее вообще къ число добрыхъ чувствъ (benevolent affectio а самыя эти добрыя чувства онъ причисляетъ къ стремленіямъ, ко рыя Творецъ вложилъ въ человѣка, чтобы сохранить его индивидуаль общественное и родовое существованіе. «Добрыя же чувства» Ридъ личаетъ отъ прочихъ стремленій только тѣмъ, что они относятся лицамъ, а не къ вещамъ». Но такое опредѣленіе любви, какъ мог только относиться къ человѣку, противорѣчитъ фактамъ, ибо чел можетъ любить вещи, природу, искусство, Божество; противорѣчи наконецъ, и общенародному употребленію слова любви, гдѣ говори сребролюбіи, сластолюбіи, властолюбіи и т. д.

Ридъ думаетъ, что всѣ «добрыя чувства», къ которымъ прича житъ и любовь, имѣютъ между собою нѣчто *общее*, и находитъ общее въ томъ, что всѣ они «всегда пріятны». Замѣчая же, что лю не всегда сопровождается удовольствіемъ, Ридъ называетъ это случа «Родительская любовь, говоритъ онъ, есть пріятное чувство; но дѣлаетъ то, что несчастье или дурное поведеніе дитяти наноситъ

[1]) The Emotion, p. 208.

[2]) Of human understand. B. II. Chap. 20, § 4.

желыя раны душѣ. Состраданіе есть пріятное чувство, но несчастіе, котораго мы не можемъ облегчить, можетъ насъ мучить. Любовь къ женщинѣ—пріятное чувство; но, не встрѣчаемое взаимностью, оно заставляетъ насъ страдать» [1]). Но если мы признаемъ, что любовь можетъ сопровождаться страданіями, то мы уже не имѣемъ никакого права говорить, что чувство любви всегда пріятно. Если же мы отбросимъ и этотъ общій признакъ всѣхъ «добрыхъ чувствованій», перечисляемыхъ Ридомъ, то между ними не остается ничего общаго, т. е. именно не остается того, что мы называемъ любовью вообще. Ридъ очевидно смѣшалъ чувство любви, съ одной стороны, съ сочувствіемъ, которое можетъ порождать любовь, но само по себѣ еще не есть любовь [2]), а съ другой—съ тѣмъ стремленіемъ, которое заставляетъ насъ искать уваженія и любви намъ подобныхъ, и вообще смѣшалъ *стремленіе* съ *чувствомъ*, такъ-что ему осталось только излагать различныя проявленія любви, что онъ и сдѣлалъ, не пытаясь уже отыскать общее въ этихъ различныхъ проявленіяхъ, или саму любовь. Шотландскій моралистъ Смитъ также выводитъ любовь изъ *сочувствія*, которое какъ мы уже знаемъ, имѣетъ совершенно другія основанія. Онъ также называетъ любовь пріятнымъ чувствомъ, ненависть — непріятнымъ [3]), но также, какъ и Ридъ, не имѣлъ для этого достаточныхъ основаній.

8. У Гербарта и его послѣдователей, по особенному отношенію гербартовской теоріи къ чувствованіямъ, которое мы указали выше, напрасно было бы искать характеристики любви. Каждое чувство любви есть у нихъ особенный продуктъ взаимодѣйствія представленій или, какъ у Бенеке, различныхъ отношеній между впечатлѣніемъ и первичными силами [4]). Для Бенеке отъ взаимнаго привлеченія однородныхъ представленій, существующихъ въ двухъ лицахъ, образуется дружба, а отъ взаимнаго влеченія представленій, добавляющихъ другъ друга, образуется любовь. Если мы, говоритъ онъ въ своемъ «ученіи о нравственности», сравнимъ склонности, которыя тѣснѣе связываютъ людей, то кидается въ глаза, что главное основаніе этихъ склонностей есть, въ любви, отношеніе взаимнаго высшаго возбужденія и пополненія, а въ дружбѣ—отношеніе единогласія и сліянія» [5]). Конечно, отъ согласія въ мнѣніяхъ можетъ родиться чувство любви; но самое это согласіе не есть еще любовь. Справедливо и то, что въ любви между лицами двухъ различныхъ половъ большое значеніе играетъ добавленіе недостатковъ одного пола достоинствами другаго; но если это добавленіе возбуждаетъ чувство любви, то, безъ сомнѣнія, не само по себѣ, а потому, что мы, по природѣ своей, стремимся къ такому пополненію и расширенію.

---

[1]) Reid. Vol. II, p. 559.

[2]) См. выше, глав. XV.

[3]) Smith. The theory of moral sentiments. P. I. Sect. I. Chap. 2 p. 12.

[4]) Benecke's Lehrbuch der Psych. P. VI. § 195.

[5]) Grundlinien der Sittenlehre von Benecke. B. II. S. 267.

Словомъ, изъ всякаго соотношенія представленій между собою, или с... личныхъ силъ» съ возбужденіями (Reize), выйдетъ только соотноше... которое можно понять умомъ, но не порождающаго чувствованій, ко... порождаются уже отъ того, что одно отношеніе намъ нравится, а др... нѣтъ, что зависитъ отъ нашихъ *стремленій*, а не самихъ отнош...

9. Бэнъ, желая вывести чувство любви, увлекся слишкомъ ... общимъ направленіемъ своей психологіи, что и помѣшало ему отд... *чувство* любви отъ *чувственности*, основывающейся на опре... органическихъ состояній тѣла. Желая же вывести всѣ проявленія ... изъ чувственныхъ побужденій, Бэнъ вдается въ такіе парадоксы, ... торые невольно кидаются въ глаза, какъ мы это видѣли въ отно... объясненія, даннаго имъ любви материнской [1]). Бэнъ говоритъ, ... ощущенія, склоняющія насъ къ «*нѣжному чувству* (tender emo... прежде всего всѣ мягкаго и нѣжнаго свойства, таковы: мягкія пр... новенія, пріятные звуки, тихія движенія, умѣренное тепло, ... солнечное сіяніе» [2]). Но ясно, что принимая любовь даже и въ та... узкомъ, чувственномъ значеніи, Бэнъ взглянулъ на нее глазами ... чины, а не женщины. Какъ же онъ объяснитъ то явленіе, что жен... нравится сила, мужество и смѣлость, а вовсе не слабость, ... или женственность? Попытки же вывести изъ тѣхъ же «нѣжныхъ ... щеній» такія чувства, каковы: уваженіе, благоговѣніе, благодар... показываютъ только, до чего писатель можетъ увлекаться предв... теоріею. Кромѣ того, большой недостатокъ Бэна въ томъ, что он... отдѣляетъ простыхъ явленій любви отъ сложныхъ, въ которыхъ ... нимаетъ участіе не одна любовь.

10. Гегель, усвоившій изъ Спинозы понятіе стремленій, прои... его также далеко, какъ и Спиноза, дальше фактовъ и наблюдені... признаетъ существованіе какого то *общаго* разумнаго стремлен... торое не подтверждается фактами да и не понятно для разсудка, ... что *стремленіе ко всему* есть понятіе, скрывающее въ самомъ ... непримиримое противорѣчіе, а въ этомъ только общемъ стрем... Гегель и находитъ оправданіе или разумность частныхъ [3]). Но ... и психологи его школы, Розенкранцъ и Эрдманнъ, въ этомъ ... оказываются послѣдовательнѣе Спинозы и выводятъ влеченіе къ ... мету прямо изъ стремленія. Влеченіе къ предмету есть для нихъ ... леніе, которое изъ своей общности, черезъ посредство привлекатель... предмета, переходитъ на одиночный предметъ, какъ напр., въ ... случаѣ, когда голодный видитъ какое-нибудь опредѣленное кушань... жаждущій какой-нибудь опредѣленный напитокъ [4]). Слѣдовате...

---

[1]) См. выше. Гл. VII. пп. 6 и 7.

[2]) The Emotion. p. 94.

[3]) Gegel's Werke. Die Phyl. des Geistes. II Abth. § 473.

[4]) Psych. v. Rosenkranz 1863 S. 425. Тоже у Erdmann'a. Psych. Brief... XVII Brief.

влеченіе въ этомъ случаѣ будетъ индивидуализированное стремленіе—стремленіе, сосредоточившееся на одномъ внѣшнемъ предметѣ. Но «такъ какъ практическое чувство можетъ быть возбуждено пріятно или непріятно, смотря по соотвѣтствію или несоотвѣтствію объективности данному стремленію, то и влеченіе можетъ быть или положительное или отрицательное» [1]). Мы не знаемъ, можно ли сказать по нѣмецки die negative Begierde; но по-русски отрицательное влеченіе—безсмыслица, и мы прямо должны сказать — влеченіе и отвращеніе. Но это положительное влеченіе гегелисты относятъ прямо къ волѣ, тогда какъ они должны были бы замѣтить, что оно сказывается въ душѣ *чувствомъ влеченія*, которое, само по себѣ, не есть еще воля, и вотъ это-то чувство *влеченія*, не отдѣленное гегелистами отъ самаго влеченія, дѣйствительно есть чувство любви въ своемъ зародышѣ.

11. *Чувство влеченія* къ предмету мы признаемъ тѣмъ общимъ признакомъ, который одинаково находится во всѣхъ родахъ любви, начиная отъ самаго чувственнаго и доходя до самаго высокаго. Гдѣ есть любовь, тамъ есть непремѣнно влеченіе къ предмету. Влеченіе это выходитъ изъ прирожденнаго стремленія, обособленнаго какимъ-нибудь индивидуальнымъ предметомъ и, само по себѣ, есть проявленіе рождающагося желанія, слѣдовательно, одинъ изъ моментовъ образованія склонностей, наклонностей, страстей и вообще воли. Но *чувствованіе этого влеченія* есть именно то чувствованіе, изъ котораго развиваются представленіями и сочетаніями представленій самыя разнообразныя психическія состоянія, которыя мы безразлично называемъ любовью: любовь къ дѣтямъ, къ женщинѣ, къ другу, къ природѣ, къ искуству, сластолюбіе, сребролюбіе, властолюбіе, и т. д.

12. Слѣдовательно, любовь, или *чувство влеченія*, есть специфическое чувство (sui generis), которое всякій изъ насъ испытываетъ, но которое также невозможно опредѣлить, какъ нельзя опредѣлить и никакое душевное чувство, какъ нельзя опредѣлить и ни одного изъ нашихъ первичныхъ ощущеній. Опредѣлить его нельзя потому, что оно составляетъ простое, не разлагающееся душевное явленіе; но можно отдѣлить его отъ другихъ чувствованій и назначить ему то мѣсто, которое оно занимаетъ въ душевной жизни. Любовь, или въ первой своей формѣ чувство влеченія, пробуждается въ душѣ всякій разъ, какъ мы встрѣчаемъ предметъ, соотвѣтствующій тому или другому врожденному намъ стремленію. Мы не будемъ разбирать вопроса, почему человѣкъ узнаетъ, что представляющійся ему предметъ соотвѣтствуетъ его стремленію. Этотъ вопросъ, какъ мы думаемъ, неразрѣшимъ. Если признать, что предметъ, входя въ область нашихъ ощущеній зрѣнія, слуха, обонянія или вкуса, уже начинаетъ удовлетворять существующему въ насъ стремленію и тѣмъ самымъ даетъ намъ знать о своемъ соотвѣтствіи стремленію, то тогда слѣдовало бы признать, что ощущеніе предмета, соотвѣтствующаго нашимъ стремленіямъ, уже ослабляетъ эти

[1]) Ib. S. 426.

стремленія, удовлетворяя имъ. Факты же говорятъ наоборотъ, что ... зость предмета, соотвѣтствующаго стремленію, возбуждаетъ самое стре... леніе. Вотъ почему Эрдманъ говоритъ, что опытъ есть мать же... а неопытность есть мать влеченій (des Gelüstens) [1]), но не объясн... намъ этаго дѣйствительнаго факта.

13. Во всякомъ случаѣ мы не можемъ принять той мысли, ... любовь, или влеченіе, есть только слѣдствіе опытовъ удовольствія и неудовольствія, такъ-какъ самое удовольствіе или неудовольствіе ... уже слѣдствіе не однихъ качествъ предмета, возбуждающихъ въ ... это чувство, но и качествъ врожденныхъ намъ стремленій, кото... именно и дѣлаютъ одни предметы намъ пріятными, а другіе—непр... ными. Мы не потому только любимъ предметъ, что онъ доставл... намъ удовольствіе, но потому онъ и доставляетъ намъ удовольс... что мы его любимъ. Какимъ бы путемъ мы ни узнали, что пред... соотвѣтствуетъ нашему стремленію—путемъ ли случайнаго опыта ... путемъ руководящаго насъ инстинкта, — но во всякомъ случаѣ ... связываетъ съ предметомъ самое влеченіе къ нему, а не то удовольс... которое возбуждаетъ въ насъ этотъ предметъ.

14. Само по себѣ чувство влеченія къ предмету ни пріятно ни ... пріятно: удовольствіе и неудовольствіе выходятъ уже изъ удовлетворе... или неудовлетворенія стремленій. Видъ предмета, къ которому я чу... вую сильное влеченіе и который мнѣ недоступенъ, можетъ мучить ... Что можетъ быть мучительнѣе, какъ видъ и запахъ любимаго блю... человѣка голоднаго? Если же видъ этотъ заставляетъ насъ то улыба... то досадовать, то радуетъ насъ, то мучитъ—то это зависитъ не ... самаго влеченія, а отъ другихъ чувствованій и представленій. Поте... надежду овладѣть тѣмъ, что мнѣ нравится, и чувствую радость ... оборотъ; но самое влеченіе, тѣмъ не менѣе, остается неизмѣнн... какія бы другія чувствованія и представленія его ни сопровожда...

15. Гегелисты весьма остроумно отдѣляютъ *влеченіе* отъ *скло... сти* тѣмъ, что въ первомъ человѣкъ увлекается предметомъ, ... дящимся въ области его настоящихъ ощущеній, а въ склонности у... кается уже и представленіемъ предмета, вышедшаго изъ области ... ощущеній. Если же мы примемъ, что какъ чувство, называемое влеченіе... такъ и чувство, называемое склонностью, принадлежатъ одинаково ... сти любви, обозначая только различныя ступени этого чувства, то пойм... почему развитіе чувствованій зависитъ уже отъ свойства предста... ній любимаго предмета, тогда какъ самая сила, напряженность ... ства зависитъ, главнымъ образомъ, отъ напряженности стремле... удовлетворяемаго предметомъ. Человѣкъ, страстно любящій искус... можетъ тѣмъ не менѣе отдать самую дорогую для него картину ... сокъ хлѣба, предложенный ему въ то время, когда его мучитъ ст...

---

[1]) Ib. S. 253.

ный голодъ. Должны ли мы заключить изъ этого, что онъ любитъ хлѣбъ болѣе, чѣмъ картину, или что эти два чувства совершенно равны? Ни того, ни другого, если мы только умѣемъ отличать напряженность чувства отъ его глубины и обширности [1]. Аристотель говоритъ, что любовь преимущественно укореняется черезъ зрѣніе, и въ этомъ отношеніи совершенно справедливъ; потому что слѣды зрительныхъ ощущеній, какъ мы это уже видѣли, сохраняются въ нашей памяти гораздо прочнѣе всѣхъ другихъ, а потому и могутъ составлять гораздо болѣе обширныя сочетанія, чѣмъ слѣды ощущеній низшихъ чувствъ. Вотъ почему влеченіе, вкоренившееся зрѣніемъ, гораздо легче переходитъ въ чувство склонности или любовь — въ настоящемъ значеніи этого слова. Обширныя и разнообразныя представленія любимаго предмета даютъ постоянство и продолжительность чувству влеченія, которое иначе сейчасъ же прекращается, какъ только стремленіе удовлетворено.

16. Иные предметы удовлетворяютъ только одному нашему стремленію; другіе же, по самой обширности своей, могутъ удовлетворять множеству стремленій: тѣлесныхъ, душевныхъ и духовныхъ. Блюдо, которое имѣетъ пріятный запахъ, не непріятно намъ и тогда, когда мы наѣлись его до-сыта; блюдо же, имѣющее отвратительный запахъ, мы приказываемъ убрать со стола, какъ только поѣли; такое же блюдо, которое и красиво, и вкусно, и хорошо пахнетъ, еще долѣе можетъ поддерживать въ насъ чувство влеченія къ себѣ. Если же предметъ такого рода, что удовлетворяетъ множеству самыхъ разнообразныхъ стремленій нашихъ: и тѣлесныхъ, и душевныхъ и духовныхъ (эстетическихъ и нравственныхъ), то понятно само собою, что наша склонность къ нему можетъ вызвать въ душѣ постоянное, безпрерывное и неизмѣримо-обширное чувство любви уже потому самому, что даетъ душѣ нашей разнообразную и обширную дѣятельность, т. е. удовлетворяетъ душевному стремленію къ жизни, которое не уменьшается отъ удовлетворенія, а еще развивается.

17. Что касается до чувства *отвращенія*, то оно есть противоположность чувству влеченія. Розенкранцъ полагаетъ, что оно начинается именно отъ того обмана, который испытываетъ человѣкъ, когда, удовлетворяя своему стремленію, находитъ, что предметъ, выбранный имъ, напротивъ противорѣчитъ этому стремленію [2]. Но это несправедливо: мы не получимъ отвращенія къ камню, хотя бы и приняли его сначала за хлѣбъ. Чувство отвращенія еще загадочнѣе, чѣмъ чувство любви; но тѣмъ не менѣе въ первобытности его убѣждаютъ насъ многіе факты. Въ водобоязни получается неодолимое отвращеніе къ жидкостямъ; многія врожденныя идіосинкразіи также обличаютъ отдѣльность чувства отвращенія и доказываютъ, что отвращеніе, какъ и влеченіе, есть слѣдствіе не одного опыта. Какой опытъ могъ внушить

[1] См. выше, гл. XI.

[2] Psych. v. Rosenkr. S. 427.

больному отвращеніе къ водѣ, когда, напротивъ, она столько ра[illegible] ставляла ему удовольствіе?

18. Отвращеніе слѣдуетъ отличать отъ гнѣва. Мы даже [illegible] гнѣваться на того, кого презираемъ; а презрѣніе и есть [illegible] душевное состояніе, которое образуется, *главнымъ образомъ*, [illegible] ленія чувства отвращенія съ представленіями. Ненависть, котору[illegible] невенно противополагаютъ чувству любви, есть чувство сложн[illegible] образованіи его принимаютъ участіе и отвращеніе, и гнѣвъ, и [illegible] и чувство неудовольствія, а потому ненависть не слѣдуетъ пря[illegible] тивополагать любви.

19. Отвращеніе къ предмету часто появляется тогда, когд[illegible] удовлетворивъ нашему стремленію, не перестаетъ еще входить [illegible] ласть нашихъ ощущеній и, такъ сказать, насильно удовлетв[illegible] стремленію, котораго уже нѣтъ. Такъ мы можемъ получить [illegible] тельное отвращеніе къ такому блюду, котораго наѣлись до тошн[illegible] замѣчательно, что это отвращеніе остается, когда тошнота пре[illegible] такъ-что мы не можемъ ѣсть этого блюда даже во время [illegible] аппетита. Это относится далеко не къ однимъ вкусовымъ ощущен[illegible] и если, напримѣръ, мы станемъ насильно занимать ребенка тѣ[illegible] даже ему понравилось сначала, то можемъ возбудить въ нем[illegible] щеніе къ предмету. Этого не понимаютъ многіе педагоги, ко[illegible] чувствуя сильную любовь къ какому нибудь предмету, толкуютъ [illegible] дѣтямъ *до пресыщенія*. Такіе педагоги не соразмѣряютъ обшир[illegible] разнообразія и сложности тѣхъ комбинацій, которыя данный пре[illegible] оставилъ въ ихъ душѣ, съ тѣми сравнительно бѣдными слѣда[illegible] торые оставилъ онъ въ душѣ ребенка—или, другими словами, [illegible] размѣряютъ своего обширнаго интереса къ предмету съ малым[illegible] ресомъ, возбужденнымъ въ ребенкѣ тѣмъ же предметомъ [1]). Вотъ [illegible] одна изъ причинъ, почему воспитателями дѣтей должны быть пед[illegible] а не спеціальные ученые: должны быть такіе воспитатели и [illegible] ки, для которыхъ самое душевное развитіе воспитанника является [illegible] ціальнымъ предметомъ, а не какая-нибудь отдѣльная наука. Проф[illegible] ра или учителя, *до страсти* любящіе свой предметъ, т. е. [illegible] по опредѣленію, которое Гегель далъ страсти, субъективность чел[illegible] вся погружается въ особенное направленіе воли [2]), такіе профес[illegible] учителя способны скорѣе внушить ребенку отвращеніе къ пред[illegible] чѣмъ любовь.

---

[1]) См. Пед. Антроп. ч. 1 гл. XX.

[2]) Die Phyl. des Geistes v. Hegel. 2 Abth. § 474.

ГЛАВА XXI.

Виды *душевно-сердечныхъ* чувствованій: 3) гнѣвъ и доброта.

1. Гнѣвъ выдается какъ-то рельефнѣе любви, такъ какъ вообще онъ порывистѣе и самое воплощеніе его энергичнѣе; но, тѣмъ не менѣе, и въ отношеніи гнѣва мы встрѣчаемъ ту же шаткость въ наблюденіяхъ, какъ и въ отношеніи любви. Главный недостатокъ наблюденій здѣсь тотъ же самый: обыкновенно смѣшиваютъ простое элементарное чувство гнѣва съ чувственными состояніями души, въ образованіи которыхъ принимаютъ участіе разнообразныя чувства, самыя разнообразныя представленія и даже чисто человѣческія понятія, несвойственныя животнымъ, у которыхъ однакоже ясно обнаруживается тотъ же самый гнѣвъ, какой мы замѣчаемъ и въ себѣ.

2. Аристотель опредѣляетъ гнѣвъ, какъ «стремленіе къ тому, что кажется намъ возмездіемъ за что-нибудь, въ чемъ мы видимъ незаслуженное оскорбленіе со стороны лица, неимѣющаго на то права, и нанесенное намъ самимъ или кому нибудь изъ близкихъ» [1]), и прибавляетъ еще къ этому сложному опредѣленію гнѣва, что гнѣвъ сопровождается чувствомъ неудовольствія. Очевидно, Аристотель смѣшалъ *гнѣвъ* съ местью, такимъ сложнымъ чувственнымъ состояніемъ души, въ которомъ мы необходимо должны признать уже сознаніе своей личности и сознаніе своего права. Вотъ на какомъ основаніи и Бэнъ, тоже смѣшавшій чувство гнѣва съ чувственнымъ состояніемъ мести, не признаетъ, что гнѣвъ есть у дѣтей, такъ какъ у нихъ не могло еще образоваться сознаніе правъ своей личности [2]), и такимъ образомъ противорѣчитъ факту, что гнѣвъ обнаруживается въ дѣтяхъ чрезвычайно рано, а по типичности своего выраженія никакъ не можетъ быть смѣшанъ съ чувствомъ боли, какъ этого хочетъ Бэнъ. Каждая мать и каждая опытная няня легко отличитъ въ ребенкѣ крикъ гнѣва отъ крика боли. Вотъ почему также Бэнъ отвергаетъ существованіе гнѣва и у животныхъ, что заставляетъ его объяснять, напр., драку пѣтуховъ «экзальтированнымъ желаніемъ власти» [3]). Къ такому очевидному противорѣчію фактамъ придетъ и каждый, кто смѣшаетъ гнѣвъ съ местью.

3. Впрочемъ, мы обязаны замѣтить, что Аристотель, излагая разныя условія, при которыхъ въ человѣкѣ возбуждается гнѣвъ, приближается очень часто къ элементарному чувству гнѣва, но удаляется отъ него по какой-то необъяснимой странности. Такъ въ одномъ мѣстѣ онъ говоритъ, что «мы впадаемъ въ гнѣвъ всякій разъ, когда что нибудь стоитъ на пути нашихъ желаній», и вотъ почему, продолжаетъ онъ, люди, въ состояніи страданія, бѣдности, сильныхъ тѣлесныхъ стремленій,

---

[1]) Rhetorica. B. II. Cap. 2 § 1.

[2]) The Emotions p. 165.

[3]) Ib. p. 170.

голода и жажды, одним словомъ, во всѣхъ состояніяхъ, когда они что-нибудь желаютъ, не получая удовлетворенія, склонны ко взрыв[illegible] гнѣва, ибо во всѣхъ этихъ отдѣльныхъ случаяхъ *дорога имъ [illegible] проложена преобладающею страстью»* [1]. Здѣсь ясно, что чувс[illegible] гнѣва не есть еще чувство мести, а прямо какое-то выраженіе [illegible] удовлетвореннаго стремленія, и выраженіе, относящееся именно ко [illegible] что мѣшаетъ удовлетворить нашему стремленію. Точно также проти[illegible] рѣчитъ Аристотель самъ себѣ, когда, выставивъ въ своемъ опредѣлені[illegible] что гнѣвъ всегда сопровождается неудовольствіемъ, въ слѣдующем[illegible] параграфѣ говоритъ, что, во всякомъ случаѣ, гнѣвъ долженъ сопро[illegible] даться извѣстнымъ чувствомъ удовольствія, которое порождается [illegible] надежды отомстить» [2]. Но если одно и тоже чувство можетъ сопро[illegible] даться, конечно порознь, такими двумя прямыми антагонистами, [illegible] удовольствіе и неудовольствіе, какъ это и дѣйствительно показыва[illegible] факты, то не вправѣ ли мы заключить, что гнѣвъ есть чувство [illegible] вершенно самостоятельное (sui generis), которое можетъ сопровожд[illegible] другими чувствами, но можетъ и не сопровождаться ими? Вотъ по[illegible] мы отвергаемъ всѣ тѣ мнѣнія психологовъ, у которыхъ чувство г[illegible] называется то пріятнымъ, то непріятнымъ [3].

4. Декартъ смѣшиваетъ гнѣвъ съ ненавистью, а ненависть про[illegible] полагаетъ любви [4]. Мы же видѣли, что антагонистъ любви есть [illegible] *вращеніе*, а не гнѣвъ, и къ этой мысли отчасти пришелъ самъ Дека[illegible] но не воспользовался ею [5]. Онъ видѣлъ, что любви противополож[illegible] отвращеніе (l'horreur); но не видѣлъ, что ненависть (la haine) [illegible] уже сложное чувственное состояніе души, въ образованіи котораго [illegible] нимаютъ участіе какъ отвращеніе, такъ и гнѣвъ (la colère). [illegible] почему Декартъ говоритъ о двухъ видахъ ненависти, изъ котор[illegible] «одна относится къ вещамъ дурнымъ (mauvaises), а другая къ вещ[illegible] отвратительнымъ (laides)», и эту послѣднюю ненависть называетъ [illegible] вращеніемъ. Но развѣ мы не можемъ получить отвращенія къ ве[illegible] дурнымъ, хотя и *красивымъ*? Змѣя очень красивое животное, но [illegible] чувствуютъ къ ней неодолимое отвращеніе. Говорятъ обыкновенно, [illegible] тутъ отвращеніе внушается холодомъ кожи, но мы часто любимъ [illegible] щеніе холода особенно въ кушаньяхъ. Точно также намъ нравятся змѣ[illegible] извивы, которыми мы украшаемъ и свои платья и свои жилища [illegible] вся фигура змѣи — одна изъ любимыхъ художниками формъ. Сл[illegible] тельно, здѣсь отвращеніе зависитъ уже не отъ красивыхъ формъ [illegible]

[1]) Arist. ib. § 10.

[2]) § 2.

[3]) Такъ Броунъ называетъ гнѣвъ чувствомъ непріятнымъ (Brown. p. [illegible] Бэнъ—пріятнымъ (The Emotions p. 165); Ридъ—всегда непріятнымъ ([illegible] II. p. 570) и т. д.

[4]) Les Passions. Art. 79.

[5]) Ib. Art. 85.

ство отвращенія часто возбуждается въ насъ къ тѣмъ предметамъ, которые долго возбуждали въ насъ страхъ или гнѣвъ и которые, переставъ возбуждать эти чувства, стали возбуждать отвращеніе. Въ чувственномъ же состояніи ненависти соединяются и гнѣвъ, и отвращеніе, и страхъ, и прямое чувство неудовольствія; вотъ почему чувство ненависти также разнообразно у людей, какъ и чувство любви, и побуждаетъ ихъ къ самымъ различнымъ поступкамъ. Слѣдовательно, мы видимъ, что Декартъ, не отличая гнѣва отъ ненависти, вовсе пропустилъ опредѣленіе гнѣва.

5. Спиноза въ этомъ отношеніи былъ наблюдательнѣе Декарта; онъ уже замѣчаетъ какъ особенныя чувства, ненависть, отвращеніе и гнѣвъ, смѣшанныя Декартомъ. Но такъ-какъ и Спиноза все же не видитъ въ ненависти сложнаго душевнаго состоянія, а въ гнѣвѣ и отвращеніи элементарныхъ чувствъ, то и не можетъ яснымъ образомъ раздѣлить этихъ трехъ душевныхъ явленій. Такъ, онъ опредѣляетъ ненависть «какъ печаль съ идеею ея внѣшней причины» [1]. Но въ такомъ случаѣ, чѣмъ же отличается ненависть отъ печали о потерѣ друга? Отвращеніе Спиноза опредѣляетъ «какъ печаль, сопровождаемую идеею предмета, который есть для насъ случайная причина печали» [2], т. е., какъ объясняетъ это Спиноза въ другомъ мѣстѣ, «отвращеніе возникаетъ въ насъ къ такимъ предметамъ, которые собственно для насъ безразличны, но на которые, по случайности, мы переносимъ идею печали и получаемъ къ этимъ предметамъ, въ сущности для насъ безразличнымъ, антипатію или отвращеніе» [3]. Замѣтка совершенно вѣрная, и мы дѣйствительно получаемъ, напримѣръ, отвращеніе къ тому мѣсту, гдѣ мы имѣли сильную печаль или оскорбленіе; но, тѣмъ не менѣе, чувство отвращенія не будетъ ни чувствомъ печали, ни чувствомъ оскорбленія. Кромѣ того невозможно отвергать врожденныхъ отвращеній или антипатій, которыя, хотя и не объяснимы, но тѣмъ не менѣе существуютъ. «Гнѣвъ же, по мнѣнію Спинозы, есть желаніе сдѣлать зло тому, что мы ненавидимъ» [4], а «месть есть желаніе, возбуждаемое взаимною ненавистью, сдѣлать зло тому, кто намъ причинилъ какой нибудь вредъ» [5]. Здѣсь мы видимъ опять, что гнѣвъ смѣшанъ съ ненавистью и чувство смѣшано съ желаніемъ возникающимъ изъ чувства, но не предшествующимъ ему. Мы чувствуемъ гнѣвъ прежде, чѣмъ подумаемъ сдѣлать зло тому, кто насъ разсердилъ. Правда, боль оскорбленія, чувство гнѣва и желаніе мести сливаются иногда въ одно мгновеніе; но часто можно ихъ очень легко различить: иногда мы долго чувствуемъ боль оскорбленія, прежде чѣмъ у насъ возникло чувство гнѣва, и долго

[1] Eth. P. III, Append. 7.

[2] Ib. § 9.

[3] Ib. Propos. 15.

[4] Ib. Append. § 36.

[5] Ib. 37.

сердимся, прежде чѣмъ намъ придетъ на мысль отмстить за оскорбленіе. Мы видимъ, слѣдовательно, что Спиноза, увлеченный своею теоріею происхожденія всѣхъ чувствъ изъ радости и печали, не могъ отличить гнѣва отъ мести и отвращенія, хотя и замѣтилъ отдѣльное существованіе этихъ психическихъ явленій.

6. Локкъ называетъ гнѣвъ «разстройствомъ души, получившей оскорбленіе, сопровождаемымъ цѣлью мести» [1]) и этимъ показываетъ, какъ не глубокъ его анализъ чувствованій и чувственныхъ состояній. Гораздо болѣе глубокій анализъ гнѣва находимъ мы у Рида, хотя и ему также не удалось отличить первичное чувство гнѣва отъ непависти, мести и отвращенія. Ридъ, руководимый замѣткою епископа Бутлера, говоритъ, что «должно различать внезапное неудовольствіе, которое есть слѣпое побужденіе (impulse), возникающее изъ нашего организма, отъ того негодованія, которое обдумано. Первое возбуждается какого бы ни было рода столкновеніемъ (the hurt), а второе можетъ быть возбуждено только настоящимъ или воображаемымъ оскорбленіемъ» [2]). Ридъ замѣчаетъ при этомъ, что только человѣкъ можетъ отличить оскорбленіе отъ всякой непріятности, нанесенной намъ. Первый родъ гнѣва Ридъ называетъ *животнымъ* гнѣвомъ и говоритъ, что онъ даже свойственъ мыши, которая начинаетъ кусаться, когда не можетъ убѣжать. Этотъ животный гнѣвъ Ридъ причисляетъ къ благодѣтельнымъ *инстинктамъ* природы. Но его затрудняетъ то явленіе, что какъ животныя, такъ даже и люди, часто обращаютъ свой гнѣвъ на вещи бездушныя, которыя не способны быть наказанными, и думаетъ, что это вовсе несвойственно людямъ; если же и замѣчается въ дѣтяхъ, то только потому, что они принимаютъ неодушевленные предметы за одушевленные, и что, если тоже самое дѣлаютъ иногда и взрослые люди, то такъ по привычкѣ, оставшейся съ дѣтства [3]). «Человѣкъ же, говоритъ далѣе Ридъ, можетъ выносить отъ другаго человѣка сильныя страданія, если несопровождаемыя идеей оскорбленія, а напротивъ самыми дружескими намѣреніями, какъ напр., при операціяхъ. Всякій видитъ, что сердиться за такія страданія свойственно животному, но не человѣку» [4]). Однако же, операторы знаютъ, какъ часто невольный гнѣвъ пробуждается при операціяхъ у самыхъ разумныхъ людей, и не самъ ли Ридъ указываетъ на примѣръ, приводимый Локкомъ, одного больнаго, который былъ излеченъ отъ сумасшествія тяжелою и болѣзненною операціею? Этотъ человѣкъ понималъ все благодѣяніе, которое ему сдѣлали; но въ тоже время не могъ видѣть своего благодѣтеля. «Въ этомъ случаѣ, говоритъ Ридъ, мы видимъ ясно дѣйствіе обоихъ принциповъ: животнаго и разумнаго». Мы же прибавимъ, что мы видимъ въ этомъ случаѣ именно то перв-

---

[1]) Lock. Of human Underst, B. II. Chap. XX. § 12.

[2]) Reid. v. II. p. 568.

[3]) Ib. p. 569.

[4]) Ib. p. 570.

ное чувство гнѣва, для проявленія котораго вовсе не нужно идеи оскорбленія и идеи права и которое возникаетъ безъ всякой идеи и свойственно какъ человѣку, такъ и животному.

7. Что касается до Бэна, то, не признавая гнѣва элементарнымъ чувствомъ, онъ «хотѣлъ разложить его на другія, болѣе элементарныя» [1]; но эта попытка вполнѣ не удалась ему. Онъ, напримѣръ, производитъ гнѣвъ изъ страданія, но тутъ же долженъ признать, что степень гнѣва вовсе не пропорціональна страданію и что тогда-какъ сильный ударъ угашаетъ чувство гнѣва, мелкія страданія могутъ довести гнѣвъ до бѣшенства [2]. Броунъ замѣчаетъ тоже самое явленіе и хочетъ объяснить его изъ нравственныхъ принциповъ человѣка [3], но объясняетъ неудачно, тѣмъ болѣе, что то же самое мы замѣчаемъ и у животныхъ. Желая провести свою теорію гнѣва, какъ сложнаго психическаго явленія, соединеннаго съ идеей личности и права, Бэнъ, какъ мы уже видѣли, вынужденъ сильно противорѣчить фактамъ и отрицать существованіе гнѣва у животныхъ и у дѣтей [4], и потому долженъ объяснять ясныя явленія гнѣва у животныхъ самыми странными поводами, которые, во всякомъ случаѣ, труднѣе приписать животнымъ, чѣмъ приписать имъ прямо чувство гнѣва. Кромѣ того, Бэнъ смѣшиваетъ отвращеніе съ гнѣвомъ и гнѣвъ съ ненавистью [5]; словомъ, повторяетъ всѣ ошибки своихъ предшественниковъ, прибавляя къ нимъ еще новыя.

8. Изъ разбора вышеприведенныхъ мнѣній мы видимъ всю необходимость отличить элементарное чувство гнѣва, во-первыхъ, отъ такого же элементарнаго чувства — отвращенія, а во-вторыхъ, отъ ненависти и мести, какъ такихъ сложныхъ душевныхъ состояній, въ образованіи которыхъ не одинъ уже гнѣвъ принимаетъ участіе. Признавъ же гнѣвъ за элементарное чувство, мы уже не будемъ пытаться разлагать его, а, признавъ за первичный психическій фактъ, извѣстный каждому, постараемся выставить только то общее условіе, при которомъ гнѣвъ обнаруживается.

9. Душа наша, встрѣчаясь съ препятствіями къ удовлетворенію своихъ стремленій, или врожденныхъ ей, или вызываемыхъ въ ней состояніями тѣлеснаго организма, стремится преодолѣть эти препятствія и въ этомъ стремленіи своемъ собираетъ необходимыя для того силы — тѣлесныя или душевныя. Вотъ это-то извлеченіе силъ для того, чтобы стать въ уровень съ препятствіемъ, и выражается тѣмъ характеристическимъ чувствомъ, которое мы называемъ гнѣвомъ [6]. *Въ чувствѣ*

---

[1] The Emotion, p. 207.

[2] Ib. p. 163.

[3] Brown, p. 422.

[4] The Emotion, p. 164, 170.

[5] Ibid. p. 175.

[6] Сходное съ этимъ опредѣленіемъ гнѣву даетъ Браубахъ, выводя гнѣвъ изъ неудовлетвореннаго стремленія, «причемъ оно возвышается для борьбы

неудовольствія душа ощущаетъ только болѣзненное вліяніе препя-, *въ гнѣвѣ* же душа порывается удалить это препятствіе. Порывъ можетъ перейти въ дѣятельность, можетъ и не перейти, но созна- щеніе душою этого порыва будетъ уже чувствомъ гнѣва. Вотъ гнѣвъ вообще проявляется, какъ страсть, дѣйствующая порывисто бѣвающая послѣ каждаго порыва и вновь возникающая, если пре порывъ не достигъ удаленія препятствія. Поддавшись совершенно вію препятствія, мы испытываемъ только страданіе; но первая по сбросить препятствіе отзовется въ душѣ непремѣнно чувствомъ которое будетъ выступать тѣмъ яснѣе, чѣмъ чаще и дольше бу повторяться неудачныя попытки. Въ первомъ проявленіи своемъ такъ незамѣтенъ, что мы почти готовы признать его за простое созна энергіи; но чѣмъ дальше будетъ выступать это чувство, тѣмъ выскажется въ немъ характеръ гнѣва.

10. Такое отношеніе чувства гнѣва къ процессу психической тельности выражается съ особенною ясностью во многихъ явле У людей слабыхъ и раздражительныхъ, всякая сколько-нибудь уси ная дѣятельность сопровождается совершенно яснымъ чувствомъ именно потому, что уже и небольшія препятствія заставляютъ дѣ- лать значительныя усилія, чтобы скопить свои силы. Даже у лю совершенно здоровыхъ, прервавъ ихъ сильную дѣятельность, мы замѣтимъ чувство накопившагося гнѣва. Вотъ отчего зависитъ явленіе, что значительная обида или просто сильный ударъ или внезапный, энергическій перерывъ нашей дѣятельности какимъ- препятствіемъ неспособенъ такъ поднять чувство гнѣва, какъ ме препятствія. Ничѣмъ нельзя привести и человѣка, и животное ное бѣшенство, какъ мелкими помѣхами его душевной дѣятельн безпрестанно слѣдующими одна за другою: отъ сильной боли жи стонетъ, выражая тѣмъ чувство страданія, отъ укушенія комар мошекъ, причиняющихъ только зудъ, самую низшую степень бол приходитъ въ ярость.

11. При разстройствѣ легкихъ (и даже вообще голосовыхъ орга постоянное затрудненіе процесса дыханія, едва замѣтно мѣшающее ча, дѣлаетъ длинную рѣчь больнаго человѣка гнѣвною: говоря, он дится, потому что ему трудно говорить, и стоитъ только ему мо чать нѣсколько времени, чтобы гнѣвное чувство въ немъ уменьши Въ мысляхъ и поступкахъ такихъ людей часто гораздо больше кро ты, чѣмъ въ ихъ словахъ. Ощущеніе голода, т. е. недостатка фи ческихъ силъ для преодолѣнія препятствій, представляемыхъ ум скою или физическою дѣятельностью, сопровождается очень яснымъ

съ препятствіями» (Braubach, Psych. des Gefühls. S. 96). Но то, что Бра приписываетъ самому стремленію, мы приписываемъ душѣ, ощуща стремленіе.

ствомъ гнѣва. Чѣмъ болѣе истощенъ организмъ, тѣмъ труднѣе добываются изъ него силы, необходимыя даже и для психической дѣятельности.

12. Такой взглядъ на чувство гнѣва подтверждается также и характеристическими чертами его воплощенія. Усиленное кровообращеніе есть именно порывъ дать требуемыя силы тѣлу, а напряженность мускуловъ, вообще замѣчаемая въ гнѣвѣ, именно совершается подъ вліяніемъ этихъ мускульныхъ порывовъ души уничтожить или удалить препятствіе. Мускулы какъ бы заряжаются нервною силою, которой, наконецъ, накопляется въ нихъ столько, что она уже сама собою переходитъ изъ формы теплоты или электричества въ форму движенія [1], и при этомъ вырывается у насъ *невольный* крикъ, невольное движеніе, сжатіе челюстей, наклонъ лба, ударъ ногою о землю, ударъ сжатымъ кулакомъ по столу и т. п. Послѣ этихъ движеній гнѣвъ на мгновеніе ослабѣваетъ затѣмъ, чтобы потомъ, при новомъ порывѣ накопленія силъ, опять усилиться.

13. Цѣль гнѣва — если можно говорить о цѣли такого невольнаго чувства — состоитъ въ томъ, чтобы удалить препятствія, представляющіяся въ психической дѣятельности. Вотъ почему отъ удаленія препятствій гнѣвъ *душевный* большею частію прекращается. Но почему же, спрашивается, не только животному, но даже и человѣку свойственно продолжать выраженіе своего гнѣва на такомъ предметѣ, который пересталъ уже быть препятствіемъ? Это зависитъ уже какъ отъ перехода *душевнаго* гнѣва въ *органическій* [2], такъ и отъ того, что представленіе предмета, возбудившаго гнѣвъ, продолжаетъ еще дѣйствовать въ душѣ, какъ препятствіе къ ея нормальной дѣятельности. Вотъ почему животное продолжаетъ еще грызть палку, или кидается на камень, которые причиняли ему боль; вотъ почему и раздражительный человѣкъ ломаетъ въ дребезги вещь, хотя она и перестала мѣшать его дѣятельности. Кромѣ того ни одно чувство не способно такъ переходить въ аффектъ, какъ гнѣвъ. Нервный человѣкъ, разсерженный чѣмъ-нибудь, долго продолжаетъ сердиться, хотя часто не можетъ даже вспомнить, что его разсердило. Въ такомъ состояніи человѣкъ уже во всемъ подыскиваетъ оправдательныя причины для своего *безпричиннаго* гнѣва.

14. Повторяясь часто и сильно, гнѣвъ, чувствуемый порывами, производитъ замѣтный упадокъ силъ, который объясняется именно силою этихъ порывовъ и энергіею движеній, имъ вызываемыхъ, а энергія ихъ иногда бываетъ такъ велика, что человѣкъ потомъ самъ удивляется собственнымъ своимъ силамъ, которыхъ и не подозрѣвалъ въ себѣ въ спокойномъ состояніи. Ударъ, нанесенный въ гнѣвѣ, можетъ быть не только сильнѣе того, какимъ его хотѣлъ сдѣлать человѣкъ, но даже сильнѣе, чѣмъ онъ *могъ* его сдѣлать въ спокойномъ состояніи. Вотъ почему такъ опасно предаваться гнѣву съ дѣтьми: разсерженный

---

[1] См. Пед. Антроп. т. I, гл. VIII, пп. 9, 10, 11.

[2] См. выше гл. XII.

человѣкъ и самъ не оцѣниваетъ тяжести своихъ ударовъ. Повторя часто, гнѣвъ очень удобно переходитъ въ постоянное органическое стояніе, какъ это замѣтилъ еще Аристотель [1]). Но если гнѣвъ стремится всегда индивидуализироваться, т. е. сосредоточиться на предметѣ, на который онъ можетъ излиться, то нельзя сказать, какъ говоритъ же Аристотель, что «гнѣвъ всегда направленъ на что-нибудь индивидуальное» [2]), ибо мы часто наблюдаемъ, какъ разгнѣванный человѣкъ, забывъ даже причину своего гнѣва, ищетъ на чемъ бы его излить.

15. Изъ чувства гнѣва, въ соединеніи его съ представленіями и другими чувствованіями, происходитъ множество психическихъ чувственныхъ состояній: ненависть, негодованіе, месть, злоба, жестокость, свирѣпство и т. д. Этихъ состояній такое множество и такое разнообразіе, что не только невозможно ихъ описать, но даже и перечислить. Впослѣдствіи мы сдѣлаемъ пробные анализы нѣкоторыхъ изъ душевныхъ состояній.

16. Хотя изъ чувства гнѣва вырабатывается много такихъ душевныхъ состояній, которыя осуждаются нравственностью; но само по себѣ чувство гнѣва, равно-какъ и чувство любви, ни дурны ни хороши: могутъ быть дурны или хороши, смотря по содержанію тѣхъ представленій, съ которыми они связаны. Ненависть ко злу такое же достоинство, какъ и любовь къ добру, и наоборотъ. Спаситель гнѣвался, изгоняя торгующихъ изъ храма; Господь въ Библіи часто представляется гнѣвающимся.

17. Любовь всегда сопровождается гнѣвомъ и душевная любовь гнѣва ко всему тому, что нарушаетъ или грозитъ ей — неизбѣжна. Любовь предполагаетъ гнѣвъ, а гнѣвъ—любовь; но, какъ органическіе аффекты, гнѣвъ и любовь могутъ существовать отдѣльно и въ томъ состояніи одно изъ этихъ чувствованій можетъ быть очень сильно, тогда какъ другое будетъ очень слабо. Такъ есть люди, болѣе расположенные на все смотрѣть съ любовью, чѣмъ съ гнѣвомъ, а есть и наоборотъ люди, которые упорно отыскиваютъ во всемъ пищу для своего органическаго гнѣва.

18. Чувство *доброты* и *нѣжности* какъ разъ противоположно чувству гнѣва. Гнѣвъ рождается оттого, что душа вынуждена препятствіемъ сводить свои и физическія силы, которыхъ въ настоящую минуту у ней недостаетъ, чтобы стать въ уровень съ препятствіемъ и удовлетворить своимъ стремленіямъ; а чувство *доброты* возрождается отъ противоположныхъ причинъ: именно тогда, когда душа испытываетъ, что у ней болѣе силъ, чѣмъ стремительности въ ея стремленіяхъ. Избытокъ силъ, сравнительно съ стремительностью стремленій, отражается въ насъ чувствомъ доброты, нѣжности и ласковости, которое, точно также, какъ

[1]) Rhetorica. B. II. cap. 2. § 13.

[2]) Ib. § 30.

и чувство гнѣва, стремится индивидуализироваться, сосредоточиться на какомъ-нибудь отдѣльномъ предметѣ и излиться на него.

19. Аристотель ясно отдѣляетъ чувство доброты отъ чувства любви и противополагаетъ чувству доброты чувство гнѣва, показывая многочисленными примѣрами, что оба эти чувствованія начинаются отъ противоположныхъ причинъ и что гнѣвъ, утихая, уже самъ собою смѣняется чувствомъ доброты [1]. Въ этихъ указаніяхъ есть чрезвычайно мѣткія наблюденія, но есть и ошибки, зависящія главнымъ образомъ оттого, что, смѣшавъ вообще чувство гнѣва съ чисто человѣческимъ чувствомъ оскорбленія, Аристотель и въ чувствѣ доброты видитъ нѣчто противоположное чувству оскорбленія, а не гнѣва только. Оставивъ въ сторонѣ эти ошибочныя указанія, мы увидимъ, что во всѣхъ остальныхъ проявленіяхъ доброты, указанныхъ Аристотелемъ, одна и та же мысль, а именно, что чувство доброты начинается тогда, когда препятствіе, возбуждающее силы въ процессѣ гнѣва, оказывается почему-либо несуществующимъ, или вообще тогда, когда въ человѣкѣ накопилось силъ больше, чѣмъ этого требуетъ удовлетвореніе возбуждающихъ его въ это время стремленій. Такъ человѣка обезоруживаетъ смиреніе и раскаяніе того, кто возбудилъ его гнѣвъ, и особенно въ томъ случаѣ, если это смиреніе проявляется неожиданно, на мѣсто ожидаемаго упрямства. По той же причинѣ человѣкъ не можетъ сердиться на малыхъ и безсильныхъ, если только безсиліе само по себѣ не является препятствіемъ къ удовлетворенію его стремленій. Отъ тѣхъ же причинъ человѣкъ особенно расположенъ къ чувству доброты послѣ спокойнаго сна и хорошаго обѣда, послѣ всякаго успѣха, когда одно дѣло окончено, а другое еще не началось, послѣ неожиданнаго удовлетворенія своего гнѣва, когда нѣтъ надобности тратить силъ, въ немъ скопленныхъ. Но, какъ очень тонко замѣчаетъ Аристотель, чувство доброты не ощущается тогда, когда возрастаетъ до крайности чувство наслажденія [2].

20. Та же зоркая наблюдательность, которая побудила Аристотеля признать особое чувство доброты, какъ антагониста гнѣву, побудила и другого, великаго знатока человѣческихъ страстей, Руссо, сдѣлать слѣдующую замѣтку: «злость происходитъ отъ слабости: дитя зло (слѣдовало бы сказать — сердится) только потому, что оно слабо; сдѣлайте его сильнымъ и оно будетъ добрымъ: тотъ, кто могъ бы сдѣлать все, — никогда не сдѣлалъ бы зла» [3]. Если мы замѣнимъ въ этихъ словахъ Руссо слово *злость* словомъ *гнѣвъ*, то мысль его явится прекраснымъ подтвержденіемъ нашей мысли: злоба же, какъ мы увидимъ ниже, есть уже продуктъ извращенной душевной дѣятельности, а не элементарное чувство. Вся эта замѣтка Руссо говоритъ только, что тотъ, кто чувствуетъ себя сильнымъ сдѣлать все, не можетъ испыты-

---

[1] Rhet. B. II. Cap. 3. § 2.

[2] Ib. § 12.

[3] Emile. Paris. 1866, p. 44.

вать гнѣва. Еще яснѣе выражается та же мысль Руссо, когда онъ, находя, конечно, невозможности сдѣлать человѣка всесильнымъ, [illegible] иметъ возможность сдѣлать его добрѣе, уменьшивъ его потреб[illegible] «Тотъ, чья сила превосходитъ его потребности, — будь это насѣк[illegible] червякъ — есть существо сильное: тотъ же, чьи потребности прев[illegible] дятъ силу, — будь это слонъ, левъ, будь это побѣдитель, герой, [illegible] это богъ — есть существо слабое» [1]). Это положеніе является ед[illegible] не главнѣйшимъ во всей воспитательной системѣ Руссо и его [illegible] выразить немногими словами: «вы не можете удовлетворить всѣх[illegible] требностей человѣка; уменьшите же, по возможности, число этих[illegible] требностей, такъ чтобы человѣкъ удовлетворялъ имъ безъ труда, [illegible] сдѣлаете его разомъ и счастливѣе, и добрѣе». Мы увидимъ дал[illegible] односторонность этой мысли и что Руссо, высказывая ее, забылъ, [illegible] отъ человѣка зависитъ неумолкающее въ немъ требованіе сознате[illegible] дѣятельности, которое, при своемъ удовлетвореніи, расширяется [illegible] больше и больше. Но здѣсь для насъ важно только подкрѣпить [illegible] мнѣніе и наблюдательностью Руссо. Въ его словахъ ясно выраж[illegible] та наша мысль, что *чувство доброты появляется, когда силы [illegible] превышаютъ требовательность стремленій*, хотя эта мысль [illegible] формулирована Руссо въ психологическій законъ.

21. Чувство *доброты*, какъ и чувство гнѣва, можетъ быть [illegible] звано или внѣшними для человѣка причинами или причинами, [illegible] щимия въ его безсознательной природѣ. Очевидно, что въ первомъ [illegible] чаѣ чувство доброты будетъ сосредоточено предметомъ, который его [illegible] звалъ, а во второмъ будетъ искать сосредоточиться на каком[illegible] случайно подвернувшемся предметѣ. Такъ человѣкъ, избавившійся [illegible] большой опасности, кидается обнимать перваго встрѣчнаго; такъ [illegible] вѣкъ, получившій неожиданное удовлетвореніе своихъ сильныхъ и [illegible] питаемыхъ желаній, изливаетъ переполняющее его чувство доброт[illegible] кого попало: не только на людей и животныхъ, но даже на безду[illegible] вещи.

22. Чувство *доброты* рѣзко отличается отъ чувства *любви*. [illegible] бовь побуждаетъ насъ часто быть жестокими въ отношеніи того, [illegible] мы любимъ, и приносить его благо въ жертву нашимъ наслажденія[illegible] чувство же доброты заставляетъ насъ быть добрыми не только въ [illegible] шеніи того, что мы любимъ, но въ отношеніи всего безразлич[illegible] часто даже въ отошеніи того, что мы ненавидимъ или презир[illegible] Есть люди, способные страстно любить и вовсе недобрые и [illegible] ные, и есть, наоборотъ, очень добрые и нѣжные люди, въ томъ [illegible] совершенно не способные къ страстной и продолжительной любви.

23. Чувство *доброты* точно также, какъ и чувство гнѣва или [illegible] ство любви, само по себѣ, ни хорошо, ни дурно въ нравственномъ [illegible] шеніи; но, осложнившись съ представленіями и другими чувствам[illegible]

---

[1]) Ib. p. 59.

можетъ быть источникомъ какъ нравственныхъ, такъ и безнравственныхъ психическихъ явленій: оно можетъ вести къ щедрости, но также ведетъ и къ безтолковой расточительности; оно можетъ способствовать развитію человѣчественныхъ отношеній между людьми; но оно же ведетъ къ той поблажкѣ всему дурному, отъ которой общество столько же страдаетъ, если еще не болѣе, какъ и отъ развитія желчнаго направленія въ людяхъ. Вотъ почему, если воспитатель долженъ заботиться о томъ, чтобы не сдѣлать душу *тиьяною*, не воспитать такъ называемаго *желчнаго* человѣка, ищущаго вездѣ и во всемъ пищи своему гнѣву, то точно также долженъ онъ заботиться и о томъ, чтобы не воспитать души *безтолково доброй*, изливающей свою доброту на что попало и чаще на зло, чѣмъ на добро, потому-что зло хитрѣе добра: умѣетъ подстерегать добрыя минуты человѣка и пользоваться ими. Словомъ, если воспитатель не долженъ развивать желчнаго настроенія въ воспитанникѣ, то онъ долженъ также позаботиться, чтобы не воспитать въ немъ той *приличной* души, въ которой также нѣтъ никакого нравственнаго достоинства.

ГЛАВА XXII.

Виды *душевно-сердечныхъ* чувствованій: 4) страхъ и смѣлость.

1. Аристотель опредѣляетъ *страхъ* какъ чувство, противоположное *надеждѣ* [1]), хотя въ тоже время указываетъ и на чувство *смѣлости*, какъ противоположное страху [2]). Декартъ вовсе выбрасываетъ чувство страха изъ своихъ шести элементарныхъ чувствованій на томъ оригинальномъ, но вовсе нелогическомъ основаніи, что въ этомъ чувствѣ нѣтъ ничего «ни похвальнаго, ни полезнаго для человѣка» [3]), и помѣщаетъ его въ числѣ «частныхъ страстей» (les passions particulières), т. е. такихъ, которыя не подходятъ подъ его теорію. Онъ, также какъ и Аристотель, противополагаетъ страхъ надеждѣ. «*Надежда*, говоритъ Декартъ, есть расположеніе души увѣрять себя, что то, чего она желаетъ, сбудется; а *страхъ* есть другое расположеніе души, увѣряющее ее, что то, чего она желаетъ, не сбудется. И замѣчательно, что хотя эти страсти противоположны, но ихъ можно имѣть обѣ вмѣстѣ. Если же страхъ исключаетъ всякую надежду, то превращается въ *отчаяніе*, а если надежда совершенно сливаетъ страхъ, то превращается въ *увѣренность* [4]).

2. Спиноза почти повторяетъ опредѣленіе Декарта, только сообразно своей теоріи чувствъ хочетъ вывести какъ страхъ, такъ и надежду изъ идеи радости и печали: «Страхъ — говоритъ онъ — есть печаль неувѣр-

---

[1]) Rhetorik. B. II. Cap. V. § 14.

[2]) Ib. § 16.

[3]) Descart. Les Passions. Art. 69.

[4]) Ib. Art. 165, 166.

дая (сопровождаемая слабою увѣренностью) и происходящая отъ и[illegible] какого-нибудь событія въ будущемъ или въ прошедшемъ, въ наступленіи котораго мы еще сомнѣваемся»; тогда какъ «надежда есть во[illegible]ренная въ себѣ радость, происходящая отъ идеи будущаго или прошедшаго событія, въ наступленіи котораго мы еще сомнѣваемся». [illegible] Спиноза прямо выводитъ, что «страхъ не можетъ быть безъ надежды, а надежда безъ страха». Страху же и надеждѣ, какъ борьбѣ въ [illegible] совершающейся, онъ противополагаетъ раждающіяся изъ нихъ чув[illegible] *увѣренности* или *отчаянія*. «Увѣренность есть такая радость, кото[illegible]рая происходитъ изъ идеи будущаго или прошедшаго событія, на [illegible] котораго всякая неизвѣстность уже исчезла, а отчаяніе есть чув[illegible] печали въ такомъ же положеніи» [1].

4. Броунъ и Бэнъ также противополагаютъ страхъ надеждѣ [2]. [illegible] замѣчательно, что тогда-какъ Декартъ вовсе выкидываетъ страхъ [illegible] числа элементарныхъ чувствъ, Бэнъ именно только *страхъ* и [illegible] называетъ вполнѣ неразлагаемыми чувствами [3]. Такъ шатки [illegible] психологовъ, въ отношеніи самыхъ яркихъ чувствованій! Гэдъ [illegible] выпускаетъ изъ своей обширной психологіи какъ страхъ, такъ [illegible] дежду, хотя оба эти психическія явленія, кажется, такъ типичны [illegible] должны были бы обратить на себя вниманіе психолога. Психологи [illegible] левской школы слѣдуютъ, конечно, Спинозѣ и опредѣляютъ стр[illegible] какъ «представленіе еще не наступившаго страданія». Эрдманъ въ [illegible] случаѣ прямо ссылается на Спинозу [4]. Гербартъ и его послѣдов[illegible] принявъ искусственное отдѣленіе чувствованій отъ аффектовъ, [illegible] мы указали выше [5], отбрасываютъ чувство страха въ область фи[illegible]логіи [6] и считаютъ себя вправѣ не упоминать о немъ. Но [illegible] даже и существовала такая особая наука, какую проэктируетъ Ге[illegible] подъ названіемъ «физіологіи психологіи» [7], то и въ такомъ [illegible] психологамъ не слѣдовало бы обходиться безъ описанія тѣхъ физ[illegible]ческихъ явленій, которыя имѣютъ столь очевидное вліяніе на [illegible]шевную жизнь человѣка. Но такъ какъ такой науки, занимающей [illegible]дину между физіологіей и психологіей, не существуетъ, то кто же [illegible]титъ вниманіе на эти явленія, отъ разсмотрѣнія которыхъ уклон[illegible] какъ физіологъ, такъ и психологъ, но которыя, тѣмъ не менѣе, су[illegible]ствуютъ и оказываютъ сильнѣйшее вліяніе на психическую жизнь [illegible]вѣка и человѣчества? Вѣроятно, въ виду такой практической важн[illegible] чувства страха, иные изъ гербартіанцевъ робко помѣщаютъ его въ [illegible]

---

[1]) Eth. P. III. def. 12, 13, 14 и 15.

[2]) Brown. p. 132.

[3]) The Emotion, p. 209.

[4]) Grundriss der Psych. v. Erdmann. 1862. § 149.

[5]) См. выше, гл. III, пп. 9, 10.

[6]) Herbart's Lehrb. der Psych. § 106.

[7]) Gegel's Werke. VII Th. § 401.

психологическіе курсы, но едва посвящаютъ ему нѣсколько фразъ и то самыхъ неопредѣленныхъ. Такъ, напр., Дробишъ опредѣляетъ страхъ какъ «пустоту духа (Die Leere des Gemüths), происходящую не столько отъ недостатка представленій, сколько отъ глубокой подавленности ихъ» [1]. Но спрашивается: чѣмъ же подавляются эти представленія? Если тѣмъ же страхомъ, то что же это за опредѣленіе? Ничтожность подобныхъ опредѣленій объясняется тѣмъ, что, не признавая за душою никакихъ прирожденныхъ стремленій, нѣтъ возможности объяснить появленіе сердечныхъ чувствованій вообще и страха въ особенности. Тѣ изъ гербартіанцевъ уже послѣдовательнѣе, которые, какъ напр. Вайцъ, совершенно выбрасываютъ изъ своихъ курсовъ подобныя психическія явленія, хотя въ то же время очень хорошо сознаютъ ихъ важность и для жизни, и для воспитанія [2]. Бенеке во всей своей психологіи даже вовсе не упоминаетъ ни о надеждѣ, ни о страхѣ [3]. Такъ эта *опытная* психологія пропускаетъ *опыты*, испытываемые цѣлымъ человѣчествомъ и душою всякаго человѣка, но противорѣчащіе теоріи психолога!

Прежде всего замѣтимъ, что главная запутанность въ характеристикѣ страха происходитъ отъ того, что это элементарное, столь знакомое каждому чувство не выдѣлено, какъ слѣдуетъ, изъ тѣхъ интеллектуальныхъ комбинацій, въ которыя оно иногда входитъ, которыми оно иногда вызывается, но которое, наоборотъ, и само иногда вызываетъ. Чувство страха — такое типическое и знакомое каждому чувство, что, какъ только оно шевельнется въ душѣ, такъ каждый и признаетъ его за страхъ и не смѣшаетъ ни съ гнѣвомъ, ни съ печалью, изъ которыхъ выводить страхъ можетъ только насильственная теорія. Чувство страха, какъ мы уже видѣли выше, очень часто является прямо слѣдствіемъ неизвѣстныхъ намъ перемѣнъ въ нашемъ органическомъ состояніи [4], слѣдовательно, появляется безъ всякихъ представленій, не вызывается ими, но само подыскиваетъ ихъ. Можно ли же сказать въ этомъ случаѣ, что причина страха заключается въ ожиданіи будущихъ страданій и несчастій? Иной больной боится всего и все ему внушаетъ страхъ; онъ ничего не ждетъ, но просто — всего боится. Даже и въ здоровомъ состояніи мы часто испытываемъ страхъ, прежде чѣмъ у насъ является какое-нибудь понятіе о причинѣ страха. Правда, это называется *испугомъ*; но испугъ есть только внезапный страхъ. Если мы приготовились къ звуку выстрѣла, то не испугаемся его, хотя и можемъ вздрогнуть отъ нервнаго потрясенія; слѣдовательно, здѣсь было нервное потрясеніе, но не было чувства страха. Но мы ясно ощущаемъ страхъ, если надъ нашимъ ухомъ крикнутъ нечаянно: здѣсь уже и нервное потрясеніе, и чувство страха. Такой страхъ, происходящій отъ того

[1] Empirische Psych. v. Drobisch. § 86.

[2] Lehrbuch der Psych. v. Waitz. § 45.

[3] Въ словарѣ, приложенномъ къ курсу, нѣтъ обоихъ словъ.

[4] См. выше, гл. IX, пп. 9, 10.

или другаго состоянія организма, а не отъ какой-нибудь сознан
нами опасности, мы называемъ *инстинктивнымъ* или *органическ*
въ отличіе отъ *душевнаго*.

6. Первая ступень душевнаго страха имѣетъ много общаго съ уд
леніемъ, однакоже существенно отъ него отличается. Въ удивлені
относимъ неожиданное для насъ явленіе только къ умственному
процессу; въ страхѣ же мы еще не знаемъ, какъ прійдется нове
ніе къ нашимъ жизненнымъ стремленіямъ, а отсюда возникаетъ то
дечное *безпокойство*, которое соотвѣтствуетъ умственному безпокой
или сомнѣнію. Вотъ почему Спиноза и смѣшалъ сомнѣніе и страхъ.
этой ступени мы можемъ назвать страхъ сердечнымъ безпокойствомъ
сердечнымъ сомнѣніемъ.

7. Если же нѣтъ уже болѣе сомнѣнія въ томъ, что новое яв
представляетъ какое бы то ни было препятствіе для нашей жизнен
дѣятельности и, слѣдовательно, для удовлетворенія тѣхъ стремленій,
торыми она обусловливается, тогда возникаетъ въ насъ или прям
рыв преодолѣть препятствіе, сказывающійся въ душѣ чувствомъ
или, если, почему бы то ни было, препятствія покажутся намъ пре
шающими наши силы, мы испытаемъ вторую степень страха.
страхъ еще борется со смѣлостью, или съ увѣренностью души въ
статочности ея силъ для преодолѣнія препятствій. Если эта увѣрен
души основывается на собственныхъ ея силахъ или тѣхъ, которы
ходятся въ ея распоряженіи, какъ напр., силы физическія, то это
вается *самоувѣренностью*; если же увѣренность, борющаяся со стра
основывается на чемъ-нибудь, не находящемся во власти души, т
называется *надеждою*.

8. Еще одну ступень въ своемъ развитіи дѣлаетъ страхъ, ко
уже не пытаемся ни преодолѣть предстоящихъ намъ опасностей
избѣжать ихъ; но еще сомнѣваемся, на сколько онѣ могутъ оста
нашу жизненую дѣятельность и преградить путь въ удовлетворе
нашихъ жизненныхъ стремленій. При этомъ страхъ возрастаетъ до
невыносимой тоски. Но высшая ступень страха будетъ та, когд
уже сознаемъ неизбѣжность опасности и ея безпредѣльность въ от
віи всѣхъ нашихъ жизненныхъ стремленій, словомъ, когда она не
грозитъ жизни нашей или тому, что дороже для насъ самой жизн
этой высшей ступени страхъ называется уже *ужасомъ*.

8. Ужасъ въ крайней степени не можетъ оставаться долго въ ду
онъ или убиваетъ человѣка внезапно, или доводитъ его до помѣша
ства, или повергаетъ въ безпамятство, или, наконецъ, смѣняется
чаяніемъ, хотя и вновь смѣняетъ его. Это два страшные тира
вѣческаго сердца и они-то, по большей части, поселяются въ душ
ступника по выслушаніи смертнаго приговора, если какое-нибудь
кое чувство не поддержитъ его. Но какая разница между *ужасо*
отчаяніемъ? По внѣшнему проявленію громадная: одинъ леденитъ
другое волнуетъ ее; одинъ выражается оцѣпенѣніемъ тѣла и

молчанiемъ, другое—страшными порывами; одинъ отымаетъ голосъ, другой вырывается воплями. Психической же разницы по теорiи, противополагающей страхъ надеждѣ, отыскать нельзя: и ужасъ, и отчаянiе будутъ одинаково высшей степенью безнадежности. Дѣло же рѣшается тѣмъ, какъ несчастный глядитъ на предстоящее ему несчастье: если онъ измѣряетъ его величину, то испытываетъ *отчаянiе*; если же онъ измѣряетъ его приближенiе, то имъ овладѣваетъ *ужасъ*. Въ обоихъ случаяхъ онъ страдаетъ, но отъ различныхъ причинъ: въ отчаянiи отъ самаго несчастья, въ ужасѣ—отъ его неизбѣжности и его приближенiя, передъ которыми силы слабѣютъ, какъ бы уходятъ внутрь души, и кровь стынетъ въ жилахъ. Въ этой крайней степени страданiе и страхъ теряютъ свои особенности: первое есть болѣзненное чувство препятствiя; второе—бѣгство силъ души передъ препятствiемъ.

10. Трудно рѣшить, какъ возникаетъ въ насъ въ первый разъ чувство страха: отчего силы нашей души, если можно такъ выразиться, вмѣсто того, чтобы рваться впередъ и стремиться къ преодолѣнiю препятствiя или просто страдать отъ него, вдругъ какъ бы побѣгутъ отъ него назадъ, оставляя тѣло безъ своей поддержки? Вѣроятно, что прежде всего человѣкъ знакомится съ органическимъ страхомъ или съ испугомъ, являющимся просто отъ быстраго и внезапнаго потрясенiя нервовъ. «Неокрѣпшая нервная система дитяти, какъ справедливо замѣчаетъ Бэнъ, есть легкая добыча страха» [1]. Но какъ испугъ — этотъ органическiй страхъ—переходитъ въ страхъ душевный? Отчего рождается первое ощущенiе, что силъ не хватитъ для преодолѣнiя препятствiя? Отчего колеблется врожденная смѣлость души человѣческой? Можетъ быть, что чувство усилiя, развивающееся въ душѣ при борьбѣ съ препятствiями, истощаетъ, наконецъ, силы тѣла въ мускульныхъ напряженiяхъ до того, что это физическое истощенiе уже само отзывается въ душѣ органическимъ чувствомъ страха, такъ-какъ многiя патологическiя наблюденiя показываютъ, что истощенiе силъ тѣла уменьшаетъ смѣлость человѣка. Съ тѣхъ же поръ, какъ человѣкъ почувствовалъ, что есть препятствiя, которыхъ онъ преодолѣть и обойти не можетъ, онъ дѣлается доступенъ страху.

11. Имѣя въ виду *душевный* а не *органическiй* страхъ, мы не только не признаемъ дѣтей боязливыми по природѣ, но напротивъ замѣчаемъ въ нихъ много смѣлости. Нѣкоторые, какъ напр., Ридъ и отчасти Руссо, думаютъ, что дѣти уже по природѣ боятся темноты; но мы скорѣе согласны съ Бэномъ, отвергающимъ эту боязнь. Темнота, скрывая отъ насъ окружающее, можетъ сильно способствовать развитiю въ насъ всякаго рода страховъ, которые зависятъ уже отъ другихъ причинъ; но сама по себѣ темнота едва ли можетъ быть причиною страха. Вѣроятно, случаи въ темнотѣ, какъ напр., ушибы, причины которыхъ мы не знаемъ, повторяясь нѣсколько разъ, могутъ связаться въ насъ съ представленiемъ темноты, и въ такомъ случаѣ испугъ или страхъ орга-

[1] The Emotion, p. 81.

ическій превратится въ страхъ душевный. Вообще трудно рѣшить, ес ли въ природѣ предметы, внушающіе страхъ человѣку и животнымъ и тогда, когда они видятъ эти предметы въ первый разъ. Кажет что такіе предмеды есть для животныхъ: голубь, никогда не вида змѣи, выказываетъ всѣ признаки сильнаго страха, когда она на него глаза свои. Но есть-ли такіе предметы для человѣка — не знаемъ. Кажется, мы можемъ принять за истину, что человѣкъ не бо ничего, пока собственные опыты или разсказы другихъ не покаж ему, что у него не всегда станетъ силъ для преодолѣнія препятст не познакомятъ его съ душевнымъ страхомъ, съ чувствомъ силы, о ступающей отъ препятствій вмѣсто того, чтобы кинуться на нихъ.

12. Бэнъ справедливо называетъ чувство страха самымъ невыносим состояніемъ человѣка. Достигнувъ послѣдней степени ужаса, когд человѣкъ не сомнѣвается ни въ своемъ полномъ безсиліи, ни въ в гуществѣ опасности, предѣловъ которой не видитъ, страхъ остана ваетъ психическую жизнь, не прекращая ее. Вотъ почему древн о цетворили страхъ въ головѣ Медузы, взглядъ на которую превра человѣка въ камень. Физическое дѣйствіе крайней степени страх ужаса поразительно. У людей, переживщихъ такія минуты, часто лосы сѣдѣютъ въ нѣсколько часовъ, остается качаніе головы или членовъ на всю жизнь. Иногда послѣдствіемъ такого страха бываетъ мѣшательство, истерическіе припадки, падучая болѣзнь; но кто мо жетъ объяснить намъ, какая связь между сѣдѣющими въ одну но лосами и ужаснувшеюся душою?

13. Воплощеніе страха очень характеристично; а между тѣмъ описаніяхъ этого воплощенія, которое мы встрѣчаемъ у психолог физіологовъ, много запутанности и противорѣчій. Это, безъ сомн происходитъ отъ того, что наблюдаютъ проявленіе страха въ различ его степеняхъ. Вотъ почему, вѣроятно, мы встрѣчаемъ въ опис этого воплощенія то судорожное напряженіе мускуловъ, то, напрот ихъ полное распущеніе. Когда человѣкъ пытается еще бороться съ о ностью или даже бѣжать отъ нея, то это еще не высшая степень стр и проявляющаяся при этомъ напряженность мускуловъ едва ли мо быть приписана вліянію страха. Услышавъ же безгранично стр для него новость, человѣкъ не можетъ двинуться съ мѣста, не и каетъ ни одного крика, изъ рукъ его выпадаетъ и то, что онъ жалъ, нижняя челюсть опускается, мускулы дрожатъ, какъ быстро с щенныя струны, дыханіе пріостанавливается, сердце замираетъ, сло идутъ съ языка, слюна перестаетъ отдѣляться, ощущается ослабле желудкѣ, кровообращеніе замедляется, лицо блѣднѣетъ, зеленѣетъ, обрѣтаетъ особенный трупный оттѣнокъ, руки дрожатъ, колѣна ба ваются, всѣ физическія силы тѣла, какъ будто, скрываются изъ не

14. Бэнъ объясняетъ этотъ поразительный упадокъ силъ при ствѣ страха тѣмъ, что физическія силы будто бы истощены въ

предшествующихъ бурныхъ движеніяхъ [1]). Но это одна изъ самыхъ очевидныхъ натяжекъ, сдѣланныхъ Бэномъ въ пользу его теоріи «эмоціональныхъ токовъ». Гдѣ же тѣ *бурныя* движенія, силой которыхъ можно было бы объяснить исчезновеніе всѣхъ физическихъ силъ въ ту самую минуту, какъ душу охватилъ ужасъ? Много, сильно и долго должны были бы двигаться мускулы, чтобы истратить столько силъ; но мы вовсе не видимъ этихъ предварительныхъ движеній. Но вотъ медикъ подошелъ къ больному, котораго ужасъ неизбѣжной смерти совершенно лишилъ силъ, и сказалъ ему твердое утѣшительное слово, и черезъ минуту же у больнаго голосъ возвращается, онъ чувствуетъ въ себѣ силы, встаетъ съ постели. Откуда же взялись эти силы, если онѣ были истощены въ бурныхъ движеніяхъ? Нѣтъ, дѣйствительная трата силъ, послѣ долгой работы, или даже послѣ бурныхъ порывовъ гнѣва такъ скоро не возвращается изъ пищеваго процесса. Не ясно ли, что исчезновеніе силъ въ страхѣ есть только кажущееся, что онѣ остаются въ организмѣ, но что душа во время страха перестаетъ обладать ими? Это-то и производитъ внезапное уничтоженіе того *тоническаго* состоянія мускуловъ, которое постоянно замѣчается во всякомъ живомъ организмѣ [2]).

15. Если же въ періодъ страха мы замѣчаемъ и судорожное напряженіе въ нѣкоторыхъ мускулахъ, то это слѣдуетъ приписать двумъ причинамъ: или замирающимъ попыткамъ бороться съ опасностью, или просто физіологическому явленію, при которомъ распущеніе однихъ мускуловъ рефлективно вызываетъ судорожное сокращеніе въ другихъ; но, во всякомъ случаѣ, эти движенія далеко не такъ энергичны и продолжительны, чтобы ими можно было объяснить страшный и внезапный упадокъ силъ, обнаруживающійся при крайней степени ужаса, и проходящій также быстро, какъ проходитъ ужасъ. Не дѣйствительнымъ истощеніемъ физическихъ силъ, которыя могутъ возобновляться только медленно изъ пищеваго процесса, слѣдуетъ объяснить этотъ упадокъ силъ; а прекращеніемъ того вліянія, которое душа оказываетъ постоянно на нервный организмъ, которое прекращается только со смертью, и временно прерывается въ состояніи крайняго ужаса. Этимъ объясняется внезапное распущеніе мускуловъ, необычайное раскрытіе глазъ, дрожь, подобная той, которая замѣчается въ струнѣ, когда ее разомъ отпустятъ, перерывы дыханія, судорожныя схватки въ горлѣ, пріостановка дѣятельности и ослабленіе желудка, такъ какъ всѣ эти органическія отправленія находятся подъ постояннымъ воздѣйствіемъ нервной системы, а нервная система подъ постояннымъ воздѣйствіемъ души, которое въ состояніи ужаса пріостанавливается. Блеснетъ первый лучъ надежды освободиться отъ опасности, проглянетъ первый порывъ бороться съ нею — и мы замѣчаемъ въ себѣ необыкновенныя силы. Слѣдовательно, онѣ не были истощены, а только обладаніе ими было пріостановлено.

---

[1]) The Emotion, p. 76.

[2]) Man. de Phys. par Müller. P. II. p. 74.

16. Страхъ такое отвратительное чувство, что не удивительно,
нѣкоторые психологи приписываютъ ему только дурное вліяніе.
коже, мы назовемъ чувство страха также и спасительнымъ,
мемъ во вниманіе, отъ скольвихъ опасностей предохраняетъ
чувство и какъ умудрила людей боязнь опасности. Но въ тоже
мы считаемъ ошибочнымъ мнѣніе Бэна, что будто страхъ имѣетъ
буждающее дѣйствіе на волю [1]). Если животное, побуждаемое стра-
кидается бѣжать, то это не дѣйствіе страха, а дѣйствіе реакціи,
буждаемой страхомъ — стремленіе уйти отъ опасности. Когда чело-
имѣетъ еще достаточно силъ, чтобы бѣжать, то это доказываетъ,
страхъ не достигъ въ немъ высшей степени. Пораженный же
ужасомъ, человѣкъ остается какъ бы прикованнымъ къ землѣ, не
силъ ни бѣжать, ни защищаться, ни даже крикнуть. Кромѣ того,
изъ насъ, наблюдая надъ самимъ собою, можетъ убѣдиться, что
комъ предпріятіи страхъ замѣтно оказываетъ ослабляющее вліяніе
волю: страхъ заставляетъ человѣка быть осторожнымъ, но только
лость даетъ ему силу и энергію.

17. Бэнъ думаетъ, что предметы, внушавшіе намъ страхъ,
врѣзываются въ нашу память; но мы знаемъ, что это свойство
аффективныхъ образовъ, какимъ бы сердечнымъ чувствомъ
были проникнуты. Если же въ Англіи, какъ говоритъ Бэнъ, точно
какъ и у насъ, мальчиковъ сѣкли на межѣ съ тою цѣлью, чтобы
тверже запоминали границы полей, то это, безъ сомнѣнія, потому,
вообще легче и менѣе убыточно поколотить дитя, чѣмъ его образ-
При этомъ слѣдуетъ еще не упускать изъ виду, что если самъ
щій образъ, какъ напр., видъ межи, на которой ожидаетъ мальчика
казаніе, укореняется въ памяти, то изъ этого никакъ нельзя выве-
что учитель, напримѣръ, можетъ криками и угрозами заставить
твердо запомнить объясняемый урокъ. Дитя твердо запомнитъ
гнѣвное лицо учителя, его пугающіе жесты и слова, но не содер-
урока, которое, напротивъ, поблѣднѣетъ при сосѣдствѣ съ такими
ными образами. Для того, чтобы какой-нибудь образъ глубоко засѣ-
памяти, надобно, чтобы чувство возбуждалось самимъ этимъ обра-
или, по крайней мѣрѣ, чтобы запоминаемый образъ находился
ной связи съ тѣмъ, который проникнутъ чувствомъ, и при томъ
равно, какого бы рода это чувство ни было: страхъ, любовь,
стыдъ или удивленіе. Но какая же связь гнѣвнаго лица учителя
тинскими вокабулами, или укоризнъ и угрозъ, расточаемыхъ
телемъ по тому поводу, что мальчикъ не заучилъ нагорной пропо-
съ самымъ смысломъ этой проповѣди? Если и есть связь, то
противоположности; но надобно, чтобы дитя обратило вниманіе на
противоположность, а едва ли это придется учителю по вкусу.
сывать же страху, какъ это дѣлаетъ Бэнъ, какое бы то ни было,

[1]) The Emotions, p. 78.

и не всегда успѣшное вліяніе на возбужденіе памяти, есть большая ошибка. Напротивъ, въ страхѣ мы забываемъ даже и то, что хорошо знали, и слова науки, сопровождаемыя угрозами, менѣе всего способны удержаться въ памяти. Если же иной учитель заставляетъ дѣтей строгостью выучивать уроки, то это уже не дѣйствіе страха, а дѣйствіе реакціи, имъ вызываемой: дѣйствіе напряженія воли, порывающейся освободиться отъ мученій страха. Вотъ почему грозный учитель различно дѣйствуетъ на дѣтей одного и того же класса, и если одни изъ нихъ дѣйствительно начинаютъ учиться лучше, то за то другіе, слабые и нервные, совершенно перестаютъ учиться. Уча урокъ, они не могутъ сосредоточить своего вниманія на томъ, что учатъ: передъ ихъ глазами неотвязно стоитъ грозный образъ учителя и сулимыя имъ наказанія. Самъ по себѣ страхъ, независимо отъ реактивныхъ попытокъ отдѣлаться отъ него, положительно подавляетъ силу души; это поразительно замѣтно на дѣтяхъ, воспитателемъ которыхъ былъ только одинъ постоянный страхъ.

18. Педагогическое дѣйствіе страха очень сомнительно: если и можно имъ пользоваться, то очень осторожно, всегда имѣя въ виду, что смѣлость есть жизненная энергія души. Библейское же выраженіе: «*Страхъ Божій есть начало премудрости*», столь любимое воспитателями и наставниками, охотниками до дешеваго средства внушать страхъ, имѣетъ глубокій смыслъ, рѣдко понимаемый тѣми самими, кто часто употребляетъ это выраженіе. Они не подумаютъ о томъ, что здѣсь не говорится, что *всякій* страхъ есть начало премудрости, а только *страхъ Божій*. Если человѣкъ достигнетъ до той нравственной высоты, что боится только одного Бога, то значитъ онъ боится одной своей собственной совѣсти—и больше ничего въ мірѣ не боится. Осталась ли эта совѣсть въ своемъ естественномъ состояніи, раскрыта ли она ученіемъ Откровенія, во всякомъ случаѣ, она для человѣка голосъ Божій, и если человѣкъ, не внимая никакимъ угрозамъ и приманкамъ свѣта, начнетъ внимательно прислушиваться только къ этому голосу, то и откроетъ въ немъ *источникъ премудрости*, т. е. нравственности или высшей практической мудрости. Но какъ жалко злоупотребляютъ этимъ глубокимъ библейскимъ изреченіемъ различные любители *задать страху дѣтямъ*! Они прикрываютъ имъ свое неумѣнье сдерживать гнѣвъ, неумѣнье, которое должно бы вычеркнуть ихъ изъ списка воспитателей, и внушаютъ дѣтямъ не страхъ *Божій*, а страхъ *учительскій*, изъ котораго родится въ нихъ притворство, хитрость, трусость, рабство, слабость, ничтожество души,—а не премудрость.

19. Изъ того, что мы уже сказали, само собою понятно, что страхъ увеличивается неопредѣленностью опасности. Въ этомъ отношеніи Бэнъ совершенно справедливо замѣчаетъ, что ничто такъ не унижаетъ и не портитъ человѣка, «какъ рабскій страхъ, именно оттого, что рабъ не знаетъ предѣловъ власти своего господина, который можетъ съ нимъ сдѣлать все, тогда какъ гражданинъ страны, управляемой законами, а

не произволомъ, всегда знаетъ, что его ждетъ» [1]). Но напрас
называетъ рабскій страхъ «особымъ видомъ страха». Всякій стах
ряя предѣлы, становится безпредѣльнымъ, и если «пушечная ли
проходитъ у солдатъ», то не отъ привычки, а по мѣрѣ того, как
датъ замѣчаетъ, что не всякое ядро убиваетъ и что можно пр
цѣлые часы подъ огнемъ и выйти изъ него невредимымъ. По мѣр
какъ предѣлы опасности опредѣляются, и страхъ уменьшается «глаз
прямо въ глаза», говоритъ русская пословица, и страхъ сниметъ
къ свойству страха именно относится расширеніе предѣловъ
какъ это выражается въ другой пословицѣ: «у страха глаза
намекающей, можетъ быть, и на особое расширеніе глазъ при
страха. Какъ только началось ясное сознаніе предѣловъ страха, та
рождаются попытки избавиться отъ этого мучительнаго чувства
пытки эти, окрѣпнувъ, могутъ вытѣснить изъ души страхъ, за
его гнѣвомъ, какъ разъ соразмѣрнымъ силѣ вытѣсненнаго страха
чѣмъ объясняется ярость человѣка противъ тирановъ, которыхъ
трепеталъ. У животныхъ также очень часто цѣпенящій ужасъ см
бурною яростью. Но эта буря поднята не страхомъ, а борьбою
хомъ, съ этимъ — самымъ ненавистнымъ угнетателемъ нашей ду
дѣятельности.

20. Дѣйствіе страха именно потому и ужасно, что онъ, оста
вая дѣятельность души, въ тоже время приковываетъ ея вним
предмету страха. Въ эти минуты, по мѣткому выраженію народ
хологіи, мы «ни живы, ни мертвы»: *мы не живемъ* потому, что
тельность нашей души остановлена, а дѣятельность есть жизнь
мы не умерли еще потому, что чувствуемъ во всей силѣ эту стр
мучительную остановку жизни. Страхъ смерти, какъ справедливо
чаетъ Бэнъ, есть вѣнецъ страха; но въ этомъ мы также не ви
никакого особеннаго *вида страха*. Собственно говоря, какъ замѣтилъ
Декартъ, всякій страхъ — есть страхъ смерти, т. е. такая бол
вращенія душевной дѣятельности, что дѣятельность души дѣйстви
пріостанавливается, какъ только же мы начинаемъ бороться съ опасно
такъ и страхъ начинаетъ проходить.

21. Такъ-какъ причиною страха можетъ быть все, что угрож
посредственно или непосредственно нашей жизни или жизни людей
близкихъ, а неопредѣленность опасности значительно увеличиваетъ си
то и понятно, что образованіе, уменьшая число опасностей, угрожаю
нашей жизни, уменьшаетъ число причинъ страха, и, давая возмож
измѣрить опасность и опредѣлить ея послѣдствія, уменьшаетъ н
женность страха въ виду этихъ опасностей. Въ этомъ мы вполн
гласны и съ Бэномъ, и съ Боклемъ [2]). Но мы думаемъ, что эти пи
тели слишкомъ уже преувеличиваютъ обезпеченіе современнаго чел

[1]) The Emotion, p. 81.

[2]) The Emotion, p. 85.

въ отношеніи страха. Мы точно также, какъ и предки наши, не знаемъ причины самыхъ опасныхъ для насъ явленій: ни чумы, ни тифа, ни холеры, ни появленія трихинъ, и если не приписываемъ ихъ вмѣшательству невѣдомыхъ силъ, то не потому, чтобы мы знали причину этихъ явленій. Смѣлѣе ли сталъ современный человѣкъ — это еще вопросъ. Князь Игорь, отправляющійся въ походъ, не смотря на страшныя знаменія, въ гибельное значеніе которыхъ онъ вѣритъ, преодолѣваетъ еще одинъ лишній страхъ, котораго уже не нужно преодолѣвать современному полководцу. Макбетъ, вызывающій духовъ, въ которыхъ онъ вѣруетъ, и тѣнь Банко, которую онъ, конечно, не объясняетъ галюцинаціей, только яснѣе высказываетъ свою неукротимую смѣлость, преодолѣвая предразсудки, которые для насъ теперь не существуютъ. Не познанія и не отсутствіе предразсудковъ внушаютъ скандинавскому герою слова, теперь уже непонятныя для насъ: «Руби меня прямо въ лицо» — говоритъ онъ своему товарищу, который не такого сорта человѣкъ, чтобы задуматься исполнить просьбу друга: «руби меня прямо въ лицо, и посмотри, сморгну ли я?» Не трудно видѣть въ такихъ явленіяхъ, что *смѣлость* независима отъ какого бы то ни было умственнаго развитія, и есть не плодъ ума, а чувство, прирожденное человѣку.

21. Чувство *смѣлости* Аристотель справедливо противополагаетъ чувству *страха* ¹). Но это чувство такъ присуще человѣку, что мы замѣчаемъ его отдѣльное существованіе только тогда, когда оно, предварительно будучи подавлено страхомъ, начинаетъ вновь возникать. Всякій изъ насъ вѣроятно испытывалъ на себѣ это *воскрешающее* вліяніе возрождающейся смѣлости. На сколько чувство страха отымаетъ у насъ силы — на столько смѣлость даетъ намъ ихъ, да и въ воплощеніи своемъ смѣлость выражается чертами, совершенно противоположными страху: мускулы напрягаются, не доходя еще до судорожнаго напряженія гнѣва; станъ выпрямляется, голова подымается, цвѣтъ лица дѣлается живымъ, не пріобрѣтая еще краски или блѣдности гнѣва, глаза блестятъ, вся физіономія принимаетъ какой-то смѣлый, рѣшительный характеръ, еще ни одной чертой своей не выражая гнѣва. Что-то торжественное, прекрасное и легкое, что такъ дивно идеализировалъ древній художникъ въ фигурѣ Аполлона Бельведерскаго, проглядываетъ въ каждой чертѣ, въ каждомъ движеніи человѣка, воодушевленнаго смѣлостью.

22. Самостоятельность чувства смѣлости, обыкновенно выбрасываемаго психологами изъ списка чувствованій, кромѣ спеціальности ощущенія, знакомаго каждому, и кромѣ особенности воплощенія, удостовѣряется еще и возникновеніемъ этого чувства въ душѣ изъ причинъ органическихъ. Всѣ военоначальники знаютъ, что сытый человѣкъ смѣлѣе голоднаго въ битвѣ, хотя въ тоже время голодный сердитѣе сытаго. Въ этомъ общеизвѣстномъ фактѣ выражается разомъ и возникновеніе чувства смѣлости изъ органическихъ причинъ, и его отдѣльность отъ чувства гнѣва, съ

¹) Rhetorik. B. II. Kap. V. § 6.

которымъ его часто смѣшивали. Извѣстно также, какое вліяніе на в-буждение смѣлости имѣютъ спиртные напитки. Особенная полнота полов-стремленій оказываетъ тоже вліяніе; тогда какъ, наоборотъ, силь-истощеніе въ этомъ отношеніи дѣлаетъ человѣка трусомъ.

23. Мы вполнѣ согласны съ Бэномъ, который называетъ смѣл-однимъ изъ величайшихъ качествъ души человѣческой, безъ котор-не возможны ни благородная дѣятельность, ни порядочный образъ мы-ни самостоятельность характера. Точно также мы убѣждены въ томъ, ч-страхъ есть самый обильный источникъ пороковъ, чему лучшее дока-тельство мы видимъ въ тѣхъ деспотическихъ государствахъ, гдѣ бе-ность ничѣмъ неограниченнаго произвола одного человѣка виситъ, ка-Дамоклесовъ мечъ, надъ головой каждаго. Но мы утверждаемъ тол-что только страхъ, своимъ реактивнымъ вліяніемъ, преобразуетъ пр-денную человѣку инстинктивную смѣлость въ разумное мужество; если человѣкъ научился преодолѣвать и предотвращать опасности и-по крайней мѣрѣ, избѣгать ихъ, то этимъ онъ обязанъ столько же ч-ству смѣлости, сколько и чувству страха. Люди, въ характерѣ котор-преобладаетъ инстинктивное чувство смѣлости, безпечны и непре-смотрительны, и не трудно понять, что если бы у человѣка и у ж-вотнаго вовсе не было чувства страха, то едвали и самое существов-ихъ было бы обезпечено: они были бы легкою добычею разныхъ опа-стей, а опасности, которыхъ они избѣжали бы случайно, не врѣзыва-бы въ ихъ памяти и ничему бы ихъ не научали. Безумная смѣлос-какъ и безумная трусость одинаково гибельны. Все дѣло, слѣдовательн-*въ умѣ*, который могъ бы измѣрить опасность и пріискать сред-избавиться отъ нее, и *въ волѣ*, которая была бы довольно сильна, ч-воспрепятствовать чувству страха перейти въ органическій аффектъ, дѣйствуя изъ нервовъ на душу, помѣшать ей спокойно работать. тотъ *мужественъ*, кто лѣзетъ на опасность, не чувствуя страх-тотъ, кто можетъ подавить самый сильный страхъ и думать объ оп-ности, не подчиняясь страху.

24. Природная смѣлость есть та глыба драгоцѣннаго мрамора, и-которой страхъ выработываетъ величественную статую мужества. Но-въ томъ, какъ совершается эта работа и что служитъ рѣзцомъ для-работки этой статуи? Въ этомъ отношеніи существуетъ странная п-тивоположность въ мнѣніяхъ. Бэнъ, напримѣръ, ставитъ привы-побѣждать страхъ одною изъ главныхъ причинъ развитія смѣлости. Бокль же наоборотъ утверждаетъ, что «страхъ усиливается привычкою», хотя это явленіе, какъ думаетъ Бокль, противорѣчитъ психологіи. В-доказательство своего положенія Бокль приводитъ то явленіе, что в-Мексикѣ, напримѣръ, при землетрясеніи, «туземцы болѣе иностран-

---

[1]) The Emotion. p. 89.

[2]) Бокль. Ист. цивил. въ Англіи, стр. 92; прим. 191.

чувствительны къ каждому подземному удару и болѣе ихъ волнуются»[1]. Но эта замѣтка показываетъ только, что Бокль былъ очень плохой психологъ. Страхъ, какъ и всякое другое сердечное чувство, способное перейти въ органическій аффектъ, можетъ усилить расположеніе къ легчайшему возникновенію того же органическаго чувства. На это явленіе, какъ мы видѣли выше, указалъ уже Аристотель въ отношеніи гнѣва. Тоже самое слѣдуетъ сказать и въ отношеніи страха, что энергически выражается русскою пословицею: «пуганая ворона куста боится». Кромѣ того весьма объяснимо психологически, что человѣкъ, испытывающій землетрясеніе и видящій изверженіе лавы въ первый разъ, обратитъ большее вниманіе на эти, необыкновенныя для него явленія, не думая о ихъ послѣдствіяхъ, которыя онъ представляетъ себѣ по слухамъ и изъ книгъ и, слѣдовательно, далеко не съ такою яркостью и не такъ рельефно, какъ тотъ, кто самъ видѣлъ эти послѣдствія, а можетъ быть и страдалъ отъ нихъ.

25. Не привычка *переносить* страхъ, но привычка *преодолѣвать* его увеличиваетъ смѣлость, какъ справедливо замѣчаетъ Бэнъ. Но въ чемъ же состоитъ самая эта привычка? Мы думаемъ, что слово *привычка* употреблено здѣсь Бэномъ неумѣстно. Привычки здѣсь собственно нѣтъ, а есть возростающая въ человѣкѣ увѣренность въ возможности преодолѣть тѣ или другія препятствія, а увѣренность эта возникаетъ именно оттого, что человѣкъ преодолѣвалъ уже данную опасность нѣсколько разъ и нѣсколько разъ подавлялъ въ душѣ своей возникающее чувство страха. Смѣлость же сама по себѣ, какъ мы видѣли, есть ни что иное, какъ прирожденное человѣку чувство увѣренности въ своихъ силахъ. Всякій новый опытъ, доказывающій намъ присутствіе этихъ силъ, въ сравненіи съ опасностями, увеличиваетъ эту увѣренность и увеличиваетъ, слѣдовательно, нашу смѣлость. Это увеличеніе смѣлости можетъ зависѣть отъ двухъ причинъ: или оттого, что мы увѣрились въ возможности преодолѣть ту или другую опасность или избѣжать ее, или оттого, что, подавляя часто чувство страха вообще, мы увѣрились вообще въ громадности нашихъ силъ. Въ первомъ случаѣ можетъ образоваться только частная храбрость, и человѣкъ, храбрый, напримѣръ, на морѣ, можетъ оказаться трусомъ на сушѣ, а храбрый воинъ — трусливымъ гражданиномъ. Во второмъ случаѣ выростаетъ общая смѣлость, часто увлекающая человѣка въ безумныя предпріятія, но часто и уносящая его на такую дорогу, на которую еще никто не выходилъ прежде, только по недостатку безграничной смѣлости. «Смѣлость города беретъ», говоритъ русская пословица; но она же и «кандалы третъ», прибавляетъ другая[2].

26. Спиноза говоритъ, что «человѣкъ, воображающій, что онъ не можетъ сдѣлать извѣстнаго дѣла, не можетъ рѣшиться дѣйствовать, а

[1] См. стр. 91 и 92 прим. 191.
[2] «Пословицы Русскаго Народа». Собр. Даля. Стр. 274.

потому и дѣйствительно не способенъ сдѣлать даннаго дѣла[1]. эта-то увѣренность или внушается врожденною человѣку смѣлост которая еще не испытала реакціи страха, или опытами дѣятельн Дитя родится съ безграничною смѣлостью и мы ясно замѣчаемъ, чѣмъ менѣе дитя запугано, тѣмъ оно смѣлѣе; такъ что смѣлость жается въ каждой чертѣ его лица и въ каждомъ его движені этомъ еще слѣдуетъ имѣть въ виду, въ какомъ состояніи нервы ребенка, а также и то, каковы люди, его окружающіе; ибо какъ и всякое другое сердечное чувство, заразителенъ, передаваясь человѣка къ человѣку посредствомъ тѣлеснаго воплощенія и нервнаго чувствія[2]. Воспитатель долженъ беречь эту прирожденную смѣл но не оставлять ее въ первобытномъ видѣ, въ которомъ она может надѣлать вреда, сколько и пользы. Онъ долженъ ставить въ такія положенія, чтобы онъ преодолѣвалъ свой страхъ, и отъ такихъ, въ которыхъ ребенокъ подчинялся бы всесильному словомъ, воспитатель долженъ беречь драгоцѣнное чувство смѣлости вмѣстѣ съ тѣмъ опытами преодолѣнія страха передѣлывать нераз смѣлость въ разумное мужество.

27. Теперь, изучивъ проявленіе страха и смѣлости, попытаемся дѣлить взаимное отношеніе этихъ двухъ важныхъ чувствованій. Кл что мы должны ихъ признать такими же двумя прямыми антаго какими признали чувство удовольствія и неудовольствія[3], но въ обратномъ отношеніи между собою. Чувство неудовольствія вытек непосредственно изъ неудовлетворенія нашихъ стремленій, и потому пр шествуетъ чувству удовольствія; слѣдовательно, отрицательное ваніе здѣсь предшествуетъ положительному, тогда какъ, наоборотъ, должны предположить *смѣлость* (чувство положительное) предшеств щею появленію страха (чувство отрицательное). Однакоже это проти рѣчіе только кажущееся: мы не чувствуемъ смѣлости, хотя она и водитъ нашими дѣйствіями, пока не почувствуемъ страха. Мы ощущ смѣлость только уже какъ реакцію страху. *Смѣлость*, словомъ, врожденное *состояніе* души, которое высказывается въ ней особен чувствованіемъ только тогда, когда, нарушенное чѣмъ-нибудь, сопро даемымъ чувствомъ страха, вновь вступаетъ въ свои права.

28. Мы думаемъ, что это состояніе смѣлости соотвѣтствуетъ типическому состоянію нервовъ и мускуловъ[4], въ которомъ они ходятся во всякомъ живомъ организмѣ, пока онъ живъ, и временн нарушеніями котораго обнаруживается чувство страха, какъ мы уже видѣли выше. Слѣдовательно, чувство смѣлости есть не болѣе, ощущеніе душою своихъ собственныхъ силъ; а чувство страха есть

[1] Eth. P. III. App. § 28. Expl.
[2] См. выше, гл. XIV.
[3] См. выше, гл. XIX п. 8.
[4] См. выше, п. 14.

давленіе чувства смѣлости, происходящее иногда отъ органическихъ причинъ, а иногда отъ поколебанія нашей прирожденной увѣренности въ нашихъ силахъ.

ГЛАВА XXIII.

Виды *душевно-сердечныхъ* чувствованій: 5) чувство стыда и чувство самодовольства.

1. Чувство *стыда* разслѣдовано едва ли не менѣе всѣхъ прочихъ элементарныхъ чувствъ, что главнымъ образомъ зависитъ отъ того, что его смѣшиваютъ то съ нѣсколькими сложными чувственными состояніями, а именно съ *раскаяніемъ*, *совѣстью*, и наконецъ *застѣнчивостью*, въ которой иные, какъ напр. Бэнъ, видятъ низшую степень страха. Но хотя стыдъ дѣйствительно часто соединяется со всѣми этими сложными видами чувственныхъ душевныхъ состояній, но существуетъ однако и отдѣльно отъ нихъ, какъ чувство вполнѣ элементарное, для котораго природа назначила и особое воплощеніе въ организмъ. Правильнѣе другихъ взглянули на это чувство все же Аристотель и Спиноза.

2. Оба эти мыслителя обращаютъ прежде всего вниманіе на то, что чувство стыда возможно только при условіи жизни человѣка въ обществѣ людей, и при томъ такихъ, мнѣніемъ которыхъ онъ болѣе или менѣе дорожитъ. «Стыдъ, говоритъ Аристотель, есть извѣстное непріятное чувство, относящееся къ такому злу, которое по нашимъ понятіямъ ведетъ къ дурной славѣ» [1]). Спиноза опредѣляетъ стыдъ почти также: по его мнѣнію, «стыдъ есть чувство печали, сопровождаемое идеею какого-нибудь нашего дѣйствія, которое мы считаемъ предметомъ осужденія со стороны другихъ» [2]).

3. Въ обоихъ этихъ мнѣніяхъ для насъ важно только то, что чувство стыда признается такимъ чувствомъ, которое соотвѣтствуетъ стремленію человѣка къ общежитію и въ отдѣльности отъ этого стремленія является невозможнымъ. Аристотель прямо даже указываетъ на эту невозможность, говоря, что никто не стыдится младенцевъ и животныхъ [3]) и что стыдъ, ощущаемый нами въ присутствіи другихъ людей, какъ разъ соразмѣряется съ тѣмъ уваженіемъ, которое мы имѣемъ къ ихъ мнѣнію. Извѣстно, наприм., какъ римляне и «римлянки мало стыдились своихъ рабовъ». Древніе, уничтожая личность въ рабѣ, вмѣстѣ съ тѣмъ теряли въ отношеніи къ нему почти всякое чувство стыда [4]).

---

[1]) Rhetorik. Kap. VI. § 1.

[2]) Eth. P. III. § 31.

[3]) Rhetorik. B. II. Kap. VI. § 23.

[4]) Впрочемъ полную потерю стыда у одного человѣка въ отношеніи другого, если онъ признается только существомъ, понимающимъ поступки другихъ, мы признаемъ невозможною.

4. Но какъ Аристотель, такъ и Спиноза, замѣтивъ вѣрно харак-ристическую черту стыда, не провели ее далѣе, и не отличили стыда отъ *раскаянія*, хотя различіе между ними очевидно. Раскаяваться можемъ и тогда, когда увѣрены, что никто не узнаетъ о нашемъ проступкѣ и не имѣя въ виду мнѣнія другихъ людей: стыдъ же при такомъ условіи невозможенъ. Еще яснѣе выражается различіе между раскаяніемъ и стыдомъ въ той борьбѣ между этими двумя душевными состояніями, которую мы нерѣдко можемъ замѣтить и, въ себѣ, и у другихъ. Весьма обыкновенно то явленіе, что чувство стыда побуждаетъ человѣка скрывать свой поступокъ, а чувство раскаянія побуждаетъ открыть его. Есть проступки, которыхъ нельзя иначе исправить, какъ открывъ ихъ, и такіе-то именно очень часто не исправляются, подавляемые чувствомъ стыда. Въ этомъ случаѣ мы видимъ, что чувство стыда является столько же вреднымъ сколько въ другихъ полезнымъ, и что, слѣдовательно, въ нравственномъ отношеніи это чувство, разсматриваемое независимо отъ тѣхъ представленій, съ которыми оно соединяется, безразлично: ни хорошо, ни дурно, какъ и всѣ остальныя элементарныя чувства.

5. О чувствѣ *раскаянія* намъ придется еще говорить въ третьей части нашей антропологіи, но и здѣсь уже, для избѣжанія недоразумѣній, мы должны указать на отличіе чувства раскаянія отъ чувства угрызеній совѣсти. Мы раскаяваемся иногда и въ добромъ дѣлѣ, которое сдѣлали, но не можемъ чувствовать угрызеній совѣсти за доброе дѣло. «Раскаяніе, говоритъ Спиноза, есть чувство печали, сопровождаемое идеею дѣйствія, которое мы *считаемъ* совершоннымъ по свободному рѣшенію нашей души» [1]. (Слѣдуетъ помнить, что Спиноза не признаетъ свободы воли). Такое опредѣленіе будетъ относиться одинаково и къ угрызенію совѣсти и къ раскаянію, которое можетъ быть и раскаяніемъ въ добромъ дѣлѣ.

6. Отличивъ чувство стыда отъ чувства раскаянія и чувства совѣсти, часто сопровождаемаго стыдомъ, но не всегда сопровождающаго стыдъ, мы уже легко поймемъ, въ чемъ состоитъ ошибка тѣхъ мыслителей, которые, замѣчая, какъ различны предметы стыда у различныхъ людей и различныхъ народовъ, считаютъ самый стыдъ за какое-то искусственное произведеніе человѣческой жизни: не признаютъ его за самостоятельное, прирожденное человѣку чувство, полагая, что чувство стыда образуется оттого, что человѣка стыдятъ тѣмъ, что признано постыднымъ въ томъ или въ другомъ кругу людей, а не потому, что человѣку врождено стыдиться. Это мнѣніе, повторяющееся очень часто, опирается обыкновенно на тѣ несомнѣнныя явленія, что то же самое, чего стыдятся одни, нисколько не кажется постыднымъ для другихъ, и что одни часто хвалятся тѣмъ, чего другіе стыдятся. Это явленіе дѣйствительно не подлежитъ сомнѣнію. Иной стыдится бездѣятельности, другой стыдится труда и хвалится тѣмъ, что онъ ничего не дѣлаетъ. Это

[1]) Eth. § 27.

стыдится разврата, другой хвастаетъ имъ; одинъ стыдится женственности въ характерѣ, другой самодовольно выставляетъ ее на показъ. Это явленіе разнообразія и часто противоположности предметовъ стыда выразится еще яснѣе, когда мы будемъ изучать различіе и часто противоположность представленій, вызывающихъ это чувство у различныхъ народовъ и особенно у народовъ, стоящихъ на различной степени образованія. Трудно себѣ представить, что можно, напримѣръ, стыдиться надѣть платье; а между тѣмъ есть именно дикари, которые, не стыдясь своей наготы, стыдятся платья, и есть другіе, которые почитаютъ за величайшій стыдъ открыть свое лицо и оставляютъ открытымъ все тѣло, или, считая за позоръ невиннѣйшія дѣйствія въ глазахъ европейца, считаютъ въ тоже время невинными дѣйствіями такія, отъ которыхъ покраснѣетъ самый беззастѣнчивый европеецъ [1].

7. Все это справедливые факты и причина такого разнообразія представленій, вызывающихъ чувство стыда у различныхъ людей, очень понятна. «Родители, говоритъ Спиноза, порицая какія-нибудь дѣйствія и выговаривая за нихъ дѣтямъ и, наоборотъ, хваля другія дѣйствія и совѣтуя ихъ, достигаютъ того, что первыя всегда сопровождаются печалью, а вторыя радостью. Обычаи и религія не одинаковы у всѣхъ людей: то, что кажется священнымъ для однихъ, не имѣетъ никакого значенія для другихъ, а поступки, считаемые похвальными у одного народа, считаются постыдными у другаго; и такъ, всякій хвалится и раскаивается, смотря по воспитанію, которое онъ получилъ» [2].

8. Это совершенно вѣрно, но всѣ эти факты, доказывая, что люди стыдятся не одного и того же, доказываютъ въ то же время, что всѣ люди чего-нибудь да стыдятся: всякій же стыдится того, что признается постыднымъ въ кругу людей, мнѣніе которыхъ онъ уважаетъ. Слѣдовательно, предметы стыда даются человѣку исторіей и воспитаніемъ; но самое чувство стыда дано ему природою. Самый безсовѣстный негодяй, хвалящійся своими гнусными поступками, какъ подвигами, можетъ ощутить чувство стыда, если даже какой-нибудь изъ этихъ подвиговъ, которыми онъ хвастался, окажется выдумкой, или если онъ, похвалившись выполнить какое-нибудь дѣло, не сможетъ его выполнить. Такой человѣкъ можетъ даже покраснѣть, если въ немъ замѣтятъ какое-нибудь доброе проявленіе; но, тѣмъ не менѣе, чувство стыда и у него осталось. Словомъ, отъ чувства стыда также нельзя отдѣлаться, какъ нельзя отдѣлаться отъ чувства страха. Самыя понятія о предметѣ стыда могутъ быть страшно извращены; но стыдъ останется. И представленія, возбуждающія гнѣвъ и страхъ, также часто бываютъ различны и даже противоположны: но отъ этого гнѣвъ и страхъ не перестаютъ считаться чувствами, общими всѣмъ людямъ и даже животнымъ.

---

[1] Любопытные примѣры такихъ явленій см. Antrop. der Naturvölker v. Waitz. Th. I. S. 357—360.

[2] Eth. P. III. Appendix. Def. 27. Explic.

9. Если бы нужно было, кромѣ вышеприведенныхъ доказател привести еще новыя, что чувство стыда есть неискусственное, рожденное, то мы указали бы на характеристическое воплощеніе чувства. Если бы человѣкъ даже и выдумалъ стыдъ, то не выдумать его воплощенія. Воплощеніе это обнаруживается не краскою, кидающеюся въ лицо, которое часто, по свойству кож, ряетъ возможность краснѣть, сколько въ какомъ-то особенномъ, нимомъ физическомъ чувствѣ, которое, безъ сомнѣнія, испыталъ Это особенное чувство, чувство какой-то тревоги въ нервахъ, нѣе испытывается въ глазахъ, которые поэтому при чувствѣ ст вольно потупляются у человѣка, еще несовершенно привыкшаго лять воплощеніе своихъ чувствованій. Аристотель въ главѣ «О весьма кстати приводитъ греческую пословицу: «стыдъ живетъ въ захъ» и объясняетъ ее тѣмъ, что человѣкъ стыдится глазъ други дей, т. е. стыдится того, что можетъ быть замѣчено другими Это объясненіе вѣрно, но не полно. Мы же думаемъ, что эта гре пословица, точно также, какъ и наши народныя выраженія, гово «безстыдныхъ» или «безстыжихъ глазахъ», выходятъ главным зомъ изъ мѣткой наблюдательности народа надъ тѣмъ, чисто физи ощущеніемъ, которое испытываетъ человѣкъ въ глазахъ при стыда и которое заставляетъ человѣка, чувствующаго стыдъ, или лять глаза, или отводить ихъ въ сторону, или, наконецъ, усил мигать.

10. На этихъ основаніяхъ мы признаемъ чувство стыда ным элементарнымъ чувствованіемъ человѣка, которое притомъ дится въ совершенной связи съ врожденнымъ же ему стремленіе щественности [1]). Природа не только дала человѣку стремленіе къ ственности, не только поставила его въ зависимость отъ существ подобныхъ и внушила ему стремленіе искать ихъ сочувствія, и ласки, но придала этому стремленію особое чувство стыда, являющееся всякій разъ, какъ это стремленіе не удовлетворен наконецъ снабдила это чувство особымъ воплощеніемъ. Вотъ почему ство стыда всегда *непріятно*, какъ непріятно намъ всякое творенiе нашихъ врожденныхъ стремленій.

11. Чувство стыда относится ко всей области общественныхъ стр леній, въ чемъ бы они ни выражались, а не къ одному вид стремленій: къ стремленіямъ половымъ. Чувство половаго стыд только чувство, относящееся къ обнаруженію половыхъ стремленій, торыя, почему бы то ни было, человѣкъ считаетъ постыднымъ живать. Если же это мнѣніе почему-нибудь измѣняется, то и стыдъ исчезаетъ. Есть дикари, которые его вовсе не знаютъ; есть пущенныя натуры, которыя его совершенно потеряли, и, нако

[1]) См. выше, гл. VII.

дитя, у котораго эти стремленія еще ни чѣмъ не обнаруживались, не имѣетъ половаго стыда.

12. Очень узко и ошибочно мнѣніе тѣхъ писателей, которые, слѣпо вооружаясь противъ христіанства и не въ мѣру восхваляя классическую древность, приписываютъ аскетическимъ понятіямъ христіанства чрезмѣрное развитіе половой стыдливости, котораго, будто бы, она не достигала у древнихъ. Стоитъ заглянуть въ книгу Цицерона «Объ обязанностяхъ», чтобы увидѣть, что половая стыдливость была точно также развита въ его время у римлянъ, какъ развита она у насъ, и что тоже самое, что̀ считалось въ этомъ отношеніи постыднымъ у насъ, считалось постыднымъ и у римлянъ временъ Цицерона [1]).

13. Признавая совершенно справедливымъ то осужденіе, которое Цицеронъ произноситъ цинизму въ этомъ отношеніи, мы не можемъ однако не замѣтить, что доказательства, приводимыя Цицерономъ, не вѣрны, и объясняется лишь ограниченностью тогдашнихъ этнографическихъ свѣдѣній. Природа дала человѣку чувство стыда не для однихъ какихъ-нибудь предметовъ или отношеній; но для всего, что кажется человѣку постыднымъ. Какъ только же человѣкъ сталъ развивать свои духовныя, чисто человѣческія особенности, такъ и стали для него постыдными всѣ тѣ положенія, въ которыхъ эти духовныя его особенности совершенно подчинялись его животной природѣ. Вотъ почему, между прочимъ, и половыя отношенія скоро стали сопровождаться чувствомъ стыдливости и это начинается очень рано, у самыхъ разнообразныхъ народовъ, между которыми нельзя предполагать никакой традиціи. Мы находимъ эту связь половыхъ отношеній со стыдомъ почти у всѣхъ дикарей, а самыя древнія преданія указываютъ на давность ея существованія.

---

[1]) Principio, corporis nostri magnam natura ipsa videtur habuisse rationem: quae formam nostram, reliquamque figuram, in qua esset species honesta, eam posuit in promptu; quae partes autem corporis, ad naturae necessitatem datae, aspectum essent deformem habiturae atque turpem, eas contexit atque abdidit. Hanc naturae tam diligentem fabricam imitata est hominum verecundia. Quae enim natura occultavit, eadem omnes, qui sana mente sunt, removent ab oculis, ipsique necessitati, dant operam, ut quam occultissime pereant: quarumque partium corporis usus sunt necessarii eas neque partes, neque earum usus suis nominibus appellant: quodque facere turpe non est, modo occulte, id dicere obscenum est. Itaque nec aperta actio rerum illarum petulantia vacat, nec orationis obscenitas. Nec vero audiendi sunt cynici, aut si qui fuerunt stoici paene cynici qui reprehendunt et irrident, quod ea, quae turpia re non sunt, verbis flagitiosa ducamus, illa autem quae turpia sunt, nominibus appellemus suis. Latracinari, frandare, adulterare, re turpe est; sed dicitur non obscene: liberis dare operam, re honestum est, nomine obscenum: pluraque in eam sententiam ab eisdem contra verecundiam disputantur. Nos autem naturam sequamur, et ab omni, quod abhorret ab oculorum auriumque approbatione, fugiamus. Status, incessus, sessio, occubatio, vultus, oculi, manuum motus, teneant illud decorum.

14. Изъ всего, что сказано о чувствѣ стыда, видно, что мы
правѣ назвать его *чувствомъ общественности*, и легко убѣдит
что оно играетъ очень важную роль во всѣхъ нашихъ общественн
отношеніяхъ. Если же кому покажется, что это чувство слишкомъ
и неустойчиво для такой важной роли, то пусть онъ обратитъ вни
ніе на то, какое важное значеніе въ общественной жизни играютъ
смѣшка и *позоръ*. Дѣйствіе же *насмѣшки*, во всѣхъ ея видахъ
чиная отъ легкой колкости и оканчивая ядовитымъ, мертвящимъ
казмомъ, и дѣйствіе *позора* основаны на способности человѣка
диться, которая въ свою очередь основана на его стремленіи къ
ственности. Конечно, общественные нравы исправляются не одною
смѣшкою; но кто же не видитъ, какую важную роль играетъ насмѣ
въ ихъ исправленіи и ихъ порчѣ. Въ ихъ порчѣ, говоримъ мы,
что нерѣдко приходится людямъ бороться за правое дѣло противъ
смѣшки и чувства стыда. Насмѣшка столько же способна исправ
человѣка, сколько и портить; а для того, чтобы преодолѣть чув
стыда, требуется иногда не менѣе геройства, какъ и для того,
преодолѣть чувство страха. Позоръ и производимое имъ мученіе
во всѣхъ законодательствахъ признавались всегда одною изъ сам
сильныхъ мѣръ наказанія и исправленія.

15. Чувству стыда Аристотель противополагаетъ безстыдств
но безстыдство можно противоположить стыдливости, а не чувству
чувству же стыда слѣдуетъ противоположить чувство *самодоволь*
придавъ, конечно, этому слову нѣсколько измѣненный техническій
Мы чувствуемъ стыдъ всякій разъ, какъ наше инстинктивное стре
леніе къ общественности, къ уваженію, любви и ласкамъ другихъ
дей, получаетъ сильный толчекъ въ укорѣ, презрѣніи или насмѣшк
равно и при такихъ поступкахъ нашихъ, за которыми, по нашему
нію, должны слѣдовать укоръ, насмѣшка или презрѣніе. Мы испы
ваемъ чувство *самодовольства* всякій разъ, какъ это стрем
къ общественности получаетъ какое - нибудь замѣтное удовлетвор
т. е. всякій разъ, когда насъ хвалятъ или когда насъ ласкаютъ.
особенно напряженномъ состояніи этого чувствованія, когда напр.
кій медъ лести каплетъ въ наше сердце», мы ощущаемъ, что чув
это, противоположное чувству стыда, имѣетъ также и свое особ
площеніе въ какомъ - то сладкомъ щекочущемъ физическомъ ощущ
выражающемся на лицѣ особенною самодовольною улыбкою.

16. Чувство *самодовольства* слѣдуетъ отличать отъ чувств
дости, которое есть уже сложное психическое состояніе и продуктъ
хической жизни, происшедшій черезъ сравненіе насъ съ подобными
людьми. Чувство же самодовольства есть чувство простое, возбужд
въ насъ всякимъ выраженіемъ намъ уваженія, любви, или ласки,
торое черезъ сравненіе можетъ выработаться въ гордость, но сущест

¹) Aristoteles Rhetorik. B. II. K. VI. § 27.

и безъ всякихъ сравненій. Чувство самодовольства слѣдуетъ также отличать отъ чувства спокойствія совѣсти, которое возможно въ человѣкѣ безъ всякаго участія другихъ людей, безъ чего чувство самодовольства не мыслимо. Если же мы испытываемъ и въ одиночку чувство самодовольства, то только въ томъ случаѣ, если въ своемъ воображеніи въ тоже время представляемъ себя въ отношеніи съ подобными намъ людьми и думаемъ, напр., какъ они будутъ поражены тѣмъ, что мы сдѣлали или придумали и т. п. Въ этомъ случаѣ, воображеніе даетъ намъ возможность ощущать будущее одобреніе людей, какъ бы настоящее.

17. Слѣдуетъ, кажется, признать, что оба разбираемыя нами чувствованія, чувство стыда и чувство самодовольства, испытываются не только людьми, но и животными. По крайней мѣрѣ, мы ясно замѣчаемъ проявленіе этихъ чувствованій у животныхъ домашнихъ. Едва ли справедливо было бы думать, что они позаимствовались этими чувствами у насъ. Элементарное чувство передать невозможно и если оно не было бы врождено животнымъ, то мы не замѣтили бы его проявленія. Если же мы не замѣчаемъ разбираемыхъ нами чувствъ у животныхъ дикихъ, то безъ сомнѣнія потому, что ихъ психическій міръ слишкомъ для насъ замкнутъ и что мы не имѣемъ случая также наблюдать надъ ними, какъ наблюдаемъ надъ животными домашними.

ГЛАВА XXIV.

Виды душевныхъ чувствованій: *умственно-сердечное* чувство отсутствія дѣятельности.

1. Мы выше видѣли полную необходимость признать въ человѣкѣ стремленіе къ сознательной дѣятельности, какъ чистой дѣятельности, безъ отношенія къ тѣмъ цѣлямъ, которыя могутъ достигаться этою дѣятельностью, безъ отношенія къ тѣмъ задачамъ, которыя могутъ указываться этой дѣятельности какъ физическими, такъ и духовными потребностями человѣка. Причина этой чистой дѣятельности — душевное стремленіе къ ней, выражающееся въ мучительномъ чувствѣ *скуки*, *тоски* и *томленія*, если оно не удовлетворено, и въ успокоеніи этихъ побуждающихъ чувствованій, если человѣкъ находитъ себѣ дѣятельность. Цѣль же этой дѣятельности — только удовлетвореніе стремленія къ ней, если человѣкомъ не руководитъ другая какая-нибудь цѣль, выходящая изъ другихъ стремленій. Дѣятельность для развлеченія, дѣятельность отъ скуки представляетъ форму *чистой* дѣятельности.

2. Мы видѣли также, что этою дѣятельностью *для самой* дѣятельности объясняется появленіе множества занятій человѣка, которыя всѣ носятъ общее названіе *развлеченій* и *препровожденій* времени [1]; ибо время начинаетъ томить человѣка, когда онъ не занятъ; но конечно че-

[1] См. выше гл. X, п. 7.

ловѣка томитъ не время, это отвлеченное понятіе человѣческаго
а томитъ его живущее въ немъ стремленіе къ дѣятельности, тре-
щее пищи. Всякая дѣятельность только для нашего развлеченія
убійства времени кажется намъ пустою и даже достойною презрѣ-
этотъ взглядъ нашъ справедливъ: недостойно человѣка не найти
кихъ задачъ въ жизни и сдѣлать своею задачею убійство време-
медленное самоубійство. Но психологъ не—моралистъ, и для него
возможность такого явленія дѣятельности для удаленія скуки
фактъ самъ по себѣ чрезвычайно важный. Положимъ, что, анали-
такъ называемыя развлеченія, психологъ найдетъ, что во всякомъ
нихъ, кромѣ стремленія убить время, болѣе или менѣе проглядыв-
и другая задача, выходящая изъ другихъ стремленій человѣка;
уже съумѣетъ отличить, что въ этой дѣятельности принадлежитъ
или другому стремленію, выходящему изъ физическихъ или духо-
потребностей человѣка, и что чистому стремленію къ дѣятельност-

3. Теперь же насъ занимаетъ не самое стремленіе къ дѣятельно то специфическое (sui generis) чувствованіе, которымъ выска-
въ душѣ неудовлетвореніе этому стремленію. Это чувствованіе
каждому, какъ и всякое другое, но точно также и невыразим-
имѣетъ различныя степени напряженности, а по этимъ степеня-
имѣетъ различныя названія: *скуки*, *тоски* и *апатіи* или
Чувство скуки, въ сравненіи съ яркими чувствованіями гнѣ-
страха, можетъ показаться слишкомъ блѣднымъ, легкимъ и мало
вѣтствующимъ важности того единственнаго *душевнаго* стремле-
отличіе отъ физическихъ и духовныхъ), которое мы нашли. Н-
взглядъ будетъ ошибоченъ. Чтобы понять все *постоянство*
этого чувства на человѣка, стоитъ только обозрѣть, какъ мы
выше, все то безчисленное множество людскихъ занятій, глав-
чина появленія которыхъ заключается въ желаніи избѣжать том-
наго чувства скуки, т. е. на всѣ, такъ называемыя, *развлече-*
убійства времени. Тогда мы убѣдимся, что ни одно чувствов-
гнететъ такъ постоянно человѣка, какъ чувствованіе скуки:
ствуетъ на него въ каждый незанятый моментъ и условливаетъ
ство его дѣятельностей. Для того же, чтобы оцѣнить всю силу
женности, до которой можетъ достигать это чувство, мы должны
нять во вниманіе, что такъ называемый *сплинъ* есть ничто
какъ чувство скуки, доросшее въ своей напряженности до такой
пени, что человѣкъ самъ на себя подымаетъ руку, только бы
виться отъ гнета этого чувства. Мы поймемъ тогда, что если
скуки не кажется намъ столь сильнымъ, какъ напримѣръ
страха или гнѣва, то только потому, что оно безпрестанно застав-
насъ прибѣгать къ тому или другому развлеченію и что этихъ раз-
ченій, къ счастію, у человѣка достаточно, такъ что мы подавляемъ
рождающееся чувство скуки, не давая ему дойти до степени
страданій. Но если развлеченіе становится для человѣка невозмож-

тогда это же самое чувствованіе напрягается до такой степени, что дѣлаетъ самую жизнь невыносимою.

4. Не признавая врожденныхъ душѣ стремленій, гербартіанцы вынуждены были объяснять скуку души самымъ натянутымъ образомъ. Такъ Вайцъ называетъ скуку утомленіемъ [1]; но утомленіе обнаруживается въ насъ вовсе не скукой, а, напротивъ, стремленіемъ къ отдыху, переходя къ которому мы испытываемъ очень сладкое чувство, а вовсе не мучительное чувство скуки. Это странное заблужденіе объясняется отчасти тѣмъ, что Вайцъ не умѣлъ отличать истинныхъ причинъ скуки отъ ея кажущихся причинъ. Скука дѣйствительно возникаетъ, повидимому, отъ разнообразныхъ, даже противоположныхъ причинъ; но въ сущности причина ея всегда одна и таже — недостатокъ душевной дѣятельности. Такъ, скука возникаетъ отъ однообразія впечатлѣній и отъ слишкомъ большаго разнообразія ихъ; но въ обоихъ случаяхъ она возникаетъ отъ *одного и того же*.

5. Скука возникаетъ отъ однообразія именно потому, что однообразныя представленія и сочетанія представленій, повторяясь часто и *долго*, не даютъ душѣ достаточной дѣятельности; ибо она уже вполнѣ овладѣла этими представленіями и ей ничего не остается болѣе съ ними дѣлать. Но точно также нагоняетъ скуку противоположное явленіе: именно — слишкомъ быстрая смѣна разнообразныхъ представленій. Такъ, пробѣгая быстро большую картинную галлерею, мы ясно ощущаемъ скуку; а ѣзда по желѣзной дорогѣ нагоняетъ на насъ скуку именно быстротой смѣны ландшафтовъ. Явленія эти противоположны; но причина скуки при этихъ явленіяхъ одна и таже. Въ первомъ случаѣ, душа наша чувствуетъ недостатокъ дѣятельности отъ недостатка представленій; во второмъ — отъ слишкомъ большого обилія и столь быстрой перемѣны ихъ, что мы не успѣваемъ съ ними справиться, не успѣваемъ вводить ихъ въ ассоціаціи нашихъ уже готовыхъ представленій. Смотря на одну и ту же картину въ продолженіи нѣсколькихъ часовъ, мы получаемъ болѣе матеріала для душевной дѣятельности, чѣмъ пробѣгая длинную галлерею картинъ; но если мы вполнѣ овладѣемъ этимъ матерьяломъ, то видъ одной и той же неизмѣняющейся картины также станетъ наводить на насъ скуку.

6. Все *неинтересное* для насъ возбуждаетъ въ насъ скуку именно потому, что для насъ *интересно* только то, что можетъ войти въ наши душевныя работы. Мы уже выше опредѣлили, что человѣкъ называетъ *интереснымъ* [2]; а потому и не имѣемъ надобности возвращаться къ этому предмету. Повторимъ только, что вполнѣ интересно для насъ то, что даетъ посильную работу нашей душѣ. Замѣчательно, что самое стремленіе къ дѣятельности не остается неизмѣннымъ, но возрастаетъ по мѣрѣ расширенія дѣятельности и выработки душою все большихъ и

[1] Psychol. v. Waitz. § 34. S. 35.

[2] Пед. Антр. ч. I, гл. XIX, п. 15 и 16.

сложнѣйшихъ сферъ для нея. Чѣмъ болѣе пріобрѣтаетъ душа матеріаловъ для своихъ работъ, тѣмъ обширнѣе становится ея дѣятельность и тѣмъ требовательнѣе становится она въ отношеніи къ дѣятельности вообще. Дикарь, какъ замѣчаетъ Кантъ, не можетъ скучать такъ сильно, какъ развитой человѣкъ, а смотря на развлеченія дикарей, образованный не понимаетъ, какъ можно находить развлеченіе въ такихъ однообразныхъ и узкихъ сферахъ. Впослѣдствіи мы оцѣнимъ все важное психическое значеніе *этой прогрессивности стремленія къ дѣятельности*; а теперь замѣтимъ только, что если какая-нибудь обширная сфера душевной дѣятельности, выработанная душою, вдругъ, почему бы то ни было, разрушается или замыкается для человѣка, тогда душѣ его кажется невыносимо тѣсно въ другихъ, болѣе узкихъ сферахъ, и гнетущее чувство *скуки* внезапно выростаетъ въ давящее чувство *тоски*.

7. *Тоска* есть необходимый спутникъ всякой глубокой и обширной печали; но простое чувство тоски не слѣдуетъ смѣшивать съ сложнымъ чувствомъ печали, хотя тоска всегда почти сопровождаетъ печаль. Мы уже видѣли выше, какъ пріостановка душевной дѣятельности, вызванная какою-нибудь важною для насъ потерею, производитъ психическое явленіе печали [1]; но въ *печали* не одна, а двѣ стороны: *тоска* и *горе*, ясно различаемыя душою. Мы испытываемъ чувство горя (которое, само по себѣ, есть опять чувство сложное), когда думаемъ о нашей потерѣ и испытываемъ чувство тоски, когда не думаемъ о ней. *Горе* имѣетъ въ себѣ что-то острое, язвительное для сердца: это [illegible] страданій, главнаго элемента горя; *тоска* же—что-то тупое, давящее, сжимающее сердце. Мы оплакиваемъ нашу потерю, думая о томъ, чего мы лишились: мы тоскуемъ, не находя для души своей такой же обширной дѣятельности, какая вдругъ сдѣлалась для нея невозможною. Наблюдайте надъ человѣкомъ, только-что пораженнымъ глубокимъ горемъ, и вы ясно отличите моменты, когда горе беретъ верхъ надъ тоскою, и когда тоска—верхъ надъ горемъ. Первое выражается криками, рыданіями, сильными тѣлесными движеніями, всѣми признаками рѣзкой сердечной боли; вторая какимъ-то упадкомъ силъ, мутнымъ *взглядомъ*, упорнымъ молчаніемъ. Мы видѣли также, какъ душа, испытавшая большую потерю, устроиваетъ для себя мало-по малу новую обширную дѣятельность и какъ вмѣстѣ съ тѣмъ тоска исчезаетъ; но если, почему бы то ни было, постройка новой сферы для душевной дѣятельности оказывается невозможною, то душа впадаетъ въ *отчаяніе* — высшую степень горя, но не тоски.

8. *Отчаяніе*, т. е. отсутствіе *чаянія* или надежды, есть чувство острое именно потому, что это чувство горя. Въ отчаяніи человѣкъ не видитъ для себя возможности другой психической дѣятельности, потому что передъ его глазами стоитъ воспоминаніе о томъ, чего онъ лишился. Онъ не можетъ оторваться отъ этого образа и сердце его бьется

[1]) См. выше, гл. X, п. 6—12.

рое воспоминание, какъ морскія волны о каменистый берегъ: они кидаются на него и отступаютъ, отступаютъ и опять кидаются. Въ апатіи мы видимъ уже другое явленіе. Здѣсь душа, не находя себѣ дѣятельности, томится, не жалѣя о дѣятельности потерянной. Здѣсь не судьба лишила человѣка дѣятельности, отъ воспоминанія которой онъ не можетъ оторвать своихъ взоровъ; но самъ человѣкъ, перепробовавъ многія дѣятельности, отказывается отъ дальнѣйшихъ пробъ. Вотъ почему и характеръ апатіи другой, чѣмъ характеръ отчаянія, хотя оба эти чувствованія могутъ побудить человѣка къ прекращенію своей собственной жизни.

9. Англійскій *сплинъ* есть ни что иное, какъ *апатія*. Если же мы преимущественно у англичанъ замѣчаемъ частое появленіе примѣровъ апатіи или сплина, то это безъ сомнѣнія потому, что этотъ народъ отличается необыкновенною дѣятельностью. Медики замѣчаютъ, что ипохондрія, сплинъ и апатія, эти явленія вполнѣ родственныя, чаще всего появляются у англійскихъ богачей, удалившихся отъ дѣлъ. Какой-нибудь купецъ трудится нѣсколько десятковъ лѣтъ, чтобы пріобрѣсть состояніе, которое дало бы ему возможность жить роскошно на проценты своего капитала, гдѣ-нибудь въ цвѣтущемъ уголкѣ Англіи. Эта заманчивая мечта заставляетъ его работать, не досыпать ночей, не доѣдать куска — и вотъ, наконецъ, заканчиваетъ онъ свои дѣла и переселяется въ свой, давно приготовленный эдемъ. Но какъ обманывается онъ въ своихъ ожиданіяхъ! Тутъ-то и ожидали его тѣ мученія, въ сравненіи съ которыми — ничто всѣ непріятности, вынесенныя имъ въ жизни, мученія до того сильныя, что этотъ богачъ, могущій купить всѣ удовольствія міра, оказывается бѣднѣе бѣднѣйшаго изъ бѣдняковъ, запирается въ свой кабинетъ и позорнѣйшимъ образомъ прекращаетъ жизнь свою. И это случается именно съ тѣми людьми, которые были очень дѣятельны въ предшествующей жизни и притомъ сосредоточили всю свою дѣятельность въ одной какой-нибудь сферѣ: позабыли и любовь, и дружбу, и искусство, и науку за купеческими разсчетами или политическими соображеніями.

10. Въ стремленіи къ дѣятельности существуетъ *великая антиномія*, или противорѣчіе, которое, однакожъ, такъ или иначе примиряется въ жизни. Вотъ это-то именно противорѣчіе, не столько сознаваемое, сколько чувствуемое, вызвало у различныхъ мыслителей крайне противоположные взгляды на дѣятельность и трудъ вообще. Древніе считали, и очень справедливо, самый трудъ наслажденіемъ (labor est ipsa voluptas). Но Локкъ, опровергая это выраженіе, также справедливо говоритъ, что трудъ для труда противенъ нашей природѣ [1]). Знаменитый мыслитель и математикъ Эйлеръ взглянулъ на трудъ съ одной стороны, когда сказалъ, что «истинное счастье состоитъ въ покоѣ и довольствѣ самимъ собою» [2]). Паскаль, столь же знаменитый мыслитель и математикъ, взглянулъ на тотъ же предметъ съ другой стороны, когда сказалъ: «мы

[1]) Of the Understanding. p. 58.

[2]) Lettres LIV, p. 383.

думаемъ, что ищемъ покоя; а, напротивъ, ищемъ только волненій. Руссо оказывается плохимъ наблюдателемъ, когда говоритъ, что «ребенокъ только плачетъ или смѣется» [1], или когда думаетъ достигнуть счастія, уменьшивъ человѣческія желанія [2], забывая при этомъ, что уменьшить желанія можно, но подавить въ душѣ стремленіе къ дѣятельности невозможно. Гораздо болѣе глубокимъ наблюдателемъ дѣтской и вообще человѣческой природы оказывается Фребель, который замѣчаетъ, что «стремленіе къ дѣятельности является столько же двигателемъ при наслажденіяхъ, сколько и при работѣ» [3], и ищетъ средствъ не веселить дитя, а дать ему занятіе, которое бы его интересовало. — Мы могли бы наполнить нѣсколько страницъ такими противорѣчащими воззрѣніями на значеніе дѣятельности и труда. Но для насъ достаточно заглянуть въ антропологію Канта, чтобы видѣть, какъ высказалось въ ней это противорѣчіе во всей своей крайности. «Всякій трудъ тягостенъ и непріятенъ», говоритъ Кантъ въ одномъ мѣстѣ своей антропологіи [4], а въ другихъ мѣстахъ нѣсколько разъ повторяетъ, что «самое счастье нашей жизни измѣряется тѣмъ дѣломъ, которое мы дѣлаемъ», что внѣ труда нѣтъ счастья и что единственное здоровое наслажденіе человѣка состоитъ въ отдыхѣ послѣ труда [5]. Если бы Кантъ вдумался въ это психическое противорѣчіе, то кажется онъ долженъ былъ бы поставить его на ряду съ своими логическими антиноміями. Постараемся же высказать и разъяснить, сколько возможно, эту великую психическую антиномію.

11. Душа стремится къ дѣятельности; но въ самомъ понятіи *дѣятельность* скрывается, повидимому, непримиримое противорѣчіе. Что мы называемъ дѣятельностью? Если мы скажемъ, что *дѣятельность есть преодолѣніе препятствій*, то этотъ афоризмъ, совершенно справедливый, можетъ показаться для читателя неяснымъ, а потому попытаемся разъяснить его примѣрами. Какого человѣка мы называемъ дѣятельнымъ? Того именно, который преодолѣваетъ тѣ или другія препятствія для достиженія той или другой цѣли. Если бы все совершалось по желанію человѣка въ то же мгновеніе, какъ желаніе рождается, безъ всякихъ усилій со стороны желающаго, то мы не назвали бы такого человѣка дѣятельнымъ и совершенно справедливо. Мы говоримъ даже о дѣятельности паровоза (конечно, въ переносномъ смыслѣ) только потому, что паровозъ, движимый силою пара, преодолѣваетъ препятствія, представляемыя движенію тяжестью поѣзда или, другими словами, притяженіемъ земли. Не будь этихъ препятствій —

[1] Emile, p. 250.

[2] Ib. p. 280.

[3] Die Arbeit und die neue Erziehung nach Froebel's Methode v. Bert. v. Marenholtz. Berlin 1866. S. 265.

[4] Antrop. § 85.

[5] Ib. § 62.

самой дѣятельности не было бы. Слѣдовательно, *существованіе препятствій есть необходимое условіе существованія дѣятельности,— такое условіе, безъ котораго сама дѣятельность невозможна.*

12. Перенесемъ же понятіе дѣятельности, какъ преодолѣванія препятствій, на душу. Душа, какъ мы сказали, по самой природѣ своей стремится къ дѣятельности. Слѣдовательно, она стремится къ преодолѣнію препятствій. Безъ дѣятельности человѣкъ томится. Слѣдовательно, онъ томится и безъ препятствій, безъ которыхъ самая дѣятельность невозможна. Но можетъ ли человѣкъ радоваться препятствіямъ и любить ихъ? Конечно — *нѣтъ*; потому что препятствіе останавливаетъ дѣятельность, къ которой человѣкъ стремится. Человѣкъ стремится преодолѣть препятствія и, слѣдовательно, естественно, что онъ радуется, когда это стремленіе удовлетворяется, и печалится, когда, почему либо, это стремленіе не удовлетворяется. Естественно ли человѣку увлекаться всѣмъ тѣмъ, что удаляетъ препятствіе къ его дѣятельности? Конечно—*да*. Но самое удаленіе всѣхъ препятствій есть величайшая, абсолютная преграда дѣятельности, которая безъ препятствій абсолютно невозможна. Такимъ образомъ, человѣкъ въ своемъ стремленіи къ дѣятельности вступаетъ въ противорѣчіе съ самимъ собою. Изъ такого противоположнаго отношенія души, съ одной стороны, къ дѣятельности, къ которой она стремится, и съ другой стороны, къ препятствіямъ, которыхъ она отвращается, но безъ которыхъ сама дѣятельность невозможна,—порождаются тѣ противоположныя воззрѣнія на дѣятельность и трудъ, которыя мы привели выше и которыя встрѣчаются часто не только у различныхъ людей, но и у одного и того же человѣка. Мы любимъ *трудъ*, но не любимъ *трудности* труда, не соображая, что трудъ безъ трудности не возможенъ; что трудность составляетъ всю сущность труда, независимо отъ тѣхъ цѣлей, которыя трудомъ достигаются. Ища труда и отвращаясь отъ трудности труда, человѣкъ ищетъ невозможнаго. Какъ же примиряется эта *психическая антиномія* въ жизни?

13. Сознавая всю важность вопроса о трудѣ для теоріи воспитанія, мы будемъ еще нѣсколько разъ возвращаться къ нему, тѣмъ болѣе, что ошибочное рѣшеніе этого вопроса, какъ мы увидимъ далѣе, ведетъ не только къ теоретическимъ, но даже къ громаднымъ практическимъ ошибкамъ и часто даетъ ложное направленіе всей теоріи воспитанія. Здѣсь же мы удовольствуемся тѣмъ, что укажемъ только на образцы жизненнаго примиренія выставленной нами психической антиноміи. Пусть такимъ примѣромъ послужитъ намъ самъ Кантъ. Спрашивается, почему такой, необыкновенно умный и энергическій человѣкъ, не выѣзжая ни разу изъ своего скучнѣйшаго Кенигсберга, занимался такъ упорно своими философскими изысканіями, отказавшись для нихъ отъ семьи, отказавшись отъ всѣхъ удовольствій свѣта, и даже подавивъ въ себѣ самыя настойчивыя потребности человѣческой природы? Неужели все это онъ сдѣлалъ для того, чтобы избѣжать скуки? Конечно нѣтъ, и должно быть его трудъ казался ему нелегкимъ, когда онъ самъ часто называетъ всякій трудъ

тяжелымъ. Трудился ли онъ для удовольствія славы? — Этого также не скажетъ никто, знакомый съ біографіею Канта. Слѣдовательно, онъ трудился, увлекаемый тѣми идеями, которыя изслѣдывалъ и развивалъ. Такимъ образомъ, въ жизни Канта примирялась, повидимому, непримиримая антиномія. Конечно онъ, какъ и всякій другой человѣкъ, получалъ отъ своего труда и удовольствія, когда преодолѣвались какія нибудь препятствія и страданія, когда появлялись новыя. Но вниманіе его было обращено не на удовольствіе или страданіе, а все сосредоточено на самой идеѣ его труда. Удовольствія и страданія сопровождали его трудъ, какъ искры сопровождаютъ трудъ кузнеца. Эти красивыя искры загораются и тухнутъ; но не для того, чтобы ихъ вызвать, подымаетъ кузнецъ тяжелый молотъ и опускаетъ его на раскаленное желѣзо: серьезный человѣкъ трудится, дѣти же ловятъ самыя искры. Точно такое же полное примиреніе великой психической антиноміи мы видимъ въ жизни всѣхъ тѣхъ людей, которые, увлеченные какою нибудь идеею, отдаютъ этой идеѣ всю свою жизнь, не обращая вниманія на то, доставляетъ ли она имъ наслажденія или страданія.

14. Но если такое *полное* примиреніе нашего стремленія къ дѣятельности съ нашимъ отвращеніемъ отъ препятствій, безъ которыхъ сама дѣятельность невозможна, мы встрѣчаемъ у немногихъ, исключительныхъ личностей, которыхъ называютъ, по свойству занимающей ихъ идеи, а часто и по успѣху ихъ дѣла, или безумцами, или геніями; то *частное* примиреніе этой антиноміи мы встрѣчаемъ въ большинствѣ людей. Художникъ, усаживаясь за свою картину, конечно думаетъ о деньгахъ, и о славѣ; но плохъ тотъ художникъ, который ни на минуту не увлечется самимъ трудомъ, самимъ процессомъ созданія картины: онъ не создастъ ничего великаго, ничего оригинальнаго. Сельскій хозяинъ, конечно, трудится изъ-за денегъ; но плохъ тотъ хозяинъ, который не увлекается вовсе самимъ хозяйствомъ. Такимъ образомъ, въ большинствѣ людей происходитъ частное, болѣе или менѣе полное, болѣе или менѣе продолжительное или отрывочное, примиреніе души съ ея стремленіемъ къ труду и съ ея отвращеніемъ отъ его трудности.

15. Но нѣтъ сомнѣнія, что есть и такіе люди, которые не стремятся найти для себя дѣятельности, которая увлекала бы ихъ своею идеею, не получили задачи дѣятельности отъ судьбы, одинаково обрекающей на неустанный трудъ и тѣхъ, кто долженъ прокормить себя и семью [illegible] имъ личнымъ трудомъ, и тѣхъ, для кого отказаться отъ увлекающей ихъ идеи—значитъ отказаться отъ жизни. Люди же безъ такой идеи труда, тѣмъ не менѣе, чувствуютъ всю побуждающую силу врожденнаго душѣ стремленія къ дѣятельности *и ищутъ труда безъ трудности*, словомъ, ищутъ удовольствій. Но на этомъ пути [illegible] наслажденіями встрѣчается человѣкъ съ другимъ, столь же неизмѣннымъ психическимъ закономъ, который одинаково тяготѣетъ надъ животными и надъ людьми, но отъ котораго одинъ только человѣкъ [illegible]

ускользнуть. Всѣ наслажденія, какъ мы это видѣли выше [1]), покупаются страданіями. И вотъ человѣкъ хочетъ обмануть природу, хочетъ по возможности уменьшить страданіе и выторговать за него у природы возможно большее наслажденіе. Но природу нельзя обмануть такою фальшивою и легковѣсною монетою и она платитъ за обманъ тяжелымъ чувствомъ *пресыщенія*, а потомъ, или невыносимымъ, доводящимъ до самоубійства, чувствомъ апатіи, отвращенія отъ всѣхъ наслажденій и отъ самой жизни, или, подобно классической чародѣйкѣ, выполняетъ надъ человѣкомъ то же самое превращеніе, какое выполнила Цирцея надъ спутниками Улисса. Изъ этихъ тисковъ природы человѣку вырваться нельзя.

16. Чувство скуки не имѣетъ себѣ антагониста въ другомъ чувствѣ: антагонистомъ его является самый процессъ труда, въ которомъ нѣтъ уже ни удовольствія, ни неудовольствія, а есть только самый трудъ, т. е. самосознательная дѣятельность. Удовольствія и страданія, равно какъ и другія чувствованія, страхъ, гнѣвъ, и пр. могутъ сопровождать дѣятельность, входя въ ея перерывы или отмѣчая ея начало и окончаніе; но въ самой дѣятельности сознанія ихъ нѣтъ; а есть въ ней другія чувствованія, которыя мы, въ отличіе отъ чувствъ, сопровождающихъ сознательную дѣятельность, назвали *душевно-умственными*.

17. Теперь для читателя ясно, почему мы не отнесли чувства скуки ни къ чувствамъ сердечнымъ, ни къ чувствамъ умственнымъ, а поставили его на границѣ между этими двумя родами душевныхъ чувствованій. Стремленіе къ душевной сознательной дѣятельности, со своею помощью—чувствомъ скуки, является причиною, заставляющею человѣка искать душевной дѣятельности даже внѣ побужденія духовной и физической его природы. Но само чувство скуки въ эту дѣятельность не входитъ, хотя появляется, когда дѣятельность ослабѣваетъ, и прекращается, когда дѣятельность усиливается. Вся же сознательная дѣятельность, внѣ тѣхъ задачъ, которыя могутъ быть ей указаны физическими или духовными потребностями человѣка, совершается посредствомъ одного чувствованія, дѣятельность котораго мы изучали въ первой части нашей антропологіи: посредствомъ *чувства различія и сходства*—этого единственнаго признака чистой дѣятельности сознанія.

18. Еслибы сознательная дѣятельность души или, проще, дѣятельность сознанія совершалась безостановочно, то мы и не замѣчали бы въ ней никакого другого чувствованія, кромѣ *чувства различія и сходства*. Но такъ какъ эта дѣятельность, какъ мы увидимъ ниже, по самому свойству ея матерьяловъ, надъ которыми душа работаетъ, можетъ затрудняться или на время пріостанавливаться, то и происходятъ различныя *душевно-умственныя* чувствованія. Затруднительность сознательнаго процесса выражается въ чувствѣ *умственнаго напряженія*; пріостановка же его, съ цѣлью продолженія работы — *въ чувствѣ*

[1]) См. выше, гл. VI п. 9.

ожиданія. Изъ ожиданія уже порождается *чувство неожи*[illegible] чувство *удивленія* и чувство *обмана*, если ожиданіе наше не [illegible]. Изъ чувства же обмана порождается *чувство сомнѣнія*, если матер[illegible] представляющіеся сознанію, такого рода, что, руководясь чувст[illegible] сходства и различія, человѣкъ относитъ эти матерьялы то въ [illegible] ренинѣ своихъ представленій, то къ другой. Если же, наконецъ, [illegible] терьялы, представляющіеся сознанію, таковы, что сознаніе не [illegible] возможности ни разорвать ихъ, ни соединить, то чувство этой [illegible] можности выражается въ особомъ чувствѣ *непримиримаго против*[illegible]. Завершенный процессъ сознанія выражается въ чувствѣ *умствен*[illegible] *успѣха*, которое говоритъ человѣку: *такъ!* хотя и можетъ об[illegible] манывать его.

ГЛАВА XXV.

Душевно-умственныя чувствованія. Виды ихъ: 1) чувство *сход*[illegible] и различія.

1. Въ первой части нашей «Антропологіи» мы старались [illegible] что способность сравнивать впечатлѣнія и, вслѣдствіе сравненія, [illegible] различіе и сходство между ними, а потомъ, вслѣдствіе этого разли[illegible] сходства, комбинировать ощущенія въ представленія и отдѣльныя пред[illegible] ленія въ сочетанія представленій—есть именно та способность, котор[illegible] можемъ раціонально назвать *сознаніемъ* [1]. Теперь же, какъ читатель [illegible] мы помѣщаемъ эту самую способность въ число *душевно-умственны*[illegible] ствованій, и въ этомъ слѣдуемъ Гербарту, который именно чувст[illegible] личія и сходства относитъ къ разряду чувствованій (Gefühlen) [2] [illegible] конечно, не авторитетъ Гербарта побудилъ насъ къ этому.

2. Прежде всего замѣтимъ, что *чувство различія и сходства* [illegible] *чувство сравненія*, какъ было бы приличнѣе его назвать, есть [illegible] ное психическое явленіе, неразлагаемый болѣе актъ души, какъ это [illegible] ведливо замѣтилъ и Миль [3]. Если мы возьмемъ это чувствова[illegible] самомъ простомъ его видѣ, безъ тѣхъ богатыхъ результатовъ, [illegible] оно даетъ, то не видимъ никакой причины не признать его таким[illegible] специфическимъ душевнымъ чувствомъ, какими признали гнѣвъ, [illegible] и проч. или какимъ признаемъ чувство ожиданія или чувство [illegible] данности.

3. Одного впечатлѣнія душа не сознаетъ, не превращаетъ [illegible] опредѣленное ощущеніе, хотя, быть можетъ, и испытываетъ стра[illegible] или удовольствіе и отъ одиночнаго впечатлѣнія. Но актъ сознанія [illegible] пается въ душѣ только тогда, когда два одновременныя впечатлѣ[illegible]

---

[1]) Пед. Антр. ч. I, гл. XXI. пп. 6—8.

[2]) Lehrb. der Psych. § 102.

[3]) Mill's Logik. P. I. Ch. III. § H.

вызывают въ ней актъ сравненія. Способна ли душа испытывать страданіе внѣ сознанія—этого мы не знаемъ, и знать не можемъ, потому что мы знаемъ, можемъ помнить и можемъ выразить лишь то, что прошло черезъ актъ сознанія. Но нѣтъ, кажется, причины не предполагать, что человѣкъ можетъ испытывать страданіе и внѣ сознанія, т. е. не сознавая того, что онъ страдаетъ, такъ какъ онъ ни съ чѣмъ не сравниваетъ своего страданія, а потому и не можетъ сознавать его, не можетъ помнить, не можетъ ввести въ комбинаціи своихъ представленій и потому, наконецъ, не можетъ и выразить его. Весьма вѣроятно даже, что первыя отношенія человѣка ко внѣшнему міру выражаются въ формѣ страданія или удовольствія, но не въ формѣ сознанія, но такъ какъ мы ровно не можемъ знать объ этомъ состояніи, то весьма опасно было бы строить какія-нибудь теоріи на этомъ вѣроятіи, и опасность эта оказалась въ теоріи Вундта, дошедшаго до признанія несознаваемыхъ представленій, или, другими словами, до признанія безсознательнаго сознанія, или логической нелѣпости. Мы предпочитаемъ лучше остановиться на этомъ скользкомъ пути и не вдаваться въ море вѣроятій, гдѣ руководителемъ нашимъ легко можетъ явиться фантазія, а не факты.

4. Но, тѣмъ не менѣе, появленіе въ насъ *органическихъ* чувствованій [1]) доказываетъ намъ ихъ независимость отъ сознанія, которому они предшествуютъ и изъ котораго они не выходятъ. Всякій можетъ наблюдать надъ собою, что замѣчая, что мы сердимся, мы уже находимъ въ себѣ готовое чувство гнѣва и очень часто любимъ, не сознавая еще, что мы любимъ. Сознаніе наше, обращаемое на эти чувства, находитъ ихъ уже готовыми въ душѣ — образовавшимися въ ней безъ помощи сознанія.

5. Если мы представимъ себѣ человѣка лишеннымъ способности обращать сознаніе на собственныя свои душевныя состоянія (положеніе, въ которомъ, безъ сомнѣнія, находится животное), то мы легко поймемъ, что такое существо, лишенное *самосознанія*, лишено было бы возможности сравнивать свои различныя душевныя состоянія, а слѣдовательно и различать ихъ, хотя не было бы лишено возможности чувствовать предметы внѣшняго міра, въ ихъ воздѣйствіи на его организмъ. Это не мѣшало бы такому существу испытывать гнѣвъ, страхъ, любовь и дѣйствовать подъ ихъ вліяніемъ, хотя оно не сознавало бы, что оно гнѣвается, боится или любитъ. Это *животное состояніе души* трудно вообразить для человѣка, который равно обращаетъ свое сознаніе и на предметы внѣшняго міра, и на свои внутреннія, душевныя состоянія; но оно является, какъ необходимое послѣдствіе, если, анализируя психическіе акты, мы будемъ отдѣлять въ нихъ то, что принадлежитъ сознанію, отъ того, что принадлежитъ самосознанію, т. е. обращенію сознанія души на собственныя ея душевныя состоянія.

6. Вотъ причины, побуждающія насъ признать самостоятельное су-

[1]) См. выше, гл. IX.

ществованіе чувствованій въ отношеніи сознанія, и, не вводя чувст-ваній въ область сознанія, поступить наоборотъ: поставить сознаніе *чувствованіе сходства и различія*, на ряду съ другими чувствова-ніями, не давая еще имъ общаго названія, которое появится само собою, когда мы будемъ вынуждены и самое желаніе признать однимъ изъ спе-цифическихъ чувствованій. Впрочемъ и теперь мы уже можемъ ска-что такимъ общимъ терминомъ будетъ слово *чувство*.

6. Признавъ же чувство сходства и различія за специфическое чув-ствованіе, мы конечно должны будемъ помѣстить его въ число чувство-ваній *умственныхъ*, такъ какъ это именно то чувствованіе, дѣй-ствомъ котораго и въ которомъ совершается вся умственная дѣятельность человѣка. Это чувство различія и сходства, какъ по обширности и не-малому разнообразію своихъ произведеній, такъ и потому, что только через него мы *узнаемъ* о существованіи въ насъ всѣхъ другихъ чув-ствованій, заслуживаетъ, конечно, того особаго изложенія, которое дается ему во всѣхъ психологіяхъ. Это чувство составляетъ единственную дверь, черезъ которую мы можемъ заглянуть и въ нашу собственную душу; потому и справедливо, что дѣятельность его изучается въ началѣ, до дѣятельности всѣхъ другихъ душевныхъ чувствъ. Но тѣмъ не менѣе здѣсь мы должны поставить его на ряду со всѣми другими чувствова-ніями, какъ такое же специфическое и неразлагаемое, какъ они всѣ.

7. Дѣятельность чувства различія и сходства или *чувства созна-нія*, какъ мы можемъ уже теперь называть его, именно потому такъ важна, что только оно одно изъ всѣхъ чувствованій находится въ отно-шеніи со всѣми разнообразіями внѣшняго міра. Но такъ какъ дѣятель-ность чувства сознанія уже изложена нами въ первой части нашей «Пси-хологіи», то здѣсь намъ остается указать только на отношеніе его къ другимъ, какъ *сердечнымъ* такъ и *умственнымъ* чувствованіямъ. Къ первымъ оно относится не такъ, какъ ко вторымъ: съ первыми оно стоитъ въ отношеніи взаимнаго воздѣйствія; ко вторымъ оно относится, какъ коренное чувство къ производнымъ: ибо всѣ остальныя умствен-*ныя* чувствованія возникаютъ изъ случайностей нарушенія нормальной дѣятельности чувства сознанія.

8. Мы уже сказали, что только черезъ чувство сознанія мы можемъ узнать о существованіи въ насъ всѣхъ другихъ душевныхъ чувствова-ній. Но это наблюденіе наше надъ нашими же чувствованіями значи-тельно затрудняется тѣмъ знакомымъ каждому явленіемъ, что чѣмъ силь-нѣе дѣйствуетъ въ насъ чувство сознаванія, направленное на наблюденіе другихъ чувствованій, тѣмъ болѣе слабѣетъ это наблюдаемое чув-Явленіе это въ обратномъ видѣ еще очевиднѣе: чѣмъ болѣе пре-мы какому-нибудь сердечному чувствованію, тѣмъ болѣе ту-наше сознаніе, что мы въ особенности замѣчаемъ по тѣмъ пере-сознанія, которые оказываются въ нашихъ взглядахъ, словахъ и по-какъ, вызванныхъ сильными порывами какого-нибудь чувствованія: страха, любви, стыда, наслажденія или страданія.

9. Это отношеніе сердечныхъ чувствованій къ процессу созна-

какъ мы уже имѣли случай указывать, заставило многихъ мыслителей смотрѣть враждебно на всѣ другія чувствованія, какъ на помѣху чистому, безстрастному мышленію, и выставлять мышленіе, совершенно свободное отъ вліянія всякихъ сердечныхъ чувствованій, за идеалъ мышленія. Такъ думали Декартъ, Спиноза и Кантъ; но мы полагаемъ, что такой идеалъ мышленія останется всегда идеаломъ, какъ мы можемъ замѣтить это и на самыхъ этихъ мыслителяхъ. Даже самъ Кантъ, котораго и холодный Гегель упрекаетъ въ холодности, былъ, какъ мы думаемъ, одинъ изъ самыхъ страстныхъ людей; но только предметомъ его страсти были метафизическія и логическія изысканія. Да развѣ и можетъ быть иначе? Развѣ можно просиживать дни и ночи за книгами и съ перомъ въ рукахъ, просиживать мѣсяцы и годы, сотни разъ передѣлывать одно и тоже, думать упорно объ одномъ и томъ же, подвергать разстройству свое здоровье и жизнь свою опасности (пускаясь, напр., за какимъ-нибудь цвѣткомъ въ горы Курдовъ), пренебрегать всѣми удовольствіями общества и радостями семейной жизни, не побуждаясь къ этому сильнѣйшею страстью? Глубокіе философы или ученые кажутся для другихъ людьми холодными именно потому, что они слишкомъ страстны — страстны до того, что одна страсть убиваетъ у нихъ всѣ другія. Но если человѣкъ, увлеченный страстною любовью къ одной женщинѣ, ставитъ ее выше цѣлаго міра, то это не значитъ еще, что и всѣ должны быть того же мнѣнія.

10. Однако же слѣдуетъ признать, что чувство различія и сходства даетъ самый богатый матерьялъ для души въ ея стремленіи къ сознательной дѣятельности, и притомъ матерьялъ никогда не истощающійся, а напротивъ, безпрестанно увеличивающійся, почему и самая сфера умственной дѣятельности представляется безпредѣльно расширяющейся. Понятно, что человѣкъ, нашедшій цѣль своей жизненной дѣятельности именно въ этой сферѣ, никогда не можетъ пожаловаться на недостатокъ матерьяловъ или на достиженіе предѣловъ. Сфера умственной дѣятельности также безгранична, какъ міръ, служащій ей предметомъ, и потому человѣкъ, черпающій именно изъ нея удовлетвореніе своего душевнаго стремленія къ дѣятельности, никогда не достигнетъ до дна. Вотъ, можетъ быть, причина, почему философы и кабинетные ученые, по большей части, живутъ долго; ибо ничто такъ не подрываетъ нашего здоровья и нашей жизни, какъ такія обстоятельства, которыя вдругъ преграждаютъ путь нашей любимой и привычной душевной дѣятельности; философы же и ученые въ этомъ отношеніи гораздо болѣе обезпечены, чѣмъ люди, связавшіе свою душевную дѣятельность или съ общественнымъ положеніемъ, или съ финансовыми предпріятіями, или, наконецъ, съ другими людьми, потеря которыхъ можетъ вдругъ разрушить всю ихъ душевную сферу.

11. Постоянство, быстрота и настойчивость умственнаго процесса зависятъ прежде всего, какъ кажется, отъ прирожденной стремительности души или отъ ея *врожденной силы*, выражающейся въ ея *природной требовательности*, а во-вторыхъ, — отъ сосредоточенности души въ

умственномъ процессѣ. Чѣмъ меньше человѣкъ ищетъ удовольствій, кромѣ тѣхъ, которыя сопровождаютъ умственный процессъ, и чѣмъ болѣе увлекается онъ самымъ процессомъ, тѣмъ болѣе онъ успѣетъ въ немъ. Самый же успѣхъ, какъ мы уже видѣли въ первой части «Антропологіи», зависитъ, кромѣ того, отъ богатства, доброкачественности и предварительной обработки матеріала, надъ которымъ человѣкъ работаетъ [1]. Замѣчаніе Вайца, что каждый человѣкъ имѣетъ свой особый *ритмъ* душевной дѣятельности, который дается ему природою или пріобрѣтенною привычкою [2], совершенно справедливо; но только этотъ прирожденный *ритмъ* противорѣчитъ самой теоріи Гербарта, которая все выводитъ изъ отношенія представленій другъ къ другу и ничего изъ природы самой души. Мы же объясняемъ этотъ ритмъ прежде всего различною силою того стремленія къ дѣятельности, которое врождено каждой душѣ, а во-вторыхъ тѣмъ, сосредоточена ли эта требовательность души въ одной умственной сферѣ, или она находитъ себѣ удовлетвореніе во многихъ. Человѣкъ, находящій удовлетвореніе своему стремленію къ сознательной дѣятельности, понемногу всюду—и въ чувствахъ тѣлесныхъ, и въ чувствованіяхъ сердечныхъ, и въ тѣлесной дѣятельности, и въ привычкахъ, и въ подражаніи, и въ лѣни и при равной природной силѣ—не сдѣлаетъ того, что сдѣлаетъ другой, находящій на всѣхъ путяхъ только отдыхъ, а дѣятельность на одномъ.

12. Но и одна сфера умственной дѣятельности такъ громадна и такъ расширяется съ развитіемъ человѣчества, что какъ бы ни велика была врожденная сила души и какъ бы ни упорно работала она въ одной умственной сферѣ, обогащенной и постоянно обогащаемой вѣковыми трудами цѣлаго человѣчества, сила эта не можетъ работать успѣшно во всѣхъ отдѣлахъ этой сферы. Отсюда возникаетъ необходимость специализаціи умственныхъ занятій, усиливающей результаты работы одного ум., но усиливающей лишь до тѣхъ поръ, пока не будутъ перейдены разумныя границы, когда односторонность и специальность знаній доходитъ до того, что люди, какъ при вавилонскомъ столпотвореніи, перестаютъ понимать другъ друга. Сосредоточеніе умственной работы въ болѣе и болѣе узкіе предѣлы приноситъ великую пользу умственному прогрессу человѣчества; но только до тѣхъ поръ, пока это сосредоточеніе не мѣшаетъ разумности самой работы. Но нѣтъ ничего хуже, когда человѣкъ, забывши то, что онъ давно уже спеціалистъ, и какъ бы оскорбленный узкими предѣлами той сферы, которую онъ самъ же себѣ выбралъ, начинаетъ сквозь очки своей спеціальности смотрѣть на цѣлый міръ и требуетъ, чтобы и другіе люди надѣли тѣ же самые очки; тогда-то начинается тотъ хаосъ міросозерцаній, которому мы были свидѣтелями въ послѣднее время.

---

[1]) См. Пед. антр. ч. I, гл. XLII.

[2]) Waitz. Lehrb. der Psych. S. 216.

ГЛАВА XXVI.

Виды душевно-умственныхъ чувствованiй: 2) чувство умственнаго напряженiя, 3) чувство ожиданiя.

Чувство умственнаго напряженiя.

1. Когда число матерьяловъ, которые должны быть одновременно обняты сознанiемъ, чтобы оно могло свести ихъ въ одно понятiе, превышаетъ силы души, тогда мы испытываемъ *чувство умственнаго напряженiя*. Хотя это чувство не высказывается съ яркостью чувствъ сердечныхъ; но, безъ сомнѣнiя, оно знакомо каждому, кто занимался хоть сколько нибудь, упорною, мысленною работою. Вайцъ справедливо замѣчаетъ, что это чувство одинаково сильно и у ребенка, старающагося понять первое ариѳметическое правило, и у великаго математика, разрѣшающаго новую сложную проблему [1]).

2. Мы уже видѣли въ первой части «антропологiи», какое значенiе имѣетъ обработка и группировка матерьяловъ, надъ которыми работаетъ сознанiе (представленiй, сужденiй и понятiй), и потому поймемъ, что, смотря по предварительной обработкѣ матерьяла, одно и тоже усилiе сознанiя можетъ достичь столь различныхъ результатовъ, какъ результаты достигаемые ребенкомъ, только что начинающимъ изучать ариѳметику, и результаты, достигаемые великимъ математикомъ въ его соображенiяхъ, поражающихъ своею сложностью. Мы считаемъ этотъ умственный процессъ уже достаточно выясненнымъ [2]), чтобы не возвращаться къ нему. Здѣсь же замѣтимъ только, что наставникъ непремѣнно всегда долженъ имѣть въ виду, что сила умственнаго напряженiя въ ребенкѣ точно такая же, какъ и въ немъ самомъ, а все различiе—въ предварительной обработкѣ матерьяла, и не ждать большихъ результатовъ отъ умственнаго напряженiя ребенка, чѣмъ тѣ, которые оно можетъ дать по самому свойству матерьяла.

3. Чувство умственнаго напряженiя показываетъ только, что предѣлъ силы, которою обладаетъ наша душа, уже достигнутъ; далѣе этого предѣла мы идти не можемъ, какъ бы ни напрягали свой умъ, а должны воротиться назадъ и приняться снова за переработку, перестановку и конденсировку матерьяловъ, которыхъ не могли мы обнять въ ихъ прежнемъ видѣ. Этотъ конденсирующiй процессъ очень хорошо и ясно выражается въ томъ извѣстномъ алгебраическомъ прiемѣ, который употребляется при разрѣшенiи уравненiя съ нѣсколькими неизвѣстными. Принимая фиктивно неизвѣстныя за извѣстныя, математикъ провизуарно разрѣшаетъ сначала одно неизвѣстное, потомъ другое, т. е. приводитъ всѣ неизвѣстныя въ такое соотношенiе между собою, что вся задача

---

1) Waitz. Lehrb. der Psych. 295.

2) Пед. Антроп. Ч. I, гл. XLIII.

выражаетъ уже одинъ вопросъ, отъ разрѣшенія котораго зависитъ рѣшеніе всѣхъ вопросовъ задачи. Точно также совершается и рѣшеніе всѣхъ возможныхъ вопросовъ, съ тою только разницею, что въ не-матической области рѣдко возможно пользоваться тою фикціею, которая такъ могущественно помогаетъ математику. Рѣшеніе всякаго вопроса, къ какой бы области онъ ни относился, если только всѣ данныя его рѣшенія на лицо, уже скрывается въ тѣхъ понятіяхъ, изъ которыхъ вопросъ составленъ. Но этихъ понятій, такъ какъ они относятся къ міру неизмѣряемыхъ величинъ, нельзя означить буквами x, y, z и принять ихъ за извѣстныя. Здѣсь остается уже разлагать самыя понятія и повѣрять правильность ихъ составленія, а отсюда и отношеніе и значеніе каждаго въ данномъ вопросѣ. Какъ только же это будетъ сдѣлано, то и вопросъ, не поддававшійся нашему *умственному напряженію*, не представитъ никакихъ затрудненій, или окажется просто неразрѣшимымъ по неимѣнію данныхъ.

4. Умственнымъ напряженіемъ—ничего не возьмешь: испытанный человѣкъ поворачиваетъ назадъ, и принимается за переработку и перестановку матерьяла. Мы не всегда ясно помнимъ этотъ свой ...ный пріемъ, послѣ котораго мы иногда, съ поражающею насъ легкостью, понимаемъ то, чего прежде не могли понять, не смотря на все умственное усиліе, выражавшееся чувствомъ умственнаго напряженія. Но стоитъ только постараться припомнить, какимъ образомъ мы ... этой легкости пониманія того, что прежде казалось намъ столь трудно, и мы непремѣнно увидимъ, что мы предварительно поработали ... мымъ матерьяломъ пониманія. Пониманіе этого великаго психическаго закона и умѣнье имъ пользоваться составляетъ основаніе дидактики или искусства передачи свѣдѣній. Искусство это, доведенное до высокой степени въ діалогахъ Платона, далеко еще не разработано, какъ слѣдуетъ, современною педагогикою. Кто же хочетъ серьезно научиться этому ... кому искусству ясной передачи своихъ свѣдѣній, тому мы посовѣтуемъ обратиться не къ нѣмецкимъ дидактамъ, а къ Платону, Аристотелю, Декарту и Бэкону.

5. Чувство умственнаго напряженія имѣетъ и свое ...ніе въ упорной остановкѣ глазъ, какъ будто бы мы хотѣли разсмотрѣть предметъ, лежащій передъ нами, и въ ощущаемомъ и видимомъ напряженіи мускуловъ лба. Это воплощеніе, повторяясь часто, оставляетъ слѣды въ характеристическихъ морщинахъ лба. Но напрасно было бы видѣть въ этихъ морщинахъ «слѣды глубокихъ думъ», какъ говорится: это только слѣды умственнаго напряженія и встрѣчаются очень часто у людей замѣчательно глупыхъ.

Чувство ожиданія.

6. Объясненіе, данное *чувству ожиданія* Гербартомъ, кажется довольно удовлетворительнымъ. Если рядъ представленій, ... въ нашемъ сознаніи, проходитъ быстрѣе, чѣмъ рядъ нашихъ ...

ній, соотвѣтствующихъ ряду нашихъ представленій, то въ насъ возникаетъ *чувство ожиданія.* Видя, что человѣкъ готовится стрѣлять, мы *ожидаемъ* выстрѣла; зная, что пріятель нашъ идетъ къ намъ, мы *ожидаемъ* его прихода, т. е. другими словами, рядъ нашихъ представленій *упреждаетъ* рядъ соотвѣтствующихъ внѣшнихъ явленій. Но нетрудно видѣть, что изъ одного этого упрежденія вереницы явленій вереницею представленій не могло бы еще выйти *чувство ожиданія.* Это упрежденіе есть только *внѣшняя* причина *чувства ожиданія*, внутренняя причина котораго все же скрывается въ стремленіи, движущемъ рядъ нашихъ представленій съ большею скоростью, чѣмъ развивается рядъ соотвѣтствующихъ имъ явленій: въ *потребности* сознательной дѣятельности, совершающейся съ данною быстротою.

7. Уже изъ опредѣленія ожиданія легко видѣть, что оно очень быстро можетъ соединяться съ чувствомъ скуки; но ожиданіе, соединенное со скукою, отличается отъ самой скуки: тамъ работникъ бросилъ матерьялъ и сложилъ руки; здѣсь работникъ стоитъ, ждетъ матерьяла и сердится, сердится тѣмъ болѣе, чѣмъ напряженнѣе тѣ стремленія, удовлетворенія которыхъ онъ ждетъ отъ ожидаемаго явленія. Мы начнемъ ощущать скуку, какъ только однообразное представленіе ожидаемаго начнетъ намъ надоѣдать, т. е. перестанетъ давать намъ достаточную душевную работу. Но если ожидаемое представленіе такого рода, что отъ него мы ждемъ удовлетворенія какого нибудь другаго нашего стремленія, то, смотря по силѣ и настоятельности этого главнаго стремленія, мы будемъ испытывать какія-нибудь другія чувствованія, но не скуку.

8. Изъ сказаннаго уже видно, что чувство ожиданія очень легко комбинируется съ разными сердечными чувствованіями. Оно, какъ мы видѣли, можетъ соединяться со скукою или гнѣвомъ; но оно можетъ комбинироваться также съ чувствомъ страха и съ чувствомъ любви. Чувство страха, какъ мы его обыкновенно испытываемъ, всегда даже комбинируется съ чувствомъ ожиданія, такъ что чувство страха въ своей отдѣльности существуетъ только, какъ органическое чувствованіе; душевный же страхъ всегда соединенъ съ ожиданіемъ. Но, тѣмъ не менѣе, мы должны раздѣлять оба эти чувства, ибо замѣчаемъ, что чувство ожиданія можетъ комбинироваться не только со страхомъ, но и съ другими чувствованіями. Страхъ, соединенный съ ожиданіемъ, а слѣдовательно, съ представленіемъ того, что ожидается, есть уже не элементарное чувство души, а ея чувственное состояніе.

9. Если мы ожидаемъ чего-нибудь пріятнаго для насъ, то и самое чувство ожиданія бываетъ то пріятно, то непріятно, смотря по тому, какъ мы отнесемся къ ожидаемому нами явленію. Если мы думаемъ о близкомъ явленіи, то испытываемъ удовольствіе, *предвкушеніе* удовольствія, хотя и сознаемъ въ тоже время, что оно еще не наступило; если же мы думаемъ объ отдаленности ожидаемаго явленія, то испытываемъ неудовольствіе или гнѣвъ, смотря по тому, какъ мы отнесемся не къ предмету ожиданія, а уже къ самому чувству ожиданія. Если мы

пассивно поддаемся ему, то страдаемъ; если же пытаемся бороться съ нимъ, и кидаемся на него вновь и вновь, всякій разъ, какъ оно насъ одолѣваетъ, то испытываемъ гнѣвъ. Тоже самое совершается въ обратномъ порядкѣ, если ожидаемое явленіе грозитъ намъ неудовольствіемъ. Дѣти особенно нетерпѣливы при ожиданіи и въ тоже время, какъ справедливо замѣчаетъ Броунъ, всего болѣе живутъ ожиданіемъ [1]). Явно это объясняется тѣмъ, что дитя мало еще находитъ пищи своему стремленію къ сознательной дѣятельности въ готовомъ уже содержаніи души своей. Если дитя оглянется назадъ и сравнитъ ожиданіе какого нибудь удовольствія съ самимъ удовольствіемъ, то нерѣдко чувствуетъ, что ожиданіе его обмануло, и это чувство, какъ мы увидимъ въ своемъ мѣстѣ, играетъ очень важную роль въ исторіи дѣтской души. Теперь же замѣтимъ только вскользь, что вообще воспитатель не долженъ слишкомъ возбуждать ожиданій въ душѣ дитяти, и безъ того склонной къ этой формѣ чувства; а возбуждая ожиданія долженъ всегда имѣть въ виду на сколько удовлетвореніе можетъ имъ соотвѣтствовать.

10. Чувство ожиданія въ соединеніи съ представленіями и другими чувствованіями составляетъ то, что называютъ обыкновенно *надеждою*. Принято, впрочемъ, употреблять слово надежда только для обозначенія ожиданій чего-нибудь пріятнаго; ожиданіе же непріятнаго не имѣетъ у себя отдѣльнаго названія, подобно тому, какъ есть слово *сострадание* и нѣтъ слова *сорадостие*, хотя оба эти явленія одинаково замѣчаются въ душѣ. Вотъ это-то отсутствіе названія для ожиданія чего-нибудь дурного и подало поводъ противополагать надеждѣ страхъ, какъ ожиданіе какого-нибудь зла; но это совершенно несправедливо: мы можемъ ожидать чего-нибудь дурного, вовсе не испытывая чувства страха, и можемъ испытать страхъ, ничего собственно не ожидая, какъ напр. при испугѣ. Слѣдовательно, страхъ есть элементарное чувство, а надежда, точно также какъ и ожиданіе чего-нибудь дурного, суть уже сложныя чувственныя состоянія души. Обыкновенно говорятъ, что надежда борется со страхомъ; но въ этомъ выраженіи есть большая ошибка. Надежда по большей части, борется съ надеждою же, т. е. увѣренность, что ожидаемое событіе сбудется, съ неувѣренностью, точно также, какъ увѣренность въ томъ, что дурное ожиданіе сбудется, можетъ бороться съ противною неувѣренностью, что авось оно не сбудется. Надежда, равно какъ и вообще всякое ожиданіе, можетъ сопровождаться различною степенью *увѣренности*. Такимъ образомъ, при анализѣ психическаго явленія, называемаго надеждою, мы встрѣчаемся въ первый разъ съ особеннымъ неразлагаемымъ психическимъ явленіемъ, которое называютъ *увѣренностью*, или просто *вѣрою*. Этотъ новый, психическій элементъ принадлежитъ только человѣку, а потому и будетъ нами изслѣдованъ только въ третьей части нашей антропологіи. Здѣсь же мы беремъ его какъ готовое, всякимъ испытанное состояніе души. Кромѣ того въ надеждѣ

[1]) Brown, p. 340.

мы уже находимъ понятіе о времени, о будущемъ. Слѣдовательно, надежда есть уже очень сложное душевное явленіе, и притомъ явленіе, возможное только душѣ человѣческой, заглядывающей въ будущее и имѣющей способность вносить въ него *вѣру*.

11. Не должно смѣшивать *ожиданія* съ *любопытствомъ*. Въ ожиданіи мы ждемъ того, что *должно* прійти по нашему мнѣнію; любопытство же возбуждается именно неизвѣстностью того, что должно прійти. Въ ожиданіи, если оно не сбывается, можетъ возникнуть *вопросъ*; но въ самомъ чувствѣ ожиданія его еще нѣтъ; тогда какъ въ любопытствѣ непремѣнно есть уже вопросъ или множество вопросовъ и ясно выступаетъ мучительное желаніе ихъ разрѣшенія. По этому послѣднему признаку мы относимъ любопытство къ области желаній, т. е. къ области воли, тогда какъ ожиданіе въ чистомъ своемъ видѣ есть только умственное чувствованіе.

12. Нетрудно замѣтить, что одни характеры болѣе другихъ подчиняются чувству ожиданія: не могутъ оторваться отъ него, не могутъ заняться ничѣмъ другимъ, кромѣ ожиданія, выказываютъ при этомъ сильное волненіе и, нерѣдко ускоряя наступленіе ожидаемаго, портятъ самое дѣло. Такіе характеры мы и называемъ *нетерпѣливыми*. Человѣкъ же съ *терпѣливымъ* характеромъ спокойнѣе выноситъ чувство ожиданія, не поддается ему: можетъ при этомъ заниматься чѣмъ-нибудь постороннимъ, и не ускоряетъ необдуманно наступленія того, чего ожидаетъ. Такое разнообразіе въ природѣ людей зависитъ не отъ одной, а отъ многихъ причинъ, по свойству которыхъ и самое *терпѣніе* бываетъ разнообразно и заслуживаетъ совершенно различной практической оцѣнки.

13. Люди съ раздражительными нервами, и особенно больные трудно выносятъ чувство ожиданія, и, какъ говорится, считаютъ минуты. Это измѣреніе времени, какъ справедливо гдѣ-то замѣтилъ Гегель, показываетъ, что человѣкъ сильно скучаетъ, если ему нечего болѣе дѣлать, какъ измѣрять время, которое въ сущности неизмѣримо. Такую же невыносливость чувства ожиданія оказываютъ дѣти, и по отношенію ребенка къ ожиданію можно довольно вѣрно судить о степени раздражительности его нервной системы. Дитя съ раздражительными нервами, когда ждетъ чего-нибудь для него интереснаго, не можетъ усидѣть на мѣстѣ: бѣгаетъ, суетится, а иногда даже замѣтны въ немъ судорожныя движенія и судорожный крикъ, когда ожидаемое приближается. Человѣкъ съ сильною волею, безъ сомнѣнія, также глубоко испытываетъ чувство ожиданія, какъ и человѣкъ съ волею слабою; но сильная воля даетъ человѣку возможность сократить минуты ожиданія, сдѣлать ихъ незамѣтными, отрывая свою умственную дѣятельность отъ того, что ожидается, и перенося ее на какой-нибудь другой предметъ. Это также власть надъ вниманіемъ, которую мы описали выше [1]). Особенная терпѣливость замѣчается также у тѣхъ людей, душа которыхъ вообще мало

[1]) См. Пед. Антр. ч. I, гл. XX, пп. 3, 4 и 5.

стремительна или мало требовательна. Эти люди легче выносятъ скуку, а потому легче выносятъ и ожиданіе, которое именно мучительно тѣмъ, что останавливаетъ душевную дѣятельность, заставляя ее обратиться къ самому безплодному пережевыванію однихъ и тѣхъ же представленій, а наконецъ, когда это окончательно надоѣдаетъ, то еще къ болѣе однообразному и безплодному занятію: измѣренію неизмѣримаго времени, которое именно имѣетъ то свойство, что чѣмъ пристальнѣе стараемся мы его измѣрить, тѣмъ болѣе оно растягивается, такъ-что минуты напряженнаго ожиданія превращаются въ цѣлые часы, которые при дѣятельномъ занятіи въ свою очередь обращаются въ минуты. Наконецъ, большая или меньшая напряженность ожиданія зависитъ прямо отъ большей или меньшей напряженности тѣхъ стремленій или образовавшихся изъ нихъ желаній, удовлетворенія или противорѣчія которымъ мы ожидаемъ отъ ожидаемаго событія. Ожиданіе великой бѣды также растягиваетъ время, какъ и ожиданіе великаго счастья.

14. Такое различіе причинъ терпѣнія и нетерпѣнія показываетъ намъ, что и самая цѣнность этихъ свойствъ характера неодинакова. Этимъ объясняется различіе взглядовъ, которые высказываются по поводу терпѣнія. «Терпѣливы только глупцы», говорятъ одни; «терпѣніе все преодолѣваетъ» — говорятъ другіе или даже тѣ же самые; «терпѣніе есть добродѣтельословъ» — думаютъ иные; «геній есть величайшее терпѣніе» — говоритъ Бюффонъ. Дѣло же объясняется тѣмъ, что терпѣніе терпѣнію рознь, смотря по тому, отчего зависитъ терпѣніе.

15. Терпѣніе, происходящее оттого, что вообще ожиданіе мало [illegible] душу, значитъ все то же, что слабость душевнаго стремленія. [illegible] терпѣливый человѣкъ окажется очень нетерпѣливымъ, если, [illegible] стремленіе къ пищѣ доростетъ въ немъ до напряженности сильнаго голода. Вотъ почему, наблюдая, чего человѣкъ ждетъ съ нетерпѣніемъ, а чего съ нетерпѣніемъ, мы можемъ вѣрно судить о томъ, какія стремленія сильнѣе въ немъ другихъ. Тотъ же самый человѣкъ, который [illegible] терпѣливо оставляетъ книжку журнала неразрѣзанною, выказываетъ [illegible] ное нетерпѣніе, когда опоздаютъ накрыть на столъ. Если же, [illegible] тѣлесныхъ стремленій, человѣкъ спокойно выноситъ ожиданіе, не [illegible] ляя своихъ мыслей на что-нибудь другое, то, безъ сомнѣнія, [illegible] терпѣніе обнаруживаетъ очень слабую требовательность душевной [illegible] ности, и показываетъ, что эта душа уживается съ такою [illegible] дѣятельностью, съ которою не можетъ ужиться другая. Это терпѣніе [illegible] довело бы назвать *выносливостью*.

16. Но есть другого рода терпѣніе, которое состоитъ въ томъ, что человѣкъ, не получая удовлетворенія своихъ стремленій, все же настаиваетъ на нихъ и, встрѣчаясь съ неуспѣхомъ, не обезоруживается имъ, а [illegible] стремится удалить препятствіе. Отступая, онъ возвращается снова [illegible] новыми силами, пока не восторжествуетъ надъ препятствіемъ и не [illegible] будетъ ожидаемаго. Такое терпѣніе, уже не *пассивное*, а *активное*

обнаруживаетъ особенную силу души и есть необходимое условіе всякаго великаго дѣла и въ жизни, и въ наукѣ.

17. Что терпѣніе необходимо во всякомъ дѣлѣ—это сдѣлалось азбучною поговоркою; но эта поговорка справедлива только въ томъ случаѣ, если мы отличаемъ терпѣніе отъ выносливости. Мы не будемъ оспаривать того, что иногда и ослиная выносливость подымаетъ человѣка высоко, но мы говоримъ здѣсь не о пассивномъ успѣхѣ человѣка. Для прямой же творческой дѣятельности выносливость можетъ принести только вредъ, а не пользу. Если же душа выноситъ напоръ стремленія, не потому, что оно въ ней не сильно, но съ *цѣлью* доставить ему полнѣйшее удовлетвореніе, то это уже такое терпѣніе, которое необходимо для всякаго творчества. Такой человѣкъ, напр., зрѣло обдумаетъ дорогую для него идею, подготовитъ всѣ средства къ ея выполненію и выждетъ благопріятнаго времени, какъ бы ни порывалась у него эта идея наружу. И въ словахъ, и въ дѣйствіяхъ такого человѣка проглянетъ тогда накопленная сила. Человѣкъ же слабохарактерный не можетъ вынести перваго напора стремленія, спѣшитъ удовлетворить ему и удовлетворяетъ кое-какъ, да и самое стремленіе не успѣло въ немъ достичь значительной степени напряженности, а потому и въ словахъ, и въ дѣлахъ такого человѣка все выходитъ слабо, запутано, безцвѣтно. Сильный характеръ, какъ и сильный потокъ, встрѣчая препятствіе, только раздражается и усиливается еще болѣе; но за то, опрокинувъ препятствіе, прокладываетъ для себя и глубокое русло. Въ нынѣшнее время, когда слабохарактерность сдѣлалась наиболѣе распространенною психическою болѣзнью, недостатокъ терпѣнія кидается въ глаза. Только-что сформировавшееся убѣжденіе торопится перейти въ дѣло, и конечно разбивается о первыя же препятствія.

18. Есть еще особый родъ терпѣнія, которое скорѣе можно назвать *покорностью* (resignation). Говоря объ этомъ терпѣніи, Кантъ выражается такъ: «терпѣніе не есть смѣлость; это добродѣтель женщинъ, такъ-какъ оно не даетъ силы сопротивляться, а только надѣется облегчить страданіе привычкою» [1]). Но мы думаемъ, что и такое терпѣніе бываетъ двоякаго рода: одно выходитъ изъ полнаго убѣжденія въ своемъ безсиліи, а другое—изъ религіозной увѣренности въ благости и премудрости Провидѣнія. Изъ этого мы видимъ, какъ разнообразно употребляется у насъ одно и то же слово *терпѣніе* и что не всякое терпѣніе есть достоинство.

19. Привычка дѣйствительно развиваетъ терпѣливость, но какъ она ее развиваетъ? Мы дѣйствительно становимся терпѣливыми въ томъ дѣлѣ, которымъ долго и постоянно занимаемся; но не потому, чтобы охладѣли къ этому дѣлу, а потому, что уже убѣдились въ своевременномъ наступленіи тѣхъ или другихъ событій. Мы привыкаемъ къ извѣстному *ритму* работы и потому не упреждаемъ наступленія событій, къ посто-

---

[1]) Kant's Antrop. § 76.

яниой послѣдовательности которыхъ привыкли. Но можно вообще, въ
ношеніи всякого дѣла, увеличить свою терпѣливость, если у
гда есть въ запасѣ такая умственная или физическая работа,
жетъ наполнить минуты ожиданія. Крестьянинъ, у котораго
вольно физической работы, отличается своимъ терпѣніемъ. Люди,
рыхъ судьба наказала праздностью, отличаются своею нетерпѣливостью.
Дѣти всегда нетерпѣливы, потому что и воля ихъ слаба, и въ
еще мало содержанія, и, наконецъ, стремленія, возникающія въ
мало находятъ себѣ противовѣса въ постоянныхъ наклонностяхъ
стяхъ. Воспитать разумное терпѣніе въ человѣкѣ есть одна изъ
сложныхъ и самыхъ важныхъ задачъ воспитанія, которое, въ
ошибкахъ, чаще воспитываетъ вредную выносливость, чѣмъ
терпѣніе.

ГЛАВА XXVII.

Виды *умственныхъ* чувствованій: 4) чувство неожиданности а) чувство обмана и б) чувство удивленія.

1. Изъ несбывшагося ожиданія возникаетъ особенное чувство,
рое слѣдуетъ назвать *чувствомъ неожиданности*. Чувство
ности, уже осложненное другими психическими явленіями, может
рейти или въ *чувство обмана* или въ *чувство удивленія*,
обманъ и удивленіе мы не можемъ уже назвать элементарными
ми, а скорѣе чувственными состояніями души. Но они находятся
такой тѣсной связи съ чувствомъ неожиданности и такъ удобно
объясняются, что мы изложимъ ихъ вмѣстѣ, въ одной главѣ,
необходимую оговорку.

Чувство неожиданности.

2. Чувство *неожиданности* возникаетъ въ насъ, когда впечатлѣ
ми внѣшняго міра или какимъ-либо вліяніемъ нервнаго организма
гается въ наше сознаніе такое представленіе, котораго мы не
Чувство это усиливается, конечно, если новое представленіе
въ противорѣчіи съ тѣмъ, которое, по нашему ожиданію,
найти себѣ соотвѣтствіе во внѣшнихъ явленіяхъ; но это же чувство
та въ слабѣйшей степени, вызывается и тогда, если новое предста
віе, насильственно вдвинутое въ наше сознаніе, не находится ни
кой связи съ настоящимъ рядомъ нашихъ представленій.

3. Само по себѣ чувство неожиданности ни пріятно, ни
Это совершенно специфическое чувство какого-то толчка въ
нашего мышленія, остановки въ развитіи его вереницъ, которая
ходитъ или оттого, что вдругъ въ цѣпи явленій, ожидаемыхъ
одного или многихъ звеньевъ, или являются звенья новыя,

которыхъ мы ожидали, или прерывается совершенно вереница, или врывается новое представленіе, не находящееся ни въ какой связи съ тѣмъ, что мы представляли. Этотъ толчекъ въ процессѣ мышленія можетъ или нравиться или не нравиться намъ, смотря по тому, какъ мы къ нему относимся. Чувство неожиданности любятъ дѣти и люди съ неразвитою и мало самостоятельною внутреннею жизнью. Они ждутъ отъ случая пищи для своей душевной работы, которая безпрестанно рвется, потому что вереницы представленій въ такой душѣ коротки и обрывочны. Чувства неожиданности не любятъ люди съ сильно развитою, самостоятельною внутреннею жизнью. Всякія неожиданности мѣшаютъ ихъ самостоятельной душевной работѣ. Но если это люди не одностороннія, не совершенно поддавшіеся своему внутреннему влеченію, то они принимаютъ неожиданности какъ необходимое явленіе, и обращаются къ нимъ съ интересомъ, зная, что именно неожиданности могутъ исправить ошибки ихъ мышленія или дать имъ новое средство для достиженія уже выработавшейся въ нихъ цѣли. Чувства неожиданности не любятъ глубоко въ себѣ сосредоточенные характеры, которые уже не ждутъ отъ новыхъ явленій никакихъ поправокъ или перемѣнъ въ своемъ мышленіи и въ своихъ цѣляхъ. Вотъ почему фанатики всякаго рода ищутъ уединенія и если выходятъ въ общество, то съ цѣлью убѣждать, но не убѣждаться. Неожиданностей не любятъ также старики, но уже по другой причинѣ: на всякую неожиданность они смотрятъ съ инстинктивнымъ испугомъ, чувствуя, что она, можетъ быть, потребуетъ такой перестройки въ ихъ старомъ душевномъ зданіи, на которую у нихъ не хватитъ ни силъ, ни времени.

4. Ясно, что чувство неожиданности возбуждается въ душѣ явленіями внѣшняго для души міра. Но такъ-какъ вліяніе этихъ явленій именно и создаетъ въ человѣкѣ правильное мышленіе, то отсюда выходитъ и вся необходимость чувства неожиданности для процесса мышленія. Какъ бы ни казалось оно непріятнымъ мыслящему человѣку, но онъ долженъ подвергаться ему какъ можно чаще. Чѣмъ болѣе неожиданныхъ толчковъ испытаетъ его мысль, прежде чѣмъ придетъ къ окончательному результату, тѣмъ болѣе ручательствъ, что она вѣрна дѣйствительности. Замѣчая же въ себѣ отвращеніе къ неожиданностямъ, человѣкъ долженъ всегда бояться, что онъ вдался уже въ какую-нибудь односторонность.

5. Изъ различнаго отношенія людей къ чувству неожиданности возникаютъ многія замѣчательныя черты въ человѣческомъ характерѣ. Люди, напримѣръ, съ неразвитою, бѣдною и мало самостоятельною душевною жизнью любятъ такое общество и такое положенія дѣлъ и вещей, которое даетъ имъ по возможности болѣе неожиданностей; для людей же съ сильною, внутреннею и самостоятельною жизнью такое положеніе дѣлъ, гдѣ все зависитъ отъ случая и каприза, невыносимо тяжело. Съ другой стороны, характеры деспотическіе хотятъ привести все въ такой порядокъ, чтобы нигдѣ не встрѣчать неожиданностей. Но если бы человѣка поставить въ ту или другую крайность, перенести его или въ такой

міръ, гдѣ не было бы для него неожиданностей, или въ такой, гдѣ все было бы для него неожиданностью, будучи игрою каприза и случая, то и въ томъ, и въ другомъ случаѣ былъ бы глубоко несчастливъ. Во почему рабъ, повинующійся неожиданнымъ и непонятнымъ для него призамъ своего повелителя, равно какъ и деспотъ, удалившій отъ себя по возможности всякую неожиданность, одинаково несчастны.

Чувство обмана.

6. Въ чувствѣ *обмана* присоединяется уже къ чувству неожиданности болѣе или менѣе сильное и яркое сравненіе того, что ожидалось, съ тѣмъ, что появилось, и чѣмъ ярче мы воображаемъ себѣ представленіе, осуществленія котораго ожидали, тѣмъ сильнѣе испытываемъ чувство обмана. Фокусникъ положилъ монету подъ темный стаканъ; дитя въ своемъ живомъ воображеніи видитъ эту монету, скрытую стаканомъ; фокусникъ подымаетъ стаканъ — и монеты нѣтъ: тогда чувство обмана электрически дѣйствуетъ на душу ребенка. Этимъ объясняется, почему фокусы въ особенности нравятся дѣтямъ. Дѣти, какъ мы уже знаемъ, живѣе взрослыхъ представляютъ себѣ воображаемый предметъ и потому противорѣчіе дѣйствительнаго явленія съ представленіемъ дѣйствуетъ на нихъ сильнѣе.

7. Гербартіанцы называютъ чувство обмана тяжелымъ; но это несправедливо. Удовольствіе, доставляемое фокусами, показываетъ ясно, что человѣкъ любитъ то душевное волненіе, которое доставляетъ ему обманъ, если только этотъ обманъ не нарушаетъ какихъ либо другихъ его интересовъ. Обманъ, какъ и чувство неожиданности, преимущественно нравится тѣмъ, для кого душевное потрясеніе является само по себѣ цѣлью, а не средствомъ душевной работы, какимъ оно въ дѣйствительности есть для каждаго человѣка, уже увлеченнаго самостоятельною душевною работою. Слѣдовательно, чувство обмана само по себѣ ни пріятно, ни непріятно, а удовольствіе или неудовольствіе при обманѣ возникаетъ уже изъ отношенія обмана къ другимъ интересамъ человѣка.

Чувство удивленія.

8. Въ чувствѣ *удивленія* присоединяется къ чувству неожиданности *сознаніе трудности* примирить новое для насъ явленіе съ тѣми вереницами представленій и понятій, которыя въ насъ уже образовались. Пока мы не обратимъ вниманія на эту трудность, то будемъ испытывать только или чувство неожиданности, или чувство обмана. Но чѣмъ болѣе сжились мы съ тѣми понятіями, которымъ противорѣчитъ новое явленіе, чѣмъ болѣе основное мѣсто эти понятія занимаютъ въ душѣ нашей, т. е. чѣмъ въ насъ болѣе вереницъ и сѣтей представленій, въ которыя это понятіе входитъ, какъ ихъ необходимый членъ, тѣмъ сильнѣе поражаетъ насъ удивленіемъ явленіе, имъ противорѣчащее, и тѣмъ быстрѣе

мгновенiе происходитъ въ насъ соображенiе представляющейся трудности примирить новое явленiе съ вкоренившимися представленiями. Такъ напр. мы до того сроднились съ понятiемъ притяженiя всѣхъ тяжелыхъ вещей къ землѣ, что поднятiе какой-нибудь изъ нихъ на воздухъ, безъ всякой видимой для насъ причины, нарушило бы въ насъ безчисленное множество представленiй о тяжелыхъ вещахъ и мы почти мгновенно были бы поражены крайнимъ удивленiемъ, тогда-какъ для ребенка тоже явленiе было бы только занимательнымъ обманомъ.

9. Весьма замѣчательно объясненiе, которое даетъ Декартъ чувству удивленiя: «Предметы, новые для чувствъ, говоритъ онъ, трогаютъ мозгъ въ такихъ частяхъ, въ которыхъ онъ еще не привыкъ къ прикосновенiямъ» [1]). Но, во-первыхъ, такое объясненiе удивленiя даетъ невозможное представленiе о томъ, что всѣ слѣды имѣютъ въ мозгу свое особое положенiе по мѣсту, а во-вторыхъ — противорѣчитъ факту. Если бы кто увидалъ хорошо знакомый ему образъ своего умершаго друга, то, безъ сомнѣнiя, былъ бы пораженъ этимъ образомъ, не смотря на все свое знакомство съ нимъ, и, наоборотъ, никто не удивляется физiономiи человѣка, котораго никогда не видалъ прежде. Слѣдовательно, здѣсь дѣло не въ самомъ образѣ или явленiи, которое намъ представляется, а въ его отношенiи къ нашимъ убѣжденiямъ и рядамъ нашихъ мыслей, составляющимъ содержанiе нашихъ ожиданiй. Явленiе, поражающее химика или ботаника, можетъ вовсе не поразить человѣка, незнакомаго съ этими науками, и, наоборотъ, то, что поражаетъ человѣка, незнающаго химiи и физики, вовсе не поразитъ специалиста въ этихъ наукахъ и не поразитъ не потому, чтобы химикъ или физикъ привыкли къ данному явленiю (они могли его прежде никогда и не видѣть), но потому, что они знаютъ, что ожидаемое явленiе должно произойти и будутъ, напротивъ, удивлены, если оно не произойдетъ. Замѣчательно, что Спиноза вовсе выбрасываетъ удивленiе изъ числа чувствованiй [2]) и этимъ показываетъ несостоятельность своей теорiи чувствъ и страстей, ибо всякiй, испытавшiй удивленiе, не смѣшаетъ его съ другими чувствами; да и сама природа отмѣтила это чувство, какъ особенное, давъ ему особенное воплощенiе въ физiономiи. Однакоже Спиноза уже глубже Декарта проникаетъ въ природу удивленiя. Онъ уже видитъ, что удивленiе *происходитъ* отъ остановки перехода сознанiя отъ одного предмета къ другому, съ нимъ связанному [3]), но только не объясняетъ причины этой остановки.

10. Еще ближе въ природу удивленiя входитъ Броунъ, когда говоритъ, что «удивленiе предполагаетъ предварительныя познанiя, которымъ новое явленiе противорѣчитъ, и что потому удивленiе не мыслимо при

---

[1]) Les passions, art. 72.

[2]) Eth. P. III, Append. § 4.

[3]) Ib. Prop. 52.

абсолютномъ невѣжествѣ» [1]). Для младенца всѣ явленія новы; но онъ ничему не удивляется. Онъ не удивился бы даже, если бы бездушныя вещи сами собою стали двигаться; ибо въ его умѣ нѣтъ еще понятія что такое предметы одушевленные и неодушевленные. Броунъ тоже доказываетъ, что удивленіе одинаково появляется, когда мы видимъ совершенно новый для насъ предметъ или, хотя и знакомый, но въ неожиданныхъ нами обстоятельствахъ. Броунъ также совершенно справедливо опровергаетъ то различіе, которое хотѣлъ установить шотландскій моралистъ Смитъ между удивленіемъ (wonder) и изумленіемъ или чувствомъ неожиданности (surprise). «Мы удивляемся, говоритъ Смитъ, всѣмъ чрезвычайнымъ и необыкновеннымъ предметамъ, всѣмъ рѣдкимъ явленіямъ природы, метеорамъ, кометамъ, затмѣніямъ, однимъ словомъ всякому предмету, съ которымъ мы вовсе незнакомы или мало знакомы, и мы удивляемся, хотя бы насъ и предупредили, что мы увидимъ. Напротивъ, мы *изумляемся* и такимъ вещамъ, которыя мы видѣли часто, но которыя мы менѣе всего ожидали встрѣтить въ томъ мѣстѣ, въ которомъ ихъ находимъ. Мы испытываемъ чувство неожиданности при внезапномъ появленіи нашего друга, котораго мы видѣли тысячу разъ, но котораго именно не ожидали встрѣтить теперь» [2]). Броунъ, опровергая мнѣніе Смита, говоритъ, что различіе здѣсь въ обстоятельствахъ и послѣдствіяхъ, сопровождающихъ чувство удивленія, а не въ самомъ этомъ чувствѣ. Различіе здѣсь возникаетъ оттого, что, удивившись, напримѣръ, появленію друга въ неожиданное время, я перестаю изумляться, узнавъ, какъ это случилось. Но точно также и астрономъ вовсе не удивится солнечному затмѣнію, которое онъ предвидѣлъ, а удивился бы напротивъ, если бы его не было.

11. Вполнѣ согласны мы также съ Броуномъ, когда онъ опровергаетъ другую мысль Смита, который не хочетъ признать удивленія оригинальнымъ чувствомъ, отличающимся отъ всѣхъ прочихъ. «Если, возражаетъ Броунъ на это положеніе Смита, есть какое-нибудь чувство во истинѣ оригинальное, то для меня трудно отыскать какое-нибудь, которое больше чувства неожиданности имѣло бы право на такое названіе» [3]). (Броунъ не отличаетъ чувства неожиданности отъ чувства удивленія, какъ это сдѣлали мы). Смитъ приписываетъ чувство удивленія быстрому переходу души отъ одного чувства къ другому; но онъ вводится въ заблужденіе тѣмъ явленіемъ, что такой переходъ часто сопровождается удивленіемъ, но не всегда. «Внезапная радость и внезапная печаль, говоритъ Броунъ, могутъ смѣнять другъ друга, не возбуждая удивленія. Удивленіе очевидно не есть радость, но также не есть и печаль, не есть и соединеніе радости и печали, а есть нѣчто отдѣльное отъ обоихъ, и если душа удивляется быстрой см

[1]) Brown. p. 345.

[2]) Smith's Works. v. V. p. 55.

[3]) Brown. p. 347.

двухъ чувствъ, то она должна имѣть третье чувство, дающее ей способность удивляться» [1]). Такимъ вѣрнымъ и тонкимъ анализомъ Броунъ, во-первыхъ, опровергъ попытку вывести удивленіе изъ радости и печали, а во-вторыхъ, показалъ, почему Спиноза отказался отъ этой позиціи, хотя она такъ нужна была для его теоріи, выводящей всѣ чувства изъ радости и печали, и вовсе вычеркнулъ удивленіе изъ списка чувствованій.

12. Мы удивляемся новому, неожиданному для насъ явленію именно потому, что чувствуемъ нѣкую трудность внести его, какъ новое звено, въ вереницы нашихъ представленій, и какъ только мы это сдѣлаемъ, такъ и чувство удивленія прекратится. По верениџѣ нашихъ мыслей другъ нашъ долженъ быть отъ насъ за сотни верстъ; но мы видимъ его внезапно передъ собою, и удивляемся. Когда же мы узнаемъ, какъ это случилось и попривыкнемъ къ новому ряду мыслей, объясняющихъ намъ неожиданное появленіе нашего друга, привыкнемъ на столько, что эти мысли станутъ послѣдовательно и ясно идти одна за другою въ нашемъ умѣ, такъ и чувство удивленія прекратится. Слѣдовательно, удивленіе появляется именно при такой остановкѣ нашего мышленія, на которую вынуждаетъ насъ новое явленіе, и которая продолжается до тѣхъ поръ, пока мы, такъ или иначе, не введемъ его, какъ новое звено, въ вереницу нашихъ представленій.

13. Гербартъ называетъ удивленіе чувствомъ непріятнымъ [2]). Бэнъ говоритъ, что оно само по себѣ ни пріятно, ни непріятно [3]). Кантъ, видя въ удивленіи остановку мышленія, считаетъ его чувствомъ непріятнымъ [4]). Декартъ, напротивъ, находитъ чувство удивленія пріятнымъ и говоритъ, что люди вообще любятъ удивляться. «Страсть къ удивленію, говоритъ Декартъ, влечетъ насъ не къ пріятнымъ, и не къ полезнымъ вещамъ, а къ тѣмъ, которыя рѣдки, и люди, не имѣющіе отъ природы никакой наклонности къ этой страсти, очень невѣжественны». Далѣе, однако, Декартъ прибавляетъ, что у людей, по большей части, встрѣчается избытокъ, а не недостатокъ этой страсти и «иные такъ привыкаютъ удивляться (дѣлаются si admiratifs), что вещи, самыя ничтожныя, столько же останавливаютъ ихъ вниманіе, какъ и самыя полезныя» [5]). Это замѣчаніе Декарта, въ которомъ много истины и много ошибки, уяснится для насъ, когда мы анализируемъ различныя проявленія чувства удивленія.

14. Степени напряженности удивленія очень разнообразны. Отъ легкой степени *недоумѣнія* оно можетъ достичь до степени сильнѣйшаго *изумленія*—аффекта, чрезвычайно характеристически воплощающа-

---

[1]) Ib. p. 348.

[2]) Lehrb. der Psych. § 45.

[3]) The Emotion. p. 148.

[4]) Kant's Antrop. § 77.

[5]) Les passions. Art. 72.

гося въ распущеніи мускуловъ лица. Удивленіе тѣмъ скорѣе проходитъ, чѣмъ скорѣе умъ нашъ можетъ совладать съ новымъ представленіемъ и внести его въ вереницы прежнихъ. Остановка душевной работы сама по себѣ не можетъ быть намъ пріятна; но все новое и необыкновенное, тѣмъ не менѣе, привлекаетъ насъ именно тѣмъ, что обѣщаетъ новую сферу дѣятельности нашей душѣ. Если же обѣщаніе это не сбывается и предметъ, удивившій насъ, оказывается при ближайшемъ разсмотрѣніи пошлымъ, мелкимъ, недопускающимъ углубленія въ себя, то въ насъ ясно выражается чувство неудовольствія, которое въ этомъ случаѣ называется разочарованіемъ. Напряженность разочарованія какъ разъ соотвѣтствуетъ напряженности предшествовавшаго ему удивленія, т. е. нашей готовности къ дѣятельной душевной работѣ, къ которой призывалъ насъ удивившій насъ предметъ, но въ которой онъ отказалъ намъ, когда мы ближе въ него вглядѣлись.

15. Сходное же явленіе происходитъ и тогда, если предметъ, удивившій насъ, не поддается нашей разсудочной работѣ и, не входя въ вереницы принятыхъ нами представленій, продолжаетъ оставаться для насъ *чудомъ*. Отъ повторенія чуда чувство удивленія къ нему притупляется, какъ и всякое однообразное чувство, повторяемое часто [1]. Такое чудо производитъ даже потомъ на насъ непріятное впечатлѣніе, если только мы не начали приподымать съ него завѣсы или не начали набрасывать на него завѣсы нашихъ фантазій. Правда, многія *чудеса* природы не надоѣдаютъ намъ и не перестаютъ удивлять насъ всякій разъ, какъ только мы станемъ въ нихъ вдумываться; но это именно потому, что эти чудеса, а еще болѣе ихъ взаимная связь между собою, такого рода, что позволяютъ намъ вдумываться въ себя и этимъ-то именно допущеніемъ привлекаютъ къ себѣ душу, которая вообще увлекается туда, гдѣ видитъ для себя безконечность работы.

16. Замѣчаніе Декарта, что одни люди способнѣе другихъ къ чувству удивленія, совершенно справедливо; но жаль только, что Декартъ смѣшалъ чувство удивленія со страстью удивляться. Людей, не ищущихъ удивленія, дѣйствительно можно встрѣтить, какъ и людей, равнодушныхъ къ пріобрѣтенію познаній, но людей, неспособныхъ удивляться, нельзя. Рѣже появляется это чувство у трехъ сортовъ людей: во-первыхъ, у людей, которые такъ увлечены своимъ спеціальнымъ дѣломъ, что видятъ его всегда и всюду и мало интересуются всѣмъ остальнымъ; во-вторыхъ, у такихъ людей, которые очень много знаютъ и познанія которыхъ очень разнообразны: ихъ не удивляетъ многое, что удивляетъ толпу, а то, что осталось и для нихъ непостижимымъ, разъ вошло для нихъ въ отдѣлъ непостижимаго. Въ-третьихъ, рѣдко удивляются люди, знающіе все поверхностно и которые, какъ имъ кажется самимъ, все объясняютъ удовлетворительно. Эти уже не удивляются по противоположной причинѣ, потому что не понимаютъ трудности связи

[1]) См. выше, гл. XVII, пп. 7—9.

новое явленіе съ ихъ прежде установившимися понятіями. Къ такому неудивленію (nil admirari) приводитъ часто поверхностное образованіе и пустая, свѣтская болтовня.

17. Что же касается до страсти къ удивленію, то она можетъ быть или страстью сильной, пытливой души, кидающейся всюду, гдѣ она ищетъ для себя сильную работу, или мелкою страстью души, которая, за неимѣніемъ другихъ занятій, любитъ щекотать себя чувствомъ удивленія. Такіе забавные спеціалисты по отдѣлу удивленія дѣйствительно встрѣчаются довольно часто, особенно въ обществахъ мало занятыхъ и удаленныхъ отъ участія въ общественныхъ дѣлахъ, по какой бы то ни было причинѣ. И замѣчательно, что такіе забавные люди даже не любитъ, чтобы мѣшали имъ удивляться, объясняя имъ по здравому разсудку удивляющія ихъ явленія. Вотъ къ этимъ-то людямъ приложимы слова Канта, который говоритъ, что «для слабыхъ людей удивленіе неслыханнымъ вещамъ пріятно, такъ-какъ оно освобождаетъ ихъ отъ обязанности разсуждать и помогаетъ имъ ставить и другихъ посреди своего собственнаго невѣжества» [1]).

18. Однакоже, самое глубокое и многостороннее образованіе не уменьшаетъ способности человѣка удивляться, а только дѣлаетъ удивленіе болѣе разумнымъ. «Новичокъ въ свѣтѣ, говоритъ Кантъ, всему изумляется, но человѣкъ опытный пріобрѣтаетъ способность nihil admirari. Тотъ же, напротивъ, кто глубоко вглядывается въ порядокъ природы, встрѣчаетъ повсюду мудрость, которой онъ не ожидалъ. Но это уже особое волненіе, возбужденное разумомъ, какой-то священный ужасъ передъ бездны сверхъестественнаго, открывающейся подъ ногами [2]). Однакоже, не трудно видѣть, что это тоже чувство удивленія, только такого удивленія, которое сдѣлалось возможнымъ послѣ глубокаго знанія явленій природы. Еще яснѣе выражаетъ это преобразованіе удивленія Карлиль, который, припомнивъ аристотелевскаго человѣка, воспитаннаго во мракѣ и въ первый разъ увидѣвшаго восходъ солнца, говоритъ: «первый языческій мыслитель посреди грубыхъ людей былъ точь-въ-точь этотъ аристотелевскій дитя-человѣкъ. Природа для него не имѣла имени; онъ не соединялъ еще подъ однимъ словомъ безконечнаго множества впечатлѣній зрѣнія, слуха, образовъ движеній, которые мы называемъ теперь собирательнымъ именемъ вселенной или природы и этимъ именемъ прячемъ ее отъ насъ же самихъ. Глубоко чувствующему дикарю все это было ново, не скрывалось для него подъ именами и формами: природа стояла передъ нимъ обнаженная, прекрасная, невыразимая и была для него, какою оставалась всегда для мыслителей и пророковъ, была *сверхъестественною*». Мы же, хотя и не понимаемъ природы болѣе этого дикаря, но смотримъ на нее поверхностнѣе и съ меньшимъ вниманіемъ. «Переставая думать о томъ, что насъ окружаетъ,

---

[1]) Antrop. § 13.
[2]) Antrop. § 77.

мы перестаемъ и удивляться»; а перестаемъ мы думать потому, [illegible] все обратилось для насъ въ преданіе, во фразу, въ слова. «Мы можемъ назвать огонь темной тучи электричествомъ и толкуемъ объ этомъ [illegible] мымъ ученымъ образомъ; но что это такое? откуда пришло и [illegible] уйдетъ? Наука сдѣлала для насъ много, но бѣдна та наука, [illegible] хочетъ закрыть отъ насъ священную бездну безконечности [illegible] бездну, по которой знаніе плаваетъ только на поверхности и [illegible] намъ никогда не исчерпать. Не смотря на всю нашу науку, міръ [illegible] для насъ все же чудомъ, чѣмъ-то неисповѣдимымъ, волшебнымъ, [illegible] нымъ чудесъ для всякаго, кто объ немъ думаетъ» [1]).

19. Послѣ всего, что сказано уже нами въ первой части «Антр[illegible] логіи» о постепенномъ образованіи въ человѣкѣ представленій, [illegible] и вообще ума, а равно и о значеніи слова въ этомъ процессѣ [2]), [illegible] уже не нужно говорить, что аристотелевскій человѣкъ, этотъ [illegible] дикарь, равно какъ и прекрасная фантазія Карлиля есть только [illegible] и что представляемый Карлилемъ безсловесный человѣкъ также [illegible] могъ-бы удивляться природѣ, какъ мало удивляется ей и [illegible] Правда же этой фантазіи состоитъ въ томъ, что дѣйствительно [illegible] понятія и готовыя фразы, сыплющіяся въ современное дитя изъ [illegible] ства книгъ и множества устъ, прежде чѣмъ оно само и самостоят[illegible] успѣетъ подумать о чемъ-нибудь, составляетъ большое зло совреме[illegible] цивилизаціи. Въ настоящее время нуженъ человѣку сильный [illegible] чтобы выбиться изъ готовыхъ фразъ, ложащихся въ него съ самаго [illegible] ства и взглянуть на природу, какъ хочетъ того Карлиль, — взгля[illegible] зрѣлымъ умомъ и младенческимъ чувствомъ, такъ чтобы душа [illegible] удивленіе къ такимъ предметамъ, которымъ давно уже перестала [illegible] ляться толпа, которымъ она въ сущности никогда и не удивлял[illegible] въ дѣтствѣ, по неразвитости ума, а въ зрѣлости по обилію [illegible] товыхъ, не переваренныхъ фразъ. Нуженъ былъ геній Ньютона, [illegible] вдругъ удивиться тому, что яблоко упало на землю. Такимъ [illegible] стямъ не удивляются всезнающіе люди свѣта. Они даже считаютъ [illegible] леніе такимъ обыденнымъ событіямъ признакомъ мелкаго, дѣтскаго, [illegible] сформированнаго еще практически ума, хотя въ тоже время сами [illegible] часто удивляются уже дѣйствительнымъ пошлостямъ. Они при [illegible] забываютъ, что такое дѣтское и вмѣстѣ мудрое удивленіе слышится [illegible] словахъ глубокихъ мыслителей и въ стихахъ великихъ поэтовъ, [illegible] навливающихся часто передъ такими явленіями, на которыя всѣ [illegible] перестали обращать вниманіе. Вотъ также одна изъ причинъ, [illegible] недюжинный человѣкъ всегда кажется нѣсколько ребенкомъ [illegible] толпы, всегда зрѣлой. Нужна недюжинная натура, чтобы она до стар[illegible] могла сохранить свѣжесть дѣтскаго чувства и недюжинный умъ, [illegible] питать это чувство.

---

[1]) The Emotion, p. 71.

[2]) Пед. Антроп. Ч. I. Гл. XLIII и XLV, пп. 8—15.

20. Не трудно понять, что *такое* удивленіе есть одинъ изъ сильнѣйшихъ двигателей науки. Часто только нужно удивиться тому, чему еще не удивлялись другіе, чтобы сдѣлать великое открытіе; но, отправляясь отъ удивленія, наука приходитъ къ удивленію же. Объясняя одно, она въ тоже время открываетъ необъяснимость другого. Это соображеніе заставляетъ насъ не соглашаться съ Бэномъ, который, приводя слова Бэрдиля, говоритъ: «тѣмъ не менѣе справедливо, что наука болѣе или менѣе приводитъ человѣка въ положеніе nil admirari» [1]). Мы же думаемъ, что сократовское «знаю, что ничего не знаю» и до сихъ поръ идетъ впереди науки. Правда, ученый уже не удивляется тому, чему еще дивится невѣжда; но за то онъ удивляется тому, чему невѣжда не можетъ удивляться. Наука, наполняя однѣ бездны незнанія, въ тоже время открываетъ другія, еще болѣе глубокія. Не наука уничтожаетъ удивленіе, а часто уничтожаютъ его теоріи, самодопольно подводящія все подъ свои объясненія. Замѣтимъ, между прочимъ, что для воспитателя необходимо сохранить чувство удивленія во всей его свѣжести. Если онъ сохраняетъ эту дѣтскую способность находить достойное удивленія въ самыхъ, повидимому, простыхъ вещахъ, то дѣти непремѣнно сблизятся съ нимъ, и это сближеніе будетъ самое плодовитое.

21. Дѣйствіе удивленія на душу и на организмъ можетъ быть сравнено съ дѣйствіемъ потрясенія, которое испытываетъ человѣкъ, когда, идя по знакомой лѣстницѣ, вдругъ не встрѣчаетъ одной ступени. Чѣмъ быстрѣе развивается въ душѣ нашей вереница представленій, чѣмъ обычнѣе для насъ тѣ представленія, изъ которыхъ состоитъ эта вереница, тѣмъ сильнѣе дѣйствуетъ на насъ новое явленіе, прерывающее эту вереницу. Напряженность удивленія какъ разъ пропорціональна обычности опытовъ, которымъ противорѣчитъ явленіе, насъ поразившее. Въ этой остановкѣ мышленія нѣтъ ничего непріятнаго, потому что она обѣщаетъ ему обширную работу; но если это обѣщаніе не сбывается, если удивленіе только возбуждаетъ душу и, не разрѣшаясь ожидаемымъ потокомъ мыслей и чувствъ, остается только тупымъ ударомъ, безплоднымъ потрясеніемъ души, то, конечно, оно будетъ непріятнымъ для всякаго мыслящаго человѣка, какимъ показалось и Канту. Если бы перенести человѣка въ такой міръ, гдѣ все было бы ему непонятно и непостижимо, то, безъ сомнѣнія, душою его скоро овладѣла бы невыносимая тоска.

22. Человѣкъ не только любитъ удивляться, но любитъ удивлять другихъ. Бэконъ, Чамберсъ и Бэнъ не даромъ обвиняютъ страсть людей къ чудесному въ извращеніи нашей способности разыскивать истину. «Открывать, говоритъ Бэнъ, и потомъ передавать другимъ что-нибудь выходящее за предѣлы извѣстныхъ опытовъ, пріятно какъ невѣждѣ, такъ и мудрецу» [2]). Но ясно, что въ этомъ виновато уже не чувство

[1]) The Emotion, p. 72.

[2]) The Emotion, p. 70.

удивленія само по себѣ, а самолюбіе людей, которымъ пріятно быть и самимъ предметомъ удивленія, разсказывая удивительныя вещи. Бэнъ справедливо замѣчаетъ, что это желаніе удивлять часто извращаетъ наши мысли безъ нашего вѣдома и «надобно сильно дисциплинировать душу, чтобы вѣрно наблюдать и вѣрно передавать наши наблюденія надъ какими-нибудь необыкновенными явленіями въ ихъ настоящемъ свѣтѣ и безъ преувеличеній». Замѣтимъ кстати, что источникомъ дѣтской лжи часто бываетъ желаніе удивлять, такъ-какъ маленькій разсказчикъ, обладая новостями, поражающими слушателей, становится самъ героемъ минуты.

23. Удивленіе, какъ высказалъ еще Спиноза, очень способно соединяться съ другими чувствами, отчего происходятъ: уваженіе, преданность, благоговѣніе и т. д. [1]). Но спиноза, ровно какъ и Декартъ, совершенно несправедливо противополагаютъ удивленію—презрѣніе. Замѣчательно, что при такомъ соединеніи двухъ чувствованій (удивленія съ какимъ-нибудь другимъ) оба они взаимно поддерживаютъ другъ друга, такъ-что удивленіе, вообще ослабѣвающее довольно быстро, можетъ возобновляться очень часто и всякій разъ съ новою силою, если мы, напримѣръ, любимъ того, кому удивляемся.

24. Удивленіе воплощается очень энергически. Оно воплощается въ ослабленіи мускуловъ, сжимающихъ челюсти, въ раскрытіи [illegible], широкомъ раскрытіи глазъ, въ крикѣ. Бэнъ видитъ въ этомъ признакъ «чисто мускульнаго разлитія», конечно, нервнаго тока [2]). Такъ ли это или нѣтъ—повѣрить невозможно. Но, во всякомъ случаѣ, не оттого мы удивляемся, что у насъ широко раскрываются глаза, а оттого они широко раскрываются, что мы удивлены. Гораздо замѣчательнѣе сходство воплощенія удивленія съ воплощеніемъ страха [3]). Въ обоихъ случаяхъ мы замѣчаемъ распущеніе мускуловъ и широкое раскрытіе глазъ, и невольно приходитъ на мысль, что это сходство объясняется сходствомъ причинъ. Въ страхѣ силы души, какъ будто, бѣгутъ назадъ, оставляя мускулы безъ того тоническаго напряженія, въ которомъ они находятся всегда у живого человѣка и которое прекращается только немедленно же по смерти, затѣмъ, чтобы смѣниться потомъ труппымъ окоченѣніемъ. Не оттого ли и при удивленіи распускаются мускулы, что силы души какъ бы останавливаются въ своемъ движеніи, такъ-какъ сознательная работа при чувствѣ удивленія прерывается?

---

[1]) Ethika. P. III. pr. 52.

[2]) The Emotion. p. 69.

[3]) См. выше, гл. XXII, п. 13.

ГЛАВА XXVIII.

Виды душевно-умственныхъ чувствованій: 5) чувство сомнѣнія и чувство увѣренности; 6) чувство непримиримаго контраста; 7) чувство успѣха.

Чувство сомнѣнія.

1. Чувство *сомнѣнія*, недоумѣнія, нерѣшительности, возбуждается въ насъ, когда уже въ душѣ нашей, вслѣдствіе опытовъ, образовались противоположные ряды представленій, проникнутыхъ различными, а часто и противоположными чувствами. Тогда, при появленіи новаго представленія, мы колеблемся, куда его помѣстить, примѣриваемъ то къ одному, то къ другому ряду представленій и это чувство колебанія ясно выражается на нашемъ лицѣ и въ нашихъ глазахъ.

2. Колебаніе, выражающееся въ чувствѣ сомнѣнія, можетъ быть болѣе или менѣе сильно и обширно, смотря по напряженности, важности для насъ и обширности стремленій, проникающихъ тѣ ассоціаціи, между которыми колеблется въ нашемъ сознаніи новое представленіе. Въ связи съ этими причинами легкое недоумѣніе можетъ дорости до мучительнаго сомнѣнія.

3. Уже изъ самаго опредѣленія сомнѣнія видно, что Фортлаге напрасно ставитъ его первымъ проявленіемъ сознанія; ибо мы можемъ сомнѣваться только уже вслѣдствіе полученныхъ нами опытовъ и въ частности—вслѣдствіе предварительной ошибки или обмана. Тѣ гораздо ближе къ истинѣ, которые говорятъ, что «сомнѣніе есть дитя обмана». Кто никогда не испыталъ обмана, тотъ и сомнѣваться не можетъ. Декартъ, желая положить сомнѣніе въ основу своего ученія, весьма вѣрно начинаетъ съ того, что показываетъ читателю, какъ часто обманываютъ его чувства и какъ вполнѣ обманываетъ насъ сонъ, выдавая намъ за дѣйствительность созданія нашего воображенія [1]). Въ этомъ случаѣ Декартомъ руководило вѣрное чувство, что сомнѣніе, которое ему нужно было вызвать, можетъ произойти только вслѣдствіе неувѣренности; а неувѣренность—вслѣдствіе опыта несбывшейся увѣренности, такъ-что всему должна предшествовать увѣренность, выражающаяся смѣлостію, съ которою живое существо *начинаетъ* выполненіе прирожденныхъ ему стремленій. Наблюдайте надъ развитіемъ дѣтей и вы практически придете къ тому же результату, къ которому вынуждаетъ логика. Сначала ребенокъ не выказываетъ никакого сомнѣнія, обнаруживающагося нерѣшительностью, и только мало по малу оно начинаетъ въ немъ образовываться вслѣдствіе опытовъ обмана или неудачи. Если отецъ или мать никогда не обманывали дитя, то оно никогда не начнетъ сомнѣваться въ справедливости всего, что они говорятъ.

---

[1]) Descartes. Discours sur la méthode. Medit. première.

4. На этомъ же основаніи мы не можемъ согласиться и съ тѣми, которые утверждаютъ, что сомнѣніе полагаетъ начало наукѣ. Сомнѣнію необходимо должна предшествовать увѣренность, которая одна только и могла вызвать первый нашъ опытъ и вызываетъ послѣдующіе, снова возбуждая наши силы послѣ каждой неудачи и каждаго обмана. Эта мысль вытекаетъ не только изъ логической необходимости, но подтверждается и фактами. Созданіе религіозныхъ убѣжденій вездѣ предшествовало началу науки и часто сама наука начиналась разрушеніемъ этихъ убѣжденій, недѣйствительность которыхъ открывалась опытами, сопровождавшимися чувствомъ обмана. (Само собою разумѣется, что мы говоримъ здѣсь о языческихъ религіяхъ). Но и впослѣдствіи не сомнѣніе, а увѣренность ведетъ науку впередъ; сомнѣніе же только прокладываетъ ей дорогу. Сколько разъ убѣждался человѣкъ, что есть тысячи явленій, причинъ которыхъ онъ не знаетъ и, тысячи разъ обманутый въ своихъ ожиданіяхъ найти истинную причину, снова принимается ее отыскивать: такъ могуча увѣренность человѣка въ томъ, что все имѣетъ свою причину—увѣренность, которой противорѣчитъ опытъ, не обнаруживающій причинъ множества явленій [1]). Сколько разъ рушилась попытка человѣка свести всѣ явленія душевнаго и физическаго міра къ одному началу! Но послѣ каждой, неудачной попытки, онъ принимается вновь отыскивать то, чему противорѣчитъ опытъ его неудачныхъ попытокъ, но въ чемъ онъ увѣренъ. Вотъ почему мы говоримъ еще разъ, что увѣренность ведетъ науку впередъ, а сомнѣніе только прокладываетъ ей тропу. Понять настоящее отношеніе между увѣренностью и сомнѣніемъ — одна изъ важнѣйшихъ философскихъ задачъ, а провести это отношеніе въ воспитаніи —одна изъ труднѣйшихъ и главнѣйшихъ обязанностей воспитателя. Если слѣпая увѣренность не привела человѣка ни къ чему хорошему ни въ наукѣ, ни въ жизни, то и всезрящее сомнѣніе можетъ только парализировать всякую дѣятельность человѣка. Оба эти чувства хороши только одно при другомъ.

5. Декартъ, собираясь перестраивать все зданіе своего мышленія, былъ вынужденъ оставить себѣ для жизни и дѣятельности нетронутый сомнѣніемъ уголокъ, и этимъ пріютомъ стали для Декарта религія и законы отечества и то, что ему казалось лучшимъ въ правахъ и обычаяхъ общества, среди котораго ему суждено было жить [2]). Замѣчательно, что даже Спиноза, великая душа котораго не стѣснялась никакими предразсудками, приступая къ своему (къ сожалѣнію, неоконченному) сочиненію «о реформѣ мышленія», дѣлаетъ тоже самое, что и Декартъ [3]). Ясно понимали эти великіе умы всю опасность для человѣка жить посреди мнѣній, безъ твердой почвы подъ ногами, безъ какой-нибудь ...

---

[1]) Педагог. Антр. Ч. I. Гл. XLVII, п. 1.

[2]) Descartes. Disc. sur la Met. III P. p. 16.

[3]) Spinosa. De la réforme de l'entendement, trad. par Saisset 1861, p. ...

нетронутой сомнѣніемъ вѣры, которая бы руководила ихъ поступками, оставляя свободу ихъ мышленію. Они чувствовали, что если открыть всѣ пути сомнѣнію, то оно скоро не оставитъ у насъ ни одной точки, на которую мы могли бы опереться въ своей практической дѣятельности. Но если такіе люди, какъ Спиноза и Декартъ, для которыхъ уже самое мышленіе было главною дѣятельностью жизни, чувствовали необходимость, пускаясь въ море сомнѣній, выгородить себѣ уголокъ для практической дѣятельности, то мы можемъ заключить, на сколько было бы опасно внести всеразрушающее сомнѣніе въ молодую душу, когда въ человѣкѣ не образовались еще твердыя нравственныя начала, которыя могли бы руководить имъ въ практической жизни, не смотря ни на какія сомнѣнія.

6. «Въ жизни, говоритъ Декартъ, часто приходится поступать такъ, какъ поступаютъ путешественники, заблудившіеся въ лѣсу: не останавливаясь на одномъ мѣстѣ и не перемѣняя направленія, они стараются идти, какъ можно прямѣе, въ какую бы то ни было сторону, и безъ важныхъ причинъ не измѣняютъ направленія, хотя, можетъ быть, и выбрали его случайно. Если они, поступая такъ, не приходятъ туда, куда желаютъ, то все же куда нибудь да приходятъ, гдѣ имъ, по всей вѣроятности, будетъ все же лучше, чѣмъ въ лѣсу. Жизненная дѣятельность часто не терпитъ отсрочки, а потому, если не въ нашей власти отыскать лучшее мнѣніе, то мы должны слѣдовать вѣроятнѣйшему, и даже если мы не замѣчаемъ, чтобы одно мнѣніе было вѣроятнѣе другого, мы должны однако рѣшиться выбрать какое-нибудь и потомъ уже смотрѣть на него, на сколько оно относится къ нашимъ практическимъ дѣламъ, не какъ на сомнительное, а какъ на вѣрное уже потому, что оно выбрано нами» [1])

7. Въ этихъ словахъ Декарта ясно высказывается вся непримиримость философскихъ сомнѣній съ практическою дѣятельностью и вся необходимость, чтобы въ случаяхъ столкновенія между ними человѣка выручали изъ водоворота сомнѣній добрыя нравственныя начала, положенныя въ него съ дѣтства. Такое столкновеніе мышленія съ практическою дѣятельностью не есть что-либо случайное, а есть очень обыкновенное явленіе въ людяхъ, которые мыслятъ и отдаютъ себѣ отчетъ въ своихъ намѣреніяхъ и поступкахъ. Часто приходится сознавать, что еслибы человѣкъ не захотѣлъ поступать иначе, какъ вслѣдствіе ясно сознанныхъ и разумныхъ причинъ, то ему пришлось бы стать на перекресткѣ дорогъ неподвижно, какъ подорожный столбъ, и смотрѣть, какъ мчится мимо его жизнь, но не принимать въ ней участія. Ясно, что изъ такого рѣшенія—поступать всегда только съ полнымъ сознаніемъ разумности своихъ поступковъ—вышло бы самое неразумное употребленіе жизни, надъ которымъ вправѣ былъ бы посмѣяться самый ограниченный человѣкъ, который жилъ какъ попало, но все же жилъ.

8. Даже Кантъ—этотъ крайній приверженецъ философскаго мышле-

[1]) Descartes. Discours sur la méthode. 1865. p. 17.

нія, для котораго оно одно было дѣломъ достойнымъ человѣка—и
отчасти колеблется предписать человѣку однѣ только дѣйствія по разу
«Принципъ апатіи, говоритъ Кантъ, по которому мудрый не
ничѣмъ возмущаться, даже состраданіемъ къ несчастіямъ лучшаго
есть принципъ стоической школы, совершенно справедливый и
нравственный. Чувствованія дѣлаютъ человѣка болѣе или менѣе слабымъ
Однако же природа поступила мудро, вложивъ въ насъ расположеніе къ
патіи, чтобы *провизуарно* держать бразды, пока еще разумъ не
рѣлъ необходимой силы. Но, тѣмъ не менѣе, чувствованіе само
всегда неблагоразумно и не способно достигать своихъ собствен
цѣлей». Но мы сильно подозрѣваемъ, что это *провизуарное* управ
ніе чувствованія продолжалось даже для самого Канта до послѣдней
нуты его жизни, если только онъ какъ нибудь насильственно не
въ разумную форму того, что въ сущности было только дѣломъ чувст
Мы думаемъ, что едва ли человѣкъ, допустившій необходимость
пичнаго философскаго сомнѣнія, можетъ сказать хотя объ одномъ
поступкѣ, что онъ *вполнѣ* разуменъ. Самое разногласіе философ
теорій не показываетъ ли, что и философская разумность есть
разумность относительная?

9. Но предположимъ даже, что какая-нибудь философская теорія
лютно справедлива: спрашивается, однако, когда ее выработалъ фило
Увы, не при началѣ, а при концѣ своей жизни! Требовать того
маго отъ всѣхъ людей—не значитъ ли требовать, чтобы люди не
а только разсуждали о жизни, и только подъ конецъ своей жизни
обрѣтали твердое убѣжденіе, какъ они должны были бы жить?
того, можно ли требовать отъ 20-ти лѣтняго юноши, чтобы онъ
по тѣмъ правиламъ, до которыхъ додумался тотъ или другой фило
продумавши надъ ними полвѣка? Изъ всѣхъ этихъ соображеній
етъ практическое правило, что человѣкъ, въ своихъ поступкахъ
женъ, конечно, руководиться ихъ разумностью; но что въ числѣ
ныхъ причинъ входитъ самая ограниченность нашего разума и
ность его развитія даже въ этихъ ограниченныхъ размѣрахъ.

10. Всѣ эти соображенія показываютъ полную необходимость
въ человѣческій характеръ опредѣленныя нравственныя влеченія,
чѣмъ развивать въ немъ сомнѣніе, т. е. другими словами, развивать
лѣтяхъ и юношахъ такія стремленія и наклонности, которыя въ
случаяхъ, когда самый разумъ колеблется, выносили бы человѣка
решую дорогу и которыя, наконецъ, были бы довольно прочны,
выдержать необходимую пору борьбы сомнѣній. Такъ химикъ, желая
расплавить какой-нибудь огнеупорный элементъ, заботится прежде
о томъ, чтобы найти сосудъ, стѣнки котораго могли бы противу
еще сильнѣйшему пламени. На этомъ то основаніи, воспитаніе
ственныхъ наклонностей необходимо должно предшествовать развитію
зума и воспитаніе положительныхъ стремленій—воспитанію критическ
ума.

11. Нарушеніе этого правила, вытекающаго изъ природы человѣка и изъ постепенности его развитія, влечетъ за собою гибельныя послѣдствія, изъ которыхъ самое гибельное есть отсутствіе характера въ юности; такое ея состояніе, когда она, не имѣя положительныхъ нравственныхъ стремленій, должна бы, собственно говоря, остановиться въ своей дѣятельности. Но такъ-какъ бездѣйствіе не свойственно человѣку, и особенно при томъ обиліи силъ, какимъ обладаетъ юность, то нѣтъ ничего удивительнаго, что юноша, которому неблагоразумные воспитатели не дали никакихъ добрыхъ наклонностей, а, можетъ быть, позаботились еще о томъ, чтобы расшатать и тѣ, какія онъ вынесъ изъ среды своей семьи и изъ среды своего народа, кинется съ увлеченіемъ въ первую подвернувшуюся ему теорію, одну изъ тѣхъ, которыя появляются и лопаются какъ мыльные пузыри, или, отвергнувъ ихъ всѣ, прямо передается чувственнымъ влеченіямъ, всегда готовымъ вывести человѣка изъ скорби сомнѣнія. Кромѣ-того, самое сомнѣніе сильно и плодовито только въ томъ случаѣ, когда ему приходится бороться съ сильною же увѣренностью; предоставленное же самому себѣ, оно быстро опустошаетъ душу и лишаетъ характеръ всякой энергіи.

Чувство увѣренности.

12. Чувство *сомнѣнія* относится къ чувству *увѣренности*, какъ чувство страха къ чувству смѣлости. Это собственно не чувство, а свойство человѣка, выражающееся въ его дѣятельности и сказывающееся въ формѣ чувства только тогда, когда нарушенное сомнѣніемъ оно опять возвращается къ своему обычному уровню.

13. Какъ опыты страха и его преодолѣнія превращаютъ врожденную, безсознаваемую смѣлость въ сознательное разумное мужество, точно также сомнѣніе, вызванное опытами и опытами же разрушенное, превращаетъ слѣпую, врожденную увѣренность въ увѣренность разумную, въ *извѣстность*, т. е. увѣренность, основанную на опытѣ и знаніи, а не на врожденномъ свойствѣ души.

14. Между смѣлостью и увѣренностью, точно-также какъ между страхомъ и сомнѣніемъ, существуетъ тѣсная связь. Неувѣренность въ своихъ силахъ дѣйствительно лишаетъ человѣка этихъ силъ — силъ не тѣлесныхъ, но душевныхъ; ибо физическія силы конечно не могутъ исчезнуть изъ тѣла отъ вліянія душевнаго состоянія и дѣйствительно остаются въ немъ, какъ это обнаруживается кажущимся возвращеніемъ физическихъ силъ, какъ только неувѣренность проходитъ. Часто стоитъ только увѣрить человѣка, что у него *есть силы*, чтобы силы въ немъ явились, хотя конечно одна увѣренность не можетъ создать физическихъ силъ, выработываемыхъ изъ пищи процессомъ довольно медленнымъ. Это можетъ быть одно изъ лучшихъ и ощутительнѣйшихъ доказательствъ, что есть въ человѣкѣ, кромѣ силъ физическихъ, какая-то особая сила, распоряжающаяся силами физическими, безъ которыхъ эти

послѣднія, какъ бы ихъ много ни было, оставляютъ тѣло безъ движенія. Пусть люди, объясняющіе все одними физическими силами, вырабатываемыми изъ пищи, взглянутъ на человѣка, котораго увѣренность въ опасности его болѣзни лишаетъ всѣхъ силъ, и которому успокоительное слово медика мгновенно возвращаетъ эти силы. Если бы въ этомъ человѣкѣ не было физическихъ силъ, то слово доктора не создало бы ихъ: душевная сила увѣренности распоряжается физическими силами и изъ мертвыхъ дѣлаетъ ихъ живыми, но конечно не создаетъ ихъ. Если же бы самая увѣренность зависѣла отъ физическихъ силъ, то больной не потерялъ бы увѣренности, ибо физическія силы въ немъ были.

15. Говоря о чувствѣ смѣлости, мы высказали уже взглядъ позы на силу увѣренности. Безъ увѣренности человѣкъ *ничего* не можетъ сдѣлать: не можетъ даже двинуться съ мѣста. Чѣмъ болѣе увѣренности въ человѣкѣ, что онъ сдѣлаетъ то или другое дѣло, тѣмъ болѣе вѣроятія, что онъ его сдѣлаетъ. Но, съ другой стороны, и самая увѣренность ведетъ человѣка ко всякаго рода ошибкамъ. Трудная и важная задача воспитанія именно состоитъ въ томъ, чтобы воспитать сомнѣнія въ человѣкѣ, не поколебавъ въ немъ увѣренности; но возможнымъ рѣшеніемъ этой задачи мы займемся въ своемъ мѣстѣ.

16. Само собою понятно, что чувство увѣренности и чувство сомнѣнія находятся въ тѣснѣйшей связи съ рѣшительностью и нерѣшительностью характера; но это явленіе относится къ области воли. Здѣсь же мы скажемъ только вскользь, что самая высшая степень нерѣшительности, этого истиннаго бича многихъ людей и особенно женщинъ, является тогда, когда сомнѣніе простирается не только на одни внѣшніе для души предметы, но и на самыя стремленія души: когда человѣкъ не увѣренъ не только въ томъ, что то, чего онъ хочетъ, дѣйствительно удовлетворитъ его, но не увѣренъ и въ томъ, чего онъ дѣйствительно хочетъ,—не увѣренъ въ преобладаніи въ немъ самомъ того или другого стремленія. Въ этой главѣ насъ занимаютъ сомнѣніе и увѣренность какъ явленія только умственной жизни; соединившись же съ стремленіями *физическими* и *духовными*, это простое явленіе *душевной* жизни дѣлается явленіемъ чрезвычайно сложнымъ, обхватывающимъ всего человѣка и условливающимъ его поступки.

Чувство непримиримаго контраста.

17. Въ чувствѣ сомнѣнія новое представленіе колеблется между рядами представленій, уже усвоенныхъ: въ *чувствѣ контраста* два представленія, сведенныя вмѣстѣ, или случаемъ внѣшняго явленія, или послѣдовательнымъ развитіемъ двухъ противоположныхъ рядовъ, какъ бы борются между собою въ напряженномъ усиліи составить одно понятіе; эта борьба, пока она продолжается, отражается въ душѣ чувствомъ *контраста*, т. е. усиленнымъ чувствомъ различія.

18. Чувство контраста, какъ мы уже имѣли случай высказать, имѣетъ то свойство, что само оно можетъ служить связью двухъ проти-

ственныхъ представленій. Кромѣ того, противоположныя представленія, какъ мы тоже высказали выше, сопоставленныя вмѣстѣ, рѣзче выдаютъ свои особенности, какъ для мысли, такъ и для чувствованій [1]). Бенеке не признаетъ чувства контраста, но за то признаетъ чувство перемѣны (Gefühl des Wechsels), происходящее отъ сравненія настоящаго нашего состоянія съ прежнимъ [2]). Но такъ-какъ, въ сущности, мы сравниваемъ и прошедшее наше состояніе съ настоящимъ, а то, что въ настоящую минуту припоминаемъ и сознаемъ изъ прошедшаго состоянія, то слѣдовательно это будетъ тоже чувство контраста двухъ одновременно существующихъ въ сознаніи состояній, ибо припоминаніе есть также *настоящее* состояніе души.

19. Чувство контраста прекращается, когда мы сливаемъ два контрастирующія представленія въ одно: такъ напр., когда мы, рисуя картину природы полюсовъ и экваторіальныхъ странъ, сливаемъ ихъ въ одно общее представленіе земнаго шара съ его разнообразными климатическими условіями. Но есть такія противоположныя представленія, которыя долго, а иногда даже и совсѣмъ не сливаются въ одно, и при томъ такъ, что при случайномъ или насильственномъ сближеніи ихъ другъ съ другомъ, они то притягиваются одно другимъ, то отталкиваются, какъ бузинный шарикъ въ извѣстномъ электрическомъ снарядѣ. Тогда образуется въ насъ особенное *чувство непримиримаго контраста*.

20. На чувствѣ *непримиримаго контраста* основано дѣйствіе на насъ всѣхъ возможныхъ шутокъ, каламбуровъ, острыхъ словъ, каррикатуръ, забавныхъ положеній въ комедіяхъ и романахъ; но на немъ же основанъ и горькій юморъ трагедій. Возьмите какую хотите остроту, вызывающую смѣхъ, и вы непремѣнно найдете въ ней два противоположныя, не вяжущіяся между собою образа или понятія, связанные насильственно удачнымъ словомъ. То же самое чувство контраста, но не сопровождаемое ни горемъ, ни весельемъ, испытываемъ мы и при философскихъ противорѣчіяхъ, по поводу которыхъ Вайтцъ говоритъ слѣдующее: «Противорѣчіе не можетъ быть *мыслимо*, оно только *чувствуемо*. Если же кого-нибудь упрекаютъ въ противорѣчіи его мыслямъ, то это значитъ, что онъ на половину только *думаетъ*, а на половину *чувствуетъ*. Чувство, вызываемое неразрѣшимою задачею соединить то, что само по себѣ несоединимо, есть только *чувство напрасныхъ усилій*, которыя никого не приводятъ къ опредѣленному результату, ибо противоположное, пока оно въ мысляхъ, занимаетъ постоянно другую чашку вѣсовъ. Чувствуемая *неясность мысли* — единственно возможный результатъ такого процесса» [3]). Это то тяжелое чувство, по мнѣнію Вайтца, и заставляетъ человѣка съ удовольствіемъ и упрямо хвататься за третью мысль, которая, какъ ему кажется, примиряетъ

---

[1]) Пед. Антр. Ч. I. Гл. XXIII. п. 4. и 5. Ч. II. Гл. XIX. п. 16.

[2]) Lehrb. der Psych. § 240.

[3]) Waitz. Lehrb. der Psych. §. 35.

противорѣчіе двухъ первыхъ, и этимъ объясняетъ Вайтцъ извѣстн пріемъ гегелевской діалектики.

21. Что противорѣчіе не можетъ быть мыслимо, какъ сказалъ еще Ари тотель [1]), въ этомъ, конечно, не можетъ быть сомнѣнія если мы только зовемъ мышленіемъ процессъ сочетанія, представленій въ понятія, пон частныхъ въ общія, а равно и обратный процессъ разложенія (синтез анализъ) [2]). Но при этомъ не слѣдуетъ забывать (что совершенно позаб Вайтцъ, хотя и самъ сказалъ тоже нѣсколько выше), что если чувство про тиворѣчія есть только чувство, то и чувство сходства есть тоже толь чувство, а мысль, т. е. шагъ мышленія впередъ, есть только результ обоихъ этихъ чувствъ. Все движеніе человѣческаго мышленія во совершается посредствомъ этихъ двухъ всегда связанныхъ чувствъ, ставляющихъ всю сущность сознавательнаго процесса и единствен способность, которую мы можемъ приписать сознанію. Слѣдовательно отличать противорѣчіе отъ сходства тѣмъ, что первое можетъ только чувствуемо, совершенно несправедливо. Самая непримирим логическаго или философскаго противорѣчія заключается въ томъ, два результата нашего мышленія тѣмъ только и сходны между соб что взаимно уничтожаютъ другъ друга, тогда-какъ оба эти результа въ силу тѣхъ доказательствъ, которыми мы до нихъ дошли, одина для насъ обязательны. Таковы и дѣйствительно тѣ антиномія, котор выставилъ Кантъ въ своей «Критикѣ чистаго разума» [3]), и кот Гегель, по нашему убѣжденію, только обходилъ, а не разрѣшал

22. Насъ занимаютъ здѣсь не сами антиноміи, а то чувство которое возбуждается ими въ душѣ и которое, какъ намъ ка Вайтцъ объяснилъ не вѣрно. Дѣйствительно, стараясь примирит антиноміи, мы испытываемъ чувство *умственнаго напряжені* самъ же Вайтцъ, помѣщая это чувство подъ особою рубрикою [4]) должевъ былъ дѣлать изъ него другаго чувства—чувства непримир контраста. Это тоже самое чувство, которое испытываемъ мы, хотимъ обнять разомъ слишкомъ большое количество какихъ бы было отношеній. Но здѣсь, при мышленіи антиномій, къ чувству ум веннаго напряженія присоединяется новое, а именно—тяжкое чувст запной, поражающей остановки сознательнаго процесса. Вотъ можемъ назвать дѣйствительно чувствомъ непримиримаго логи кантраста.

23. Вайтцъ говоритъ, что при непримиримыхъ контрастахъ чувствуемъ неясность мысли и этимъ самъ себѣ противорѣчитъ. логиченъ, онъ долженъ былъ бы высказать, что при этомъ мы не вуемъ никакой мысли, а именно чувствуемъ внезапное отсутствіе

---

[1]) Methaphisik.

[2]) Пед. Антроп. ч. I. гл. XLII.

[3]) Kant's Kritik der reinen Vernunft (v. Hartenstein). 1853. S. 32

[4]) Lehrb. der Psych. § 33.

Что же касается до ясности мысли, то въ этомъ случаѣ, напротивъ, не смутность мысли, а именно ясность ея насъ смущаетъ. Кто не понимаетъ ясно противорѣчащихъ понятій, тотъ можетъ еще надѣяться примирить ихъ; но чѣмъ яснѣе мы сознаемъ доказательность каждаго изъ уничтожающихъ другъ друга понятій, тѣмъ сильнѣе въ насъ чувство непримиримаго противорѣчія.

24. Напрасно также Вайтцъ приписываетъ Гегелю діалектическій пріемъ примиренія противорѣчій. Этотъ пріемъ мы находимъ уже у Платона, а потомъ у Аристотеля; да и всякій мыслитель употребляетъ его непремѣнно съ большею или меньшею ясностью; въ гегеленской же системѣ онъ доведенъ только до приторности, а иногда и до пошлости. Вайтцъ ясно не отличаетъ примиряемыхъ противорѣчій отъ непримиримыхъ антиномій. Примиреніемъ противорѣчій движется человѣческое мышленіе впередъ, на непримиримыхъ антиноміяхъ оно грубо останавливается. Непріятность же чувства, которое происходитъ въ насъ при сличеніи равносильныхъ и уничтожающихъ другъ друга понятій, доказываетъ только единство человѣческой души, которая можетъ спокойно носить въ себѣ противорѣчія только до тѣхъ поръ, пока не замѣчаетъ ихъ или пока примиряетъ ихъ какою-нибудь фантазіею.

25. Что такія непримиримыя антиноміи (а не противорѣчія только) дѣйствительно существуютъ въ человѣческомъ міросозерцаніи, до котораго человѣкъ только достигъ въ настоящее время,—это мы старались доказать выше [1]) и покажемъ еще яснѣе впослѣдствіи. Существуютъ ли такія антиноміи въ дѣйствительности, а не только въ нашемъ мышленіи—мы этого не знаемъ. Если же мы упорно отвергаемъ ихъ существованіе, не смотря на всѣ доказательства науки, если мы прибѣгаемъ къ разнообразнѣйшимъ вымысламъ, чтобы примирить эти противорѣчія, то доказываемъ этимъ, съ одной стороны, единство нашей души, не выносящей разлада въ своихъ понятіяхъ, когда этотъ разладъ станетъ для нея столь яснымъ, а съ другой — нашу упорную вѣру, что міръ, лежащій внѣ нашей души, также единъ, какъ и душа наша, и также не можетъ заключать въ себѣ противорѣчій. Достигнувъ этой ступени сознанія антиноміи, мы или говоримъ простое «не знаемъ» и переходимъ къ очереднымъ дѣламъ, или начинаемъ строить фантасмагоріи, успокоивающія наше воображеніе, но не нашъ умъ. Душа же, жаждущая только дѣятельности, какова бы она ни была, успокоивается этимъ маневромъ, но только до тѣхъ поръ, пока разсудочный процессъ не вступитъ опять во всѣ свои права.

26. Воплощеніе чувства *непримиримаго контраста* есть *смѣхъ*. Уже Гербартъ обращаетъ вниманіе на то, что смѣхъ вовсе не есть выраженіе веселости и можетъ сопровождаться также и горькимъ чувствомъ и что онъ проявляется въ душѣ всякій разъ, когда въ немъ борятся

---

[1]) Пед. Антр. Ч. I. Гл. XLVI.

два противорѣчащія другъ другу представленія [1]). Гегель очень ясно развилъ и доказалъ эту мысль, показавъ, что во всемъ, что возбуждаетъ смѣхъ, веселый или горькій, непремѣнно замѣчается борьба противорѣчащихъ представленій, которыя не могутъ ни слиться, ни разойтись, притягивая взаимно другъ друга одними сторонами и отталкиваясь другими. Но ни тотъ, ни другой писатель не обратили вниманія на физіологическую сторону смѣха и на тѣ чисто физическія причины, которыми онъ можетъ быть возбуждаемъ. Смѣхъ, какъ физіологическое явленіе, есть ни что иное, какъ прерывающаяся судорога въ мускулахъ, управляющихъ дыханіемъ, и можетъ быть возбуждаемъ чисто физическою причиною, а именно щекотомъ. Въ щекотѣ мы замѣчаемъ нерѣшительность впечатлѣнія, которая съ быстротою то появляется, то исчезаетъ, чѣмъ и приводятся нервы въ нерѣшительное, колеблющееся состояніе. Если взять въ расчетъ, что и всѣ представленія наши воплощаются въ нервной системѣ, то будетъ понятно, почему борьба представленій, не могущихъ ни разойтись, ни сойтись, можетъ возбудить въ нервахъ то же состояніе, какое возбуждается щекотомъ, и выразится также въ смѣхѣ, который чаще всего сопровождаетъ при томъ и судорожные истерическіе припадки. Если же философскія противорѣчія не возбуждаютъ смѣха, то можетъ быть, отчасти потому, что они не выходятъ изъ области отвлеченностей и слабо выражаются представленіями.

27. Чувству непримиримаго контраста или остановки процесса мышленія, зависящей отъ невозможности связать данныя мышленію материалы, слѣдуетъ противоположить умственное же *чувство успѣха* мыслительнаго процесса, которое выступаетъ тѣмъ яснѣе, чѣмъ больше усилій стоило человѣку уничтожить противорѣчія между двумя представленіями и связать ихъ въ одно представленіе или понятіе. Это чувство коротко и отрывисто; оно какъ бы говоритъ человѣку: «это такъ, это вѣрно». Но само собою разумѣется, что это чувство никакъ не можетъ служить доказательствомъ истины и весьма вѣроятно, что то, что онъ называетъ вѣрнымъ, окажется потомъ ложнымъ, и что представленія или понятія, показавшіяся человѣку примиренными, окажутся потомъ при внимательнѣйшемъ обсужденіи, вовсе непримиренными. Вотъ почему мы назвали это чувство—*чувствомъ относительной истины*. Истина, имъ указываемая, есть только истина даннаго мгновенія.

28. Чувство относительной истины само по себѣ пріятно, какъ шагъ, дѣлаемый впередъ; но можетъ быть и очень непріятно, смотря по отношенію истины къ нашимъ жизненнымъ стремленіямъ. Если мы, напримѣръ, убѣждаемся, что опасеніе, въ которомъ мы еще сомнѣвались, справедливо, то конечно въ этомъ чувствѣ ничего не можетъ быть пріятнаго, а можетъ быть много ужаснаго. Но если истина, которую мы, какъ намъ кажется, открыли, относится только къ нашему умственному процессу, то безъ сомнѣнія это чувство открытой истины намъ весьма

[1]) Lehrb. der Psych. § 59.

пріятно, не только потому, что открытіе льститъ нашему самолюбію, но и потому, что мы сдѣлали шагъ впередъ, слѣдовательно, удовлетворили врожденному намъ стремленію къ постепенно расширяющейся дѣятельности. Пріятность этого чувства заставляетъ человѣка останавливаться на немъ и эта остановка бываетъ причиною упрямства въ нашихъ умственныхъ ошибкахъ. Мы не любимъ труда, хотя невольно къ нему стремимся, а потому разрушеніе результатовъ нашей умственной дѣятельности и вызовъ насъ къ новымъ постройкамъ и перестройкамъ всегда для насъ тяжелъ и непріятенъ. Кромѣ того, мы думали идти впередъ, а намъ говорятъ, что мы должны воротиться назадъ.

29. Но какъ ни тяжело для насъ чувство непримиримаго контраста и какъ ни пріятно чувство кажущейся истины, дающей намъ возможность идти далѣе, однакоже, кто любитъ истину, тотъ не долженъ обращать вниманія на пріятность одного чувства и непріятность другаго. Особенно тяжело выносится чувство непримиримаго контраста въ юности и особенно поддается юность чувству кажущейся истины. Это объясняется сильнымъ стремленіемъ впередъ, срединымъ юношескому возрасту человѣка, малымъ количествомъ опытовъ, сопровождаемыхъ чувствомъ обмана, дѣлающимъ старость недовѣрчивою, и наконецъ малымъ количествомъ матеріала для умственной работы, малымъ—относительно силы стремленія работать. Вотъ почему юность никогда такъ не увлечется сомнѣніемъ, отступающимъ передъ недостаткомъ фактовъ, какъ сочиненіемъ, закрывающимъ эти пробѣлы смѣлою гипотезою.

ГЛАВА XXIX.

Общій обзоръ чувствованій, система ихъ и ихъ отношеніе къ сознанію.

Обзоръ и система чувствованій.

1. Окончивъ анализъ отдѣльныхъ элементарныхъ чувствованій, мы считаемъ теперь необходимымъ остановиться и какъ бы однимъ взглядомъ обнять все пройденное. Сдѣлать это мы желаемъ съ двоякою цѣлью: *во-первыхъ*, для того, чтобы закрѣпить въ памяти хотя главнѣйшіе, добытые нами результаты, приводя ихъ въ возможную, легко обозрѣваемую систему; а *во-вторыхъ*, для того, чтобы разъяснить отношеніе между двумя пройденными уже нами отдѣлами психологіи: *сознаніемъ* и *чувствованіемъ*, и перейти къ третьему отдѣлу—къ явленіямъ *воли*.

2. Наше изложеніе чувствованій мы начали критикою различныхъ теорій возникновенія чувствованій: *теоріи физіологической*, выводящей всѣ чувствованія изъ тѣхъ или другихъ, предполагаемыхъ, органическихъ состояній; теоріи *механической*, выводящей чувствованія изъ механическаго взаимодѣйствія представленій, и теоріи *философской*, выводящей чувствованія изъ гипотезы врожденныхъ человѣку *стремленій*. Признавъ двѣ первыя теоріи односторонними, хотя и вѣрными въ своей

односторонности, мы пристали къ третьей, объясняющей появленіе и разнообразіе чувствованій изъ врожденныхъ человѣку стремленій, но въ то же время указали на *увлеченія* этой послѣдней теоріи и на необходимость, признавъ гипотезу стремленій, ограничиться ею и не строить на ней никакихъ дальнѣйшихъ гипотезъ.

3. Обратившись за тѣмъ къ изученію стремленій, какъ источника появленія и разнообразія чувствованій, мы группировали всѣ стремленія, обнаруживаемыя человѣкомъ въ его чувствованіяхъ, желаніяхъ и поступкахъ, въ *три* вида: стремленія *тѣлесныя*, *душевныя* и *духовныя*. Отчисливъ къ стремленіямъ *духовнымъ* всѣ, обнаруживаемыя только человѣкомъ, какъ-то: эстетическія и нравственныя, и, предположивъ заняться ими въ особой послѣдней части «Антропологіи», мы обратились къ изученію *двухъ первыхъ* видовъ стремленій: *тѣлесныхъ* и *душевныхъ*. Не трудно видѣть, что всѣ эти стремленія, и тѣлесныя и душевныя, могутъ быть выражены однимъ общимъ признакомъ: въ нихъ во всѣхъ обнаруживается одно стремленіе — *стремленіе быть и жить*. Стремленіе къ *бытію* достигается самою физическою природою, внѣшнею для души, достигается въ *растительныхъ* процессахъ организма. Достигаемое это, сообразно двумъ необходимымъ условіямъ всякаго физическаго бытія: *пространству* и *времени*, выражается въ двухъ всеобъемлющихъ потребностяхъ растительнаго процесса: въ потребности *бытія и распространенія въ пространствѣ* и въ потребности *бытія и распространенія во времени*, т. е. въ потребности индивидуальнаго и общественнаго существованія.

4. Эти двѣ великія потребности физической, растительной природы, сливающіяся собственно въ одну *потребность бытія въ пространствѣ и времени*, существуютъ въ растеніяхъ точно также, какъ и въ растительномъ организмѣ человѣка; но съ тою только разницею, что въ первыхъ, т. е. въ растеніяхъ, они не ощущаются, а во второмъ ощущаются душою черезъ посредство нервнаго организма, таинственно и фактически связывающаго душу съ растительнымъ организмомъ тѣла и его процессами. Эти потребности растительной жизни сказываются въ душѣ множествомъ стремленій, превращающихся въ ощущаемыя потребности: потребности пищи, питья, тѣлесныхъ движеній, отдыха и потребностей общественнаго существованія вообще, куда мы отнесли и стремленія половыя, доказавъ, что это только особый видъ цѣлаго ряда общественныхъ стремленій, въ которыхъ выражаются потребности растительной природы, общія человѣку, животнымъ и растеніямъ.

5. Кромѣ этихъ *растительныхъ* потребностей, мы нашли въ животныхъ, и, въ особенности, въ человѣкѣ, новую, уже чисто *душевную* потребность: *потребность сознательной дѣятельности*, идущую какъ бы въ разрѣзъ съ *растительными*. Потребность эта высказывается всего сильнѣе и чаще тогда, когда растительныя физическія потребности тѣла всѣ уже удовлетворены и когда душа продолжаетъ требовать дѣятельности, уже для самой дѣятельности. Эта душевная потребность при

противорѣчитъ растительнымъ потребностямъ, ибо потребляетъ непроизводительно для тѣла матеріалы, накопленные тѣломъ въ растительныхъ процессахъ, и силы, скрытыя въ этихъ матеріалахъ. Душа въ этомъ смыслѣ является какъ бы чужеяднымъ растеніемъ въ отношеніи тѣла, истощающимъ его силы. Смотрѣть въ этомъ случаѣ на душу какъ на необходимое звено въ питаніи, поддержаніи и размноженіи животныхъ организмовъ, было бы противорѣчіемъ современной наукѣ, доказавшей, что питаніе, поддержаніе и размноженіе даже животныхъ, движущихся организмовъ могло бы вполнѣ совершаться одною системою рефлексовъ, несопровождаемыхъ сознаніемъ, чувствомъ и желаніемъ, какъ совершается она въ растеніяхъ безъ помощи рефлексовъ. Изъ этого факта само собою вытекаетъ великое нравственное указаніе, что *человѣкъ не для того живетъ, чтобы существовать, но для того существуетъ, чтобы жить.*

6. Обратившись за тѣмъ къ перечисленію и анализу чувствованій, возникающихъ при процессѣ удовлетворенія стремленій, мы прежде всего установили самостоятельность этихъ душевныхъ явленій. Мы показали, что хотя чувствованія и наблюдаются нами не иначе, какъ въ сліяніи съ представленіями, но должны быть признаваемы отдѣльными отъ нихъ и самостоятельными психическими явленіями, такъ-какъ они не только вызываются представленіями въ ихъ отношеніи къ нашимъ стремленіямъ; но и сами вызываютъ (подбираютъ) представленія, возникая изъ органическихъ состояній тѣла. Это двоякое возникновеніе чувствованій побудило насъ и самыя чувствованія, не по качеству ихъ, а по ихъ происхожденію, раздѣлить на *органическія* и *душевныя*. Въ чувствованіяхъ *душевныхъ* мы сознаемъ то или другое отношеніе представленія къ нашимъ стремленіямъ или, вѣрнѣе, нашимъ желаніямъ, т. е. стремленіямъ, уже сознаннымъ посредствомъ опытовъ ихъ удовлетворенія. Въ чувствованіяхъ *органическаго* происхожденія мы не сознаемъ отношенія тѣхъ или другихъ состояній нашего организма къ его потребностямъ бытія, но прямо испытываемъ это отношеніе въ различныхъ органическихъ чувствованіяхъ. Только уже наблюденіе открываетъ намъ, что питаніе, влага и воздухъ необходимы для существованія организма; но мы конечно гораздо прежде этихъ наблюденій и независимо отъ нихъ, испытываемъ страданіе отъ недостатка пищи, влаги или воздуха.

7. Мы указали также на необходимость отдѣленія не только *внѣшнихъ ощущеній* (ощущеній зрѣнія, слуха, осязанія и т. д.) отъ *чувствованій*, которыми они сопровождаются, но и *внутреннихъ ощущеній* (таковы: ощущенія голода, жажды, щекота и т. п.), которыя могутъ сопровождаться *различными* душевными чувствованіями. Этого мы достигли, указавъ, какъ черезъ посредство сознанія то или другое *внутреннее* ощущеніе, боль или голодъ, напримѣръ, могутъ изъ разряда ощущеній непріятныхъ, какими они всегда являются по природѣ своей для непосредственнаго *органическаго* чувствованія, поступить въ разрядъ пріятныхъ и желательныхъ душевныхъ чувствованій. Но если

органическое чувствованіе черезъ посредство сознанія, т. е. черезъ посредство наблюденій и опытовъ, сдѣлавшись душевнымъ, можетъ измѣнить самый специфическій характеръ свой и изъ неудовольствія сдѣлаться удовольствіемъ, или обратно, по отношенію къ одному и тому же [illegible]*ренному ощущенію* (голоду, жаждѣ, боли и т. п.), то значитъ, что и эти органическія чувствованія не одно и тоже съ вызывающими ихъ ощущеніями, какъ бы ни казались они нераздѣльными на первый взглядъ.

8. Отдѣливъ органическія чувствованія отъ душевныхъ, мы показали потомъ, какъ *душевныя* чувствованія переходятъ въ *органическое со*стояніе и какъ, наоборотъ, тѣ или другія состоянія организма условливаютъ появленіе тѣхъ или другихъ *душевныхъ* чувствованій. Затѣмъ мы перешли къ явленіямъ *воплощенія* чувствованій и, показавъ средства этого воплощенія, нашли въ немъ основу *органическаго сочувствія*, которое, въ свою очередь, даетъ начало множеству психо-физическихъ явленій.

9. Приступая къ исчисленію *элементарныхъ чувствованій*, мы прежде всего сочли необходимымъ отдѣлить эти, болѣе неразлагаемыя, психическія явленія отъ *чувственныхъ состояній* души, въ которыхъ одно чувствованіе или нѣсколько чувствованій разомъ соединяются съ тѣми или другими представленіями. Здѣсь же мы отдѣлили чувствованія *душевныя* съ одной стороны отъ *духовныхъ*, свойственныхъ только человѣку и отмѣченныхъ его человѣческими особенностями, а съ другой — отъ *желаній*, отнеся послѣднія къ области явленій воли. Такое выдѣленіе элементарныхъ, неразлагаемыхъ болѣе чувствованій помогло намъ не потеряться въ ихъ безчисленномъ разнообразіи и мы нашли слѣдующія элементарныя антагонистическія пары чувствованій: 1) *удовольствія* и *неудовольствія*, 2) *влеченія* и *отвращенія*, 3) *доброты* и *злобы*, 4) *смѣлости* и *страха*, 5) *самодовольства* и *стыда* и, наконецъ, 6) *скуки*, не имѣющей себѣ антагониста въ чувствахъ, такъ-какъ антагонистомъ ея является уже не чувство, а дѣятельность души. Всѣми этими чувствованіями сказываются въ душѣ всѣ различныя фазы въ процессѣ удовлетворенія врожденныхъ человѣку стремленій. Но легко замѣтить, что, тогда-какъ первыя четыре пары чувствованій относятся къ удовлетворенію всѣхъ стремленій, какъ тѣлесныхъ, такъ и душевныхъ, а потому и могутъ быть названы чувствованіями *общими*, — чувствованіе *самодовольства* и *стыда*, а равно и *чувство скуки* могутъ быть названы *спеціальными*; ибо *чувство самодовольства и стыда* относится спеціально къ *общественнымъ* стремленіямъ человѣка, а *чувство скуки* относится также спеціально къ душевному стремленію къ дѣятельности.

10. Кромѣ этихъ чувствованій мы замѣтили еще нѣсколько другихъ, дѣйствіе которыхъ ограничивается сферою одной умственной дѣятельности и которыя потому мы назвали *душевно-умственными*, въ отличіе отъ первыхъ, названныхъ нами *душевно-сердечными*. Всѣ эти душевно-умственныя чувствованія показываютъ только отношеніе новыхъ представ-

ній къ интересамъ одного умственнаго процесса, процесса сознаванія. *Двигателемъ* этого процесса является стремленіе души къ сознательной дѣятельности, *побудкою*—томительное чувство бездѣйствія, которое въ высшей его степени мы называемъ скукою, а *средствомъ*—сознаніе, или способность души изъ различія и сходства впечатлѣній создавать сознательныя ощущенія: свѣта—въ противоположность темнотѣ, тепла—въ противоположность холоду и т. д. Хотя мы и помѣстили *чувство различія и сходства* въ число неразлагаемыхъ умственныхъ чувствованій, но собственно изъ него уже вытекаютъ другія умственныя чувствованія, само же оно является основною способностью сознанія и совершаетъ всѣ умственныя работы человѣка. Изъ стремленія къ душевной дѣятельности въ умственной сферѣ, которая дѣйствуетъ черезъ посредство чувства различія и сходства, возникаютъ: 1) *чувство умственнаго напряженія*, 2) *чувство ожиданія*, 3) *чувство неожиданности* съ производными отъ него чувствованіями: *а) чувствомъ удивленія* и *б) чувствомъ обмана*; 4) *чувство сомнѣнія и увѣренности*, 5) *чувство непримиримаго контраста* и 6) *чувство успѣха* сознавательнаго процесса или чувство относительной истины. Изъ этого уже видно, что *умственныя* чувствованія не могутъ быть поставлены на ряду съ чувствами сердечными, такъ-какъ умственныя чувствованія суть уже прямыя произведенія одного сознавательнаго процесса, отмѣчающія въ душѣ различныя его фазы.

11. Если бы, прочитавъ нашу систему элементарныхъ чувствованій, спросили насъ, вполнѣ ли мы увѣрены, *во первыхъ*, въ томъ, что перечислили всѣ элементарныя чувствованія; а *во-вторыхъ* въ томъ, что не помѣстили въ число чувствъ элементарныхъ такого чувствованія, которое, при болѣе внимательномъ анализѣ и повѣркѣ его различными орудіями, можетъ оказаться неэлементарнымъ, а сложнымъ, то мы не могли бы отвѣтить на этотъ вопросъ утвердительно. Мы сдѣлали все, что могли; но никакъ не думаемъ, что сдѣлали все, что можно сдѣлать въ этой области душевныхъ явленій, посвятивъ себя спеціально ея разработкѣ.

Отношеніе чувствованій къ сознанію.

12. Общимъ терминомъ для сознанія и чувствованій кажется можно избрать слово *чувство*; ибо и сознаніе въ основѣ своей есть не болѣе, чѣмъ спеціальное чувство сходства и различія. Но тогда-какъ сознаніе показываетъ намъ предметы сознаванія безъ отношенія ихъ къ интересамъ нашихъ стремленій, чувствованія именно обозначаютъ эти отношенія представленій къ нашимъ стремленіямъ. Вотъ почему дѣятельность сознанія, хотя и оно есть только одно изъ чувствъ, къ которымъ способна душа наша, должна быть всегда излагаема отдѣльно.

13. Дѣятельность сознанія не только требуетъ отдѣльнаго изложенія по своей безучастности въ отношеніи нашихъ стремленій, но и должна

быть излагаема прежде изложенія всѣхъ другихъ душевныхъ явленій, потому что составляетъ единственную дверь, вводящую насъ въ эти явленія. Безъ способности различать и сравнивать мы могли бы испытывать гнѣвъ, не сознавая, что это гнѣвъ, и не отличая его отъ страха или любви. Все, что мы *знаемъ*, все, что мы можемъ выразить словами, выходитъ изъ нашей способности сравнивать и различать, а потому естественно, что и о чувствованіяхъ нашихъ мы можемъ говорить на столько, на сколько они прошли черезъ нашу способность сравнивать и различать.

14. Сознаніе наше, или наша способность различать и сравнивать, а потомъ группировать по сходству и различію то, что мы сравнили, обращенное на впечатлѣнія внѣшняго для души міра, даетъ намъ все безчисленное разнообразіе нашихъ свѣдѣній объ этомъ мірѣ. Та же самая способность сравнивать и различать, обращенная на самыя душевныя явленія, даетъ человѣку всѣ его психологическія познанія, которыя у каждаго гораздо обширнѣе, чѣмъ обыкновенно полагаютъ. Изъ этого прямо само собою выходитъ, что напрасно было бы пытаться *узнать* и передать въ словахъ *жизнь чувствованій внѣ сознанія*. Но что чувствованія *возможны* и внѣ сознанія, на это указываетъ намъ то явленіе, что мы находимъ ихъ въ нашей душѣ уже готовыми, находимъ прежде, чѣмъ различимъ ихъ отъ другихъ душевныхъ состояній. Мы сердимся, еще не замѣчая этого, и открываемъ въ душѣ нашей уже готовую любовь, употребляя иногда долгія усилія, чтобы отличить ее отъ другихъ чувствованій и дать ей имя. Если мы, *подобно животнымъ*, не имѣли бы возможности обращать наше сознаніе на наши психическіе акты — состояніе, въ которое Сократъ въ одномъ изъ Платоновыхъ діалоговъ ставитъ своего противника, — то мы отъ этого не потеряли бы способности гнѣваться, бояться и любить, а только не различали бы этихъ чувствъ одно отъ другого.

15. Трудно конечно сказать, что начинаетъ прежде дѣйствовать въ человѣкѣ: сознаніе или чувствованія; но есть однако нѣсколько указаній, позволяющихъ предполагать, что дѣйствіе и даже развитіе чувствованій предшествуетъ дѣйствію и развитію сознанія. Извѣстный физіологъ Мюллеръ замѣчаетъ, что первое, въ чемъ обнаруживается жизнь зародыша, — это *произвольныя* движенія, начинающіяся прежде развитія органовъ воспринимающихъ чувствъ. Но если Мюллеръ, назвавъ эти движенія *произвольными*, говоритъ въ то же время, что они не имѣютъ никакой цѣли, не выходятъ ни изъ какой идеи и ни изъ какого чувства, то это показываетъ только, что онъ употребилъ психологическій терминъ *произвола*, не давъ себѣ яснаго отчета въ значеніи этого термина. Произвольное движеніе, какъ мы скоро увидимъ, прежде всего тѣмъ отличается отъ *непроизвольнаго*, что причиною его является то или другое душевное состояніе. Но такъ-какъ дѣйствительно до образованія воспринимающихъ органовъ нельзя предположить опредѣленныхъ ощущеній, а тѣмъ менѣе какую-нибудь идею или цѣль, то естественнѣе всего думать

что первыя произвольныя движенія возникаютъ не изъ ощущеній, а изъ чувствованій и всего вѣроятнѣе изъ чувствованій страданія, причиняемыхъ ...ніемъ, давленіемъ, вообще болью или, наконецъ, органическою потребностію тѣлеснаго движенія, происходящею отъ накопленія силъ.

16. Наблюдая надъ развитіемъ дѣтей и даже цѣлыхъ народностей, мы замѣтимъ, что даже взглядъ на внѣшній міръ и усвоеніе представленій и понятій о немъ прежде всего условливается чувствованіями или ...ніями явленій къ стремленіямъ и, по преимуществу, тѣлеснымъ стремленіямъ человѣка. Объективное созерцаніе міра только уже мало по малу, по удовлетвореніи тѣлесныхъ потребностей и вмѣстѣ съ большимъ и большимъ обнаруженіемъ чисто душевной потребности созерцательной дѣятельности, вступаетъ въ свои права. Крики страданія или удовольствія, гнѣва или страха суть первыя обнаруживанія въ звукахъ душевной жизни человѣка. Когда же сознаніе обратится на самую душевную дѣятельность, то эти самые крики превращаются въ *первыя слова*, которые и ложатся въ основу языка. Дитя и дикарь замѣчаютъ предметы ...только, на сколько они затрогиваютъ въ нихъ тѣ или другія чувствованія и, безъ сомнѣнія, даютъ и названія предметамъ, сообразныя съ звуковыми воплощеніями этихъ чувствованій. *Языкъ мысли* формируется уже мало по малу изъ *языка чувства* и слѣды этихъ чувственныхъ оттѣнковъ языка остаются на немъ неизгладимо.

17. Такимъ образомъ, въ противоположность всѣмъ другимъ психологамъ, мы ставимъ въ центръ душевныхъ явленій — не сознаніе, какъ ...ртіанцы, и не волю, какъ Шопенгауеръ и его послѣдователи, — а чувствованіе, какъ первое проявленіе *стремленій* — этой гипотезы необходимой, но все же гипотезы, ибо въ ней идетъ дѣло о явленіяхъ, лежащихъ внѣ сознанія. Только уже впослѣдствіи, при развитіи, съ одной стороны, области *сознанія*, а съ другой — области *воли*, *чувствованіе* становится необходимымъ *посредникомъ* между этими двуми областями душевныхъ явленій. Но *чувствованіе* не только — среднее, связующее звено между явленіями сознанія и явленіями воли, но вызываетъ и тѣ и другія. Страданіе прежде всего побуждаетъ человѣка и вникать во внѣшній міръ, и прилагать къ нему свою волю съ цѣлью удовлетворить своимъ потребностямъ, заставляющимъ его страдать. Вотъ на какомъ основаніи мы ставимъ чувствованія въ средоточіе всѣхъ душевныхъ явленій. Изъ нихъ они всѣ исходятъ и къ нимъ всѣ возвращаются; въ нихъ первая причина человѣческой дѣятельности въ области сознанія и воли, въ нихъ же и окончательная цѣль этой дѣятельности. Это положеніе чувствованій въ системѣ душевныхъ явленій еще болѣе намъ уяснится, когда мы анализируемъ область явленій воли, къ чему мы теперь и приступаемъ.

ГЛАВА XXX.

Воля. Вступленіе. Различныя теоріи воли.

1. Въ первой части нашей антропологіи мы изложили явлен... *знанія*; во второй, до сихъ поръ, мы занимались *чувствованія*..., теперь же намъ предстоитъ изложить третій видъ душевныхъ явленій, которымъ придаютъ общее названіе явленій *воли*. Такое дѣленіе психическихъ явленій на три области очень старо и напрасно нѣкоторые приписываютъ его Канту, который только яснѣе другихъ формулировалъ это дѣленіе, и его послѣдователю Фрису, доведшему это дѣленіе до крайности. Основы такого раздѣленія психическихъ явленій мы встрѣчаемъ у Спинозы и Декарта, у Аристотеля и Платона; но, что еще важнѣе, встрѣчаемъ въ общечеловѣческой психологіи, какъ она выразилась въ языкѣ народовъ: вездѣ языкъ раздѣлилъ *умъ*, *сердце* и ...

2. Не нужно большой наблюдательности, чтобы каждый могъ замѣтить въ себѣ эти *три* сферы душевной жизни, въ которыхъ душа, по существу своему, стремящемуся къ жизни т. е. къ дѣятельности, работаетъ безъ устали. Первая изъ этихъ сферъ даетъ человѣку умственную или *теоретическую жизнь*; вторая — жизнь чувства или, какъ обыкновенно говорятъ, даетъ *жизнь сердца*, а третья — жизнь дѣя... или *жизнь практическую*.

3. Само собою разумѣется, что ни одинъ человѣкъ не живетъ и не можетъ жить исключительно въ одной изъ этихъ сферъ, и что явленія всѣхъ трехъ перемѣшиваются не только въ жизни каждаго человѣка, но даже въ каждомъ полномъ и законченномъ душевномъ актѣ. Однако же, всякій, кто наблюдалъ надъ людскими характерами, замѣчалъ, вѣроятно, что въ одномъ характерѣ преобладаетъ дѣятельность ума, въ другомъ — дѣятельность сердца, въ третьемъ — дѣятельность практич... или дѣятельность воли. Это различіе такъ замѣтно, что, можетъ быть, именно его, а не *темпераменты*, слѣдовало признать основнымъ принципомъ разнообразія людскихъ характеровъ.

4. Обративъ вниманіе на самихъ себя, мы ясно замѣтимъ, что при усиленной дѣятельности сознанія, при особенной напряженности умственнаго процесса, дѣятельность сердечныхъ чувствъ и дѣятельность воли замѣтно ослабѣваютъ, что, при особенно усиленной дѣятельности сердечныхъ чувствъ, ослабляется и умственная дѣятельность и дѣятельность воли и что, наконецъ, когда мы начнемъ дѣйствовать, тогда ослабѣваютъ въ насъ и умственный процессъ, и дѣятельность сердечная.

5. Разсматривая, наконецъ, какое угодно, взятое наудачу ... психическое явленіе, отмѣченное языкомъ человѣческимъ, мы не затруднимся отнести его къ одной изъ этихъ трехъ сферъ душевной жизни. Если же возникнетъ какое-либо затрудненіе, то оно укажетъ намъ ... на сложность наблюдаемаго нами явленія, и когда мы разложимъ его на составные элементы, то не затруднимся отнести каждый изъ этихъ ...

исходитъ въ той, или другой, или третьей сферѣ. Этой одной причины достаточно уже, чтобы признать такое дѣленіе психическихъ явленій вполнѣ научнымъ, не смотря на всѣ филиппики, поднятыя противъ него Гербартомъ и его послѣдователями.

6. На чемъ главнымъ образомъ основываются всѣ возраженія противъ такого естественнаго дѣленія психическихъ явленій? Безъ сомнѣнія, на убѣжденіи въ единствѣ и нераздѣльности души. Но, сохраняя и сами это убѣжденіе, подтверждаемое многими фактами душевной жизни, мы, тѣмъ не менѣе, сознаемся откровенно, что не можемъ возвести всѣхъ психическихъ явленій къ этому единству, или, что все равно, не можемъ вывести всѣ эти явленія изъ одного понятія, т. е. такой мысли, выраженіе которой могло бы быть выражено сужденіями и умозаключеніями. Чтобы сдѣлать это, надобно было бы понять душу, сравнительно съ другими предметами, для чего надобно было бы выйти изъ души и отнестись къ ней какъ къ объекту, для насъ внѣшнему; но это для человѣка, составляющаго самую эту душу, невозможно. Мы наблюдаемъ психическія явленія, какъ сохраненныя нашею памятью, какъ нѣчто прошедшее; понять же самую душу—источникъ всѣхъ этихъ психическихъ явленій, дѣйствующій въ самомъ томъ усиліи, которымъ мы хотимъ его понять,—конечно невозможно, также невозможно, какъ выйти простому химическому элементу изъ самого себя.

7. Если бы Гербартъ вооружился только противъ крайности раздѣленія душевныхъ явленій, какъ бы дробящей самую душу на три части, то мы бы вполнѣ съ нимъ согласились; но такъ-какъ онъ уничтожаетъ самое дѣленіе, принципъ котораго столь очевиденъ для каждаго, то мы можемъ сказать только, что этимъ Гербартъ значительно и безъ всякой пользы для науки затруднилъ изученіе психическихъ явленій. Различныя свойства, способности, или проще, различныя дѣятельности предмета, не должны вести къ раздѣленію самого предмета; но и, наоборотъ, единство предмета не должно вести къ смѣшенію его различныхъ и разнообразныхъ дѣятельностей. Если мы не понимаемъ, какъ эти разнообразныя дѣятельности относятся между собою и къ самой сущности предмета, какъ они вытекаютъ изъ этой сущности, не разрывая ее своимъ разнообразіемъ, то это значитъ только, что мы не можемъ понять сущности предмета и, волею или неволею, должны примириться съ этою невозможностью. Наука же не выиграетъ, а проиграетъ только, если мы, чувствуя въ самихъ себѣ единство души, будемъ стараться, посредствомъ разныхъ насильственныхъ и ничѣмъ неоправдываемыхъ гипотезъ, выводить всѣ различные виды душевныхъ явленій изъ одного какого-либо, или изъ представленій, напримѣръ, какъ выводитъ Гербартъ, или изъ воли, какъ выводитъ Шопенгауеръ и его послѣдователи, или изъ чувствованій, какъ вывели бы мы, еслибы желали строить полныя психическія теоріи, а не изучали психическія явленія, на сколько они намъ доступны.

8. Мы имѣемъ психическіе факты ясно доказывающіе, что душа,

одна и нераздѣлима; мы имѣемъ другіе психическіе факты, показыва-щіе, что эта единая, нераздѣльная душа имѣетъ различныя способ… мы не можемъ примирять этого различія способностей съ единство… души — вотъ въ своей простотѣ весь психическій фактъ. Но развѣ т…кое несовершенство свойственно одной психологіи? Развѣ мы постигаемъ сущность хоти одного *реальнаго* предмета такъ, чтобы были въ сост…ніи вывести изъ его сущности его свойства и всѣ явленія, въ кото…рыхъ они обнаруживаются? На этотъ вопросъ мы уже отвѣчали … и отвѣчали отрицательно [1]. Уже Сократъ указалъ на то, что реальное знаніе всегда занимаетъ средину между непостижимымъ единство… непостижимою безконечностью и занимается тѣмъ, что можно … числить, опредѣлить, выразить [2]. Въ этомъ случаѣ психологія р…дѣляетъ участь всѣхъ другихъ наукъ и всѣхъ человѣческихъ … вообще.

9. На основаніи этихъ-то соображеній и признавая психологі… кою, основанною на фактахъ и наблюденіяхъ надъ фактами, а … вѣрованіяхъ, мы не смущаемся тѣми грозными филиппиками, … были подняты Гербартомъ, а отчасти и Гегелемъ, противъ разд… души на три области. Мы не дѣлимъ душу на области; но дѣлимъ д…шевныя явленія на тѣ отдѣлы, на которые они сами собою распа…… очевидно для всякаго сознанія, непотемненнаго самонадѣянною … вывести все разнообразіе психическихъ явленій изъ одного какого-… фантастическаго принципа. Такимъ образомъ, изложивъ душевныя … нія сознанія и чувствованія, мы переходимъ теперь къ душевнымъ … ніямъ воли, желая вездѣ удержаться на почвѣ фактической … нигдѣ не переходить въ область, можетъ быть, поэтическихъ … научныхъ фантазій.

10. Что называемъ мы волею? На этотъ вопросъ мы также … мало отвѣчать, какъ и на два предыдущіе: что такое сознаніе … такое чувствованіе? Всякій изъ насъ испытываетъ въ себѣ эти нер…*гаемые* болѣе факты психической жизни; но никто не можетъ пере… этого чувства въ словахъ, сужденіяхъ и умозаключеніяхъ, … потому, что, какъ мы уже видѣли, сужденіе и умозаключеніе … только разложенія понятій, нами же прежде сложенныхъ [3]; … же разлагать и слагать то, что для насъ неразложимо? Такіе … и явленія мы можемъ только классифицировать, давая имъ над… мѣсто въ ряду другихъ предметовъ и явленій, будемъ ли мы … ихъ въ насъ самихъ или внѣ насъ — во внѣшнемъ для души … Развѣ мы можемъ выразить въ сужденіяхъ, что такое свѣтъ, … красный цвѣтъ или зеленый? что такое, наконецъ, желѣзо, кисло… или водородъ, внѣ ихъ отношеній къ другимъ предметамъ? — Это …

[1] Пед. Антроп. Ч. I. Гл. XXXIV.

[2] Dialogues de Platon. Phileb. p. 423.

[3] Пед. Антроп. Ч. I. Гл. XLII.

такіе же *безотвѣтные вопросы*, какъ и вопросъ — что такое воля? Одни изъ этихъ неразлагаемыхъ для насъ предметовъ мы чувствуемъ существующими внѣ насъ, другіе мы находимъ самосознаніемъ въ насъ самихъ; но какъ тѣ, такъ и другіе оказываются для насъ неразлагаемыми болѣе фактами.

11. Гораздо сообразнѣе будетъ съ значеніемъ фактической науки, если мы, вмѣсто того, чтобы томить себя безполезнымъ вопросомъ: что такое воля?—станемъ изучать ея проявленія. Никто не сомнѣвается въ томъ, что всего яснѣе проявляется воля въ произвольномъ движеніи нашихъ членовъ; а потому намъ естественно прежде всего обратиться къ изученію тѣлесныхъ движеній и между ними въ особенности тѣхъ, которыя всякій изъ насъ называетъ *произвольными* или *добровольными*, въ отличіе отъ тѣхъ, которыя мы также совершаемъ, но совершаемъ непроизвольно, автоматически, рефлективно. Теорій, объясняющихъ такъ или иначе наши произвольныя движенія было построено довольно; но мы разсмотримъ здѣсь послѣднюю изъ нихъ, такъ-какъ она есть результатъ науки въ современномъ ея состояніи. Теорію эту мы изложимъ отчасти по Фехнеру, а отчасти по Бэну; первый преимущественно разработалъ физическую сторону этой теоріи тѣлесныхъ движеній, а второй — психическую.

ГЛАВА XXXI.

Физическая теорія тѣлесныхъ движеній.

1. Для яснаго пониманія физической теоріи тѣлесныхъ движеній мы просимъ читателя припомнить главу «о мускулахъ», изложенную нами въ первой части нашей «антропологіи» [1]. Тамъ мы не только изложили (въ общихъ чертахъ, конечно), устройство аппарата тѣлесныхъ движеній, но и указали отчасти на процессъ выработки, распредѣленія и траты физическихъ силъ въ экономіи человѣческаго тѣла. Здѣсь намъ предстоитъ только, съ помощью извѣстнаго физика и психолога Фехнера, уяснить себѣ это явленіе еще болѣе и сдѣлать изъ него уже психологическіе выводы.

2. Всякое движеніе предполагаетъ непремѣнно *матерію*—то, что движется, и *силу* — то, что движетъ. Сила долго считалась чѣмъ-то отдѣльнымъ отъ матеріи, —какимъ-то таинственнымъ *нѣчто*, условливающимъ движеніе инертной матеріи. Но новая наука не только внесла силу въ матерію, какъ ея неотъемлемое свойство, но самую силу объяснила движеніями же—движеніями или частицъ матеріи, или цѣлыхъ массъ ея, назвавъ первыя движенія *частичными* или *скрытыми*, а вторыя—*массивными* или *открытыми* [2]. Мы не будемъ входить здѣсь

[1] Пед. Антроп. Ч. I. Гл. VIII.

[2] Тамъ же. Гл. VIII, п. 9.

въ разборъ этой теоріи и разыскивать, на сколько объяснилось для насъ понятіе силы, когда мы ее самую вывели изъ движеній, вмѣсто того, чтобы выводить движеніе изъ силы, какъ то дѣлали прежде. Но нѣтъ сомнѣнія, что такое представленіе силъ, въ формѣ движеній, по механическому закону, указанному нами выше [1]), значительно упрощаетъ объясненіе и связь множества физическихъ и физіологическихъ фактовъ, и потому и мы принимаемъ его здѣсь за гипотезу необходимую и вполнѣ научную.

3. Давно уже въ наукахъ физическихъ существуетъ полное убѣжденіе, что матерія не можетъ быть *уничтожена* нашими средствами, равно какъ не можетъ быть творима вновь, что она только мѣняетъ свои формы, при чемъ каждый атомъ ея не можетъ быть ни уничтоженъ, ни уменьшенъ, ни увеличенъ. Теперь это же самое убѣжденіе, подтверждаемое всѣми доступными намъ фактами, было перенесено и на идею силы. Наука пришла къ тому убѣжденію, что сила, какъ и матерія, не уничтожается, когда мы перестаемъ замѣчать ея проявленіе, а только переходитъ въ другую форму, и не творится вновь, когда вновь проявляется, а только изъ формы скрытыхъ движеній переходитъ въ форму движеній открытыхъ. Сила, ударившая молотомъ по наковальнѣ, не уничтожилась вмѣстѣ съ этимъ ударомъ, а вся перешла въ форму тепла, развившагося при ударѣ, такъ-какъ тепло есть только скрытое движеніе частицъ. Движеніе же паровоза, наоборотъ, есть только переходъ скрытыхъ движеній тепла въ открытую форму движенія машины.

4. Вся живая (т. е. дѣйствующая) сила катящагося паровоза есть только перемѣна формы движенія, которое изъ незамѣтныхъ кол. дрожаній, вызываемыхъ въ топливѣ химическимъ процессомъ горѣнія, переходитъ оттуда на части машины, а оттуда и на колеса паровоза. И та же живая сила, которая обнаруживается здѣсь въ видимыхъ движеніяхъ, исчезаетъ въ области невидимыхъ движеній частицъ топлива, что и дѣлаетъ необходимымъ поддержку процесса горѣнія новымъ матерьяломъ. «Точно также живая сила видимыхъ движеній, выполняемыхъ руками и ногами человѣка, есть только другая форма живыхъ силъ малыхъ внутреннихъ движеній, вызываемыхъ химизмомъ питательнаго процесса. Въ каждомъ своемъ движеніи употребляетъ человѣкъ силу изъ этихъ, внутри его развивающихся живыхъ силъ» [2]).

5. Въ этихъ переходахъ съ одной матерьяльной массы на другую живая сила, какъ бы ни измѣнялась ея форма, не претерпѣваетъ ни уменьшенія, ни увеличенія. Сила, движущая паровозъ, напримѣръ, исчезаетъ въ этихъ движеніяхъ, а проявляется въ невидимыхъ дрожаніяхъ частицъ земли и воздуха, высказываясь въ нихъ только въ ф

[1]) Тамъ же. Гл. XXXIV, п. 7.

[2]) Elemente der Psychophysik von Fechner. I Th., p. 27—28.

той формѣ, въ формѣ тепла, и количество силы, исчезающей въ одной формѣ, соотвѣтствуетъ количеству силы, проявляющейся въ другой.

6. Человѣкъ также подчиняется вполнѣ этому закону во всѣхъ своихъ движеніяхъ. «Падая съ высоты, человѣкъ, со всей свободой своей воли, не можетъ ни на одинъ волосъ сдвинуть центра своей тяжести съ линіи паденія, если не принимать въ расчетъ легкой возможности, представляемой упоромъ воздуха. Точно также относится человѣкъ и къ живой силѣ. Воля, мысль, весь духъ, какъ бы онъ свободенъ ни былъ, можетъ проявлять свою свободу не иначе, какъ на основаніи законовъ живой силы»[1]).

7. «Хотя—продолжаетъ Фехнеръ—не найдено еще общаго и рѣзкаго доказательства для распространенія этого закона на психофизическую дѣятельность; но можно уже утверждать, что всѣ опыты, на сколько они возможны, идутъ въ этомъ направленіи и могутъ быть истолкованы безъ натяжки только посредствомъ этого закона; поэтому мы и будемъ его придерживаться, пока не встрѣтимъ доказательствъ противнаго». Изъ этихъ словъ Фехнера мы видимъ, между прочимъ, что распространеніе закона сохраненія и преобразованія силъ на психофизическую дѣятельность основывается болѣе на аналогіи и на той увѣренности, что и въ живомъ организмѣ *не могутъ* дѣйствовать другія силы, кромѣ силъ физическихъ, воспринимаемыхъ организмомъ изъ пищи.

8. Вполнѣ соглашаясь съ Фехнеромъ, что такой взглядъ на происхожденіе силъ, дѣйствующихъ въ психофизическихъ отправленіяхъ, находитъ себѣ могущественное подтвержденіе во многихъ фактахъ и соображеніяхъ, мы однако думаемъ, что слишкомъ было бы поспѣшно простирать его такъ далеко, какъ то дѣлаетъ Фехнеръ, когда полагаетъ, что всякая духовная дѣятельность, какою бы высокою и отвлеченною бы она ни казалась, нуждается въ силѣ физической, законъ извлеченія которой изъ общаго запаса физическихъ силъ природы не можетъ быть измѣняемъ духомъ, котораго ни въ какомъ случаѣ нельзя признать *источникомъ* новой живой силы въ тѣлѣ»[2]). Конечно, трудно сомнѣваться въ томъ, что душа не является сама источникомъ силы физической, выражающейся во всевозможныхъ, какъ видимыхъ, такъ и предполагаемыхъ движеніяхъ организма, будутъ ли то движенія руки или ноги, будутъ ли то предполагаемыя вибраціи нервовъ, необходимыя при каждомъ ощущеніи и при каждомъ представленіи. Но нужна ли физическая сила и для того, чтобы давать направленіе всѣмъ этимъ движеніямъ къ цѣли, избранной душою,—это не только не можетъ быть доказано фактически, но этого и невозможно доказать, ибо уже впередъ видно неизбѣжное противорѣчіе въ такомъ доказательствѣ.

9. Доказывая свою мысль, Фехнеръ указываетъ на слѣдующія, общеизвѣстныя психофизическія явленія. «Мы можемъ—говоритъ онъ—думать и въ то же время еще что-нибудь выполнять нашими тѣлесными

1) Ibid. S. 32.

2) Ibid. S. 37.

органами. Но вотъ сила мысли должна быть возвышена, и мы немедленно же видимъ, что мысль, вмѣсто того, чтобы почерпнуть нужную силу, которая ей понадобилась, изъ своего собственнаго источника, похищаетъ ее у другихъ тѣлесныхъ дѣятельностей и безъ этого не можетъ усилиться. Если человѣку, занятому какою нибудь тяжелою тѣлесною работою, приходитъ въ голову мысль, для него необыкновенная, то руки его немедленно опускаются и до тѣхъ поръ остаются безъ движенія, пока въ немъ сильно работаетъ мысль, а съ нею и психофизическая дѣятельность». — «И на оборотъ, какъ мысль прерываетъ тѣлесное движеніе, такъ скачокъ прерываетъ всякій ходъ мыслей: живая сила, потребляемая на скачекъ, удаляется изъ хода психофизическихъ движеній, употребляемыхъ мыслью». «Что замѣчаемъ мы для мышленія, то приложимо и къ каждой другой духовной дѣятельности: напряженнымъ чувствованіямъ, страстямъ и чувственнымъ созерцаніямъ» [1].

10. Странный промахъ, который въ этомъ случаѣ сдѣланъ такимъ тонкимъ наблюдателемъ, каковъ Фехнеръ, объясняется только увлеченіемъ обширностью новой идеи и страстнымъ желаніемъ дать этой идеѣ, совершенно справедливой для частныхъ фактовъ, всеобщее значеніе. Если человѣкъ, работающій физически, опускаетъ руки, когда въ головѣ его блеснетъ новая, сильно заинтересовавшая его мысль, то это можетъ происходить не отъ одной только, а отъ одной изъ двухъ причинъ: или отъ той, на которую указываетъ Фехнеръ, или отъ того, что по самой природѣ процесса вниманія, на который мы указали выше, оно не можетъ заразъ и сильно сосредоточено въ двухъ противоположныхъ дѣятельностяхъ [2], — и эта послѣдняя причина гораздо очевиднѣе первой. Развѣ же человѣку гораздо легче заниматься *усиленной* тѣлесной работой, не требующей вниманія, и при этомъ думать о чемъ нибудь постороннемъ, чѣмъ соединить *самую слабую* тѣлесную же работу, но требующую вниманія, съ посторонней мыслью? Нести какую нибудь тяжесть и думать въ то же время о чемъ нибудь другомъ гораздо легче, чѣмъ соединить ту же мысль съ перепиской бумагъ: вотъ почему ничто такъ не мѣшаетъ развитію человѣка, какъ такая работа, которая, сама не давая достаточной пищи уму, въ то же время не допускаетъ въ немъ другой дѣятельности, каковы напр. переписка, заученіе вокабулъ, пустые счеты одного и того же и т. п. Если бы догадка Фехнера была справедлива, то не было бы возможно явленіе, еще часто встрѣчающееся у многихъ, а именно, невозможна была бы привычка *усиленно* ходить при *усиленной* умственной работѣ, часто встрѣчающаяся у знаменитыхъ писателей, которымъ, по ихъ собственному сознанію, лучшія мысли приходили во время ходьбы. Конечно, это объясняется тѣмъ, что ходьба дѣлается для человѣка такимъ привычнымъ движеніемъ, что онъ уже не нуждается въ сосредоточеніи своего вниманія на этомъ движеніи. Но, тѣмъ не менѣе, какъ бы ни было это

[1] Ibid, S. 38 и 39.

[2] Пед. Антр. Ч. I. Гл. XXI пп. 2 и 3.

сложна эта комбинація сильныхъ движеній, все же она вызываетъ большую трату физическихъ силъ организма, и чѣмъ ускореннѣе ходьба, тѣмъ ускореннѣе и сильнѣе должна быть эта трата, а слѣдовательно, по теоріи Фехнера, тѣмъ слабѣе должна бы совершаться въ это время работа мысли: мы же видимъ совершенно обратное явленіе. Наконецъ, если принять мнѣніе Фехнера, что внезапное усиленіе мысленной работы отнимаетъ силу у работающихъ рукъ, то слѣдуетъ также признать, что эта сила, отнятая мозгомъ у рукъ, мозгомъ же и *потребляется* и не можетъ быть возвращена рукамъ: откуда же, спрашивается, она такъ быстро появляется вновь, когда мысль, остановившая физическую работу, ослабѣваетъ? Такое быстрое возстановленіе живыхъ механическихъ силъ изъ запасныхъ силъ организма немыслимо, да и самъ Фехнеръ нѣсколько выше признаетъ, что выработка живыхъ силъ изъ запасныхъ силъ организма, изъ пищи и крови, совершается только медленнымъ органическимъ процессомъ, который во всякомъ случаѣ медленнѣе возможности обратнаго перехода отъ мысли къ физической работѣ. Да и мысль мысли не равна: можетъ родиться и такая мысль, которая, оторвавъ насъ на мгновеніе отъ того или другого тѣлеснаго движенія, значительно его усилитъ потомъ. Таковы всѣ мысли, воодушевляющія насъ. Откуда же здѣсь почерпается прибавка силъ къ физической работѣ? Конечно, изъ запасныхъ силъ организма; но ускореніе ихъ выработки въ форму другихъ силъ безспорно принадлежитъ воодушевляющему вліянію самой мысли. Что же касается до того явленія что скачокъ [illegible] прерываетъ нить нашихъ мыслей, то странно даже, какъ Фехнеръ не замѣтилъ, что тоже самое вліяніе оказываетъ всякій ударъ, всякій сильный звукъ, словомъ, всякое внезапное и сильное впечатлѣніе, также прерывающее нить нашихъ мыслей. Здѣсь мы видимъ не механическую трату силъ, отнятыхъ вдругъ отъ мышленія и потребленныхъ въ скачкѣ, а потому и не могущихъ воротиться, а простое отвлеченіе вниманія сильнымъ и внезапнымъ впечатлѣніемъ.

11. «То же самое отношеніе, продолжаетъ Фехнеръ, которое замѣтили мы между психофизическими и непсихофизическими дѣятельностями, существуетъ также между отдѣльными областями психофизической дѣятельности. Нельзя въ одно и то же время сильно созерцать и глубоко думать, или внимательно смотрѣть и внимательно слушать. Чтобы задуматься о чемъ нибудь глубже, мы должны отвлечься отъ другаго и раздѣленіе вниманія ослабляетъ его. Конечно, въ этомъ можно было бы видѣть чисто психологическій законъ; но эти явленія слишкомъ связываются съ предыдущими, чтобы не принять во вниманіе дѣйствія здѣсь закона сохраненія силъ. Мышленію нѣтъ надобности для своего усиленія отнимать живыя силы у дѣятельностей непсихофизическихъ, когда оно можетъ заимствовать эти силы у психофизическихъ дѣятельностей, уже находящихся въ ходу» [1]. Такимъ образомъ Фехнеръ

[1] Psycho-Physik von Fechner. Erst. Th. S. 539.

на одномъ промахѣ строитъ другіе. Если мы можемъ въ одно и то же время сильно идти и сильно двигать руками какую нибудь тяжесть, то конечно мы могли бы въ одно и то же время внимательно слушать, зорко глядѣть и глубоко думать, если бы это зависѣло только отъ количества физическихъ силъ, находящихся въ наличности и которыя мы могли-бы раздѣлять между смотрѣніемъ, слушаніемъ и глубокимъ обдумываніемъ, не ослабляя каждое изъ этихъ дѣйствій. Во всякомъ-же случаѣ, при дѣятельности зрѣнія или слуха теряется не болѣе физическихъ силъ, какъ при рубкѣ дровъ. Если-же объяснить явленія, замѣченныя Фехнеромъ, большою потерею силъ въ одномъ какомъ-нибудь душевномъ актѣ, то тогда нельзя было-бы объяснить быстраго ихъ возстановленія изъ пищеваго запаса силъ; между тѣмъ, намъ стоитъ только перестать смотрѣть, чтобы стать внимательнѣе слушать. Слѣдовательно, здѣсь все объясняется не недостаткомъ силъ, а невозможностью сосредоточить вниманіе разомъ и одинаково сильно на двухъ душевныхъ дѣятельностяхъ; ибо само вниманіе, какъ мы это видѣли, есть не болѣе, какъ сосредоточеніе души въ томъ или другомъ ея актѣ. Слѣдовательно, всѣми этими фактами доказывается единство работника, а не единство силъ, употребляемыхъ въ его работахъ.

12. Гораздо скорѣе можно согласиться съ слѣдующимъ мнѣніемъ Фехнера. «Каждое произвольное напряженіе силъ, говоритъ онъ, тѣмъ болѣе истощаетъ насъ тѣлесно (т. е. уменьшаетъ возможность дальнѣйшаго обнаруженія силъ), чѣмъ сильнѣе оно совершается и чѣмъ долѣе продолжается, а этимъ доказывается, что произвольное развитіе живой силы въ нашемъ тѣлѣ можетъ происходить только изъ физическаго запаса силъ и, слѣдовательно, по закону сохраненія силы, точно такъ какъ и развитіе живой силы въ тѣхъ областяхъ, гдѣ воля не принимаетъ никакого участія. Неоспоримо, что подъ вліяніемъ свободной воли могутъ образовываться живыя силы, которыя безъ этого бы и не образовались, но только не иначе, какъ изъ запаса физическихъ силъ (т. е. силъ *возможныхъ, потенціальныхъ*, какъ называетъ ихъ Фехнеръ, или другими словами, изъ пищи), т. е. изъ того-же источника, изъ котораго образуются живыя (т. е. дѣйствующія) силы, образующіяся и безъ всякаго участія воли. Воля-же, сама по себѣ, не можетъ создать живой силы иначе, какъ при этихъ, общихъ для всей живой силы, условіяхъ». — «Живая сила нашего организма, продолжаетъ Фехнеръ, находится въ состояніи прибыванія и убыванія, смотря по перемѣннымъ состояніямъ питанія, здоровья, бодрственнаго состоянія и сна. При нормальныхъ условіяхъ эта прибыль и убыль силы не можетъ внезапно подвергаться сильнымъ колебаніямъ; но способна только къ внезапнымъ перемѣнамъ въ распредѣленіи, которыя вызываются или внѣшними впечатлѣніями, или произвольнымъ направленіемъ вниманія и переносомъ дѣятельности въ другую сферу. Идеалистъ можетъ и дѣйствіе впечатлѣній привести къ духовнымъ основамъ, а матеріалистъ и дѣйствіе произвола или вниманія объяснить матеріально. Мы же будемъ

излагать факты, какъ они представляются наблюденію. Въ нѣкоторомъ отношеніи это явленіе можно сравнить съ тѣмъ, что мы замѣчаемъ въ паровыхъ машинахъ: смотря по степени нагрѣванія, живая сила ихъ можетъ или высоко подняться или низко упасть. Но при нормальномъ ходѣ ни то, ни другое не можетъ случиться внезапно. Закрывая-же или открывая клапанъ, мы можемъ только придать ходу одной части машины и оставить въ покоѣ другую. Вся разница въ томъ, что въ нашей органической машинѣ машинистъ находится не внѣ машины, а внутри ея. «Послѣдній же источникъ развитія живыхъ силъ въ нашемъ тѣлѣ находится въ пищевомъ процессѣ и такъ-какъ каждая часть организма имѣетъ въ самой себѣ свой пищевой процессъ, то имѣетъ она также въ себѣ и источникъ живой силы. Пищевой-же процессъ всѣхъ частей совершается подъ вліяніемъ обращенія крови и нервной дѣятельности. Частности всѣхъ этихъ отношеній еще недостаточно выяснены, но общее въ нихъ уже ясно. Живая сила, прилагаемая къ рубкѣ дровъ, и живая сила, прилагаемая къ процессу мышленія, т. е. къ тѣмъ психофизическимъ процессамъ, которые съ нимъ связаны, не только могутъ быть количественно сравниваемы, но могутъ переходить одна въ другую. Какъ нужно извѣстное количество живой силы, чтобы распилить вязанку дровъ или поднять данную тяжесть до опредѣленной высоты, точно также нужно извѣстное количество живой силы, чтобы продумать мысль съ данною напряженностью и обѣ эти силы могутъ превращаться одна въ другую. Такой взглядъ нисколько не унижаетъ мышленія, достоинство котораго зависитъ отъ образа, направленія и цѣлей его [illegible], а не отъ того, можно-ли измѣрить или нельзя силу тѣхъ [illegible]ныхъ движеній, которыя мышленіе употребляетъ для своего хода»[1].

13. Во всей этой теоріи, излагаемой Фехнеромъ, заключается существенно одна простая идея, которую мы можемъ выразить такъ: всякое физическое движеніе, — совершается-ли оно внѣ нашего организма или въ немъ, выражается-ли оно въ біеніи сердца, въ обращеніи крови, въ движеніяхъ мускуловъ, или въ тѣхъ нервныхъ и мозговыхъ вибраціяхъ, которыми, по необходимому предположенію, сопровождаются наши психическіе процессы, — всякое такое движеніе не можетъ совершаться иначе, какъ потребляя большее или меньшее количество живой физической силы. Всякая же живая физическая сила почерпается не иначе, какъ изъ общаго источника всѣхъ физическихъ силъ—природы. Для нашей планетной системы такимъ источникомъ является солнце съ неизмѣримо громаднымъ запасомъ движеній, вызванныхъ въ немъ неизвѣстною для насъ причиною. Въ частности же для человѣческаго организма ближайшимъ источникомъ, или, вѣрнѣе, запасною кладовою физическихъ силъ является масса крови, вырабатываемая изъ внѣшнихъ для организма запасныхъ матеріаловъ, вносимыхъ въ организмъ процессомъ питанія и дыханія. Эти-то пищевые матеріалы и суть истинные запасы

[1] Ibid. S. 41—48.

потенціальныхъ силъ, скопленныхъ изъ силъ, распространяемыхъ сердцемъ, и которые всегда могутъ превратиться въ организмѣ въ живыя дѣйствующія силы. Всякое физическое движеніе въ организмѣ—будетъ-ли это скрытое химическое движеніе, будетъ-ли это предполагаемая вибрація молекюлей нервной системы или наконецъ мускульное сокращеніе—совершается не иначе, какъ потребляя данное количество живыхъ силъ, почерпаемыхъ всѣми частями организма изъ общаго ихъ источника—изъ массы крови. Распредѣленіе этихъ *запасныхъ* силъ по организму и переработка ихъ въ *живыя дѣйствующія* силы совершается или само собою, по законамъ организма, или подъ вліяніемъ внѣшнихъ впечатлѣній, или, наконецъ, подъ вліяніемъ *произвола*, направляющаго эту переработку силъ въ ту или другую область психофизической дѣятельности.

14. До сихъ поръ намъ остается только соглашаться съ Фехнеромъ и быть ему благодарными за то, что онъ помогъ намъ ясно выразить прекрасную и чрезвычайно плодовитую мысль новой науки; но мы не можемъ не видѣть, что онъ уходитъ далѣе того, чѣмъ позволяетъ сила факта, когда утверждаетъ, что *никакая* душевная дѣятельность не можетъ совершаться иначе, какъ черезъ посредство потребленія физическихъ силъ. Для этого слѣдовало-бы доказать, что никакая психофизическая дѣятельность не можетъ совершаться внѣ нервныхъ движеній; но развѣ это доказано? Развѣ физіологическіе факты хватаютъ такъ далеко, чтобы мы могли вывести изъ нихъ такое положительное заключеніе? Здѣсь, какъ мы думаемъ, остается большое мѣсто вѣрованіямъ, и если матеріалистъ считаетъ себя вправѣ думать такъ, то идеалистъ имѣетъ такое же полное право вѣрить иначе. Мы-же, не приставая ни къ тѣмъ, ни къ другимъ, обратимъ вниманіе читателя только на одно, но за то очень важное противорѣчіе, скрывающееся въ этой теоріи органическихъ движеній, какъ она разъяснена Фехнеромъ.

15. Фехнеръ признаетъ, что произволъ души можетъ измѣнять нормальный ходъ переработки живыхъ силъ изъ силъ запасныхъ, можетъ ускорять этотъ процессъ, можетъ направлять его такъ или иначе; но спрашивается, нужны ли душѣ тѣ же физическія силы для того, чтобы оказать такое вліяніе на выработку физическихъ силъ, ихъ распредѣленіе и потребленіе въ тѣхъ или другихъ психофизическихъ дѣятельностяхъ? Другими словами: для того, чтобы поднять руки, необходима физическая сила; эта физическая сила почерпается окончательно изъ пищи и количество силы, потребленное этимъ движеніемъ, совершенно соотвѣтствуетъ количеству убыли этой силы изъ пищеваго запаса; но для того, чтобы направить этотъ процессъ превращенія силъ произвольно въ руку или ногу, или употребить его на мозговую дѣятельность, нужна ли душѣ также сила и если эта сила физическая, то почерпается ли она изъ того же общаго запаса физическихъ силъ? Вотъ вопросъ, который нужно было-бы разрѣшать этой теоріи, но котораго она не разрѣшила. Если произволъ есть тоже физическая сила, почерпаемая изъ того же источника, то откуда же берется власть этой произвольной си-

надъ другими силами и почему одна эта сила, въ которую можетъ быть обращена всякая другая, вдругъ получаетъ не только возможность произвольнаго выбора между движеніями, но и *власть* распоряжаться направленіемъ всѣхъ прочихъ силъ, выработанныхъ изъ одного съ нею источника? Словомъ, вопросъ, раздѣляющій жизнь души отъ жизни тѣла, остается во всей своей таинственности, которая нисколько не разрѣшится оттого, если мы свяжемъ два слова въ одно и станемъ, слѣдуя Фехнеру, повсюду употреблять терминъ «*психофизическій*». Этотъ терминъ только закроетъ для насъ пробѣлы въ нашемъ знаніи, но не пополнитъ ихъ, а такое закрываніе мы считаемъ, во всякомъ случаѣ, вреднымъ.

16. Здѣсь мы перестанемъ уже слѣдовать за Фехнеромъ, такъ-какъ онъ самъ впадаетъ въ замѣтную темноту, не рѣшаясь пристать ни къ идеализму, ни къ матеріализму. Если онъ намъ говоритъ напримѣръ, что «мысль также не можетъ быть думаема съ данною напряженностью безъ того, чтобы не разорвалась данная живая сила въ подлежащихъ ей движеніяхъ, какъ сила не можетъ развиться безъ того условія, чтобы мысль была думаема съ данною напряженностью [1])», — то мы видимъ только въ этомъ темную мысль, которая темна именно потому, что скрываетъ въ себѣ непримиримое противорѣчіе. Чтобы разъяснить именно это противорѣчіе, на которомъ Фехнеръ останавливается, мы обратимся лучше къ замѣчательной попыткѣ прямо объяснить самый произволъ изъ дѣйствія физическихъ силъ, попыткѣ, сдѣланной Бэномъ и которую мы критически разберемъ въ слѣдующей главѣ. Здѣсь же скажемъ въ заключеніе, что мы вполнѣ признаемъ, вмѣстѣ съ Фехнеромъ, совершенную необходимость физическихъ силъ для всякаго рода скрытыхъ и открытыхъ движеній организма, а также и то, что душа наша не можетъ творить этихъ силъ, но можетъ распоряжаться ихъ тратою. Въ первой части нашей антропологіи, въ главахъ, посвященныхъ разъясненію процессовъ ощущенія, памяти и воображенія, мы показали уже необходимость признать участіе нервной системы или ближе, ея предполагаемыхъ движеній во всѣхъ этихъ процессахъ. Слѣдовательно, на сколько мы признаемъ участіе нервныхъ движеній въ психическихъ актахъ, на столько же признаемъ въ этихъ актахъ и участіе, выработку и трату физическихъ силъ, почерпаемыхъ изъ общаго запаса физическихъ силъ въ процессѣ питанія.

Познакомившись съ физической теоріей тѣлесныхъ движеній, взглянемъ теперь, какъ воспользовался ею Бэнъ для психологическихъ выводовъ.

---

[1]) Ibid, S. 44.

ГЛАВА XXXII.

Физіологическое объясненіе произвола движеній.

1. Наблюдая надъ движеніями, совершающимися въ нашемъ организмѣ или совершаемыми имъ, мы легко замѣтимъ рѣзкое различіе въ этихъ движеніяхъ [1]). Одни изъ нихъ совершаются сами собою, не только помимо нашей воли, но даже помимо нашего сознанія, какъ напр. движенія желудка, отчасти біеніе сердца и т. п.; другія движенія совершаются помимо нашей воли, хотя, обращая на нихъ вниманіе, мы можемъ сознавать ихъ и можемъ, если захотимъ, имѣть на нихъ болѣе или менѣе замѣтное произвольное вліяніе, таковы: дыханіе, миганіе, зѣваніе, судорожныя и вообще рефлективныя движенія всякаго рода, невольно возникающія при какихъ нибудь волненіяхъ души. Третьяго рода движенія мы совершаемъ произвольно. Но, спрашивается, чѣмъ же существенно отличаются *произвольныя* движенія отъ рефлективныхъ и *непроизвольныхъ*? Существенную, непереходимую черту между ними кладетъ единственно *чувство усилія*: для того, чтобы произвести произвольное движеніе, мы употребляемъ замѣтное для насъ усиліе, тогда какъ движенія непроизвольныя происходятъ сами собою, не только безъ всякаго замѣтнаго усилія съ нашей стороны, но даже такъ, что мы, напротивъ, должны употребить замѣтное усиліе, если захотимъ удержать, или остановить ихъ, какъ напримѣръ, для того, чтобы задержать зѣвокъ, невольный смѣхъ, не мигнуть глазомъ и т. п. На основаніи присутствія или отсутствія этого особеннаго *чувства усилія*, и только на этомъ *единственномъ* основаніи, мы отдѣляемъ движенія произвольныя отъ непроизвольныхъ. Какъ ни проста эта мысль; но если-бы мы, говоря о произволѣ, всегда удерживали въ памяти этотъ *фактъ* нашей природы, послужившій точкою отправленія нашихъ понятій о произволѣ, то избѣжали-бы множества ошибокъ въ нашихъ сужденіяхъ. Однако психологи матеріалистическаго направленія сдѣлали попытки обойти этотъ всѣмъ доступный фактъ.

2. Бэнъ, принявшій вполнѣ теорію происхожденія физическихъ силъ изъ общаго источника, солнца, и ихъ перехода изъ одной формы дѣятельности въ другую, какого-бы рода эта дѣятельность ни была,—называемъ-ли мы ее физическою или душевною,—признаетъ также, что *чувство усилія* сопровождаетъ наши произвольныя движенія; но не придаетъ этому факту никакого существеннаго значенія: онъ полагаетъ, что это чувство *только сопровождаетъ* токъ, идущій по нервамъ изъ мозговаго центра въ мускулы и возбуждающій ихъ къ дѣятельности [2]). Почти то же мнѣніе выражаетъ и Милль, который полагаетъ, что чу-

[1]) Пед. Антр. Ч. I. Гл. XII п. 2—9.

[2]) The Senses and the Intellect. p. 92.

ство усилія есть, вѣроятно, состояніе нервнаго ощущенія, начинающееся и оканчивающееся въ мозгу» [1]).

3. Однакоже, оба эти писателя, равно какъ и другіе, придерживающіеся того-же мнѣнія, не потрудились намъ объяснить, почему-же одни токи, возбуждающіе рефлективныя движенія, не сопровождаются чувствомъ усилія, а другіе, точно также идущіе изъ мозга къ мускуламъ, и вызывающіе движеніе, которое всякій человѣкъ называетъ произвольнымъ, сопровождаются этимъ чувствомъ. Если-бы чувство усилія было ничто иное, какъ ощущеніе тока, бѣгущаго изъ мозговаго центра къ периферіи нервной системы, то оно должно-бы ощущаться и тогда, когда мы невольно выполняемъ какое-нибудь движеніе только потому, что образъ этого движенія отразился въ нашемъ сознаніи; а этого мы не замѣчаемъ.

4. Бэнъ, впрочемъ, не только признаетъ существованіе чувства усилія, но не отказываетъ ему и во вліяніи на возбужденіе дѣятельности двигательныхъ нервовъ. Онъ только не видитъ необходимой причинной связи между сознаніемъ и чувствомъ усилія, т. е., другими словами, думаетъ, что чувство усилія есть только пассивное ощущеніе того, что само собою происходитъ въ нервахъ при движеніи по нимъ нервныхъ токовъ. Бэнъ задаетъ себѣ вопросъ: есть ли сознаніе, которымъ сопровождается усиліе, единственное обстоятельство, предшествующее усилію и дающее силу, выражаемую мускульной системой, которая дѣлаетъ чувствующее существо первымъ механическимъ двигателемъ, — и отвѣчаетъ отрицательно на этотъ сложный вопросъ, на одну часть котораго слѣдовало-бы отвѣчать отрицательно, а на другую положительно. «Сознаніе, говоритъ онъ, присутствуетъ при этомъ, но только какъ аккомпанементъ матеріальнаго организма въ его активныхъ операціяхъ» [2]). Физическая энергія, говоритъ онъ далѣе, есть общій и основной фактъ; сознаніе-же — фактъ случайный и акцессуарный, только связанный съ первымъ. Организмъ долженъ быть постоянно пополняемъ пищею, чтобы вознаградить траты, производимыя отправленіями воли. Когда земледѣлецъ выходитъ утромъ пахать поле, то онъ находится подъ вліяніемъ воли и въ этой волѣ есть извѣстное сознаніе — назовите это усиліемъ, волею, или чѣмъ нибудь другимъ, — но не само по себѣ сознаніе побуждаетъ земледѣльца браться за плугъ. Сильное изліяніе мускульной и нервной энергіи, происходящее, въ концѣ концовъ, отъ хорошо переваренной пищи и здоровое дыханіе — вотъ настоящіе источники, истинные предшественники всей этой мускульной силы» [3]). «Превращеніе пищи и тепла есть условіе sine qua non, а сознаніе есть только случайная принадлежность (the accidental part)» [4]).

[1]) Mill's Logic P. I, p. 387—389. Пед. Антр. Ч. I. гл. XXXIX п. 5.
[2]) Bain. The Will, p. 474.
[3]) Ib. p. 475.
[4]) Ib. p. 476.

5. Чтобы понять всю невозможность такого отдѣленія усилія отъ с знанія и такого превращенія воли въ чисто пассивное ощущеніе дун накопленія и изліянія нервной энергіи, для этого достаточно прило мысли Бэна всѣ тѣ послѣдствія, которыя изъ нея необходимо выт каютъ. Если сознаніе усилія есть только случайная, несущественная пр надлежность акта воли; если сознаніе есть только акомпаниментъ мат ріальныхъ операцій организма въ его активныхъ отправленіяхъ, то ес ственно, что этотъ акомпаниментъ можетъ умолкнуть и активныя оп раціи организма, тѣмъ не менѣе, будутъ продолжаться. Предположим же себѣ, что это дѣйствительно случилось и что въ земледѣльцѣ, и ходящемъ пахать поле, акомпаниментъ сознанія замолкъ и самое созна погасло. Принимая теорію Бэна, мы должны признать, что земледѣле тѣмъ не менѣе будетъ отправлять свое дѣло, будетъ и пахать, и сѣя Мы не имѣемъ никакой причины не продолжить и еще далѣе это предположенія и не представить себѣ, что во всемъ человѣчествѣ, с исключеніемъ одного человѣка, сознаніе погасло: тогда этотъ человѣк оставшійся одинъ съ сознаніемъ, и не замѣтилъ-бы, что онъ имѣе дѣло съ машинами, а не съ людьми. Все и безъ сознанія шло-бы св имъ обычнымъ порядкомъ, какъ идетъ и при сознаніи: города и желѣз ныя дороги продолжали-бы строиться, хотя не кому было-бы чувств вать удобствъ городовъ и желѣзныхъ дорогъ; портные шили-бы теп платья, хотя никому не было-бы ни тепло, ни холодно; медики лечи бы больныхъ, не чувствующихъ боли; актеры безъ сознанія игра на сценѣ для ничего невидящихъ зрителей; люди, ничего не чувству щіе и побуждаемые единственно силами пищи, выражающейся въ оп дѣленныхъ рефлексахъ, ѣздили бы на безсознательныхъ лошадяхъ, н чувствующихъ ударовъ кнута, но повинующихся этимъ ударамъ, ка маріонетка повинуется движенію веревки; словомъ, дѣлалось-бы все то что дѣлается и теперь, только безъ присутствія ненужнаго акомпан мента сознанія, даннаго человѣку такъ себѣ, ради какой-то шут Какъ ни страненъ такой выводъ изъ положеній Бэна и другихъ ма ріалистовъ, видящихъ во всемъ, что дѣлаетъ человѣкъ, только пищ димый *роковой* рефлексъ, по удачному выраженію профессора Сѣчен но этотъ выводъ совершенно *вѣренъ* и строго *логиченъ*.

6. Результатъ этотъ вдвойнѣ для насъ поучителенъ: во-первы онъ показываетъ, какъ нелѣпо было-бы предположить, что усиліе, ощ щаемое при произвольныхъ движеніяхъ, есть только пассивное ощуще душею того, что роковымъ образомъ совершается въ тѣлѣ; а во-вто рыхъ, показываетъ намъ очевидно, что единственный путь для изуч душевныхъ явленій есть путь психологическаго *самонаблюденія*, не физіологическаго *наблюденія*. Для *наблюденія* всякій человѣкъ ес машина, кромѣ того, который наблюдаетъ; только для *самонаблюде* человѣкъ перестаетъ быть машиной и дѣлается существомъ, дѣйству щимъ сознательно и произвольно. Декартъ думалъ, что всѣ живот суть машины, которыя только кажутся намъ одушевленными; но, ес

ваясь вѣрнымъ точкѣ своего отправленія, онъ долженъ былъ-бы признать, что всѣ люди — машины, исключая его самого и только для него самого; онъ долженъ былъ-бы придти къ заключенію, что не только животныхъ, но и людей мы считаемъ одушевленными единственно по аналогіи; а дѣйствительно, фактически, узнаемъ объ одушевленности только въ самихъ себѣ.

7. Впрочемъ, въ нѣкоторое оправданіе Бэна, мы должны сказать, что онъ не совсѣмъ выпустилъ изъ виду странность выводовъ, слѣдующихъ необходимо изъ опредѣленія сознанія чѣмъ-то случайнымъ и лишнимъ во всѣхъ активныхъ процессахъ организма. Нѣсколько ниже, и въ противорѣчіе съ самимъ собою, онъ говоритъ, что «сознаніе, безъ сомнѣнія, есть власть, опредѣляющая, какое дѣйствіе между многими возможными должно имѣть мѣсто, или въ какой точкѣ должна проявиться общая энергія. Но сама эта общая энергія есть атрибутъ, присущій нервнымъ центрамъ и мускуламъ напитаннымъ, свѣжимъ и неистощеннымъ. Безъ этого органическаго условія нѣтъ результата, и производимый эффектъ совершенно пропорціоналенъ матеріальной тратѣ силъ и совершенно не пропорціоналенъ душевному раздраженію. Произвольныя дѣйствія отличаются отъ рефлективной и непроизвольной дѣятельности сопровождающимъ вмѣшательствомъ чувства произведенія этой дѣятельности, и это явленіе, во всякомъ случаѣ, замѣчательно. Но однако же мы называемъ его *особеннымъ и исключительнымъ*, даже въ человѣческой организаціи, тогда-какъ представлять его какъ механическую силу, происходящую изъ чистаго сознанія, есть ошибка».

8. Мы можемъ только пожалѣть, что такой проницательный психологъ, какъ Бэнъ, увлекаемый міросозерцаніями своей партіи болѣе, чѣмъ своими собственными наблюденіями, не былъ достаточно остановленъ этимъ «особеннымъ и исключительнымъ» психическимъ фактомъ. Если-бы онъ обратилъ на него безпристрастное вниманіе, то увидѣлъ-бы, что это не такой особенный и исключительный, не какая-то неважная странность въ человѣческой природѣ, но именно то, на чемъ строится сущность этой природы. Никто и не представляетъ себѣ, чтобы душа могла быть источникомъ физическихъ силъ. Но невозможно отвернуться отъ того факта, что душа, со своею сознательною и чувствующею дѣятельностью даетъ направленіе физическимъ силамъ. Само собою разумѣется, что безъ физическихъ силъ не можетъ быть физическаго движенія и что физическое движеніе можетъ быть вызвано физическими-же силами и безъ участія сознанія; но изъ этого никакъ не слѣдуетъ, чтобы крестьянинъ, потерявшій сознаніе, могъ продолжать пахать поле. Самое простое, ясное и всякому доступное самонаблюденіе убѣждаетъ каждаго, что равновѣсіе физическихъ силъ организма можетъ быть нарушено не только физическими причинами, но и душою, которая не творитъ физическихъ силъ, но даетъ направленіе процессу ихъ выработки, и черезъ то вызываетъ движеніе въ тѣхъ мускулахъ, въ какихъ она хочетъ, и то движеніе, какое она хочетъ, и что наконецъ, именно этимъ, а не

чѣмъ-нибудь другимъ, мы отличаемъ въ насъ дѣйствія непроизвольныя отъ дѣйствій произвольныхъ. Въ первыхъ, т. е. *непроизвольныхъ*, нарушеніе равновѣсія физическихъ силъ, ихъ направленіе къ тѣмъ или другимъ мускуламъ и тѣмъ или другимъ волокнамъ мускуловъ, которое и сознаваемое душою, опредѣляется причинами, для нея внѣшними причинами физическими; а во вторыхъ, т. е. *произвольныхъ*, опредѣляется причинами для нея внутренними, т. е. душевными.

9. Такимъ образомъ, безпристрастный психологъ долженъ признать въ душѣ источникъ особой силы, не физической, и которая не можетъ замѣнить собою силъ физическихъ, но, тѣмъ не менѣе, можетъ нарушать равновѣсіе этихъ силъ въ организмѣ и давать направленіе процессу ихъ выработки. Сама по себѣ душа не можетъ, конечно, передвинуть чего-бы то ни было въ матеріальномъ мірѣ, ничего, кромѣ физическихъ силъ организма, а черезъ нихъ можетъ уже передвигать и другія матеріальные предметы. Если этотъ фактъ кажется намъ непостижимымъ, то это еще не причина, чтобы мы должны были отъ него отвернуться, или строить для объясненія его странныя гипотезы, по которымъ сознаніе является лишнимъ въ мірѣ человѣческой дѣятельности.

10. Утвержденіе Бэна, что «движеніе совершенно пропорціонально матеріальной потерѣ и совершенно не пропорціонально душевному раздраженію», также не вполнѣ справедливо. Самый сильный человѣкъ, не *имѣя желанія* двигаться, останется безъ движенія, пока чрезмѣрный избытокъ силъ не пробудитъ въ душѣ его тяжелаго ощущенія, а и тяжелое *ощущеніе*, а не самый избытокъ силъ, заставитъ человѣка двинуться. Если-бы въ эту минуту человѣкъ потерялъ сознаніе, то избытокъ силъ произвелъ-бы не движеніе, а другія явленія въ организмѣ, быть можетъ, быстрѣйшее его разложеніе, что и замѣчено въ трупахъ людей, застигнутыхъ смертью внезапно, въ полнотѣ силъ и въ разгарѣ дѣятельности, какъ напр. въ битвѣ. Сила движенія, конечно пропорціональна тратѣ физическихъ силъ; но вызвать эту трату и именно въ опредѣленномъ мѣстѣ, можетъ душа, и чѣмъ сильнѣе будетъ раздраженіе души, тѣмъ сильнѣе будетъ процессъ выработки силъ въ опредѣленномъ направленіи. Вотъ въ чемъ заключается пропорціональность траты физическихъ силъ съ раздраженіемъ души, и это вліяніе души можетъ быть такъ громадно, что она для произведенія желаемыхъ ею движеній можетъ извлекать изъ тѣла даже такія силы, которыя ему совершенно необходимы для продолженія его нормальной растительной жизни. Развѣ каждый изъ насъ не можетъ довести свое тѣло до страшнаго истощенія силъ, которое обнаружится потомъ такъ называемымъ упадкомъ всѣхъ силъ? Развѣ не было, наконецъ, примѣровъ, что человѣкъ чрезмѣрными усиліями до того истощаетъ себя, что надрывается и погибаетъ. Физическихъ силъ душа не можетъ дать организму, но можетъ извлечь ихъ изъ организма и извлечь до того, что самая растительная жизнь въ немъ становится невозможною. Это-же явленіе было-бы совершенно не-

можно, если-бы душа только безучастно сознавала выработку, распредѣленіе и трату физическихъ силъ, не оказывая на этотъ процессъ никакого вліянія. Да и вообще, если-бы душа и организмъ были *одною* машиною, то такое надрываніе тѣла душою было-бы невозможно. Можемъ ли мы представить себѣ электрическую машину, которая надорвала-бы себя собственными своими усиліями? Только упорная вѣра, потемняющая разсудокъ, можетъ заставить закрывать глаза на такіе ясные факты. Намъ могутъ замѣтить, что слова «раздраженіе души» слѣдуетъ замѣнить словами «раздраженіе мозга»; но мы уже отвѣчали на это возраженіе [1]) и просимъ читателя припомнить этотъ отвѣтъ. Если-бы чувство усилія вызывалось мѣстнымъ раздраженіемъ мозга, то оно вызывалось-бы и при рефлективныхъ движеніяхъ, а въ нихъ-то именно, гдѣ движеніе и объясняется раздраженіемъ центральныхъ органовъ мозга, мы не замѣчаемъ чувства усилія, а, напротивъ, именно непріятное чувство раздраженія, привлекающее къ себѣ физическія силы, и невольному приказу которыхъ мы не можемъ противиться. Наконецъ замѣтимъ, что физіологія нигдѣ не проводитъ той черты между одной и другой частью человѣческаго организма, которая могла-бы, хотя сколько-нибудь, объяснить возможность такого антагонизма, какой мы безпрестанно замѣчаемъ между силою душевною и силою физическою.

11. Соединимъ же теперь въ нѣсколькихъ словахъ сдѣланные нами выводы. Безъ организма и пищи нѣтъ питанія; безъ питанія нѣтъ въ организмѣ физическихъ силъ; безъ физическихъ силъ нѣтъ *возможности* физическихъ движеній. Но эта возможность не перейдетъ еще въ дѣйствительность, если равновѣсіе физическихъ силъ въ организмѣ не будетъ нарушено, если процессъ ихъ переработки изъ формы скрытыхъ силъ въ форму открытыхъ движеній не будетъ вызванъ *какою нибудь причиною*. Этою причиною могутъ быть или другія физическія силы, или нефизическая сила души. Подъ вліяніемъ первыхъ причинъ происходятъ дѣйствія автоматическія или рефлективныя, которыя могутъ иногда сознаваться душою, иногда не сознаются ею, но принципъ которыхъ, во всякомъ случаѣ, лежитъ *внѣ* души. Къ этимъ автоматическимъ или, лучше сказать, полурефлективнымъ движеніямъ мы относимъ не только дыханіе, миганіе, судороги и т. п. полурефлективныя движенія, которыя, хотя сознаются душою, но совершаются помимо ея воли, но также и тѣ невольныя движенія, которыя невольно вызываются въ тѣлѣ душевными чувствованіями и о которыхъ мы говорили въ главахъ о выраженіи чувствъ и нервномъ сочувствіи. Въ отношеніи этихъ послѣднихъ движеній мы вполнѣ признаемъ объясненіе Мюллера, что представленіе, отразившись въ нервной системѣ, само собою вызываетъ черезъ это движеніе мускуловъ, каковы: зѣвота, неудержимый смѣхъ, неудержимыя слезы, неудержимый крикъ и т. п. Но кромѣ этихъ рефлектив-

[1]) Пед. Антр. ч. I, гл. XXXV.

ныхъ и полурефлективныхъ, непроизвольныхъ движеній есть еще и такія, *средствами* которыхъ являются тѣ же физическія силы и ихъ передвиженіе и преобразованіе; но *причиною* самихъ этихъ передвиженій и преобразованій является не что-нибудь, лежащее внѣ души, но сама душа. Для того же, чтобы направлять процессъ выработки физическихъ силъ, душа сама должна имѣть особую силу. Эта сила не имѣетъ никакого вліянія ни на что другое въ матеріальномъ мірѣ, какъ только на направленіе процесса выработки физическихъ силъ, и *эту-то силу души мы называемъ волею.*

12. Для избѣжанія недоразумѣній, мы считаемъ необходимымъ напомнить читателю ту возможность перехода произвольныхъ движеній въ непроизвольныя, на которую мы указали въ первой части нашей антропологіи, въ главахъ о привычкѣ [1]). Значеніе привычки въ области человѣческой дѣятельности въ томъ именно и состоитъ, что дѣйствіе, совершавшееся сначала произвольно, можетъ, отъ частаго повторенія, совершаться потомъ *почти* непроизвольно, такъ-что, какъ справедливо замѣчаетъ Мюллеръ, стоитъ только извѣстному представленію отразиться въ нашей нервной системѣ, чтобы вызвать въ ней, помимо нашей воли, соотвѣтствующее этому представленію движеніе въ мускулахъ. То же самое, что показалъ Мюллеръ въ отношеніи *привычнаго* дѣйствія представленій, Бэнъ прекрасно разъяснилъ въ отношеніи *привычнаго* дѣйствія чувствованій и желаній [2]). Дѣйствіе, которому мы выучились подъ вліяніемъ какого-нибудь чувствованія и опредѣляемаго имъ желанія, выучились медленнымъ и сознательныхъ путемъ удачныхъ и неудачныхъ опытовъ, можетъ превратиться потомъ въ *рефлексъ*, возбуждаемый мгновенно, какъ только пробудится въ душѣ нашей то чувство и то желаніе, подъ вліяніемъ которыхъ мы выучились этому движенію или даже иногда очень сложной системѣ движеній. Признавая вполнѣ справедливость этихъ наблюденій, мы указываемъ только на необходимость различать дѣйствія рефлективныя отъ дѣйствій произвольныхъ и между самыми рефлексами различать рефлексы, установленные уже природою, отъ рефлексовъ, установленныхъ привычкою. Видя энергическій зѣвокъ, мы зѣваемъ вовсе не по привычкѣ, точно также, какъ не по привычкѣ мы сострадаемъ, и не по привычкѣ предаемся паническому страху. Разборъ *физіологической* теоріи акта воли помогъ намъ уяснить физическую сторону этого акта: *механическая* теорія воли, принадлежащая Гербарту, поможетъ намъ уяснить психическую сторону того же акта.

---

[1]) См. Пед. Антр. ч. I. гл. XIII.

[2]) Bain. The Will p. 394.

ГЛАВА XXXIII.

Механическая теорія воли.

1. Физіологическая теорія воли преимущественно разсматриваетъ актъ воли со стороны его выполненія въ физическихъ движеніяхъ; механическая же теорія почти совершенно выпускаетъ эту сторону изъ виду, и занимается исключительно тѣми психическими явленіями, которыя должны совершиться въ душѣ для того, чтобы актъ воли произошелъ. Признавъ же невозможность произвольныхъ движеній безъ участія души, мы теперь естественно должны вникнуть, въ чемъ состоитъ это участіе души въ актѣ воли, и лучшимъ средствомъ для этого находимъ критическій разборъ механической теоріи воли, представителями которой являются для насъ Гербартъ, Бенеке и ихъ послѣдователи.

2. Ставя вообще слишкомъ низко участіе физіологическихъ законовъ въ психическихъ явленіяхъ, Гербартъ почти не останавливается надъ самостоятельною властью души, выражающеюся въ произвольныхъ движеніяхъ тѣла. «Движенія членовъ тѣла, говоритъ онъ, и чувство этихъ движеній суть взаимно связанныя состоянія тѣла и души. Если съ чувствомъ соединено еще какое нибудь представленіе или движущагося члена или какого нибудь внѣшняго предмета, то возбужденіе этого представленія непосредственно вызываетъ воспроизведеніе даннаго чувствованія и соотвѣтствующаго ему движенія, если только нѣтъ къ тому какихъ либо препятствій. Для произведенія движенія не требуется вовсе, чтобы представленіе было въ состояніи желанія. Оно и безъ этого непосредственно будетъ сопровождаться дѣйствіемъ. Такъ дѣйствуютъ дѣти и животныя; только взрослый можетъ удержаться отъ дѣйствія, подъ давленіемъ другихъ массъ представленій» [1]. Изъ этого видно, что Гербартъ считаетъ произволъ движеній чѣмъ-то пріобрѣтеннымъ и полагаетъ, что вначалѣ всѣ движенія непроизвольны, т. е. рефлективны. Какъ только представленіе движенія отразится въ сознаніи, такъ оно и выполняется тѣломъ; только уже впослѣдствіи, какъ у человѣка набираются массы противоположныхъ представленій, сознаваемое представленіе можетъ быть удержано отъ немедленнаго и непосредственнаго выполненія. Это замѣчаніе имѣетъ свою вѣрную и весьма важную для педагога сторону, такъ-какъ объясняетъ многое въ поступкахъ дѣтей. Но, тѣмъ неменѣе, мы должны замѣтить, что въ движеніяхъ младенца и даже въ движеніяхъ животныхъ низшаго порядка замѣтны, какъ справедливо говоритъ Фортлаге, и нерѣшительность, и поправка, показывающія, что и въ животномъ не всякое представленіе движенія немедленно и непосредственно переходитъ въ движеніе и что и въ нихъ также есть противодѣйствующія массы представленій. Вотъ почему мы не согласны ни съ Гербартомъ, ни съ Вайтцомъ, когда они, начиная изложеніе своей теоріи

[1] Schriften zur Psychologie v. Gerbart. Erst Th. § 218.

образованія желаній и воли, прежде всего исключають животное изъ теоріи желаній, приписывая желанія только человѣку [1]). Это справедливо и напоминаетъ психологическое воззрѣніе Платона на тотъ предметъ; но въ такомъ случаѣ слѣдовало придумать особое названіе явленій аналогическихъ у животныхъ. Ни воспоминаніе, исходящее изъ *идеи*, ни желанія, исходящія изъ *самосознанія*, невозможны у животныхъ, какъ мы увидимъ это ниже, но тѣмъ не менѣе и у животныхъ есть и воспоминанія, и желанія.

3. Выводя желаніе изъ хода и борьбы представленій, Гербартъ говоритъ: «предположимъ себѣ, что представленіе, непосредственно сопровождаемое дѣйствіемъ, есть *d* въ ряду представленій *a*, *b*, ... *d*.... Если это дѣйствіе не находитъ во внѣшнемъ мірѣ никакого препятствія, то оно выполняется непримѣченнымъ и рядъ представленій переходитъ въ сознаніи къ слѣдующимъ затѣмъ представленіямъ: *e*, *f* и т. д., какъ будто бы не случилось никакого дѣйствія. Такъ совершаются движенія глазнаго яблока и по большей части движенія органа рѣчи [2]), тогда какъ движенія рукъ и ногъ, по причинѣ тяжести этихъ членовъ, принадлежатъ уже къ слѣдующему случаю».

«Если дѣйствіе встрѣчаетъ препятствіе во внѣшнемъ мірѣ, то вмѣстѣ съ тѣмъ оно затрудняетъ и появленіе чувства (Gefühl), принадлежащаго дѣйствію, а черезъ то затрудняетъ и представленіе *d*. Но такъ какъ *d* слито съ остаткомъ отъ *c*, съ меньшимъ остаткомъ отъ *b* и еще меньшимъ остаткомъ отъ *a*, и такъ какъ, смотря по различной величинѣ этихъ остатковъ, различна и быстрота ихъ дѣйствія, каждому изъ нихъ свойственная, то при остановкѣ ряда представленій всѣ эти остатки имѣютъ достаточно времени, чтобы дѣйствовать какъ помогающія силы на *d* и въ тоже время взаимно усиливаться одинъ другъ друга. Если бы не было никакого затрудненія, то *c* подѣйствовало бы на *d* самымъ быстрымъ образомъ и маленькіе остатки не имѣли бы никакого вліянія, такъ-какъ все, что они могли бы сдѣлать, было бы уже сдѣлано и безъ нихъ. Если же препятствіе уступаетъ дѣйствію *b*, то *a* не достигаетъ возможности оказать помощь. Если же препятствіе не уступаетъ, то каждый членъ цѣпи представленій, сколько бы ихъ тамъ ни было, придаетъ свою силу общей дѣятельности. Во все время, пока это продолжается, всѣ члены ряда представленій находятся въ состояніи желанія; въ то же мгновеніе, когда вся сила всѣхъ соединенныхъ вспомоществованій напряжена, а препятствіе не уступаетъ, желаніе переходитъ въ непріятное чувство».

«Все это, продолжаетъ Гербартъ, легко повѣрить на опытѣ. Обыкновенное дѣйствіе, напримѣръ, открытіе двери, если мы при этомъ

[1]) Lehrb. der. Psych. v. Waitz. § 40.

[2]) Дѣйствія эти дѣйствительно легки, а главное привычны; но при большой потерѣ силъ человѣкъ ясно ощущаетъ, какъ трудно ему говорить, и замѣчаетъ по *усилію*, во что обходятся эти движенія его организму.

рѣчаемъ никакого особеннаго препятствія, совершается нами такъ, что [illegible] почти (?) не замѣчаемъ, и при этомъ ходъ нашихъ мыслей не нарушается. Если же дверь намъ противится, то мы употребляемъ [illegible] усилія и при этомъ все сильнѣе и сильнѣе желаемъ, чтобы дверь отворилась. Если же всѣ наши старанія тщетны, то желаніе уступаетъ [illegible] неудовольствію, которое продолжается до тѣхъ поръ, пока не при[illegible] новые ряды мыслей, совершенно изъ другой области» [1].

4. Если мы хотѣли бы выяснить подобіемъ возрастаніе чувства же[ла]нія, когда оно не удовлетворяется, то не могли бы выбрать подобія [лучше] того, какое представляетъ намъ Гербартъ. Но, тѣмъ не менѣе, [все] же это только подобіе, удачное сравненіе, но не самое дѣло, и [каждый] изъ насъ вправѣ спросить, что это за остатки представленій, ко[то]рые не вошли въ сознаніе, но подталкиваютъ то представленіе, кото[ро]е въ немъ находится и не можетъ ни выйдти изъ сознанія, ни [прій]ти въ исполненіе? Этихъ остатковъ мы не чувствуемъ въ себѣ, да [и] сознавать не можемъ, такъ-какъ они не перешли въ сознаніе. Откуда [же], спрашивается, взялъ ихъ Гербартъ? Какъ онъ извлекъ ихъ изъ без[со]знательной и недоступной сознанію области души? Кромѣ того, въ [этой] теоріи рожденія желаній, мы находимъ противорѣчіе съ теоріей [того] же Гербарта, объясняющей рожденіе чувствованій. Тамъ взаимо[дѣй]ствіе представленій порождало чувствованія, а здѣсь мы видимъ, что [изъ] чувствованія, сопровождающаго дѣйствіе, порождается представле[ні]е, отъ невозможности имѣть это чувствованіе зависитъ невозмож[нос]ть возникнуть представленію въ сознаніи. Но не наоборотъ-ли: не [пото]му ли и возбуждается въ насъ желаніе, что представленіе того, что [на]мъ пріятно, въ насъ есть, а самого чувства пріятности нѣтъ, такъ [что] представленіе, оставаясь только представленіемъ, не удовлетво[ряе]тъ еще живущему въ насъ стремленію? Чѣмъ ярче представляю я [се]бѣ пищу, которая могла бы удовлетворить мой голодъ, тѣмъ сильнѣе [во] мнѣ желаніе этой пищи. Ясно, что тутъ одного представленія не[до]статочно и что желаніе возникаетъ не изъ того только, что ходъ [пре]дставленій остановился. Какъ бы ни отдѣляли Гербартъ и гербар[тіан]цы чувственныя стремленія отъ *желаній*, но всякій изъ насъ ясно [соз]наетъ, что безчисленное число нашихъ желаній возникаетъ и поддер[жи]вается именно изъ чувственныхъ стремленій и окончательно изъ тѣ[ле]сныхъ потребностей. Напрасно Вайцъ усиленно называетъ желаніе [осо]бенно душевнымъ и ссылается въ этомъ случаѣ на Платона [2]. Пла[тонъ] дѣйствительно говоритъ устами Сократа, что всякое желаніе свой[стве]нно только душѣ, такъ какъ желаніе возможно единственно при [воспоми]нании бывшаго удовлетворенія, а воспоминаніе есть актъ душев[ны]й [3]; но этимъ онъ не отрицаетъ вліянія тѣлесныхъ стремленій на

---

[1] Schr. zur Psych. von Herbart. Erst Th. § 219.

[2] Waitz. § 40. S. 417.

[3] Phileb ou du plaisire p. 465 и 472.

порожденіе желаній. Конечно, «умъ не допускаетъ, по словамъ Сократа, думать, что наше тѣло имѣетъ жажду или голодъ», но тотъ же самый умъ не допускаетъ насъ думать, что душа можетъ имѣть физическій голодъ и физическую жажду. Слѣдовательно, мы должны принять, что душа ощущаетъ тяжелое состояніе тѣла, побуждающее ее желать измѣненія этихъ состояній, если она уже знаетъ, что эти состоянія могутъ быть измѣнены и чѣмъ они могутъ быть измѣнены. Словомъ, желаніе безъ воспоминаній удовлетворенія стремленій невозможно; но также невозможно оно и безъ предположенія стремленій, и это относится одинаково ко всѣмъ желаніямъ, будутъ ли то желанія тѣлесныя или духовныя. Мы часто желаемъ какого-нибудь предмета ради того пріятнаго чувства, которое онъ намъ доставлялъ; но всякое пріятное чувство, которое мы вспоминаемъ, возникло въ насъ оттого, что предметъ соотвѣтствовалъ живущимъ въ насъ стремленіямъ. Безъ предположенія стремленій мы не объяснимъ себѣ появленія чувствованій, какъ это мы уже доказали [1]; а безъ появленія чувствованій мы не объяснимъ себѣ ихъ воспоминаній; безъ воспоминанія же разъ испытаннаго чувства—нѣтъ желаній.

5. Видя, такимъ образомъ, полный неуспѣхъ попытки объяснить явленіе желаній изъ механической борьбы представленій, мы, тѣмъ не менѣе, признаемъ за гербартовскою теоріею то достоинство, что она очень хорошо уясняетъ намъ, какъ и почему желаніе, уже разъ народившееся въ нашей душѣ, крѣпнетъ, усиливается, переходитъ наконецъ въ актъ воли, или слабѣетъ и исчезаетъ. Теорія Гербарта сдѣлала для насъ понятнымъ, почему желаніе на столько сильно, на сколько невыполненіе его является препятствіемъ къ продолженію нашей обычной душевной жизни, и усиливается именно всею силою тѣхъ задержанныхъ нашихъ стремленій и представленій, ходъ которыхъ остановленъ этимъ невыполненнымъ желаніемъ. «Если мы представимъ себѣ, говоритъ Гербартъ, вмѣсто одного ряда представленій цѣлую сѣть такихъ рядовъ, которая можетъ распространиться даже на всю область человѣческой мысли, тогда общее, проникающее душу томительное стремленіе (Sehnsucht) къ опущенному предмету можетъ наполнить собою всю душу. Это и есть основная черта *любви*, для которой предметъ ея сдѣлался совершенно необходимымъ и которая содрагается и отвращается отъ каждого намека на духовное или пространственное отдаленіе любимаго предмета. Извѣстно, что *любовь* ближе опредѣляется случаями любви (т. е. чѣмъ болѣе мы имѣемъ случаевъ сближаться съ любимымъ предметомъ, тѣмъ болѣе мы его любимъ) и что къ ней примѣшивается многое иное, какъ, напримѣръ, чувственныя побужденія. Но самый простой видъ любви будетъ тотъ, гдѣ она возникаетъ изъ простой *привычки*» [2].

---

[1]) См. выше, гл. III.

[2]) Schriften zur Psychol. § 221.

6. Это послѣдняя замѣтка Гербарта позволяетъ намъ глубже вникнуть въ достоинства и недостатки его системы. Всякій изъ насъ ясно сознаетъ, что любовь, а вмѣстѣ съ тѣмъ и порождаемое ею желаніе, не есть только привычка, и до того непривычка, что другіе писатели, вдаваясь въ крайность, говорятъ даже, что съ установленіемъ привычки любовь прекращается. Всмотрѣвшись же мы увидимъ, что въ этой сложной страсти есть нѣчто похожее на привычку, но есть и то, чего нельзя назвать привычкою. Изъ одной привычки не выйдетъ любви: для этого необходимы и чувственныя побужденія, и эстетическія стремленія, и стремленія къ общежитію. Но дѣйствительно только привычка возвращаться мысленно все болѣе и болѣе въ одномъ кругу создаетъ настоящую страсть любви. Чѣмъ болѣе накопится въ насъ представленій, обусловленныхъ *чувствомъ влеченія* къ одному и тому же предмету, тѣмъ прочнѣе и могущественнѣе заляжетъ въ душѣ нашей чувство любви къ этому предмету. Но самое влеченіе къ предмету, которое именно и насоздавало множество представленій, связавшихся въ одну обширную страсть, выходитъ изъ того, что данный предметъ удовлетворять или обѣщаетъ удовлетворять множеству нашихъ стремленій, начиная отъ самыхъ чувственныхъ и оканчивая самыми высокими и духовными. Такимъ образомъ, мы видимъ, что въ созданіи того сложнаго душевнаго состоянія, которое мы называемъ страстью любви, принимали участіе множество различныхъ факторовъ, которые съ перваго же взгляда легко раздѣляются на два рода: 1) *врожденныя стремленія*, тѣлесныя и духовныя, и 2) *самая дѣятельность* души, которая, будучи побуждаема своимъ врожденнымъ стремленіемъ къ дѣятельности, насоздавала громадныя вереницы представленій, связавшихся въ одну сѣть, наполнившую собою всю душу и сдерживаемую однимъ центральнымъ звеномъ—представленіемъ любимаго предмета. Но такъ какъ дѣятельность души, сама по себѣ, есть только удовлетвореніе врожденнаго ей стремленія къ дѣятельности, то мы можемъ сказать, что въ созданіи этой страсти любви участвовали окончательно *три* дѣятеля: 1) стремленія тѣлесныя, 2) стремленія духовныя (т. е. эстетическо-нравственныя) и 3) стремленіе души къ дѣятельности.

7. Первые два вида стремленій имѣютъ свое опредѣленное содержаніе: они стремятся *къ одному* и отвращаются *отъ другого*; они хотятъ не всего безразлично, а именно того, къ чему стремятся; они не удовлетворятся *какимъ бы то ни было* представленіемъ или *какимъ бы то ни было* чувствованіемъ или ощущеніемъ, но именно тѣми, недостатокъ которыхъ и составляетъ содержаніе ихъ стремительности. (Голода нельзя удовлетворить водою и жажду сухою пищею, а эстетическихъ стремленій—образами грязными и уродливыми). Совсѣмъ въ другихъ отношеніи къ предмету удовлетворенія находится стремленіе души къ дѣятельности: въ одномъ этомъ стремленіи душа удовлетворяется всякою дѣятельностью, только бы эта дѣятельность давала ей посильную работу. Какихъ бы представленій ни насоздавала себѣ душа, но

если только изъ нихъ образовалась обширная сѣть, то эта сѣть будетъ увлекать къ себѣ душу въ ея работахъ, хотя бы даже представленія, составляющія эту сѣть, были противны другимъ стремленіямъ души, духовнымъ или тѣлеснымъ. Насъ одинаково увлекаетъ какъ тотъ предметъ, который мы сильно любимъ, такъ и тотъ, который мы сильно ненавидимъ. Намъ одинаково трудно не думать какъ о такомъ предметѣ, который чувствомъ любви связалъ вокругъ себя многочисленныя представленія нашей души, такъ и о такомъ, который связалъ такое же количество представленій противоположнымъ чувствомъ—чувствомъ ненависти.

Вотъ объ этомъ-то послѣднемъ образованіи нашихъ чисто уже душевныхъ страстей, въ противоположность тѣлеснымъ и духовнымъ, говоритъ Гербартъ, когда высказываетъ мысль, что любовь въ чистомъ своемъ видѣ есть только привычка, хотя мы уже видимъ теперь, что это вовсе не привычка въ томъ смыслѣ, какой мы придали этому слову въ 1-й ч. нашей Антропологіи.

8. Теперь для насъ ясно, въ чемъ заключается односторонность гербартовской теоріи образованія желаній, а изъ нихъ наклонностей и страстей. Онъ, говоря объ этомъ образованіи, видитъ только одни душевныя работы, которыя увлекаютъ къ себѣ душу только тѣмъ, что ихъ *много* и что они сложны, увлекаютъ, слѣдовательно, своею формальною количественною, математическою стороною, независимо отъ своего специфическаго содержанія. Но, во-первыхъ, говоря объ образованіи желаній, наклонностей и страстей только изъ стремленія души къ дѣятельности, Гербартъ забываетъ самое это стремленіе, которое, однакожъ, одно только можетъ объяснить, почему душа стремится именно въ ту сферу дѣятельности, которая представляетъ ей возможность, въ одно и тоже время, и болѣе обширной, и болѣе легкой дѣятельности. Во вторыхъ, Гербартъ напрасно это увлеченіе души обширностью ея собственныхъ предварительныхъ работъ называетъ *любовью*; ибо обширная сѣть представленій, проникнутая гнѣвомъ, страхомъ, ненавистью и даже отвращеніемъ, точно также увлекаетъ къ себѣ душу насильственно, какъ и сѣть представленій, проникнутая любовью. Въ-третьихъ, Гербартъ не видитъ, что эти *чисто душевныя* страсти совершенно равнодушны къ своему содержанію и потому могутъ быть *въ своемъ отвлеченіи* названы *формальными* страстями, тогда-какъ содержаніе ей дается изъ другихъ стремленій, которыхъ не хочетъ видѣть Гербартъ, изъ врожденныхъ человѣку тѣлесныхъ и духовныхъ стремленій, которыя, напротивъ, только потому и стремленія, что въ нихъ связывается строго опредѣленная потребность тѣла или духа. Въ отношеніи этихъ *формальныхъ желаній* точно также, какъ и въ отношеніи *формальныхъ чувствованій*, теорія Гербарта наиболѣе справедлива; но и здѣсь, какъ въ основѣ тѣхъ, такъ и другихъ, она должна признать существованіе стремленія души къ дѣятельности, безъ чего даже и формальныя страсти, также какъ и формальныя чувствованія, не будутъ понятны

9. Признавъ могущественное *участіе* стремленія души къ дѣятельности въ образованіи нашихъ желаній, наклонностей и страстей, признавъ, что именно это стремленіе разработываетъ простыя желанія въ сложныя наклонности и страсти, создавая цѣлыя сѣти представленій, возбуждающихъ желаніе или нежеланіе, сѣти, которыя потомъ увлекаютъ душу уже не своимъ содержаніемъ, а обширностью мѣста, занимаемаго ими въ общемъ содержаніи души, словомъ, одною своею математическою стороною, мы, тѣмъ не менѣе, никакъ не хотимъ сказать, чтобы такія формальныя страсти создавались *одною* дѣятельностью души, *одною* потребностью душевной дѣятельности, и существовали въ своей отдѣльности, не включая въ себя ни результатовъ стремленій чувственныхъ, ни результатовъ стремленій духовныхъ. Такихъ обособленныхъ, совершенно отдѣльныхъ, чисто душевныхъ, чисто созданныхъ и искусственныхъ страстей, которыя не основывались бы ни на стремленіяхъ духовныхъ, ни на стремленіяхъ органическихъ, а только на обширности сѣтей представленій, выплетенныхъ душою, — не существуетъ. Но мы только указываемъ на важный элементъ въ каждой страсти, на тотъ элементъ, который Гербартъ неудачно называетъ привычкою. Это вовсе не привычка: душа прежде всего хочетъ работать и работаетъ тѣмъ содержаніемъ, которое въ ней есть, а если въ этомъ содержаніи души существуетъ какая-нибудь цѣльная органическая сѣть представленій, преодолѣвающая своею обширностью и своимъ вѣсомъ всѣ прочія, а можетъ быть захватившая собою все содержаніе души, то естественно, что въ новыхъ работахъ души будетъ ею руководить спеціальный характеръ этой, *господствующей* сѣти представленій.

10. Воля, по Гербарту, образуется уже изъ желанія. Она есть ничто иное, какъ «желаніе съ представленіемъ достиженія желаемаго» [1]. Въ этомъ опредѣленіи воли мы не видимъ никакого существеннаго отличія ея отъ желанія. Это только вполнѣ сформировавшееся, вполнѣ установившееся въ душѣ желаніе. «Воля, говоритъ одинъ изъ послѣдователей Гербарта, Дрбаль, отличается отъ желанія тѣмъ, во-первыхъ, что оно есть установившееся, многими другими представленіями поддержанное желаніе; а во-вторыхъ, тѣмъ, что оно безусловно предполагаетъ достижимость желаемаго» [2]. Въ подтвержденіе этихъ словъ Дрбаль приводитъ классическія слова изъ педагогики Гербарта. «Кто говоритъ: я хочу — тотъ уже въ своихъ мысляхъ овладѣлъ будущимъ. Онъ уже видитъ себя выполняющимъ, надѣющимся, наслаждающимся. Покажите ему, что онъ *не можетъ* и онъ уже *не хочетъ* болѣе, если онъ васъ понимаетъ. Желаніе, быть можетъ, останется и можетъ свирѣпствовать со всею яростью или дѣлать новыя попытки со всею хитростью. Въ этихъ попыткахъ вновь видно новое хотѣніе уже не самаго предмета, но движеній, которыя дѣлаютъ, зная, что могутъ ихъ дѣлать и посредствомъ

[1] Ibid. § 223.

[2] Empirische Psych. von Drbal. Wien. 1868. § 138.

ихъ достичь своей цѣли». Но уже самая темнота этого *классическаго* мѣста показываетъ, что Гербарту точно также не удалось отдѣлить рѣзкою чертою воли отъ желанія, какъ не удалось прежде его Аристотелю отдѣлить желаніе отъ намѣренія. Не удалось же это Гербарту потому, что дѣйствительно нѣтъ никакой твердой границы между желаніемъ и волей въ томъ смыслѣ, какъ понимаетъ волю Гербартъ.

11. Если желаніе не встрѣчаетъ себѣ препятствій въ другихъ представленіяхъ души, если, кромѣ того, стремленіе, изъ котораго возникло желаніе, сильнѣе въ данную минуту всѣхъ прочихъ стремленій, то желаніе является побѣдоноснымъ въ душѣ, становится центральнымъ, всепреодолѣвающимъ стремленіемъ ея; а такое центральное стремленіе, соединивъ всю силу души въ одномъ направленіи, выражается въ нашей *власти* души надъ тѣломъ или тѣмъ, что мы въ этомъ отношеніи называемъ актомъ *воли*. Гербартъ совершенно напрасно ставитъ сознаніе возможности достиженія желанія условіемъ перехода желанія въ форму воли. Не сознаніе возможности достиженія желанія, а *отсутствіе представленія невозможности этого достиженія* заканчиваетъ образованіе желанія, заканчиваетъ тѣмъ, что представленіе, связанное съ желаніемъ, не встрѣчая болѣе препятствій, становится на это время господствующимъ, всеопредѣляющимъ желаніемъ души, что и выражается непосредственно въ актѣ воли. Человѣкъ начинаетъ достигать желаемаго не потому, чтобы *сознавалъ средства* этого достиженія, а потому что *не сознаетъ препятствій*, которыя могутъ помѣшать ему достигнуть желаемаго. Если же ему укажутъ на эти препятствія, то они являются въ душѣ его представленіемъ, противоборствующимъ желанію, и слѣдовательно помѣшаютъ желанію овладѣть всею душою, всѣмъ ея содержаніемъ.

12. Различіе, которое мы проводимъ между представленіемъ средствъ достиженія желаемаго и отсутствіемъ представленія препятствій къ его достиженію, не есть только номинальное различіе, а, напротивъ, очень реальное, извлеченное изъ фактовъ и имѣющее своимъ результатомъ весьма важные факты. Дитя не потому протягиваетъ ручонку къ недосягаемому для него предмету, чтобы сознавало его досягаемость, а только потому, что для того, чтобы дитя убѣдилось, что этотъ предметъ недосягаемъ, ему нужны неоднократные опыты тщетности его усилій достать недосягаемый предметъ. Только опытъ убѣждаетъ человѣка, что онъ не все можетъ, чего хочетъ, и, такимъ образомъ, только опыты отдѣляютъ рѣшимость отъ желанія. Въ началѣ же *желать* и *рѣшиться* значитъ для человѣка одно и то же: въ этомъ можетъ убѣдиться всякій, кто только наблюдалъ надъ развитіемъ младенца, дитяти и даже мальчика. Вотъ чѣмъ и объясняется тотъ прогрессъ въ уменьшеніи безумныхъ попытокъ, который продолжается отъ рожденія человѣка и до гроба. Чѣмъ болѣе неудачъ въ своихъ попыткахъ испытываетъ человѣкъ, тѣмъ далѣе становится у него *желаніе* отъ *рѣшимости*. Признавъ же этотъ фактъ, мы увидимъ, что *рѣшимость* есть ни что иное, какъ вмѣ-

образовавшееся желаніе, желаніе, одолѣвшее въ душѣ своею стремительностью всѣ другія представленія. Только когда душа достигнетъ такого единства и такого сосредоточія всѣхъ своихъ силъ въ одномъ желаніи, только тогда тѣло начинаетъ ей повиноваться.

13. Теорія желаній Бенеке не многимъ отличается отъ теоріи Гербарта: въ сущности только тѣмъ, что Бенеке, сознавъ всю невозможность вывести желаніе изъ механической борьбы представленій, вынужденъ былъ признать существованіе стремленій (Strebungen) въ душѣ. Но, не желая возвратиться къ старой теоріи врожденныхъ стремленій, Бенеке дѣлаетъ свои стремленія какими-то душевными элементами, *какъ-то и изъ чего-то* вырабатываемыми душою и которыя прежде всего стремятся слиться съ какими бы то ни было впечатлѣніями (Reize), послѣ чего и превращаются въ слѣды (Schpuren). Оба элемента этихъ слѣдовъ, стремленіе и впечатлѣніе, могутъ быть связаны между собою болѣе или менѣе прочно, и, по мѣрѣ того, какъ впечатлѣніе отдѣляется отъ стремленія, стремленію возвращается его стремительность [1]). Но стремленіе, освободившееся отъ того или другого впечатлѣнія, дѣлается уже не стремленіемъ только, а опредѣленнымъ желаніемъ — стремленіемъ соединиться съ тѣмъ впечатлѣніемъ, которое отъ него отдѣлилось. Самый слѣдъ поэтому способенъ къ двоякому воспроизведенію: или это будетъ полное воспроизведеніе и стремленія, и впечатлѣнія, или это будетъ только воспроизведеніе стремленія, опредѣлившагося впечатлѣніемъ. Въ первомъ случаѣ это *воспроизведеніе* чувства, разъ испытаннаго, во второмъ — это *желаніе* испытать вновь тоже самое чувство [2]).

14. Эта *фантазія* Бенеке имѣетъ своимъ основаніемъ очень вѣрное наблюденіе того, что иногда испытанное разъ чувство въ насъ воспроизводится, а иногда только вспоминается, и въ этомъ послѣднемъ случаѣ рождается желаніе испытать вновь то же самое чувство, если оно было намъ пріятно. Насмотрѣвшись вдоволь на прекрасный видъ, мы не желаемъ его видѣть до тѣхъ поръ, пока чувство удовольствія дѣйствуетъ въ насъ съ прежнею силою при каждомъ воспоминаніи этого вида; но какъ-только воспоминаніе начинаетъ блѣднѣть, то чувство удовольствія слабѣетъ при своемъ воспроизведеніи, и у насъ остается только воспоминаніе силы того чувства, которое мы испытали, но не сама его сила. Изъ этого и рождается у насъ желаніе вновь испытать то же чувство въ прежней его силѣ, т. е. рождается желаніе созерцать опять прежній видъ. Это наблюденіе совершенно вѣрно и очень важно, такъ какъ оно до очевидности ясно показываетъ намъ ту необходимость воспоминаній чувства при образованіи желанія, на которую указалъ еще Платонъ. Въ теоріи Бенеке мы вполнѣ убѣждаемся, что воспоминаніе разъ испытаннаго чувства есть необходимый элементъ всякаго желанія; но для

---

[1]) Benecke's Lehrb. der Psych. § 171 и др.

[2]) Ibid. § 172.

объясненія этого явленія, какъ мы увидимъ далѣе, не было никакой надобности создавать какія-то небывалыя и невозможныя душевныя существованія, какіе-то психическіе гномы стремленій и впечатлѣній.

15. Изъ этого краткаго обзора теорій воли, созданныхъ Гербартомъ и Бенеке, мы видимъ, что въ этихъ теоріяхъ нѣтъ никакой самостоятельной *воли*, а есть множество *волей* или проще *желаній*, изъ которыхъ то одно, то другое, *по законамъ механической борьбы*, дѣлается на время волей. Воля, слѣдовательно, въ этихъ теоріяхъ есть нѣчто производное и несущественное. Совершенно другое мѣсто занимаетъ воля въ теоріяхъ философскихъ, и особенно въ теоріи Шопенгауера, которую мы и изложимъ, какъ можно короче, въ слѣдующей главѣ.

ГЛАВА XXXIV.

Философскія теоріи воли, какъ явленія *объективнаго*.

1. Какъ ни различны двѣ разобранныя нами теоріи воли, физіологическая и механическая, но обѣ онѣ держатся чисто на психологической почвѣ: имѣютъ предметомъ своимъ психическое явленіе, совершающееся въ человѣкѣ, хотя и объясняютъ его различно. Но философскія теоріи вышли изъ этого слишкомъ тѣснаго для нихъ круга и перенесли понятіе воли въ объективный, внѣшній для человѣка міръ. Эти теоріи уже не изучаютъ проявленія субъективной воли въ человѣкѣ, но предполагаютъ, *по аналогіи* съ волею субъективною, какую-то уже объективную волю, дѣйствующую и во всей природѣ, и въ человѣкѣ. Само собою видно, что для такой аналогіи не доставало факта, что, зная волю лишь въ самомъ себѣ, человѣкъ не имѣлъ никакого права предполагать такое-же явленіе и во внѣшней для него природѣ. Но предположеніе *объективной* воли, дѣйствующей внѣ человѣка, какъ она дѣйствуетъ въ немъ, давало такое легкое и удобное средство къ разгадкѣ тайны природы, что отъ него не могъ отказаться умъ человѣка, порывающійся разомъ разрубить Гордіевъ узелъ, который слишкомъ медленно распутывается наблюденіями и изслѣдованіями безчисленныхъ фактовъ. Но такъ какъ и въ насъ самихъ *желанія*—эти акты воли—являются или какъ послѣдствія сознательной идеи, или какъ послѣдствія непонятныхъ для насъ побудокъ нашего организма, дѣйствующихъ помимо всякихъ наших соображеній, то и *объективная* воля могла быть объясняема или какъ послѣдствіе идеи, тоже объективной, внѣ человѣка лежащей, или какъ безсознательное, всетворящее стремленіе. Обѣ эти попытки, психологически совершенно объяснимыя, были сдѣланы и многочисленными идеологіями и философіями.

2. Замѣчая, что актъ воли проявляется послѣ того, какъ въ душѣ составится идея дѣйствія, человѣку весьма естественно видѣть въ волѣ не что иное, какъ необходимое послѣдствіе идеи. Думая же объяснить природу идеями, подобными тѣмъ, которыя образуются въ его собственной

гѣ, человѣкъ, весьма естественно, придаетъ этимъ идеямъ и волю. Такая персонификація природы, такое уподобленіе ея человѣкомъ самому себѣ, облеченное всею яркостью красокъ воображенія, создаетъ разнообразнѣйшія миѳологіи; возведенная же въ абстрактную систему мышленія, въ цѣпь причинъ и слѣдствій, дѣлается философскою теоріею. На этомъ основаніи Огюстъ Контъ имѣлъ полное право взглянуть на подобныя философскія системы какъ на новую форму миѳологіи. И дѣйствительно, разсматривая вѣроученіе буддизма или браманизма, мы найдемъ въ нихъ много родственныхъ чертъ съ системами Спинозы, Шелинга и Гегеля. Иногда сходство поразительно. Мысль одна и та же, только языкъ другой, сообразно вѣку и народности: тамъ—пламенная фантазія поэта тропическихъ странъ; здѣсь — отвлеченная, выработанная схоластикою, холодная рѣчь нѣмецкаго ученаго; тамъ — краски и образы, дѣйствующія прямо на чувство; здѣсь—искуственная условная терминологія, которой надобно прежде выучиться, чтобъ понимать ее; тамъ — пестрая смѣсь яркихъ картинъ; здѣсь—стройная система, раздѣленная и подраздѣленная и озаглавленная буквами всѣхъ возможныхъ азбукъ. Содержаніе же въ сущности одно и то же — олицетвореніе внѣшняго міра по образу и подобію души человѣческой.

3. Не случаю только мы приписываемъ то явленіе, что первый, кто извлекъ эту европейскую философскую систему изъ азіятскихъ и полуазіятскихъ миѳологическихъ пеленокъ, въ какихъ мы находимъ ее, напр., у неоплатониковъ, былъ еврей, по происхожденію и вѣрѣ, и средневѣковой европейскій схоластъ—по образованію. Замѣчательно, что еврей, а не кто либо другой, явился связующимъ звеномъ между вѣрованіями Востока и мышленіемъ Запада. Съ азіятскою смѣлостью воображенія, съ изощренною діалектикою геніальнаго, долго упражнявшагося схоласта, перевелъ Спиноза психологическій смыслъ восточныхъ вѣрованій на мертвый языкъ средневѣковой латыни. Въ его системѣ закончено превращеніе природы въ идею человѣка. Весь міръ для Спинозы—только одна всеобнимающая идея, а выполненіе этой идеи—необходимый атрибутъ ея совершенства. Міръ есть разумъ, размышляющій по своимъ собственнымъ неизбѣжнымъ законамъ, но разумъ безпредѣльный, ничѣмъ неограничиваемый, всѣмъ обладающій, а потому размышляющій уже не словами, а вещами. Абсолютная идея должна обнимать все, а слѣдовательно и собственное свое выполненіе. Безъ этого она не была бы абсолютною, а ограниченною. Такимъ образомъ, *выполненіе* является необходимымъ атрибутомъ идеи; *стремленіе*—моментомъ этого выполненія. Насколько оно обнаруживается и въ неодушевленной природѣ, и въ растеніяхъ, и въ животныхъ, и въ безсознательныхъ стремленіяхъ человѣка, воля же въ частности, какъ субъективное явленіе, есть ничто иное, какъ сознанное стремленіе. Вотъ почему Спиноза и говоритъ, что «воля и разумъ—одно и тоже» и что «воля есть только сознанное стремленіе».

4. Теорія воли Спинозы почти безъ всякихъ перемѣнъ перешла и

въ психологическую систему Гегеля. Воля въ этой системѣ есть ничто иное, какъ сознательное и постепенное воплощеніе абсолютной идеи въ дѣйствительности воплощеніе, которое, проходя многія ступени, оканчивается полнымъ воплощеніемъ разумной идеи теоретически—въ формѣ философской системы въ головѣ мыслителя, и практически—въ формѣ свободы, въ исторіи человѣчества. Человѣкъ является необходимымъ звеномъ, *субъективнымъ духомъ* въ томъ процессѣ абсолютнаго духа, въ которомъ идея и ея выполненіе—одно и тоже. Воля индивидуальнаго человѣка есть только необходимо выработывающееся проявленіе, или, правильнѣе, *становленіе* абсолютной воли [1]. Въ философіи Гегеля воля уже окончательно изъ субъективнаго душевнаго явленія сдѣлалась атрибутомъ объективной, абсолютной идеи, такъ-что уже изъ этой абсолютной воли объясняется безсознательное стремленіе человѣка, а изъ безсознательныхъ стремленій выработываются желанія, через посредство представленія [2].

5. Мы не будемъ критически разбирать этой теоріи: довольно сказать о ней, что она вся основана на аналогіи, а не на фактахъ. Мы могли бы, можетъ быть, доказать, что міръ развился изъ одной идеи подобной нашимъ, если бы могли до такой степени узнать весь міръ. Фантазировать же о томъ, чего мы не знаемъ, или что знаемъ только въ его малѣйшей части, можно сколько угодно. Можно также провѣрить и правильность созданія этой фантазіи по законамъ разсудка; но провѣрить ее всю по фактамъ дѣйствительности—невозможно; а ближайшее изученіе фактовъ геологіи, которую Гегель долженъ былъ отвергать, астрономіи, въ которой онъ такъ неудачно пророчествовалъ, и естествознанія—скоро обнаружили всю несостоятельность это міровой системы. Философія Гегеля быстро созрѣла и распространилась, но на европейской почвѣ она еще скорѣе завяла, чѣмъ созрѣла. При отсутствіи философіи одни обратились къ естествознанію, безплодно пытаясь изъ него создать себѣ цѣльное міросозерцаніе; другіе же пытались найти замѣну философіи Гегеля и нашли ее въ философіи Шопенгауера, которая до того времени совершенно терялась въ лучахъ славы гегелизма, но зато засвѣтила, какъ луна, когда солнце скроется. Нѣкоторый успѣхъ этой системы можно объяснить только тѣмъ, что философія Гегеля оставила послѣ себя въ наслѣдство не мало людей, для которыхъ было совершенною необходимостью ходить на помочахъ, хоть какой нибудь, но все же цѣльной философской системы.

6. Мы нѣсколько ознакомились уже съ смѣлой, но едва ли разумной попыткой Шопенгауера совершенно переворотить отношенія воли къ идеѣ и разуму. Онъ выводитъ уже не волю изъ идеи, а всѣ идеи изъ воли; дѣлаетъ волю творящимъ началомъ, а идеи только произведеніемъ воли и специфическою функціею мозга. Въ этой мысли вѣрно только

[1] Grundriss der Psych. von Erdmann. § 129.

[2] Ibid. § 132.

...мы дѣйствительно находимъ въ себѣ множество желаній, возника... въ сознаніи изъ потребностей нашего тѣла; разумно ли было од... перенести терминъ *воли* на самыя эти потребности? Шопенгау... же не только злоупотребляетъ психологическимъ терминомъ, но пря... ...ываетъ не сходство или, вѣрнѣе, тождество этой, внѣ нашего ...ія лежащей воли, творящей всю природу, съ тою волею, которую мы ...имъ въ самихъ себѣ, забывая, что волю въ насъ самихъ мы замѣчаемъ ...слѣдующею за сознаніемъ и чувствованіемъ, а не предшествующею имъ.

7. Кантовскою вещью самою по себѣ (Das Ding an Sich) и субстратомъ ...хъ явленій, слѣдовательно, и всей природы, Шопенгауеръ признаетъ нѣ... ...какъ *непосредственно извѣстное*, что мы находимъ въ самихъ себѣ ...что мы называемъ *волею*. Выводить эту волю изъ сознанія есть, по мнѣнію ...пенгауера, величайшая ошибка. Воля не нуждается въ сознаніи, а, напро... ...сознаніе въ ней нуждается [1]). «Но прежде всего, говоритъ Шопенгауеръ, ...отличать волю отъ произвола. Произволомъ воля называется тогда, ...освѣщается сознаніемъ, и потому мотивы, т. е. представленія, яв... ...являющимися ея причинами: другими словами и выражаясь объективно, ...внѣшнее вліяніе, вызывающее актъ воли, проходитъ чрезъ мозгъ. Мо... ...дѣйствія можетъ быть опредѣленъ какъ внѣшнее возбужденіе, подъ ...віемъ котораго возстаетъ въ мозгу образъ, а черезъ посредство этого образа ...выполняетъ какое нибудь внѣшнее движеніе тѣла. У человѣка этотъ об... можетъ замѣняться и словами. Поэтому произвольными движеніями ...ются такія, которыя происходятъ по мотиву, а не собственно по при... ...въ тѣсномъ смыслѣ этого слова, какъ въ неорганической природѣ ...по однимъ впечатлѣніямъ, какъ у растеній. Мотивъ же предполагаетъ ...ніе. Различіе между впечатлѣніемъ и мотивомъ физіологически мо... быть выражено такъ: впечатлѣніе (der Reitz) вызываетъ реакцію *...средственно* и она исходитъ изъ той самой части, на которую впе... ...ніе дѣйствовало; мотивъ же, напротивъ, есть такое впечатлѣніе, ...рое избираетъ окольную дорогу черезъ мозгъ, гдѣ при дѣйствіи ...прежде всего возстаетъ образъ, вызывающій соотвѣтствующую ...цію, которую мы называемъ актомъ воли или дѣйствіемъ произволь... ...ымъ. Слѣдовательно, различіе между произвольнымъ и непрозвольнымъ ...существенно — въ обоихъ случаяхъ дѣйствуетъ одна и та же воля. Вмѣсто образа въ человѣкѣ могутъ также дѣйствовать и понятія [2]).

8. Достаточно вспомнить то, что мы сказали выше о психологиче... ...омъ и единственно возможномъ происхожденіи понятія *воли*, чтобы ...дѣть ошибку Шопенгауера. Если понятіе воли возникаетъ въ насъ ...ственно субъективнымъ путемъ, черезъ посредство самонаблюденія, ...въ частности изъ сравненія нашихъ произвольныхъ и непроизволь... ...ныхъ движеній, то какое же право имѣетъ человѣкъ, создавъ понятіе ...воли, какъ причины произвольныхъ движеній, перенести это понятіе на

[1]) Ueber den Willen in der Natur von Schopenhauer. S. 2.

[2]) Ibid. S. 21, 22.

собственныя свои *непроизвольныя* движенія, а за тѣмъ и на всѣ явленія внѣшней для насъ природы? Право фантазіи—и болѣе ничего. Непроизвольное движеніе и есть именно то, въ которомъ нѣтъ воли. Если мы называемъ и въ другихъ людяхъ и даже въ животныхъ одни движенія произвольными, а другія непроизвольными, то только по аналогіи, на которую мы имѣемъ право на столько, на сколько предполагаемъ, что и другія живыя существа испытываютъ при произвольныхъ движеніяхъ то же самое, что испытываемъ мы, т. е. чувство произвольно выполняемаго усилія. Взглядъ Бэна на актъ воли такъ сходенъ со взглядомъ Шопенгауэра, что все, что мы сказали въ опроверженіе теоріи перваго, вполнѣ примѣнимо и къ теоріи послѣдняго, потому мы считаемъ излишнимъ повторять здѣсь это возраженіе.

9. Гораздо интереснѣе для насъ тѣ мотивы, которые возбудили въ умѣ Шопенгауэра такую теорію, такъ-какъ они совершенно отличны отъ тѣхъ мотивовъ, которые руководили Бэномъ. Мотивы, склонившіе Шопенгауэра къ его воззрѣнію на волю, разнообразны: они идутъ изъ разныхъ областей знанія, но преимущественно изъ области естественныхъ наукъ, а именно—изъ многочисленныхъ попытокъ объяснить поразительную цѣлесообразность, наблюдаемую повсюду въ созданіяхъ природы. Попытки эти особенно усилились съ тѣхъ поръ, какъ замѣчено было, что организмы продолжаютъ и теперь видоизмѣняться и приспособляться къ условіямъ жизни. Самая удачная изъ этихъ попытокъ принадлежитъ французскому зоологу Ламарку, мысль котораго имѣла значительное вліяніе и на Шопенгауэра, и на Дарвина. Постараемся же выразить кратко эту мысль Ламарка.

10. Стоитъ сравнить, напримѣръ, сѣвернаго оленя и верблюда, чтобы видѣть, что первому суждено жить на холодныхъ тундрахъ крайняго сѣвера, а второму — въ жаркихъ каменистыхъ и безводныхъ пустыняхъ. Наружные и внутренніе органы, способы и предметы питанія, инстинкты, словомъ, все такъ приспособлено въ обоихъ животныхъ къ условіямъ области ихъ жизни, какъ будто каждому изъ нихъ заранѣе предназначалось жить въ соотвѣтствующихъ, рѣзко противоположныхъ по своимъ качествамъ, странахъ, и служить домашними животными жителямъ этихъ странъ. Такая поразительная приспособленность, повторяющаяся въ безчисленномъ множествѣ растительныхъ и животныхъ организмовъ, должна была уже рано возбудить въ человѣческомъ умѣ вопросы: какъ это случилось? какъ объяснить эту поразительную приспособленность организмовъ къ условіямъ ихъ жизни? Всего проще, всего сподручнѣе было человѣку отвѣчать на эти вопросы, очеловѣчивая (антропоморфируя) окружающій внѣ его міръ. Устраивая какое нибудь нехитрое орудіе, человѣкъ соображалъ его устройство съ тѣми цѣлями, для достиженія которыхъ оно должно было служить ему, слѣдовательно, разсуждалъ онъ, точно также устроены и организмы, только устроены они не мною, а какою-то, внѣ меня лежащею и подобно мнѣ размышляющею, силою. Затѣмъ слѣдовало облеченіе этой силы во всякія миѳологическія формы, кото-

...ко для тѣхъ народовъ и для тѣхъ личностей, которымъ *откровен*... религія не давала прямого отвѣта на мучившіе ихъ вопросы. Скеп... ...ій умъ мыслителя не могъ удовлетвориться такимъ отвѣтомъ. Онъ ...тѣлъ разгадать, что это за *сила* сама въ себѣ, и мало по малу вы... ...лось понятіе *абсолютной идеи*, выполняемой вслѣдствіе своей ...ственной внутренней разумности, идеи, съ которою мы уже позна... ...лись выше.

11. Но такою полувосточною, полумифологическою идеею не могла ... удовольствоваться пытливая, фактическая мысль европейца. За ...гадку той же дивной приспособленности организмовъ принялись есте... ...испытатели со своими маленькими, но за то безчисленными и осяз... ...ными средствами. Но всѣ эти попытки оставались безплодными до ...ѣхъ поръ, пока не замѣчено было, что организмы и въ настоящее ... продолжають, видоизмѣняя свои формы и инстинкты, все болѣе ...лѣе приспособляться къ условіямъ жизни. Это продолжающееся при... ...собленіе организмовъ прежде всего было замѣчено практическимъ хо... ...зяйствомъ, которое давно уже пользовалось этою возможностью приспо... ...собленія организмовъ, видоизмѣняя, сообразно своимъ цѣлямъ, породы ...ній и домашнихъ животныхъ. Мы не знаемъ на столько исторіи ...го вопроса, чтобы сказать, дѣйствительно ли Ламаркъ первый внесъ ...въ науку идею измѣнчивости органическихъ формъ и инстинктовъ; но ...по крайней мѣрѣ сочиненія Ламарка имѣли прямое вліяніе и на Шопен... ...гауэра, и на Дарвина, такъ что оба они воспользовались идеею Ламарка ...каждый въ своей области и каждый на свой особый ладъ. Ученію Дар... ...вина въ его психическомъ значеніи, мы посвятимъ слѣдующую главу, ...здѣсь займемся исключительно выводами Шопенгауера.

12. Убѣжденіе въ томъ, что видоизмѣненіе организмовъ и ихъ при... ...способленіе къ условіямъ жизни продолжается и теперь, дало надежду, ...если не узнать первую причину этихъ приспособляющихъ видоизмѣненій, ...то по крайней мѣрѣ подсмотрѣть, *какъ, какими средствами* совер... ...шаетъ природа эти изумительныя приспособленія ея безчисленныхъ ор... ...ганизмовъ. Ламаркъ же первый замѣтилъ *одно* изъ этихъ средствъ, ко... ...торому онъ впрочемъ придалъ слишкомъ общее значеніе. Замѣтивъ, что ...животное, поставленное въ новую для него среду жизни, усиливается ...приспособиться къ ней и что часто эти усилія увѣнчиваются успѣхомъ, ...причемъ самые органы животнаго и его инстинкты нѣсколько видоизмѣ... ...няются, и что потомъ эти видоизмѣненія передаются потомственно и ...продолжають высказываться все рѣзче, Ламаркъ приписалъ *этимъ уси*... ...*ліямъ организмовъ самое ихъ разнообразіе и ихъ приспособленность ...къ условіямъ жизни*. Такъ, по мнѣнію Ламарка, у плавающихъ птицъ ...и звѣрей (тюлень, моржъ) плавательная перепонка образовалась оттого, ...что эти животныя, при плаваніи, старались, какъ можно больше, растя... ...гивать пальцы, чтобы поддерживаться на водѣ; а у рогатыхъ живот... ...ныхъ рога развились вслѣдствіе того, что они, не будучи въ состояніи ...защищаться зубами, усиливались защищаться головою и т. д. Это было

первое, еще довольно наивное проявленіе великой идеи, блестяще значенной Дарвиномъ.

13. Шопенгауеръ, воспользовавшись мыслью Ламарка о постоянно продолжающейся измѣнчивости организмовъ, воспользовавшись указаніемъ его, равно какъ и другихъ естествоиспытателей и медиковъ на вліяніе воли въ видоизмѣненіи органовъ, тѣмъ не менѣе отвергаетъ самую догадку Ламарка. Если, думаетъ Шопенгауеръ, признать также постепенное и медленное развитіе органовъ во множествѣ послѣдовательныхъ поколѣній и притомъ органовъ, необходимыхъ для жизни животнаго, то порода животнаго, не имѣя такихъ необходимыхъ для ея жизни органовъ, вымерла бы прежде, чѣмъ получила ихъ [1]. Замѣтка эта, конечно умная, могла бы затруднить французскаго зоолога; но она нисколько не затруднила самого германскаго мыслителя. Шопенгауеръ, какъ ученикъ Канта, не стѣсняется условіями пространства и времени, а потому и не чувствуетъ необходимости и для своей системы преодолѣть препятствіе, выставленное имъ же для системы Ламарка. Онъ призналъ *безсознательную волю*—и довольно. Она творила и продолжаетъ творить, что и какъ ей угодно, и для нея конечно не существуетъ стѣсненій условіями пространства и времени. Въ сущности и Шопенгауеръ говоритъ тоже, что и Ламаркъ, онъ также думаетъ, что «волъ бодаетъ не потому, что у него есть рога, а потому имѣетъ рога, что *хочетъ бодать*» [2], точно такъ какъ человѣкъ не потому стрѣляетъ, что у него есть ружье, а потому изобрѣлъ ружье, что хотѣлъ стрѣлять. Если у человѣка это изобрѣтеніе сопровождалось сознаніемъ, то это явленіе несущественное и незначительное, объясняемое тѣмъ, что у человѣка есть органъ сознанія—къ которому надобно же что-нибудь дѣлать. Воля же, дѣйствующая во всей природѣ, дѣйствуетъ безсознательно, за исключеніемъ существъ, обладающихъ мозгомъ; но эта-то воля дѣлаетъ что ей угодно: рога-ли, [illegible]-ли, копыта или щупальцы, не стѣсняясь при этомъ никакими условіями жизни и никакимъ планомъ, ни временемъ, ни мѣстомъ — этими условіями нашего ума. По этой теоріи, конечно, выходило, что горбатый потому горбатъ, что хочетъ имѣть горбъ, а безрукій потому безъ рукъ, что не хочетъ ихъ имѣть: выходило полное противорѣчіе между волею, сопровождаемою сознаніемъ, и тою, которая работаетъ безсознательно въ нашемъ организмѣ; но германскому мыслителю не было до того никакого дѣла.

14. Ясно, что такое рѣшеніе вопросовъ въ сущности ничего не рѣшаетъ, и мы можемъ только радоваться, что французскіе и англійскіе мыслители не были въ состояніи подняться до высоты германской метафизики и, скромно признавая условія пространства и времени, разботывали вопросы въ этихъ условіяхъ. Этимъ и объясняется [illegible]тость ихъ работъ, назначенныхъ для существъ, также живущихъ въ

[1]) Ibid. S. 42.

[2]) Ibid. S. 40.

ловіяхъ времени и пространства. Всѣ эти послѣдовательныя работы, правленныя къ разрѣшенію вопроса о причинахъ дивной приспособлен- сти организмовъ, увѣнчались наконецъ обширною и безконечно плодо- ною мыслью Дарвина. Ученіе нашего великаго современника имѣетъ е только спеціальное значеніе для естественныхъ наукъ, но и для пси- логическихъ воззрѣній, и мы посвятимъ ему слѣдующую главу.

ГЛАВА XXXV.

бъективная воля по фактамъ естественныхъ наукъ: ученіе Дарвина.

1. Дарвинъ также, какъ и Шопенгауеръ, признаетъ «ошибоч- нымъ» данное Ламаркомъ объясненіе приспособленности организмовъ [1]; о Дарвинъ выразился бы точнѣе, если бы назвалъ объясненіе Ламарка лько *недостаточнымъ*, такъ какъ впослѣдствіи самъ же Дарвинъ етъ мѣсто и этому объясненію въ своей системѣ, признавая во мно- ихъ мѣстахъ своей книги, что усилія индивидуальнаго животнаго орга- изма приладиться къ тѣмъ или другимъ условіямъ жизни оказываютъ ліяніе на измѣненіе его органовъ и инстинктовъ и что это измѣненіе, ередаваясь наслѣдственно, можетъ повести къ установленію той или ругой особенности въ организмѣ [2]. Само собою разумѣется, что съ тимъ условіемъ, на которое указалъ Ламаркъ, необходимо связано и ругое, въ особенности выставленное Жофруа-Сентъ-Илеромъ, который читалъ главною причиною видоизмѣненія органическихъ формъ тѣ са- мыя жизненныя условія, въ которыя поставленъ организмъ.

2. Не трудно видѣть, что обѣ эти мысли въ сущности составляютъ одну. Организмъ усиливается примѣниться къ условіямъ жизни, пред- ставляемымъ окружающею его средою. Если вслѣдствіе этихъ усилій организмъ измѣняется, то, стало быть, онъ измѣняется вслѣдствіе двухъ причинъ: условій жизненной среды и усилій животнаго примѣ- ниться къ нимъ. Здѣсь, какъ и всегда, мы видимъ, что причинъ явле- нія не одна, а двѣ или болѣе, взаимодѣйствіе которыхъ составляетъ полную его причину, т. е., другими словами, изъ двухъ или болѣе условій возникаетъ всегда одна *причина*. Если же къ высказаннымъ двумъ мыслямъ присоединить еще третью, истина которой также не подлежитъ сомнѣнію, а именно, что самыя условія жизни на земномъ шарѣ не оставались и не остаются неизмѣнными, а постоянно измѣня- лись и продолжаютъ измѣняться, то мы увидимъ, что и измѣненія въ организмахъ не могли никогда остановиться, а должны были идти за геологическими и климатическими измѣненіями земли. Принявъ же въ

[1] О происхожденіи видовъ Ч. Дарвина. Перев. Рачинскаго. Предислов. стр. VI. Примѣчаніе.

[2] Ibid. стр. 111, 113, 175 и 387.

расчетъ, что въ началѣ форма поверхности земнаго шара и климатъ его были гораздо однообразнѣе, чѣмъ теперь, мы поймемъ, какое важное вліяніе на постепенное увеличеніе разнообразія организмовъ должны были имѣть геологическія и климатическія измѣненія на земномъ шарѣ, продолжающіяся и теперь. Чѣмъ разнообразнѣе становилась поверхность земли и ея климатъ, тѣмъ разнообразнѣе должны были быть въ организмахъ приспособленія къ условіямъ жизни на нашей планетѣ.

3. Если остановиться на этой мысли, сложенной изъ трехъ главныхъ наблюденій, не прибавляя къ ней еще замѣчательнаго открытія Дарвина, то мы должны будемъ прійти къ тому заключенію, что организмы нашей планеты видоизмѣнялись и разнообразились подъ вліяніемъ *двухъ*, постоянно дѣйствовавшихъ и дѣйствующихъ, силъ: первое—*стремленія* къ жизни индивидуальной и потомственной, проявляемаго организмами, которое и побуждало ихъ приспособляться къ условіямъ жизненной среды, и второе—*силы*, управляющей геологическими и климатическими измѣненіями нашей планеты. Средствомъ же самыхъ приспособленій животныхъ является *воля*, которая при постоянномъ налеганіи на органы для той или другой цѣли, заставляетъ измѣняться самые органы, и измѣненія эти, передаваясь наслѣдственно, усиливаютъ постепенное приспособленіе животныхъ организмовъ къ постоянно мѣняющимся условіямъ жизни.. Но можно ли объяснить тѣмъ же самымъ средствомъ, а именно усиліями воли, приспособленіе растительныхъ организмовъ? Конечно, нѣтъ, и этимъ самымъ обличалась уже невѣрность этой мысли, или, лучше сказать, неполнота наблюденій, такъ блестяще пополненныхъ Дарвиномъ.

4. Безъ сомнѣнія, мы не можемъ выразить здѣсь вполнѣ и со всею отчетливостью мысль Дарвина. Всякій можетъ познакомиться съ нею въ его необыкновенно интересномъ сочиненіи. Однакоже для насъ необходимо, хотя коротко, выставить здѣсь эту мысль, потому-что она имѣетъ значеніе и для психологіи, какъ это предвидѣлъ самъ Дарвинъ [1]). Всякому извѣстны тѣ улучшенія или, лучше сказать, тѣ видоизмѣненія растительныхъ и животныхъ организмовъ, которыхъ произвольно достигаетъ человѣкъ, подбирая по своему усмотрѣнію тѣ или виды для продолженія рода того или другого организма, въ которыхъ замѣчаются какія нибудь особыя свойства, или выгодныя въ хозяйствѣ, или вообще почему либо полезныя и пріятныя человѣку. Эти видоизмѣненія растительныхъ и животныхъ организмовъ посредствомъ подбора родителей нигдѣ, можетъ быть, не достигли такого развитія, какъ въ Англіи, чѣмъ, вѣроятно, слѣдуетъ объяснить, что это важное научное открытіе, о которомъ мы говоримъ здѣсь, сдѣлано англійскимъ ученымъ. Обративъ вниманіе на эти произвольныя измѣненія въ растительныхъ и преимущественно въ животныхъ организмахъ посредствомъ *произвольнаго подбора родителей*, Дарвинъ задался слѣдующимъ во-

[1]) Ibid. стр. 368.

...просомъ: не дѣлаетъ ли того же самаго и природа, что дѣлаетъ человѣкъ? Не тѣмъ ли же самымъ средствомъ, т. е. подборомъ родителей ([illegible]ковъ), достигаетъ она необыкновеннаго разнообразія организмовъ и ихъ поразительной приспособленности къ условіямъ жизни? Отвѣтомъ на эту мысль былъ рядъ блестящихъ и поразительныхъ подтвержденій.

5. Дѣйствительно, несомнѣнныя наблюденія и выводы показываютъ, что разнообразіе и приспособленность организмовъ къ условіямъ жизни въ той или другой средѣ природы достигается тѣмъ же самымъ *подборомъ родителей*, какимъ достигаетъ и человѣкъ приспособленности животныхъ и растительныхъ организмовъ къ его хозяйственнымъ цѣлямъ, только самый этотъ подборъ выполняетъ природа иными средствами. Организмы, происходящіе отъ одного и того же родителя, или отъ одной и той же пары родителей *бываютъ* обыкновенно не совершенно похожи между собою и на своихъ родителей. Въ нихъ постоянно замѣчаются «легкія уклоненія» отъ первообраза, представляемаго родителями. Какъ ни легки эти уклоненія, причины которыхъ мы, по большей части, не знаемъ [1]), но тѣмъ не менѣе одни изъ этихъ уклоненій полезны для жизни организма, другія безразличны, третьи, наконецъ, даже вредны. Естественно, что тѣ изъ *однородныхъ* организмовъ, которые обладаютъ, сравнительно съ другими, болѣе полезною, хотя и малою особенностью въ организмѣ, имѣютъ болѣе вѣроятія, чѣмъ другіе, выжить полный періодъ своего существованія и дать болѣе многочисленное и болѣе прочное потомство. Эти уклоненія часто передаются наслѣдственно и такъ какъ организмъ пользуется ими въ продолженіи своей жизни, то, вѣроятно, онъ и усиливаетъ ихъ самымъ употребленіемъ. Въ слѣдующемъ поколѣніи тѣ изъ недѣлимыхъ, у которыхъ это «полезное уклоненіе» отъ первообразныхъ формъ родителя окажется еще сильнѣе, получаетъ еще болѣе вѣроятности выжить полный періодъ своей жизни и дать болѣе многочисленный приплодъ, обладающій въ большей или меньшей степени тѣми же полезными уклоненіями. Понятно само собою, что эти уклоненія, до того легкія въ отдѣльныхъ случаяхъ, что Дарвинъ весьма удачно называетъ ихъ «песчинками» [2]), могутъ чрезъ множество поколѣній и въ теченіи сотенъ и тысячъ вѣковъ составить такую особенность въ организмѣ животнаго, которая сдѣлаетъ его, *во-первыхъ*, почти совершенно непохожимъ на свой первообразъ, форма котораго можетъ быть сохранилась для насъ въ пластахъ земнаго шара; *во-вторыхъ*, совершенно непохожимъ на другихъ потомковъ того же прародителя, въ которыхъ развилась не эта, а другая особенность, другая приспособленность къ особенной сферѣ природы, гдѣ имъ случилось жить, и *въ третьихъ*, сдѣлаетъ организмъ дивно приспособленнымъ къ условіямъ его жизни. Такимъ образомъ объясняется

[1]) Тамъ же: стр. 170, 174, 157.

[2]) Тамъ же: стр. 369.

какъ разнообразіе организмовъ и шаткость ихъ видовъ, такъ и приспособленность всякаго организма къ условіямъ той жизненной сферы, среди которой онъ поставленъ.

6. Такое видоизмѣненіе и приспособленіе организмовъ выражается не только въ органахъ, но и въ инстинктахъ. *Случайная* особенность, такъ-сказать, въ душевномъ настроеніи животнаго, полезная для его существованія индивидуальнаго и потомственнаго, дѣйствовала точно также, какъ и полезное уклоненіе въ строеніи органовъ; ибо, по вѣрному замѣчанію Мюллера, инстинктъ также необходимъ для индивидуальнаго и потомственнаго существованія животнаго организма, какъ и устройство его органовъ. Можно даже думать, какъ и полагаетъ Лотце, что обѣ эти условія жизни и размноженія организмовъ тѣсно связаны между собой и что инстинктъ есть только пользованіе тѣмъ или другимъ устройствомъ организма, къ которому животное приводится общимъ стремленіемъ къ жизни и размноженію. Какъ бы то ни было, но Дарвинъ съ поразительной ясностью доказываетъ, что инстинкты также развиваются въ животномъ, какъ и ихъ органы, и тѣми же самыми средствами и что эти постепенныя, легкія совершенствованія въ инстинктахъ накоплялись потомственно въ теченіи вѣковъ въ тѣ сложные инстинкты животныхъ, которымъ мы по справедливости удивляемся.

7. Намъ кажется только, что Дарвинъ напрасно называетъ открытый имъ естественный подборъ родителей *дѣятелемъ* видоизмѣненій въ организмѣ [1]. Гораздо логичнѣе было назвать этотъ подборъ *средствомъ*, въ отличіе отъ истиннаго дѣятеля, на котораго указываетъ самъ же Дарвинъ, а именно— *борьбы за существованіе*. «Благодаря этой борьбѣ за существованіе, говоритъ онъ, всякое измѣненіе, какъ бы оно ни было легко и отъ какихъ бы причинъ оно ни зависѣло, если оно сколько-нибудь выгодно для особи какого либо вида, при его сложныхъ отношеніяхъ съ другими органическими существами и съ внѣшнею природою—всякое такое измѣненіе будетъ содѣйствовать сохраненію особи и большею частію передается ея потомству [2]». Но, вдумавшись внимательнѣе, мы увидимъ, что не только подборъ родителей есть средство, но и самая борьба за существованіе есть только процессъ, въ которомъ прилагается это средство, а все же еще не дѣятель. Ближе уже подходитъ къ дѣятелю Дарвинъ, когда говоритъ, что «борьба за существованіе необходимо вытекаетъ изъ быстрой прогрессіи, въ которой *стремятся* размножаться всѣ органическія существа» [3]. Слѣдовательно, истиннымъ дѣятелемъ въ этомъ процессѣ является самое *стремленіе органическихъ существъ къ размноженію*. Но Дарвинъ относится къ нему только съ одной стороны. Онъ какъ бы забываетъ, что не только стремленіе къ размноженію, но и *стремленіе къ индивидуальному* су-

[1]) Тамъ же, стр. 5 и мн. др.

[2]) Тамъ же, стр. 50.

[3]) Тамъ же, стр. 51.

ствованію является двигателемъ въ борьбѣ за существованіе, т. е. двигателемъ того процесса, о которомъ говоритъ Дарвинъ и изъ кото-рой выходитъ умноженіе разнообразныхъ формъ и ихъ дивная приспособленность къ условіямъ жизни. На этихъ двухъ могучихъ дѣятелей или, лучше сказать, на этого одного дѣятеля, *стремленіе къ бытію индивидуальному, общинному и потомственному*, мы и указали въ своемъ мѣстѣ, какъ на единственный прочный признакъ, отличающій органическія тѣла отъ неорганическихъ, которыя не питаются, не растутъ и не размножаются. Кромѣ того Дарвинъ указываетъ только на борьбу за жизнь индивидуальную, общинную и потомственную, но не указываетъ на двигателя въ этой борьбѣ: *на стремленіе къ бытію* въ трехъ его формахъ, стремленіе, не ощущаемое въ растительныхъ организмахъ и ощущаемое въ организмахъ животныхъ, а потому и служащее въ нихъ источникомъ огромнаго множества психическихъ и психо-физическихъ явленій.

6. Однако же логическій недосмотръ, допущенный Дарвиномъ, а именно тотъ, что онъ не отличилъ *средства* отъ самаго *процесса*, а процесса отъ *двигателя* этого процесса, не остался безъ послѣдствій и повелъ къ ложнымъ заключеніямъ не столько самого Дарвина, сколько людей, безъ критики увлекшихся его новою идеею. Такъ Дарвинъ, въ концѣ своей книги, говоритъ: «изъ вѣчной борьбы, изъ голода и смерти, прямо вытекаетъ самое высокое явленіе, которое мы можемъ себѣ представить, а именно—возникновеніе высшихъ формъ жизни» [1]). Мы же видимъ, что не изъ голода и смерти *только* выходитъ это явленіе—изъ нихъ самихъ ничего не могло бы выйти,—а выходитъ оно изъ стремленія къ существованію въ борьбѣ съ голодомъ и смертью, т. е. въ борьбѣ стремленія къ неограниченному бытію съ ограниченностью пространства и времени. Самое же стремленіе къ бытію и жизни ни изъ чего не выходитъ, а есть такой же *послѣдній и непостижимый для насъ фактъ*, какъ и фактъ тяготѣнія, который, по замѣчанію самого Дарвина, хотя и кажется чудеснымъ, но считается за вполнѣ доказанную, истинную причину множества явленій [2]). Однакоже нѣтъ сомнѣнія, что если стремленіе существовать и жить есть одна изъ причинъ совершенствованія организма, то смерть и голодъ есть другая причина, т. е. причина эта выражается проще въ безграничности стремленія и въ ограниченности земного шара. Признавъ обѣ эти причины, мы принимаемъ, что дѣйствительно, съ помощью того средства, на которое указалъ Дарвинъ, т. е. подбора родителей, равно какъ и съ помощью того, на которое указали Ламаркъ и Ж. Сентъ-Илеръ, объясняется вымираніе не только уже

[1]) Тамъ же, стр. 387.

[2]) Ibid. стр. 379. Укажемъ, между прочимъ, на противорѣчіе въ этомъ мнѣніи Дарвина съ Милемъ, который полагаетъ, что ни одинъ *разумный* человѣкъ не считаетъ нынѣ факта тяготѣнія чудеснымъ. См. Педаг. Антр. т. II. Глава XXXVIII п. 9 и 10.

одних животных, но и растительных видов и замѣна их новыми уже болѣе приспособленными къ условіямъ жизни, которыя опять же не остаются неизмѣнными, но постоянно измѣняются, словомъ—объясняетъ продолженіе творческой дѣятельности, но конечно не начало ея, как признаетъ самъ Дарвинъ [1].

9. Указавъ на новаго дѣятеля въ усовершенствованіи приспособленности организмовъ, какъ растительныхъ, такъ и животныхъ, который дѣйствуетъ уже *помимо воли*, Дарвинъ называетъ этого дѣятеля громадною силою. «Какой предѣлъ, говоритъ онъ, можно положить и силѣ, дѣйствующей въ теченіи долгихъ вѣковъ и строго изслѣдующей весь складъ каждаго организма, его строеніе, его образъ жизни, благопріятствующій всему хорошему, отбрасывающей все дурное?» [2] Дарвинъ совершенно справедливо замѣчаетъ, что такъ-какъ «естественный подборъ дѣйствуетъ исключительно накопленіемъ легкихъ, послѣдовательныхъ, выгодныхъ уклоненій, то онъ не можетъ производить внезапныхъ великихъ видоизмѣненій» [3]. Но эти измѣненія громадны, если принять въ расчетъ, что они совершаются сотни милліоновъ лѣтъ, и, незамѣтныя въ своемъ постепенномъ ходѣ, поражаютъ насъ громадностью своихъ результатовъ. Также справедливо сравниваетъ Дарвинъ эти легкія уклоненія съ «песчинками», и кажется мы также выразили бы эту мысль, если бы сравнили эти легкія уклоненія съ тѣми, почти микроскопическими, результатами жизненной работы каждаго кораллового полипа, изъ которыхъ однакожъ въ теченіи тысячелѣтій возникаютъ цѣлые архипелаги роскошнѣйшихъ острововъ. Однакоже не трудно сообразить, что безъ этихъ микроскопическихъ работъ, безъ этихъ «песчинокъ», отдѣльно взятыхъ, не было бы и самихъ острововъ. Слѣдовательно, вся *суть* въ этихъ самыхъ песчинкахъ, которыя, накопляясь одна къ другой въ теченіи многихъ и многихъ вѣковъ, выдвинули въ конецъ новый островъ на поверхность океана. Приложите эту самую мысль къ открытію Дарвина и вы легко убѣдитесь, что и въ великомъ процессѣ постепеннаго формированія организмовъ вся *суть* не въ *естественномъ подборѣ родителей*, а въ тѣхъ *легкихъ уклоненіяхъ*, которыми пользуется природа въ этомъ подборѣ и которыя одни дѣлаютъ самый подборъ возможнымъ. *Не будь самыхъ этихъ уклоненій, рождайся каждый новый организмъ совершенно подобнымъ своему родителю, то естественный подборъ, а вмѣстѣ съ тѣмъ и прогрессъ въ органическихъ формахъ и инстинктахъ*, былъ бы *невозможенъ*. Слѣдовательно, повторяемъ, вся *суть* этого великаго процесса природы не въ естественномъ подборѣ родителей, а въ тѣхъ легкихъ уклоненіяхъ новыхъ и новыхъ рожденій, которыми пользуется этотъ подборъ и которыя одни дѣлаютъ его возможнымъ. Мы не

[1]) Ibid. стр. 382.

[2]) Тамъ же, стр. 370.

[3]) Тамъ же, стр. 372.

вимъ этого логическаго недосмотра въ вину самому Дарвину, ибо онъ не дѣлалъ философскихъ выводовъ изъ своей геніальной мысли; но ставимъ ее въ вину тѣмъ, которые пытались дѣлать такіе выводы. Они должны были замѣтить, что весь прогрессъ формъ основывается на этихъ *легкихъ уклоненіяхъ*, которыя одни только и дѣлаютъ возможнымъ самый «подборъ родителей».

16. Но отчего-же зависятъ эти «легкія измѣненія» въ организмахъ вновь рождающихся, которыя одни и составляютъ всю сущность прогрессивнаго процесса, по крайней мѣрѣ, всю сущность его съ *объективной* стороны, потому что двигателемъ этого процесса со стороны *субъективной* является врожденное организмамъ стремленіе къ существованію и размноженію? Какая причина этихъ «песчинокъ-уклоненій», изъ постепеннаго накопленія которыхъ объясняется все разнообразіе и совершенство органическихъ формъ? На это Дарвинъ даетъ намъ одинъ отвѣтъ, что причина этихъ уклоненій, на которыхъ все-то и строится, есть *случай* [1]. Но тогда спрашивается, зачѣмъ же въ окончательномъ выводѣ своемъ, гдѣ Дарвинъ перечисляетъ всѣхъ дѣятелей процесса обособленія органическихъ формъ и ихъ раздѣленія на безчисленные виды, пропустилъ онъ главнаго двигателя этого процесса — *пропустилъ случай*? Не потому ли, что Дарвинъ ясно понимаетъ, что слово *случай*, какъ это онъ самъ выразилъ, есть только особая, условная форма для выраженія нашего невѣдѣнія причины [2]? *Но тогда не долженъ ли былъ сказать Дарвинъ, что главный двигатель этого великаго процесса совершенствованія намъ неизвѣстенъ?* Явленіе безъ причины есть вещь чуждая наукѣ, которая вся строится на вѣрѣ въ причинность. Напрасно мы будемъ размельчать это безпричинное явленіе до размѣра «песчинокъ»: этимъ мы можемъ только спрятать свое незнаніе даже отъ слишкомъ неопытныхъ глазъ. Эти песчинки въ теченіи милліоновъ лѣтъ становятся громадной силой, дѣйствующей постоянно, дающей всю возможность усовершенствованія органическихъ формъ; а потому, въ сущности, мы признаемъ безпричиннымъ не какое-нибудь мелкое явленіе, которое можно и пропустить, но *громадную силу*, дѣйствующую постоянно, и которой непосредственно мы не замѣчаемъ только по тому же психологическому закону, по которому, замѣчая движеніе секундной стрѣлки, замѣчая еще, хотя и съ трудомъ, движеніе минутной, мы уже вовсе не замѣчаемъ непосредственно движенія часовой. Сила же, вызывающая *уклоненія* въ рожденіи организмовъ, дѣйствуетъ не часами, не днями, а сотнями тысячъ лѣтъ: что же удивительнаго, что мы не можемъ сознать существованія этой силы или, лучше сказать, этого движенія иначе, какъ въ его громадныхъ результатахъ? Но развѣ эта неспособность наша сознавать непосредственно вѣковыя постепенныя измѣненія, какъ и наблюдать ростъ травы, уменьшаетъ сколько-нибудь

---

1) Ib., стр. 170, 174, 175, 176, 177 и др.

2) Ibid., стр. 175.

самую эту силу или ея значеніе? Наша жизнь передъ жизнью природы также незамѣтная песчинка; а потому-то является незамѣтною песчинкою для насъ всякій шагъ природы впередъ. Но въ этихъ-то микроскопическихъ шагахъ природы, продолжающихся постоянно милліоны [illegible] вся ея необъятная сила, передъ которою цѣпенѣетъ умъ человѣческій. Слѣдовательно, Дарвинъ долженъ былъ указать на самыя эти [illegible] уклоненія природы отъ формы ея прежнихъ созданій, какъ на главнаго двигателя великаго процесса усовершенствованія органическихъ формъ, при которомъ *подборъ родителей* является только главнымъ, [illegible] единственнымъ средствомъ. Этого-то пропуска въ системѣ Дарвина [illegible] замѣтили тѣ поклонники его, которые думали найти въ ней [illegible] творящей силы. Мы же видимъ, что не только Дарвинъ не объяснилъ намъ появленія на землѣ первыхъ организмовъ, но даже не объяснилъ намъ и той силы, которая одна дѣлаетъ возможнымъ ихъ разнообразіе, усовершенствованіе, равно какъ не объяснилъ появленія и того [illegible] ленія къ жизни, которое является другимъ главнымъ двигателемъ [illegible] этого великаго процесса.

11. Для уясненія вышеприведенныхъ соображеній возьмемъ [illegible] одинъ изъ многочисленныхъ примѣровъ постепеннаго приспособленія организма, приводимыхъ Дарвиномъ. На островѣ Мадерѣ изъ 550 [illegible] различныхъ жуковъ 200 на столько безкрылы, что не могутъ летать; изъ 29 мѣстныхъ мадерскихъ видовъ не менѣе 23 представляютъ [illegible] особенность. Дарвинъ объясняетъ этотъ замѣчательный фактъ тѣмъ, [illegible] безкрылость, или слабокрылие, или, наконецъ, *случайная* [illegible] спасали жуковъ отъ погибели въ морѣ и, такимъ образомъ, [illegible] крылые или съ малымъ развитіемъ крыльевъ были поставлены въ [illegible] благопріятныя условія жизни на маленькомъ островѣ, чѣмъ жуки, [illegible] дающіе сильными крыльями. Эта же причина повела къ тому, [illegible] Мадерѣ стали преобладать виды жуковъ безкрылыхъ. «Ибо въ [illegible] тысячей послѣдовательныхъ поколѣній всякій отдѣльный жукъ, [illegible] менѣе, либо отъ малѣйшаго недостатка въ развитіи крыльевъ, либо [illegible] прирожденной лѣни, долженъ былъ подвергаться въ меньшей [illegible] опасности быть занесеннымъ въ море; а съ другой стороны, [illegible] наиболѣе расположенные къ летанію, должны были всего чаще заноситься въ море, слѣдовательно погибать» [1]).

12. Разобравъ это явленіе, мы увидимъ, что оно возникаетъ [illegible] *одной* причины, а изъ совокупнаго дѣйствія *трехъ*: 1) изъ [illegible] ческихъ и климатическихъ условій той мѣстности, гдѣ порода развилась: небольшая величина острова, окружающій его со всѣхъ сторонъ [illegible] и господствующіе на немъ вѣтры; 2) изъ стремленія индивидовъ, [illegible] ставляющихъ породу, къ жизни индивидуальной и потомственной, [illegible] рая побуждала ихъ занимать всякое свободное мѣсто, оставляемое [illegible]

[1]) Тамъ же, стр. 113.

ялью другихъ индивидовъ, что, конечно, условливается болѣе всего потребностью пищи, и наконецъ, 3) изъ тѣхъ малѣйшихъ уклоненій въ устройствѣ органовъ или въ инстинктѣ, безъ которыхъ самый естественный подборъ былъ-бы невозможенъ. Причина этихъ уклоненій намъ неизвѣстна и потому мы могли бы приписать ее *случаю*, если бы только не знали, что *случай* есть слово, лишенное всякаго смысла въ наукѣ [1]). Слѣдовательно, мы должны приписать эти уклоненія *неизвѣстной* намъ причинѣ, дѣйствующей съ такою постепенностью, что мы едва замѣчаемъ ея дѣйствіе въ отдѣльныхъ случаяхъ, но которая, въ продолженіи многихъ и многихъ тысячелѣтій, даетъ въ результатѣ громадныя явленія.

13. Но извѣстны ли намъ дѣйствительно двѣ первыя причины? Стремленіе къ существованію индивидуальному и потомственному есть тоже не болѣе какъ фактъ, который мы повсемѣстно наблюдаемъ и въ себѣ и въ другихъ организмахъ, но дѣйствительной причины котораго вовсе также не знаемъ. Фактъ питанія, роста и размноженія есть именно тотъ фактъ, которымъ отличается органическій міръ отъ неорганическаго, а потому и вопросъ о причинахъ этого факта сводится на вопросъ о появленіи первыхъ организмовъ на земномъ шарѣ. Гегелевскую философію такъ смущалъ этотъ вопросъ, что она отвергала существованіе такого времени, когда не было въ природѣ организмовъ и человѣка; а потому отвергала и всю геологію. Естественныя же науки показали эту односторонность философской теоріи, доказавъ до очевидности ясно, что земной шаръ находился когда-то въ такомъ состояніи, которое исключаетъ всякую возможность не только существованія на немъ организмовъ, но и какихъ бы то ни было органическихъ зародышей. Какой организмъ или зародышъ организма, словомъ, какая организованная ткань выдержитъ температуру расплавленнаго или даже газообразнаго желѣза? Также неудачны, какъ и гегелевская теорія, оказались попытки естествоиспытателей показать возможность *самостоятельнаго зарожденія* организмовъ изъ неорганическихъ элементовъ; эту невозможность вполнѣ признаетъ и Дарвинъ [2]). Слѣдовательно, остается также приписать *случаю* появленіе организмовъ на нашей планетѣ, т. е. другими словами, приписать случаю инипіативу питанія и развитія, который одинаково дѣйствуетъ въ растеніяхъ и животныхъ: приписать *случаю*, т. е., другими словами, *неизвѣстной намъ причинѣ*.

14. Тоже самое относится и къ первому изъ тѣхъ трехъ условій, изъ дѣйствія которыхъ слагается разбираемое нами явленіе. Геологія показала намъ до очевидности ясно, что земной шаръ не только не всегда представлялся въ томъ видѣ, въ какомъ мы его теперь видимъ, но что

---

[1]) Педагогич. Антроп. Ч. I. Гл. XXXIX. п. 20 и 21.

[2]) О происх. видовъ стр. 164. «Научныя данныя, говоритъ Дарвинъ, не позволяютъ намъ вѣрить болѣе въ зарожденіе живыхъ существъ изъ вещества неорганизованнаго».

и теперь онъ, какъ и въ прежнее время, безпрестанно измѣняетъ свои формы. Причинъ этихъ измѣненій много; но первая причина этого движенія въ измѣненіи формъ земнаго шара точно также признается вовсе неизвѣстною. Само собою видно, что вліяніе этого условія на разбираемое нами явленіе громадно. Все приспособленіе, выражающееся въ разнообразіи органовъ и инстинктовъ, относится конечно къ условіямъ жизни на земномъ шарѣ: къ нимъ-то организмъ и приспособляется, а эти условія сами безпрестанно измѣняются. Скажемъ болѣе, самая прочность уже установившихся видовъ растительныхъ и животныхъ организмовъ, прочность конечно относительная, зависитъ отъ условій жизни, представляемыхъ земнымъ шаромъ своимъ обитателямъ. Чѣмъ болѣе отдѣльныхъ сферъ жизни выработывалось на земномъ шарѣ, тѣмъ болѣе упрочивалось существованіе на немъ разнообразныхъ видовъ, уже одолѣвшихъ въ борьбѣ за существованіе. Животныя, обитающія въ водѣ, тѣмъ менѣе борятся съ животными, обитающими на сушѣ или въ воздухѣ; растенія, питающіяся преимущественно одними элементами, менѣе борятся съ растеніями, питающимися другими элементами, ненужными для первыхъ; животныя, уединенныя климатомъ въ извѣстномъ районѣ, менѣе могутъ бороться съ животными другихъ климатовъ, а животныя какого-нибудь отдаленнаго острова почти совершенно уединены отъ борьбы съ животными другихъ частей земнаго шара. Вотъ почему земной шаръ, представлявшій прежде болѣе однообразія въ своихъ климатахъ и въ своихъ формахъ, способствовалъ развитію и болѣе однообразной флоры и фауны, какъ это свидѣтельствуетъ геологія. Но чѣмъ болѣе разнообразились формы земнаго шара и его климаты, тѣмъ болѣе разнообразились и формы организмовъ, а вмѣстѣ съ тѣмъ установлялись въ нихъ и болѣе постоянные виды. Постоянный видъ дѣлался постояннымъ не потому только, что одолѣвалъ другіе виды въ борьбѣ за существованіе, но именно потому, что находилъ себѣ особенную сферу жизни или особенный элементъ для питанія, который все болѣе и болѣе тушалъ борьбу за существованіе. Если виды близкіе, какъ справедливо доказываетъ Дарвинъ, болѣе борятся за свое существованіе, чѣмъ виды далекіе [1]), то это главнымъ образомъ зависитъ отъ того, что виды далекіе дальше другъ отъ друга именно по условіямъ своего существованія, чѣмъ виды близкіе, а отсюда и происходило то, что съ разнообразіемъ и, такъ сказать, съ обособленіемъ этихъ условій на поверхности нашей планеты, установлялось большее разнообразіе и относительно большая прочность органическихъ видовъ.

15. Такимъ образомъ естественныя науки приводятъ насъ къ первымъ *причинамъ*, обусловливающимъ удивительную приспособленность организмовъ къ разнообразнымъ условіямъ жизни на земномъ шарѣ. Тѣ же причины, которыя Дарвинъ называетъ причинами, —въ сущности не причины, а только средства совершенія того процесса, двигателями кото-

[1]) Тамъ же, стр. 88.

того являются для насъ *три неизвѣстныя причины*, а результатами — поразительное разнообразіе органическихъ формъ и ихъ изумительная приспособленность къ условіямъ жизни, среди которыхъ они поставлены. Главными средствами великаго процесса природы являются: 1) подборъ родителей, объясняемый Дарвиномъ, 2) вліяніе усилій животныхъ организмовъ приладиться къ условіямъ жизни на развитіе органовъ и инстинктовъ или на уничтоженіе ихъ отъ неупотребленія, 3) половая борьба особей мужескаго пола [1]), 4) подборъ, производимый особями женскаго пола [2]), 5) наслѣдственность, какъ тѣхъ уклоненій въ организмѣ и инстинктѣ, причинъ которыхъ мы не знаемъ, такъ и тѣхъ, которыя происходятъ вслѣдствіе усилій животнаго приспособиться къ условіямъ жизни.

16. Можно ли гадать о томъ, сливаются ли всѣ три великіе дѣятеля, указанные нами, въ одинъ, или каждый изъ нихъ есть особая и особо дѣйствующая сила? Можно ли гадать о томъ, что сила, безпрестанно вызывающая уклоненіе въ формахъ и инстинктахъ, въ тоже самое время вызываетъ постоянное измѣненіе въ формахъ земнаго шара и появленіе новыхъ и новыхъ организмовъ, оживляя ихъ стремленіемъ къ индивидуальному и потомственному существованію? Можно ли гадать о томъ, что во всѣхъ трехъ сферахъ своей дѣятельности эта сила дѣйствуетъ по одному плану? — Конечно, можно. Но если мы поспѣшимъ очертить этотъ планъ, то рискуемъ опять возобновить туманы гегелевской философіи, только-что разогнанные положительною наукою. Если-же наше вниманіе привлечено будетъ болѣе самою силою, то мы создадимъ безсмысленную шопенгауеровскую волю. Если же, наконецъ, мы захотимъ этотъ планъ и эту силу облекать въ созданіе нашего воображенія, то можетъ быть возобновимъ одну изъ отжившихъ миѳологій. Мы же считаемъ за лучшее воспользоваться драгоцѣнными указаніями наукъ, и, не увлекаясь никакими мечтами, остановимся тамъ, гдѣ останавливаются факты, признавая полную психическую возможность фактовъ извѣстныхъ и въ тоже время необъяснимыхъ, какъ тотъ великій фактъ, на основаніи котораго астрономія предсказываетъ намъ появленіе кометъ, но котораго объяснить не въ силахъ.

17. Въ слѣдующей главѣ мы сдѣлаемъ психологическое примѣненіе этихъ фактовъ, извлеченныхъ изъ естествознанія; но здѣсь мы позволимъ себѣ предупредить нѣкоторыя недоразумѣнія, которыя могли бы возникнуть при чтеніи оканчиваемой главы. Если нашимъ читателямъ покажется, что мы хотимъ уменьшить значеніе великой мысли Дарвина, то они очень ошибутся. Мы думаемъ, наоборотъ, что эта мысль, бывши результатомъ и превосходнымъ завершеніемъ множества предшествующихъ попытокъ, одна только придаетъ смыслъ и жизнь той части естественныхъ наукъ, которая извѣстна подъ именемъ описательной бота-

[1]) Ibid., стр. 71.

[2]) Ibid., стр. 72.

ники и описательной зоологіи. Одна только эта мысль способна вывести эти безчисленные и плохо связанные факты изъ того мертвеннаго состоянія, въ которомъ они до сихъ поръ находятся и въ которомъ они мало приносили пользы дѣлу воспитанія, не смотря на вѣрное, повсюду проникшее желаніе внести ихъ въ эту область жизни. Мы, напротивъ, желали бы, на сколько станетъ у насъ силъ, оказать услугу не Дарвину, конечно, который въ ней не нуждается, но успѣху его ученія у насъ, показавъ всю безсмысленность тѣхъ тупоумныхъ криковъ противъ естествознанія, которые такъ часто слышались у насъ въ послѣднее время конечно отъ людей столько же невѣжественныхъ въ естествознаніи, сколько и достаточно наглыхъ, чтобы съ увѣренностью говорить о вредѣ или пользѣ того, чего они вовсе не знаютъ. Ученіе Дарвина, освобожденное отъ тѣхъ лихорадочныхъ фантазій, которымъ оно подало поводъ въ умахъ неразвитыхъ логически, есть, по нашему сужденію, не только такое ученіе, которое придаетъ живой смыслъ всему естествознанію и можетъ сдѣлать его самымъ могучимъ образовательнымъ предметомъ для дѣтства и юности, но и заключаетъ въ себѣ глубокій нравственный смыслъ. Оно фактически показываетъ намъ, что мы живемъ посреди великаго процесса творчества и вѣчнаго совершенствованія, двигателемъ котораго является невѣдомая, но чувствуемая нами причина, передъ которою и самый гордый умъ склоняется съ благоговѣніемъ. [illegible] скорбно видѣть, что положительное тупоуміе однихъ и лихорадочный бредъ другихъ не позволяютъ идеѣ Дарвина принести въ области воспитанія всей той практической пользы, которую она принести можетъ.

ГЛАВА XXXVI.

Психологическіе выводы изъ теоріи Дарвина.

1. Физіологическая и механическая теоріи воли разсматриваютъ её какъ явленіе, обнаруживаемое индивидуальными сознательными существами въ произвольныхъ движеніяхъ, какъ внѣшнемъ выраженіи ихъ способности чувствовать. Обѣ эти теоріи, слѣдовательно, принимаютъ волю, какъ явленіе индивидуальное, замѣчаемое человѣкомъ прежде всего въ самомъ себѣ и потому какъ явленіе *субъективное*. Философскія же теоріи, наоборотъ, берутъ волю какъ нѣчто *объективное*, внѣ человѣка существующее, дѣйствующее и въ человѣкѣ, но какъ въ одномъ изъ механизмовъ природы, невѣдомо и неотразимо для него самого. Но такъ какъ всякія философскія фантазіи, какъ бы ни казались онѣ отвлеченны и фантастичны, всегда имѣютъ своимъ источникомъ тотъ же опытъ и наблюденіе, то мы и были приведены къ тѣмъ фактамъ, изъ которыхъ извлечено было объективное представленіе воли. Въ обзорѣ этихъ фактовъ намъ могущественно помогъ Дарвинъ. Онъ сосредоточилъ для насъ тѣ наблюденія и выводы естествознанія, изъ которыхъ мы можемъ получить уже не фантастическое, а основанное на фактахъ понятіе

объективной воли, о которой Гегель и Шопенгауеръ только фантазируютъ.

2. Дарвинъ самъ намекаетъ на возможность приложенія проводимыхъ имъ идей въ психологической области. «Въ отдаленномъ будущемъ, говоритъ онъ, предвижу я, что для изслѣдованія откроются еще новыя, еще болѣе важныя области: психологія пріобрѣтетъ новыя основанія — необходимость постепеннаго пріобрѣтенія всякой умственной силы и способности [1])». Трудно угадать, какая мысль проскользнула въ умѣ Дарвина, когда писалъ онъ эти строки; но мы можемъ сказать, что психологія уже со времени Локка въ Англіи и Гербарта въ Германіи открываетъ ту же постепенность въ приспособленіи человѣческаго ума къ условіямъ жизни, какую раскрываетъ намъ Дарвинъ въ приспособленіи органическихъ формъ вообще и инстинктовъ животныхъ къ тѣмъ же самымъ условіямъ. Кромѣ того, мы видимъ также, что и человѣкомъ во многихъ отношеніяхъ движетъ та же невѣдомая сила, которая дѣйствуетъ въ растеніяхъ и животныхъ. Стремленіе къ индивидуальному, общественному и потомственному существованію, вызвавшее въ растеніяхъ и животныхъ такія дивныя приспособленія къ условіямъ жизни, вызвало ихъ и въ человѣкѣ, побѣждающемъ теперь уже во многомъ и пространство, и время, и стихіи, прежде казавшіяся непобѣдимыми. Изъ этого великаго стремленія, общаго всему органическому міру, и только изъ него одного, мы можемъ объяснить появленіе въ человѣкѣ множества чувствованій и желаній. Мы выше признали стремленіе только гипотезою, но гипотезою совершенно необходимою на психологической почвѣ [2]); теперь же достовѣрность и необходимость этой гипотезы еще болѣе для насъ увеличивается, когда мы видимъ, что и естественныя науки, идя другимъ путемъ и на основаніи фактовъ своей области, приходятъ къ той же гипотезѣ органическихъ стремленій.

3. Приспособлялся ли человѣческій организмъ къ условіямъ жизни на земномъ шарѣ тѣмъ же путемъ, какъ приспособлялись къ нему и другіе животные организмы — въ изслѣдованіе этого вопроса, мало имѣющаго значенія для нашей цѣли, мы входить не будемъ, не смотря на весь его спеціальный интересъ. Замѣтимъ только, что факты по этому вопросу, собранные до сихъ поръ, свидѣтельствуютъ о значительномъ измѣненіи въ формѣ человѣческаго черепа, въ которомъ значительно увеличилась передняя часть на счетъ затылочной и вообще увеличился лицевой уголъ. Совершилось ли это измѣненіе, безъ сомнѣнія имѣющее важное значеніе, вслѣдствіе постояннаго, продолжительнаго и наслѣдственнаго дѣйствія причины, указанной Ламаркомъ, т. е. вслѣдствіе усиленной работы мозговой системы, или вслѣдствіе причины, указанной Дарвиномъ, т. е. вслѣдствіе *подбора родителей*, — рѣшить трудно. Вѣроятно, однако, что обѣ причины дѣйствовали вмѣстѣ и первая сильнѣе

---

1) Ibid., стр. 386.

2) См. выше, гл. V.

второй. На это намекаетъ относительная быстрота этихъ измѣненій. Мы замѣчаемъ уже большую разницу въ черепахъ людей, жившихъ, по всѣмъ признакамъ, не далѣе какъ за три или за четыре тысячи лѣтъ. Естественный же подборъ родителей можетъ дѣйствовать ощутительно только въ огромные періоды времени. Во всякомъ случаѣ здѣсь идетъ только дѣло о наслѣдственной передачѣ болѣе сильной мозговой системы, которая вполнѣ совмѣстна и съ совершенною неразвитостью человѣка.

4. Какъ бы то ни было, но для всякаго ясно, что данное уже приспособленіе человѣка къ условіямъ жизни на земномъ шарѣ идетъ не тѣмъ путемъ, какимъ шло и продолжаетъ идти приспособленіе другихъ растительныхъ и животныхъ организмовъ. Рѣзкое различіе между приспособленіемъ человѣка къ условіямъ жизни и приспособленіемъ къ нимъ другихъ животныхъ и растеній заключается въ томъ, что въ животныхъ и растеніяхъ всякое новое приспособленіе какъ формъ, такъ и инстинктовъ, сохраняется *наслѣдственною передачею* этихъ приспособленій помимо сознанія, въ самомъ организмѣ, передаваясь непостижимымъ для насъ образомъ въ таинственномъ актѣ зарожденія. Ласточка, никогда не видавшая, какъ вьютъ гнѣздо птицы ея породы, начнетъ вить его, когда придетъ пора, точно также, какъ вили ея родители, если только у нея не будетъ недостатка въ матеріялахъ. Слѣдовательно принявъ мысль Дарвина, что искусство вить гнѣзда, врожденное ласточкѣ, есть сумма множества послѣдовательныхъ приспособленій, мы должны заключить, что эта сумма могла образоваться только при органической наслѣдственности сдѣланныхъ приспособленій. *Совершенно не то видимъ мы въ исторіи человѣческихъ приспособленій.* Дитя европейскаго живописца, перенесенное въ младенчествѣ въ Китай, *можетъ быть* и проявитъ наклонность и способность къ живописи, но къ живописи китайской; не обнаружитъ ни малѣйшихъ понятій о перспективѣ, какъ бы эти понятія ни были присущи его родителямъ. Дитя величайшаго музыканта, заброшенное въ младенчествѣ на дикій островъ, начнетъ свое музыкальное образованіе съ дикихъ, раздирающихъ слухъ звуковъ. Дитя человѣка самаго образованнаго и привыкшаго жить со всѣмъ комфортомъ европейскихъ столицъ, перенесенное въ страну дикарей, станетъ строить шалашъ, подобный тѣмъ, которые строятся окружающими его людьми. Мы не замѣтимъ въ такихъ дѣтяхъ никакихъ наслѣдственныхъ приспособленій, сдѣланныхъ безчисленными ихъ предками и имъ придется начать эти приспособленія снова. Если бы кто-нибудь усумнился и въ этихъ несомнѣнныхъ фактахъ, тому мы посовѣтуемъ обратить вниманіе на то, какимъ путемъ распространилось европейское образованіе между дикарями, и онъ увидится, что наслѣдственная органическая передача не имѣла при этомъ никакого значенія. Слѣдовательно, смотря на приспособленіе человѣческаго ума какъ на дальнѣйшій ходъ органическихъ приспособленій природы, мы должны признать, что этотъ ходъ принялъ въ человѣкѣ иное направленіе, совершенно чуждое всему остальному органическому міру.

5. Мы не отрицаемъ, какъ объяснили уже прежде [1]), что и въ человѣческомъ организмѣ дѣйствуетъ законъ *органической наслѣдственности*, какъ въ отношеніи органовъ, такъ и въ отношеніи привычекъ и наклонностей; но только думаемъ, что эта органическая наслѣдственность, имѣющая все еще большое значеніе въ индивидуальныхъ характерахъ, не имѣетъ уже почти никакого въ томъ общемъ для человѣчества приспособленіи къ условіямъ жизни, которое передается уже не органическою наслѣдственностью, а *историческою преемственностью.* Вотъ почему, приписывая немаловажное значеніе вліянію произвольныхъ усилій, оказываемыхъ человѣкомъ на измѣненія въ своемъ собственномъ организмѣ, мы никакъ не ожидаемъ, подобно нѣкоторымъ мечтателямъ, чтобы эти усилія могли современемъ ускорить до чрезвычайной быстроты движенія человѣка, дать ему громадную физическую силу или отростить ему крылья. Сила человѣка — его паровыя машины; быстрота его — его паровозы и пароходы; а крылья уже растутъ у человѣка и развернутся тогда, когда онъ выучится управлять произвольно движеніемъ аэростатовъ. Онъ и теперь уже бѣгаетъ быстрѣе оленя, плаваетъ лучше рыбы, и скоро, вѣроятно, будетъ летать неутомимѣе птицы. Ходъ приспособленій къ условіямъ жизни принялъ у человѣка слѣдовательно совершенно новое направленіе, чуждое другимъ организмамъ земнаго міра.

6. Другое рѣзкое различіе человѣческаго приспособленія къ условіямъ жизни заключается въ томъ, что, тогда-какъ животное неудержимо покоряется стремленію организма къ жизни, и всѣ его дѣйствія объясняются только этимъ стремленіемъ, человѣкъ, какъ мы видимъ, можетъ вооружиться противъ самаго этого стремленія, подавить и отвергнуть его. «Кто можетъ умереть — того нельзя ни къ чему принудить» говорили римляне; но умереть произвольно можетъ только человѣкъ и потому вся громадная сила природы, устремляющая къ жизни всѣ организмы, уступаетъ волѣ человѣка, который, руководясь совершенно новыми стремленіями, чуждыми другимъ организмамъ, можетъ пренебречь своими органическими стремленіями: не повиноваться тому голосу природы, которому животное и растенія и не пытаются не повиноваться. Въ человѣкѣ, слѣдовательно, есть какая-то особая, чуждая всему остальному міру, точка опоры, дающая ему самостоятельность во всеувлекающемъ великомъ процессѣ природы.

7. Третье различіе заключается въ томъ, что въ великой борьбѣ всѣхъ организмовъ за существованіе въ человѣкѣ, и только въ немъ одномъ, пробуждается антагонизмъ самой этой борьбѣ: *всесильное давитъ слабое* — это законъ всей природы, и вдругъ въ человѣчествѣ возникаетъ религія, совершенно противоположная этому великому закону природы — религія слабыхъ и угнетенныхъ! Какъ бы кто ни смотрѣлъ на христіанскую религію, но наука не можетъ на нее смотрѣть иначе, какъ на

---

[1]) Педаг. Антр. Ч. I. Гл. XIV.

историческое явленіе, возникающее изъ потребностей и свойствъ души человѣческой. Если бы идея борьбы за существованіе была единственнымъ статутомъ и человѣческой жизни, то самое появленіе и распространеніе религіи слабыхъ и угнетенныхъ не было бы возможно въ человѣчествѣ.

8. Но если *историческая преемственность* замѣняетъ въ человѣкѣ *органическую наслѣдственность*, управляющую совершенствованіями другихъ организмовъ, растительныхъ и животныхъ, то это нисколько не мѣшаетъ тѣмъ же общимъ органическимъ стремленіямъ къ бытію и въ человѣкѣ быть источникомъ множества его желаній и побудкою множества его дѣйствій. Въ этомъ отношеніи конечно можно сказать, что *объективная воля* становится *субъективною волею* человѣка. Но, чтобы не давать повода ко всякаго рода фантазіямъ и принимая въ расчетъ, что знаніе факта воли добывается психическимъ самонаблюденіемъ, результатъ котораго уже впослѣдствіи переносится на объективную природу, мы полагаемъ за лучшее сохранить терминъ *воли* исключительно для психическаго факта и терминъ *органическаго стремленія* для того, внѣ насъ совершающагося факта, которому Спиноза, Гегель и Шопенгауеръ даютъ названіе воли. Конечно желанія возникаютъ также и изъ органическихъ стремленій и результатомъ желаній является актъ воли; но это не даетъ намъ никакого права переворачивать этотъ процессъ на изнанку и выводить самыя желанія изъ воли.

9. Мы не можемъ не только представить себѣ такую объективную волю, но не можемъ даже свести въ одну систему всѣхъ тѣхъ фактовъ, на основаніи которыхъ было создано это фантастическое существо. Наукѣ, по всей вѣроятности, придется еще долго работать, пока ей удастся, если только это когда нибудь удастся ей, такъ свести и объяснить всѣ явленія, совершающіяся въ доступномъ намъ мірѣ внѣшней природы, чтобы можно было вывести всѣ эти явленія изъ одного какого-нибудь принципа. Всякія же преждевременныя постройки въ этомъ отношеніи мы считаемъ даже вредными для фактической психологіи. Если спеціалистъ увлекается какою-нибудь кажущеюся ему возможностью привести изучаемыя имъ явленія къ одному принципу, то это увлеченіе можетъ быть очень полезно, такъ-какъ оно часто ведетъ спеціалиста къ новымъ и новымъ открытіямъ, если и не приводитъ его къ ожидаемому принципу. Но тотъ же самый предполагаемый принципъ, взятый другою наукою уже какъ готовый фактъ, можетъ принести ей существенный вредъ. Но вредъ этотъ дѣлается ощутительнымъ, когда эти гипотетическіе принципы, хотя и двигающіе науку, но безпрестанно измѣняющіеся, вносятся, какъ готовыя понятія, въ мышленіе человѣка и употребляются имъ уже не какъ гипотеза, а какъ факты въ постройкѣ его міросозерцанія. Наконецъ, практическій вредъ оказываютъ такія гипотезы и построенныя на нихъ міросозерцанія, когда они вносятся въ такую практическую область, каково воспитаніе.

10. На этомъ основаніи, принимая гипотезу стремленій, и на осно-

...ной психологическихъ наблюденій, и на основаніи фактовъ естественныхъ наукъ, мы тѣмъ не менѣе не приводимъ этихъ стремленій въ одну систему объективной воли, хотя и смотримъ на желанія какъ на ...ыя психическія явленія, которыя объясняются только прирожденными ...ремленіями.

ГЛАВА XXXVII.

Результаты критическаго обзора теорій воли.

1. Какъ ни кратокъ былъ нашъ обзоръ различныхъ теорій воли, но ...нъ далъ уже намъ нѣсколько *положительныхъ* результатовъ; положительныхъ или потому, что они даютъ намъ какое-нибудь положительное знаніе, знаніе факта, или потому, что они разрушаютъ какое-нибудь призрачное знаніе, какое нибудь созданіе фантазіи, только путающее наши психологическія понятія. Перечислимъ же коротко эти результаты.

2. *Во-первыхъ*, мы знаемъ, что воля, во всякомъ случаѣ, есть ...ніе психическое, о которомъ мы узнаемъ только изъ самонаблюденія, а не изъ наблюденій, и что мы переносимъ результатъ нашего личнаго самонаблюденія на другихъ людей и на животныхъ только *по аналогіи*, ...которой тѣмъ болѣе слабѣетъ, чѣмъ далѣе отстоитъ отъ насъ то существо, которому мы приписываемъ волю. Переносъ же воли въ неодушевленную природу не имѣетъ себѣ уже никакого оправданія. Это ...ая фикція, имѣющая свое мѣсто или въ миѳологіи, или поэзіи, или въ фантастическихъ философскихъ системахъ, которая, наконецъ, можетъ ...ить свое полное оправданіе въ вѣрованіяхъ, но которая никакимъ образомъ не можетъ составить положительнаго знанія и войти въ число ...товъ науки.

3. *Во-вторыхъ*, мы убѣдились, что понятіе о волѣ извлекается ...нымъ сознаніемъ его обычнымъ путемъ, т. е. путемъ сравненія, только ...и направленіи сознанія на наши собственные психическіе акты, направленія, которому Локкъ придалъ неудачное названіе *рефлексіи* и за ...рымъ мы считаемъ лучшимъ сохранить терминъ *самосознанія* или *самонаблюденія*. Сравнивая одни наши движенія съ другими, произвольныя съ непроизвольными, мы замѣчаемъ рѣзкое различіе между ними и это различіе выражаемъ словомъ *воля*: одни движенія мы называемъ непроизвольными, другія—произвольными. Вникая ближе въ этотъ фактъ, ...замѣчаемъ, что произвольныя движенія сопровождаются *чувствомъ усилія*, а непроизвольныя имъ не сопровождаются. Вглядываясь въ условія проявленія этого чувства усилія, мы замѣтили всю невозможность объяснить его какимъ либо физіологическимъ путемъ. Наблюдая же надъ ...ніями возрастанія и ослабленія этого чувства, мы убѣдились, что ...о принадлежитъ душѣ и проявляетъ собою степень трудности произвольнаго передвиженія физическихъ силъ въ организмѣ: произвольное и

для тѣла насильственное извлеченіе изъ однихъ физіологическихъ про- цессовъ и обращеніе въ другіе.

4. *Въ-третьихъ*, мы нашли, что всякое движеніе представляетъ собою пропорціональную ему трату физическихъ силъ. Физическія силы выработываются единственно изъ силъ природныхъ, принимаемыхъ организмомъ въ процессѣ питанія. Эти силы, находящіяся въ пищѣ и потомъ въ крови, и потомъ, наконецъ, въ тканяхъ тѣла, въ скрытомъ состояніи, или въ состояніи скрытыхъ движеній (*потенціальныя* силы, какъ называетъ ихъ Фехнеръ), переходятъ при тѣлесныхъ движеніяхъ въ состояніе силъ открытыхъ или въ открытыя движенія, уже замѣтныя для нашихъ чувствъ, именно въ формѣ движеній, а не въ формѣ тепла или электричества. Такое преобразованіе запасныхъ или скрытыхъ силъ въ открытыя движенія совершается или независимо отъ нашей воли, или по ея воздѣйствію, и только въ этомъ послѣднемъ случаѣ сопровождается замѣтнымъ чувствомъ усилія.

5. *Въ-четвертыхъ*, мы убѣдились въ полной связи воли съ желаніемъ, такой связи, что если въ сознаніи нашемъ образовалось желаніе и если это желаніе преодолѣло всѣ другія желанія и нежеланія, то оно само собою становится актомъ воли. Мы не нашли необходимости средняго термина между желаніемъ и волею; но для того, чтобы желаніе выразилось въ актѣ воли, необходимо: 1) чтобы стремленіе, изъ котораго желаніе возникаетъ, одолѣло всѣ прочія стремленія и 2) чтобы представленіе, которое одно только и дѣлаетъ стремленіе опредѣленнымъ желаніемъ, одолѣло всѣ прочія представленія, удаливъ всѣ противоположныя, усиливщись всѣми помогающими. Какъ только этотъ процессъ въ выработкѣ желанія совершится вполнѣ, какъ только желаніе станетъ желаніемъ *всей* души, такъ *власть* души надъ тѣломъ и проявится въ актѣ воли. Тѣло повинуется душѣ, когда она *вся* хочетъ одного и того же. Вотъ почему мы выразились, что желаній въ душѣ можетъ быть много, а воля только одна, приписывая въ этомъ случаѣ названіе желанія и тѣмъ желаніямъ, которыя еще не вполнѣ сформировались. Для отличія же желаній, не вполнѣ сформировавшихся и еще не вполнѣ овладѣвшихъ всею душою, а борющихся съ другими желаніями и нежеланіями, мы предлагаемъ назвать желаніе, вполнѣ сформировавшееся и вполнѣ овладѣвшее душою,—*рѣшеніемъ*; но только съ тѣмъ условіемъ, чтобы всегда помнить, что рѣшенія суть тѣ же желанія, но только вполнѣ сформировавшіяся и овладѣвшія *всею* душою, и что въ рѣшеніяхъ не присоединяется никакого новаго самостоятельнаго элемента, который мы могли бы назвать волею или какъ нибудь иначе. Рѣшеніе есть только окончаніе борьбы желаній побѣдою одного.

6. *Въ-пятыхъ*, мы убѣдились еще болѣе въ полной необходимости гипотезы стремленій, нашедшей себѣ подтвержденіе въ фактахъ добытыхъ совсѣмъ инымъ путемъ — путемъ наблюденія въ системѣ естествознанія. Ученіе, формулированное и завершонное Дарвиномъ, и

могло намъ выяснить себѣ всю необходимость гипотезы стремленій не только для психологіи, но и для естественныхъ наукъ.

7. *Въ-шестыхъ*, мы убѣдились, что то же самое стремленіе, которое естественныя науки вынуждены признать въ растительныхъ и животныхъ организмахъ, проявляется и для психолога въ томъ воздѣйствіи тѣлеснаго организма человѣка на его душу, которое выражается въ ней цѣлою массою желаній, объясняемыхъ только органическими стремленіями. Но стремленіе дѣлается желаніемъ тогда, когда посредствомъ какого нибудь чувствованія, сопровождавшаго опытъ удовлетворенія, оно связывается съ представленіемъ: безъ представленія желаемаго нѣтъ желанія (ignoti nulla cupido).

8. *Въ-седьмыхъ*, стремленіе, отыскиваемое во внѣшней для человѣка природѣ, стремленіе къ бытію и къ безграничному распространенію бытія въ пространствѣ и времени, существуетъ также и въ человѣческомъ организмѣ, какъ существуетъ оно въ растеніяхъ и животныхъ. Въ растеніяхъ это стремленіе не ощущается, хотя и замѣчается нами; въ животныхъ, оно, *по всей вѣроятности*, ощущается также, какъ и въ насъ, и выражается множествомъ разнообразныхъ желаній; но тогда какъ растенія и животныя *неудержимо* увлекаются этимъ стремленіемъ, въ человѣкѣ есть *какая то, еще невѣдомая намъ точка опоры*, которая позволяетъ ему возстать противъ этого стремленія природы и не удовлетворить ему.

9. *Въ-восьмыхъ*, мы убѣдились, что весьма вредно для науки придавать этому стремленію, живущему и въ организмѣ человѣка, и во всѣхъ организмахъ природы, названіе *воли*, а потому и предлагаемъ сохранить за нимъ названіе *органическаго стремленія*. Откуда идетъ это стремленіе, и чѣмъ оно условливается — опредѣлить это есть дѣло естественныхъ наукъ; ибо стремленіе, въ противоположность волѣ, узнается только наблюденіемъ. Сознаніе же, обращенное на акты души, находитъ между ними уже желанія, а не стремленія. Въ изученіи стремленій и ихъ условій естественныя науки много поработали и вѣроятно еще много будутъ работать. Мы же считаемъ за наилучшее для психолога и въ особенности для педагога, не увлекаясь въ этомъ отношеніи гипотезами, необходимыми для спеціалистовъ, и возникающими изъ нихъ преждевременными надеждами, всегда останавливаться только на фактахъ, уже вполнѣ признанныхъ наукою.

10. Если мы соединимъ всѣ эти результаты съ тѣми, которые добыли прежде, то найдемъ, что кромѣ этихъ стремленій, идущихъ изъ тѣлеснаго организма человѣка, мы должны признать въ немъ еще одно, уже независимое растительными потребностями организма. Это стремленіе мы назвали стремленіемъ души къ сознательной дѣятельности, или *къ жизни* въ тѣсномъ и, по нашему мнѣнію, совершенно русскомъ смыслѣ этого слова. Русскій народный языкъ не признаетъ жизни за растеніями: для него растенія ростутъ и одни только животныя живутъ. Принимая же слово жизнь въ смыслѣ чувства и дѣйствія или произвольнаго движе-

нія, мы найдемъ, что стремленіе къ жизни идетъ въ разрѣзъ съ растительнымъ стремленіемъ къ росту, т. е. къ бытію индивидуальному и потомственному или, еще яснѣе, къ распространенію бытія въ пространствѣ и времени. Въ процессахъ жизни у животнаго тратятся тѣ физическія силы, которыя всецѣло идутъ въ растеніяхъ на ростъ и размноженіе и которыя въ животномъ только частію идутъ для того же назначенія, а частію потребляются въ процессахъ жизни. На этомъ основаніи мы говоримъ, что стремленіе къ жизни не можетъ быть выведено изъ растительныхъ стремленій, такъ-какъ оно противорѣчитъ имъ и должно быть приписано нами душѣ, которая для своихъ душевныхъ процессовъ тратитъ силы, пріобрѣтаемыя и накопляемыя растительными процессами тѣла.

11. Это раздѣленіе душевныхъ и тѣлесныхъ стремленій имѣетъ для психологіи чрезвычайную важность. Только имъ однимъ, какъ мы увидимъ далѣе, можетъ быть объяснено множество психическихъ явленій и въ особенности всѣ тѣ извращенія, которыя вноситъ душа въ естественныя стремленія или потребности тѣла, и которыя были бы совершенно невозможны, если бы удовлетвореніе этихъ потребностей совершалось безъ вмѣшательства души и ея особенныхъ требованій, какъ совершается оно въ растеніяхъ. Кромѣ тѣлесныхъ или растительныхъ стремленій и кромѣ душевнаго стремленія къ жизни, мы замѣчаемъ еще въ человѣкѣ особенныя стремленія, человѣку только свойственныя, или, яснѣе, замѣчаемъ въ человѣкѣ такія явленія, которыхъ невозможно объяснить ни изъ растительныхъ стремленій тѣла, ни изъ душевнаго стремленія къ жизни, и которыя потому мы приписываемъ особеннымъ, человѣку только свойственнымъ стремленіямъ или, по нашей терминологіи, стремленіямъ *духовнымъ*.

12. Отвергая всякое научное значеніе у понятія *объективной* воли, мы признаемъ только волю *субъективную*, ибо только въ этомъ [illegible] и путемъ самонаблюденія мы узнаемъ о существованіи воли и можемъ фактически изучать ея различныя проявленія. Мы всецѣло приписываемъ волю душѣ, хотя признаемъ въ то же время, что мотивы, дающіе ей направленіе, могутъ проистекать и изъ тѣла, или вѣрнѣе, изъ органическихъ стремленій тѣлеснаго организма, общихъ всему органическому міру.

13. Самонаблюденіе приводитъ человѣка къ различнымъ выраженіямъ различныхъ проявленій одного и того же психическаго акта воли. Въ этомъ отношеніи мы болѣе всего дорожимъ тѣмъ самонаблюденіемъ человѣчества надъ проявленіемъ воли, которое выразилось въ языкѣ человѣка. Мы считаемъ часто за болѣе вѣрное руководствоваться этою общечеловѣческою психологіею, чѣмъ теоріями того или другого психолога, убѣдившись разъ въ односторонности этихъ теорій. Общечеловѣческая же психологія, выразившаяся въ языкѣ, придаетъ волѣ тройное значеніе.

14. *Во-первыхъ*, мы называемъ волею власть души надъ тѣломъ. На этомъ основаніи мы раздѣляемъ произвольныя движенія отъ невол-

произвольныхъ и говоримъ, что тѣло повинуется или не повинуется волѣ души и ея желаніямъ.

15. *Во-вторыхъ*, общечеловѣческая психологія называетъ волею и самое психическое чувство, которое даетъ намъ возможность отличать желанія въ области психическихъ явленій. Это *чувство хотѣнія*, если можно такъ выразиться, на всѣхъ извѣстныхъ намъ языкахъ безразлично называется *волею*. Правда, психологи находятъ различіе между словами: «я желаю» и «я хочу», но это различіе несущественное; оно, какъ мы видѣли, означаетъ только различную степень выработки желанія и не существуетъ для души младенца. Воля есть только вполнѣ выработавшееся желаніе, овладѣвшее всею душою, и только противодѣйствующія представленія, замедляющія такую выработку желаній, дѣлаютъ то, что у взрослаго человѣка не всякое желаніе достигаетъ ступени воли. Въ русскомъ языкѣ два глагола *хотѣть* и *желать* означаютъ тоже только разныя ступени одного и того же процесса и если бы признать еще третій глаголъ—*волить*, то мы имѣли бы три прекрасныя выраженія для трехъ ступеней одного и того же процесса, взятаго въ началѣ, въ срединѣ и концѣ.

16. Къ этимъ *двумъ положительнымъ* понятіямъ о волѣ общечеловѣческая психологія присоединяетъ еще *третье — отрицательное*. Мы говоримъ о *волѣ*, какъ о чемъ-то противоположномъ *неволѣ*. Въ этомъ смыслѣ языкъ нашъ говоритъ, что человѣку дали волю, говоритъ о своеволіи, о стѣсненіи воли и т. п. Это третье значеніе воли прибавляетъ совершенно новое понятіе къ двумъ прежнимъ и на немъ отчасти основывается важное понятіе *вмѣняемости*.

17. Такимъ образомъ мы разсмотримъ по порядку: 1) волю, какъ власть души надъ тѣломъ, 2) волю, какъ желаніе въ процессѣ его формировки и 3) волю, какъ противуположность неволѣ.

ГЛАВА XXXVIII.

Воля *какъ власть* души надъ тѣломъ.

1. Власть души надъ тѣломъ есть *фактъ*, испытываемый каждымъ изъ насъ; но котораго никто объяснить не можетъ. Особенно таинственнымъ въ этомъ, всѣмъ извѣстномъ и въ тоже время непостижимомъ, фактѣ кажется то, что душа, существо нематерьяльное, дѣйствуетъ на матерію, на нервную систему. Это какъ-разъ на столько же непостижимо, какъ и дѣйствіе вибрацій матеріи, т. е. въ этомъ случаѣ, той же нервной системы на душу. Но оба эти несомнѣнные факта настолько же непостижимы, какъ и дѣйствіе одного матерьяльнаго тѣла на другое, матерьяльное же, отдѣленное пустымъ пространствомъ [1]). Кантъ справедливо замѣчаетъ въ своей «Критикѣ чистаго разума», что мы могли бы

[1]) Пед. Антр. Ч. I. Гл. XXXVIII п. 5—10.

*

раціонально задаваться вопросомъ о дѣйствіи матеріи на душу и души на матерію, если бы знали, что такое матерія и что такое душа въ существѣ своемъ. Но такъ какъ и то и другое намъ одинаково неизвѣстно, такъ-какъ и то и другое *для науки* только *гипотетическіе* представители *двухъ различныхъ сферъ явленій*, созданные для выраженія противоположности этихъ сферъ, то вопросъ о способѣ ихъ взаимнаго воздѣйствія остается вопросомъ, не представляющимъ данныхъ не только для своего разрѣшенія, но даже для своей правильной постановки. Почему бы душѣ не дѣйствовать на матерію и матеріи на душу? Какія свойства души или матеріи знаемъ мы, которыя не допускаютъ ихъ взаимнаго воздѣйствія? Никакихъ. Но такъ-какъ это воздѣйствіе совершается внѣ области нашего сознанія, освѣщающаго уже только результаты этого воздѣйствія (ощущенія и чувствованія, съ одной стороны, и произвольныя тѣлодвиженія, вслѣдствіе желаній, съ другой), то намъ остается только признать существующій фактъ и въ то же время признать невозможность его объясненія, а затѣмъ изучать послѣдствія этого факта. Мы такъ и поступимъ.

2. Власть души надъ тѣломъ очень велика: она можетъ доходить даже до такого истощенія силъ тѣла въ тѣхъ или другихъ произвольныхъ движеніяхъ, до такого извлеченія этихъ силъ изъ растительныхъ процессовъ организма, что самые эти процессы уже останавливаются, за чѣмъ слѣдуетъ или болѣзнь, или даже смерть. Эта же власть души надъ тѣломъ даетъ намъ возможность не только разрушительно, но и спасительно дѣйствовать на здоровье тѣлеснаго организма, откуда и исходитъ все врачебное значеніе гимнастики. Направляя произвольно процессъ выработки физическихъ силъ къ тѣмъ или другимъ мускуламъ, мы отвлекаемъ эти силы изъ другихъ частей организма и изъ другихъ процессовъ, и тѣмъ самымъ получаемъ возможность *произвольно* дѣйствовать на здоровье физическаго организма. Такъ тѣлесныя упражненія имѣютъ замѣтное вліяніе на уменьшеніе раздраженія въ центральныхъ мозговыхъ органахъ и едва ли есть лучшее средство успокоить раздраженный головной или спинной мозгъ, какъ занятіе умѣренными гимнастическими упражненіями. Но лечебное значеніе гимнастики не ограничивается только такимъ грубымъ, *огульнымъ* воздѣйствіемъ. Практика показываетъ, что гимнастика, спеціализируя такъ или иначе *произвольныя* движенія человѣка, излѣчиваетъ множество застарѣлыхъ болѣзней. Для психолога же въ этомъ лѣченіи гимнастикою замѣчательно то, что въ немъ человѣкъ *лѣчится положительно одною своею волею*, которая во всякомъ случаѣ есть ближайшая причина всѣхъ производимыхъ движеній, употребляемыхъ гимнастикою, какъ врачебное средство. Принимая же въ расчетъ, на какое множество физическихъ процессовъ организма воля человѣка оказываетъ болѣе или менѣе сильное вліяніе, мы нисколько не сомнѣваемся, что *воля*, какъ могущественнѣйшее врачебное средство, будетъ болѣе и болѣе прилагаема къ медицинѣ. Чтобы убѣдиться, какъ велико можетъ быть вліяніе воли на физическіе процессы, стоитъ припомнить, какія чудеса дѣйствія воли на тѣло показы-

…ютъ намъ индѣйскіе фанатики и фокусники. Конечно, въ этихъ слу… могучимъ средствомъ человѣческой воли распоряжаются фанатизмъ …шарлатанство; но отъ этого самое средство остается не менѣе сильнымъ, и …а сила даетъ намъ полное право думать, что ею могутъ быть достигнуты …ные результаты, если она будетъ направляема свѣтлымъ и серьез… умомъ европейца.

3. Но кромѣ того, что направляя произвольно процессъ выработки физи… силъ въ тѣ или другія физическія движенія, мы отвлекаемъ …силы изъ другихъ частей организма и изъ другихъ процессовъ, мы еще …ственно и произвольно содѣйствуемъ особенному развитію тѣхъ …куловъ, къ которымъ устремляемъ по произволу преимущественную …работку физическихъ силъ изъ крови. Мы усиливаемъ питаніе му…ловъ и тѣмъ самымъ увеличиваемъ ихъ объемъ, а объемъ мускула, …къ мы видѣли, есть условіе количества силъ, могущихъ въ немъ …ваться [1]. Въ этомъ явленіи, подтверждаемомъ каждою мускулистою …кою кузнеца или сильно-развитою стопою танцовщика, мысль Ламарка, …ломъ стушеванная Дарвиномъ, находитъ себѣ блестящее и очевид… подтвержденіе. Наслѣдственная же передача такого видоизмѣненія …ловъ, производимаго произвольными усиліями человѣка, едва ли мо… быть подвергнута сомнѣнію. Мускулистыя руки дѣтей рабочаго … и нѣжная рука аристократа развѣ не показываютъ намъ, что … произвольныхъ физическихъ усилій могутъ также передаваться …ственно, какъ черты физіономіи или даже мимика [2].

4. Бэнъ находитъ, что тѣлесныя движенія сами по себѣ намъ …ны; но это не совсѣмъ справедливо. Тѣлесныя движенія могутъ … намъ пріятны и непріятны. Пріятны они намъ, когда въ нихъ … открываемъ выходъ *избытку* силъ физическихъ, который самъ по … приводитъ нервный организмъ въ ненормальное состояніе, отра…ющееся въ душѣ тяжелымъ чувствомъ. Давая же исходъ чрезмѣр… избытку силъ, мы облегчаемъ это тяжелое чувство, удовлетво…мъ тѣлесной потребности движенія и *такое* движеніе, конечно, … быть намъ пріятно. Само же по себѣ чувство *усилія*, т. е. чув… извлеченія душою силъ изъ организма, всегда есть чувство непріят… и напряженность этой непріятности тѣмъ сильнѣе, чѣмъ труднѣе …каются душою силы изъ организма, т. е. чѣмъ истощеннѣе организмъ …тельно съ тѣмъ движеніемъ, къ которому душа его призываетъ.

5. Но очень часто непріятность чувства усилія можетъ нейтрализи…ваться такъ, что самое усиліе становится намъ пріятнымъ по тому …, которое мы придаемъ движенію. Сознавая, напримѣръ, пользу …лесныхъ движеній для организма, мы съ удовольствіемъ подвергаемся … усилія, какъ съ удовольствіемъ чувствуемъ боль горчишника, …, ѣдкаго лекарства и т. п. Ощущеніе усилія остается *тяже-*

[1] Пед. Антроп. Ч. I. Гл. VIII. п. 11—12.

[2] Тамъ же. Гл. XIV. п. 5—10.

лымъ; но *непріятность* его исчезаетъ. Сознавая, что за тратою силъ слѣдуетъ утомленіе во всемъ тѣлѣ и хорошій аппетитъ, мы съ удовольствіемъ тратимъ силы, имѣя въ виду удовлетвореніе аппетита и сладость отдыха, т. е. возвращеніе силъ. Испытавъ на себѣ удовольствіе, которымъ сопровождается жадное поглощеніе силъ истощеннымъ, но истощеннымъ не до разстройства, организмомъ, мы съ удовольствіемъ тратимъ силы, въ виду предстоящихъ наслажденій. Уже этихъ однѣхъ причинъ, кромѣ тѣхъ особенныхъ цѣлей, для которыхъ можемъ мы предпринимать тѣ или другія движенія, достаточно для того, чтобы сдѣлать намъ пріятнымъ само по себѣ всегда тяжелое чувство усилія, съ которымъ душа извлекаетъ силы изъ растительныхъ процессовъ для произведенія произвольныхъ движеній.

6. Здѣсь рождается самъ собою вопросъ: простирается ли власть души только на мускульную систему и связанные съ нею двигательные нервы, или она оказываетъ вліяніе и на нервы чувствъ? Бэнъ держится перваго мнѣнія; но это заставляетъ его впадать въ противорѣчіе съ самимъ собою. Если можно еще, хотя съ большою натяжкою, допустить, что мы, посредствомъ какихъ-то неизвѣстныхъ мускуловъ оказываемъ произвольное вліяніе на нашъ слуховой органъ, прислушиваясь *произвольно* къ однимъ звукамъ и не слушая другихъ [1], или что мы произвольно, не измѣняя положенія глаза, можемъ сосредоточить вниманіе на избранной чертѣ предмета, то какими же мускулами можемъ мы объяснить себѣ возможность *произвольнаго* вліянія на ходъ нашихъ представленій, а эта возможность, которую всякій замѣчаетъ въ самомъ себѣ, признается одинаково всѣми психологами и тѣмъ же самымъ Бэномъ [2])? Какими же мускулами можемъ мы объяснить возможность произвольнаго вліянія на задержку нашихъ чувствованій, или по крайней мѣрѣ, на распространеніе и воплощеніе ихъ въ нервномъ организмѣ [3])? Такимъ образомъ ясные факты вынуждаютъ насъ признать, что власть воли простирается на всю нервную систему, а не на одни *двигательные нервы*, если двигательными нервами признавать только тѣ, которые идутъ въ мускулы. Кажется раціонально было бы предположить, что всякая дѣятельность нервной системы, будетъ ли она выражаться въ тѣлесныхъ движеніяхъ или въ тѣхъ необходимо предполагаемыхъ движеніяхъ нервныхъ молекюлей, которыми сопровождаются какъ умственные, такъ и чувственные процессы, что всѣ эти нервныя движенія происходятъ болѣе или менѣе подъ вліяніемъ души, область котораго физіологія еще не обозначила. Сдѣлавъ такое предположеніе, мы поймемъ, откуда рождается то замѣтное чувство усилія, которое мы испытываемъ не только при произвольныхъ тѣлесныхъ движеніяхъ, но и при произвольныхъ умственныхъ или чувственныхъ актахъ,—когда

[1]) См. Пед. Антр. ч. I, гл. VII п. 8 и примѣч.

[2]) Ibid. гл. XXIX.

[3]) См. выше, гл. XII, п. 11—12.

напримѣръ, мы стараемся вытѣснить изъ нашего сознанія какую нибудь безпокоющую насъ мысль или пріостановить распространеніе въ организмѣ какого нибудь возникшаго въ душѣ нашей чувствованія. Наблюдая внимательнѣе надъ собою, мы убѣдимся, что такое насильственное, т. е. *произвольное* подавленіе нами самими нашихъ же мыслей и чувствованій, равно какъ и произвольное направленіе нашего вниманія обходятся намъ недаромъ и мы испытываемъ положительно физическое утомленіе, слѣдовательно трату, физическихъ силъ на физическія движенія, вызванныя нашими умственными процессами, хотя они и не обнаруживаются видимыми сокращеніями мускуловъ.

7. Мы согласны съ тѣми психологами, которые, подобно Гербарту и Бенеке, полагаютъ, что воля, какъ власть души надъ нервнымъ организмомъ, *развивается и формируется опытами;* но не согласны приписать опытамъ самое происхожденіе воли. Такое мнѣніе основано на той общей, логической ошибкѣ, которая заставляетъ, напримѣръ, предполагать, что способность зрѣнія или способность слуха есть произведеніе опыта, т. е. самой дѣятельности зрѣнія или слуха. Еще Аристотель замѣтилъ, что для того, чтобы какая нибудь способность могла развиваться дѣятельностью, необходима уже самая эта способность въ зародышѣ. Для того, напримѣръ, чтобы вліяніе свѣта на организмъ животнаго могло развить въ немъ способность зрѣнія и сформировать зрительный органъ, какъ это предполагаютъ нѣкоторые физіологи и психологи, необходимо уже, чтобы организмъ могъ испытывать на себѣ вліяніе свѣта и притомъ вліяніе свѣта не какъ тепла, а именно какъ вліяніе свѣта, т. е. другими словами, чтобы организмъ могъ уже имѣть способность зрѣнія [1]. Тоже самое относится и къ власти души надъ тѣломъ. Чтобы опыты этой власти сдѣлались возможными, слѣдуетъ необходимо уже предположить самую власть. Напрасны были бы всѣ попытки наши овладѣть нервнымъ организмомъ, если бы онъ не поставленъ былъ въ особое отношеніе къ нашей душѣ, какъ напрасны были бы всѣ попытки одною волею—безъ посредства нервовъ и мускуловъ—передвинуть съ мѣста на мѣсто предметъ, внѣ насъ лежащій.

8. «При началѣ жизни, говоритъ Бэнъ, не существуетъ никакой связи между какимъ бы то ни было физическимъ страданіемъ и дѣйствіемъ, разсчитаннымъ на то, чтобы избавиться отъ этого страданія. Этотъ фактъ должно замѣтить твердо; ибо чрезъ него выясняется сама

---

[1]) Principles of Psychologie, by Spencer. p. 397—404. Спенсеръ хочетъ показать, какъ *осязаніе* свѣта можетъ мало-по-малу перейти въ зрѣніе. Но, во-первыхъ, слѣдуетъ предположить осязаніе свѣта уже существующимъ, а во-вторыхъ, свѣтъ и теперь осязается, но какъ тепло; а между осязаніемъ тепла и зрѣніемъ граница все же непереходимая. Если мы ощущаемъ дрожь при звонѣ большаго колокола, то развѣ мы не отличаемъ ощущенія дрожи отъ ощущенія звука? Разборъ психологической теоріи Спенсера былъ помѣщенъ нами въ Отечеств. Запис. (кажется) за 1866-й годъ.

природа воли, *какъ пріобрѣтенія, создаваемаго чрезвычайно постепенно»* [1]). Однако тотъ же самый Бэнъ сознается нѣсколько выше, что нѣтъ точныхъ доказательствъ этого факта. Что же это за фактъ, существованіе котораго нельзя доказать? Это уже слѣдовательно не фактъ, а предположеніе, извлекаемое изъ наблюденій постепеннаго формированія въ дѣтяхъ ихъ власти надъ тѣлесными движеніями. Фактъ, слѣдовательно, тотъ, что власть души надъ дѣломъ, или воля, развивается постепенно посредствомъ опытовъ. Въ этомъ нельзя и сомнѣваться. Но вопросъ заключается въ томъ, что заставляетъ душу дѣлать эти опыты? Если опыты эти выходятъ, какъ предполагаетъ Бэнъ, изъ избытка мозговой энергіи, заставляющей тѣло двигаться, то это не будутъ опыты произвольныхъ движеній; а отъ дѣйствій непроизвольныхъ къ произвольнымъ нѣтъ перехода. Это выпустили изъ виду и Мюллеръ, и Лотце, дѣлающіе то же предположеніе. Сколько бы непроизвольныхъ движеній ни выполнялъ организмъ, все же ему останется сдѣлать *иниціативу* дѣйствія произвольнаго: съ усиліемъ привести въ движеніе мускулы, вынуждаемые къ этому движенію рефлексомъ. Положимъ, какъ и предполагаетъ Лотце, что страданіе, наприм. страданіе голода, непосредственно, собственною своею силою, приводитъ организмъ въ разнообразнѣйшія, хотя совершенно безцѣльныя движенія, и что при этихъ движеніяхъ организмъ случайно попадаетъ на предметъ, удовлетворяющій голоду и утишающій страданія; но и послѣ этого все же остается сдѣлать душѣ иниціативу произвольнаго движенія. Она будетъ знать, какой предметъ ей нуженъ, но какъ ей узнать, какіе нервы ей нужно привести въ движеніе и что она можетъ это сдѣлать, если захочетъ? Иначе ей остается *опять ожидать*, пока страданіе не приведетъ организмъ въ безцѣльныя движенія и пока одно изъ этихъ движеній не попадетъ на удовлетворяющій предметъ. Какъ ни ставьте эту догадку— все же нѣтъ *перехода* отъ *непроизвольныхъ* движеній къ *произвольнымъ*, и намъ остается только признать, что *способность воли*, какъ власти души надъ тѣломъ, принадлежитъ душѣ также, какъ и способность чувствованія, и что это *фактъ* далѣе неразлагаемый и ни изъ чего невыводимый.

9. Нѣтъ сомнѣнія, что власть души надъ тѣломъ расширяется опытами; но нѣтъ возможности не признать *врожденной* власти, которая, будучи приложена къ сложнымъ рефлексамъ, установленнымъ уже самою природою организма, оказывается очень обширною. Если бы ребенокъ долженъ былъ опытами дойти до сложнаго акта сосанія груди, то онъ скорѣе выучился бы ходить, чѣмъ сосать грудь и глотать пищу. Вотъ почему мы можемъ объяснить только крайнимъ увлеченіемъ Бэна, когда онъ говоритъ, что человѣкъ выучивается даже дышать. Гораздо естественнѣе признать, что такіе сложные рефлексы, каковы сосаніе, глотаніе или дыханіе, возбуждаются сначала какими-нибудь физическими при-

[1]) The Will. p. 251.

сній, какъ напримѣръ прикосновеніемъ воздуха къ легкимъ, прикосновеніемъ груди или даже пальца къ губамъ, пищи къ глоткѣ и т. п. Въ этихъ актахъ сначала нѣтъ воли; но они могутъ повести къ первому проявленію воли въ ребенкѣ. Чувствуя голодъ, а потомъ удовлетвореніе его, ребенокъ можетъ уже и самъ *попытаться* привести въ движеніе сложный рефлексъ питанія. Но какъ начинается эта попытка и какими средствами она осуществляется—это остается для насъ совершенно неизвѣстнымъ. Объ этомъ, пожалуй, можно много фантазировать; но придти къ какому-нибудь положительному результату едва ли возможно.

10. Отказываясь объяснить таинственное рожденіе первыхъ попытокъ проявленія власти души надъ тѣломъ, мы тѣмъ не менѣе видимъ ясно, какъ эта власть, данная душѣ, а не пріобрѣтенная ею, точно также именно, какъ и способность чувствовать, формируется мало-по-малу именно посредство опытовъ. Такъ мы дѣйствительно замѣчаемъ, что ребенокъ мало-по-малу пріобрѣтаетъ способность направлять сначала движеніе глазъ за движеніемъ внѣшнихъ предметовъ, а потомъ движеніе рукъ къ предмету, движеніе пальцевъ, чтобы удержать предметъ и т. д. Мы видимъ также, какъ, мало по малу, посредствомъ опытовъ, устанавливается у ребенка связь между слуховыми и голосовыми органами, и чрезъ это появляется физическая возможность рѣчи. Вотъ отчего при бездѣятельности слуховыхъ органовъ самая рѣчь становится невозможною, хотя голосовые органы развиты, какъ слѣдуетъ. Глухо-нѣмой лишенъ возможности контроля надъ звуками, которые онъ издаетъ, и только это одно мѣшаетъ ему говорить. Въ училищахъ глухо-нѣмыхъ замѣняютъ, хотя не вполнѣ, этотъ контроль слуха контролемъ зрѣнія и осязанія, заставляя глухо-нѣмого, осязая горло и смотря въ зеркало, наблюдать движенія своего собственнаго рта и горла въ то время, когда онъ дѣлаетъ усиліе для произведенія тѣхъ или другихъ звуковъ, хотя и не слышитъ этихъ звуковъ.

11. Мы также вполнѣ согласны съ Бэномъ, когда онъ доказываетъ, что тѣ самыя дѣйствія, которымъ мы выучились медленнымъ путемъ старанія и попытокъ, превращаются потомъ въ сложный рефлексъ, который выполняется уже быстро и безъ всякаго труда, только подъ вліяніемъ того желанія, которое руководило нами когда мы ему выучились [1]. Такъ ребенокъ многочисленными, весьма замѣтными опытами пріучается подымать руку и протягивать ее къ предмету. При этихъ опытахъ участвуютъ и зрѣніе, и осязаніе, и память; но когда черезъ повтореніе движеніе это дѣлается привычнымъ рефлексомъ, то ребенку уже не нужно повторять всего длиннаго процесса ученья, а стоитъ только пожелать протянуть руку къ цвѣтку, чтобы она протянулась и сорвала цвѣтокъ. Наблюдая надъ развитіемъ дѣтей, мы замѣтимъ, что въ начале они даже не умѣютъ выплюнуть горькаго или противнаго куска, попавшаго къ нимъ въ ротъ, так-что мать или няня должны ихъ учить

[1] The Will. p. 394.

и этому нехитрому дѣйствію, которое выполняется потомъ дитятею и взрослымъ почти совершенно рефлективно.

12. *Согласованіе* движеній различныхъ органовъ пріобрѣтается опытами; но опытами же пріобрѣтается и способность *разъединять* такія движенія, которыя связаны уже самою природою въ одинъ рефлексъ. Одно изъ затрудненій, представляющихся учителю игры на фортепіано, состоитъ въ томъ, чтобы разъединить совмѣстное и рефлективное движеніе пальцевъ, установленное самою природою, и пріучить ученика мгновенно выполнить каждымъ пальцемъ *отдѣльно* то или другое движеніе. Кажется не трудно вертѣть обѣ руки разомъ въ разныя стороны; но только немногіе фокусники и посредствомъ долгаго ряда упражненій достигаютъ выполненія этого фокуса. Индѣйскіе фокусники показываютъ намъ, что власть человѣка въ этомъ отношеніи далеко еще не исчерпана. Трудно рѣшить, почему иные люди могутъ двигать ушами или носомъ, тогда-какъ другіе не могутъ. Бэнъ объясняетъ это *случайнымъ* направленіемъ нервнаго тока къ такимъ мускуламъ, къ которымъ онъ у другихъ не направляется; но *случай* объясняетъ все, т. е. въ сущности не объясняетъ ничего, и пора бы уже отвыкнуть безотчетно употреблять это слово, которое значитъ какъ-разъ тоже, что и слово «не знаю», но многихъ обманываетъ, заставляя ихъ думать, что они сказали что-то, хотя въ сущности они ничего не сказали.

ГЛАВА XXXIX.

Воля *какъ желаніе*: элементы желанія—*реальные* и *формальные*.

1. Желаніе, какъ мы часто упоминали, есть уже сложное душевное явленіе, образующееся въ человѣкѣ въ теченіи его жизни на основаніи опытовъ удовлетворенія врожденныхъ человѣку стремленій. Прежде всего замѣтимъ, что желаніе есть особое (sui generis) *чувство*, которое всякій испытываетъ, но опредѣлять которое, какъ и всякое другое элементарное чувство, никто не въ состояніи. Если мы скажемъ, что чувство желанія (не самое желаніе) есть чувство неудовлетвореннаго стремленія, соединеннаго съ представленіемъ его удовлетворенія, то этимъ мы перечислимъ только условія, при которыхъ желаніе появляется, но этимъ не выразимъ самаго чувства желанія. Стремленіе безъ представленія того, къ чему стремимся, можетъ заставить насъ страдать; но мы сами не будемъ знать причины нашихъ страданій: только при представленіи предмета, удовлетворяющаго мучащему насъ стремленію, оно превратится въ желаніе, которое въ самомъ себѣ имѣетъ уже мучительный элементъ стремленія. Слѣдовательно, для желанія необходимъ уже опытъ удовлетвореннаго стремленія.

2. Но во всякомъ желаніи, кромѣ этихъ *двухъ* элементовъ:—предполагаемаго стремленія и сознаваемаго представленія того, къ чему стремимся,—есть еще *третій* элементъ, а именно—*воспоминаніе* того чувствованія, которое мы испытали при томъ или другомъ опытѣ удов-

творенія нашихъ стремленій. Первые два элемента желанія намъ уже извѣстны, о третьемъ мы упоминали только мимоходомъ, тогда-какъ онъ очень важенъ. Признавая, что въ желаніи есть необходимо *воспоминаніе* разъ или нѣсколько разъ испытаннаго нами чувствованія, мы должны признать, что чувствованія, какъ и представленія, вышедшія изъ нашего сознанія, оставляютъ въ насъ *слѣды*, которые потомъ возрождаются при воспоминаніи. Сохраненіе въ насъ, безсознательно для насъ самихъ, этихъ слѣдовъ чувствованій, какъ и слѣдовъ представленій, одинаково таинственно и одинаково не подлежитъ сомнѣнію. Кто же изъ насъ не сознаетъ, что въ немъ сохраняются не только слѣды образовъ и звуковъ, но и слѣды чувствованій, имъ пережитыхъ? Какъ они сохраняются—мы этого не знаемъ; но, судя по тому, какъ они снова возникаютъ въ сознанію, мы должны заключить, что и сохраняются они различно.

3. Прежде всего замѣтимъ, что опыты удовлетворенія нашихъ стремленій, всегда сопровождаемые чувствованіями, оставляютъ свои слѣды въ видоизмѣненіи, въ спеціализаціи нашихъ стремленій. Удовлетворяя такъ или иначе нашимъ органическимъ или растительнымъ стремленіямъ, мы значительно видоизмѣняемъ и опредѣляемъ самыя эти стремленія. Такъ, привычка къ той или другой пищѣ дѣлаетъ для насъ иную пищу не только непріятною, но даже вредною, и, наоборотъ, можно привыкнуть къ такой пищѣ, которая для другихъ вредна. То же самое замѣчаемъ мы и въ отношеніи стремленій духовныхъ. Сначала въ насъ живетъ общее стремленіе къ красотѣ; но, смотря по способу удовлетворенія этого стремленія, само оно видоизмѣняется, спеціализируется, и человѣкъ, мало по малу, дѣлается способнымъ только къ красотѣ того или другого вида и притомъ на той или другой ступени ея развитія. Отсюда различныя понятія о красотѣ у различныхъ народовъ, у одного и того же народа на различныхъ ступеняхъ его развитія, у различныхъ людей различныхъ классовъ общества, у одного и того же человѣка въ различные періоды его жизни.

4. Но ничто такъ не разнообразится въ людяхъ, какъ удовлетвореніе *душевнаго* стремленія къ дѣятельности. И это понятно; ибо тогда-какъ содержаніе *тѣлесныхъ* и *духовныхъ* стремленій, хотя въ общихъ чертахъ, но уже дано намъ, содержаніе *душевнаго* стремленія къ дѣятельности создается самою жизнью и потому безконечно разнообразно, какъ самыя жизни людей. Мы увлекаемся къ той дѣятельности, къ которой предварительно выработали уже болѣе средствъ, выплели болѣе обширныхъ сѣтей представленій, какого бы рода они ни были. Но такъ-какъ жизненные результаты въ этомъ отношеніи для каждаго человѣка различны, то также различны и увлекающія ихъ сферы дѣятельности. Здѣсь, слѣдовательно, видоизмѣняется не самое стремленіе, а слѣды представленій; стремленіе остается одно и тоже: стремленіе къ дѣятельности по возможности обширной и въ тоже время по возможности легкой. Если же остается слѣдъ въ самомъ стремленіи, то именно только въ *размѣрѣ* той дѣятельности, которой она требуетъ. Человѣкъ, мало

развитой, мало жившій душевною жизнью, удовлетворяется такою узкою душевною дѣятельностью, которая для другого, развитаго человѣка, привыкшаго къ широкой дѣятельности, и можетъ быть въ той же самой сферѣ, покажется невыносимо неудовлетворительною.

Такимъ образомъ мы видимъ, что самыя стремленія наши, уже независимо отъ нашихъ чувствованій, видоизмѣняются или участвуютъ, опредѣляются, спеціализируются опытами нашей жизни. Обратившись же къ сохраненію слѣдовъ пережитыхъ нами чувствъ, мы найдемъ, что и это сохраненіе, судя по возникновенію слѣдовъ къ сознанію, бываетъ не одинаково.

5. Наблюдая надъ собой, мы замѣтимъ, что часто какое-нибудь слово, звукъ, картина производитъ на насъ веселое или грустное, пріятное или непріятное впечатлѣніе; вызываетъ въ насъ чувство отвращенія, любви, гнѣва, страха, такъ-что мы сами не можемъ дать себѣ отчета, почему это впечатлѣніе, безразличное само по себѣ, такъ, а не иначе на насъ подѣйствовало. Но, сдѣлавъ усиліе надъ нашею памятью, мы иногда открываемъ, что эти образы, звуки, картины, безразличные сами по себѣ, связаны въ нашей памяти съ воспоминаніемъ какого-либо событія, переполненнаго именно тѣмъ чувствомъ, которое вызвано въ насъ отрывочнымъ представленіемъ. Здѣсь ясно, что слѣдъ чувства какъ-то слился съ самимъ слѣдомъ представленія и жилъ вмѣстѣ съ нимъ въ нашей нервной системѣ, безсознательно для насъ самихъ. Такое возникновеніе пережитаго чувства къ сознанію несправедливо было бы назвать только *воспоминаніемъ*, а скорѣе слѣдуетъ назвать *воспроизведеніемъ*, ибо при немъ мы опять переживаемъ прежнее чувство.

6. Собственно *воспоминаніемъ* чувства слѣдуетъ назвать тотъ актъ нашей души, когда мы, вспоминая какое-нибудь представленіе, воспроизводимъ и чувствованіе, когда-то его сопровождавшее, но уже не испытываемъ самаго этого чувствованія. Это уже воспроизведеніе не самаго чувства, а того акта сознанія или лучше сказать *самосознанія*, которымъ мы отдѣляли это чувство отъ другихъ чувствъ. Естественно, что если мы вспоминаемъ такимъ образомъ пріятное чувство, то въ насъ рождается *желаніе* его воспроизведенія, а если непріятное — то соотвѣтствующее этому *нежеланіе*. Разница между *воспоминаніемъ* и *воспроизведеніемъ* чувства и обозначается именно нашимъ желаніемъ или нежеланіемъ. Бенеке, на иносказательномъ языкѣ своей психологіи, выразилъ это душевное явленіе довольно удачно, говоря, что по мѣрѣ того, какъ *стремленіе* освобождается отъ *впечатлѣнія*, съ которымъ оно было связано болѣе или менѣе крѣпко, само стремленіе становится не неопредѣленнымъ стремленіемъ, готовымъ соединиться со всякимъ впечатлѣніемъ, но стремленіемъ уже опредѣленнымъ по тому впечатлѣнію, которое отъ него отдѣлилось—становится *желаніемъ* [1]).

7. Собственно говоря, всякое *воспоминаніе* чувствованія сопровож-

[1]) Benecke's Lehrb. der Psych. § 215.

ется хотя легкимъ его *воспроизведеніемъ*. Но мы сознаемъ всю разницу между этимъ блѣднымъ воспроизведеніемъ и тѣмъ яркимъ чувствомъ, которое обхватывало нашу душу, когда дѣйствительность вліяла на нее непосредственно. И чѣмъ сильнѣе эта разница, тѣмъ томительнѣе наше желаніе возобновить наше прежнее чувство во всей его прежней яркости. Въ этомъ отношеніи также слѣдуетъ различать слѣды чувствованій, оставшіеся при удовлетвореніи душевнаго стремленія къ дѣятельности, отъ слѣдовъ чувствованій, оставшихся при удовлетвореніи стремленій тѣлесныхъ. Если, вспоминая наслажденіе хорошимъ обѣдомъ, мы желаемъ возобновить его, хотя еще и не чувствуемъ голода, то отъ этого не родится желаніе ѣсть, если тѣлесное стремленіе еще не успѣло возникнуть въ насъ; но рождается желаніе душевной дѣятельности, которую дало намъ это наслажденіе.

8. Слѣды пережитыхъ нами чувствованій сохраняются въ насъ, незамѣтно для насъ самихъ, цѣлыми обширными системами, соединенными съ такими же системами представленій. О способѣ этого сохраненія мы не можемъ сказать ничего фактически; но оно несомнѣнно. Въ каждомъ человѣкѣ живутъ такія системы слѣдовъ чувствованій, силы и обширности которыхъ онъ и не подозрѣваетъ, если случай не обнаружитъ ихъ. Такъ, мы можемъ сильно любить человѣка, съ которымъ постоянно живемъ, и не ощущать этой любви до тѣхъ поръ, пока какое-нибудь несчастіе не покажетъ намъ всю глубину нашей привязанности. Человѣкъ можетъ прожить всю жизнь и не знать, какъ сильно любитъ онъ свое отечество, если случай, напр. долговременное удаленіе, не обнаружитъ для него самого всю силу этой любви. На этомъ основаніи нѣкоторые хотѣли отдѣлить страсти спокойныя отъ аффектовъ; но Гербартъ совершенно справедливо замѣчаетъ, что всякая такая спокойная, спящая страсть, можетъ превратиться въ сильнѣйшій аффектъ, совершенно возмущающій наше душевное спокойствіе [1]).

9. Вообще сохраненіе въ насъ слѣдовъ пережитыхъ чувствованій— самая темная глава въ психологіи. Ясно только одно, что въ этомъ сохраненіи есть много общаго съ сохраненіемъ въ насъ слѣдовъ нашихъ представленій. Слѣды чувствованій также сохраняются внѣ нашего сознанія, въ нихъ также мы замѣчаемъ и душевный, и нервный элементы; въ воспроизведеніи ихъ также сходятся душевные элементы съ нервными;

---

1) Herb. Lehrb. der Psych. § 104. Въ этомъ мѣстѣ Гербартъ приходитъ въ видимое замѣшательство, не зная, куда отнести эти сердечныя чувства, объясняемыя безъ стремленій, которыя онъ отвергъ (§ 111), и сваливаетъ все дѣло на физіологію, по тому поводу, что сердечныя чувства имѣютъ свое воплощеніе: горе—въ слезахъ, стыдъ—въ краскѣ и т. п. (§ 105 и 106). Но тогда и рѣчь есть явленіе физіологическое, а также и умственное чувство удивленія, которое также имѣетъ свое воплощеніе. Это мѣсто невольно наводитъ на мысль, что самъ Гербартъ не вовсе не сознавалъ односторонность своей системы.

самая сила воспоминаемаго чувства зависитъ отъ силы представленія, съ которымъ оно связано. Если представленіе, наполнявшее когда-то счастьемъ всю нашу душу, ярко возникаетъ въ нашемъ сознаніи, то бывшее чувство снова какъ бы загорается въ насъ: быстро вспыхиваетъ, но и быстро меркнетъ, не поддерживаемое всею силою дѣйствительности, въ отношеніи которой наше представленіе есть только слабый, блѣдный образъ. Въ одномъ и томъ же душевномъ актѣ, какъ справедливо замѣчаетъ Бенеке, воспоминаніе и воспроизведеніе чувства часто смѣняютъ другъ друга. Но ясно, что такое воспоминаніе чувства есть только актъ *самосознанія*, отличившаго это чувство отъ другихъ и оцѣнившаго его значеніе въ отношеніи нашихъ стремленій.

10. Но если *такое* желаніе есть плодъ *самосознанія*, то слѣдуетъ признать, что оно можетъ быть только у человѣка, ибо только человѣкъ обладаетъ самосознаніемъ. Однако же мы ясно наблюдаемъ желанія и у животныхъ. Какъ же объяснить ихъ? По всей вѣроятности желаніе у животныхъ есть только пробужденіе стремленія, видоизмѣненнаго прежнимъ удовлетвореніемъ. Пробужденіе это или зависитъ отъ органическихъ причинъ или вызывается видомъ предмета, разъ или нѣсколько разъ удовлетворявшаго тому или другому стремленію. Съ этой точки зрѣнія Сократъ былъ совершенно правъ, приписывая желанія только людямъ; правы и гербартіанцы, утверждающіе то же самое, но не объясняющіе различія между желаніемъ человѣка и соотвѣтствующимъ явленіемъ у животныхъ.

11. Разница между воспоминаніемъ и воспроизведеніемъ чувства или его повтореніемъ обозначается *желаніемъ* или *нежеланіемъ*. Мы желаемъ повторенія дѣйствительности, конечно; но въ сущности мы желаемъ повторенія чувства, вызваннаго въ насъ этою дѣйствительностью. Слѣдовательно, понятно, что мы желаемъ повторенія только тѣхъ явленій дѣйствительности, которыя были намъ пріятны, такъ или иначе удовлетворяя нашимъ стремленіямъ. Это совершенно ясно для всѣхъ чувствованій, возникающихъ изъ удовлетворенія тѣлесныхъ и душевныхъ стремленій; что же касается до душевнаго стремленія къ дѣятельности, то оно увлекаетъ насъ и къ воспроизведенію такихъ чувствованій, которыя, сами по себѣ, не могутъ доставлять намъ удовольствія. Ненависть, гнѣвъ, даже страхъ, горе и отвращеніе могутъ, соединившись съ представленіями, составить такія могучія сѣти сочетаній въ нашей душѣ, что будутъ перетягивать, увлекать ее къ себѣ, хотя для нея конечно не можетъ быть ничего пріятнаго ни въ чувствѣ страха, ни въ чувствѣ отвращенія. Мы весьма можемъ сильно желать видѣть предметъ, возбуждающій въ насъ гнѣвъ или отвращеніе; но это не есть уже желаніе возобновленія пережитаго удовольствія, а порывъ душевной дѣятельности въ данномъ направленіи. Удовлетвореніе же стремленій души къ дѣятельности имѣетъ всегда въ результатѣ своемъ не чувство удовольствія, а самую дѣятельность [1]).

---

[1]) См. выше, гл. XXIV. п. 16.

12. Въ этомъ отношеніи мы считаемъ возможнымъ раздѣлить всѣ многочисленныя желанія человѣка прежде всего на два рода: *желанія реальныя* и *желанія формальныя*. Къ *первымъ* относятся всѣ желанія, вытекающія изъ нашихъ дѣйствительныхъ, прирожденныхъ намъ, тѣлесныхъ или духовныхъ стремленій; ко *вторымъ* — всѣ желанія, возникающія изъ общаго стремленія души къ дѣятельности, каково бы ни было ея содержаніе. Въ основѣ реальныхъ желаній нашихъ всегда лежитъ прирожденное стремленіе, какъ бы мы ни опредѣляли и ни видоизмѣняли его опытами удовлетворенія. Какъ въ началѣ мы стремимся только *вообще* къ пищѣ, какова бы она ни была, а потомъ къ опредѣленной пищѣ, такъ что другая становится для насъ почти невозможною,—точно также въ началѣ мы вообще стремимся къ красотѣ, но потомъ, вслѣдствіе опытовъ и чувствованій, которыми они сопровождаются, это общее стремленіе къ красотѣ до того спеціализируется, что мы теряемъ даже возможность понять иную красоту, кромѣ той, которая долго возбуждала въ насъ чувство красоты. И тѣлесная, и духовная пища своимъ спеціальнымъ содержаніемъ спеціализируетъ наши и тѣлесныя, и духовныя стремленія. Нельзя сказать того же самаго о нашемъ душевномъ стремленіи къ дѣятельности: оно *равнодушно* къ своему содержанію и увлекается только легкостью и обширностью дѣятельности. Сильно развитое чувство ненависти, т. е. комбинированное съ обширными ассоціаціями представленій, точно также привлекаетъ къ себѣ дѣятельность души, какъ и сильно развитое чувство любви. Мы не можемъ любить отвратительное; но, тѣмъ не менѣе, отвратительное можетъ увлекать къ себѣ нашу душу силою и разнообразіемъ тѣхъ ассоціацій, съ которыми комбинировалось чувство отвращенія.

13. Особенно важное значеніе это наше дѣленіе желаній на *реальныя* и *формальныя* пріобрѣтаетъ при переносѣ формальныхъ желаній въ реальную область стремленій тѣлесныхъ.

Мы не можемъ желать удовлетворенія тѣлесныхъ стремленій, когда они уже удовлетворены; но можемъ досадовать на то, что удовлетвореніе этихъ, уже удовлетворенныхъ стремленій не даетъ пріятной дѣятельности нашей душѣ, и тогда являются у насъ попытки возбудить эти стремленія, раздразнить, *разворотить* ихъ, какъ прекрасно подмѣтилъ русскій языкъ въ своемъ характеристическомъ словѣ—*развратъ*. Въ удовлетвореніи нашихъ органическихъ потребностей, по мѣрѣ ихъ органическаго, независящаго отъ насъ возрожденія, нѣтъ разврата, хотя и можетъ быть неумѣренность, унижающая человѣка. Развратъ же начинается, когда мы вносимъ нашу потребность душевной дѣятельности въ сферу тѣлесныхъ стремленій, требуемъ отъ тѣла пищи для неутолимаго стремленія къ душевной дѣятельности, и когда тѣло, уже удовлетворенное, отказываетъ въ ней, то мы дѣлаемъ попытки возбудить, разворотить въ немъ успокоенныя стремленія.

14. Эти попытки не остаются безплодными. Спеціализируя общія и простыя органическія стремленія, мы можемъ сильно разнообразить ихъ

и въ этомъ разнообразіи удовлетворенія открывать все большую и большую сферу для душевной дѣятельности. Въ этомъ стремленіи человѣкъ изъ одного простаго органическаго стремленія наплодилъ тысячи, которыя, обратившись въ привычки тѣла, мало по малу перестаютъ доставлять ему удовольствіе при удовлетвореніи, но мучать его при неудовлетвореніи. Животное имѣетъ тѣ же органическія потребности, какъ и человѣкъ, но относится къ нимъ гораздо нормальнѣе и не расплождаетъ ихъ. Это происходитъ отъ того, что хотя у животнаго и замѣтно стремленіе къ душевной дѣятельности, но въ самомъ этомъ стремленіи не замѣчается *стремленія къ прогрессивности*, ясно замѣчаемаго у человѣка. Возвращаясь къ своей прежней душевной дѣятельности, человѣкъ уже не удовлетворяется ею, а хочетъ расширить ея предѣлы далѣе: животное же вращается въ одномъ и томъ же кругу, и не стремится его расширить. Вотъ отъ чего изъ простыхъ и немногочисленныхъ органическихъ потребностей, общихъ всему животному міру, человѣкъ насоздавалъ цѣлый огромный и сложный міръ *потребностей* и, привыкая къ удовлетворенію ихъ съ дѣтства, часто потомъ стонетъ подъ ихъ тяжестью.

15. Отношеніе душевнаго стремленія къ дѣятельности къ реальнымъ желаніямъ, возникающимъ изъ *духовныхъ* стремленій, нѣсколько другое. Наслаждаясь искуствами и наукою, мы усиливаемъ, какъ вѣрно замѣтилъ Кантъ [1]), самую нашу способность наслаждаться. Но это усиленіе способности духовныхъ наслажденій не возможно тогда, когда мы ищемъ *только наслажденій* въ искуствѣ и наукѣ. Правда, что эти предметы, по безконечности своей, не могутъ быть исчерпаны, какъ исчерпываются наслажденія тѣлесныя; но за то, чтобы расширить наслажденіе ими,— такое расширеніе составляетъ необходимое условіе *человѣческаго* наслажденія,—мы должны преодолѣвать тягость труда, къ чему не можетъ вызвать насъ одинъ дилletантизмъ, а только та идея, къ которой мы стремимся, вовсе не разбирая, сулитъ ли она намъ наслажденія или страданія. Стремленіе къ истинѣ, какъ бы ни горька была она, вотъ черта истиннаго ученаго, и только при такомъ стремленіи самая способность наслаждаться истиною расширяется. Кромѣ того, стремленія тѣлесныя возрождаются періодически; стремленія же духовныя не знаютъ этой періодичности и могутъ рости, никогда не засыпая.

16. Перечисляя условія появленія въ насъ желаній, мы видимъ, что самое главное условіе есть все же стремленіе. Безъ стремленій—нѣтъ желаній; но если всѣ наши стремленія удовлетворены, то остается все же одно, которое ничѣмъ нельзя удовлетворить—стремленіе души къ дѣятельности. Оно-то именно и дѣлаетъ невыносимымъ состояніе человѣка, когда у него нѣтъ желаній, ибо наполняетъ душу однимъ страстнымъ желаніемъ жить, страстнымъ и мучительнымъ до того, что человѣкъ, не видящій возможности удовлетворить ему, рѣшается прекратить жизнь.

[1]) Kant's Anthrop. § 62.

ГЛАВА XL.

Воля какъ *желаніе*: выработка желаній въ убѣжденія и рѣшенія.

1. Въ предыдущей главѣ мы видѣли, какимъ образомъ изъ немногихъ врожденныхъ человѣку стремленій разрождается въ немъ неисчислимое множество желаній и нежеланій, которыя могутъ очень часто противорѣчить одно другому. Но такъ-какъ желаніе дѣлается *волею* души, или ея *рѣшимостью*, только при томъ условіи, чтобы оно овладѣло всею душою, сдѣлалось *единымъ* желаніемъ души въ данный моментъ времени, то понятно само собою, что для того, чтобы перейти въ рѣшимость, желаніе должно выдержать борьбу съ противоположными ему желаніями и нежеланіями и одолѣть ихъ. Прослѣдимъ же эту выработку желанія въ форму рѣшимости, которая выражается уже властью души надъ тѣломъ и переходитъ въ выполненіе, если условія дѣйствительности, внѣшней для человѣка, не представляютъ тому преграды.

2. Почти всѣ психологи, начиная съ Аристотеля, отличаютъ желаніе отъ рѣшимости и говорятъ, что «я желаю» не значитъ «я хочу». Но это справедливо не для всѣхъ возрастовъ человѣка. Въ младенчествѣ, какъ мы замѣтили выше, желать и хотѣть значитъ одно и тоже. Но чѣмъ старше становится человѣкъ, тѣмъ дальше у него рѣшеніе отъ желанія. Это явленіе, какъ мы уже имѣли случай замѣтить, объясняется малочисленностью, разорванностью и малосложностью тѣхъ сочетаній, которыя существуютъ въ душѣ дитяти, въ сравненіи съ многочисленными, связными и обширными сѣтями сочетаній, наполняющими душу взрослаго. Желаніе, зародившееся въ душѣ младенца, не находя въ ней противодѣйствія въ другихъ представленіяхъ и связанныхъ съ ними желаніяхъ, мгновенно овладѣваетъ всею душою и потому непосредственно превращается въ актъ воли. Совершенно не то видимъ мы въ душѣ взрослаго. Чтобы овладѣть этою душою (а только при этомъ условіи желаніе становится волею), желаніе должно преодолѣть множество противодѣйствующихъ представленій и если не всѣ тѣ, которыя находятся въ душѣ, то по крайней мѣрѣ тѣ, съ которыми оно встрѣтится на пути своей выработки, и тогда только оно, можетъ быть, на одно мгновеніе даже, станетъ *единственнымъ желаніемъ души*, т. е. волею или рѣшеніемъ. Пояснимъ это примѣрами.

3. Человѣкъ хочетъ взять вещь, которая ему нравится, т. е. которая тѣмъ или иначе удовлетворяетъ существующему въ немъ стремленію. Если съ представленіемъ этой вещи не связано никакихъ другихъ противодѣйствующихъ представленій, то желаніе немедленно же перейдетъ въ актъ воли, т. е. станетъ выполняться, если не встрѣтитъ какихъ-нибудь препятствій уже не въ душѣ, гдѣ оно ихъ не нашло, но во внѣшнемъ для души мірѣ. Дитя хочетъ поднять слишкомъ тяжелую вещь и немедленно же дѣлаетъ усиліе. Но вещь не поддается этимъ усиліямъ. Вслѣдствіе многихъ такихъ неудачныхъ попытокъ, съ представленіемъ

о вещи связывается уже другое представленіе—представленіе о ея тяжести. *Тогда только въ душѣ дитяти желаніе отдѣляется* отъ рѣшенія. Дитя все же будетъ *желать* поднять вещь, но уже не можетъ *захотѣть* этого, не можетъ *рѣшиться* поднять ее, потому что противоборствующее представленіе о тяжести вещи не позволитъ желанію перейти въ попытку исполненія. Чѣмъ далѣе живетъ дитя, чѣмъ болѣе накопляется въ душѣ его представленій, проникнутыхъ чувствованіями, чѣмъ сложнѣе становятся сочетанія этихъ чувственныхъ представленій, тѣмъ труднѣе родившемуся желанію пробиться сквозь всѣ эти чувственныя сочетанія, одолѣть одни, обойти другія и, овладѣвъ всею душою, превратиться въ *рѣшеніе*, за которымъ, какъ неминуемое послѣдствіе, слѣдуетъ актъ воли, т. е. попытка выполненія.

4. Представимъ еще другой примѣръ, болѣе сложный. Мальчикъ хочетъ взять вещь, которая ему нравится, т. е. которая обѣщаетъ удовлетвореніе тому или другому его стремленію. Но уже желанію этому трудно пробиться сквозь цѣлую массу накопившихся въ душѣ представленій. Положимъ, что вещь, которую дитя хочетъ взять, составляетъ чужую собственность. Съ представленіемъ о вещи возникаетъ и представленіе чужой собственности. Это представленіе чрезвычайно сложно: это уже цѣлая громадная ассоціація представленій и притомъ такая, которая въ каждой душѣ имѣетъ свою особую исторію. Одинъ познакомился съ понятіемъ о собственности, испытавъ на самомъ себѣ горькое чувство, когда у него отняли вещь, доставлявшую ему удовольствіе; другой познакомился съ понятіемъ о собственности потому, что его наказали, когда онъ тронулъ чужую вещь; третьему внушили представленіе собственности взрослые, говоря: «это твое, а это не твое»; «чужое трогать стыдно» и т. п. У каждаго кромѣ того въ представленіе о чужой собственности вплелись слѣды множества разнообразнѣйшихъ опытовъ. Одному удавалось часто пользоваться чужою собственностью; другого всякій разъ попадали, и наказывали; третьему только грозили, но не наказывали; четвертаго бранили, но не отымали даже вещи; пятаго защищали, хотя онъ бралъ чужую вещь; шестаго даже хвалили за ловкость и смѣлость и т. д. Всѣ эти опыты, перемѣшиваясь между собою, оставляли свои слѣды въ душѣ человѣка, а изъ всѣхъ этихъ слѣдовъ выткалась чрезвычайно сложная сѣть чувственныхъ сочетаній, которую мы называемъ понятіемъ о чужой собственности. Возродившееся желаніе захватить чужую вещь пробѣгаетъ или по всей этой сѣти представленій, или только по одной части ея, такъ какъ другіе слѣды слишкомъ слабы и не возникли во время въ сознаніи. Удастся желанію побѣдить эту сѣть представленій—и чужая вещь взята; не удастся—и желаніе осталось желаніемъ, не перейдя въ рѣшеніе.

5. Однакожe желаніе, побѣжденное такимъ образомъ, не всегда побѣждено окончательно. Положимъ, что чужая вещь имѣетъ много привлекательнаго для дитяти, и вотъ дитя, отказавшись взять ее, продолжаетъ о ней думать: ставитъ себя въ разныя отношенія къ привле-

чужой его вещи, измѣняетъ ее въ своемъ воображеніи такъ или иначе, представляетъ возможность взять ее украдкою и т. д., словомъ выплетаетъ уже обширную ассоціацію представленій, связанныхъ однимъ желаніемъ—желаніемъ чужой вещи. Но эта обширность ассоціаціи сама по себѣ не рѣшитъ еще поступка, какъ то полагаетъ Гербартъ: она только установитъ постоянство желанія, но не его напряженность, которая усиливается уже самою напряженностью стремленія, давшаго начало желанію. Напряженность же стремленія опять зависитъ отъ разныхъ причинъ: или стремленіе сильно само по себѣ, какъ напр. у лакомки, который давно не лакомился, или оно сильно потому, что другія слабы, потому что у мальчика наприм. нѣтъ дѣятельности и что въ душѣ его нѣтъ другихъ, болѣе сильныхъ интересовъ, которые могли бы увлечь къ себѣ его душу. Въ этомъ послѣднемъ случаѣ данное стремленіе усиливается всею силою неудовлетвореннаго стремленія къ дѣятельности. Вотъ почему праздность дѣтей бываетъ причиною множества безнравственныхъ поступковъ. Если въ какомъ-нибудь заведеніи дѣти страдаютъ отъ скуки, то надобно непремѣнно ожидать, что появятся и воришки, и лгуны, и испорченные сластолюбцы, и злые шалуны. «Увеличенный гнетъ противоположности, говоритъ Фолькманъ, можетъ оказать на желаніе двоякое вліяніе: онъ можетъ потемнить представленіе, въ которомъ желаніе имѣетъ свое мѣсто (?) и можетъ поднять его до maximum'а напряженности. Первое случается, когда представленіе довольно изолировано; второе, когда оно уже сдѣлалось средоточіемъ цѣлой сѣти представленій, тогда-какъ противоположное стоитъ одиночно. Отсюда правда въ извѣстномъ выраженіи Ларошфуко, что удаленіе дѣйствуетъ на наши страсти, какъ буря на огонь: слабый тушитъ, сильный превращаетъ въ пламя [1])». Это описаніе совершенно справедливо, но только для однихъ желаній, возникающихъ изъ душевнаго стремленія къ дѣятельности. Тамъ дѣйствительно въ борьбѣ желаній дѣло рѣшается относительною обширностью ассоціацій; но въ желаніяхъ, возникающихъ изъ тѣлесныхъ стремленій, дѣйствуетъ также и напряженность самаго стремленія. Какъ бы ни одиноко было желаніе ѣсть, но если голодъ силенъ, то это одиночное желаніе преодолѣетъ громаднѣйшія ассоціаціи представленій.

6. Тѣмъ же путемъ совершается борьба желаній и въ душѣ взрослаго человѣка, только борьба эта становится еще сложнѣе, по большей сложности чувственныхъ ассоціацій, наполняющихъ его душу. Но здѣсь является очень важный вопросъ. Мы сказали, что иногда вырабатывающееся желаніе пробѣгаетъ *всю* сѣть противоборствующихъ ему представленій и преодолѣваетъ ихъ или преодолѣвается ими, а иногда борется только съ нѣкоторыми представленіями, уклоняясь отъ однихъ, вовсе не замѣчая другихъ, которыя могутъ возникнуть въ сознаніи уже послѣ того, какъ поступокъ совершенъ. Въ этомъ отношеніи и характеры людей различны, и хоть желаній въ одной и той же душѣ бы-

[1]) Volkman's Lehrb. der Psych. § 132.

ваетъ различенъ. Это различіе и выражается въ томъ, что мы называемъ большею или меньшею *обдуманностью* поступка.

7. Гербартъ весьма основательно приписываетъ обдуманность опыту. Удовлетворивъ какому-нибудь своему желанію необдуманно, человѣкъ очень скоро испытываетъ, что онъ поступилъ противъ другого своего желанія. Такъ, напримѣръ, удовлетваривъ минутному порыву гнѣва, мы оскорбили необдуманнымъ словомъ любимаго человѣка; но вслѣдъ за тѣмъ очень скоро испытываемъ, что, удовлетворивъ одному нашему желанію, мы нарушили другое, гораздо болѣе обширное, связанное съ громадною сѣтью представленій, но мимо котораго какъ-то проскользнуло порывистое желаніе удовлетворить чувству гнѣва. «Такимъ образомъ, говоритъ Гербартъ, человѣкъ мало-по-малу узнаетъ, какъ часто онъ можетъ быть невѣрнымъ самому себѣ [1])», т. е., другими словами, человѣкъ опытами узнаетъ, что часто, удовлетворяя какому-нибудь желанію, которое въ данный моментъ кажется ему наибольшимъ, онъ въ то же время противодѣйствуетъ другому, которое въ немъ гораздо сильнѣе и обширнѣе. Опыты эти, часто повторяясь, оставляютъ въ душѣ болѣе или менѣе сильный и прочный слѣдъ, который можно высказать въ немногихъ словахъ, выражающихъ, что поспѣшное удовлетвореніе желанія, когда мы удовлетворяемъ ему прежде, чѣмъ оно помѣряется въ своихъ силахъ съ другими, живущими въ насъ желаніями и нежеланіями, часто причиняетъ намъ страданіе, гораздо болѣе прочное и обширное, чѣмъ то удовольствіе, которое мы получили отъ удовлетворенія необдуманнаго желанія. Когда такое сложное чувственное представленіе свяжется съ обширными ассоціаціями слѣдовъ различныхъ опытовъ, своихъ и чужихъ, тогда оно является въ душѣ могущественною *препоною* для всякаго рода желаній, мимо которой не можетъ пройти ни одно изъ нихъ, не помѣрявшись съ нею силами. Такое представленіе, все возникающее изъ опытовъ, и составляетъ *основу обдуманности* въ характерѣ человѣка и *осторожности* въ его поступкахъ. Если въ жизни человѣка было много такихъ удовлетворенныхъ желаній, въ удовлетвореніи которыхъ онъ потомъ глубоко раскаялся, то весь характеръ человѣка можетъ сдѣлаться крайне нерѣшительнымъ. Изъ этого уже видно, что обдуманность въ словахъ и поступкахъ есть плодъ опыта; но не трудно убѣдиться, что основою этого опыта является человѣку только при[illegible]лежащая способность самонаблюденія. Вотъ почему Аристотель обдуманностью отличаетъ поступки взрослыхъ людей отъ поступковъ животныхъ и дѣтей, хотя и не высказываетъ, что въ основѣ обдуманности лежитъ *самосознаніе* [2]). Только наблюдая надъ самимъ собою, надъ прошедшими и настоящими состояніями своей души, человѣкъ можетъ выработать въ

---

[1]) Lehrb. der Psych. von Herbart. § 229.

[2]) Arist. Eth. B. III. Kap. 11. § 16.

себѣ не «привычку обдуманности», какъ выражается Бэнъ [1]), но сложное и обширное чувственное представленіе о необходимости дать время всякому возникшему желанію помѣриться своими силами со всѣми другими желаніями и нежеланіями души.

8. Процессъ *обдумыванія* предшествуетъ образованію *убѣжденій и рѣшеній.* Формировка же убѣжденія предотвращаетъ возвращеніе назадъ к раскаянію. «Убѣжденіе, говоритъ Гербартъ, достигаетъ этого тѣмъ, что допускаетъ каждому возможному ряду представленій и каждому желанію, могущему придти въ столкновеніе съ другимъ, совершенно выступить въ сознаніи и на столько противодѣйствовать или содѣйствовать другимъ, на сколько станетъ у него силы. Если при этомъ нѣчто будетъ позабыто, или что-нибудь не окажетъ своего дѣйствія въ убѣжденіи, на сколько можетъ, то останется опасность, что послѣдуетъ другое расположеніе духа, при которомъ первое рѣшеніе окажется дурнымъ. Практическое убѣжденіе еще усложняется связью средствъ и цѣлей. Оно (т. е. само убѣжденіе?) не только должно взвѣсить разнообразныя желанія, выбрать цѣль между многими цѣлями, но также обсуждать ряды возможныхъ послѣдствій, которыя связаны съ цѣлями» [2]).

9. Отбросивъ невозможное понятіе убѣжденій, думающихъ и самихъ себя взвѣшивающихъ, свойственное гербартовской теоріи, мы видимъ, что она представляетъ намъ очень вѣрную картину чрезвычайно сложнаго процесса обдумыванія, изъ котораго въ теоретическомъ мірѣ мысли выходитъ *убѣжденіе,* а въ практическомъ мірѣ дѣятельности — *рѣшеніе.* Но, принимая громадную сложность ассоціацій представленій, связанныхъ тѣми или другими желаніями, которыя составляютъ содержаніе души взрослаго человѣка, невольно рождается вопросъ: возможны ли для человѣка такія рѣшенія, которыя были бы математически вѣрными выводами изъ механическаго процесса взвѣшиванія *всѣхъ* представленій, составляющихъ содержаніе его души, на вѣсахъ всей совокупности ея стремленій или ея интересовъ, что все равно? Гербартъ считаетъ такую полную и законченную организацію души возможною только въ загробной жизни [3]). Здѣсь же считаетъ возможнымъ только большее или меньшее приближеніе къ ней.

10. Но и *относительная* полнота рѣшенія, выражающая въ себѣ если не все содержаніе души, то значительную часть его, была бы невозможна, если бы для этого требовалось, чтобы каждое порождающееся въ насъ желаніе примѣрялось ко всѣмъ отдѣльнымъ представленіямъ по одиночкѣ, ибо ихъ неисчислимое множество. Но дѣло въ томъ, что въ каждой душѣ эти чувственныя представленія не остаются въ своей отдѣльности, но слагаются самою жизнью въ болѣе или менѣе обшир-

---

[1]) The Will. p. 459. Впрочемъ точно также необдуманно и Гербартъ употребляетъ слово привычка при этомъ случаѣ. Lehrb. der Psych. § 117.

[2]) Ib. §§ 114 и 116.

[3]) Ib. § 251.

ныя чувственныя массы представленій, итоги которыхъ уже предварительно подведены въ опредѣленныхъ желаніяхъ, нежеланіяхъ, опредѣленныхъ убѣжденіяхъ и предубѣжденіяхъ и, наконецъ, въ опредѣленныхъ жизненныхъ правилахъ. Вслѣдствіе этого, возникшему новому желанію приходится мѣриться силами не съ отдѣльными чувственными представленіями, а съ цѣлыми массами ихъ, заранѣе сложившимися въ чувственныя понятія, убѣжденія, предубѣжденія, правила и съ цѣлыми системами желаній и нежеланій. Одни изъ этихъ чувственныхъ системъ представленій поддерживаютъ новое желаніе всею своею силою, другія противоборствуютъ ему, третьи остаются къ нему безразличны. Понятно само собою, что чѣмъ болѣе систематизировались чувственныя представленія души, тѣмъ легче и успѣшнѣе можетъ совершаться процессъ обдумыванія, успѣшность котораго обозначается уменьшеніемъ возможности раскаиваться, которая однако всегда остается; ибо только такое рѣшеніе, которое было бы вѣрнымъ математическимъ выводомъ изъ всего содержанія души—уничтожило бы всякую возможность раскаянія.

11. Быстрота и совершенство процесса обдумыванія зависитъ впрочемъ не отъ одной степени организаціи души, но и отъ многихъ другихъ причинъ: отъ врожденной быстроты процесса мышленія; отъ силы воли, распоряжающейся этимъ процессомъ для данной цѣли; отъ настойчивости стремленія, изъ котораго рождается желаніе: сильнѣйшій голодъ, напримѣръ, можетъ увлечь къ быстрому и необдуманному поступку и такого человѣка, который отличается крайнею обдуманностью и осторожностью во всѣхъ своихъ дѣйствіяхъ.

12. «Дать процессу обдумыванія, говоритъ Бэнъ, какъ разъ настоящее время и ничего лишняго—есть одно изъ высочайшихъ совершенствъ соединеннаго дѣйствія ума и воли» [1]). При этомъ случаѣ Бэнъ замѣчаетъ, вслѣдъ за Франклиномъ, что при процессѣ взвѣшиванія различныхъ обстоятельствъ, обусловливающихъ подготовляющееся рѣшеніе, послѣднее соображеніе, какъ самое новое, имѣетъ по свѣжести большее вліяніе на насъ, чѣмъ прежнія, отчего мы часто впадаемъ въ ошибки, а если уже хорошо проучены жизнью, то въ нерѣшительность, ибо опытъ убѣждаетъ насъ, что *послѣдняя мысль — не всегда лучшая*. «Очень трудно, говоритъ Бэнъ, при какомъ-нибудь сложномъ рѣшеніи удерживать въ умѣ настоящій вѣсъ всѣхъ противоположныхъ соображеній, такъ чтобы въ моментъ заключенія счета получить съ каждой стороны вѣрный итогъ» [2]).

13. Великій геній разсудочныхъ разсчетовъ Веніаминъ Франклинъ въ письмѣ своемъ къ Іосифу Престлею, подъ названіемъ «моральная алгебра», рекомендуетъ употреблять вообще при обдумываніи серьезныхъ рѣшеній тотъ же способъ, какой употребляется и при денежныхъ счетахъ. Онъ совѣтуетъ раздѣлить листъ бумаги пополамъ и въ двн, вне-

[1]) The Will. p. 461.

[2]) Ibid. § 462.

…назначенные для разсужденія, записывать всѣ убѣжденія *pro* на одну сторону, а убѣжденія *contra*—на другую. Потомъ, если съ обѣихъ сторонъ найдутся два противоположные и равносильные довода, то ихъ вычеркивать; если на одной сторонѣ два или три, въ суммѣ равносильные одному на другой сторонѣ, то ихъ также вычеркивать и т. д. Тогда въ итогѣ получится рѣшеніе. Къ этому благоразумному совѣту Бэнъ прибавляетъ еще очень дѣльное практическое замѣчаніе. Если рѣшеніе очень для насъ важно и мы можемъ протянуть обдумываніе на мѣсяцъ и болѣе, то мы въ концѣ каждаго дня должны пересматривать записанные нами доводы и тогда замѣтимъ, что «въ нѣкоторые дни на насъ сильнѣе дѣйствуютъ одни доводы, чѣмъ другіе, чѣмъ и уменьшимъ вѣроятность такого поступка, въ которомъ могли бы потомъ раскаяться» [1]; а раскаяніе, какъ мы видѣли выше (раскаяніе, а не укоръ совѣсти) [2], появляется тогда, когда нашъ поступокъ окажется несоотвѣтствующимъ нашимъ же собственнымъ желаніямъ, которыхъ мы не сообразили въ то время, когда совершали поступокъ. Такъ скряга, давшій сгоряча денегъ нищему, можетъ потомъ сильно раскаяваться въ своемъ поступкѣ; но конечно это уже не будетъ укоръ совѣсти.

14. Но Франклинъ и Бэнъ впрочемъ выпускаютъ изъ виду, что не только наши понятія, какъ мы это старались показать въ первой части антропологіи, но вслѣдствіе того и наши *установившіяся* желанія, уже какъ итоги борьбы, прежде совершавшейся въ нашей душѣ, могутъ быть, въ сущности, дурно сведенные итоги, заключающіе въ себѣ существенныя ошибки. Такъ напр., человѣкъ можетъ получить отвращеніе къ чему-нибудь, къ какому-нибудь дѣлу, предмету, наукѣ или человѣку, вслѣдствіе ложнаго понятія объ этихъ предметахъ, которое, въ свою очередь, было слѣдствіемъ ошибочныхъ наблюденій, опять условливаемыхъ разными причинами. Это чувство отвращенія и возбуждаемыя имъ желанія и нежеланія будутъ входить уже во всякое новое рѣшеніе, какъ готовый итогъ. Такихъ ошибочныхъ итоговъ много у каждаго человѣка; а въ нѣкоторыхъ людяхъ ихъ уже такъ много, что положительно въ каждомъ ихъ рѣшеніи непремѣнно будетъ ошибка, ошибка противъ ихъ же собственныхъ желаній. Есть нѣкоторыя, немногія понятія, до того входящія во всякое почти рѣшеніе человѣка, какъ и во всякое его убѣжденіе, что если эти понятія выведены ошибочно, а вслѣдствіе того и …жинуты ложнымъ итогомъ желаній и нежеланій, то они путаютъ всю жизнь человѣка. Такія *генеральныя понятія*, по своей необыкновенной важности для всей практической и теоретической дѣятельности человѣка, должны обращать на себя все вниманіе воспитателя, ибо на нихъ-то основывается, главнымъ образомъ, направленіе всей человѣческой жизни. Къ сожалѣнію эти понятія принимаются, большею частію, за такія извѣстныя, что о нихъ не стоитъ и разсуждать; а между

---

[1] The Will. p. 462.

[2] См. выше, гл. XXIV, §§ 4 и 5.

тѣмъ въ нихъ-то и скрывается причина нашихъ главнѣйшихъ ошибокъ, какъ теоретическихъ, такъ и практическихъ.

15. Эти генеральныя понятія и желанія—итоги цѣлыхъ массъ представленій—носятъ одно и то же названіе у всѣхъ людей, но это вводитъ насъ только въ ошибку, что они тождественны. Напротивъ, если бы мы могли бы извлечь изъ каждой души всю массу представленій, составляющихъ самое общеизвѣстное понятіе, *человѣкъ*, напримѣръ, и могли анализировать эти массы, сложившіяся въ разныхъ душахъ, то съ изумленіемъ замѣтили бы, какъ они различны, и поняли бы тогда, откуда происходитъ все различіе въ отношеніяхъ людей къ другимъ людямъ. Для одного человѣкъ—врагъ, съ которымъ онъ всегда и вездѣ долженъ бороться; для другого—предметъ эксплуатаціи; для третьяго—пріятный собесѣдникъ; для четвертаго — предметъ презрѣнія, для пятаго — предметъ обожанія и т. д. въ безконечность и въ безконечныхъ видоизмѣненіяхъ. Отсюда видно, что если такое понятіе, связанное съ системой чувствъ, желаній, нежеланій, входитъ почти въ каждый процессъ обдумыванья человѣческаго поступка, то и въ результатѣ этого процесса, въ рѣшеніи, должны выразиться всѣ вѣрныя и ошибочныя особенности этого проникнутаго чувствами понятія, или лучше сказать—этого итога громадной массы представленій, изъ которыхъ каждое несло свое особое чувствованіе и свои особыя желанія и нежеланія. Можно сказать съ увѣренностью, что если воспитатель даетъ своему воспитаннику истинный, не теоретическій только, но и практическій, т. е. проникнутый чувствованіями и желаніями взглядъ на человѣка, то положитъ незыблемую основу нравственнаго воспитанія. Отсюда же, какъ мы увидимъ дальше, и необыкновенная *психическая* важность христіанскаго воспитанія, если только оно совершается, какъ слѣдуетъ: если идеалъ человѣка, данный намъ Евангеліемъ, ложится въ душу дитяти и юноши не мертвыми, холодными чертами, а чертами, горящими чувствомъ и желаніемъ. Мы убѣждены, что еслибы языческій философъ, отвергнувшій свою миѳологію, но понимающій хорошо душу человѣка и ея потребности, встрѣтилъ Евангеліе, то онъ внесъ бы его въ воспитаніе самыхъ дорогихъ для него существъ.

16. Однѣ и тѣ же ошибки въ итогахъ обширныхъ массъ представленій, чувствъ и желаній могутъ быть общими цѣлому вѣку, цѣлому народу или цѣлому классу общества. Отъ этого зависитъ величайшая трудность, съ которою новая идея, выведенная изъ новыхъ, болѣе вѣрныхъ наблюденій, проникаетъ въ убѣжденія человѣчества и вносится потомъ, какъ новая или вновь исправленная функція, въ его рѣшенія и поступки. Для того, чтобы принять вновь сложенное умственное понятіе, слѣдуетъ анализировать и искоренить старое, уже вкоренившееся, для чего нужны и время, и трудъ. Но въ отношеніи *чувственныхъ* понятій—этого итога сложной массы представленій, чувствованій и желаній—одного умственнаго пересмотра мало; ибо старый итогъ сложился не только изъ холодныхъ, умственныхъ концепцій, но изъ живыхъ

чувствъ, желаній и нежеланій, которыя мало было *передумать*, но которыя надобно было *пережить*, чтобы они вошли въ общій итогъ. Вотъ почему новая идея, особенно имѣющая практическое значеніе, только медленнымъ и болѣзненнымъ процессомъ входитъ въ жизнь человѣчества. Не скоро она бываетъ понята въ своей точности; но еще медленнѣе входитъ она въ характеръ человѣка. Нужны тысячи опытовъ, которые оставили бы въ душѣ человѣка тысячи слѣдовъ чувствованій и желаній, чтобы *это*, вновь провѣренное генеральное понятіе, могло занять мѣсто *стараго*. Утописты, мечтающіе о быстрой реформѣ рода человѣческаго, не знаютъ исторіи человѣческой души; но эти самые утописты необходимы: только ихъ пламеннымъ рвеніемъ движется этотъ медленный процессъ, и новая идея, хотя медленно и трудно, но все же входитъ въ *характеръ* человѣка и человѣчества. Безъ этихъ утопистовъ міръ только бы скрипѣлъ на своихъ старыхъ, заржавленныхъ понятіяхъ и, сживаясь все болѣе и болѣе со своими закоренѣлыми предразсудками, уходилъ бы въ нихъ все глубже и глубже, какъ въ топкое болото.

ГЛАВА XLI.

Воля какъ *желаніе*: переходъ желаній въ наклонности и страсти.

1. Желаніе есть очевидно главный элементъ всякой наклонности и страсти. Но такъ-какъ само желаніе есть сложное психическое явленіе, составляемое уже опытами жизни, то наклонности и страсти, являясь только системами желаній, должны быть и подавно признаны сложными душевными явленіями, образующимися уже въ теченіи жизни. Однако же, если рѣдко говорятъ о *врожденныхъ* страстяхъ, то очень часто о *врожденныхъ наклонностяхъ* человѣка, и это мнѣніе не совершенно лишено справедливости.

2. Въ первой части «Антропологіи» мы видѣли, что фактъ наслѣдственности замѣчается не только въ отношеніи видимыхъ особенностей тѣла, но также, и еще гораздо болѣе, тѣхъ особенностей, причинъ которыхъ мы не видимъ и не знаемъ, но которыя предполагамъ въ неизвѣстныхъ намъ особенностяхъ организма и болѣе всего нервной системы [1]. Явными фактами такой таинственной наслѣдственности являются многія наслѣдственныя болѣзни и въ особенности нервныя, наприм. наслѣдственное помѣшательство, прорывающееся иногда черезъ одно и два поколѣнія въ третьемъ и т. п. Для каждаго ясно, что эти несчастныя наслѣдственныя особенности были когда-то пріобрѣтенными, и потому нѣтъ ничего удивительнаго, что мы должны признать наслѣдственность не только унаслѣдованныхъ родителями, но и пріобрѣтенныхъ ими особенностей. Но, указывая на эти факты, мы тогда же замѣтили,

---

[1] Пед. Автр. Ч. I. гл. XIV п. 5—10.

что эту наслѣдственность болѣзней и привычекъ, какъ унаслѣдованныхъ самими родителями, такъ и пріобрѣтенныхъ ими, слѣдуетъ приписать наслѣдственности организма, такъ-какъ наслѣдственной передачи чисто душевныхъ пріобрѣтеній, наслѣдственности знаній, идей, идеаловъ, духовныхъ стремленій, мы нигдѣ не замѣчаемъ. Все душевное и духовное пріобрѣтеніе человѣка передается путемъ сознательной *преемственности*, а не безсознательной *наслѣдственности*.

3. Изъ сказаннаго вытекаетъ уже само собою, что насколько опыты удовлетворенія врожденныхъ тѣлесныхъ стремленій видоизмѣняли самыя эти стремленія [1], и отражались въ тѣлѣ, настолько и имѣютъ они вѣроятія перейти по наслѣдству отъ родителей къ дѣтямъ. Такимъ путемъ передаются наслѣдственно различныя идіосинкразіи, которыя, конечно были когда-нибудь пріобрѣтенными; этимъ же путемъ, безъ сомнѣнія, могутъ передаваться наслѣдственно и *нервные задатки* наклонности къ крѣпкимъ напиткамъ, къ извѣстному тайному грѣху, и всякаго рода азарту и т. п. Но нѣтъ сомнѣнія, что если бы человѣкъ, получившій такое несчастное наслѣдство, былъ удаленъ въ младенчествѣ отъ дурного примѣра и не имѣлъ никогда случая попробовать спиртныхъ напитковъ или волненій азартной игры, то въ немъ и установилась бы ни та, ни другая наклонность или страсть; хотя нельзя ручаться, что унаслѣдованные имъ болѣзненные задатки не выразились бы въ какой нибудь другой уродливости характера. Вотъ на какомъ основаніи мы совершенно отвергаемъ врожденность наклонностей, хотя не отвергаемъ возможности наслѣдственной передачи задатковъ наклонностей. Самыя же наклонности и страсти также не могутъ передаваться наслѣдственно, какъ и желанія, опыты жизни и знанія. Великій умъ не переходитъ по наслѣдству, какъ и обширная ученость или обширная опытность; хотя дитя можетъ получить въ наслѣдство счастливую и сильную нервную организацію, могущественно содѣйствующую въ пріобрѣтенію знаній и образованію великаго ума; но такой счастливый наслѣдникъ можетъ воспользоваться своимъ наслѣдствомъ, а можетъ и вовсе не воспользоваться имъ или промотать его на мелочи.

4. Изъ сказаннаго видно также, что наклонность, имѣющая для себя подготовку въ унаслѣдованной нервной системѣ, разовьется гораздо прочнѣе и быстрѣе, чѣмъ та, для которой нѣтъ такой подготовки. Но какъ та, такъ и другая могутъ образоваться только вслѣдствіе жизненныхъ опытовъ, какъ система слѣдовъ этихъ опытовъ, сохраняемыхъ и тѣлесною, и душевною, и духовною памятью человѣка. Но можетъ ли бороться человѣкъ съ такими врожденными задатками наклонностей, если окружающая сфера не исключаетъ возможности соотвѣтствующихъ имъ опытовъ жизни? Можетъ ли человѣкъ подавить въ себѣ это унаслѣдованное зерно, если окружающая атмосфера заключаетъ въ себѣ пищу, необходимую для его развитія? Безъ сомнѣнія, можетъ, можетъ на столько,

[1] См. выше, гл. XL, п. 3, 4.

только обладаетъ сознаніемъ и свободою. Наслѣдственное помѣшательство неотразимо; ибо человѣкъ теряетъ въ немъ и ясность сознанія, и свободу воли; но кто сознаетъ вредъ наклонности, въ немъ образовавшейся, какъ бы ни были сильны ея врожденные задатки, тотъ и можетъ бороться съ нею. Эту свѣтлую идею внесло въ міръ христіанство, разрушивъ наслѣдственность грѣха и преступленія, которая тяготѣла не надъ одними евреями, но была общимъ убѣжденіемъ и языческихъ народовъ, какъ это мы находимъ въ Китаѣ, Индіи, Египтѣ, Греціи и Римѣ. Въ какомъ бы отношеніи человѣкъ ни стоялъ къ догматамъ христіанской религіи, но если онъ усвоилъ плоды христіанской цивилизаціи, то уже онъ можетъ не отвергать наслѣдственныхъ преступленій, не можетъ не содрогаться съ ужасомъ отъ мысли казни потомковъ за преступленія родителей и отъ еврейскаго крика, призывающаго на головы дѣтей мщеніе за кровь, пролитую отцами. Даже воспитаніе самихъ евреевъ, если оно претендуетъ на современность и европеизмъ, должно быть построено на *іудео-христіанской* идеѣ.

5. Собственно говоря, всякая наклонность образуется изъ врожденныхъ стремленій — унаслѣдовано ли человѣкомъ видоизмѣненіе этихъ стремленій, или нѣтъ, — но образуется уже опытами удовлетворенія и неудовлетворенія этихъ стремленій, оставляющими въ душѣ слѣды представленій удовлетворенія, слѣды чувствованій, его сопровождающихъ, словомъ, слѣды желаній. Образованіе наклонностей совершается не иначе, какъ черезъ посредство удовлетворенія желаній и представленій этого удовлетворенія и притомъ такихъ представленій, которыя, не будучи совершенно тождественны между собою, способны, однакоже, по своему сродству, составить обширное сочетаніе представленій, цѣлую систему ихъ, сомкнутую однимъ желаніемъ. Вотъ почему изъ совершенно тождественнаго удовлетворенія какого-нибудь тѣлеснаго стремленія, періодически возраждающагося, не можетъ образоваться наклонность и страсть, а можетъ образоваться сильная тѣлесная потребность именно такого, а не другого удовлетворенія. Когда же душа наша, за недостаткомъ дѣятельности духовной или даже физической, обращается за дѣятельностью къ ощущеніямъ, сопровождающимъ удовлетвореніе нашихъ тѣлесныхъ стремленій, тогда только начинается въ ней закладка будущей тѣлесной наклонности и страсти. Чѣмъ болѣе накопляется разнообразныхъ представленій удовлетворенія того или другого органическаго стремленія, тѣмъ обширнѣйшую ассоціацію составляютъ эти слѣды въ душѣ и тѣмъ болѣе душа ими увлекается. Но такъ какъ одно повтореніе однихъ и тѣхъ же слѣдовъ не удовлетворяетъ *человѣческаго* стремленія къ дѣятельности, расширяющагося по мѣрѣ удовлетворенія, то человѣкъ пріискиваетъ всевозможныя средства, чтобы придать наибольшее разнообразіе удовлетворенію въ сущности одного и того же стремленія. Это явленіе можно прослѣдить не на одномъ стремленіи къ пищѣ. По мѣрѣ же развитія ассоціація представленій, возбуждающихъ сродныя желанія, выходящія изъ одного и того же природнаго корня, т. е. простаго органи-

ческаго стремленія, душѣ становится все труднѣе и труднѣе работать что-нибудь иное, не уклоняясь въ ту сторону, гдѣ у нея уже столько наработано. Она начинатъ *терять равновѣсіе* въ своей дѣятельности, а это и есть именно то состояніе души, которое мы называемъ наклонностью.

6. Если душа работаетъ не въ одномъ направленіи, а въ нѣсколькихъ различныхъ, тогда одна наклонность можетъ въ ней уравновѣшиваться другою и это есть самое обыкновенное состояніе души человѣческой. Тогда и наклонности являются уже не наклонностями, а только разнообразными массами представленій, проникнутыхъ системами однородныхъ желаній. Слѣдовательно, наклонность, въ строгомъ смыслѣ слова, есть такая масса или большая ассоціація чувственныхъ представленій, которая перетягиваетъ всѣ прочія. При такомъ взглядѣ на образованіе и значеніе наклонности является возможность положить нѣкоторую границу между *наклонностью* и *страстью*. Если какая-нибудь масса представленій, проникнутыхъ желаніемъ, перетягиваетъ всѣ прочія массы по одиночкѣ, то мы можемъ назвать это наклонностью; если же масса представленій, проникнутая системою однородныхъ желаній, перетягиваетъ всѣ остальныя массы подобныхъ же представленій и по одиночкѣ и сложенныя вмѣстѣ, то мы можемъ назвать это страстью. Въ наклонности душа только начинаетъ терять равновѣсіе; въ страсти она уже потеряла его. Слѣдовательно, не сама по себѣ сила и обширность той или другой системы чувственныхъ представленій, возбуждающихъ въ насъ одно или множество однородныхъ желаній, но отношеніе этой системы къ другимъ системамъ чувственныхъ представленій, живущихъ въ насъ въ тоже время, дѣлаетъ эту систему наклонностью или страстью [1]).

7. Изъ предыдущаго понятно, что данная система чувственныхъ представленій можетъ также оказаться наклонностью не по собственной своей силѣ и обширности, но по слабости другихъ подобныхъ же чувственныхъ системъ представленій. Точно также наклонность можетъ превратиться въ страсть не только потому, что она сама быстро растетъ; но и потому, что другія растутъ слабо и по слабости своей не только ей не противодѣйствуютъ, но даже уступаютъ ей всѣ тѣ свои элементы, которые сколько-нибудь къ ней подходятъ. Отсюда справедливость и той замѣтки, которую сдѣлалъ Спиноза, что наклонность побѣждается только наклонностью, а страсть страстью.

---

[1]) Гегель отличаетъ желаніе отъ наклонности тѣмъ, что первое возбуждается предметомъ, а второе уже и представленіемъ о предметѣ; а страсть опредѣляетъ тѣмъ, что въ страсти душа дѣлаетъ наклонность своею субъективностью. (Phil. d. Sub. Geist. 2 Abth § 241). Бенеке отличаетъ наклонность отъ страсти тѣмъ, что первая возникаетъ къ сознанію, когда ее тронутъ, а вторая сама собою (Lehr. der Psych. § 175). Но это не опредѣленіе наклонности и страсти, а ихъ характеристическія особенности, схваченныя вѣрно.

[illegible]. Отсюда объясняется и то явленіе, что въ слабой душѣ, т. е. въ такой, въ которой вообще чувственныя системы представленій слабы, и слабая наклонность можетъ оказаться сильною, въ сущности все же оставаясь слабою. Сильна она потому, что нѣтъ ей противовѣса въ душѣ; но въ тоже время она можетъ быть слаба, если ее сравнить съ силою подобной же чувственной системы въ другой душѣ, гдѣ, можетъ быть, таже самая страсть является только наклонностью. Эта абсолютная слабость страсти можетъ зависѣть отъ слабости стремленій, изъ удовлетворенія которыхъ она выросла. И если по содержанію своему эти страсти дурны, то въ то же время онѣ являются и самыми презрѣнными страстями; ибо человѣкъ не находитъ оправданія даже въ силѣ увлекшихъ его стремленій.

8. Принимая въ расчетъ, что сами по себѣ ни тѣлесныя, ни душевныя стремленія не могутъ превратиться въ наклонности и страсти, и что дѣлаетъ ихъ такими душа, ищущая въ ихъ удовлетвореніи пищи для своего стремленія къ дѣятельности, мы видимъ, что если воспитатель хочетъ, чтобы въ его воспитанникѣ не образовались *случайно* наклонности и страсти, то онъ долженъ дать пищу его душевной дѣятельности. Вообще чувственныя системы представленій не могутъ не образоваться и не разростаться въ душѣ: безъ этого душа не могла бы и жить; но пока между различными массами однородныхъ желаній удерживается равновѣсіе, до тѣхъ поръ ни одну изъ этихъ массъ нельзя назвать наклонностью. Изъ этого, однако, никакъ не слѣдуетъ, чтобы мы считали вообще вредными всякія наклонности въ душѣ. Напротивъ, если наклонности губятъ, то онѣ же и спасаютъ душу. Дѣло въ ихъ содержаніи, а не въ ихъ формѣ. Всѣ онѣ по формѣ своей однообразны, всѣ онѣ —болѣе или менѣе обширныя массы представленій, проникнутыхъ тѣми или другими однородными желаніями, и перевѣшивающія другія подобныя же массы представленій; но по содержанію своему наклонности безконечно разнообразны, будучи произведеніями жизни человѣческой души, ея индивидуальныхъ опытовъ, представленій, чувствованій и желаній.

9. Воля человѣка можетъ подавлять наклонности; но это ей тѣмъ труднѣе, чѣмъ сильнѣе то стремленіе, изъ котораго родилась система однородныхъ желаній, составившихъ наклонность, и чѣмъ болѣе разрослась эта наклонность. Но если прямо противодѣйствовать наклонности трудно, потому что подавляемое стремленіе становится все сильнѣе и сильнѣе, то надобно различать, что сила наклонности зависитъ не отъ одной, а отъ двухъ причинъ: во-первыхъ, отъ силы самаго стремленія, изъ корня котораго развилась наклонность, а во-вторыхъ, отъ обширности той сѣти представленій и желаній, которую уже выплела душа на этой основѣ. Если *первая* причина, стремленіе, отъ неудовлетворенія становится напряженнѣе, то за то *вторая*, оставляемая въ забвеніи, ослабѣваетъ. Вотъ почему, желая противоборствовать наклонности или страсти, мы должны съ одной стороны удовлетворять тому стремленію, изъ котораго она выросла, а съ другой направить дѣятельность

нашей души на что-нибудь иное и лучше всего въ ту область, гдѣ у насъ образовалась уже какая-нибудь наклонность, но которая еще слаба для того, чтобы безъ содѣйствія нашей воли противоборствовать той, которую мы хотимъ подавить.

10. Психологія, объясняя образованіе страстей, показываетъ ошибку тѣхъ философовъ и моралистовъ, которые, какъ напр. Декартъ и Кантъ, вообще вооружаются противъ страстей. Гораздо вѣрнѣе смотрѣлъ на страсти Аристотель, который видитъ уже достоинство человѣка не въ томъ, чтобы не имѣть страстей, а въ томъ, чтобы соблюдать равновѣсіе между ними. На этомъ равновѣсіи, на этой золотой серединѣ построена вся этика Аристотеля. Но и этотъ взглядъ не вполнѣ справедливъ: страсти, уравновѣшивающія одна другую, не будутъ страстями, а только системами чувственныхъ представленій, болѣе или менѣе сильными, смотря по силѣ стремленій, изъ которыхъ они образовались. Такое нравственное ученіе могло возникнуть только отъ нерѣшительности дать человѣку то или другое направленіе въ жизни, а сама эта нерѣшительность отъ того колебанія въ признаніи *одного нравственнаго принципа*, которымъ отличается классическій міръ отъ христіанскаго. Если бы такой принципъ былъ найденъ, то страсть, проникнутая желаніемъ выполненія и развитія такого принципа, должна была бы быть признана страстью, долженствующею стать центромъ тяжести въ содержаніи души; но такого центра не нашелъ классическій міръ.

11. Системы представленій, служащія основою для наклонностей и страстей, могутъ находиться въ троякомъ состояніи: или въ гипотетической формѣ слѣдовъ, вышедшихъ изъ сознанія, или въ видѣ представленій, находящихся въ какомъ-либо отношеніи къ стремленіямъ человѣка и потому возбуждающихъ въ немъ тѣ или другія чувства, или, наконецъ, въ видѣ чувственныхъ представленій, соединенныхъ съ воспоминаніемъ опытовъ удовлетворенія какихъ-нибудь стремленій и потому возбуждающихъ въ человѣкѣ то или другое желаніе или цѣлыя системы желаній.

12. О первой формѣ чувственныхъ системъ мы можемъ говорить только гадательно; но, тѣмъ не менѣе, факты вынуждаютъ насъ признать существованіе въ насъ такихъ слѣдовъ чувственныхъ представленій, хотя они и сохраняются гдѣ-то внѣ сознанія. Кто же изъ насъ не знаетъ, что въ насъ могутъ сохраняться наклонности и страсти такъ, что мы въ данное время и не знаемъ объ этомъ? Какъ они сохраняются—этого мы фактически не знаемъ; но что они дѣйствительно сохраняются, и могутъ то появляться въ сознаніи, то выходить изъ него, это фактъ несомнѣнный, дѣйствительность котораго всякій можетъ повѣрить надъ самимъ собою.

13. Вторая форма системъ представленій уже не какъ слѣдовъ, существующихъ внѣ сознанія, но какъ представленій сознаваемыхъ и притомъ возбуждающихъ въ душѣ, по отношенію къ ея стремленіямъ, тѣ или другія чувствованія, была названа нами *чувственнымъ состоя*

нія *души* и мы должны оставить это сложное названіе за неимѣніемъ другого. Въ такомъ положеніи системы представленій, возбуждая въ насъ тѣ или другія чувствованія, не возбуждаютъ желаній, не возбуждаютъ именно потому, что желанія наши уже удовлетворены. Такими чувственными состояніями слѣдуетъ признать радость, печаль, привязанность, ненависть, страхъ, уваженіе, благоговѣніе, презрѣніе — до тѣхъ поръ, пока эти чувственныя состоянія не возбуждаютъ въ душѣ нашей никакихъ желаній и нежеланій. Мы прямо испытываемъ чувства, простыя или сложныя, и цѣлыя системы чувствованій, возбуждаемыхъ такими системами представленій.

14. Не легко понять, что такое *чувственное состояніе* души, чѣмъ-нибудь нарушенное, можетъ вдругъ возбудить въ душѣ нашей цѣлыя ряды желаній и явиться въ ней уже не чувственнымъ состояніемъ, но наклонностью или страстью. Привязанность наша къ человѣку, съ которымъ мы постоянно живемъ, не есть еще сама по себѣ страсть; но она можетъ оказаться сильнѣйшею страстью, когда судьба раздѣлитъ насъ съ этимъ человѣкомъ. Вотъ почему и нельзя положить рѣзкой границы между *чувственными состояніями* и *страстями*, и самый языкъ не раздѣляетъ ихъ. Возьмемъ, напримѣръ, *честолюбіе*: въ минуту своего удовлетворенія это — чувственное состояніе, вытекающее изъ того элементарнаго чувства, которое мы назвали самочувствіемъ, въ соединеніи съ особенными, человѣку только свойственными стремленіями, о которыхъ мы скажемъ ниже; въ минуту же своего неудовлетворенія то же честолюбіе является страстью. Испытывая радость, мы не испытываемъ при этомъ никакихъ желаній,—мы только радуемся, а потому и не можемъ назвать радость страстью; но если что-нибудь лишитъ насъ этой радости, то мы можемъ *страстно пожелать* ея возвращенія, и тогда изъ чувственнаго состоянія радости можетъ образоваться какая-нибудь страсть, названіе которой опредѣлится самимъ содержаніемъ нашей бывшей радости. Печаль до тѣхъ поръ остается чувственнымъ состояніемъ, пока мы не выйдемъ изъ нея, а потомъ въ насъ можетъ образоваться страстное отвращеніе, страстное желаніе удалить отъ себя все, что можетъ привести насъ въ чувственное состояніе печали.

15. Неясное пониманіе слова «*страсть*» ведетъ ко многимъ недоразумѣніямъ и ошибкамъ въ психологіи. Такъ Декартъ называетъ словомъ *страсть* (passion) и то, что мы называемъ *страстью*, и то, что мы называемъ *чувственнымъ состояніемъ*. У него и радость — страсть, и честолюбіе—страсть. Впослѣдствіи было принято слово «аффектъ»; но значеніе этого слова не опредѣлилось и оно различно употребляется различными писателями, употребляется даже иногда въ совершенно противоположныхъ смыслахъ. На этомъ основаніи мы признали за лучшее не принимать чуждаго намъ слова *аффектъ*, а принять прямо слово *страсть* и хотя сложный, но довольно ясный терминъ *чувственнаго состоянія души*. Страстью мы будемъ называть всякое такое сложное

душевное состояніе, въ которомъ главная преобладающая черта есть желаніе или нежеланіе; чувственнымъ же состояніемъ будемъ называть такое состояніе души, въ которомъ преобладаетъ чувствованіе.

16. Всѣ человѣческія страсти и всѣ чувственныя состоянія человѣческой души всегда имѣютъ въ себѣ нѣчто особенное, свойственное только человѣку, идущее изъ его человѣческихъ особенностей. Такъ наприм. *наслажденіе* можетъ испытывать и человѣкъ, и животное; но *радоваться* можетъ только человѣкъ, потому что къ радости непремѣнно примѣшивается наслажденіе будущимъ, взглядъ впередъ и притомъ въ безконечную даль. Какъ только же мы увидимъ, хотя въ отдаленномъ будущемъ, конецъ нашей радости, такъ она и начнетъ туманиться. Вотъ почему анализъ чисто человѣческихъ страстей и чувственныхъ состояній можетъ быть данъ тогда только, когда мы изслѣдуемъ особенности человѣческой души.

ГЛАВА XLII.

Образованіе характера; состояніе вопроса: четыре темперамента.

1. Словомъ *характеръ* обозначаютъ обыкновенно всю сумму тѣхъ особенностей, которыми отличается дѣятельность одного человѣка отъ дѣятельности другого, безъ отношенія къ самому содержанію этой дѣятельности, которое можетъ быть глупо и умно, нравственно и безнравственно. Наблюдая внимательнѣе, что люди называютъ характеромъ, мы легко замѣтимъ, что они не вводятъ въ это понятіе того, что они же называютъ обыкновенно умственнымъ развитіемъ человѣка. Два лица, обладающія совершенно различнымъ умственнымъ развитіемъ и совершенно различнымъ запасомъ знаній, какъ по количеству такъ и по качеству, могутъ быть очень сходны по характеру. Съ другой стороны, люди, одинаково развитые и обладающіе одинаковыми знаніями могутъ быть совершенно различнаго характера. У человѣка очень образованнаго можетъ быть характеръ весьма ничтожный, и у человѣка весьма необразованнаго — характеръ весьма сильный. Изъ этого мы видимъ, что понятіе характера слагается, главнымъ образомъ, изъ наблюденій надъ особенностями дѣятельности *чувства* и *воли*, независимо отъ умственнаго богатства или умственной бѣдности человѣка. Но вводя чувство и желаніе въ понятіе *характера*, мы обыкновенно не вводимъ ихъ *содержанія*, а только *форму* ихъ проявленія. Злой и добрый человѣкъ, нравственный и безнравственный, могутъ имѣть одинаково слабый или сильный, постоянный или порывистый, хладнокровный или вспыльчивый, рѣшительный или нерѣшительный характеръ и т. д. Слѣдовательно, въ *понятіе характера* не входятъ ни умственное, ни нравственное состояніе человѣка: не входитъ самое *содержаніе* чувствованій и желаній, а только *форма* ихъ проявленія. Но такъ какъ дѣятельность чувства проявляется для наблюденій только въ дѣйствіяхъ человѣка, то

которой мы относимъ и самую рѣчь, то, слѣдовательно, мы должны прійти къ заключенію, что понятіе характера извлекается исключительно изъ наблюденій надъ особенностями человѣческой дѣятельности и притомъ не надъ содержаніемъ этой дѣятельности, которая зависитъ отъ внѣшнихъ обстоятельствъ, а также отъ ума и нравственности человѣка, а надъ ея формами. Вотъ почему мы относимъ изученіе образованія характера къ области *воли*. Въ характерѣ именно проявляется особенность дѣйствія воли въ различныхъ индивидахъ. Отъ этого выраженіе: *сила характера* или *сила воли* часто употребляются какъ синонимы, хотя это употребленіе и не совершенно правильно, какъ мы это увидимъ ниже.

2. Не такимъ единствомъ отличается взглядъ людей на самое происхожденіе характера. Часто мы слышимъ, что говорятъ о врожденности характера, и точно также часто слышимъ, что говорятъ объ испорченности характера, о томъ, что такой или другой характеръ въ человѣкѣ образовался вслѣдствіе обстоятельствъ жизни, вслѣдствіе воспитанія и т. д. Говоря о характерѣ, люди называютъ его дурнымъ и хорошимъ, конечно не въ томъ смыслѣ, въ какомъ говорятъ о хорошемъ или дурномъ здоровьи. Характеромъ человѣка объясняютъ его поступки; но дурной характеръ ставятъ часто ему въ вину, хотя иногда нѣкоторыми свойствами характера облегчаютъ вмѣняемость поступка. Воспитаніе, съ одной стороны, совѣтуетъ присматриваться и примѣняться къ характеру воспитанника, а съ другой даетъ правила, какимъ образомъ воспитывать характеръ въ человѣкѣ. Изъ этого мы вправѣ вывести, что *общечеловѣческая* психологія, которая, во всякомъ случаѣ, имѣетъ громадное значеніе, какъ сумма безчисленныхъ наблюденій людей надъ психическими явленіями, видитъ въ характерѣ въ одно и то же время и нѣчто прирожденное человѣку, и нѣчто формирующееся въ немъ въ теченіе его жизни,—и этотъ взглядъ совершенно справедливъ, ибо характеръ въ человѣкѣ складывается именно подъ вліяніемъ прирожденныхъ ему свойствъ, съ одной стороны, и подъ вліяніемъ жизни съ другой.

3. Признавъ въ образованіи характера участіе двухъ дѣятелей: природы человѣка и условій жизни, мы должны были бы изслѣдовать, насколько каждый изъ этихъ факторовъ участвуетъ въ образованіи характера и изъ этого уже вывести законы образованія человѣческаго характера вообще, которые, безъ сомнѣнія, должны же быть. «Человѣчество,—говоритъ Милль—не имѣетъ общаго характера, но существуютъ общіе законы формаціи характера» [1]. Милль полагаетъ, что эти-то законы формаціи характера и должны составлять главный предметъ въ научныхъ изслѣдованіяхъ области человѣческой природы. Но откуда взято Миллемъ это твердое убѣжденіе, которое и мы вполнѣ раздѣляемъ, въ суще-

[1] Mill's Logic. V. II. p. 444.

ствованіи общихъ законовъ въ образованіи человѣческаго характера. Найдены ли уже эти законы, доказана ли ихъ непреложность фактами, сведены ли они въ научную систему? На эти вопросы и Милль вынужденъ былъ бы отвѣчать отрицательно. Но нельзя сказать, чтобы эти законы были до того неизвѣстны, что самое существованіе ихъ слѣдуетъ только предположить по общей вѣрѣ въ причинность всѣхъ явленій, руководящей человѣкомъ столько же въ отысканіи законовъ физической природы, сколько и въ отысканіи законовъ психическихъ явленій. Не удивляемся ли мы знанію человѣческихъ характеровъ у великихъ писателей? И не одни эти великіе писатели знаютъ законы человѣческаго характера, но знаютъ ихъ и тѣ, которые удивляются вѣрной рисовкѣ характеровъ самыми этими писателями. Если бы мы не знали ровно ничего о законахъ формаціи характеровъ, то не могли бы произнести и нашего сужденія о томъ, вѣрно ли Шекспиръ или Мольеръ рисуетъ характеры людей. Слѣдовательно, въ каждомъ изъ насъ мы должны признать существованіе обширной массы познаній законовъ образованія человѣческихъ характеровъ. Зная характеръ человѣка, мы часто предсказываемъ очень вѣрно, какъ подѣйствуетъ на него данное впечатлѣніе, какія чувства и желанія въ немъ вызоветъ и въ какихъ дѣйствіяхъ обнаружится это желаніе. Практическая педагогика довольно часто, хотя и не всегда, подаетъ очень вѣрные совѣты, какъ измѣнить ту или другую черту въ характерѣ воспитанника. Правда этихъ совѣтовъ обнаруживается практикой и они показываютъ также, что намъ не безызвѣстны многіе законы образованія человѣческаго характера. Практическая важность этихъ знаній не можетъ подлежать сомнѣнію. Мы уже указали на нее въ предисловіи къ первой части нашей Антропологіи. Спрашивается, отчего же эти знанія, столь важныя для практическаго человѣка вообще и для воспитателя въ особенности, не собраны, не приведены въ ясную и легко обозрѣваемую систему? Не потому ли, что мы ихъ знаемъ и безъ того очень хорошо, такъ-что не нуждаемся въ ихъ пересмотрѣ? Но безчисленные промахи практическихъ дѣятелей вообще и воспитателей въ особенности, зависящіе главнымъ образомъ отъ незнанія законовъ образованія человѣческаго характера, служатъ лучшимъ отвѣтомъ на этотъ вопросъ. Но можетъ быть, не потому ли не собрали мы нашихъ знаній о законахъ образованія характера, что это собраніе невозможно? Но почему же невозможно? Что человѣкъ знаетъ, то можетъ выразить словами; что можетъ выразить, то можетъ провѣрить и привести въ систему: одни знанія признать несомнѣнными, другія — подвергнуть сомнѣнію, остановиться надъ противорѣчіями и т. д. Можно ли сомнѣваться въ практической пользѣ такого собранія, провѣрки и приведенія въ порядокъ наблюденій человѣка надъ образованіемъ человѣческихъ характеровъ? Почему же, спрашиваемъ мы снова, *этологія*, по выраженію, придуманному Миллемъ, или *характерологія*, въ полурусскомъ переводѣ, есть до сихъ поръ наука въ проектѣ, хотя, конечно, не самъ

Милль *сознаетъ* всю необыкновенную практическую важность такой науки и все ея значеніе для искусства воспитанія? [1])

4. Отвѣтъ на этотъ вопросъ даетъ намъ отчасти самъ же Милль. «Законы образованія характера, говоритъ онъ, суть законы производные, происходящіе изъ общихъ законовъ души, и должны быть получены, какъ выводы, изъ этихъ общихъ законовъ. Для этого мы должны брать какой-нибудь данный рядъ обстоятельствъ и потомъ соображать, какое будетъ вліяніе этихъ обстоятельствъ, сообразно съ законами души, на образованіе характера» [2]). Основную науку, науку объ общихъ законахъ души Милль называетъ *психологіею*, въ отношеніи которой *этологія*, или изложеніе общихъ законовъ образованія характера подъ вліяніемъ тѣхъ или другихъ внѣшнихъ обстоятельствъ, будетъ уже наукою *выводною* и притомъ такою же точною, какъ математика. «Психологія, по Миллю, есть, главнымъ образомъ, наука наблюденія и опыта; *этологія* же есть наука *дедуктивная*. Она излагаетъ простые законы вообще, а другая чертитъ ихъ дѣйствіе въ сложныхъ комбинаціяхъ обстоятельствъ» [3]). Признавая во многомъ справедливость мысли Милля, мы уже изъ нея можемъ вывести простое объясненіе, почему *характерологія*, не смотря на богатый матерьялъ для своего содержанія въ общечеловѣческихъ наблюденіяхъ и въ наблюденіяхъ такихъ зоркихъ людей, каковы: Гомеръ, Дантъ, Сервантесъ, Шекспиръ, Гёте, и не смотря на свою неизмѣримую практическую важность, остается наукою въ проэктѣ, да и самый проэктъ этой науки только теперь возникаетъ съ особенною *ясностью* [4]). Понятно, что дедуктивная или выводная наука можетъ появиться тогда только, когда та наука, изъ которой она выводится, является сама наукою, уже болѣе или менѣе установившеюся. Но можемъ ли мы признать психологію такою наукою? Правда, она уже давно объявляетъ себя наукою опыта, почерпающею все свое содержаніе изъ наблюденій и опытовъ; но, разбирая опытную психологію Гербарта, Бенеке, Вайтца, Бэна и др., мы имѣли случай не разъ убѣдиться, что,

---

[1]) Ibid. p. 449. Милль прямо говоритъ, что *этологія* есть наука, которая соотвѣтствуетъ въ области искусствъ искусству воспитанія, принимая это послѣднее слово въ обширнѣйшемъ значеніи, т. е. какъ воспитаніе не только индивидуальнаго, но и коллективнаго, т. е. воспитаніе народнаго характера.

[2]) Ibid. p. 449.

[3]) Ibid. p. 450.

[4]) Замѣтимъ, между прочимъ, что этотъ проэктъ пріобрѣлъ особенную ясность въ головѣ британскаго мыслителя. Это не случайное явленіе. Болѣе всѣхъ другихъ націй британская нація занималась и продолжаетъ заниматься психологіей: только она одна давно уже поняла все практическое значеніе этой науки и одна вводитъ ее даже въ низшія школы. Нельзя не видѣть въ этомъ особой практичности англичанъ, которая, въ свою очередь, конечно строится на знаніи людскихъ характеровъ.

къ сожалѣнію, психологія до сихъ поръ идетъ по стопамъ философскихъ умозрѣній, и что ея положеніе очень часто болѣе условливается философскимъ міросозерцаніемъ писателя, чѣмъ дѣйствительно наблюденіемъ и опытомъ. Психологія еще порывается только сорваться съ того бугсира, на которомъ ведетъ ее до сихъ поръ метафизика: выражается ли эта метафизика схоластическими терминами германской философіи, или терминами, заимствованными изъ естествознанія, какъ у Бэна и Спенсера. Когда эти усилія увѣнчаются успѣхомъ, когда можно будетъ говорить о психологіи, какъ о дѣйствительной наукѣ опыта, вполнѣ установившейся, тогда только можно будетъ приняться и за выводъ изъ нея этологическихъ законовъ.

5. Но не одна психологія виновата въ томъ, что важная наука образованія человѣческаго характера остается до сихъ поръ наукою въ проэктѣ. Милль высказываетъ надежду, что физіологія скоро подмѣтитъ тѣ особенности въ образованіи мозга и нервной системы, которыя выражаются во врожденныхъ чертахъ характера [1]). Но, желая вполнѣ скорѣйшаго осуществленія этой надежды, мы не можемъ не признать ее нѣсколько сангвиническою, если пересмотримъ то ученіе *о темпераментахъ*, которое до сихъ поръ излагается въ физіологіяхъ и антропологіяхъ. Это ученіе, унаслѣдованное новымъ временемъ еще отъ классической древности, до такой степени не приведено къ единству съ новыми физіологическими знаніями, до такой степени шатко и не основано на положительныхъ фактахъ, что мы даже затрудняемся внести его въ фактическую антропологію. Еще Галенъ раздѣлилъ характеры людскіе на четыремъ темпераментамъ: на *сангвиническіе, холерическіе, меланхолическіе и флегматическіе*. Но, какъ справедливо замѣчаетъ Бенеке, «это скорѣе простыя картины извѣстныхъ, въ жизни встрѣчающихся характеровъ, нежели точное генетическое разложеніе ихъ» [2]). Но и въ жизни эти четыре вида характеровъ никогда не встрѣчаются въ отдѣльности; а всегда черты одного перемѣшаны съ чертами другого. Даже каждый въ самомъ себѣ, разбирая свои чувства, желанія и поступки, замѣтитъ въ однихъ черту меланхолическую, въ другихъ—сангвиническую и т. д. тѣмъ болѣе, если будетъ сличать свои различные настроенія духа. Только способность отвлеченія, замѣчающая главныя, выступающія черты поступка и пропускающая болѣе мелкія, имъ противорѣчащія, ихъ ослабляющія, дала возможность набросать эти типы темпераментовъ. Для того же, чтобы анализировать эти черты и привести ихъ въ какую нибудь систему, слѣдовало бы знать, чему приписать различія этихъ чертъ характера, а этого-то мы и не знаемъ, не смотря на то, что нашихъ анатомическихъ и физіологическихъ познаній нельзя и сравнивать съ познаніями классическаго міра.

6. «Ученіе, допускающее темпераменты, говоритъ Мюллеръ, идетъ

---

[1]) Ibid. p. 339.

[2]) Lehrb. der Psych. von Benecke § 345.

изъ глубочайшей древности. Оно превосходно и, можетъ быть, ничего уже нельзя болѣе сдѣлать для его усовершенствованія. Но основанія, на которыхъ его сдѣлали древніе, были также ложны, какъ ихъ мнѣнія относительно основныхъ элементовъ человѣческаго тѣла. Темпераменты Галена: *сангвиническій, флегматическій, желчный* и *меланхолическій* основывались на гипотезахъ древнихъ философовъ Греціи о четырехъ элементахъ: воздухѣ, водѣ, огнѣ и землѣ и качествахъ, имъ соотвѣтствующихъ: теплотѣ, холодѣ, сухости и влажности.» Этимъ элементамъ соотвѣтствовали въ организмѣ четыре основныя жидкости, преобладаніемъ которыхъ объясняли различіе темпераментовъ. «Мы мало бы содѣйствовали уясненію предмета, продолжаетъ Мюллеръ, если бы привели здѣсь различныя другія классификаціи темпераментовъ» [1]). Откуда же, спрашивается, взяли древніе такіе вѣрные типы человѣческихъ характеровъ, если выводили ихъ изъ такихъ ложныхъ основаній, каковы понятія о четырехъ стихіяхъ міра и о четырехъ основныхъ жидкостяхъ организма? Конечно, не изъ этихъ ложныхъ основаній, изъ которыхъ могли бы быть сдѣланы только и ложные же выводы. Типы эти слѣдовательно взяты прямо изъ наблюденій человѣка надъ самимъ собою и надъ различными людскими характерами, причемъ господствующія черты въ томъ или другомъ характерѣ или поступкѣ возводимы были по своему сходству въ одинъ типъ. Руководителями же при этомъ созданіи типовъ были не только логическое отвлеченіе, но и поэтическое чувство. Тутъ было тоже творчество, которое руководило Мольеромъ при созданіи характера Тартюфа, а Гоголемъ, когда онъ создавалъ своего городничаго. Процессъ этого творчества, при чемъ человѣкъ беретъ черты пошлости столько же изъ другихъ людей, сколько и изъ самого себя, прекрасно выраженъ самимъ Гоголемъ. Не напрасно бы вы искали Тартюфовъ, Гамлетовъ, Фальстафовъ, гоголевскихъ городничихъ и Хлестаковыхъ въ окружающихъ васъ людяхъ: поройтесь же внимательно въ самихъ себѣ — и вы отыщите ихъ всѣхъ: отъ того-то они такъ глубоко и задѣваютъ нашу душу, отъ того-то всѣ эти, столь различные характеры и кажутся намъ такими истинными. Точно также и по той же причинѣ типы темпераментовъ, созданные древними, поражаютъ своею истиною; но точно также, какъ всѣ поэтическія созданія, будучи приложены къ дѣйствительности, немедленно же требуютъ безчисленныхъ исключеній. Чтобы добиться въ темпераментахъ фактической истины, слѣдовало бы открыть ихъ физическія причины, но это, не смотря на всѣ попытки, до сихъ поръ, не удалось.

7. «Мы, конечно, пытались, говоритъ Мюллеръ, установить ученіе о темпераментахъ на основныхъ формахъ органическихъ отправленій и, органическихъ системъ, напр., на системѣ питанія, движенія, чувствительности, и приписать темпераменты преобладанію одной изъ этихъ системъ. Таким образомъ были получены темпераменты растительный

---

[1]) Man. de Physiol. T. II, p. 546.

раздражительный и чувствительный. Но вывести душевныя особенности, характеризующія каждый темпераментъ, изъ преобладанія одной изъ органическихъ системъ совершенно невозможно. Дѣйствительно, мускульная сила не дѣлаетъ еще человѣка жолчнымъ; а характеръ флегматическій точно также сопровождается хорошимъ, какъ и дурнымъ питаніемъ. Люди сырые и тучные не всегда флегматики, и часто встрѣчаются лица очень худощавыя и съ невозмутимою флегмою. Есть люди жолчные и сангвиническіе, какъ между толстыми такъ и между худощавыми, какъ между сильными такъ и между слабыми. Вообще всѣ попытки приписать каждому темпераменту особое органическое свойство оказались неудачными. «Особенную безурядицу въ ученіи о темпераментахъ внесло смѣшеніе съ ними патологическихъ болѣзненныхъ явленій. Вообразили себѣ, что флегматикъ непремѣнно долженъ быть толстый, блѣдный и лимфатическій, что жолчный долженъ имѣть расположеніе къ болѣзни печени и т. п., «По-моему мнѣнію, продолжаетъ Мюллеръ, темпераменты зависятъ болѣе или менѣе отъ расположенія къ чувствованіямъ или страстямъ, рождающимся изъ возбужденія или противодѣйствія склонностямъ, т. е., что причина ихъ заключается въ различномъ расположеніи къ состояніямъ удовольствія, страданія и желанія» [1]. Изъ этого довольно темнаго намека видно, что физіологъ Мюллеръ скорѣе готовъ перенести вопросъ о темпераментахъ на психологическую почву. Но что же можетъ сказать психологія о томъ, *что врождено*, о томъ, что предшествуетъ слѣдовательно дѣятельности сознанія, что условливаетъ уже характеръ этой дѣятельности, а не условливается имъ?

8. Послѣ Мюллера, конечно, продолжались попытки пріурочить темпераменты къ какимъ нибудь фактамъ организма. Френологи пытались найти эти факты въ мозгу, въ различіи комбинацій его частей; другіе искали причины ихъ въ особенности устройства тканей, въ относительномъ количествѣ бѣлаго и сѣраго вещества въ мозгу, въ свойствѣ крови, но все это рѣшительно ни къ чему не повело — и взглядъ Мюллера на темпераменты остается и до сихъ поръ самымъ логическимъ. Мы можемъ только удивляться, какъ нѣкоторые психологи и педагоги, знакомые съ этимъ трезвымъ и скромнымъ взглядомъ великаго ученаго и мыслителя, продолжаютъ говорить, напр., что у людей съ нервознымъ темпераментомъ долженъ быть маленькій носъ и круглый подбородокъ, у людей съ жолчнымъ темпераментомъ — чорные блестящіе глаза, курчавые волосы и т. п. ни на чемъ не основанныя нелѣпости [2], или прилагать къ своимъ сочиненіямъ разрисованныя фигуры темпераментовъ, рисуя флегматика непремѣнно человѣкомъ страдающимъ водяной, а меланхолика — чахоткой [3]. Вотъ почему, признавъ неудачными всѣ попытки отыскать

[1]) Ibid. p. 547.

[2]) Die Wissenschaft von Menschen von K. Schmidt. 1865. S. 201—202.

[3]) См. рисунки, приложенные къ упомянутой книгѣ Шмидта.

физiологическiя причины различiя темпераментовъ, мы представимъ только характеристическiя картины ихъ, слѣдуя при этомъ Мюллеру.

9. *Флегматическiй* темпераментъ Мюллеръ называетъ *умѣреннымъ* въ противоположность тремъ остальнымъ. Чувствованiя не овладѣваютъ флегматикомъ быстро и не легко разливаются въ немъ. (По нашей терминологiи у флегматика душевныя чувствованiя не легко переходятъ въ патическiя). Мысли флегматика текутъ съ неменьшей быстротою, какъ и мысли другихъ людей, и умъ его можетъ достигнуть такого же развитiя. Но ему не нужно дѣлать надъ собою большихъ усилiй, ни физическихъ, ни нравственныхъ, чтобы сохранить свое хладнокровiе. Для него легче, чѣмъ для другихъ, удержаться отъ быстраго рѣшенiя, чтобы обдумать его прежде. Отъ него нельзя ожидать такихъ рѣшенiй, которыя выходятъ быстро изъ глубокихъ и живыхъ чувствованiй; но отъ него можно ожидать всего, что можетъ быть достигнуто терпѣнiемъ и настойчивостью. Онъ трудно раздражается, рѣдко жалуется, переноситъ свои страданiя терпѣливо и мало возмущается страданiями другихъ. Онъ не скоръ на дружбу, но постояненъ въ ней. Когда чего нибудь нужно достигнуть быстротою и развитiемъ большой силы въ малое время, то его легко обгоняютъ люди другихъ темпераментовъ; но за то онъ вѣрнѣе достигаетъ отдаленной цѣли. Онъ всегда знаетъ, чего хочетъ, и неохотно вмѣшивается въ чужiя дѣла. Лѣность, апатiя, беззаботность, скука, трудность пониманiя—составляютъ уже болѣзненныя явленiя.

10. Къ неумѣреннымъ темпераментамъ Мюллеръ причисляетъ темпераменты: *желчный*, *сангвиническiй* и *меланхолическiй*.

Желчный темпераментъ обнаруживаетъ замѣчательную силу въ дѣятельности, энергiю и настойчивость, когда находится подъ влiянiемъ какой-нибудь страсти. Его страсти быстро воспламеняются отъ малѣйшаго препятствiя, и его гордость, ревность, мстительность, честолюбiе — не имѣютъ предѣловъ, когда его душа находится подъ угнетающимъ влiянiемъ страсти. Онъ размышляетъ мало и дѣйствуетъ быстро, немедля, какъ потому, что всегда считаетъ себя правымъ, такъ и потому, что сильна его воля. Онъ трудно сознается въ своихъ ошибкахъ и увлекается страстью, пока она не приводитъ его къ его собственной гибели или гибели другихъ.

11. У *сангвиника* основное стремленiе есть стремленiе къ наслажденiю, соединенное съ легкою возбуждаемостью чувствованiй и съ ихъ малою продолжительностью. Онъ увлекается всѣмъ, что ему прiятно, вызываетъ много симпатiи къ другимъ и скоръ на дружбу; но склонности его непостоянны и нельзя слишкомъ много на нихъ расчитывать. Его легко разсердить, но онъ также легко переходитъ къ раскаянiю. Щедрый на обѣщанiя, онъ тотчасъ ихъ забываетъ, если не выполняетъ въ то же время. Довѣрчивый и легковѣрный, онъ любитъ строить проэкты, но скоро ихъ бросаетъ. Снисходительный къ недостаткамъ другихъ, онъ требуетъ такой же снисходительности и къ своимъ собственнымъ. Его

легко успокоить; онъ откровененъ, ласковъ, доброжелателенъ, любитъ общество, неспособенъ къ эгоистическимъ расчетамъ.

12. У *меланхолика* господствующая наклонность есть наклонность къ печали. Онъ также легко возбуждается, какъ и сангвиникъ, но чувства непріятныя проявляются въ немъ чаще и продолжаются долѣе, чѣмъ чувства удовольствія. Страданія другихъ легко вызываютъ его сочувствіе. Онъ боязливъ, нерѣшителенъ, недовѣрчивъ и легко поддается всему, что соотвѣтствуетъ его господствующимъ идеямъ. Бездѣлица его оскорбляетъ; ему все кажется, что имъ пренебрегаютъ. Препятствія, встрѣчаемыя имъ въ жизни, приводятъ его въ отчаяніе, лишаютъ энергіи и дѣлаютъ неспособнымъ выйти изъ затрудненія. Его желанія носятъ грустный оттѣнокъ; его страданія кажутся ему невыносимыми и выше всякаго утѣшенія [1]).

13. Присмотритесь же къ дѣйствительнымъ характерамъ, попадающимся вамъ на глаза, изучайте ихъ внимательно, подробно, безъ всякой предвзятой теоріи, и вы увидите, какъ много невѣрнаго въ этихъ пресловутыхъ картинахъ темпераментовъ. Возьмемъ, напр., характеръ Руссо и подумаемъ, къ какому изъ *четырехъ* темпераментовъ можно его причислить. Онъ увлекается удовольствіемъ, какъ сангвиникъ; бѣжитъ отъ общества, какъ меланхоликъ; раздражителенъ и мстителенъ, какъ человѣкъ желчнаго темперамента; скоръ на дружбу и ненадеженъ въ ней опять же, какъ сангвиникъ; нетерпѣливъ, правда, во всемъ, но кромѣ того, что его дѣйствительно увлекаетъ. Трудно кажется назвать его флегматикомъ; а между тѣмъ онъ такъ медленно и терпѣливо вырабатываетъ свои сочиненія, что, слѣдуя описанію темпераментовъ, ихъ могъ бы сдѣлать только сильнѣйшій флегматикъ. Недовѣрчивый и подозрительный до смѣшнаго, онъ даже можетъ быть названъ ипохондрикомъ, не только меланхоликомъ; но посмотрите, сколько истинно дѣтской веселости и довѣрчивости обнаруживается въ немъ при случаѣ! Онъ способенъ плакать надъ такими пустяками, надъ которыми другой смѣется, но его шутка весела и колка. Онъ снисходителенъ къ своимъ недостаткамъ, какъ истинный сангвиникъ, но не снисходителенъ къ недостаткамъ другихъ, какъ человѣкъ крайне желчнаго характера. Его привязанности измѣнчивы и въ то же время мы видимъ, что до глубокой старости дожили въ немъ привязанности и ненависти дѣтства. И, кромѣ того, какъ не похожъ дитя-Руссо, веселый, довѣрчивый, шаловливый, на мрачнаго старика, убѣжавшаго отъ людей на необитаемый островокъ швейцарскаго озера! Но не забудьте, что и женевцы также измѣнялись и ставятъ монументъ Руссо на томъ самомъ мѣстѣ, гдѣ бросали каменьями въ бѣднаго философа. Здѣсь вы видите, что жизнь ума и сердца перемѣшала черты всѣхъ темпераментовъ въ самую пеструю, но вполнѣ понятную картину.

14. Мы выбрали для примѣра характеръ Руссо именно потому, что

---

[1]) Ibid. p. 547—549.

его геніальная автобіографія открываетъ намъ всѣ изгибы этого, вполнѣ художественнаго характера, со всѣми его достоинствами и недостатками. Но къ тому же самому результату въ отношеніи темпераментовъ придете вы, изучая характеръ перваго близкаго вамъ человѣка и особенно изучая его не въ одинъ какой нибудь моментъ, что дало бы вамъ самые ошибочные результаты, но наблюдая надъ тѣмъ, какъ онъ проявлялся въ долгій періодъ времени, если не во всю жизнь. Безпрестанно вы встрѣтите людей, поражающихъ васъ перемѣнчивостью своихъ наклонностей и въ то же время настойчивостью какой нибудь одной изъ нихъ, людей раздражительныхъ въ одномъ и очень флегматическихъ въ другомъ, легко прощающихъ одно и никогда не прощающихъ другое, эгоистовъ и въ то же время готовыхъ на самопожертвованіе, людей, которые любятъ общество и въ то же время его избѣгаютъ и т. д.; словомъ, вы встрѣтите въ каждомъ характерѣ противорѣчія знаменитымъ картинамъ темпераментовъ.

15. Воспитатель критикъ еще болѣе обыкновеннаго наблюдателя человѣческой природы практически убѣждается, что тѣ самыя черты характера, которыя приписываются, какъ врожденныя тому или другому темпераменту, бываютъ очень часто слѣдствіемъ воспитанія. Иначе воспитатель не говорилъ бы вамъ безпрестанно, что можно запугать дитя и сдѣлать его робкимъ, что можно сдѣлать дитя тупымъ, лѣнивымъ, злымъ и что все это зависитъ отъ воспитательнаго вліянія семьи, школы и вообще жизни. Однакоже и воспитатель знаетъ, что есть *что-то такое*, врожденное человѣку и обнаруживающееся въ способѣ его мышленія, чувствованія и дѣятельности, что приносится каждымъ ребенкомъ, какъ нѣчто готовое, и что можетъ быть или усилено или ослаблено вліяніями жизни и воспитанія, но не можетъ быть вполнѣ искоренено, и что, во всякомъ случаѣ, воспитаніе должно принять, какъ нѣчто готовое, уже принесенное ребенкомъ при самомъ рожденіи. Изъ этого мы можемъ вывести наоборотъ, что въ знаменитыхъ картинахъ темпераментовъ есть своя доля правды, но что этой правды не легко доискаться.

16. Въ догматическія психологіи и педагогики ученіе о темпераментахъ вносилось прежде почти безъ всякаго анализа, и честь первой попытки извлечь изъ этого ученія хотя какія нибудь твердыя и ясныя черты врожденныхъ различій психо-физической дѣятельности людей, принадлежитъ, кажется, Бенеке. Усвоивъ себѣ теорію Гербарта объ образованіи всего содержанія души изъ представленій, Бенеке, какъ мы уже видѣли, вынужденъ былъ отступить отъ этого ученія и дать душѣ нѣчто врожденное. Это врожденное — ея *первичныя силы* (Urvermögen). Конечно, эти первичныя силы постоянно образуются душою, но слѣдовательно уже сама сила, ихъ образующая, прирождена душѣ, а вмѣстѣ съ тѣмъ прирождены ей и тѣ особенности, которыми первичныя силы одного человѣка различаются отъ первичныхъ же силъ другого. Эти особенности состоятъ: первая — въ большей или меньшей *крѣпости* этихъ первичныхъ силъ; вторая — въ большей или меньшей степени *впечатли-*

тельности и третья — въ большей или меньшей степени *живости*. Эти врожденныя особенности первичныхъ силъ, *крѣпость* (Kräftigkeit) *впечатлительность* (Reizempfänglichkeit) и *живость* (Lebendigkeit), могутъ находиться въ одной и той же душѣ въ различныхъ соединеніяхъ между собою, чѣмъ и отличается уже отъ природы дѣятельность одной души отъ дѣятельности другой. Конечно мы могли бы указать, что есть у Бенеке скрытые намеки, что эти первичныя силы со своими особенностями порождаются изъ органическихъ процессовъ тѣла и что, слѣдовательно, и причины замѣчаемыхъ нами особенностей въ психической дѣятельности у разныхъ индивидуумовъ должны быть отыскиваемы въ прирожденныхъ особенностяхъ организма. Но такъ-какъ жаркіе последователи Бенеке защищаютъ его отъ этой мысли, то мы и не припишемъ ее ему. Мы, впрочемъ, не понимаемъ, отчего тутъ собственно защищать Бенеке? Что же касается насъ, то, показавъ полную невозможность объяснять чисто психическія явленія изъ извѣстныхъ намъ свойствъ матеріи, мы не имѣемъ никакой причины не приписать вліянію тѣлеснаго организма тѣ особенности психо-физической дѣятельности людей, которыя ясно *врождены* и потому уже самому скорѣе могутъ быть приписаны вліянію тѣла, чѣмъ душѣ.

ГЛАВА XLIII.

Факторы въ образованіи характера: а) вліяніе врожденнаго темперамента.

О факторахъ въ образованіи характера вообще.

1. Въ предыдущей главѣ мы признали вліяніе врожденныхъ особенностей организмовъ на образованіе характера за фактъ несомнѣнный, но до того мало изслѣдованный, съ одной стороны физіологіею, а съ другой психологіею, что мы рѣшительно не можемъ ни опредѣлить границъ этого вліянія, ни указать на тѣ особенности организмъ, которымъ должны быть приписаны эти прирожденныя особенности, выражающіяся въ особенностяхъ психической дѣятельности того или другого человѣка и необъяснимыхъ изъ психическихъ причинъ.

2. Столь же несомнѣнные факты, особенно извлекаемые изъ педагогической практики, приводятъ насъ къ тому убѣжденію, что воспитаніе и вообще жизнь со всѣми своими вліяніями на человѣка можетъ сильно измѣнять врожденныя особенности его психической дѣятельности. Кто же изъ людей, наблюдавшихъ надъ воспитаніемъ и развитіемъ человѣка, не имѣетъ твердаго убѣжденія, что семейное и школьное воспитаніе, а потомъ жизнь не оказываютъ могущественнаго вліянія на характеръ человѣка? Не видимъ ли мы на цѣлыхъ поколѣніяхъ людей ясной печати той школы, гдѣ они учились? Развѣ мы не видимъ очень часто самые рѣзкіе образцы характеровъ, или сломанныхъ жизнью, или наоборотъ

ваемыхъ ею? Признавая существованіе этого вліянія слишкомъ очевиднымъ, чтобы его нужно было доказывать, мы должны признать также, что и границы *жизненнаго* вліянія, разумѣя подъ нимъ всю совокупность вліяній всѣхъ впечатлѣній жизни, дѣйствующихъ на человѣка чрезъ посредство его сознанія, также неопредѣленны, какъ и границы вліяній врожденныхъ особенностей. Но психологъ въ этомъ отношеніи поставленъ все же выгоднѣе физіолога и во многихъ случаяхъ можетъ вѣрно понять и объяснить причину того или другого вліянія, если извѣстны именно всѣ жизненные факты и выясненъ врожденный темпераментъ человѣка.

3. Но если существованіе двухъ первыхъ образователей (факторовъ) характера не подлежитъ сомнѣнію, хотя границы ихъ дѣйствія и неопредѣлены, то самое существованіе *третьяго* фактора, а именно *личной воли человѣка*, признаваемое одними, отвергается другими. Одни признаютъ, что не смотря ни на какое вліяніе, идетъ ли оно изъ прирожденныхъ особенностей человѣка или изъ впечатлѣній жизни, точно также отъ него независящихъ, какъ и врожденныя особенности, человѣкъ можетъ свободно выработывать свой характеръ. Другіе, наоборотъ, утверждаютъ, что самое направленіе, или, вѣрнѣе, содержаніе воли совершенно предопредѣляется двумя первыми факторами, и что, слѣдовательно, помимо ихъ человѣкъ не можетъ внести никакого новаго элемента въ свой характеръ. Вопросъ этотъ по самому содержанію своему, относится къ третьей части нашей «Антропологіи», гдѣ намъ придется говорить о свободѣ воли, которая если и можетъ быть признана, то только какъ результатъ *самосознанія*, слѣдовательно исключительною принадлежностью человѣка, его *духовною* особенностью. Здѣсь же мы займемся только двумя первыми факторами, которые дѣйствуютъ не только въ человѣкѣ, но и въ животныхъ.

4. Совершенная необработанность вопроса объ образованіи человѣческихъ характеровъ подъ вліяніемъ, съ одной стороны, врожденныхъ особенностей организма, а съ другой, подъ вліяніемъ жизни съ ея особенностями, объясняетъ, почему мы рѣшаемся здѣсь передать не результаты научныхъ изслѣдованій, а только результаты личныхъ наблюденій. Если читатель будетъ недоволенъ скудостью этихъ результатовъ, то пусть онъ припомнитъ, что «характерологія» есть только наука въ проектѣ и притомъ такая обширная наука, которая потребовала бы большаго, спеціально ей посвященнаго сочиненія, а не двухъ-трехъ главъ, которыя мы можемъ посвятить здѣсь этому предмету, систематическимъ изученіемъ котораго, кромѣ того, мы никакъ не можемъ похвалиться. Онъ входилъ въ кругъ нашихъ занятій вмѣстѣ съ другими предметами психологіи и педагогики, тогда-какъ по обширности своей задачи онъ могъ бы поглотить всѣ силы многихъ людей.

а) *Вліяніе прирожденныхъ особенностей организма на образованіе характера.*

5. Вліяніе прирожденныхъ особенностей организма на образованіе характера можно бы, какъ намъ кажется, раздѣлить на: 1) общее вліяніе состоянія организма, 2) вліяніе особенностей пищеваго процесса, 3) вліяніе устройства органовъ мозга, 4) вліяніе особенностей нервной ткани и 5) вліяніе патологическихъ состояній организма.

6. *Общему здоровому или больному, сильному или слабому состоянію организма* давно уже приписывается большое вліяніе на психическую жизнь и латинская поговорка «здоровая душа въ здоровомъ тѣлѣ» слишкомъ часто повторяется, особенно въ послѣднее время, чтобы кто-нибудь могъ не знать ее. Но если мы обратимъ вниманіе не на теоріи, для которыхъ эта поговорка служитъ любимымъ подтвержденіемъ, а на факты, то найдемъ, что справедливость знаменитаго изреченія можетъ быть подвергнута сильному сомнѣнію. Біографіи личностей, которыми гордится человѣчество, ясно доказываютъ, что далеко не всѣ эти личности были здоровыми людьми, начиная съ Аристотеля, часто жалующагося на свое болѣзненное состояніе, и оканчивая Дарвиномъ, который спѣшитъ напечатать еще неготовою свою теорію, боясь, что здоровье помѣшаетъ ему развить и обставить ее, какъ слѣдуетъ. Въ этихъ широкихъ предѣлахъ и принявъ за идеалъ *душевнаго* здоровья человѣка великій умъ и великій характеръ (какой же другой можно выбрать?), мы насчитаемъ не мало великихъ дѣятелей, представлявшихъ здоровую душу въ больномъ тѣлѣ. Но не имѣемъ ли мы передъ глазами всѣмъ намъ знакомыхъ примѣровъ? Припомните Гоголя, Бѣлинскаго. Съ другой стороны, если можно указать на такихъ личностей, какъ Гёте, здоровыхъ и по тѣлу, и по душѣ, то можно также указать на безчисленное множество здоровеннѣйшихъ господъ съ самою ничтожною душевною дѣятельностью и съ самыми ничтожными ея результатами. И не только къ умственному богатству, но и къ характеру не можетъ быть приложена эта знаменитая поговорка. Не видимъ ли мы часто слабыхъ и больныхъ людей, показывающихъ несомнѣнное геройство и твердость, и здоровыхъ и сильныхъ, обнаруживающихъ постыдную трусость и ничтожество характера? Всякій внимательный воспитатель безъ сомнѣнія убѣдится, что и въ школѣ дѣти слабыя, золотушныя, болѣзненныя—вовсе не являются непремѣнно слабыми по уму и характеру, а чаще совершенно наоборотъ. Сообразивъ всѣ эти несомнѣнные факты, трудно себѣ объяснить, какъ классическое выраженіе «здоровая душа въ здоровомъ тѣлѣ» можетъ еще до сихъ поръ повторяться людьми съ увѣренностью въ его полной справедливости.

7. Однакоже мы не хотимъ этимъ сказать, чтобы общее здоровое или болѣзненное состояніе организма, или прирожденная сила или слабость его, не оказывали *никакого* вліянія на душевную жизнь и ея результаты: умъ и характеръ. Этого вліянія *не можетъ не быть*. Если человѣкъ испытываетъ болѣзненныя ощущенія и недостаточность своихъ

тѣлесныхъ силъ, то эти, уже *душевные* опыты не могутъ не оставить слѣдовъ въ его душевныхъ работахъ и не могутъ не сказаться въ результатахъ этихъ работъ: умѣ и характерѣ. Нѣтъ сомнѣнія, что дитя, часто испытывающее слабость своихъ тѣлесныхъ силъ, сравнительно съ силами товарищей, отразитъ эти опыты въ своей душевной жизни и ея результатахъ; но какъ отразитъ и что извлечетъ изъ этихъ опытовъ— это еще вопросъ. Очень можетъ быть, что дитя, удерживаемое слабостью своихъ силъ отъ тѣлесныхъ игръ и упражненій со своими сверстниками, сосредоточитъ свою психическую дѣятельность въ умственной сферѣ, почему и развитіе ея пойдетъ сравнительно быстрѣе. Можетъ быть и то, что слабое дитя, обижаемое своими сильными товарищами, вздумаетъ навестить слабость своихъ силъ умомъ и отсюда выработается хитрость. Можетъ выйти и такъ, что слабое дитя не откажется отъ соперничества въ тѣлесной силѣ со своими товарищами и въ немъ разовьется чувство зависти, а потомъ и злости. Можетъ быть и наоборотъ, что дитя, не побуждаемое къ тѣлеснымъ упражненіямъ быстро накопляющимися силами организма, будетъ смотрѣть на игры другихъ какъ на развлеченіе, и отсюда выработается добрая черта въ характерѣ. Точно также сильный и здоровый мальчикъ имѣетъ въ самомъ обиліи своихъ силъ условіе для развитія чувства доброты [1]; но можетъ развиться въ немъ и чувство гордости и злости, смотря по обстоятельствамъ его дѣтства и какъ къ нему дитя относится. Сильный и здоровый мальчикъ очень можетъ умственно развиваться тупо, именно потому, что обиліе тѣлесныхъ силъ влечетъ его преимущественно къ тѣлесной дѣятельности и она, а не дѣятельность умственная, будетъ удовлетворять врожденному душѣ стремленію къ жизни. Но развѣ можно вывести изъ этого, что обиліе тѣлесныхъ силъ есть непремѣнное условіе слабаго развитія умственныхъ?

8. Изъ этого мы можемъ вывести только, что общее состояніе здоровья, безъ сомнѣнія, оказываетъ вліяніе на психическую жизнь и ея результаты; но что это вліяніе можетъ быть безконечно разнообразно, смотря по внѣшнимъ обстоятельствамъ и по тому, какія первыя душевныя работы начнутъ залегать въ душѣ ребенка. Воспитатель слѣдовательно не долженъ упускать изъ виду здороваго или больнаго состоянія организма, какъ вліяющей причины, но долженъ въ каждомъ данномъ случаѣ изслѣдовать, каково было это вліяніе, впередъ уже зная, что это вліяніе можетъ дать результаты не только разнообразные, но даже прямо противоположные. Прослѣдите, напримѣръ, какъ хромота вліяла на характеръ Байрона, и вы убѣдитесь, что тотъ же самый тѣлесный недостатокъ могъ дать въ другомъ человѣкѣ и при другой обстановкѣ жизни результаты совершенно противоположные.

9. *Различіе въ быстротѣ совершенія пищеваго процесса и возобновленіи тканей организма* у различныхъ индивидовъ есть фактъ, наблюдаемый, сколько намъ извѣстно, и медиками. Наблюдая надъ дѣтьми

[1]) См. выше, гл. XXI, пп. 18—22.

и взрослыми, мы замѣтимъ, что даже при одинаково нормальномъ и здоровомъ состояніи организма, одинъ организмъ скорѣе, чѣмъ другой, выполняетъ весь пищевой процессъ, начинающійся пріемомъ пищи и оканчивающійся превращеніемъ ея въ ткани и скрытыя (потенціальныя) силы тканей. Это замѣтно не столько въ относительной быстротѣ работы желудка, сколько въ болѣе или менѣе быстромъ вознагражденіи убыли крови изъ пищеваго запаса и въ болѣе или менѣе быстромъ возобновленіи изъ крови всѣхъ тканей и скрытыхъ въ нихъ силъ. У одного кровотвореніе совершается замѣтно быстрѣе и замѣтно быстрѣе возобновляются растраченныя силы, чѣмъ у другого. Отъ того дѣти, а также и взрослые, такъ различно выносятъ однѣ и тѣ же болѣзни. Это различіе въ быстромъ возобновленіи тканей и скрытыхъ въ нихъ силъ изъ крови, и окончательно изъ пищи, не можетъ не сказаться и въ различной быстротѣ совершенія однихъ и тѣхъ же психофизическихъ процессовъ у различныхъ лицъ, которую легко замѣтить каждый внимательный воспитатель. Если, какъ мы это уже видѣли, необходимо предположить нѣкоторую дѣятельность нервной системы при всякой душевной дѣятельности, совершающейся въ области представленій, то понятно само собою, что быстрое или медленное возобновленіе нервной ткани и ея силъ изъ крови не можетъ остаться безъ вліянія на болѣе или менѣе быстрый ходъ представленій въ нашей душѣ, на процессъ ихъ потемнѣнія и возникновенія въ сознаніи, и на продолжительность ихъ яркости, а все это слишкомъ важныя условія психическаго процесса, чтобы не имѣть на него вліянія. Но весьма было бы ошибочно полагать, что вообще здоровыя и полныя дѣти быстрѣе возобновляютъ свои силы, чѣмъ худощавыя. Едва ли не чаще бываетъ наоборотъ. Иное дитя, худощавое и повидимому слабое, поражаетъ именно энергической тратой своихъ силъ и энергическимъ ихъ возстановленіемъ, тогда какъ дитя румяное и полное, наоборотъ, нерѣдко поражаетъ вялостью и медленностью оборота силъ: ихъ траты и ихъ возстановленія. Это объясняется, конечно тѣмъ важнымъ вліяніемъ, которое имѣетъ нервная система на растительные процессы тѣла. Въ этомъ отношеніи извѣстная примѣта, по которой нѣмецкіе хозяева оцѣнивали нанимаемыхъ слугъ, не вовсе лишена основанія; хотя, конечно, быстрая и жадная ѣда можетъ быть слѣдствіемъ обжорства, указывающаго вовсе не на энергическую трату силъ, а на дурную привычку желудка. Дитя очень легко сдѣлать обжорой, и лѣность, а не энергія, будетъ слѣдствіемъ обжорства. Но можно также воспитаніемъ и ускорить оборотъ силъ, не переходя конечно врожденныхъ предѣловъ.

10. *На различіе въ объемѣ и въ устройствѣ мозга* чаще всего старались указывать въ послѣднее время какъ на причину врожденныхъ особенностей ума и характера. Но всѣ эти старанія не привели ни къ какимъ положительнымъ результатамъ. Что касается до безотносительнаго объема головнаго мозга, то несомнѣнные факты показываютъ, что животныя, обладающія большимъ количествомъ мозга, могутъ быть и

вѣсно глупѣе животныхъ съ самымъ малымъ мозгомъ. Всѣ естествоиспытатели удивляются уму муравьевъ; извѣстный матеріалистъ Фохтъ называетъ ихъ даже маленькими мудрецами и готовъ приписать имъ даръ слова [1]), а между тѣмъ вся нервная система муравья—одинъ микроскопическій узелокъ, который слишкомъ малъ даже въ отношеніи объема насѣкомаго. Кромѣ того вскрытія показали, что люди, у которыхъ цѣлая половина мозга была поражена, не выказывали при жизни ни малѣйшаго пораженія ума. Указывая на этотъ фактъ, другой извѣстный матерьялистъ Молешотъ говоритъ, что люди, пораженные атрофіей половины мозга, быстрѣе здоровыхъ уставали; но развѣ это не есть общее послѣдствіе всякой болѣзни? Думали видѣть особое значеніе для умственной дѣятельности въ большихъ или меньшихъ извивахъ большаго мозга. Но «къ несчастію»—наивно восклицаетъ Бэнъ [2])—у овцы, одного изъ глупѣйшихъ животныхъ (какъ и у всѣхъ жвачныхъ), мозговые извивы гораздо богаче, чѣмъ у собаки, одного изъ умнѣйшихъ четвероногихъ. Молешотъ еще хочетъ придать особенное значеціе большему или меньшему закрытію малаго мозга большимъ [3]); но если даже и удалось бы провести этотъ фактъ въ сравнительной анатоміи мозга, то какая же связь между закрытіемъ мозжечка и силою умственныхъ способностей? Что же касается до френологическихъ фантазій, то можно только удивляться, какъ онѣ еще существуютъ до сихъ поръ, и еще болѣе можно удивляться, что иногда люди практическіе, какими должны быть медики и педагоги, отводятъ этимъ фантазіямъ почетное мѣсто въ своихъ педагогическихъ системахъ, какъ это сдѣлалъ извѣстный нѣмецкій педагогъ Карлъ Шмидтъ. Мы не отрицаемъ, что должно быть какое нибудь соотвѣтствіе между устройствомъ мозговаго органа и тою дѣятельностью, которую проявляетъ душа черезъ посредство этого органа и пользуясь имъ, но не видимъ, чтобы это соотвѣтствіе было найдено въ настоящее время.

11. Если въ этомъ отношеніи въ чемъ нибудь нельзя сомнѣваться, то это только въ томъ, что особенно счастливое, сильное и тонкое развитіе тѣхъ или другихъ органовъ внѣшнихъ чувствъ, въ связи съ развитіемъ относящихся къ нимъ частей мозга, непремѣнно должно оказывать важное вліяніе на психическую дѣятельность и иногда даже давать ей рѣшительное направленіе. Мы уже замѣчали выше по этому поводу [4]), но и здѣсь считаемъ не лишнимъ повторить, что сильное и счастливое развитіе, напримѣръ, слуховаго органа можетъ увлечь душу ребенка преимущественно въ сферу звуковъ точно также, какъ сильное и счастливое развитіе зрительнаго органа можетъ увлечь душу другого преимущественно въ міръ красокъ и образовъ, а, можетъ быть, осо-

[1]) Физіолог. письма. 1864 г. стр. 458.

[2]) The Senses and the intellect, p. 12. Примѣч.

[3]) Circulation de la vie, par Moleschott. T. II, p. 158.

[4]) Пед. Антр. Ч. I. Гл. VII п. 11. и Гл. XVI. п. 23 и др.

бенно тонкое и счастливое развитіе органа мускульнаго чувства—въ міръ математическихъ движеній, а потомъ и въ міръ математическихъ соображеній. Эта догадка пріобрѣтаетъ для насъ теперь особенное значеніе, когда мы познакомились уже со стремленіемъ души къ безпрестанной и безпрестанно расширяющейся дѣятельности. Естественно, что душа преимущественно будетъ направлять свои работы въ ту сферу дѣятельности, особенное обиліе которой условливается особенно удачнымъ, тонкимъ и сильнымъ развитіемъ того или другого органа чувствъ. Естественно, что если преимущественное развитіе даннаго органа дастъ для души болѣе обильный, разнообразный и стройный матерьялъ, чѣмъ условія первыя основныя ея работы, то она преимущественно и будетъ склоняться въ эту сферу дѣятельности, гдѣ одинаковая тягость работы дастъ болѣе успѣшные результаты и гдѣ поэтому душевная работа будетъ совершаться въ одно и то же время и легче, и обширнѣе, и успѣшнѣе, и прогрессивнѣе. Вотъ, кажется, одно, что можно извлечь раціональнаго изъ всѣхъ попытокъ отыскать въ особенности устройства мозговыхъ органовъ условія, опредѣляющія особенность психической дѣятельности у различныхъ лицъ.

12. *Различіе въ устройствѣ тканей мозга и всей нервной системы* у различныхъ индивидовъ, конечно, есть только *предполагаемое* различіе, не подтверждаемое никакими извѣстными намъ микроскопическими наблюденіями; но наблюденія психологическія такъ сильно указываютъ именно въ этомъ направленіи, что мы не можемъ отказаться отъ весьма вѣроятныхъ догадокъ. Наблюдая надъ *врожденнымъ* различіемъ психической дѣятельности у различныхъ людей, невольно приходимъ къ мысли, что тѣ особенности, въ этомъ отношеніи, на которыя отчасти такъ мѣтко указалъ Бенеке и которыхъ мы не можемъ иначе объяснить, какъ врожденностью, должны имѣть своею причиною какія-нибудь особенныя условія въ устройствѣ нервной ткани. Такъ напр. всякій можетъ убѣдиться, что одно дитя гораздо легче приходитъ въ раздраженное нервное состояніе, чѣмъ другое, поставленное въ тѣ же условія жизни и воспитанія. Замѣтивъ же это, естественно прійти къ мысли, что это зависитъ уже отъ врожденнаго, а можетъ быть и отъ болѣзненнаго свойства нервной ткани. Въ этомъ отношеніи мы позволимъ себѣ, вслѣдъ за Бенеке, выставить нѣсколько свойствъ, которыя мы не можемъ объяснить психически, но которыя очень могутъ зависѣть отъ врожденныхъ или патологическихъ особенностей нервной ткани. Къ такимъ свойствамъ, кажется, слѣдовало бы причислить: 1) болѣе или менѣе сильную воспріимчивость впечатлѣній, то, что Бенеке называетъ впечатлительностью (Reizempfänglichkeit); 2) большую или меньшую степень силы въ удержаніи слѣдовъ впечатлѣній и потомъ слѣдовъ ощущеній (Kräftigkeit); 3) большую или меньшую степень распространяемости впечатлѣній или ихъ ограниченіе какою-нибудь одною частью нервной системы, что зависитъ отъ степени раздражительности нервной системы, и 4) большую или меньшую степень подвижности мо-

ней нервной системы, то, что Бенеке называетъ живостью (Lebendigkeit). Разсмотримъ каждую изъ этихъ предполагаемыхъ нами врожденныхъ или патологическихъ особенностей нервной ткани.

13. Кто наблюдалъ надъ дѣтьми и особенно училъ ихъ по наглядной методѣ, тотъ, безъ сомнѣнія, замѣтилъ разную *степень впечатлительности* въ разныхъ дѣтяхъ. Одно дитя или *вообще* замѣтно впечатлительнѣе другого, или выказываетъ замѣтно большую впечатлительность въ сферѣ впечатлѣній *одного органа* чувствъ, сравнительно съ другими органами. Здѣсь, конечно, не все принадлежитъ врожденной особенности: многое условливается прежними душевными работами дитяти; но есть тутъ и какая-то природная грань, которой уже перейти нельзя и которой нельзя и объяснить психически. Сильная и тонкая впечатлительность, общая или частная, конечно, есть важное условіе быстраго и успѣшнаго психическаго развитія. Впечатлѣнія доставляютъ весь матеріалъ для психической работы, а потому понятно, что чѣмъ больше будетъ этого матерьяла, чѣмъ тоньше и вѣрнѣе будетъ онъ схваченъ уже самымъ органомъ чувствъ, тѣмъ болѣе условій для обширныхъ и успѣшныхъ психическихъ работъ.

14. Однакоже обширная и тонкая *впечатлительность* сама по себѣ, не поддерживаемая другими благопріятными условіями нервной системы, не есть еще ручательство за успѣшное психическое развитіе дитяти. Если быстро усвоиваемыя впечатлѣнія быстро же и смѣняются другими, не оставляя по себѣ прочныхъ слѣдовъ, то это можетъ даже вредить душевному развитію. Часто приходится желать, чтобы дитя было менѣе впечатлительно и чтобы меньшая впечатлительность дала ему возможность болѣе сосредоточиваться во внутренней душевной работѣ, въ комбинаціи усвоиваемыхъ впечатлѣній въ точныя представленія и представленій въ вѣрныя понятія: словомъ, дала душѣ возможность перерабатывать тотъ матерьялъ, которымъ она загромождается, не имѣя ни силы, ни времени справиться съ нимъ, какъ слѣдуетъ. Слишкомъ впечатлительное дитя часто развивается медленно именно по причинѣ этой слишкомъ большой впечатлительности. Для такого дитяти нужно сравнительно болѣе времени, чтобы душа его завязала довольно прочныя внутреннія работы, съ которыми она могла бы уже идти на встрѣчу новымъ впечатлѣніямъ, не поддаваясь имъ безразлично, не увлекаясь ими отъ одной работы къ другой, но выбирая въ ихъ безконечномъ разнообразіи тѣ, которыя ей нужны для ея уже самостоятельнаго труда. Часто говорятъ, что дитя вообще впечатлительнѣе взрослаго; но это слишкомъ поверхностная замѣтка. Дитя больше подчиняется внѣшнимъ впечатлѣніямъ, чѣмъ взрослый — это вѣрно; но подчиняется оно по тому, что въ немъ слишкомъ мало душевнаго содержанія, такъ что всякое новое впечатлѣніе, сколько-нибудь сильное, перетягиваетъ его. Напротивъ, мы замѣчаемъ, что, работая настойчиво въ извѣстномъ направленіи, мы можемъ даже замѣтно расширять нашу впечатлительность, хотя конечно не можемъ перейти какого-то прирожден-

наго предѣла. Сильная прирожденная впечатлительность, не находящая себѣ ограниченія въ другихъ прирожденныхъ свойствахъ нервной системы, часто долго мѣшаетъ человѣку противопоставить ей силу и обширность внутренней, самостоятельной работы, такъ что даже и въ зрѣломъ возрастѣ мы нерѣдко можемъ замѣтить вредное вліяніе этого прирожденнаго свойства, польза котораго слишкомъ очевидна, чтобы нужно было о ней распространяться.

15. Еще очевиднѣе большая или меньшая степень *крѣпости или памятливости* нервной системы. Конечно, болѣе или менѣе хорошая память не есть только прирожденное качество. Мы уже показали въ своемъ мѣстѣ, какъ развивается память у людей [1]), и что душа своими работами развиваетъ память въ отношеніи усвоенія слѣдовъ тѣхъ ощущеній, которыя находятся въ связи съ этими работами. Но все же крѣпость первыхъ усвоеній, ложащихся въ основу душевныхъ работъ, и потомъ крѣпость послѣдующихъ усвоеній, не находящихся въ связи съ начатыми работами, условливаются прирожденною степенью большей или меньшей памятливости. Можно легко замѣтить, что одинъ ребенокъ усвоиваетъ быстро и прочно; другой усвоиваетъ также быстро, но скоро забываетъ; третій усвоиваетъ медленно, но прочно; четвертый, наконецъ, самый несчастный, и медленно усвоиваетъ, и быстро забываетъ. Это явленіе часто не находится въ связи съ умственнымъ развитіемъ, такъ какъ встрѣчаются положительные идіоты, которые въ то же время необыкновенно быстро усвоиваютъ громадные ряды слѣдовъ ощущеній и прочно ихъ сохраняютъ, какъ тотъ приводимый Дробишемъ идіотъ, который, не понимая ни слова по латыни, могъ отъ слова до слова повторить прочитанную имъ разъ медицинскую диссертацію на латинскомъ языкѣ. Память, безъ сомнѣнія, есть необходимое условіе всякаго душевнаго развитія. Не имѣя памяти, человѣкъ положительно не могъ бы ни на волосъ развиться: онъ всегда вращался бы въ одной и той же тѣсной сферѣ мгновенной душевной дѣятельности. Но сильная память не есть еще сама по себѣ ручательство возможности сильнаго душевнаго развитія, если ее не поддерживаютъ, съ одной стороны, столь же сильныя душевныя работы, а съ другой, иныя свойства нервной системы и именно особенная подвижность ея частицъ. Въ такомъ положеніи сильная памятливость можетъ оказать даже вредное вліяніе, загромождая человѣка безчисленнымъ числомъ твердо усвоенныхъ слѣдовъ, которые только мѣшаютъ его слабой душевной дѣятельности. Отсюда вредъ безтолковаго зубренія наизусть, которое погубило не одну молодую, еще слабую душу, заваливая ее никуда негоднымъ матерьяломъ, съ которымъ душа не можетъ еще справиться. Но вредное вліяніе сильной и прочной памятливости не ограничивается только дѣтскимъ возрастомъ; часто пересматривая труды какого-нибудь ученаго, приходится только жалѣть, что у него была такая сильная память при маломъ развитіи други

[1]) Пед. Атр. Ч. I. Гл. XXV.

качествъ душевной дѣятельности. Изъ сказаннаго здѣсь конечно ни одинъ благоразумный человѣкъ не выведетъ, что сильная памятливость вообще вредна. Напротивъ, она есть необходимое условіе геніальнаго ума; но она же часто бываетъ причиною и слабаго развитія умственныхъ способностей. Все дѣло здѣсь въ гармоніи различныхъ качествъ нервной системы и въ силѣ душевныхъ работъ. Нѣкоторые психологи въ особой слабости усвоенія хотятъ найти корень различія психической дѣятельности мужчинъ и женщинъ; но это *грубая* ошибка: кто училъ дѣвочекъ, тотъ знаетъ, что онѣ точно также часто, какъ и мальчики, отличаются быстрою и сильною памятью. Скорѣе уже можно упрекнуть дѣвочекъ въ томъ, что онѣ заучиваютъ слишкомъ твердо [1].

16. Наблюдая надъ дѣтьми и взрослыми, всякій легко замѣтитъ, что у одного лица нервная *раздражительность* сильнѣе, а у другого слабѣе. Эта очень замѣтная особенность можетъ зависить отъ патологическихъ причинъ, такъ-какъ многія болѣзни оказываютъ прямое и очевидное вліяніе на усиленіе нервной раздражительности; но она можетъ быть и врожденною и остается въ человѣкѣ, какъ бы ни усиливало ее или же ослабляло вліяніе жизни и воспитанія. Конечно, воспитаніе и состояніе здоровья имѣютъ большое вліяніе, напримѣръ, на степень вспыльчивости человѣка; но есть здѣсь нѣчто прирожденное и весьма замѣтно передающееся по наслѣдству отъ родителей къ дѣтямъ. Едва ли раціонально говорить здѣсь о вліяніи крови и ея относительнаго обилія; ибо люди полнокровные и даже склонные къ апоплексическому удару нерѣдко бываютъ очень хладнокровны въ психическомъ отношеніи и, наоборотъ, люди страдающіе замѣтнымъ малокровіемъ очень часто бываютъ сильно вспыльчивы и неудержимо предаются какъ гнѣву, такъ и другимъ страстнымъ движеніямъ. Если первыя двѣ предположенныя нами особенности нервной ткани оказываютъ сильное вліяніе на умственное развитіе, то большая или меньшая степень раздражительности нервовъ оказываетъ преимущественное вліяніе въ средѣ явленій чувствованія и воли, и потому принимаетъ особенно дѣятельное участіе въ образованіи того, что обыкновенно называютъ характеромъ человѣка. Вліяніе это выражается болѣе всего въ степени быстроты и неудержимости, съ которою какое-нибудь душевное чувствованіе, гнѣвъ, страхъ, радость и т. п. переходитъ въ чувствованіе органическое, и въ степени быстроты, съ которою это органическое чувствованіе разливается, такъ сказать, по всему нервному организму, вызывая въ немъ судорожныя, часто нервныя явленія, которымъ поддается раздражительный человѣкъ, возбужденный какимъ нибудь душевнымъ чувствомъ. Нѣтъ сомнѣнія, что многое въ этомъ отношеніи могутъ воля, воспитаніе и жизнь; но все же нельзя не признать, что всѣмъ этимъ условіямъ, находящимся, такъ

[1] Такой недостатокъ крѣпости усвоенія у женщинъ находитъ напр. Диттесъ, послѣдователь Бенеке. См. «Практическая Педагогика» Диттеса. Перев. Паульсона (стр. 89). Изд. 1869 г.

20*

сказать, въ рукахъ человѣка приходится бороться съ чѣмъ-то врожденнымъ. Конечно, и у нераздражительнаго человѣка всякое сильное душевное потрясеніе отражается въ нервномъ организмѣ; но это отраженіе слабо, совершается медленно и, такъ сказать, ограничивается извѣстнымъ мѣстомъ, не распространяясь по всей нервной системѣ и не овладѣвая ею. Степенью силы душевнаго чувства, какую способна вынести нервная система, не впадая въ раздраженіе, Бэнъ думаетъ измѣрять степень здоровья человѣка; но этотъ взглядъ слишкомъ узокъ. Мы ясно видимъ, что въ этомъ явленіи принимаютъ участіе многіе факторы: врожденная степень раздражительности нервной системы, воспитаніе, жизнь и воля человѣка. Но участія и сильнаго участія врожденной особенности отрицать невозможно. Иное дитя до того раздражительно, что эта раздражительность сама собою кидается въ глаза, когда мы сравнимъ его съ другимъ ребенкомъ, выросшимъ въ тѣхъ же условіяхъ. Эту прирожденность раздражительности, съ которою можно и слѣдуетъ бороться, но, которая, тѣмъ не менѣе, сама по себѣ сила, условливающая поступки дитяти, долженъ непремѣнно имѣть въ виду всякій внимательный воспитатель. Мы не усумнились бы назвать нервную раздражительность прямо вреднымъ качествомъ, если бы не замѣчали, какое иногда полезное вліяніе на умственную дѣятельность оказываетъ та же раздражительность нервовъ, удерживаемая волею человѣка въ извѣстныхъ предѣлахъ.

17. Нервную раздражительность, кажется, слѣдовало бы отличать отъ *удобоподвижности частицъ нервной ткани*, хотя конечно оба эти качества могутъ сходиться въ иныхъ явленіяхъ. При нервной раздражительности мы замѣчаемъ какое-то *массивное* дѣйствіе нервовъ, охватывающее душу общимъ органическимъ чувствомъ, тогда какъ при удобоподвижности нервныхъ частицъ душевное чувство какъ бы раздѣльно пробѣгаетъ молекюли нервной системы, точно задерживаясь ихъ упругостью. Человѣкъ съ раздражительными нервами поддается общему и темному вліянію чувства; человѣкъ же, обладающій удобоподвижностью нервной системы, ощущаетъ всѣ малѣйшіе оттѣнки чувствованій. Вотъ почему эта удобоподвижность частицъ нервной системы есть, между прочимъ, необходимая принадлежность поэтовъ и вообще писателей, выражающихъ тончайшіе оттѣнки человѣческихъ чувствованій.

18. И *раздражительность* нервной системы, и слишкомъ большая *подвижность* ея могутъ имѣть какъ дурное, такъ и хорошее вліяніе на поступки человѣка. Онѣ-то даютъ возможность схватывать такія тонкія *сходства* между представленіями, которыя для другихъ неуловимы; но когда человѣкъ поддается этимъ особенностямъ своей нервной системы, то онѣ же мѣшаютъ ему видѣть такое *различіе* между сближаемыми представленіями, которое кидается въ глаза всякому хладнокровному человѣку. Отъ сколькихъ ошибокъ избавленъ былъ бы человѣкъ, если бы, напр., въ гнѣвѣ на другого человѣка не забывалъ то

хорошихъ сторонъ его, тогда какъ онъ съ такою наблюдательностью выискиваетъ всѣ дурныя!

19. Понятно само собою, что всѣ эти характеристическія черты нервной дѣятельности могутъ входить въ различныя комбинаціи между собою. Впечатлительность нервной системы можетъ соединяться съ различными степенями ея памятливости, съ различными степенями раздражительности и т. д. Сильно раздражительная нервная система можетъ быть въ то же время очень сильна или очень слаба въ отношеніи памятливости. Въ первомъ случаѣ она даетъ удобство образованію продолжительныхъ, глубокихъ и сильныхъ страстей; во-второмъ — образованію порывистаго характера, легко поддающагося органическому развитію чувствъ, но также легко и перемѣняющему эти чувства.

20. Что касается до *патологическихъ вліяній*, то они слишкомъ ясны, чтобы о нихъ нужно было распространяться. Отсутствіе зрѣнія или тупость слуха, конечно, не могутъ не оказывать вліянія на душевную дѣятельность. Болѣзненное разстройство, сопровождаемое тѣмъ или другимъ органическимъ чувствомъ, конечно, отразится и на душевной дѣятельности, а если продолжается долго, то и на результатахъ этой дѣятельности — умѣ и характерѣ. Люди, наблюдавшіе надъ дѣтьми, знаютъ, какое замѣтное вліяніе, часто никогда вполнѣ не изглаживающееся, оставляютъ въ нихъ продолжительныя и сильныя болѣзни. Наконецъ тѣ патологическія состоянія мозга и нервной системы, которыя вносятъ выраженное замѣшательство въ дѣятельность души и которыя потому весьма характеристически называются состояніемъ *помѣшательства*, нуждаются только въ томъ, чтобы указать на нихъ. Если мы прибавимъ къ этому встрѣчающіяся врожденныя расположенія къ одуряющимъ напиткамъ, къ азартной игрѣ, къ распутству и т. п., то мы перечислимъ всѣ извѣстныя намъ *патологическія* состоянія нервной системы, врожденныя и пріобрѣтенныя, которыя оказываютъ вліяніе на душевную жизнь человѣка.

21. Но какъ ни сильны вліянія особенностей тѣлеснаго организма на психическую жизнь и на результаты ея — умъ и характеръ, однакоже мы не должны забывать, что это только условія одной стороны, а именно тѣлесной природы человѣка, которыми онъ можетъ воспользоваться весьма разнообразно и въ хорошую и въ дурную сторону подъ вліяніемъ уже совершенно другихъ условій: подъ вліяніемъ жизни со всѣми тѣми впечатлѣніями, которыя она вноситъ въ душу человѣка. Если нервная система условливаетъ *форму* душевныхъ работъ, то жизнь даетъ *матерьялъ* этимъ работамъ, а свойства матерьяла измѣняютъ очень часто и самую форму.

ГЛАВА XLIV.

Второй факторъ въ образованіи характера: б) вліяніе впечатлѣній жизни.

1. Если вліяніе врожденныхъ особенностей человѣка на установленіе его характера есть фактъ очевидный, то вліяніе впечатлѣній жизни на тотъ же характеръ едва ли еще не очевиднѣе. Всякій наблюдательный человѣкъ, а тѣмъ болѣе всякій наблюдательный воспитатель, безъ сомнѣнія, имѣлъ множество случаевъ убѣдиться въ томъ фактѣ, что каковы бы ни были врожденные задатки характера, воспитывающее вліяніе жизни во всей его обширности, въ которомъ вліяніе школы составляетъ только одну его часть и то не самую значительную, сильно видоизмѣняетъ врожденные задатки характера, если не можетъ вовсе ихъ измѣнить.

2. Но для того, чтобы прослѣдить за вліяніями жизни на установленіе того и другого характера, мы должны не только отдѣлить понятіе характера отъ идеи умственнаго развитія и отъ идеи нравственности, что мы сдѣлали выше [1]), но и провести рѣзкую черту между понятіями о *силѣ характера* и о *силѣ воли*, которыя часто употребляются, какъ синонимы. Характеръ, настойчивый въ своихъ страстяхъ, которымъ и самъ человѣкъ поддается совершенно, можетъ выказать въ своей настойчивости изумительную силу; но развѣ возможно назвать эту силу силою воли? Такая сосредоточенная, настойчивая страсть, напротивъ, часто лишаетъ человѣка всякой воли. Изъ этого мы уже видимъ, что подъ именемъ *силы характера* слѣдуетъ скорѣе разумѣть его цѣлостность, его единство, сосредоточенность, болѣе или менѣе полную его организацію; а подъ *слабостью характера* слѣдуетъ разумѣть его разрозненность, разорванность, неполноту его организаціи, что можетъ быть совмѣстно съ очень большою силою воли. Конечно, сила воли, направленная на организацію характера, очень скоро можетъ достичь блестящихъ результатовъ и передѣлать разрозненный характеръ въ сосредоточенный; но она можетъ этого и не сдѣлать и, направленная въ какую нибудь одностороннюю дѣятельность, оставить вообще характеръ въ самомъ печальномъ безпорядкѣ.

3. Отдѣливъ силу воли отъ силы характера, мы найдемъ, что большая или меньшая степень силы характера есть прямое выраженіе большей или меньшей степени обилія, силы и степени организаціи человѣческихъ чувствованій и желаній. Въ этомъ отношеніи *сила и обширность ума* и *сила характера* представляются явленіями совершенно *аналогическими*, такъ какъ въ обоихъ этихъ явленіяхъ сила и обширность явленія зависитъ отъ большаго или меньшаго обилія и совершенства въ организаціи душевныхъ слѣдовъ. И если, какъ мы уже доказали въ первой части нашей «антропологіи», сильный и обширный умъ есть ничто иное, какъ обширное и хорошо организованное собраніе зна-

[1]) См. выше, гл. XLII., п. 1.

ній[1]), то точно также и сильный характеръ есть ничто иное, какъ обширное и прочно организованное собраніе слѣдовъ чувствованій и возникающихъ изъ нихъ желаній.

4. Чѣмъ болѣе набирается въ душѣ слѣдовъ чувствованій и желаній, тѣмъ болѣе набирается въ ней матерьяла для выработки характера. Но такъ-какъ чувства и желанія вызываются въ человѣкѣ, съ одной стороны, живущими въ немъ тѣлесными, душевными и духовными стремленіями, а съ другой — разнообразнѣйшими удовлетвореніями этихъ стремленій впечатлѣніями жизни, то естественно, что матерьялы характера накопляются въ человѣкѣ пропорціонально обилію впечатлѣній жизни, вызывающихъ въ немъ чувство желанія. Какъ для того, чтобы образовать обширный и сильный умъ, должно много наблюдать и думать, т. е. жить умственно, точно также для того чтобы накопить обильный матерьялъ для сильнаго характера, нужно какъ можно болѣе чувствовать, желать и дѣйствовать, т. е. другими словами, — жить практически. Теоретическая жизнь ума образуетъ умъ; но только практическая жизнь сердца и воли образуетъ характеръ. Эту простую и очевидную истину часто забываютъ родители, воспитатели и наставники, думающіе моральными наставленіями образовывать сердце и волю дитяти. Эти наставленія вносятъ только свою долю образованія въ развитіе ума, но могутъ быть *легко* усвоены умомъ, что не окажутъ ни малѣйшаго вліянія на сердце и волю дитяти, въ которыхъ могутъ образоваться въ то же время задатки, крайне противоположные смыслу моральныхъ сентенцій. Чтобы въ дитятѣ образовался характеръ или, по крайней мѣрѣ, накоплялись для него обильные матерьялы, слѣдуетъ, чтобы дитя жило сердцемъ и дѣйствовало волею, а этому часто препятствуютъ старшіе своимъ вмѣшательствомъ въ воспитаніе дитяти: или запирая ребенка на цѣлый день въ школу, или мѣшая ему чувствовать и желать, словомъ, жить практически тѣми же безпрестанными, моральными сентенціями и всякаго рода стѣсненіями. Вотъ почему, между прочемъ, нашъ вѣкъ, вѣкъ *многоученья* отличается обиліемъ ничтожныхъ характеровъ; и вотъ почему также самые безхарактерные люди выходятъ изъ тѣхъ семействъ, гдѣ родители и воспитатели, не понимая свойствъ души человѣческой, безпрестанно вмѣшиваются въ жизнь ребенка и не даютъ ему свободно ни чувствовать, ни желать. Въ этомъ отношеніи недоучившаяся, но слишкомъ дѣятельная педагогика можетъ быть опаснѣе даже прежней безсмысленной строгости. Та предписывала иногда безсмысленныя правила, часто строго, а иногда и безчеловѣчно, казнила за ихъ нарушеніе; но за то не очень-то вглядывалась въ жизнь дитяти, не копалась въ его душѣ, и дитя жило самостоятельно, хотя въ тѣхъ тѣсныхъ рамкахъ, которыя были ему поставлены, но все же жило. Вотъ почему, вынося тяжелый гнётъ безсмысленной средневѣковой школы, дѣти часто выносили изъ нея крѣпкій, установившійся характеръ. Правда, сотни гибли,

[1]) Пед. Антр. Ч. 1. Гл. XLIII.

десятки только спасались; но по силѣ характера эти десятки стоили сотень. Никто конечно не заподозритъ насъ въ приверженности къ порядкамъ схоластической школы; но мы указываемъ только на фактъ, доказывающій, что современная школа и современное воспитаніе не должны впадать въ другую крайность, и должны оставлять разумный просторъ самостоятельной жизни сердца и воли дѣтей, въ которой только и могутъ быть накоплены матерьялы будущаго характера.

5. Но одно *обиліе* слѣдовъ чувствованій и желаній, выполненныхъ или невыполненныхъ, не составитъ еще само по себѣ сильнаго характера; точно также, какъ одно накопленіе знаній не составитъ еще само по себѣ сильнаго ума [1]). Какъ для силы ума нужна хорошая обработка матерьяловъ и хорошая ихъ организація, такъ и для сильнаго характера нужна хорошая организація слѣдовъ чувствованій и желаній. Говоря о борьбѣ желаній [2]), и потомъ о выработкѣ изъ нихъ страстей и наклонностей [3]), мы уже видѣли, что слѣды *чувственныхъ представленій*, какъ и слѣды *представленій умственныхъ*, организуются въ болѣе или менѣе обширныя сочетанія, и болѣе или менѣе обширныя и стройныя массы или сѣти сочетаній, такъ-что человѣкъ имѣетъ уже дѣло не съ отдѣльными слѣдами чувствованій и желаній, но съ *итогами* цѣлыхъ системъ чувствованій и желаній. Чѣмъ болѣе разростаются эти массы чувственныхъ слѣдовъ, тѣмъ болѣе опредѣляется и тѣмъ сильнѣе высказывается характеръ человѣка. Если бы всѣ эти частныя итоги чувствованій и желаній были сведены въ одинъ общій, тогда характеръ человѣка получилъ бы полное *единство*; человѣкъ *весь* стремился бы къ одному и тому же и въ характерѣ его не было бы болѣе шаткости и противорѣчій, которыя мы и называемъ *безхарактерностью*. Гербартъ считаетъ достиженіе такого единства невозможнымъ, по крайней мѣрѣ, въ здѣшнемъ мірѣ; но большая или меньшая степень этого достиженія опредѣляетъ большую или меньшую степень выработки характера.

6. Теперь уже для насъ ясно, что принятое нами выраженіе *сила характера*, даже и въ отличіи отъ *силы воли*, не вполнѣ соотвѣтствуетъ своему назначенію и что понятіе, имъ выражаемое, распадается опять на два, изъ которыхъ за однимъ можно, пожалуй, оставить названіе *силы характера*, а другому должно присвоить названіе *единства характера*, такъ какъ эти два явленія, хотя и условливаютъ другъ друга, но не всегда тождественны. Врожденная сила стремленій, особенно тѣлесныхъ и обильная практическая жизнь чувства и воли можетъ выработать сильный характеръ, т. е. обширныя и сильныя массы чувственныхъ слѣдовъ; но въ то же самое время массы будутъ дѣйствовать каждая отдѣльно и сильный характеръ представитъ собою отсутствіе единства. Это самые опасные и самые несчастные характеры. Въ данный

[1]) См. Пед. Антроп. ч. 1. Гл. XLIV, пп. 5 и 6.

[2]) См. выше, гл. XL.

[3]) См. выше, гл. XLI.

время они чувствуютъ, желаютъ и дѣйствуютъ сильно; но никакъ нельзя поручиться, что черезъ нѣсколько времени они не будутъ также сильно чувствовать, желать и дѣйствовать въ совершенно противоположномъ направленіи. Такіе характеры очень часто образуются у людей, съ дѣтства окруженныхъ раболѣпствомъ и угодливостью, которыя мѣшали [illegible] дѣйствію опытовъ жизни, а потому и спасительному дѣйствію раскаянія; ибо одно только раскаяніе, какъ мы уже это видѣли [1], т. е. полное и чистосердечное недовольство своимъ прежнимъ образомъ дѣйствій, могло бы привести къ единству такіе сильные, но разрозненные характеры, которые по всей справедливости можно назвать *дикими*. Въ умственной сферѣ такой дичи характеровъ соотвѣтствуетъ, какъ мы видѣли, обиліе фактовъ, дурно переработанныхъ и дурно связанныхъ, которыми затрудняется ходъ мышленія не въ одной ученой головѣ.

7. Обратное явленіе, т. е. общая слабость характера, и при хорошей его организаціи, можетъ быть по разнымъ причинамъ. Оно можетъ быть отъ малой *памятливости* нервнаго организма, отъ недостатка въ немъ той *крѣпости* (Kräftigkeit), о которой мы говорили выше. Такой человѣкъ переживаетъ много; но слѣды пережитаго остаются въ немъ слабо. Оно можетъ быть отъ чрезмѣрной *раздражительности* нервнаго организма, причемъ порождающееся чувство быстро обхватываетъ всю нервную систему человѣка и мѣшаетъ полному совершенію процесса обдумыванія, оставляя незамѣченнымъ множество противоборствующихъ представленій и желаній. Случается и такъ, что сильная умственная жизнь оставляетъ вообще мало времени и случая для практической жизни чувства и воли, отчего характеръ вообще слабо разовьется, такъ что массы чувственныхъ слѣдовъ будутъ вообще слабы и необширны; но въ то же самое время такой вообще слабый характеръ можетъ представлять большую степень единства.

8. Лучшимъ условіемъ для успѣшной и быстрой организаціи характера является такая среда, которая не была бы слишкомъ узка для дитяти, но за границами которой стояла бы крѣпкая, неподатливая жизнь, безцеремонно отталкивающая дитя, когда оно хочетъ переступить отмежеванный ему предѣлъ. Тогда характеръ дитяти, окрѣпнувъ и организовавшись внутри отведенной ему сферы, будетъ не безъ труда расширять ея предѣлы. Такая жизнь представитъ множество опытовъ удачи, неудачи, успѣха и неуспѣха, зависящихъ отъ самого дитяти, а это лучшія средства, чтобы сосредоточить чувственныя массы представленій въ одинъ сильный характеръ. Въ этомъ отношеніи воспитаніе крестьянскихъ дѣтей идетъ гораздо нормальнѣе, чѣмъ воспитаніе дѣтей богатаго класса.

9. Сильный и хорошо организованный характеръ не значитъ еще *нравственный* характеръ. Характеръ можетъ быть силенъ и весь сосредоточенъ въ одномъ направленіи, такъ-что человѣкъ хочетъ сильно и имѣетъ, чего хочетъ, но самое это направленіе можетъ быть положительно дурнымъ. Таковы очень часто характеры у закоренѣлыхъ злодѣевъ; но

[1] См. выше, гл. XL. п. 7.

таковы же они и у великихъ практическихъ благодѣтелей человѣчества. Такой могучій характеръ—мечъ обоюдо-острый, годный какъ для того, чтобы губить, такъ и для того, чтобы защищать. Такіе характеры образуются подъ *двумя* вліяніями: или подъ вліяніемъ сильно разрослейся одной страсти, или подъ вліяніемъ сильной и долгой внутренней борьбы, вызываемой дѣятельною практическою жизнью, часто крутыми положеніями вынуждавшею человѣка подводить итоги своимъ желаніямъ и нежеланіямъ; давать себѣ точный и чистосердечный отчетъ въ томъ, чего онъ дѣйствительно хочетъ, какими желаніями онъ долженъ поступиться и какія нежеланія долженъ вынести, чтобы достичь того, чего онъ дѣйствительно и болѣе всего добивается. Въ первомъ случаѣ могучій характеръ, образовавшійся подъ вліяніемъ какой-либо страсти, будетъ въ то же время безсознательный или малосознательный характеръ: весь сосредоточенный въ одной данной страсти, онъ не можетъ отнестись къ этой страсти, какъ къ явленію объективному. Во-второмъ случаѣ мы получаемъ тоже могучій характеръ, но тѣмъ болѣе надежный, что человѣкъ, обладающій имъ, самъ его знаетъ.

10. Но если между образованіемъ ума и образованіемъ характера есть полная аналогія, если какъ тотъ, такъ и другой суть произведенія нервной организаціи и жизни души, то тѣмъ не менѣе эти два явленія совершенно различны. Самое высокое развитіе ума, какъ мы уже замѣтили, можетъ соединяться съ самымъ ничтожнымъ и вполнѣ разрозненнымъ характеромъ, и наоборотъ, самое посредственное развитіе ума не мѣшаетъ человѣку имѣть сильный и хорошо организованный характеръ. Очень часто случается, что характеръ человѣка остался слабымъ и неразвитымъ и что элементы характера находятся въ полномъ безпорядкѣ именно потому, что человѣкъ этотъ жилъ преимущественно въ умственной сферѣ. Живя по преимуществу умомъ, онъ не только мало жилъ сердцемъ и волею, но мало и думалъ о томъ, какъ онъ жилъ ими. Онъ знаетъ многое обо всемъ, но о самомъ себѣ почти ничего. Результаты его сердечной жизни были немногочисленны и слабы, да и о тѣхъ ему некогда было хорошенько подумать. Правда и ему случалось раскаяваться въ своихъ поступкахъ; но онъ тотчасъ же забывалъ свое раскаяніе, да и не придавалъ ему никогда большаго значенія, такъ-какъ главный интересъ его жизни былъ въ умственной сферѣ. Тамъ же у него выработался и сильный характеръ, но односторонній, узкій, удовлетворяющій только потребностямъ умственной жизни; тамъ онъ твердо помнитъ удачные и неудачные опыты: нравственную же жизнь свою онъ никогда не цѣнилъ высоко, не трудился надъ ея разработкою и потому не удивительно, что характеръ его остался въ дикомъ и неразвившемся видѣ. Отсюда возможность тонко и широко развитаго ума съ дикимъ цинизмомъ въ поступкахъ и чувствахъ. Такое нравственное неряшество встрѣчается, къ сожалѣнію, очень часто у людей ученыхъ и даже необыкновенно умныхъ. Насъ удивляетъ, что мы встрѣчаемъ болѣе смысла въ характерѣ простаго работника, чѣмъ въ характерѣ такого умнаго человѣка; но мы и

удивлялись бы этому, если бы сознали, что этотъ работникъ гораздо больше трудился надъ выработкой своего характера, чѣмъ этотъ, иногда замѣчательный, мыслитель и ученый. Кто надъ чѣмъ потрудился, тотъ то и имѣетъ.

11. Это явленіе противорѣчія между развитіемъ ума и развитіемъ характера уяснится намъ еще болѣе, если мы припомнимъ, что сказано въ первой части нашей «антропологіи» объ ассоціаціяхъ представленій *по сердечному чувству* [1]). Одни и тѣ же представленія могутъ входить въ различныя ассоціаціи. То же самое представленіе, которое въ *разсудочныхъ* ассоціаціяхъ играетъ одну роль, можетъ играть совершенно другую въ ассоціаціяхъ *по сердечному чувству*. Вотъ почему, какъ справедливо замѣтилъ еще Аристотель, хорошо разсуждать о добродѣтели — не значитъ еще быть добродѣтельнымъ; а быть справедливымъ въ мысляхъ — не значитъ еще быть справедливымъ на дѣлѣ. Ассоціаціи разсудочныя завязываются въ разсудочномъ же процессѣ; но ассоціаціи, связанныя однимъ сердечнымъ чувствомъ, однимъ желаніемъ и нежеланіемъ, завязываются только опытами чувства, *желанія или нежеланія*, т. е. опытами практической жизни — жизни сердца и воли. Сѣти чувственныхъ представленій, связанныя чувствованіями, желаніями или нежеланіями, могутъ быть совершенно непохожи на умственныя сѣти тѣхъ же самыхъ представленій въ одномъ и томъ же человѣкѣ, и такой человѣкъ представитъ намъ печальную и, къ сожалѣнію, очень обыкновенную картину полнаго разлада между умомъ и сердцемъ.

12. Воспитаніе, почти исключительно заботящееся объ образованіи ума, дѣлаетъ въ этомъ случаѣ большой промахъ; ибо человѣкъ болѣе человѣкъ въ томъ, какъ онъ чувствуетъ, чѣмъ въ томъ, какъ онъ думаетъ. Чувствованія, какъ мы видѣли, а не мысли, составляютъ средоточіе психической жизни, и въ ихъ то образованіи долженъ видѣть воспитатель главную цѣль. Мы не будемъ здѣсь показывать, какъ достигается эта цѣль; но должны уже и здѣсь выяснить себѣ все ея значеніе. «Отъ сердца исходятъ помышленія злыя» и въ сердце же слагаютъ они свои результаты.

13. Понятно само собою, какое громадное вліяніе должны имѣть свойства физическаго организма и въ особенности нервной системы, указанныя нами выше, на эту формацію характеровъ опытами жизни. Большая или меньшая степень *впечатлительности*, *раздражительности*, *прочности* и *подвижности*, въ различныхъ комбинаціяхъ между собою, обусловливаютъ и неодинаковое отношеніе человѣка къ опытамъ жизни, такъ что жизнь, которая можетъ сломить одного, только закалитъ другого, и опыты, которые для одного должны повториться сотни разъ, оставятъ въ характерѣ другого прочный слѣдъ сразу. Съ темпераментомъ раздражительнымъ и флегматическимъ, прочно или слабо усвоивающимъ, быстро или медленно возобновляющимъ истраченныя силы, человѣкъ не одинаково относится къ опытамъ жизни, а потому и результаты ихъ не могутъ быть одинаковы.

---

[1]) Пед. Антр. ч. 1. гл. XXIII пп. 23 и 24.

14. Если подъ именемъ *случая* мы будемъ разумѣть не явленія безъ причинъ, что немыслимо, а явленія отъ человѣка независящія, то не должны ли мы признать, что характеръ человѣка есть дѣло случайностей: рожденія и случайностей жизни? Двѣ эти серіи случайностей, изъ которыхъ одна предшествуетъ сознательной жизни человѣка, а другая составляетъ также независящую отъ него сферу жизни, являются для насъ до сихъ поръ единственными факторами въ образованіи характера. Но неужели это такъ и на самомъ дѣлѣ? Неужели человѣкъ самъ не принимаетъ никакого участія въ образованіи собственнаго характера, изъ котораго потомъ, какъ математическіе выводы, вытекаютъ всѣ его желанія, рѣшенія и поступки? Къ такому безотрадному и унизительному выводу и должна придти всякія психологія, отвергающая свободу воли въ человѣкѣ. Для *такой психологіи* вся жизнь человѣка есть средняя математическая линія, проводимая между двумя вліяніями: вліяніемъ врожденныхъ особенностей темперамента и вліяніемъ случайностей жизни. Если бы наше изученіе психическихъ явленій остановилось на той ступени, которой мы достигли теперь, то мы и должны были бы признать мрачный роковой фатализмъ въ образованіи каждаго человѣческаго характера, изъ котораго поступки выростаютъ, какъ плоды на деревѣ. На такой ступени и дѣйствительно остановилась *опытная* германская психологія; на такой ступени остановилась бы и психологія Бэна, еслибы, въ противорѣчіе самому себѣ и въ удовлетвореніе своему вѣрному національному чувству, Бэнъ не признавалъ власти человѣка надъ характеромъ въ отдѣльныхъ случаяхъ, въ то же время отвергая ее въ принципѣ. Но ученіе о свободѣ или не свободѣ воли, или вѣрнѣе о *свободѣ души*, должно найти свое мѣсто въ третьей части нашей «антропологіи».

ГЛАВА XLV.

Воля, *какъ противоположность неволѣ*, стремленіе къ свободѣ.

1. Въ предыдущихъ главахъ мы разсмотрѣли волю съ двухъ сторонъ: какъ *власть* души надъ тѣломъ и какъ хотѣніе, или *желаніе*, пробуждающееся въ душѣ въ актъ власти. Теперь намъ остается разсмотрѣть то же явленіе съ третьей стороны: изучить понятіе *воли*, какъ противоположное понятію *неволи*. При этомъ прежде всего намъ предстоитъ удалить препятствія къ ясному пониманію предмета, происходящія отъ безразличнаго смѣшенія названій, относящихся къ области воли, на которое жаловался еще Лейбницъ.

2. Прежде всего замѣтимъ, что понятіе *воли*, какъ противоположности *неволѣ*, не должно смѣшивать съ тѣмъ понятіемъ *свободы*, которое имѣетъ свое спеціальное философское и психологическое значеніе и приложимо только къ человѣку, и то въ такомъ лишь случаѣ, если мы признаемъ за нимъ свободу воли. Это философское понятіе воли, какъ безграничной свободы выбора между различными мотивами или желаніями

побуждающими человѣка къ тому или другому поступку, не совершенно чуждо и языку общества. Такъ, если человѣкъ увлекся въ своемъ поступкѣ какою нибудь страстью, то мы говоримъ о немъ, что онъ дѣйствовалъ не свободно, а подъ вліяніемъ страсти; но не можемъ сказать, что онъ дѣйствовалъ *невольно*, такъ-какъ въ своемъ дѣйствіи онъ руководился *своимъ*, а не чужимъ желаніемъ, своею, а не чужою, волею. Слѣдовательно въ этомъ случаѣ мы отличаемъ понятіе *своей* воли отъ понятія *свободы*.

3. Съ другой стороны мы часто даемъ такое употребленіе слову *свобода*, которое было бы невозможно, если бы мы придавали этому слову одно философское значеніе — безграничной свободы выбора между мотивами. Въ такомъ *нефилософскомъ* смыслѣ говоримъ мы о свободѣ народа, о любви къ свободѣ, объ освобожденіи раба, и даже, въ переносномъ смыслѣ, объ освобожденіи силъ, о свободномъ теплородѣ и т. п. Ясно, что говоря, наприм., что рабу дали свободу, мы вовсе не разумѣемъ, чтобы ему дали безграничную свободу выбора между мотивами его поступковъ или его желаніями, — чего никто дать ему не можетъ, — но хотимъ сказать только, что ему дали возможность сообразоваться въ своихъ поступкахъ со своими желаніями. Точно также, говоря о любви къ свободѣ, мы принимаемъ здѣсь слово *свобода* не въ его философскомъ смыслѣ, и хотимъ выразить только, что человѣкъ любитъ, чтобы его не стѣсняли въ исполненіи *его* желаній и отвращается отъ всякаго *посторонняго* для души насилія. Во всѣхъ этихъ случаяхъ мы употребляемъ слово *свобода* для означенія понятія *своей воли*. Но слово *своеволіе* имѣетъ у насъ спеціальное *нравственное*, и притомъ *дурное* нравственное значеніе, такъ-что оно придало бы особый характеръ нашему предмету, котораго мы вовсе не хотѣли ему придать. То же нравственное значеніе имѣетъ и слово *произволъ*.

4. Но почему же нѣтъ въ языкѣ слова для обозначенія понятія *воли*, въ противоположности *неволѣ*? По той простой причинѣ, что это понятіе скрывается въ самомъ словѣ *воля*, которая у каждаго можетъ быть только *своя*, а не чужая. Правда, языкъ прибѣгаетъ иногда къ эпитету *добрая*: «на это была твоя добрая воля»; но такъ-какъ *добрая* воля можетъ быть въ то же время и очень *злою* волей, то мы и не можемъ признать за научный терминъ выраженія *добрая воля*, *добровольный* поступокъ и т. п. Не давая особаго названія *своей волѣ*, языкъ народа оказываетъ сильный психологическій тактъ; ибо уже въ самомъ понятіи воли скрывается необходимость ея принадлежности лицу, ея имѣющему — неразрывная связь личности и воли. Въ этомъ смыслѣ освобожденіе крестьянъ отъ крѣпостной зависимости народъ просто и энергически назвалъ *волею*.

5. Слова *свобода воли* есть уже книжное сочетаніе и притомъ невѣрное. Воля всегда свободна, иначе она не будетъ волею. Подъ словомъ же *свобода* въ точномъ смыслѣ слѣдуетъ разумѣть отсутствіе стѣсняющихъ преградъ въ той области, въ которой въ данный моментъ вращается наша воля, и если мы говоримъ, что человѣкъ любитъ свободу,

то выражаемъ этимъ только, что онъ не любитъ стѣсненій своей воли. Философскій же терминъ *свобода воли*, если онъ нуженъ, слѣдуетъ замѣнить словами *свобода души*, ибо этимъ терминомъ мы хотимъ означить, что *душа*, не руководствуясь ничѣмъ, можетъ выбирать между мотивами своихъ поступковъ, т. е. между своими же желаніями, или своими же выработывающимися волями [1]).

6. Уяснивъ такимъ образомъ, что мы разумѣемъ подъ словомъ *свобода*, мы можемъ уже надѣяться, что будемъ поняты точно, если скажемъ, что *человѣку врождено стремленіе къ свободѣ*, которое обнаруживается въ немъ еще въ младенчествѣ, при первыхъ попыткахъ стѣснить пеленками его произвольныя движенія. Кантъ также признаетъ стремленіе къ свободѣ врожденнымъ человѣку, и называетъ его «самою сильною изъ всѣхъ природныхъ наклонностей человѣка» [2]). Браунъ говоритъ почти тоже самое: «Стремленіе освободиться отъ стѣсненія, говоритъ онъ, есть сильнѣйшая страсть, какую только можетъ чувствовать человѣкъ и которая тѣмъ пламеннѣе, чѣмъ выше душа человѣка» [3]). Вполнѣ признавая врожденность этого стремленія человѣку, мы не согласны только съ тѣмъ, что будто бы оно принадлежитъ исключительно одному человѣку. Многія животныя ясно высказываютъ упрямство, которое въ сущности есть ничто иное, какъ обнаруженіе стремленія къ свободному проявленію воли, или къ свободѣ. Многія животныя, попавъ въ неволю, отказываются отъ пищи и, не смотря ни на какой уходъ, погибаютъ; другія перестаютъ плодиться въ неволѣ, хотя ихъ окружаютъ всѣми условіями ихъ свободной жизни. Конечно здѣсь нельзя сказать съ полною увѣренностью, что эти явленія зависятъ именно отъ врожденности животнымъ стремленія къ свободѣ. Однакоже, если мы говоримъ о злости животныхъ, о привязанности ихъ и т. п. на основаніи тѣхъ или другихъ проявленій, аналогическихъ съ нашими, то не имѣемъ никакого основанія не признать за животнымъ и стремленія къ свободѣ; ибо оно проявляется столь же несомнѣнными аналогическими признаками, какъ и тѣ, по которымъ мы придаемъ животнымъ и другія чувствованія и стремленія.

7. Такимъ образомъ анализъ явленій воли привелъ насъ къ признанію еще одного врожденнаго стремленія, которое мы должны присоединить къ перечисленнымъ уже выше. Само собою разумѣется, что *стремленіе къ свободѣ* есть стремленіе *душевное*, а не органическое; ибо сама воля, какъ мы видѣли, есть вполнѣ и исключительно душевное явленіе. Стремленіе это находится въ тѣснѣйшей связи съ другимъ душевнымъ же стремленіемъ, которое мы уже анализировали: стремленіемъ души къ жизни или сознательной дѣятельности. Строго говоря, оба эти стремленія составляютъ въ сущности одно. Съ одной стороны, человѣкъ стре-

---

[1]) См. выше, гл. XI.

[2]) Kant's Antropologie, § 81.

[3]) Brown, p. 458.

мится только къ той дѣятельности, которая была бы *его* дѣятельностью, им выбранною, имъ излюбленною, словомъ, его *вольною* дѣятельностью; съ другой, человѣкъ сознаетъ свое стремленіе къ свободѣ тогда только, когда его *вольная* дѣятельность встрѣчаетъ стѣсненія; безъ этого онъ не зналъ бы о томъ, что онъ любитъ свободу, и наоборотъ, только въ вольной дѣятельности крѣпнетъ и развивается самое стремленіе человѣка къ свободѣ.

8. Чувство стремленія къ свободѣ рождается только, какъ *отрицаніе* стѣсненія, и потому существо, которое никогда не испытало бы стѣсненія своей вольной дѣятельности, никогда не узнало бы, есть или нѣтъ въ немъ стремленіе къ свободѣ. Только тогда, когда что-нибудь стѣсняетъ нашу дѣятельность, испытываемъ мы тяжелое, страдательное чувство, независимо даже отъ того, выполнилось или нѣтъ наше желаніе. Мы не потому только страдаемъ, что то или другое желаніе наше не выполнилось, но потому, что вообще не выполнилось *наше* желаніе, каково бы ни было его содержаніе. Хотя бы выполняя чужое желаніе, я доставилъ себѣ какое нибудь наслажденіе, а выполняя собственное, доставилъ бы себѣ страданіе, но въ самомъ выполненіи *своего* желанія есть уже награжденіе, которое вознаграждаетъ меня за то страданіе, какое я испытываю, выполняя свое и отвергнувъ чужое желаніе. Такое состояніе души называютъ обыкновенно *упрямствомъ*; но для психолога упрямство есть только замѣчательное психическое явленіе, въ которомъ во всей чистотѣ своей, независимо отъ содержанія желаній, обнаруживается стремленіе человѣка къ свободѣ. Самая возможность упрямства показываетъ уже, что человѣку и даже животному присуще стремленіе къ свободѣ, независимо отъ тѣхъ цѣлей, которыя въ ней и ею достигаются. Но тѣмъ не менѣе упрямство есть уже ложный путь, на который попадаетъ человѣкъ, когда въ своемъ стремленіи къ свободѣ онъ отдѣляетъ его отъ стремленія къ дѣятельности.

9. Воля, усвоивая выраженіе Шопенгауэра, есть радикалъ личности и такое же непосредственное ея проявленіе, какъ и чувство, включая въ это понятіе и сознаніе, какъ одно изъ чувствъ. Чувство и воля— двѣ стороны личности, и потому понятно, что всякое стѣсненіе *моей* воли, откуда бы оно ни шло, заставляетъ меня страдать. Изъ этого же отношенія воли къ личности понятно, что ея стѣсненіе можетъ идти только изъ внѣшняго для души міра. Волю мою стѣсняетъ или воля другихъ людей, или насиліе внѣшней для меня природы, въ которую, какъ мы видѣли выше, человѣкъ влагаетъ тоже что-то въ родѣ воли. Но и въ томъ, и въ другомъ случаѣ воля моя стѣсняется внѣшнимъ для меня насиліемъ. Насиліе это не перестаетъ быть для меня внѣшнимъ и тогда, если оно выражается даже въ формѣ *моихъ же* органическихъ стремленій: голода, жажды и проч. Независимо отъ страданій, которыя человѣкъ испытываетъ при неудовлетвореніи своихъ органическихъ стремленій, онъ еще испытываетъ отъ нихъ тяжелое стѣсненіе своей воли. Такъ человѣкъ, занятый любимою своею работою, досадуетъ

на чувство голода, жажды, усталости, или просто боли, мѣшающихъ ему продолжать его вольную работу. При такомъ душевномъ состояніи человѣкъ спѣшитъ, какъ попало, утолить голодъ и жажду и радуется прекращенію страданій, не какъ прекращенію непріятнаго чувства, но только какъ удаленію стѣсненія своей воли. Это самое законное, самое нормальное чувство и стремленіе человѣка, и никакъ не можетъ быть названо упрямствомъ.

10. Но есть *одно* насиліе, которое идетъ уже не изъ внѣшняго для души міра, но изъ самой души и отъ котораго потому она не можетъ отдѣлаться: это есть само стремленіе къ сознательной дѣятельности. Это *внутреннее насиліе* составляетъ сущность души, оживляющей тѣло, именно потому, что она стремится жить, потому наконецъ, что она сама жизнь. Самое стремленіе къ свободѣ находитъ свое объясненіе и оправданіе только въ этомъ стремленіи. Если же человѣкъ, испытавъ наслажденіе удаленія стѣсненій, хочетъ испытывать это наслажденіе помимо стремленія къ дѣятельности, то попадаетъ на фальшивую дорогу, на дорогу упрямства, своеволія, и произвола, вслѣдствіе чего въ немъ можетъ образоваться *склонность къ своеволію, или произволу*, которую слѣдуетъ строго отличать отъ *врожденнаго стремленія къ свободѣ*, какъ стремленіе къ лакомству отъ стремленія къ пищѣ.

11. Упрямство, какъ и стремленіе лакомиться, не врождено человѣку; но есть уже слѣдствіе опытовъ жизни. Какъ лакомство возникаетъ изъ врожденнаго нормальнаго стремленія къ пищѣ, изъ опытовъ удовлетворенія этого стремленія, но можетъ потомъ существовать уже и отдѣльно, независимо отъ пищеваго стремленія, точно также и упрямство возникаетъ изъ опытовъ удовлетворенія врожденнаго стремленія къ *вольной* дѣятельности, но потомъ можетъ существовать и отдѣльно, какъ желаніе лакомиться тѣмъ наслажденіемъ, какое доставляетъ человѣку всякое опрокинутое имъ стѣсненіе. Таковъ характеръ упрямства въ его чистотѣ, въ его отдѣльности отъ самолюбія, тщеславія, злорадства и другихъ душевныхъ состояній и страстей, часто съ нимъ соединяющихся. Упрямый не хочетъ того, на чемъ онъ настаиваетъ, а хочетъ того удовольствія, которое онъ получитъ отъ того, что настоялъ на своемъ, или избѣгаетъ того неудовольствія, которое испыталъ бы, если бы ему не удалось настоять на своемъ. Вотъ почему упрямый ясно ищетъ случаевъ поупрямиться, а не избѣгаетъ ихъ. Если изъ ряда многочисленныхъ опытовъ такихъ наслажденій *своею волею* образуется сложное чувственное состояніе души, уже увлекающее ее своею обширностью, то появляется *своеволіе*, какъ наклонность, и *деспотизмъ*, какъ страсть. Если же, наконецъ, сбросивъ всѣ стѣсненія, человѣкъ или даже цѣлый народъ, начинаетъ отыскивать ихъ, придумывать, создавать, чтобы *насладиться* ихъ удаленіемъ, то такая страсть является, какъ одинъ изъ важныхъ элементовъ *тиранства*. Тираномъ можетъ быть и народъ, и деспотъ, когда, не видя болѣе стѣсненій своей волѣ, они начинаютъ выискивать ихъ и создавать, чтобы еще разъ опрокинуть ихъ и еще разъ насла-

ть жадную пустоту души своей наслажденіемъ расширенія границъ желанія. Иванъ Грозный и парижская чернь во время великой революціи поступала часто по одному и тому же психическому закону печальныхъ послѣдствій извращенія законнаго и кореннаго стремленія человѣка къ свободѣ. По тому же закону поступаетъ и семейный тиранъ, передъ которымъ давно согнулись всѣ домашніе и который выискиваетъ и придумываетъ хоть что́ нибудь, чтобы имѣть наслажденіе еще хоть разъ пригнуть къ землѣ кого нибудь изъ нихъ, и сердится тѣмъ болѣе, чѣмъ болѣе домочадцы его и родные оказываются сломленными имъ же самимъ.

12. Эти страшныя извращенія именно потому такъ и страшны, что въ нихъ извращается не какое нибудь частное психическое явленіе, но коренное стремленіе души человѣческой. Свобода составляетъ такое существенное условіе для человѣческой дѣятельности, что безъ удовлетворенія этого условія сама дѣятельность невозможна. Отнять у человѣка свободу значитъ лишить его возможности *своей* дѣятельности, а дѣятельность, ему навязанная, которую онъ выполняетъ противъ желанія, уже для него не *своя*, а чужая, и человѣку въ такомъ положеніи остается или искать наслажденій, или обмануть деспота и подмѣнить дѣятельность своею. Вотъ почему деспотизмъ и тиранство такъ быстро превращаютъ всѣхъ людей, входящихъ въ сферу ихъ дѣйствія, или въ плутовъ, или въ развратниковъ, а чаще всего въ развратныхъ плутовъ, съ неистовствомъ выкидывая изъ окружающей сферы все, что не подходитъ подъ эту мѣрку. Для свободной души есть нѣкоторая отрада видѣть, какъ такой общественный или семейный деспотъ становится въ старость игрушкой тѣхъ, въ комъ самъ же онъ уничтожилъ человѣческое достоинство, и въ минуты бѣдствія напрасно ищетъ вокругъ себя человѣка; какъ онъ мучится наконецъ тою пустынею, которую самъ же вокругъ себя такъ ревностно создавалъ.

13. Признавъ врожденность стремленія къ свободѣ, мы вмѣстѣ съ тѣмъ не должны упускать изъ виду, что это врожденное стремленіе обнаруживается только въ опытахъ самостоятельной дѣятельности и потомъ развивается такъ или иначе именно вслѣдствіе этихъ опытовъ. Если бы человѣкъ съ дѣтства никогда не зналъ, что такое стѣсненіе воли, то онъ никогда не узналъ бы и чувства свободы. Съ другой стороны, если человѣка съ дѣтства принуждать къ выполненію чужой воли и ему никогда не будетъ удаваться скидывать или обходить ее (что́, къ счастью, невозможно), то въ немъ не разовьется стремленіе къ свободѣ; но вмѣстѣ съ тѣмъ не разовьется и стремленіе къ самостоятельной дѣятельности. Удовлетворивъ тѣлеснымъ потребностямъ, такой человѣкъ пойдетъ на работу, когда его погонятъ: это будетъ уже почти машина. Вотъ почему забавно удивленіе рабовладѣльцевъ, что рабы лѣнивы: это неизбѣжное послѣдствіе рабства. Если же рабъ, кромѣ лѣности, показываетъ еще упрямство, хитрость, злость, возмущеніе противъ давящей его власти, то это значитъ, что онъ еще не вполнѣ рабъ. «Истинное

паденіе раба, говоритъ британскій психологъ Броунъ, начинается не тогда, когда онъ потерялъ свободу, но тогда только, когда онъ потерялъ самую жажду свободы, и начинаетъ спокойно смотрѣть на себя, какъ на одушевленное орудіе желаній другого [1]». Но если Броунъ прибавляетъ при этомъ, что «есть души, привыкшія къ порчѣ, которыя видятъ въ деспотѣ источникъ легко добываемыхъ милостей» [2]), то это уже не прямое рабство, ибо въ этомъ случаѣ рабъ дѣлается господиномъ своего господина, а самъ въ свою очередь рабомъ развороченныхъ потребностей своего тѣлеснаго организма—рабомъ разврата. Въ этой мрачной картинѣ—все рабы; а истинными господами являются только безсмысленныя развороченныя до крайнихъ предѣловъ потребности тѣла, и вотъ тогда самоубійство, какъ молнія, начинаетъ появляться чаще и чаще въ этой удушающей атмосферѣ. Такія картины представляются намъ на страницахъ Тацитовой исторіи. Полное же и прямое рабство доводитъ до того оскотиненія, которое, какъ говорятъ, замѣчалось иногда въ неграхъ, при чемъ человѣкъ ѣстъ и работаетъ, какъ животное [3]).

14. Между этими двумя одинаково гибельными крайностями—безграничнымъ своеволіемъ и безграничнымъ рабствомъ, которыя одинаково приводятъ человѣка, и раба, и деспота, къ помойной ямѣ полнаго скотства—лежитъ средній, истинный путь: путь вольной дѣятельности, требующей свободы на столько, на сколько есть содержанія въ самой этой дѣятельности. Французская чернь временъ террора искала свободы, когда уже никто ее не тѣснилъ, искала затѣмъ, чтобы наслаждаться ею и переходила изъ рукъ одного деспота въ руки другого. Англійскій народъ, этотъ дѣятельнѣйшій изъ народовъ, не нуждался въ наслажденіяхъ свободою, а искалъ ее на столько, на сколько сама дѣятельность его этого требовала, и чѣмъ болѣе расширялась эта дѣятельность, тѣмъ болѣе расширялась и свобода. Всѣ общественныя явленія выходятъ изъ частныхъ психическихъ явленій, и то, что намъ удобно разсматривать въ обширной сферѣ общественныхъ явленій, мы можемъ, хотя и съ большимъ трудомъ, подмѣтить въ собственной своей душѣ. И тамъ же найдемъ, что только та свобода полезна человѣку, которая прямо выходитъ изъ потребности излюбленной имъ дѣятельности. Въ этомъ тѣснѣйшемъ соединеніи съ дѣятельностію стремленіе къ свободѣ является пищею человѣческой жизни и основою человѣческаго достоинства; отдѣленное же отъ нея стремленіе къ свободѣ жжетъ и губитъ, какъ ...

---

[1]) Brown, p. 452.

[2]) Ib. 453.

[3]) Но развѣ не было честныхъ, добродушныхъ рабовъ? Были, но въ одномъ только случаѣ: если эти рабы любили своихъ господъ. Любовь есть единственное средство подчинить себѣ душу человѣка, не стѣснивъ ея, и она столь же необходима для здоровья души, какъ чистый воздухъ для здороваго состоянія тѣла. Кто повинуется другому изъ любви, тотъ повинуется уже своимъ собственнымъ желаніямъ и дѣлаетъ чужое дѣло своимъ.

...ческіе элементы, которые, будучи извлечены изъ полезнѣйшихъ ...стеній, являются сильнѣйшими ядами. Самостоятельная, излюбленная ...ятельность есть именно то соединеніе сознанія и воли, въ которомъ ...ремленіе къ свободѣ является корнемъ человѣческаго благоденствія.

15. Для нравственной жизни человѣка свобода также необходима, ...къ кислородъ для физической; но какъ кислородъ воздуха, освобожден...ый отъ азота, сжегъ бы легкія, такъ и свобода, освобожденная отъ ...ятельности, губитъ нравственнаго человѣка. Въ самостоятельной, из...бленной дѣятельности только человѣкъ выучивается обходиться съ ...ментомъ свободы, столь же необходимымъ, какъ огонь, и столь же ...сным, какъ онъ. Принимаясь за дѣятельность изъ любви къ ея со...ржанію, къ ея идеѣ, человѣкъ самъ безпрестанно *добровольно* стѣс...етъ свою свободу и безпрестанно преодолѣваетъ эти стѣсненія, нало...женныя на него этимъ же его излюбленнымъ трудомъ [1]. Такимъ обра...зомъ во всякомъ излюбленномъ трудѣ человѣкъ дѣлаетъ постоянные опы...ты наслажденія свободою, когда опрокидываетъ тѣ или другія тѣснящія ...го препятствія, и опыты отказа отъ этихъ наслажденій, когда прини...мается опять за увлекающій его трудъ, за преодолѣніе новыхъ препят...ствій. Въ этихъ-то безчисленныхъ опытахъ развиваются и крѣпнутъ ...ней, стремленіе къ свободѣ, умѣнье пользоваться ею и необходимая ...для этого сила характера. Вотъ почему истинная свобода развивается ...нно у народовъ предпріимчивыхъ и дѣятельныхъ, которые ищутъ ...труда со страстью, которые какъ бы ищутъ опасностей, трудностей, ли...шеній, препятствій, чтобы преодолѣть ихъ; но ищутъ не для душевнаго ...ждения (изъ такихъ искателей и выходятъ только авантюристы), но ...лекаемые или самою природою или какою-нибудь идеею. Свобода Швей...царіи началась въ горныхъ кантонахъ, где грандіозная природа вызы...вала человѣка на безпрестанную борьбу съ собою, безпрестанно ставя ...его въ такія положенія, гдѣ жизнь его и его семьи зависѣла отъ его ...смѣлости, силы, ловкости, находчивости. Моряки Голландіи, у которыхъ ...сама жизнь зависѣла отъ смѣлости ихъ души и силы ихъ рукъ, ...ложили основаніе голландской свободѣ. Первые поселенцы сѣверной ...Америки, всѣмъ обязанные самимъ себѣ и ни откуда не ждавшіе никакой помощи, составили зерно нынѣшней свободы Соединенныхъ Штатовъ. Вотъ почему энергическое выраженіе: «помогай самъ себѣ!» осталось и ...по сей день девизомъ сѣверо-американца. И нѣтъ ничего забавнѣе, какъ ...слышать декламаціи о свободѣ отъ такихъ людей, которые не могутъ и ...дня прожить безъ чужой помощи. Таковъ уже неизбѣжный психическій ...законъ: свобода есть законная дочь вольнаго, упорнаго, неутомимаго труда, ...а вольный трудъ широко развивается только подъ покровомъ свободы; ...но какъ то, такъ и другое составляютъ только двѣ стороны *жизни*...енно стремленія къ дѣятельности сознательной и свободной.

16. Уяснивъ вліяніе воспитанія и жизни на правильное развитіе въ

[1]) См. выше, гл. XXIV п. 11—18.

человѣкѣ стремленія къ свободѣ, показавъ всю необходимость этого стремленія для нравственной, т. е. человѣческой жизни человѣка, показавъ тѣ страшныя извращенія человѣческой природы, къ которымъ приводитъ какъ подавленіе этого жизненнаго стремленія, такъ и его оторванность отъ всякой душевной дѣятельности, безъ него невозможной, мы уже тѣмъ самымъ показали всю неизмѣримую важность обязанностей воспитателя въ этомъ отношеніи. Онъ долженъ зорко отличать упрямство, капризъ и потребность свободной дѣятельности, и бояться болѣе всего, чтобы, подавляя первыя, не подавить послѣдней, безъ которой душа человѣка не можетъ развить въ себѣ никакого человѣческаго достоинства: словомъ, онъ долженъ воспитать сильное *стремленіе къ свободѣ* и не дать развиться *склонности къ своеволію или произволу*.

17. Окончимъ эту главу замѣчательными словами британскаго психолога: «Кто можетъ сносить рабство, говоритъ Броунъ, не возмущаясь противъ него сердцемъ, тотъ уже не достоинъ свободы, и если бы деспотія (домашняя, общественная или школьная — все равно) производила только это зло душевнаго паденія, безъ другихъ золъ, которыя она порождаетъ прямо или непрямо, то и тогда деспотизмъ едва ли заслуживалъ бы менѣе ненависти, чѣмъ заслуживаетъ онъ теперь отъ людей, знающихъ, чѣмъ способенъ сдѣлаться свободный человѣкъ и какимъ жалкимъ существомъ является настоящій рабъ [1]». Но воспитаніе и жизнь не только дѣлаютъ рабовъ, но и деспотовъ, а чаще всего такихъ людей, въ душѣ которыхъ рабство и деспотизмъ представляютъ самую отвратительную смѣсь. Вотъ почему на обязанности воспитателя лежитъ сдѣлать не только все, что возможно для развитія въ воспитанникѣ любви къ самостоятельному, излюбленному, свободному труду, но и для того, чтобы предупредить развитіе своеволія и деспотизма, тѣмъ болѣе, что, подавляя ихъ, когда они уже развились, *чрезвычайно трудно, если и возможно*, не задѣть святаго, законнаго стремленія къ свободѣ. Замѣтимъ между прочимъ, что въ нашемъ русскомъ воспитаніи уничтоженіе крѣпостнаго состоянія, окружавшаго большую часть дѣтей образованнаго класса крѣпостною прислугою, есть самая важная реформа, благодѣтельные плоды которой не замедлятъ обнаружиться въ поднятіи нравственнаго уровня въ этомъ классѣ. Устройствомъ тысячи самыхъ обдуманныхъ педагогическихъ заведеній нельзя было сдѣлать и сотой доли того, что сдѣлало одно уничтоженіе крѣпостной прислуги.

ГЛАВА XLVI.

Стремленіе къ наслажденію и стремленіе къ счастью: *классическая* теорія эвдамонизма.

1. Въ предшествующей главѣ намъ удалось отдѣлить врожденное стремленіе къ свободѣ, тѣсно связанное со стремленіемъ къ дѣятель-

[1] Brown, p. 452.

ся, отъ стремленія къ наслажденію свободою — къ наслажденію пріятнымъ чувствомъ освобожденія отъ тѣхъ или другихъ стѣсненій нашей души. За первымъ, нормальнымъ и врожденнымъ стремленіемъ мы оставили названіе *стремленія къ свободѣ*; второму, производному, образовавшемуся уже вслѣдствіе опытовъ жизни, мы придали названіе *склонности къ своеволію*. Теперь намъ предстоитъ сдѣлать тоже самое въ отношеніи *склонности къ наслажденіямъ* и *стремленія къ счастью*, которыя также очень часто смѣшиваютъ. Мы должны это сдѣлать тѣмъ внимательнѣе, что отъ смѣшенія *склонности къ наслажденіямъ* со *стремленіемъ къ счастью* самое направленіе педагогическихъ теорій и педагогической дѣятельности часто извращается.

2. Но всякій, кто хоть сколько-нибудь знакомъ съ исторіею философіи, знаетъ, что при разрѣшеніи вопроса, выставленнаго нами, мы необходимо встрѣтимся съ самымъ спорнымъ вопросомъ въ философіи, нерѣшенность котораго до сихъ поръ оставляетъ *этику*, или науку о нравственности, въ шаткомъ состояніи. Мы и сами еще не имѣемъ теперь всѣхъ данныхъ, чтобы, если не рѣшить, то по крайней мѣрѣ вполнѣ освѣтить этотъ важный вопросъ, который по сущности своей относится къ третьей части нашей «Антропологіи». Однако же мы имѣемъ возможность уже теперь, при самомъ анализѣ явленій воли, внести одну очень рѣшительную и важную черту въ этотъ вопросъ и не хотимъ лишиться этой возможности, ради строгости системы. Для моралиста и педагога такъ важно отдѣлить производное стремленіе къ наслажденіямъ отъ кореннаго стремленія къ счастью, что если мы и нѣсколько разъ попытаемся установить и укоренить въ умѣ читателя эту черту отдѣленія и это намъ хоть сколько-нибудь удастся, то мы не будемъ считать нашихъ попытокъ потерянными, хотя бы ихъ было и гораздо больше.

3. Уже первые философы Греціи задавались вопросомъ: въ чемъ состоитъ истинное счастье человѣка? Но, увлекаемые еще направленіемъ востока къ постройкѣ фантастическихъ мірозданій, философы эти мало углублялись въ нравственно-психическіе вопросы. Сократъ первый перевелъ философію съ почвы физическихъ фантазій, далеко неоправдываемыхъ тогдашними скудными свѣдѣніями о внѣшней для человѣка природѣ, на почву психологическую, и въ частности на почву этическую. Въ этомъ и состоитъ главная заслуга Сократа. До него философы *мечтали* о внѣшней природѣ на основаніи самыхъ скудныхъ знаній о ней. Сократъ же сталъ *разсуждать* о человѣкѣ и о его назначеніи на основаніи психическихъ, всѣмъ болѣе или менѣе знакомыхъ, фактовъ, доводя своихъ слушателей до яснаго сознанія явленій и потребностей ихъ собственной души. Въ этомъ и состоитъ извѣстный сократическій методъ ученья. Къ сожалѣнію мы не можемъ отдѣлить ученія Сократа отъ ученія его ученика Платона; но есть нѣкоторые признаки, что Сократъ былъ ближе къ истинному и единственно возможному пути въ философіи — пути психологическому, и что Платонъ, а также и Аристотель, уже снова

нѣсколько отклонились отъ этого прямаго пути. Сократъ, какимъ мы даже находимъ его въ діалогахъ Платона, очень ясно понимаетъ, что если признать ученіе софистовъ и сдѣлать личное наслажденіе человѣка верховнымъ критеріумомъ его поступковъ, то вмѣстѣ съ тѣмъ исчезаетъ не только понятіе о нравственномъ и безнравственномъ, но даже и понятіе объ умномъ и глупомъ въ отношеніи человѣческихъ поступковъ, о достойномъ и недостойномъ, — словомъ, появляется полное смѣшеніе въ мірѣ практическаго мышленія, то смѣшеніе, изъ котораго человѣчество такъ постоянно и настойчиво выбивается во всю свою исторію. Вотъ почему Сократъ такъ сильно вооружается вездѣ противъ смѣшенія понятія *блага* съ понятіемъ *наслажденія* и противъ опредѣленія блага личнымъ наслажденіемъ человѣка. Однако же раздѣлительная черта не была проведена ясно именно потому, что Сократъ, по крайней мѣрѣ тотъ Сократъ, котораго мы находимъ у Платона, не твердо еще стоитъ на психической почвѣ, и безпрестанно сбивается съ нея въ область отвлеченныхъ умозрѣній. Желая отдѣлить стремленіе къ наслажденію отъ стремленія къ благу, платоновскій Сократъ прибѣгаетъ къ логикѣ и къ чувству человѣка, но не строитъ ихъ на анализѣ этой самой логики и этого самаго чувства. Онъ показываетъ ясно, что всякій человѣкъ стремится не только испытывать наслажденіе, но и разсуждать, и что никто не захочетъ превратиться въ животное, отказавшись отъ права разсуждать. Окончательный же выводъ его тотъ, что жизнь безъ разсужденія или безъ мудрости, точно также какъ и жизнь безъ наслажденій, невозможна, и что должно соединять наслажденіе съ мудростью и давать въ этомъ соединеніи преимущество мудрости, такъ-какъ она, а не наслажденіе, находится въ связи съ тѣмъ принципомъ, по которому міръ устроенъ и которымъ онъ управляется [1]).

4. Легко видѣть, что это не есть самое рѣшеніе вопроса, а только риторическій оборотъ, дѣйствовавшій на слушателей потому, что онъ основанъ на вѣрномъ и общемъ всѣмъ людямъ чувствѣ, на какомъ-то общемъ для всѣхъ людей психическомъ законѣ, который однако не очищенъ отъ постороннихъ примѣсей, не выведенъ на свѣтъ изъ души человѣческой знаменитымъ акушеромъ идей, не выведенъ и не анализированъ. Вотъ почему мнѣнію Сократа можно противопоставить самое опроверженіе. Если человѣкъ стремится также и къ мудрости, то опять же только потому, что эта мудрость доставляетъ ему удовольствіе, и на столько, на сколько она его доставляетъ. Слѣдовательно удовольствіе становится оцѣнщикомъ пригодности самой мудрости для человѣка. Если пріятно быть мудрецомъ, то отчего же и не быть имъ; но если кто-нибудь предпочитаетъ этой пріятности какую-нибудь другую, напримѣръ, пріятность тѣлесныхъ наслажденій, то нѣтъ никакого основанія предпочесть одного изъ этихъ людей другому и поставить одну изъ этихъ жизней образцомъ хорошаго, а другую — образцомъ дурнаго. Да

[1]) Dialogues de Platon, Philèbe.

сравнительной оцѣнки обѣихъ жизней нужно было бы оцѣнить, въ которой изъ нихъ было больше удовольствія; но это невозможно, ибо удовольствіе есть чисто личное ощущеніе и нѣтъ такого общаго мѣрила, которымъ можно было бы взвѣшивать наслажденія въ различныхъ личностяхъ, а безъ общаго мѣрила никакая оцѣнка невозможна. Такимъ образомъ всякая оцѣнка не только нравственности поступковъ, но и разумности ихъ дѣлается невозможною. Словомъ, возраженія софистовъ остаются и при этомъ въ полной своей силѣ. Что же касается до того, что человѣкъ долженъ предпочитать мудрость наслажденію, потому-что мудрость находится въ явной связи съ тѣми законами, которыми міръ устрояется и управляется, то если бы даже эта связь и была доказана, остается все же вопросъ: почему же человѣкъ *долженъ* предпочитать мудрость наслажденію? Откуда такая обязанность? Словомъ, діалектика Сократа должна была сильно говорить здравому чувству человѣка, но оказывается безсильною противъ опроверженій разсудка, который намѣренно не хочетъ сообразоваться съ голосомъ этого нравственнаго чувства, этого сократовскаго демона—не хочетъ по крайней мѣрѣ до тѣхъ поръ, пока этотъ внутренній голосъ не докажетъ разумности своихъ требованій.

5. Аристотель тоже понималъ очень хорошо, как важно отдѣлить добро отъ наслажденій; но это отдѣленіе удалось ему также мало, какъ и Платону. Онъ очень хорошо понималъ, что самый вопросъ о добродѣтели тѣсно связанъ съ вопросомъ о значеніи удовольствія и неудовольствія [1]; но болѣе закрылъ бездонную пропасть этого вопроса, чѣмъ разрѣшилъ ее какимъ-нибудь положительнымъ рѣшеніемъ. Сама нравственность и добродѣтель являются у Аристотеля только золотою серединою, серединою между слишкомъ малымъ и слишкомъ многимъ, которая потому и трудна, что трудно во всякой вещи найти середину [2]). Но самую умѣренность, т. е. это стремленіе къ серединѣ, тотъ же Аристотель ставитъ въ зависимость отъ чувства удовольствія. «Тотъ только умѣренъ, говоритъ онъ, кто умѣренъ съ удовольствіемъ; а кто умѣренъ безъ удовольствія, тотъ уже не умѣренъ» [3]). Но, спрашивается, если неумѣренность доставляетъ человѣку болѣе наслажденія, чѣмъ умѣренность, то на какомъ основаніи предпочтетъ онъ послѣднюю первой и будетъ стремиться къ аристотелевской добродѣтели, точно также, какъ и къ сократовской мудрости? Правда, Аристотель не назоветъ неумѣреннаго добрымъ и дѣльнымъ человѣкомъ, такъ-какъ *добрый* и дѣльный человѣкъ, по мнѣнію Аристотеля, понимаетъ вещи, какъ онѣ суть, а не какъ онѣ кажутся, и во всемъ угадываетъ истину, а потому является «нормою и мѣрою того, что истинно въ поступкахъ»; Аристотель, правда, причислитъ неумѣреннаго къ «толпѣ, которая до-

[1]) Ethik. B. II. Kap. III. § 3.
[2]) Ibid. Kap. IX.
[3]) Ibid. Kap. III. § 1.

пускаетъ себя обманывать удовольствіями, кажущимися ей благомъ, и гнаться за пріятнымъ, какъ будто бы оно было благо» [1]... но вѣдь этого всего еще очень мало не только для того, чтобы заставить человѣка идти по средней дорогѣ добродѣтельной умѣренности, но даже и для того, чтобы предпочесть умѣреннаго человѣка неумѣренному и признать одного нравственнымъ, а другого безнравственнымъ, и даже одну жизнь глупою, а другую мудрою. Все же остается умнѣе та жизнь, въ которой испытано болѣе наслажденій; ибо чувство наслажденія остается единственнымъ мѣриломъ самаго наслажденія. Самое же чувство наслажденія ничѣмъ не можетъ быть измѣрено, ибо оно абсолютно лично и у каждаго свое. Мы измѣряемъ длину, ибо имѣемъ общую мѣру длины; измѣряемъ тяжесть предметовъ, ибо имѣемъ общую мѣру вѣса. Но такого мѣрила для чувства наслажденія нѣтъ и быть не можетъ. Вотъ почему ни на основаніи платоновскаго, ни на основаніи аристотелевскаго принципа нельзя сказать, чья жизнь была нравственнѣе и умнѣе: философа-ли, мудрствовавшаго всю жизнь, или китайца, опившагося опіумомъ?

6. Такая нерѣшенность основнаго вопроса этики и практической философіи не могла конечно остаться безъ послѣдствій, и вотъ почему послѣдующіе философы и основатели новыхъ философскихъ школъ, которые, по вѣрному замѣчанію Цицерона, преимущественно брали изъ Платонова ученія то ту, то другую мысль и, возводя ее въ принципъ своей узкой философіи, часто доводили до крайности, ухватились и за мысль Платона объ отношеніи наслажденій къ мудрости. Изъ этой одной мысли вышли двѣ школы: стоиковъ и эпикурейцевъ. Стоики поставили вверхъ мудрость и вывели изъ нея уже не терпимость наслажденій, какъ выводилъ Платонъ, а презрѣніе къ нимъ и даже ожесточенное преслѣдованіе всякихъ удовольствій. Не говоря уже о неестественности такой аскетической философіи, она, строго говоря, не могла даже похвалиться и тѣмъ, что предпочла мудрость наслажденію. Почему стоикъ предпочиталъ мудрость? Безъ сомнѣнія потому, что она, по его мнѣнію, доставляетъ больше наслажденій, чѣмъ все другое. Чѣмъ же онъ могъ гордиться передъ человѣкомъ, который на томъ же самомъ основаніи предпочиталъ чувственное наслажденіе наслажденіямъ мудростью? Если обладаніе мудростью тѣшило душу стоиковъ, то и обладаніе богатствомъ точно по такому же праву могло тѣшить душу какого-нибудь богача.

7. Эпикурейская школа сдѣлала своимъ принципомъ другую половину сократовской мысли. Принципомъ человѣческаго счастья, человѣческой нравственности и вообще человѣческихъ поступковъ Эпикуръ поставилъ наслажденіе, не физическое наслажденіе, какъ несправедливо думаетъ Кантъ [2]), но вообще наслажденіе. Самъ Эпикуръ представлялъ

---

[1]) Ibid. B. III. Kap. IV. §§ 4, 5 и 6.

[2]) Kritik der praktischen Vernunft, 1028. S. 57.

образецъ человѣка умѣреннаго и добродѣтельнаго: ячменный пирожокъ и стаканъ свѣжей воды, которыми онъ приглашалъ посѣтителей въ свою трапезу, не могли быть очень заманчивы для аѳинскихъ гастрономовъ. [...]ные эпикурейцы предпочитали душевныя наслажденія чувственнымъ; но дѣлали это на основаніи природнаго благородства своихъ стремленій, а вовсе не на основаніи основнаго принципа своей философіи. Они утверждали, что только добродѣтельная жизнь пріятна; но чѣмъ они могли доказать, что добродѣтельная жизнь пріятнѣе недобродѣтельной? Кантъ, по справедливости, удивляется, какимъ образомъ многіе, очень остроумные люди могли находить, что въ самомъ эпикуровскомъ принципѣ лежитъ уже возможность отдѣлить высшія или душевныя удовольствія отъ низшихъ, тѣлесныхъ, и что въ этой философіи можно найти основаніе — предпочесть первыя послѣднимъ. «Если, замѣчаетъ Кантъ, направленіе воли человѣка должно рѣшаться чувствомъ пріятнаго и непріятнаго, то для человѣка все равно, откуда бы ни происходило это пріятное и непріятное. Только напряженность удовольствія, его продолжительность, легкость его добываемости и учащенность повторенія должны рѣшать выборъ между удовольствіями. Какъ для человѣка, которому золото нужно на покупки, рѣшительно все равно, вырыто ли это золото изъ горъ или промыто изъ песка (только стоимость его была бы одна и та же), такъ и для человѣка, ищущаго только наслажденій въ жизни, рѣшительно все равно: будутъ ли это наслажденія умственныя или чувственныя, только бы этихъ наслажденій было больше, каждое изъ нихъ было бы напряженнѣе и продолжалось подольше» [1]). Если мы не имѣемъ никакихъ основаній предпочесть душу тѣлу, то не имѣемъ никакихъ основаній и для того, чтобы предпочесть душевныя наслажденія тѣлеснымъ. Если же матеріалисты, признающіе въ человѣкѣ только тѣло, принимаютъ эпикурейскій принципъ практической философіи (а они обыкновенно его принимаютъ), то для нихъ и самое дѣленіе наслажденій на тѣлесныя и душевныя должно пасть, а вмѣстѣ съ тѣмъ и невозможность предпочтенія однихъ наслажденій другимъ, на основаніи какого-нибудь общаго для людей мѣрила, должна выразиться еще яснѣе. При такомъ міросозерцаніи всякое наслажденіе есть только особенное состояніе мозга, а потому становится невозможнымъ показать, почему одно состояніе мозга, возбуждаемое, напримѣръ, эстетическимъ или нравственнымъ, должно предпочесть другому состоянію мозга, возбужденному напр. вкуснымъ блюдомъ или удовлетвореніемъ сладострастія. Вмѣстѣ съ тѣмъ исчезаетъ возможность какихъ бы то ни было общихъ правилъ для жизни и нравственной или умственной оцѣнки поступковъ. Остается одно правило: живи каждый, какъ кому кажется пріятнѣе, и та жизнь умнѣе и счастливѣе, въ которой больше было наслажденій по количеству или по качеству; измѣрить же это количество и качество наслажденій, сравнительно у различныхъ людей, невозможно.

---

[1]) Ibid. S. 35.

8. Но нельзя ли въ самихъ наслажденіяхъ отыскать какого-нибудь мѣрила, какого-нибудь регулятора? Это-то и пытался сдѣлать Эпикуръ и его школа, и попытки ихъ именно тѣмъ полезны, что показали всю невозможность достичь въ этомъ отношеніи какихъ-нибудь положительныхъ результатовъ. Невозможность эта такъ очевидна для психолога, что для доказательства ея ненужно употреблять много словъ. Во-первыхъ, мы уже знаемъ, что всѣ наслажденія возникаютъ при удовлетвореніи врожденныхъ человѣку стремленій или, другими словами, при удовлетвореніи его природныхъ потребностей, и знаемъ также, что напряженность наслажденія какъ разъ соотвѣтствуетъ напряженности стремленія, а напряженность стремленія выражается въ напряженности страданія, происходящаго отъ неудовлетворенія даннаго стремленія. Слѣдовательно человѣкъ покупаетъ наслажденіе страданіемъ и при этомъ торгу ему не удается обмануть природу, хотя можетъ быть удается отодвинуть нѣсколько обнаруженіе этого обмана, т. е. какъ разъ на столько ему обмануть природу, на сколько онъ обманетъ самого себя [1]). Вотъ почему человѣкъ можетъ еще избѣжать тѣхъ наслажденій, за которыми *слѣдуетъ* страданіе, какъ этого хотѣлъ Эпикуръ, но не можетъ избѣжать тѣхъ страданій, которыя необходимо должны *предшествовать* наслажденію, чтобы оно было наслажденіемъ. Мы не назовемъ вмѣстѣ съ Платономъ наслажденія исчезновеніемъ или уменьшеніемъ страданія; мы признаемъ за наслажденіями свой особый принципъ; но видимъ ясно, что страданіе лишеній одно условливаетъ всю степень интензивности наслажденій.

9. Сдѣлавъ наслажденіе принципомъ поступковъ, мы имѣемъ возможность измѣрять самыя наслажденія только или ихъ *многочисленностью*, или ихъ *напряженностью*, или ихъ *продолжительностью* (extensive, intensive и protensive, какъ выражается Кантъ [2]). Но легко видѣть, что эти три признака, замѣченные Кантомъ, сходятся въ два, ибо многочисленность наслажденій можетъ быть отнесена или къ продолжительности, если они идутъ одно за другимъ, или къ напряженности, если они одновременно усиливаютъ другъ друга. Такимъ образомъ у насъ остаются только два признака наслажденія—продолжительность и напряженность, и оба эти признака суть признаки *количественные*, а не качественные; качество же наслажденія остается для человѣка безразлично. Но какой же изъ этихъ двухъ математическихъ признаковъ предпочтемъ мы? Эпикуръ предпочитаетъ продолжительность. Онъ хочетъ, чтобы мудрецъ избиралъ тѣ удовольствія, которыя если не такъ напряжены, то за то продолжительны. Но на какомъ же основаніи отдаетъ онъ это предпочтеніе продолжительнымъ удовольствіямъ передъ напряженными? Это зависитъ отъ личнаго характера человѣка. Одному нравится пить вино капля за каплей, а другому—полными глотками

[1]) См. выше, гл. VI.

[2]) Kritik der Rein. Vern. S. 373.

Долговременность же сама по себѣ не имѣетъ никакого значенія. Если одинъ переживаетъ въ годъ больше наслажденій, чѣмъ другой въ десять лѣтъ, то нельзя же признать, что жизнь послѣдняго счастливѣе. Кромѣ того интензивность наслажденій по большей части является въ обратной пропорціи съ продолжительностью, такъ-что, растягивая пріятное ощущеніе, мы можемъ совершенно лишить его характера наслажденія. Такимъ образомъ мы видимъ, что на личномъ наслажденіи нельзя построить никакой морали, нельзя построить именно потому, что качественные признаки наслажденій остаются безразличными, а количественные измѣряются только личнымъ индивидуальнымъ чувствомъ и не могутъ имѣть общаго для всѣхъ людей мѣрила, именно того, что требуется *математичностью* этихъ признаковъ. Если можно было бы отыскать математическую единицу для напряженности наслажденій, общую для всѣхъ людей, тогда теорія Эпикура могла бы претендовать хотя на какое нибудь основаніе, но такой единицы до сихъ поръ не найдено и едва ли она можетъ быть отыскана.

10. Можетъ быть кому-нибудь покажется, что выставленное нами отношеніе между страданіями лишенія и наслажденіями удовлетворенія приложимо только къ страданіямъ и наслажденіямъ *низшаго* рода, вытекающимъ изъ органическихъ стремленій, и не приложимо къ такъ-называемымъ наслажденіямъ высшимъ, духовнымъ. Но это будетъ поверхностное сужденіе. Возьмемъ наслажденіе дружбою, и замѣтимъ, что удовольствіе свиданія съ другомъ какъ разъ пропорціонально неудовольствію, которое мы испытываемъ, долго его не видѣвъ. Чѣмъ чаще мы видимся съ нашимъ другомъ, тѣмъ менѣе продолжительно и напряженно удовольствіе нашихъ свиданій. Если же мы живемъ съ нимъ постоянно, то удовольствіе совершенно исчезаетъ, хотя, конечно, не исчезаетъ дружба; но замѣтьте, что и самая дружба не исчезаетъ только тогда, если она доставляетъ дѣятельность нашей душѣ. Если же для дѣятельности души нашей нашъ другъ вамъ совершенно не нуженъ, то онъ уже вамъ не другъ. Вотъ почему тяжелое и пошлое чувство шевелится у васъ въ душѣ, когда вы послѣ первой радости встрѣчи съ другомъ вашего дѣтства, радости, объясняемой быстрымъ возникновеніемъ надеждъ воспоминаній, т. е. надеждою усиленной душевной дѣятельности, скоро открываете, что эти надежды не сбылись, и что вы такъ разошлись съ вашимъ бывшимъ другомъ, что ни онъ не нуженъ для вашей душевной дѣятельности, ни вы для его. Тогда, послѣ восторженныхъ взаимной радости свиданія начинаются очень тяжелыя минуты — тоскливыя и длинныя, въ которыя человѣкъ не знаетъ, что ему дѣлать со своимъ другомъ и со своею дружбою.

11. Нельзя сказать, чтобы эпикурейцы и ихъ болѣе или менѣе сознательные послѣдователи не видѣли этого отношенія между страданіемъ и наслажденіемъ, отношенія рокового для ихъ теоріи. Вотъ почему уже Эпикуръ совѣтуетъ по возможности уменьшать потребности, чтобы не страдать отъ ихъ неудовлетворенія; къ этой же мысли пришелъ и

Руссо [1]). Но такіе мыслители какъ будто съ намѣреніемъ не видятъ, что, уменьшая число потребностей, они уменьшаютъ и число наслажденій, ибо наслажденія родятся только отъ удовлетворенія потребностей. Цивилизація, увеличивая число потребностей человѣка, увеличиваетъ число его наслажденій, но также и число его страданій. Вотъ почему Руссо уже совершенно консеквентно возстаетъ и противъ цивилизаціи. Одно только забываетъ при этомъ Руссо, что человѣкъ, если бы и хотѣлъ, то не можетъ отдѣлаться отъ цивилизаціи, какъ не можетъ отдѣлаться отъ любознательности. Впрочемъ, мы ошибаемся: мысль о связи любознательности съ цивилизаціею также мелькнула у Руссо, и вотъ почему онъ не вздумался вооружиться и противъ любознательности, а выставляетъ въ образецъ образованному человѣку дикаря, приглашая подражать его примѣру, когда тотъ не обращаетъ никакого вниманія на вещи, до него не касающіяся. «Дикарь, говоритъ Руссо, и не подвинется, чтобы видѣть дѣйствіе превосходнѣйшей машины и всѣ тру[illegible] электричества». *Что мнѣ за дѣло*—говоритъ дикарь—до какого-нибудь чуда, отъ котораго мнѣ ни тепло, ни холодно? Эти слова, по мнѣнію Руссо, «самыя обыкновенныя слова для невѣжды и самыя приличныя для мудреца». Такъ ли это или нѣтъ — мы покудова разбирать не будемъ; но укажемъ только на то, что Руссо *выдумалъ* своего дикаря, не интересующагося ничѣмъ, что́ не касается его лично. Кто же дѣйствительно видалъ дикарей, тотъ знаетъ, какъ они любопытны и убѣдился, что слова Руссо вовсе не выражаютъ дѣйствительнаго факта: это только вопль самого Руссо, раздраженнаго дурными сторонами цивилизаціи. Дѣйствительные же факты показываютъ, что для человѣка, будь онъ дикарь или мудрецъ, также невозможно отдѣлаться отъ цивилизаціи и любознательности, какъ невозможно, не прекращая жизни насильственно и не прибѣгая къ дѣятельности, отдѣлаться отъ тоски въ одиночной тюрьмѣ.

12. Это шаткое основаніе классической морали чувствовали и сами древніе — и вотъ почему, между прочимъ, они крѣпко привязали свою мораль къ принципу общества и государства. Эту связь можно выразить коротко. Для того, чтобы человѣкъ былъ счастливъ или наслаждался, какого бы рода эти наслажденія ни были, ему необходимо жить въ обществѣ; а потому онъ долженъ быть счастливъ такъ, чтобы это не мѣшало счастью другихъ, чѣмъ общая сумма счастья увеличится, а вмѣстѣ съ тѣмъ увеличится и доля счастья каждаго человѣка. Это положеніе, безспорно вѣрное, не имѣетъ однако же той общности, которая могла бы во всѣхъ случаяхъ быть основаніемъ *личной* морали. Психологія не знаетъ другихъ наслажденій, кромѣ личныхъ, а личности, имѣющей въ виду только свое личное наслажденіе, нѣтъ никакого дѣла до наслажденія другихъ личностей. Если это наслажденіе другихъ личностей способно усилить мое собственное, то я готовъ ему содѣйствовать;

[1]) Emile, p. 65.

если это наслажденіе другихъ личностей неизбѣжно для того, чтобы я могъ спокойно наслаждаться, то я готовъ его терпѣть; но если, уничтожавъ или уменьшивъ счастье другихъ личностей, я могу безопасно увеличить свое собственное, то нѣтъ никакого задерживающаго принципа, который помѣшалъ бы мнѣ это сдѣлать; ибо принципъ личнаго наслажденія (а наслажденіе и можетъ быть только личное) есть, по основному положенію такой философіи, критеріумъ всѣхъ прочихъ принциповъ жизни. На этомъ основаніи много безнравственныхъ дѣйствій сдѣлалось бы разумными и много высоконравственныхъ — глупыми. Такъ напр., освобожденіе негровъ явилось бы поступкомъ неразумнымъ, имѣя въ виду, что для массы личныхъ наслажденій рабовладѣльца весьма полезно имѣть въ числѣ домашнихъ животныхъ животное говорящее, способное понимать и выполнять приказанія, выраженныя словами. При такомъ принципѣ держать одну массу народа въ невѣжествѣ для того, чтобы другая могла больше наслаждаться, было бы дѣйствіемъ разумнымъ, какъ оно и было признано разумнымъ въ мірѣ классическомъ.

13. Это умѣряющее начало общественности могло еще держаться въ классическомъ мірѣ, гдѣ личность человѣка вообще уступала государству; но оно уже рѣшительно не можетъ держаться въ мірѣ христіанскомъ, послѣ того, какъ христіанство самую личность человѣка, его душу, сдѣлало цѣлью всей исторіи человѣчества. Послѣ этого великаго переворота нѣтъ уже сомнѣнія, что и всякое общество и государство, и союзъ государствъ существуютъ только ради личности человѣка и въ ней одной находятъ разумное оправданіе своего существованія. Христіанство не осталось безъ вліянія на рѣшаемый нами вопросъ и въ другихъ отношеніи. Оно поставило идеаломъ для человѣка такую Личность, которая живетъ, дѣйствуетъ, страдаетъ и умираетъ въ мученіяхъ, не имѣя цѣлью никакихъ личныхъ наслажденій, только увлекаемая любовью къ человѣку и человѣчеству. Но такая высота христіанскаго идеала была слишкомъ недоступна для громаднаго большинства. Вотъ почему и въ христіанскія ученія вкрался классическій принципъ *эвдамонизма*, только наслажденія были перенесены изъ этой жизни въ будущую.

14. Однако же дурно понялъ бы христіанство тотъ, кто принялъ бы главнымъ его двигателемъ ожиданіе будущихъ наслажденій. Стоитъ заглянуть въ жизнь христіанскихъ мучениковъ, чтобы убѣдиться, что это не такъ, и что главнымъ двигателемъ героевъ христіанства было вовсе не ожиданіе будущаго блаженства и страхъ будущихъ мученій, но любовь къ Учителю и любовь къ человѣку и человѣчеству. Психологія ясно доказываетъ намъ, что любить наслажденія и сильно стремиться къ нимъ можно только вслѣдствіе опытовъ наслажденія, что не тотъ человѣкъ болѣе любитъ наслажденія, кто мало наслаждался, а напротивъ тотъ, кто наслаждался много. Герои же христіанства, по большей части, такъ мало наслаждались въ жизни, что нѣтъ никакой психической возможности, чтобы у нихъ образовалось сильное стремленіе къ наслажде-

нію: они просто увлекались дѣятельностью, которой отдались всею душою, отдались потому, что полюбили ее въ лицѣ своего великаго Образца.

ГЛАВА XLVII.

Ученіе эвдамонизма въ новое время.

1. Новая философія, какъ только начала жить, такъ и наткнулась на вопросъ о счастьи и наслажденіи, т. е. на вопросъ объ основаніи морали. Одни примыкали ко взгляду стоиковъ, другіе—ко взгляду эпикурейцевъ, третьи искали новаго начала. Гутчисонъ указывалъ на моральное чувство, какъ на источникъ нравственныхъ поступковъ; Вольфъ, по примѣру стоиковъ,—на стремленіе къ совершенству; теологи—на волю Божію. Значительный шагъ въ этомъ отношеніи сдѣлалъ, какъ извѣстно, Кантъ, доказавъ невозможность теоретическаго примиренія стремленія къ добру и стремленія къ счастью или наслажденію, или, другими словами, доказавъ невозможность *опытнаго* происхожденія идеи нравственности [2].

2. Кантъ выводилъ уже основаніе нравственности a priori изъ своего знаменитаго «категорическаго императива» или, другими словами, изъ той же врожденной идеи, которая *повелѣваетъ* человѣку поступать «такъ, чтобы правила его поступковъ могли быть общими правилами для всѣхъ людей». Человѣкъ, по философіи Канта, не только долженъ быть счастливъ, но долженъ быть и *достоинъ счастія* и это достоинство быть счастливымъ составляетъ необходимую принадлежность его счастья [1]. Не будучи въ состояніи вывести идеи нравственности a posteriori, человѣкъ строитъ нравственный міръ a priori, и въ этомъ-то выражается свобода его воли. Эту послѣднюю сторону кантовскаго ученія особенно развилъ Фихте, этотъ философъ личной свободы: у него человѣкъ долженъ поступать нравственно уже потому, чтобы не подчиняться деспотическимъ требованіямъ природы, а быть свободнымъ.

3. Мы не будемъ приводить здѣсь всѣхъ этихъ великихъ идей и показывать ихъ психологическое происхожденіе: это относится къ третьей части «Антропологіи». Здѣсь же замѣтимъ только, что категорическій императивъ Канта слишкомъ сложенъ, чтобы его можно было признать чѣмъ-то врожденнымъ. Можетъ быть въ немъ есть врожденные элементы, но ясно, что есть и такіе, которые объясняются только опытами жизни. Категорическій императивъ Канта должно перенести на психическую почву и задать себѣ вопросъ: какимъ образомъ могло дѣйствительно зародиться въ человѣкѣ то чувство, которое такъ прекрасно выразилъ Кантъ въ своемъ афоризмѣ? Что же касается до основанія морали на свободѣ, то и оно, само по себѣ, не рѣшаетъ разбираемаго нами здѣсь вопроса. Почему же человѣкъ долженъ предпочесть свободу воли, а не предаться чувственнымъ наслажденіямъ? Кому свобода воли доставляетъ болѣе удо-

---

[1]) Kr. der prakt. Vernunft. S. 161 etc.

[2]) Kritik der reinen Vernunft. S. 575 etc.

удовольствія, а кому и чувственныя наслажденія. Съ одной стороны сенсуалисты, а съ другой іезуиты могли бы представить неопровержимыя доказательства, что часто человѣкъ находитъ свое счастье въ подчиненіи своей воли; а если это такъ, то почему же ему и не подчинять ее?

4. Такимъ образомъ всѣми чувствуемая потребность провести рѣзкую границу между стремленіемъ къ счастью и стремленіемъ къ наслажденію до сихъ поръ не удовлетворена—до сихъ поръ этотъ важный вопросъ, столь основной для науки о нравственности и для теоріи воспитанія, остается въ полномъ туманѣ. Чтобы доказать это несчастное положеніе вопроса, мы приведемъ здѣсь слова знаменитѣйшаго современнаго мыслителя и самой логической головы современной Европы, слова Джона Стюарта Миля, которыми онъ заканчиваетъ свою «Логику». Если этотъ вопросъ въ такой ясной головѣ представляется съ такими непримиримыми противорѣчіями, то изъ этого уже можно заключить и то, какъ трудно его рѣшеніе, и то, въ какомъ жалкомъ состояніи онъ долженъ находиться въ другихъ, менѣе логическихъ головахъ.

5. «Общій принципъ, говоритъ Миль, съ которымъ должны сообразоваться всѣ правила практической жизни, критеріумъ ихъ годности, есть годность ихъ для счастья человѣчества, или скорѣе, всѣхъ чувствующихъ существъ, такъ что, другими словами, *стремленіе къ счастью* есть основной принципъ науки цѣлей или телеологіи» [1]). Но, написавъ эти строки, Миль не могъ не подумать о тѣхъ слѣдствіяхъ, которыя необходимо вытекаютъ изъ такого критеріума всѣхъ цѣлей жизни и на которыя мы указали выше, при разборѣ эпикурейскихъ идей. И это, безъ сомнѣнія, заставило Миля прибавить слѣдующее положеніе, находящееся въ прямомъ противорѣчіи съ принятой имъ теоріей эвдамонизма: «Стремленіе къ счастью, говоритъ Миль, есть оправданіе и должно быть поверкою всѣхъ цѣлей; но оно не есть само единственная цѣль. Есть много добродѣтельныхъ дѣйствій и даже добродѣтельныхъ поведеній (хотя, какъ я думаю, эти случаи рѣже, чѣмъ предполагаютъ), въ которыхъ счастье приносится въ жертву, такъ-какъ отъ этихъ дѣйствій происходитъ болѣе страданій, чѣмъ удовольствій» [2]).

6. Еслибы Миль былъ психологъ, то онъ непремѣнно остановилъ бы свое вниманіе на этихъ *странныхъ исключеніяхъ изъ общаго правила*, которыя, какъ они ни показались ему рѣдки, все же происходитъ изъ какихъ нибудь общихъ свойствъ человѣческой природы. Онъ остановился бы на этихъ исключеніяхъ съ особеннымъ вниманіемъ, какъ естествоиспытатель останавливается на уродливостяхъ именно потому, что онѣ то и помогаютъ ему глубже заглянуть въ тайны природы, не знающей ни случайностей, ни уродливостей, а всегда дѣйствующей неуклонно правильно, т. е. по закону. Если бы Миль внимательнѣе вглядѣлся въ эти *необыкновенныя* явленія человѣческой природы, то

---

[1]) Mill's Logic. B. II. Ch. XII § 7, p. 548.

[2]) Ibid. p. 549.

непремѣнно нашелъ бы, что необыкновенна въ нихъ только степень проявленія принципа, а не самый принципъ, который общъ всѣмъ людямъ, но не во всѣхъ высказывается съ одинаковою силою и обширностью, а въ иныхъ едва замѣтенъ. Но если рѣдко встрѣчаются люди, у которыхъ принципъ самопожертвованія беретъ верхъ надъ всѣми другими стремленіями, то точно также рѣдко встрѣчаются и такіе люди, въ которыхъ стремленіе къ личному наслажденію никогда не уступало бы мѣста другимъ стремленіямъ, съ удовлетвореніемъ которыхъ не связаны личныя наслажденія. Наконецъ общность этого принципа видна уже и изъ того, что поступокъ самопожертвованія въ каждомъ человѣческомъ сердцѣ возбуждаетъ удивленіе, симпатію, а часто и невольную зависть. Слѣдовательно есть что-то во всякомъ человѣкѣ, что ставитъ онъ выше стремленія къ удовольствію, хотя самъ и не всегда можетъ отказаться отъ удовольствій и поддаться этому высшему стремленію, особенно если оно доставляетъ страданія.

7. Но Милль, какъ бы почувствовавъ, что сказалъ слишкомъ много для того, чтобы его эвдамоническая теорія жизни, какъ стремленія къ счастью, могла держаться, спѣшитъ сдѣлать оговорку. «Такое поведеніе (т. е. безкорыстное), говоритъ онъ, единственно оправдывается только тѣмъ, что можетъ быть доказано, что вообще болѣе счастья будетъ въ мірѣ, если будутъ воспитываться чувства, которыя побуждаютъ людей въ извѣстныхъ случаяхъ не заботиться о счастьи.» Итакъ—добродѣтель нуждается въ оправданіи, какъ говоритъ Шекспиръ! [1]). И такъ—чтобы быть счастливымъ, нужно въ извѣстныхъ случаяхъ не стремиться къ счастью! Стремленіе къ счастью, слѣдовательно, до того не главное въ человѣческой природѣ и до того ее не удовлетворяетъ, что, сдѣлавъ это стремленіе главнымъ принципомъ своей жизни, человѣкъ долженъ нарушать этотъ принципъ, чтобы быть счастливымъ: долженъ не признавать этого принципа, чтобы выполнить его! Въ словахъ Милля теорія эвдамонизма наноситъ себѣ смертельный ударъ и оканчиваетъ свою долгую жизнь самоубійствомъ. Но послѣдуемъ далѣе за Миллемъ, чтобы для насъ во всей ясности выразилось то противорѣчіе, къ которому пришелъ самый логическій умъ современной Европы, ступивъ на путь ложнаго ученія. Болѣе рѣзкаго паденія не можетъ имѣть ложная теорія.

8. «Я вполнѣ допускаю, продолжаетъ Милль, что образованіе идеальнаго благородства воли и поведенія должно быть для индивидуальнаго человѣческаго существа цѣлью стремленій, которымъ должно уступить дорогу преслѣдованіе своего собственнаго или чужаго счастья; но я утверждаю, что самый вопросъ, въ чемъ состоитъ возвышенность характера, рѣшается по мѣрилу счастья. Идеальное благородство характера, или возможное приближеніе къ нему, потому должно быть главною цѣлью человѣка, что оно болѣе всего ведетъ къ тому, чтобы сдѣлать человѣческую жизнь счастливою: счастливою, какъ (сравнительно) въ *низшемъ*

[1]) Hamlet. Act III. Scene VI.

...нію, въ смыслѣ наслажденія и освобожденія отъ страданій, такъ и въ высшемъ смыслѣ, т. е. чтобы сдѣлать жизнь не такою, какова она теперь, дѣтскою и ничтожною — но такою какой можетъ желать ...вѣкъ съ высоко развитыми способностями» [1]).

9. Изъ этихъ замѣчательныхъ словъ Миля мы видимъ, что онъ при...етъ не одно счастье, а какія-то два—одно *низшее*, а другое *высшее*: ...что одно есть не болѣе какъ сумма пріятныхъ ощущеній, но ...пренебрегаетъ пріятными ощущеніями и указываетъ какую-то ...гую цѣль—развитіе способностей, идеальное благородство характера ...стельно возвышеніе жизни, теперь ничтожной, и наполненіе жизни, ...пустой, которой не могутъ наполнить наслажденія и стремленія ...ихъ. Но что же служитъ здѣсь мѣриломъ *низшаго* и *высшаго*? И ...льно ли поступилъ Миль, когда, назвавъ *высшимъ* стремленіемъ ...ніе къ идеальному благородству характера, заставилъ это *высшее* ...ленie служить *низшему*, отъ котораго оно отвращается и которому ...ворѣчитъ? Неужели же высшее счастье, идеальное благородство характера и развитіе способностей служитъ только для того, чтобы уве... массу низшихъ наслажденій? Гораздо ближе къ истинѣ другое ...ніе Миля, когда онъ говоритъ, что стремленіе къ высшему счастью ...но наполнить *пустую* жизнь. Здѣсь, какъ мы увидимъ ниже, Миль, ...къ бы нечаянно, нападаетъ на вѣрный психическій фактъ.

10. Таково жалкое состояніе этого существеннѣйшаго изъ философ...ихъ вопросовъ. Не въ состояніи ли исторія этого вопроса отбить даже ...кую охоту заниматься его рѣшеніемъ? И дѣйствительно, едва ли что ...ра можно сказать новаго въ этой области, изслѣдованной вдоль и ...перекъ лучшими умами человѣчества. Однако же, мы думаемъ, слѣдуетъ ...вергнуть этотъ вопросъ еще одному опыту, которому его до сихъ ...ъ не подвергали: слѣдуетъ перенести его изъ области нравственной ...ософіи въ область опытной психологіи, другими словами, слѣдуетъ ...смотрѣть, не какъ человѣкъ *долженъ* жить, но какъ онъ дѣйствительно ...етъ, не какія цѣли *долженъ* имѣть человѣкъ, но какія онъ дѣй...тельно имѣетъ, и показать на основаніи несомнѣнныхъ психичес...ихъ фактовъ, что стремясь къ такой-то цѣли, человѣкъ достигаетъ та...ихъ-то результатовъ, а стремясь къ другой цѣли—такихъ. Роль психолога ...да легче: онъ не моралистъ и не говоритъ человѣку: ты долженъ ...ть такъ или иначе, а только на основаніи несомнѣнныхъ и всѣмъ ...естныхъ психическихъ фактовъ показываетъ, какіе результаты необ...димо даетъ одна жизнь и какіе другая. Всякій воленъ жить, какъ хо...четъ, и дѣло фактической науки состоитъ вовсе не въ томъ, чтобы ...ить людей тому, что они должны дѣлать, а только въ томъ, ...чтобы группировкою несомнѣнныхъ фактовъ уяснить явленія, необ...димо предшествующія каждому рѣшенію и каждому поступку, и явле...нія за тѣмъ необходимо слѣдующія. *Мы только это и дѣлаемъ*, и

[1]) Mill's Logic. p. 549.

теперь у насъ набралось уже достаточно наблюденій, чтобы рѣшить не то еще, *какова* должна быть цѣль человѣческой жизни, а только то, какое значеніе имѣетъ сама серьезная цѣль въ человѣческой жизни, какія явленія представляетъ жизнь, обладающая этою цѣлью, и какія явленія представляетъ другая жизнь, почему либо лишенная такой цѣли. Это мы и сдѣлаемъ, сколь возможно короче, въ слѣдующующей главѣ, гдѣ только сведемъ результаты, добытые уже прежде нашими психическими анализами.

ГЛАВА XLVIII.

Стремленіе къ счастью: значеніе цѣли въ жизни

1. Стремленіе къ наслажденію есть, конечно, общій терминъ, подъ которымъ мы должны разумѣть безчисленное множество всякаго рода *желаній*, между которыми общее то, что всѣ онѣ стремятся къ повторенію какихъ-нибудь пріятныхъ, уже прежде испытанныхъ нами ощущеній. Человѣкъ не можетъ стремиться къ наслажденію, котораго не знаетъ и не представляетъ себѣ. Онъ стремится къ наслажденію послѣ того, какъ испыталъ его вслѣдствіе удовлетворенія какого-либо другого стремленія. Къ отысканію пищи человѣкъ побуждается не стремленіемъ къ наслажденію, но *мученіями* голода, и только уже потомъ, испытавъ сладость удовлетворенія голода вообще или какою либо пищею въ особенности, человѣкъ уже стремится къ пищѣ, побуждаемый и мученіями голода, и представленіями наслажденія.

2. Это различіе между *врожденными* стремленіями и *пріобрѣтенными*, вслѣдствіе опытовъ установившимися, стремленіями къ тѣмъ или другимъ наслажденіямъ не относится только къ первому ихъ проявленію. И впослѣдствіи времени человѣкъ легко можетъ раздѣлить въ самомъ себѣ врожденное стремленіе избѣжать мучительности врожденныхъ потребностей отъ склонности къ наслажденіямъ или въ частности отъ того или другаго желанія наслажденія. Такъ человѣкъ, сильно занятый какимъ нибудь дѣломъ, съ досадою и неудовольствіемъ замѣчаетъ въ себѣ пробуждающуюся потребность пищи или потребность отдыха, тогда какъ сибаритъ встрѣчаетъ тѣ же ощущенія съ удовольствіемъ. Наоборотъ, человѣкъ, уже не чувствующій голода, можетъ еще стремиться къ наслажденію вкуснымъ блюдомъ и это-то стремленіе заставляло римскаго обжору, наѣвшись, принимать рвотнаго, чтобы имѣть удовольствіе вновь поѣсть. Такимъ образомъ мы видимъ, что если стремленіе избѣжать мученій неудовлетворенія врожденныхъ потребностей и склонность къ опредѣленнымъ наслажденіямъ часто соединяются, то бываютъ случаи, когда они выказываютъ всю свою отдѣльность, и что, слѣдовательно, психологъ долженъ строго различать эти явленія души человѣческой.

3. *Склонность* къ наслажденіямъ нельзя и назвать *стремленіемъ*. Это уже желаніе, потому что оно происходитъ вслѣдствіе опытовъ чувствованія и непремѣнно сопровождается представленіемъ, безъ котораго желаніе невозможно (ignoti nulla cupido). Желаніе какого бы то

было специальнаго наслажденія происходить уже вслѣдствіе того или другого врожденнаго стремленія. Оно-то и дѣлаетъ для насъ пріятнымъ свое удовлетвореніе, а испытавъ его разъ мы уже начинаемъ желать его, повторенія. Желаній, не возникшихъ изъ врожденыхъ стремленій, не существуетъ, и если какое-нибудь желаніе намъ кажется неестественнымъ, а совершенно искусственнымъ, то, присмотрѣвшись къ нему ближе, мы всегда найдемъ, что оно возникло изъ врожденнаго стремленія души къ дѣятельности.

4. При этомъ однако слѣдуетъ замѣтить, что большинство желаній въ человѣкѣ—не простыя желанія, возникшія изъ одного кокого-либо стремленія; но желанія сложныя, возникшія изъ разныхъ стремленій, которыя соединились вмѣстѣ какимъ-нибудь однимъ обширнымъ представленіемъ или обширною системою представленій именно потому, что разныя стороны этого представленія, или разные члены этой системы представленій, удовлетворяютъ нѣсколькимъ, различнымъ стремленіямъ человѣка. Такъ, напр., въ основѣ желанія почестей, которое носитъ названіе честолюбія, мы открываемъ и органическое стремленіе къ общественности, сопровождаемое чувствомъ стыда и самодовольной гордости, и стремленіе къ свободѣ, ищущее удаленія всякихъ стѣсненій нашей воли, и особенное, хотя ложно понятое, чисто уже человѣческое стремленіе къ самоусовершенствованію. Представленіе хорошаго обѣда удовлетворяетъ не только органическому пищевому стремленію и развившимся изъ него вкусовымъ ощущеніямъ, но и стремленію къ общественности, почему для хорошаго обѣда необходимъ хорошій кругъ друзей и пріятелей,—удовлетворяетъ и эстетическимъ стремленіямъ, вслѣдствіе чего человѣкъ подаетъ обѣдъ въ изящныхъ сосудахъ, украшаетъ каждое блюдо, убираетъ столъ цвѣтами, сопровождаетъ обѣдъ музыкой и т. д. Вотъ почему можно сказать, что ѣдятъ и люди, и животныя, но обѣдаютъ только люди. Отыскавъ же, что въ основѣ каждаго желанія непремѣнно лежитъ врожденное стремленіе, мы можемъ и всѣ наши элементарныя желанія раздѣлять по роду стремленій, изъ которыхъ они возникли, на желанія *органическія*, *душевныя* и *духовныя*, помня однако при этомъ всегда, что въ одномъ и томъ же сложномъ человѣческомъ желаніи могутъ быть соединены всѣ эти три рода желаній элементарныхъ.

5. Не признавая врожденности стремленій къ наслажденію, потому-что это уже желанія, образующіяся изъ опытовъ наслажденій, не должны ли мы однако признать врожденности *стремленія не страдать?* Но мы уже признали ее, признавъ самую врожденность стремленій и ихъ мучительное свойство, когда они не удовлетворяются. Если же было бы нужно особое названіе для общаго стремленія человѣка удовлетворять *всѣмъ* своимъ стремленіямъ, то мы предлагали бы назвать это *стремленіемъ къ счастью*. Стремленіе къ счастью въ такомъ смыслѣ, конечно, будетъ врождено человѣку; но это уже никакъ не будетъ стремленіе къ наслажденіямъ; ибо человѣкъ, по врожденному стремленію къ счастью, можетъ стремиться къ удовлетворенію такихъ стремленій, удовлетвореніе которыхъ вовсе не доставляетъ ему наслажденій. Такъ мы увле-

каемся и такою дѣятельностью, которая для насъ вовсе непріятна, которая даже можетъ насъ сильно мучить, но которая тѣмъ не менѣе увлекаетъ къ себѣ нашу душу именно тѣмъ, что ассоціаціи чувственныхъ представленій, условливающихъ ее, составляютъ въ содержаніи нашей души такую обширную и вѣскую систему, что она даже противъ воли нашей перетягиваетъ къ себѣ сознательную дѣятельность нашей души. Такъ система горестныхъ или гнѣвныхъ представленій вовсе не потому увлекаетъ къ себѣ нашу душу, что они могутъ доставить намъ удовольствіе; но именно только потому, что душа наша, по природѣ своей требующая дѣятельности, по возможности широкой и сильной, увлекается тѣми системами представленій, которыя представляютъ ей въ данное время наибольшую степень такой дѣятельности,—увлекается независимо отъ того, доставляетъ ли ей эта дѣятельность удовольствіе или страданіе, и въ *результатѣ получаетъ не наслажденіе или страданіе, а дѣятельность*, которая можетъ сопровождаться какъ наслажденіемъ, такъ и страданіемъ; но эти сопровождающія ее чувствованія являются только случайными, отъ которыхъ само стремленіе не зависитъ. Развѣ каждый изъ насъ не испытывалъ тяжелыхъ душевныхъ состояній, отъ которыхъ не можетъ оторваться именно потому, что они открываютъ для души сферу обширной и сильной дѣятельности, передъ которой тѣсны и слабы всѣ другія? «Человѣку, говоритъ Ридъ, стоило бы только не думать о томъ, что его мучитъ, чтобы не мучиться; но это далеко не всегда можно сдѣлать». Мы же думаемъ, что кореннымъ явленіемъ въ этомъ отношеніи будетъ та невозможность не мучиться скукою и тоскою, которую испытаетъ конечно всякій, заключенный въ одиночную тюрьму. Кто бы не постарался отдѣлаться отъ этихъ страшныхъ мученій душевной бездѣятельности, если бы только могъ? *Но это уже для человѣка совершенно невозможно*: точно также невозможно, какъ невозможно для него отдѣлаться отъ своей собственной души; ибо это требованіе дѣятельности составляетъ сущность души. Замѣнить одну душевную дѣятельность другою человѣкъ можетъ; но это для него тѣмъ труднѣе, чѣмъ болѣе долженъ онъ придать своей силы воли къ той или другой душевной дѣятельности, для того, чтобы она могла уравновѣсить и вытѣснить ту, отъ которой онъ хочетъ отдѣлаться. Но отдѣлаться совершенно отъ стремленія къ дѣятельности для человѣка невозможнѣе, чѣмъ отдѣлаться отъ стремленія къ пищѣ.

6. Мы видѣли уже, что всякое природное стремленіе человѣка при неудовлетвореніи своемъ заставляетъ его страдать, а при удовлетвореніи доставляетъ ему разнообразныя ощущенія, болѣе или менѣе пріятныя, смотря по напряженности самого стремленія и напряженности тѣхъ страданій, которыя возрастаютъ по мѣрѣ возрастанія неудовлетвореннаго стремленія. Мы видѣли также, какъ изъ опытовъ удовлетворенія врожденныхъ стремленій возникаетъ производное стремленіе, или новая склонность къ наслажденіямъ. Теперь же мы должны обратить особенное вниманіе на то, что *стремленіе къ дѣятельности* составляетъ

замѣчательное исключеніе изъ этой общей исторіи образованія желаній. Неудовлетворяемое, оно мучитъ человѣка, какъ и всѣ прочія стремленія при своемъ неудовлетвореніи; но удовлетворяемое — оно не даетъ человѣку удовольствія. *Это замѣчательное существенное стремленіе души при своемъ удовлетвореніи даетъ въ результатѣ не какое-нибудь наслажденіе или пріятное чувство, а только дальнѣйшую психическую или психофизическую дѣятельность.* Конечно, дѣятельность, какъ при своемъ началѣ, такъ и при своемъ окончаніи, или наконецъ въ перерывахъ, можетъ сопровождаться пріятными или непріятными чувствованіями; но эти сопровождающія ее чувствованія будутъ для нея явленіями побочными, ослабѣвающими всякій разъ съ усиліемъ дѣятельности и выступающими яснѣе, когда дѣятельность ослабѣваетъ. *Въ минуту же напряженной дѣятельности нѣтъ ни страданій, ни наслажденій; а есть только дѣятельность.*

7. Этотъ психическій фактъ очень легко можетъ быть наблюдаемъ каждымъ въ самомъ себѣ, а также и въ другихъ. Посмотрите на дитя, когда оно занято какою-нибудь сильно увлекающею его дѣятельностью — и вы не увидите на лицѣ его ни выраженія удовольствія, ни выраженія страданія, а спокойное, серьезное и сосредоточенное выраженіе дѣятельности. Тоже самое замѣтите вы и на лицѣ художника, когда онъ вполнѣ углубился въ свою работу, и на лицѣ простаго работника, когда онъ вполнѣ поглощенъ своимъ дѣломъ. Въ минуту перерыва дѣятельности, когда человѣкъ, напр., остановившись на мгновеніе, любуется тѣмъ, что онъ сдѣлалъ, или высказываетъ неудовольствіе, замѣтивъ, что онъ сдѣлалъ не то, что хотѣлъ, или высказываетъ гнѣвъ, видя какое, неожиданное препятствіе, которое предстоитъ ему преодолѣть — и въ душѣ его, и на лицѣ мелькаютъ чувствованія удовольствія, страданія или гнѣва; но какъ-только человѣкъ снова принялся за работу — выраженіе этихъ чувствъ исчезаетъ съ его лица, а самыя чувства изъ души: *онъ опять только трудится. Вотъ это-то душевное состояніе и есть нормальное состояніе человѣка и то высшее счастье, которое не зависитъ отъ наслажденій и не подчиняется стремленію къ нимъ.*

8. Человѣкъ конечно часто принимается за трудъ для достиженія черезъ него какихъ-нибудь наслажденій или для того, чтобы трудомъ избавиться отъ какихъ-нибудь страданій. Но, трудясь, онъ не чувствуетъ ни того, ни другого, такъ-что трудъ *самъ по себѣ*, независимо отъ тѣхъ цѣлей, для которыхъ онъ можетъ быть предпринятъ, удовлетворяетъ только потребности души человѣческой, ея стремленію къ дѣятельности, не давая ей ни страданій, ни наслажденій. Дѣло же психолога различать явленія, а не смѣшивать ихъ. Къ самому труду, независимо отъ тѣхъ цѣлей, для которыхъ онъ можетъ быть предпринятъ, человѣкъ побуждается врожденнымъ стремленіемъ души, требующей дѣятельности; но *искать труда, какъ наслажденія*, человѣкъ не можетъ,

потому-что трудъ самъ по себѣ наслажденій не даетъ. Слѣдовательно изъ удовлетворенія стремленія къ дѣятельности не можетъ возникнуть, какъ изъ удовлетворенія прочихъ стремленій, желаніе наслажденія. Но, тѣмъ не менѣе, и не давая наслажденій, трудъ, которому человѣкъ предался, имѣетъ въ самомъ себѣ и самъ по себѣ увлекающее свойство. Кому не случалось, предпринявъ какую-нибудь дѣятельность для достиженія тѣхъ или другихъ наслажденій или для избѣжанія тѣхъ или другихъ лишеній, такъ потомъ увлечься самою дѣятельностью, что онъ забудетъ и о тѣхъ наслажденіяхъ, для достиженія которыхъ онъ предпринялъ тотъ или другой трудъ? И это не есть какое-нибудь частное, рѣдкое, исключительное явленіе, но свойство, общее всякой серьезной дѣятельности, котораго мы только потому не замѣчаемъ иногда, что оно высказывается отрывочно, моментально, перемѣшиваясь другими психическими явленіями, то ослабляясь, то усиливаясь, по мѣрѣ нашего увлеченія самимъ дѣломъ. Это не только не исключительное явленіе, но такое общее, безъ котораго никакая серьезная и плодотворная дѣятельность не бываетъ и не можетъ быть. Кто, дѣлая что нибудь, *нисколько* не увлекается самимъ дѣломъ, помимо тѣхъ расчетовъ, для которыхъ онъ предпринялъ это дѣло, тотъ не сдѣлаетъ ничего путнаго, да и самое дѣло не удовлетворитъ его стремленію къ дѣятельности, не наполнитъ той душевной пустоты, о которой говоритъ Милль. Это явленіе, повторяясь безпрестанно при каждомъ частномъ трудѣ человѣка, высказывается съ необыкновенною яркостью и въ обширной сферѣ дѣятельности человѣчества. Возьмемъ, напримѣръ, науку. Безъ сомнѣнія, она доставила и продолжаетъ доставлять людямъ средства удаленія многихъ страданій и добычи многихъ наслажденій. Но если бы только эта польза отъ науки сдѣлалась цѣлью науки, то *она* не подвинулась бы ни на шагъ впередъ и перестала бы приносить пользу. Только человѣкъ, увлекающійся наукою, можетъ дѣйствительно сдѣлать въ ней шагъ впередъ, а такой, увлекающійся наукою человѣкъ, увлекается самою дѣятельностью, которую даетъ ему наука, а не тою *пользою*, которую она можетъ доставить ему или другимъ, и не тѣмъ *удовольствіемъ*, котораго ищетъ въ наукѣ диллетантъ. Люди, ищущіе полезнаго или пріятнаго въ наукахъ, менѣе всего содѣйствовали развитію наукъ и менѣе всего извлекали изъ нихъ той пользы или того удовольствія, которыхъ они единственно искали. Дѣйствительный же ученый занимается наукою для науки и, такъ-сказать, по дорогѣ открываетъ въ ней средства для удаленія страданій или пріобрѣтенія новыхъ наслажденій, и конечно не для себя: они ему менѣе всего нужны, такъ-какъ все его время занято тѣмъ, что исключаетъ страданія и наслажденія — занято серьезною сознательною дѣятельностью.

9. Мы видѣли, слѣдовательно, что Милль, говоря о какомъ-то высшемъ счастьи, которое должно наполнять *пустоту* человѣческой жизни, т. е. сдѣлаться ея содержаніемъ, напалъ на вѣрный психическій фактъ. Но Милль ошибается, думая, что это наполненіе пустоты человѣческой

жизни, это отысканіе дѣйствительнаго ея содержанія есть нѣчто, ожидающее человѣка въ отдаленномъ будущемъ. Дѣйствительно слѣдуетъ желать, чтобы это наполненіе усилилось для каждаго въ частности и для человѣчества вообще; но что самое явленіе и теперь не только существуетъ, но занимаетъ центральное мѣсто въ человѣческой жизни—это не подлежитъ сомнѣнію. Самъ Миль наполнялъ пустоту своей жизни, составляя свою «Логику»; каждый художникъ дѣлаетъ тоже самое, серьезно работая надъ своей картиной; тоже самое дѣлаетъ и скромный земледѣлецъ, полюбившій свое скромное дѣло; наконецъ, мало-ли людей, которые болѣе или менѣе, хотя бы въ самой ничтожной степени, не наполняли пустоты своей жизни вольнымъ, излюбленнымъ трудомъ. Въ этомъ отношеніи мы не ждемъ никакихъ чудесъ отъ будущей исторіи, никакихъ временныхъ реформъ: въ исторіи людей, какъ и въ исторіи природы, ничего не творится вновь, не происходитъ никакихъ внезапныхъ и коренныхъ реформъ; но идетъ вѣчная реформа элементовъ, уже существующихъ, при чемъ существенное и нормальное выступаетъ впередъ изъ несущественнаго и ненормальнаго. Серьезный и вольный, излюбленный трудъ, не стремящійся къ наслажденіямъ, болѣе или менѣе наполняетъ пустоту человѣческой жизни съ той самой минуты, когда человѣкъ появился на землѣ, и только слѣдуетъ желать, чтобы этотъ основной законъ человѣческой природы вошелъ въ общее сознаніе, и чтобы каждый сознавалъ, что трудъ самъ по себѣ, помимо тѣхъ наслажденій и страданій, къ которымъ онъ можетъ вести, также необходимъ для душевнаго здоровья человѣка, какъ чистый воздухъ для его физическаго здоровья. Еслибы Миль самъ вполнѣ сознавалъ этотъ психическій законъ, то поставилъ бы вольный, излюбленный трудъ, свойственный человѣку, а не счастье, высшимъ мѣриломъ достоинства всѣхъ практическихъ правилъ человѣческой жизни.

10. Этотъ *несомнѣнный фактъ* психической жизни человѣка съ особенною ясностью выражается въ томъ громадномъ значеніи, которое имѣетъ для человѣка *цѣль жизни*, независимо отъ содержанія этой цѣли и даже отъ ея достиженія; ибо *цѣль* или *задача* жизни есть только другая форма для выраженія того же понятія—*труда жизни*. Удовлетворите всѣмъ желаніямъ человѣка, но отнимите у него *цѣль* въ жизни и посмотрите, какимъ несчастнымъ и ничтожнымъ существомъ явится онъ. Слѣдовательно не удовлетвореніе желаній, то, что обыкновенно называютъ счастьемъ, а *цѣль въ жизни* является сердцевиной человѣческаго достоинства и человѣческаго счастья. И чѣмъ быстрѣе и полнѣе вы будете удовлетворять стремленію человѣка къ наслажденіямъ, отнявъ у него *цѣль въ жизни*, тѣмъ несчастнѣе и ничтожнѣе вы его сдѣлаете. Конечно, человѣкъ въ каждую отдѣльную минуту своей дѣятельности стремится къ *достиженію цѣли*, т. е. чтобы *уничтожить* ее, а не къ тому, *чтобы имѣть ее*, и никогда не стремится къ тому, чтобы ее отодвинуть далѣе, какъ этого ошибочно хочетъ Кантъ; но психологъ, относящійся къ душевнымъ явленіямъ, какъ объектамъ на-

блюденія, видитъ ясно, что для человѣка важнѣе *имѣть* цѣль жизни (задачу, трудъ жизни), *чѣмъ достигать ее*. Понятно само собою, что эта цѣль должна быть такова, чтобы могла быть цѣлью человѣка, чтобы достиженіе ея могло дать безпрестанную и постоянно расширяющуюся дѣятельность человѣку, такую дѣятельность, которой требуетъ его душа, чтобы не искать наслажденій и пренебрегать страданіями. Свойства этой цѣли опредѣляются уже особенностями человѣческой души и потому мы будемъ говорить о нихъ въ третьей части нашей «Антропологіи»; но и теперь уже ясно, что эта цѣль для того, чтобы постоянно наполнять постоянно раскрывающуюся *пустоту* человѣческой души (ея стремленіе къ дѣятельности), должна быть такова, чтобы, достигаемая постоянно, она никогда не могла быть достигнута; при чемъ человѣкъ остался бы безъ цѣли въ жизни. Глубокое *чувство* всей силы этого психическаго закона заставило Канта сказать, что если бы ему предлагали на выборъ истину или дорогу къ истинѣ, то онъ предпочелъ бы дорогу къ истинѣ самой истинѣ. Въ этомъ одностороннемъ выраженіи философа, предпочитающаго всему жизнь мысли, есть кромѣ того и другое заблужденіе: Кантъ, какъ и всякій другой человѣкъ, безъ сомнѣнія, не удержался бы и взялъ истину, а не дорогу къ истинѣ; но это невольно вырвавшееся восклицаніе превосходно выражаетъ дѣйствительное положеніе человѣка въ мірѣ, глубоко прочувствованное, хотя и не вполнѣ сознанное Кантомъ. Для насъ же важно не то, что могло бы быть, а то, что дѣйствительно есть.

11. Теперь намъ слѣдуетъ припомнить то отношеніе, которое мы открыли между стремленіемъ къ дѣятельности и другими стремленіями, врожденными человѣку и въ частности стремленіями *органическими*, о которыхъ преимущественно и будемъ здѣсь говорить. Всякое органическое стремленіе, будучи удовлетворено, прекращается; но душевное стремленіе къ дѣятельности, или стремленіе души къ перемѣнѣ своихъ состояній, не имѣетъ этого качества: оно никогда не удовлетворяется и, кромѣ того, требуетъ еще прогрессивности въ своемъ безпрестанномъ удовлетвореніи. Вотъ почему страсти и наклонности не могли бы образоваться изъ удовлетворенія однѣхъ органическихъ потребностей, если бы въ человѣкѣ не было душевнаго стремленія къ безпрестанной и прогрессивной душевной дѣятельности. Это-то стремленіе, если можно такъ выразиться, раздуваетъ въ пламя страстей тѣ искры наслажденій, которыя мелькаютъ при процессѣ удовлетворенія нашихъ органическихъ потребностей и тухнутъ, когда этотъ процессъ оконченъ, а удовлетворенная потребность затихла. Мы видѣли, что всякое органическое, а также и духовное наслажденіе покупается какъ разъ равноцѣннымъ ему страданіемъ, страданіемъ лишенія. Если человѣкъ привлекается наслажденіемъ, то онъ какъ-разъ на столько же отталкивается страданіемъ. Слѣдовательно человѣкъ, при такомъ отношеніи къ наслажденіямъ, не стремился бы къ нимъ и въ немъ не могла бы образоваться склонность къ наслажденіямъ. Человѣкъ не сталъ бы морить себя голодомъ для того только, чтобы испытать наслажденіе его удовлетворенія, и никто, какъ

замѣчаетъ Броунъ, не захочетъ быть больнымъ, чтобы испытать удовольствіе выздоровленія. Слѣдовательно, если человѣкъ стремится къ этой безпрерывной смѣнѣ страданій наслажденіями и наслажденій страданіями, то существенно потому, *что ему нужна самая эта смѣна*, т. е. перемѣна душевныхъ состояній или, другими словами, нужна безпрерывная душевная дѣятельность.

12. Отсюда понятно, что если у человѣка нѣтъ *серьезной* цѣли въ жизни, т. е. цѣли, не смѣющейся и не плачущей, такой цѣли, которую онъ преслѣдуетъ не изъ за удовольствій или страданій, а изъ *любви* къ тому дѣлу, которое дѣлаетъ, то онъ можетъ найти себѣ дѣятельность только въ смѣнѣ наслажденій и страданій, причемъ конечно онъ будетъ гнаться за наслажденіемъ, стараясь увернуться отъ страданія—и какъ-разъ на столько лишится наслажденія, на сколько будетъ избѣгать страданія, т. е. попадетъ *на фальшивую* дорогу въ жизни: фальшивую не по какимъ-нибудь высшимъ философскимъ и нравственнымъ принципамъ, а именно потому, что *она ведетъ человѣка не туда, куда онъ самъ же хочетъ идти.* Вотъ почему фальшивость этого пути не подлежитъ ни малѣйшему сомнѣнію. Эти-то уклоненія человѣка съ прямой дороги серьезной цѣли и серьезнаго труда на фальшивый путь исканія наслажденій и избѣганія труда займутъ насъ въ слѣдующей главѣ.

ГЛАВА XLIX.

Уклоненія человѣческой воли вообще.

1. Въ предшествующей главѣ мы отличали *стремленіе къ счастью* отъ *склонности* къ тѣмъ или другимъ, уже испытаннымъ *наслажденіямъ*. Стремленіе къ счастью есть дѣйствительно врожденное стремленіе не только человѣку, но и всякому живому существу; ибо это есть ничто иное, какъ общее стремленіе удовлетворить всѣмъ своимъ частнымъ врожденнымъ стремленіямъ, по мѣрѣ ихъ появленія, или возстановленія,—не болѣе какъ стремленіе вообще избѣжать тѣхъ страданій, которыя сопровождаютъ всякое неудовлетворенное стремленіе. Склонность же къ наслажденіямъ есть уже стремленіе *производное*, которое образуется вслѣдствіе опытовъ пріятныхъ ощущеній, сопровождающихъ удовлетвореніе всякаго *врожденнаго* стремленія. Но, образовавшись вслѣдствіе опытовъ пріятныхъ ощущеній, сопровождающихъ удовлетворенное стремленіе, склонность къ тѣмъ или другимъ наслажденіямъ можетъ потомъ установиться въ стремленіе самостоятельное, которое будетъ побуждать человѣка искать наслажденій и тогда, когда стремленія, изъ удовлетворенія которыхъ они возникаютъ, уже удовлетворены. Стремленіе къ счастью не только есть стремленіе врожденное, изъ котораго уже возникаетъ склонность къ наслажденіямъ, но и болѣе обширное, чѣмъ это изъ него возникающее стремленіе. Человѣкъ стремится удовлетворять не только тѣмъ своимъ стремленіямъ, удовлетвореніе которыхъ можетъ до-

ставить ему наслажденіе; но и къ удовлетворенію такого стремленія, удовлетвореніе котораго непосредственно не сопровождается никакимъ наслажденіемъ, а именно, къ удовлетворенію самаго существеннаго стремленія души: ея стремленія къ дѣятельности.

2. Право на счастье составляетъ, конечно, самое неотъемлемое право человѣка; но только въ томъ случаѣ, если счастье не смѣшивается съ наслажденіемъ. Право же на наслажденіе находитъ себѣ оправданіе уже только въ высшемъ правѣ — правѣ на счастье. Наслажденія являются уже только сопровождающимъ явленіемъ, несущественнымъ и не исчерпываютъ всего содержанія гораздо болѣе обширнаго понятія счастья. Человѣкъ можетъ быть счастливъ, не наслаждаясь, какъ счастливы всѣ тѣ люди, которые отдали всю жизнь увлекавшему ихъ дѣлу, доставившему имъ, быть можетъ, гораздо болѣе страданій, чѣмъ наслажденій. И наоборотъ, человѣкъ можетъ наслаждаться всю жизнь и не быть счастливымъ. Развѣ мы не видимъ, что люди, безпрестанно ищущіе наслажденій и имѣющіе кажется для того всѣ средства, нерѣдко оканчиваютъ жизнь самоубійствомъ?

3. Если стремленіе къ счастью есть вполнѣ законное и глубоко врожденное стремленіе человѣка и всякаго живаго существа удовлетворять *всѣмъ* своимъ врожденнымъ стремленіямъ, то легко видѣть, что при множествѣ и разнообразіи этихъ стремленій должно непремѣнно и безпрестанно возникать столкновеніе между ними при ихъ удовлетвореніи. Удовлетворяя одному стремленію, человѣкъ въ то же время можетъ не только не удовлетворить другому, но помѣшать его удовлетворенію. Отсюда возникаетъ необходимость привести врожденныя стремленія человѣка въ одну стройную систему съ тѣмъ, чтобы оцѣнить ихъ относительную важность и избавить человѣка отъ раскаянія, которое неминуемо слѣдуетъ, если, удовлетворивъ стремленію низшему, подчиненному, онъ тѣмъ самымъ нарушитъ другое стремленіе, можетъ быть гораздо болѣе обширное и существенное [1]. Поступая безсознательно, необдуманно, не давая себѣ отчета въ прошедшемъ, не заглядывая въ будущее, человѣкъ очень часто удовлетворяетъ стремленію, которое тѣснитъ его въ настоящую минуту, и этимъ удовлетвореніемъ нарушаетъ возможность удовлетворенія другихъ, болѣе обширныхъ стремленій, которыя тотчасъ-же, по удовлетвореніи менѣе существеннаго, возвышаютъ свой голосъ и наполняютъ душу человѣка мученіями, не только неудовлетвореннаго стремленія, но и раскаянія. Въ мелкихъ размѣрахъ это явленіе ежедневно повторяется въ душѣ человѣка: въ размѣрахъ болѣе обширныхъ оно наполняетъ всю человѣческую жизнь и рѣшаетъ участь этой жизни. Вотъ почему, какъ для каждаго человѣка въ частности, такъ и для всего человѣчества вообще такъ необходимо придти къ ясному сознанію своихъ врожденныхъ стремленій и ихъ относительнаго значенія для жизни.

4. Мы раздѣлили всѣ врожденныя стремленія человѣка на три рода: *органическія*, *душевныя* и *духовныя*. Теперь намъ уже легко оцѣнить

---

[1] См. выше, гл. XL, п. 1—10.

нъ относительное значеніе для жизни. Но такъ-какъ духовныя стремленія будутъ разсмотрѣны нами въ третьей части «Антропологіи», то здѣсь мы можемъ установить только относительное значеніе стремленій органическихъ и душевнаго стремленія къ дѣятельности. Душа, во всякомъ случаѣ, есть принципъ жизни въ организмѣ, или, другими словами, сама жизнь его, понимая подъ словомъ жизнь дѣятельность чувства и воли. Все назначеніе органическихъ процессовъ въ живомъ организмѣ состоитъ въ томъ, чтобы сдѣлать возможною самую жизнь. Не очеловѣчивая природы и не придавая ей человѣческой идеи цѣли, мы указываемъ только на фактъ. Все стремленіе растительной природы организуется только *бытіемъ* организма, распространеніемъ и размноженіемъ этого бытія въ пространствѣ и индивидуальнымъ и поколѣннымъ продолженіемъ его во времени. Къ такому выводу пришло современное естествознаніе въ идеяхъ своихъ лучшихъ представителей [1]). Удовлетвореніе этого стремленія достигается въ растительномъ царствѣ безъ помощи жизни, безъ помощи чувства и произвольныхъ движеній, выражающихъ чувство. Того же самаго могла бы достигнуть природа одною системою безсознательныхъ роковыхъ рефлексовъ и въ организмахъ животныхъ, какъ это доказываютъ намъ тѣ же естествоиспытатели и тѣ изъ психологовъ, которые, отвергая произволъ, считаютъ сознаніе и чувство только случайными, несущественными явленіями, безъ которыхъ органическая жизнь могла бы совершаться сама собою, только рефлектируя внѣшнія впечатлѣнія и отвѣчая на нихъ движеніями роковыми, безсознательными, несопровождаемыми чувствомъ [2]). Но такъ-какъ мы въ самихъ себѣ, кромѣ рефлексовъ, находимъ еще чувство и волю, то значитъ это явленіе природы должно быть признано явленіемъ самостоятельнымъ, которое можетъ имѣть значеніе для органической жизни, но не необходимо для нея, такъ-что органическая жизнь продолжалась бы безъ сознанія и воли. Такое самостоятельное значеніе жизни, т. е. души, есть прямой результатъ современнаго естествознанія.

5. Признавъ же самостоятельность душевныхъ явленій въ отношеніи безсознательной природы, мы должны необходимо признать абсолютность этой самостоятельности въ отношеніи насъ самихъ. *Для насъ* вся природа имѣетъ значеніе настолько, насколько она даетъ намъ возможность жить. Какое же значеніе для человѣка можетъ имѣть природа внѣ его чувственной души? Какое бы значеніе имѣло для насъ существованіе организмовъ и ихъ развитіе, если бы мы не могли ни чувствовать, ни желать? Для человѣка имѣютъ значеніе только психическія явленія; а всѣ остальныя — настолько, насколько они отражаются въ психическомъ мірѣ. Если мы предположимъ, что во вселенной нѣтъ существъ, что либо чувствующихъ и желающихъ, то какой интересъ будетъ имѣть для насъ вся вселенная? Она не будетъ имѣть для насъ ни смысла, ни значенія.

[1]) См. выше, гл. XXXVI.

[2]) См. выше, гл. XXXII.

6. Изъ этихъ простыхъ и для каждаго ясныхъ положенiй вытекаетъ само собою, что для человѣка *бытiе* имѣетъ только относительное значенiе, какъ средство *жизни*, а слѣдовательно и всѣ стремленiя, удовлетворяющiя бытiе, являются только средствами для жизни, т. е. для удовлетворенiя того душевнаго стремленiя, которое мы назвали стремленiемъ къ дѣятельности и которое точно также можемъ назвать стремленiемъ къ жизни. Отсюда абсолютная для человѣка истина того простаго закона, что человѣкъ въ частности и человѣчество вообще не для того живутъ, чтобы существовать, а для того существуютъ, чтобы жить. Вотъ почему человѣкъ очень часто, потерявъ возможность жить, прекращаетъ свое существованiе. Каждый самоубiйца, постыдно подымающiй на себя руку, фактически доказываетъ намъ, какъ тяжело существовать человѣку, который потерялъ, или думаетъ, что потерялъ, возможность жить.

7. Теперь уже ясно, что органическiя стремленiя должны имѣть для насъ значенiе только по отношенiю къ коренному стремленiю души: къ ея стремленiю къ жизни, т. е. къ дѣятельности сознательной и свободной. Для животнаго это отношенiе можетъ быть иное, потому что, будучи лишено самосознанiя, оно не можетъ установить этого отношенiя. Животное живетъ, какъ хочетъ природа; человѣкъ понимаетъ стремленiя природы и можетъ противопоставить ея стремленiямъ свою собственную волю. Человѣкъ не только чувствуетъ въ себѣ стремленiя природы къ бытiю, но и понимаетъ, къ чему она стремится и всѣ ея стремленiя имѣютъ для него значенiе настолько, насколько даютъ ему возможность удовлетворить *своему* стремленiю—стремленiю, вытекающему изъ него самого, т. е. изъ его души, стремленiю къ жизни, или точнѣе, стремленiю къ дѣятельности сознательной и свободной.

8. Такимъ образомъ самая простая здравая логика заставляетъ насъ подчинить стремленiе къ бытiю стремленiю къ жизни, а потому и органическiя стремленiя—душевному стремленiю къ дѣятельности сознательной и свободной — стремленiю къ свободному, излюбленному труду. Всѣ наслажденiя (за исключенiемъ духовныхъ) сопровождаютъ удовлетворенiе только органическихъ стремленiй, а отсюда уже вытекаетъ само собою необходимость подчинить производное стремленiе къ наслажденiю коренному, существенному стремленiю души: стремленiю ея къ дѣятельности сознательной и свободной. Такимъ образомъ въ обширной системѣ стремленiй къ счастью логически установляется порядокъ: всякое стремленiе удовлетворять своимъ стремленiямъ законно; но если мы хотимъ счастья, то должны удовлетворять низшимъ стремленiямъ настолько, насколько это сообразно со стремленiемъ центральнымъ, составляющимъ корень души человѣческой.

9. Всякая человѣческая свободная и сознательная дѣятельность конечно предполагаетъ *цѣль*. Достиженiе цѣли составляетъ, повидимому, самое существенное для человѣка; но это только обманчивая видимость. Сама по себѣ цѣль, какъ это мы уже видѣли, еще необходимѣе для человѣ-

...ея достиженіе. Если вы хотите сдѣлать человѣка вполнѣ и глу... несчастнымъ, то отнимите у него цѣль въ жизни и удовлетворяйте ...вѣнно всѣмъ его желаніямъ. Нужно ли еще доказывать существо... этого замѣчательнаго психическаго факта? Вмѣсто всякаго доказа...льства мы сошлемся на собственное сознаніе всѣхъ тѣхъ, кому слу...лось внезапно потерять цѣль въ жизни или почувствовать, что у него ...ть цѣли,—что всѣ цѣли жизни, которыя казались ему такими, мелки, ...тожны и не стоятъ быть цѣлями жизни. Если такое душевное состояніе ...лжается, то можно серьезно опасаться за человѣка. Цѣли жизни мо...тъ быть мелки, ничтожны; но если человѣкъ не замѣчаетъ ихъ ни...жности, не переросъ ихъ значенія, то они для него серьезныя цѣли: ...нъ преслѣдуетъ ихъ и живетъ. Но отымите у него эти цѣли и если ...нъ потеряетъ надежду отыскать другія—то будетъ *влачить свое су...ществованіе*, а не жить, или подыметъ на себя руку. Этого рѣзкаго ...акта, знакомаго каждой человѣческой душѣ, достаточно, чтобы убѣ...диться, что цѣль жизни составляетъ самое зерно ея, помимо того, до...стигается ли эта цѣль, или нѣтъ.

10. Но отчего же такъ важна цѣль въ жизни человѣка? Именно от...того, что она вызываетъ душу на дѣятельность, на дѣятельность созна...тельную и свободную, вызываетъ душу на трудъ. Такимъ образомъ и ...этой точки зрѣнія мы приходимъ къ тому же убѣжденію, что сознатель...ный и свободный трудъ одинъ способенъ составить счастье человѣка, а ...слажденія являются лишь сопровождающимъ явленіемъ. *Но трудъ ...тому и трудъ, что онъ труденъ* [1], *а потому и дорога къ ...стію трудна*. Эта дорога, кромѣ того, какъ и всякая прямая до...рога, *одна*; а потому человѣкъ безпрестанно съ нея сбивается и сби...вается уже не на одинъ какой-нибудь путь, а на тысячи путей лож...ныхъ, ложныхъ потому, что они не ведутъ человѣка къ той цѣли, ко...торой онъ хотѣлъ достигнуть: не ведутъ его къ счастью. Указать одну ...прямую истинную дорогу можно; но перечислить всѣ ложные пути, по ...которымъ бродятъ люди, то увлекаясь ими временно, то сбиваясь на ...нихъ окончательно,—нѣтъ никакой возможности. Этихъ ложныхъ путей, ...отклоняющихъ человѣка отъ прямой дороги на время, то на всегда, ...столько же, сколько человѣческихъ жизней, и еще болѣе, ибо каждый ...человѣкъ въ теченіе своей жизни перепробуетъ не одинъ такой фальши...вый путь. Вотъ почему напрасно бы кто-нибудь старался перечислить ...всѣ ложныя увлеченія человѣка отъ прямаго пути; но есть возможность ...по главнымъ существеннымъ признакамъ этихъ отклоненій, раздѣлить ...ихъ на *два отдѣла*.

11. Иногда человѣкъ хитритъ съ трудомъ и старается обойти его ...трудность: отсюда возникаетъ *одинъ родъ* ложныхъ увлеченій и лож...ныхъ наклонностей. Иногда же человѣкъ ставитъ себѣ ложную цѣль въ ...жизни, такую цѣль, которая по своимъ качествамъ не способна быть

[1] См. выше, гл. XXIV, пп. 11, 12.

цѣлью *человѣческой* жизни: отсюда возникаетъ *второй родъ* человѣческихъ уклоненій съ прямаго пути, ложныхъ человѣческихъ наклонностей и страстей. Разсмотримъ оба эти рода уклоненій воли съ прямаго пути.

12. Перваго рода уклоненія возникаютъ, какъ мы уже сказали, изъ того, что человѣкъ хочетъ удовлетворить своему врожденному стремленію къ труду, избѣжавъ трудности труда, что конечно невозможно; ибо трудъ безъ трудностей уже не трудъ и не удовлетворитъ стремленій души къ труду. Отсюда возникаетъ стремленіе къ *привычкѣ*, къ *подражанію*, къ *перемѣнѣ впечатлѣній* и *мѣсть* и наконецъ *стремленіе къ лѣни*, когда человѣкъ уже прямо отступаетъ отъ труда. Всѣ эти производныя фальшивыя стремленія, которымъ можно дать общее названіе *слабостей воли*, имѣютъ такое важное значеніе для воспитательной дѣятельности и такъ много сами отъ нея зависятъ, что мы разберемъ ихъ подробнѣе въ слѣдующей главѣ, такъ-какъ у насъ есть уже всѣ необходимыя предварительныя свѣдѣнія, чтобы анализировать ихъ.

13. Но мы никакъ не можемъ сказать того же самого о тѣхъ наклонностяхъ и страстяхъ, о тѣхъ уклоненіяхъ человѣка съ прямаго пути, которыя возникаютъ не оттого, что человѣкъ ложными средствами хочетъ достигнуть истинной цѣли, но оттого, что самая цѣль, выбранная имъ — ложна, т. е. не можетъ быть цѣлью человѣческой жизни. Для того, чтобы разобрать эти уклоненія воли, которымъ въ отличіе отъ уклоненій перваго рода мы далимъ названіе *заблужденій* воли, мы должны были бы прежде анализировать тѣ особенныя свойства, которыми отличается человѣческое стремленіе къ дѣятельности; тогда только мы могли бы оцѣнить, на сколько та или другая цѣль въ жизни можетъ вызвать душу человѣка на дѣятельность, соотвѣтствующую ея особеннымъ требованіямъ, чисто уже человѣческимъ. Это же мы можемъ сдѣлать только тогда, когда будемъ говорить объ особенностяхъ человѣческой души. Здѣсь же сдѣлаемъ только легкій намекъ на эти ябнормальныя явленія, чтобы дать хотя какое-нибудь понятіе о томъ, что мы разумѣемъ подъ именемъ *заблужденій* человѣческой воли, въ отличіе отъ ея *слабостей*.

14. Предположимъ себѣ, что человѣкъ стремится къ власти для осуществленія какой-нибудь своей задушевной идеи. Власть нужна ему не по тому наслажденію, которое она доставляетъ, а только, какъ средство для выполненія его любимой идеи. Въ этомъ случаѣ человѣкъ будетъ идти по прямой дорогѣ, хотя достиженіе той или другой власти и будетъ доставлять ему наслажденіе, будетъ доставлять именно потому, что человѣкъ при этомъ удовлетворитъ своему органическому стремленію къ общественности или, другими словами, доставитъ себѣ наслажденіе самодовольства [1]. Но если человѣкъ, попробовавъ разъ наслажденія, доставляемыхъ удовлетвореніемъ этого органическаго стремленія въ

[1]) См. выше, гл. XXIII п. 14—16.

ственности, попробовавъ наслажденій почета, сопровождающаго власть, будетъ стремиться къ власти изъ желанія наслаждаться ею, хотя бы у него и не было никакой идеи, для которой ему нужна была бы эта власть, единственно изъ-за тѣхъ пріятныхъ ощущеній, которыя она доставляетъ—то это будетъ уже заблужденіе воли. Конечно и такое фальшивое стремленіе доставитъ человѣку трудъ и удовлетворитъ стремленію его души къ дѣятельности; но вмѣстѣ съ тѣмъ оно, какъ мы увидимъ далѣе, непремѣнно нарушитъ всю гармонію человѣческихъ стремленій, а главное сдѣлаетъ человѣка какъ-разъ противоположнымъ тому, чѣмъ онъ желалъ быть. Властолюбіе, вытекающее изъ идеи, люди уважаютъ, хотя часто и возстаютъ противъ него; но властолюбіе, вытекающее изъ стремленія наслаждаться почетомъ и всѣми атрибутами власти, люди презираютъ. Такимъ образомъ человѣкъ, идущій по этому пути, испытываетъ наслажденія самодовольства только потому, что самъ заблуждается, или потому, что вводитъ въ заблужденіе другихъ людей. Если люди поняли бы, для чего такой человѣкъ добивается власти, то стали бы глубоко презирать его въ душѣ и издѣваться надъ нимъ, хотя можетъ быть и гнули бы передъ нимъ шею, если онъ уже дѣйствительно обладаетъ властью. Если бы самъ такой властолюбецъ понялъ, какія чувства возбуждаетъ онъ въ душѣ гнущихся предъ нимъ людей, то его стремленіе удовлетворить своему самодовольству было бы совершенно неудовлетворено; напротивъ, онъ испыталъ бы какъ разъ противоположное чувство, т. е. мучительное чувство стыда [1]). Слѣдовательно все счастье подобнаго властолюбца основано на заблужденіи другихъ людей или его собственномъ. Кромѣ того, по свойственной одному человѣку прогрессивности въ своемъ стремленіи къ дѣятельности, такой властолюбецъ, думая удовлетворить своему стремленію, въ сущности не удовлетворилъ бы ему, потому что оно росло бы безпрестанно. Власть, удовлетворившая его сегодня, не удовлетворила бы его завтра, и онъ тѣмъ мучительнѣе чувствовалъ бы это неудовлетвореніе, чѣмъ болѣе привыкъ бы сосредоточивать свои наслажденія въ наслажденіяхъ властью. И единственное счастье, которое онъ получалъ бы при всемъ этомъ процессѣ, происходило бы все же отъ труда, предпринимаемаго имъ вновь и вновь для достиженія всякой новой ступени власти, а вовсе не отъ самой власти.

15. Сократъ, какъ мы видѣли уже, пришелъ къ тому выводу, что наслажденіе само по себѣ не можетъ быть цѣлью человѣческой жизни и не можетъ составить ея счастья, и что для того, чтобы быть счастливымъ, человѣкъ долженъ перемѣшивать наслажденія съ мудростью и притомъ отдавать всегда предпочтеніе мудрости. Но еслибы Сократъ, или, вѣрнѣе, Платонъ остался на почвѣ психологическихъ наблюденій и провелъ бы ихъ нѣсколько далѣе, то онъ увидалъ бы, что и къ самой мудрости человѣкъ можетъ относиться двояко: можетъ быть мудрымъ,

---

[1]) См. выше, гл. XXIII.

не наслаждаясь своею мудростью, и можетъ наслаждаться ею. Въ первомъ случаѣ онъ будетъ стоять на прямой дорогѣ, потому что будетъ весь увлеченъ своею душевною дѣятельностью и не будетъ при этомъ испытывать никакихъ наслажденій, а во второмъ попадетъ на ложный путь и не будетъ мудръ въ ту минуту, когда будетъ наслаждаться своею мудростью. Кромѣ того по односторонности, свойственной уже всему классическому міру, а также и германскимъ философскимъ системамъ, построеннымъ на системахъ классическаго міра, Платонъ слишкомъ обобщаетъ значеніе философской мудрости для человѣка. Не одно же занятіе философіею составляетъ истинную дѣятельность для человѣка!

ГЛАВА L.

Слабость воли и склонности, изъ нея происходящія.

1. Показавъ, что нормальная дорога душевной дѣятельности состоитъ въ сознательномъ и свободномъ трудѣ, мы указали въ предшествующей главѣ и на два рода уклоненій отъ этого нормальнаго пути. Уклоненія перваго рода мы назвали *слабостями* воли именно потому, что эти уклоненія происходятъ отъ слабости воли; уклоненія втораго рода мы назвали *заблужденіями* воли, такъ-какъ они происходятъ уже отъ ложнаго выбора цѣли, которая тѣмъ не менѣе можетъ быть преслѣдуема иногда съ поразительною силою воли. Для анализа *слабостей* воли мы имѣемъ и теперь уже всѣ необходимыя данныя; но анализъ *заблужденій* воли требуетъ предварительнаго разсмотрѣнія цѣлей человѣческой жизни, что находится въ тѣснѣйшей связи съ особенностями человѣческой души. Истинною цѣлью должна быть признана та цѣль, которая наиболѣе соотвѣтствуетъ душѣ человѣка, и потому мы можемъ отыскивать эту цѣль лишь тогда, когда изучимъ его душевныя особенности.

2. Всѣ слабости воли происходятъ въ объективномъ смыслѣ изъ одного источника: изъ той антиноміи въ самомъ понятіи дѣятельность, на которую мы указали выше[1]. Всякая дѣятельность состоитъ въ преодолѣніи препятствій. Человѣкъ по природѣ своей стремится къ дѣятельности и отвращается отъ препятствій. Къ преодолѣнію препятствій могутъ его побуждать только два мотива: или сильное желаніе (сильная воля, въ смыслѣ желанія) достичь той или другой цѣли, или та тоска, которая начинается въ душѣ при отсутствіи дѣятельности. Отсюда понятно, что если у человѣка нѣтъ какихъ нибудь сильныхъ опредѣленныхъ желаній, то, побуждаемый тоскою бездѣйствія, онъ старается, чѣмъ бы то ни было, *но по возможности съ меньшимъ трудомъ*, утолить этотъ голодъ души. Такимъ образомъ возникаетъ въ человѣкѣ стремленіе къ *легчайшей* дѣятельности, которое или выражается непосредственно такъ называемою *лѣностью*, или принимаетъ различныя формы: стремленія къ привычкѣ, къ подражанію, къ развлеченіямъ и новизнамъ.

[1] См. выше, гл. XXIV, п. 10—15.

Склонность къ лѣни.

3. Лѣнь такъ рано проявляется въ человѣкѣ, что педагоги, которымъ чаще другихъ приходится бороться съ этимъ психическимъ явленіемъ, сложили даже извѣстную поговорку, что «лѣность родилась прежде человѣка» или, другими словами, что человѣкъ уже вноситъ съ собою въ сознательную жизнь стремленіе къ лѣни, какъ прирожденную склонность. Мнѣніе это о прирожденности лѣни раздѣляютъ нѣкоторые психологи и философы, хотя въ то же время признаютъ и прирожденность стремленій къ дѣятельности. Такъ Кантъ, въ одномъ мѣстѣ своей антропологіи, говоритъ о прирожденности лѣни, а въ другомъ о прирожденномъ стремленіи къ дѣятельности. Впрочемъ надо замѣтить, что Кантъ и примиряетъ это кажущееся противорѣчіе, признавая за душою стремленіе переходить изъ одного состоянія въ другое, и въ то же время называя это стремленіе «тяжелымъ» [1]). Однакоже это примиреніе Канта требуетъ разъясненія и мы, послѣ изложенія явленій воли, имѣемъ всѣ данныя, чтобы глубже вникнуть въ это кажущееся противорѣчіе, анализируя самыя общеизвѣстныя явленія.

4. Прежде всего замѣтимъ, что самый лѣнивый человѣкъ не ко всему лѣнивъ: онъ не лѣнится мечтать, слушать, вообще испытывать такія пріятныя ощущенія, которыя не стоятъ ему ни малѣйшаго труда. Напротивъ, лѣность именно и обнаруживается въ человѣкѣ стремленіемъ предаваться пріятнымъ или даже безразличнымъ для него ощущеніямъ, но не стоющимъ ему никакихъ усилій. Слѣдовательно, лѣность можно опредѣлить, какъ *отвращеніе человѣка отъ усилій*. Но конечно человѣкъ не имѣлъ бы причины отвращаться отъ усилій, еслибы они сопровождались пріятнымъ чувствомъ и еслибъ усиліе, само по себѣ, безъ отношенія къ той цѣли, которая можетъ имъ достигаться, не было бы всегда тягостно для человѣка, какъ мы это видѣли выше [2]). Что такое усиліе само въ себѣ, мы не знаемъ; но каждому изъ насъ очень хорошо знакомо то непріятное чувство усилія, которымъ сопровождается всякое наше *произвольное* дѣйствіе и которое выступаетъ тѣмъ яснѣе, чѣмъ затруднительнѣе для насъ это дѣйствіе. Затруднительность же дѣйствія увеличивается по степени трудности извлеченія тѣхъ силъ, которыя мы должны взять изъ запаса физическихъ силъ тѣла и обратить на тотъ или другой произвольный актъ. Изъ этого уже мы видимъ, что лѣность возникаетъ въ сферѣ отношеній души къ дѣлу и есть явленіе *психофизическое*, для объясненія котораго мы должны припомнить тѣ противоположныя качества, которыя обыкновенно приписываются душѣ и тѣлу, и о которыхъ мы уже упоминали выше [3]).

5. Существенное качество матеріи есть *инерція*, а инерція есть

---

[1]) См. выше, гл. VIII, п. 20.

[2]) См. выше, гл. XXXIV.

[3]) Педагогич. Антр. Ч. I, гл. XXXVIII, п. 13.

свойство всякаго тѣла, по которому оно стремится оставаться всегда въ одномъ и томъ же состоянiи, будетъ ли то покой или движенiе. На этомъ *законѣ инерцiи*, какъ извѣстно, строится вся механика, принимающая, что тѣло, находящееся въ покоѣ, не можетъ само-собою перейти въ движенiе, а двинутое разъ въ одномъ направленiи — не можетъ само-собою ни остановиться, ни перемѣнить направленiя. «Эта настойчивость пребыванiя въ своихъ состоянiяхъ, какъ говоритъ Ридъ въ своихъ письмахъ къ Джемсу Грегори, есть такой существенный признакъ инерцiи, что мы не можемъ приложить этого слова къ тому, въ чемъ замѣтимъ отсутствiе этой настойчивости» [1]). Инерцiя собственно и есть именно эта настойчивость всякаго тѣла пребывать въ томъ состоянiи въ которомъ оно находится.

7. *Совершенно противоположное свойство открываемъ* мы *в душѣ:* она, наоборотъ, всегда стремится выйти изъ того состоянiя, въ которомъ находится, не потому, чтобы ее влекло новое состоянiе, котораго она еще не знаетъ, но потому, что ей тяжело пребывать въ одномъ и томъ же состоянiи. Это стремленiе души выходить изъ того состоянiя, въ которомъ она находится, стремленiе, неудовлетворенность котораго обнаруживается чувствами скуки и тоски, а удовлетворенiе только дѣятельностью, и составляетъ то, что мы назвали стремленiемъ души къ безпрестанной дѣятельности. Въ этомъ отношенiи инертная матерiя, стремящаяся всегда пребывать въ томъ состоянiи, въ которомъ она находится, и безпрерывно дѣятельная душа, непрерывно стремящаяся выйти изъ своего настоящаго состоянiя, составляютъ двѣ совершенныя противоположности. Но чтобы, принявъ это положенiе, не сдѣлать изъ него ошибочныхъ выводовъ, слѣдуетъ строго отличать понятiе *инерцiи* отъ понятiя *неподвижности* и понятiе *дѣятельности* отъ понятiя *движенiя*. Мы называемъ тѣло инертнымъ не только потому, что оно не можетъ само собою перейти изъ состоянiя покоя въ состоянiе движенiя, но и потому, что, будучи двинуто, оно не можетъ само собою перейти изъ состоянiя движенiя въ состоянiе покоя. Инерцiя на столько не есть неподвижность, что она сама является необходимымъ условiемъ всякаго движенiя: только инертное тѣло можетъ быть двинуто и можетъ быть остановлено въ своемъ движенiи; только инертное тѣло повинуется законамъ механики, основаннымъ на инерцiи. И наоборотъ, понятiе дѣятельности прямо противоположно понятiю инерцiи и выводимому изъ него понятiю движенiя. Это есть уже чисто психическое понятiе, только переносимое часто и на внѣшнiй для человѣка матерiальный мiръ. Это уже не движенiе, а причина движенiй: та перемѣна состоянiй, которою движенiя или вызываются или останавливаются. Во внѣшнемъ для насъ мiрѣ мы такой причины не знаемъ, хотя предполагаемъ ее то въ томъ, то въ другомъ: внутри же себя мы такую причину испытываемъ и называемъ ее волею или вообще душою. На-

---

[1]) Reid's Work. v. I. p. 85.

наблюденіе заставляетъ насъ признать за матеріей инерцію, матеріалъ движеній; а самонаблюденіе заставляетъ насъ признать за душою начало дѣятельности—стремленіе безпрестанно выходить изъ своихъ состояній.

7. Чувство *усилія* именно и показывается при этой встрѣчѣ *дѣятельной* души съ *инертной* матеріей, инертной, какъ въ своемъ покоѣ, такъ и въ своихъ движеніяхъ. Почему это *преодолѣніе* инерціи матеріи, само по себѣ, неприкрытое другими сопровождающими его явленіями, всегда *непріятно* душѣ [1] — этого мы не знаемъ; но таковъ фактъ, который всякій изъ насъ испытываетъ въ самомъ себѣ. И чѣмъ сильнѣе сопротивленіе матеріи, или въ своемъ движеніи, или въ своемъ покоѣ, тѣмъ *тяжелѣе* для души преодолѣть это сопротивленіе. Но такъ-какъ въ то же самое время душа побуждается присущимъ ей стремленіемъ измѣнять свои состоянія, то для нея всегда пріятенъ такой исходъ, когда она, не преодолѣвая инерціи матеріи и предаваясь теченію ея движеній, вызванныхъ какими-нибудь другими причинами, можетъ измѣнять свои состоянія. Слѣдуя разнообразнымъ движеніямъ матеріи, не стоющимъ душѣ никакого усилія, душа открываетъ для себя возможность разомъ удовлетворить и своему стремленію къ перемѣнѣ своихъ состояній, и своему отвращенію отъ преодолѣванія инерціи матеріи. Въ этой возможности совершенно *пассивной* (вещной) дѣятельности коренится начало лѣни и всѣхъ ея видоизмѣненій.

8. Открывъ для себя возможность въ такой *пассивной* дѣятельности удовлетворять, безъ всякаго труда для себя, своему стремленію къ перемѣнѣ своихъ состояній, душа человѣка удовольствовалась бы ею, еслибы душѣ не было прирождено стремленіе къ прогрессу въ этой дѣятельности: еслибы душа человѣка, какъ душа животныхъ, могла вращаться спокойно въ кругу одной и той же дѣятельности. Но самое однообразіе движеній инертной матеріи болѣе или менѣе скоро надоѣдаетъ душѣ; повторяясь, движенія эти все болѣе и болѣе не удовлетворяютъ стремленію души выходить изъ знакомыхъ ей состояній. Вотъ почему *абсолютная* лѣнь совершенно не возможна для человѣка. Онъ не можетъ довольствоваться одними и тѣми же періодически возрождающимися ощущеніями, доставляемыми ему тѣломъ; но *ищетъ* возможности увеличить число и разнообразіе этихъ ощущеній — всячески усложняетъ и разнообразитъ простыя потребности тѣла. Однакоже онъ вынужденъ уже искать и слѣдовательно быть дѣятельнымъ: преодолѣвать непріятное чувство усилія. Вотъ почему человѣкъ такъ радъ, если кто нибудь другой, а не онъ самъ, позаботится о томъ, чтобы разнообразить пассивную дѣятельность его души. Но къ счастію и это для человѣка не вполнѣ возможно. Это пассивное зависимое состояніе души отъ впечатлѣній, которыми она не располагаетъ, но которымъ она только отдается, противорѣчитъ ея врожденному стремленію къ свободѣ [2] и

[1] См. выше, гл. XXXVIII. п. 4 и 5.

[2] См. выше, гл. XLVI.

есть все же однообразное состояніе несвободы: какъ только душа сознаетъ это однообразіе своего состоянія и свою собственную несвободу, такъ и старается изъ него выйти. Однакоже, по многимъ причинамъ, одинъ человѣкъ можетъ болѣе и долѣе, чѣмъ другой, уклоняться отъ преодолѣнія тягости усилія и можетъ долѣе растягивать періоды своей пассивной душевной дѣятельности. Причины эти очень разнообразны, и едва ли мы можемъ изложить ихъ всѣ. Однѣ изъ этихъ причинъ можно назвать болѣе *физическими*, другія—*психофизическими*, а третьи—*психическими*.

9. Физическія причины лѣни скрываются, безъ сомнѣнія, въ самомъ организмѣ, въ силѣ совершенія его процессовъ и ихъ направленія въ ту или другую сторону. Чѣмъ сильнѣе направлены процессы тѣла, наприм. къ росту и развитію организма, тѣмъ труднѣе для души извлекать оттуда силы изъ запаса силъ физическихъ и направлять ихъ на избранныя ею душевныя работы или на произвольныя движенія. Вотъ почему дѣти тучныя и сильно растущія очень часто оказываются лѣнивыми. Вотъ почему также всякій воспитатель, безъ сомнѣнія, замѣчалъ, что иногда прилежное дитя вдругъ становится лѣнивымъ и что это именно случается въ то время, когда, по неизвѣстной для физіологіи причинѣ, развитіе тѣла, вначалѣ замедлившееся, вдругъ идетъ опять быстрѣе. Въ эти періоды дѣтства, которые у нѣмцевъ носятъ даже особое названіе, дитя не только выказываетъ лѣность, которой прежде въ немъ не замѣчалось, но и наклонность къ шалостямъ, что одно другому не противорѣчитъ, ибо шалости эти происходятъ не отъ стремленія души къ дѣятельности, но отъ избытка выработываемыхъ силъ, которыя уже по самому требованію природы должны идти на развитіе мускуловъ, для чего необходимо ихъ движеніе. Это, если можно такъ выразиться, шалости рефлективныя, которыхъ требуетъ организмъ и которымъ всего лучше удовлетворяетъ правильная гимнастика. Замѣтивъ, что у дитяти начался такой періодъ физическаго развитія, не должно бросать занятій съ нимъ; но должно при своихъ требованіяхъ всегда принимать въ расчетъ и особенное, временное требованіе физической природы. Такое сильное и обширное совершеніе и направленіе органическихъ процессовъ не ограничивается часто однимъ періодомъ дѣтства, но продолжается и долѣе, остается иногда и на всю жизнь. Между людьми тучными болѣе встрѣчается людей, расположенныхъ къ лѣни, чѣмъ между худощавыми. Въ малообразованныхъ классахъ народа, гдѣ душа не создала себѣ обширной сферы дѣятельности, ожирѣніе человѣка идетъ почти всегда вмѣстѣ съ развитіемъ лѣности, такъ-что зажирѣть и сдѣлаться лѣнивымъ значитъ у крестьянъ и у купцовъ почти одно и тоже. Въ этихъ случаяхъ разбогатѣвшій крестьянинъ быстро толстѣетъ именно потому, что дѣятельность здороваго тѣла вдругъ прекращается съ прекращеніемъ потребности работать, а силы, продолжающія обильно выработываться, за неимѣніемъ траты на умственную жизнь, идутъ на развитіе тѣла; а потомъ человѣку уже становится трудно извлекать изъ

силы изъ разросшихся органическихъ процессовъ, и онъ становится лѣнивымъ.

10. Но если особенно сильное развитіе организма ведетъ за собою лѣнь, то и особенная слабость его можетъ повести къ тому же, если душа не завязала предварительно своихъ сильныхъ работъ. Дитя слабое, для здоровья котораго необходимы всѣ физическія силы, вырабатываемыя изъ пищи, можетъ также оказаться лѣнивымъ именно по своей физической слабости. Для такого дитяти труднѣе, чѣмъ для здороваго, отнимать у физическихъ процессовъ часть силъ для своихъ душевныхъ работъ. Тамъ обширность и сила органическихъ процессовъ, а здѣсь недостатокъ силъ для необходимыхъ процессовъ жизни вызываютъ одно и тоже явленіе. Конечно въ последнемъ случаѣ воспитатель еще болѣе, чѣмъ въ первомъ, долженъ съ большою осторожностью требовать душевной дѣятельности отъ ребенка и даже долженъ иногда совершенно прекращать эти требованія. Но при этомъ слѣдуетъ всегда опасаться, что ребенокъ, и поправившись, окажется уже привыкшимъ къ лѣни. Продолжительныя болѣзни часто имѣютъ своимъ результатомъ лѣность и капризы въ ребенкѣ. Вотъ почему съ больнымъ дитятею воспитатель долженъ быть очень остороженъ, чтобы не передать ни въ ту, ни въ другую сторону: не повредить ни физическому, ни душевному здоровью дитяти.

11. По тѣмъ же самымъ физическимъ причинамъ человѣкъ испытываетъ временное расположеніе къ лѣни всякій разъ послѣ сытнаго обѣда: во время переварки пищи человѣку становится труднѣе отвлекать органическія силы изъ этого физико-химическаго процесса. Вотъ почему сытный обѣдъ влечетъ человѣка къ неподвижности и сну. По окончаніи же переварки пищи, когда физическія силы уже готовы, дѣятельность становится для человѣка легкою. Отсюда понятно, почему чрезмѣрно обильное кормленіе дѣтей влечетъ за собою наклонность къ лѣни, а если слишкомъ растянутый желудокъ требуетъ потомъ и постоянно большаго количества пищи, то человѣкъ становится лѣнивымъ на всю жизнь. По этой-то причинѣ наше домашнее воспитаніе у достаточныхъ классовъ, помѣщиковъ и купцовъ, часто создавало положительныхъ лѣнтяевъ. Страшно подумать, что съѣдало въ день иное помѣщичье или купеческое дитя! Оно жевало и переваривало эту жвачку почти цѣлый день. Отсюда понятно, почему лѣность была весьма замѣтною и отличительною чертою нашего зажиточнаго класса. Но нигдѣ, можетъ быть, ѣда съ утра до вечера, такъ рельефно выставленная Гоголемъ, не шла въ такихъ обширныхъ размѣрахъ, какъ въ Малороссіи. Не отсюда ли и еще сильнѣйшій оттѣнокъ лѣни у малороссовъ? Но въ этомъ отношеніи, конечно, имѣлъ вліяніе и болѣе теплый климатъ: особенно продолжительное и жаркое степное лѣто. Во время жара всякое произвольное движеніе для человѣка тяжелѣе, чѣмъ въ холодъ.

12. Къ *психофизическимъ* причинамъ лѣни слѣдуетъ отнести особенное обиліе и разнообразіе слѣдовъ пріятныхъ тѣлесныхъ ощущеній вся-

каго рода. Если въ дѣтствѣ человѣка ему доставляли въ обиліи разнообразныя тѣлесныя наслажденія, то самое разнообразіе слѣдовъ этихъ наслажденія дастъ уже ему возможность удовлетворять *въ нихъ* свои потребности душевной дѣятельности. Бенеке придаетъ особенную важность этому источнику лѣни и приписываетъ ему даже болѣе вліянія на порчу человѣка, чѣмъ можно приписать [1]). Но конечно, если первыя ассоціаціи представленій человѣка будутъ взяты главнымъ образомъ изъ міра чувственныхъ наслажденій, то онѣ могутъ сильно условить всю дальнѣйшую дѣятельность его души. Къ такимъ чувственнымъ наслажденіямъ Бенеке совершенно вѣрно относитъ не одно лакомство, но вообще всякую тѣлесную нѣгу и даже шалости, какъ удовлетвореніе тѣлесной потребности движеній. Если дитя слишкомъ сильно погрузится въ сферу тѣлесной жизни, если въ душѣ его завяжутся обширныя и сильныя ассоціаціи, содержаніе которыхъ взято изъ этой сферы, то тогда трудно пробудить въ немъ жажду жизни духовной. Но при этомъ слѣдуетъ замѣтить, что обжорство происходитъ не столько отъ обилія лакомствъ, сколько отъ рѣзкихъ перемѣнъ въ отношеніи пищи. Обжоры воспитываются скорѣе всего въ тѣхъ заведеніяхъ, гдѣ голодомъ заставляютъ дѣтей постоянно думать о пищѣ, тогда какъ дома родители пичкаютъ тѣхъ же дѣтей, чѣмъ попало. Семинаріи наши много грѣшили въ этомъ отношеніи.

13. *Психическія* причины лѣни должны уже заключаться въ самыхъ опытахъ дѣятельности, въ томъ или другомъ исходѣ этихъ опытовъ. Дитя отъ природы не имѣетъ душевной лѣни, что легко мы замѣтимъ, наблюдая, какъ оно любитъ не только дѣятельность вообще, что могло бы быть еще объяснено обиліемъ выработки физическихъ силъ, но какъ оно любитъ самостоятельность дѣятельности. Оно хочетъ все дѣлать *само*, и это стремленіе должно беречь въ немъ, какъ самое драгоцѣнное, жертвуя для него и приличіями, для которыхъ нерѣдко матери и няни подавляютъ первое проявленіе самостоятельной душевной дѣятельности, не зная конечно, какой вредъ приносятъ онѣ ребенку. Если дитя останавливать или наказывать за всѣ его порывы къ самостоятельной дѣятельности, то это значитъ прибавлять къ ней еще новую внѣшнюю трудность, кромѣ той, которую представляетъ уже самъ физическій организмъ; почему и понятно, что дитя можетъ наконецъ отступить передъ этою слишкомъ большою для него трудностью. Эта же внѣшняя причина душевной лѣни дѣйствуетъ и тогда, если наставникъ требуетъ отъ дитяти непосильныхъ трудовъ. Неудача попытокъ удовлетворить этому требованію, слишкомъ тяжелое и непріятное чувство, сопровождающее эти попытки, могутъ запугать дитя и оно станетъ смотрѣть лѣниво уже на всякій трудъ. Вотъ почему чрезмѣрно требовательное ученіе, хотя бы оно даже давало въ началѣ блестящіе разультаты, скажется потомъ отвращеніемъ къ труду и наклонностью къ лѣни.

14. Та же наклонность къ лѣни развивается и отъ совершенно про-

---

[1]) Erziehung-und-Unterricht's Lehre.

тивоположной причины, а именно, если дитя безпрерывно занимаютъ, забавляютъ и развлекаютъ, такъ-что почти одна *пассивная* дѣятельность наполняетъ жизнь его души и удовлетворяетъ ея требованіямъ дѣятельности. При этомъ, правда, воспитывается жажда дѣятельности, и дитя скучаетъ, если ничто его не развлекаетъ; но не развивается смѣлость и увѣренность, необходимыя для того, чтобы преодолѣвать трудности самостоятельной душевной дѣятельности. Въ этомъ отношеніи грѣшитъ и великосвѣтская жизнь дѣтей, и черезъ-чуръ заботливая, но не совсѣмъ разумная педагогика, подсовывающая дѣтямъ дѣятельность и не дающая имъ возможности самимъ отыскать ее. По этой причинѣ такъ-называемые дѣтскіе сады Фребеля, какъ бы ни раціональны были принятыя въ нихъ занятія и игры дѣтей, могутъ подѣйствовать вредно на ребенка, если онъ проводитъ въ нихъ большую часть своего дня. Какъ ни умно то занятіе или та игра, которымъ выучать дитя въ дѣтскомъ саду; но они уже потому дурны, что дитя не само имъ выучилось, и чѣмъ навязчивѣе дѣтскій садъ въ этомъ отношеніи, тѣмъ онъ вреднѣе. Это не значитъ, что мы вообще вооружаемся противъ дѣтскихъ садовъ и противъ идей Фребеля; но значитъ только, что, при настоящемъ состояніи всего этого дѣла, мы рѣшительно не можемъ сказать, приносятъ ли дѣтскіе сады въ настоящее время больше вреда или пользы, и во всякомъ случаѣ думаемъ, что время пребыванія дѣтей въ садахъ должно быть значительно сокращено. Нельзя вести на поводкѣ волю ребенка, а надо дать ей просторъ самой рости и усиливаться. Если же дѣтей посылаютъ въ садъ, потому, что ихъ некуда дѣвать, то слѣдуетъ въ самыхъ садахъ давать дѣтямъ какъ можно болѣе свободнаго времени, въ которое предоставлять имъ дѣлать, что имъ угодно. Даже шумное общество дѣтей, если ребенокъ находится въ немъ съ утра до вечера, должно дѣйствовать вредно. Уединеніе по временамъ также необходимо ребенку, какъ и взрослому. Совершенно уединенныя и самостоятельныя попытки той или другой дѣтской дѣятельности, не вызываемой подражаніемъ другимъ дѣтямъ или наставникамъ, совершенно необходимы и чрезвычайно плодотворны, какъ бы ни казалась для взрослаго мелка эта дѣятельность. Нѣтъ сомнѣнія, что дѣти болѣе всего учатся, подражая; но ошибочно было бы думать, что изъ подражанія сама собою выростетъ самостоятельная дѣятельность. Подражаніе даетъ много матерьяла для самостоятельной дѣятельности; но если бы не было самостоятельной дѣятельности, независимой отъ подражанія, то нечему было бы и подражать. Самостоятельная дѣятельность не появляется потомъ, съ возрастомъ; но зерно ея коренится въ свободной волѣ человѣка, родящейся вмѣстѣ съ душою, и этому зерну должно дать и время, и сферу для развитія. Вотъ почему воспитатель по временамъ долженъ отступать отъ ребенка и совершенно предоставлять его самому себѣ. Зерно самостоятельности скрывается глубже въ душѣ дитяти, чѣмъ можетъ проникнуть туда воспитаніе, и самыя попытки туда проникнуть могутъ только помѣшать развитію зерна. Воспитаніе можетъ много, но не все.

Склонность къ привычкѣ.

15. Стремленіе къ привычкѣ есть только особенная форма стремленія къ легчайшей дѣятельности, что объясняется самымъ свойствомъ привычки. Направленіе физическихъ силъ на ту или другую работу, задаваемую душою, дѣлается для человѣка тѣмъ легче, чѣмъ чаще эта работа повторяется. Физіологической причины этого явленія, какъ и вообще физіологической причины привычки, мы не знаемъ; но тѣмъ не менѣе само явленіе есть фактъ, не подлежащій сомнѣнію. Душа, давая направленіе физическимъ силамъ на ту или другую избранную ею работу, пріучаетъ организмъ мало по малу все легче и легче выдѣлять и направлять свои силы для этой новой для него функціи, уже не природной, а созданной душою, такъ-что впослѣдствіи времени физическія силы уже почти сами собою выдѣляются для отправленія той или другой психофизической работы. Вмѣстѣ съ тѣмъ усиліе, которое долженъ былъ употреблять человѣкъ для вызова физическихъ силъ на ту или другую произвольную работу души, становится все слабѣе и преодолѣвается душою все легче и незамѣтнѣе. Отсюда выходитъ не только *привычка*, но и объясняется *склонность человѣка* къ привычкѣ.

16. Мы видѣли уже въ первой части все громадное значеніе привычки въ жизни человѣка и въ его такъ-называемомъ развитіи [1]). Здѣсь же достаточно сказать, что если бы привычка не облегчала усилій души въ передвиженіи и направленіи физическихъ силъ тѣла и еслибы всегда, и при всякомъ повтореніи дѣйствія, человѣкъ долженъ былъ, какъ и въ первый разъ, преодолѣвать тѣ же трудности усилій, то всякіе, даже сколько-нибудь сложные, произвольные психофизическіе процессы, какъ напр., процессъ ходьбы, рѣчи и т. п., были бы невозможны. Человѣкъ именно потому и выучивается этимъ сложнымъ, произвольнымъ актамъ, что его нервный организмъ обладаетъ способностью привычки. Приводя въ исполненіе какой-нибудь сложный выученный психофизическій актъ, душа, такъ сказать, только пускаетъ въ ходъ сложную *машину*, уже выстроенную прежде многочисленными привычками. Наше сравненіе привычекъ съ машиною не случайно. Въ экономіи человѣческаго организма привычка играетъ какъ разъ ту же роль, какую машина играетъ въ хозяйствѣ. Ни привычка, ни машина сами собою не придутъ въ дѣйствіе. Но онѣ сохраняютъ, экономизируютъ человѣческую силу. Та же самая степень усилія, которая нужна человѣку, чтобы пустить въ ходъ паровозъ и управлять его движеніями, была бы не достаточна, чтобы перенести за версту пяти-пудовой камень: та же самая степень усилія, которая нужна теперь человѣку, чтобы произнести длинную рѣчь, не достаточна была бы для того, чтобы произнести два-три слова, если бы человѣкъ долженъ былъ повторить съ одинаковой трудностью всѣ тѣ усилія, которыя онъ дѣлалъ для произнесенія первыхъ звуковъ. Какъ

---

[1]) Педаг. Антр. Ч. I. Гл. XIII. пп. 8—13.

безсиленъ былъ бы человѣкъ въ экономическомъ мірѣ, не имѣя другихъ орудій, кромѣ рукъ своихъ, такъ былъ бы онъ безсиленъ и въ психофизическомъ мірѣ, если бы не обладалъ способностью привычки. Какъ машины даютъ человѣку возможность, при одинаковомъ количествѣ употребленныхъ имъ усилій, достигать громадныхъ результатовъ, такъ привычка даетъ человѣку возможность необозримо обширной психофизической дѣятельности при одномъ и томъ же количествѣ душевныхъ усилій. Пуская въ ходъ громадно-сложную машину рѣчи, человѣкъ уже не заботится о движеніи каждой ея пружины и каждаго колеса, а это даетъ ему возможность сосредоточить свое усиліе уже на смыслѣ, направленіи и цѣли рѣчи. Дитя, начинающее учиться читать, какъ бы ни были велики его усилія, не можетъ схватить смысла сколько-нибудь длинной рѣчи именно потому, что силы его поглощаются и разбиваются мелкими трудностями произнесенія каждой буквы и каждаго слова. Человѣкъ, читавшій много и на разныхъ языкахъ, часто не замѣчаетъ даже, на какомъ языкѣ онъ читаетъ, и если онъ углубленъ въ содержаніе книги, то не сразу дастъ отвѣтъ, на какомъ языкѣ она написана. Въ обоихъ случаяхъ степень усилія одинакова, но результатовъ нельзя и сравнивать.

17. Признавъ, что человѣкъ стремится въ одно и тоже время къ психической дѣятельности, по возможности легкой и по возможности обширной, мы поймемъ уже, почему онъ невольно склоняется къ дѣйствіямъ привычнымъ. Но если человѣкъ ищетъ въ привычкѣ не ступени для расширенія своей психофизической дѣятельности, а уклоненія отъ трудностей труда, то ложность этого направленія обнаруживается сама собою. Дѣйствіе повторяющееся становится дѣйствительно все легче и легче, но вмѣстѣ съ тѣмъ все менѣе и менѣе занимаетъ душу. Жизнь, вращающаяся въ привычкахъ, дѣлается рутинною и дѣятельность душевная съуживается все болѣе и болѣе. Въ этомъ отношеніи привычка напоминаетъ опять экономическій капиталъ, который можно употребить какъ для расширенія дѣятельности, такъ и для того, чтобы жить процентами съ него. Но эта блаженная жизнь капиталиста вовсе оказывается не блаженною, именно потому, что душа человѣка попадаетъ въ положеніе, совершенно противное ея природѣ, если должна не расширять свою дѣятельность, а постепенно съужать ее: привычное же дѣйствіе, чѣмъ чаще повторяется, тѣмъ менѣе даетъ пищи душѣ. Это значеніе привычки въ экономіи человѣческой жизни долженъ имѣть всегда въ виду воспитатель. Онъ долженъ ясно сознавать, что на привычкахъ основывается возможность постепеннаго расширенія дѣятельности человѣка; но что самое это постепенное расширеніе дѣятельности есть цѣль соотвѣтствующая природѣ души человѣческой, а привычки являются только средствомъ къ постоянному достиженію этой цѣли. Вотъ почему, давая человѣку массу привычекъ, воспитатель долженъ заботиться, чтобы самъ человѣкъ не погрязъ въ этой массѣ и чтобы, перестовъ употреблять машину, для чего она назначена, самъ не сдѣлался машиною. Современ-

ное воспитаніе дѣлаетъ въ этомъ отношенія много большихъ и малыхъ промаховъ и часто, пріучая человѣка довольствоваться дѣйствіями привычными, мало по малу пріучаетъ его къ душевной лѣни.

Склонность къ подражанію.

18. Подражаніе, какъ и привычка, основывается на необъяснимомъ физіологическомъ явленіи невольной нервной подражательности, о которой мы упоминали выше [1]). Сильныя движенія и сильныя выраженія чувствованій *невольно* вызываютъ подражаніе въ тѣхъ, кто ихъ видитъ. Нѣкоторыя породы животныхъ и дѣти поражаютъ своею подражательностью, въ которой однако не все невольно. Слабонервные люди, въ особенности женщины, не могутъ видѣть и слышать энергическаго выраженія чувствованій, чтобы не отражать ихъ, какъ въ зеркалѣ, на своемъ лицѣ и въ своихъ движеніяхъ. У людей съ сильными нервами подражательность не выражается такъ рѣзко; но все же и у нихъ можно замѣтить слѣды ея въ длинный періодъ. Мы невольно усвояваемъ манеры людей, съ которыми живемъ, и они также усвоиваютъ наши, сами того не сознавая. Замѣчаютъ, что почерки мужа и жены мало-по-малу дѣлаются сходными. Но здѣсь намъ слѣдуетъ говорить не о самой нервной подражательности, а о той *склонности*, которую выказываетъ человѣкъ къ дѣятельности подражательной. Склонность эта вытекаетъ изъ того же душевнаго источника, какъ и склонность къ привычкѣ, а именно изъ стремленія души къ *легчайшей* дѣятельности: подражая, человѣкъ находитъ возможность удовлетворять своему душевному стремленію къ дѣятельности, не трудясь самъ отыскивать или изобрѣтать эти средства. Этимъ легко объясняется сильная подражательность дѣтей: дитя, по малому развитію своего ума и вообще бѣдному содержанію своей души, имѣетъ мало возможности самостоятельно открыть сферу для своей душевной дѣятельности. Вотъ почему оно такъ охотно схватывается за дѣятельность подражательную. Вотъ почему также и въ зрѣломъ возрастѣ подражательность въ особенности сильна у тѣхъ людей, душевное содержаніе которыхъ такъ бѣдно, что не можетъ удовлетворить ихъ собственной душевной потребности къ дѣятельности. Отсюда проистекаетъ свирѣпство модъ въ классахъ, лишенныхъ необходимости трудиться и не съумѣвшихъ отыскать себѣ самостоятельнаго труда.

19. Подражаніе легко переходитъ въ самостоятельную дѣятельность и этимъ способомъ передается и увеличивается запасъ человѣческихъ свѣдѣній и приспособленій къ условіямъ жизни. Но есть характеры, которые всю жизнь свою только обезьянничаютъ, находя въ подражаніи легкое удовлетвореніе душевнаго стремленія къ дѣятельности. Чѣмъ же сильнѣе душа, тѣмъ скорѣе надоѣдаетъ ей дѣятельность рутинная, привычная, и дѣятельность подражательная, тѣмъ ранѣе и яснѣе вызыв-

[1]) См. выше, гл. XIV п. 13.

вается въ ней стремленіе къ оригинальности, т. е. къ такому душевному труду, который вполнѣ принадлежалъ бы душѣ и удовлетворялъ ея сильной потребности дѣятельности. *Оригинальность* не слѣдуетъ смѣшивать съ *оригинальничаньемъ*. Оригинальность есть естественный плодъ сильной души, содержаніе которой сложилось самостоятельными душевными работами, и потому оно высказывается само собою, такъ-что человѣкъ оригиналенъ, вовсе не желая быть оригинальнымъ. Оригинальничанье же наоборотъ есть плодъ пустѣйшаго тщеславія. Подражаніе можетъ быть инстинктивное, или симпатическое, и сознательное, когда человѣкъ подражаетъ съ большимъ или меньшимъ сознаніемъ достоинства того, чему онъ подражаетъ, или наконецъ, изъ любви къ тому, кому подражаетъ. Чѣмъ болѣе осмысленно подражаніе, тѣмъ ближе оно къ переходу въ самостоятельную дѣятельность; изъ одного же подражанія самостоятельной дѣятельности не выйдетъ, и хорошее значеніе подражанія состоитъ лишь въ томъ, что оно даетъ матерьялъ для самостоятельной дѣятельности.

20. Въ склонности души къ привычкѣ и подражанію воспитаніе находитъ сильнѣйшее средство для воздѣйствія на воспитанника: вся сила примѣра основывается на нихъ. Но близоруко то воспитаніе, которое ограничивается только этими средствами, не содѣйствуя, а можетъ быть даже и мѣшая образованію самостоятельной дѣятельности, хотя бы, напр., тѣмъ, что поглощаетъ все время дитяти на дѣйствія подражательныя или привычныя, не оставляя ему ни времени, ни сферы для самостоятельной жизни.

Склонность къ развлеченіямъ.

21. Склонность къ развлеченіямъ есть собственно стремленіе души къ *пассивной* дѣятельности, къ дѣятельности, не сопровождаемой трудностію труда. Это стремленіе болѣе или менѣе свойственно каждому человѣку; но тогда-какъ у однихъ оно играетъ весьма незначительную роль, у другихъ оно составляетъ самую выдающуюся черту характера и опредѣляетъ все направленіе ихъ жизни. Чѣмъ сильнѣе внутренняя самостоятельная работа въ душѣ человѣка, тѣмъ менѣе онъ ищетъ развлеченій. Если же человѣка съ дѣтства все забавляли и развлекали; если этими забавами и развлеченіями удаляли изъ души его томительное чувство скуки, а не самъ онъ побѣждалъ его самостоятельнымъ, излюбленнымъ трудомъ; если въ слѣдствіе этой или какой-либо другой причины въ душѣ его не завелось обширной, свободной и любимой работы, то онъ находитъ единственное средство удовлетворить своему душевному стремленію къ дѣятельности перемѣною впечатлѣній, которыя, равно какъ и ихъ разнообразіе, зависятъ не отъ самой души, а отъ внѣшняго для нея міра. Отсюда жадная склонность къ новостямъ, къ сплетнямъ, къ

развлеченіямъ всякаго рода, къ перемѣнамъ мѣстъ и т. п., словомъ, къ перемѣнѣ впечатлѣній.

22. *Любопытство* свойственно душѣ человѣка: это невольное стремленіе ея къ той сферѣ, гдѣ она думаетъ найти для себя дѣятельность. Но любопытство можетъ выработаться въ *любознательность* и можетъ остаться только любопытствомъ. «Любопытный отыскиваетъ рѣдкости, говоритъ Декартъ, только за тѣмъ, чтобы имъ удивляться, любознательный же за тѣмъ, чтобы узнать ихъ и перестать удивляться»[*]. Но при этомъ слѣдуетъ имѣть въ виду, что сама *любознательность* начинается *любопытствомъ*. Сначала человѣкъ только любопытенъ; но когда въ душѣ его завяжется самостоятельная работа, а вслѣдствіе того и самостоятельные интересы, то онъ перестаетъ уже быть любопытнымъ ко всему безразлично, но только къ тому, что можетъ быть въ какой-либо связи съ его душевными интересами. Если же человѣкъ и въ зрѣломъ возрастѣ остается жадно любопытнымъ ко всему безразлично, то это вѣрный признакъ душевной пустоты. Дѣти вообще любопытны, хотя и въ разной степени, что зависитъ уже отъ причинъ изложенныхъ выше, и это конечно драгоцѣнное качество ихъ души. Но воспитатель долженъ съ одной стороны воспользоваться любопытствомъ дѣтей, чтобы передѣлать его въ любознательность, а съ другой не дать развиться пустому любопытству и опасной склонности — пассивною перемѣною впечатлѣній избѣгать необходимости самостоятельной душевной дѣятельности. Удовлетворять, *какъ слѣдуетъ*, любопытству дѣтей — одна изъ труднѣйшихъ и важнѣйшихъ задачъ воспитанія.

23. Склонность къ развлеченіямъ всякаго рода вообще — только видоизмѣненная форма того же безцѣльнаго и безразличнаго любопытства, обратившагося въ склонность или даже страсть. Когда потребность душевной дѣятельности съ дѣтства развита у человѣка только дѣятельностью пассивною, то понятно, что онъ жадно ищетъ этой пассивной дѣятельности въ перемѣнѣ впечатлѣній, въ отысканіи все новыхъ и новыхъ. Но такъ-какъ эти новыя впечатлѣнія собственно ни на что не нужны такой душѣ, не имѣющей собственныхъ серьезныхъ интересовъ, такъ-какъ она не можетъ привязать этихъ новыхъ впечатлѣній къ своей собственной работѣ, то она и стремится или поскорѣе перемѣнить ихъ, или искусственно раздуть ихъ силу. Этимъ послѣднимъ стремленіемъ объясняется страсть, замѣчаемая у людей, ничѣмъ серьезно незанятыхъ раздувать значеніе каждаго новаго явленія, превозносить до небесъ новый посредственный талантъ, о которомъ завтра же забудутъ, выискивать скандалы всякаго рода и раздувать ихъ значеніе, или даже и придумывать. Пустившись по этой дорогѣ, человѣкъ доходитъ до невѣроятныхъ сплетенъ, какъ дамы того города, гдѣ дебютировалъ Чичиковъ. Если эта страсть замѣчается въ цѣломъ обществѣ, то это вѣрный признакъ, что это общество пустое, скучающее, неимѣющее серьез-

[*] Descartes. Les passions, § 78.

ной дѣятельности. Характеръ любимыхъ общественныхъ развлеченій и степень склонности къ нимъ общества могутъ служить лучшею руководною нитью для того, чтобы раскрыть душевное состояніе общества. Печально состояніе и тѣхъ людей, и тѣхъ обществъ, которые живутъ только пассивною дѣятельностью развлеченій и отъ нихъ однихъ ждутъ наполненія своей душевной пустоты!

24. Склонность къ перемѣнамъ мѣста имѣетъ тотъ же источникъ и тотъ же исходъ. У человѣка съ завязавшеюся душевною работою— это есть стремленіе расширить сферу своей душевной дѣятельности; въ человѣкѣ же безъ такой душевной работы это только стремленіе выйти изъ одного мѣста, въ которомъ ему тяжело, и попробовать, не будетъ ли лучше въ другомъ. Но и въ другомъ оказывается та же тягость. Такой человѣкъ, хоть изъѣзди онъ весь міръ, будетъ повсюду носить съ собою свою мучительную душевную тоску, и этотъ дѣйствительный, а уже не мечтательный horror vacui будетъ гнать его изъ края въ край. Въ толпахъ путешественниковъ, скитающихся за-границами своихъ отечествъ, безпрестанно попадаются такія личности. Онѣ или отыскиваютъ диковинку за диковинкой, чтобы сдѣлать значительную мину передъ каждой (преимущественно англичане), или переѣзжаютъ съ мѣста на мѣсто, кажется, за тѣмъ только, чтобы проклинать ихъ одно за другимъ (преимущественно русскіе). Люди эти бѣгаютъ отъ тоски, не замѣчая того, что возятъ ее съ собою въ пустотѣ души своей и въ своихъ полныхъ бумажникахъ. Для этихъ богатыхъ бѣдняковъ было бы великимъ счастьемъ, если бы они заѣхали наконецъ въ такую сторону, гдѣ не было бы комфортабельныхъ отелей и ничего нельзя было бы достать за деньги, а все слѣдовало бы добыть личнымъ трудомъ: тогда бы только разстались они съ своею мучительною спутницею.

Кажущееся стремленіе къ лѣни.

25. Отъ дѣйствительнаго стремленія къ лѣни слѣдуетъ отличать кажущееся стремленіе къ ней. Человѣкъ очень можетъ выказать замѣчательную лѣнь къ какой-нибудь дѣятельности именно потому, что душа его поглощена уже другою дѣятельностью, сфера которой, сравнительно съ тою, которую теперь ей предлагаютъ, гораздо обширнѣе. Такъ развитое дитя, именно потому, что оно уже хорошо развито и что у него завязались сильныя душевныя работы, можетъ оказаться лѣнивымъ къ скучнымъ и узкимъ начаткамъ какой-нибудь новой для него науки. Этимъ объясняется, почему многіе геніальные люди и великіе писатели были лѣнтяями въ гимназіяхъ и университетахъ; но конечно это только кажущаяся лѣнь.

26. Стремленія къ лѣни не должно также смѣшивать съ законнымъ стремленіемъ къ отдыху. Кантъ, перебравъ всѣ наслажденія и отвергнувъ ихъ всѣ, какъ заключающія въ себѣ противорѣчіе, останавливается на наслажденіи отдыха и называетъ его «высочайшимъ физическимъ

благомъ человѣка» [1]). Однако же благомъ отдыха назвать нельзя: благо въ самомъ трудѣ, а отдыхъ только законное, нормальное наслажденіе, вытекающее изъ этого блага. Отдыхъ дѣйствительно есть *физическое* наслажденіе, потому что душа уставать не можетъ; устаетъ же нервная система, на сколько она принимаетъ участіе въ психической дѣятельности, устаетъ потому, что силы ея истощаются и она требуетъ ихъ возобновленія. Это истощеніе силъ нервной системы отражается въ душѣ чувствомъ усталости, такъ-какъ душа употребляетъ все болѣе и болѣе усилій, чтобы извлекать запасныя силы изъ тѣла, уже истощеннаго и направлять ихъ въ ту или другую область нервной дѣятельности. Нормальное возобновленіе нервныхъ силъ изъ пищеваго запаса совершается, какъ мы это видѣли, только при остановкѣ дѣятельности тѣхъ нервовъ, силы которыхъ требуютъ возобновленія [2]). Вотъ почему, какъ бы ни были велики усилія души, время неизбѣжнаго отдыха наконецъ наступаетъ. Однако же можетъ случиться и такъ, что слишкомъ раздраженные нервы сами начинаютъ поглощать силы изъ пищеваго запаса и тогда начинается невольная нервная дѣятельность, сопровождаемая соотвѣтствующими ей психическими явленіями. Понятно, что такая дѣятельность можетъ уже продолжаться до совершеннаго истощенія тѣла. О вредѣ такой рефлективной невольной дѣятельности, вызываемой не душою, а мѣстнымъ раздраженіемъ нервной системы, мы уже говорили выше [3]).

Мы говорили также о томъ, что частое возобновленіе нервныхъ силъ можетъ совершаться и одною перемѣною дѣятельности. Это и есть самая обыкновенная форма отдыха. Перемѣна физическаго труда на психическій и психическаго на физическій есть самая нормальная перемѣна; но, къ сожалѣнію, общественныя условія современной жизни слишкомъ удалили человѣка отъ этого нормальнаго и здороваго возобновленія силъ. На долю однихъ остается одинъ физическій трудъ; на долю другихъ— одинъ психическій. Такое же исключительное занятіе тѣмъ или другимъ трудомъ, хотя и возможно, но противно природѣ человѣка и, безъ сомнѣнія, оказываетъ свое дурное вліяніе какъ на его физическое, такъ и на его нравственное здоровье. Привычка впрочемъ можетъ сдѣлать многое въ этомъ отношеніи.

27. Но какъ бы ни мѣнялъ человѣкъ свой трудъ, какъ бы ни разнообразилъ его, все же подъ конецъ появляется потребность полнаго отдыха, или сна. Значеніе сна въ экономіи человѣческихъ силъ далеко еще не объяснено физіологіею. Психическое же самонаблюденіе показываетъ только, что физическая потребность сна испытывается душою въ то время, когда она чувствуетъ затрудненіе управлять психофизическими работами, давать *произвольное* направленіе мыслямъ, словамъ, тѣлес-

---

[1]) Kant's Antrop. § 86.

[2]) Пед. Антроп. ч. I. Гл. V. п. 2.

[3]) Тамъ же, гл. XI п. 4.

ымъ движеніямъ. Психически начало сна обнаруживается именно этимъ прекращеніемъ власти души надъ психо-физическими работами. Сначала это прекращеніе происходитъ перерывами, что мы называемъ дремотою. Душа то какъ бы схватываетъ кормило управленія, то какъ бы роняетъ его: въ головѣ мелькаютъ мысли чисто рефлективныя, которыхъ человѣкъ не звалъ и не ждалъ; въ ряды словъ, произвольно составленныхъ, вплетаются безсмысленныя слова, какъ бы подсунутыя рефлексами, въ движеніяхъ ясно выражается та же перерывчатость дѣйствія воли. Это невольно наводитъ на мысль, что сонъ, хотя короткій, неизбѣженъ потому, что во время его возобновляются тѣ неизвѣстные намъ центральные органы нервной системы, посредствомъ которыхъ душа наша обнаруживаетъ свою волю въ организмѣ. Работа чувства и сознанія, какъ одного изъ чувствъ, еще возможна и она дѣйствительно продолжается въ нашихъ грезахъ; но проявленіе другой способности души, проявленіе воли, уже не возможно потому, что ткани того передаточнаго органа, черезъ который проявляется дѣйствіе воли на организмъ, уже окончательно истощены. Чувство и сознаніе, какъ одно изъ чувствъ, имѣютъ для себя много органовъ, и тогда-какъ одни изъ нихъ устаютъ и прекращаютъ работу, другіе могутъ еще продолжать ее—и дѣйствительно продолжаютъ ее и въ грезахъ, и въ разсѣянности, и въ мечтахъ, столь близкихъ къ нашимъ грезамъ; но центральный мозговой органъ воли долженъ быть одинъ, такъ-какъ и воля можетъ быть только одна [1]. Вотъ почему при истощеніи этого органа сонъ наступаетъ неизбѣжно; ибо всѣ усилія души вызвать произвольное движеніе въ нервахъ оказываются безсильными. Вотъ почему произвольная дѣятельность какъ умственная, такъ и тѣлесная не могутъ идти далѣе положеннаго предѣла и требуютъ хотя мгновеннаго перерыва, мгновеннаго сна; но дѣятельность рефлективная, сопровождаемая сознаніемъ, можетъ идти безъ перерыва чрезвычайно долго, не оставляя человѣка даже и во снѣ. Отсюда грезы, отсюда продолжительная безсонница, при которой человѣкъ не управляетъ болѣе ни своими мыслями, ни своими движеніями, а между тѣмъ не спитъ. Границу между сномъ и бодрствованіемъ именно потому и трудно положить, что грезы уже обнаруживаютъ бодрственное состояніе, продолженіе невольной дѣятельности сознанія; дѣятельность же эта можетъ быть болѣе или менѣе обширна. Отсюда возможность такого полусоннаго состоянія, что человѣкъ не можетъ опредѣлить, спитъ онъ или нѣтъ.

28. Но если дѣятельность есть такая существенная потребность души, то откуда же происходитъ то сладостное чувство, которое мы испытываемъ, отдаваясь частному отдыху, перемѣняя дѣятельность или предаваясь дѣятельности невольной, какую представляетъ большая часть развлеченій, или, отдаваясь наконецъ полному отдыху, т. е. сну? Эта сладость происходитъ прямо отъ уменьшенія тягости, которую все бе-

[1] См. выше, гл. XL п. 2.

лѣе и болѣе испытывала душа въ произвольномъ передвиженіи органическихъ силъ и въ произвольной переработкѣ ихъ изъ силъ запасныхъ въ силы живыя: изъ формы скрытыхъ химическихъ въ форму открытыхъ механическихъ [1]). Чисто душевное же наслажденіе опредѣляется здѣсь перспективой будущей дѣятельности, для которой необходимо это возобновленіе физическихъ силъ. Усталому человѣку сладко засыпать; но скажите ему, что онъ не проснется болѣе, и сладкое чувство обратится мгновенно въ самое ѣдкое. Кому не случалось, отдаваясь сладостному чувству засыпанія послѣ долгихъ трудовъ, наслаждаясь какимъ-то погруженіемъ въ море безсознательной природы, гдѣ идетъ вѣчно и безпрестанно обновленіе ея силъ, вдругъ вздрагивать и просыпаться? Это случается тогда, когда человѣкъ въ эту минуту подумаетъ о собственномъ своемъ положеніи: такъ несвойственно душѣ отдаваться въ лоно безсознательной природы!

29. Отдыхъ, безъ сомнѣнія, есть самое законное и самое нормальное наслажденіе человѣка. Однако же, если человѣкъ, подмѣтивъ сладость отдыха, начнетъ гнаться именно за этою сладостью, то изъ этой гоньбы за наслажденіемъ отдыха, точно также, какъ изъ гоньбы за всякимъ другимъ наслажденіемъ, можетъ образоваться извращеніе нашей природы, а именно стремленіе къ лѣности. Отдыхъ—еще не покой: самый же покой лежитъ только въ трудѣ. Вотъ почему люди, работающіе всю жизнь для того, чтобы потомъ наслаждаться отдыхомъ, сильно ошибаются въ расчетѣ. Спросите у нихъ, когда они были счастливѣе: тогда ли когда трудились, чтобы имѣть возможность наслаждаться отдыхомъ, или тогда, когда наконецъ стали наслаждаться имъ?

ГЛАВА LI.

Заключеніе.

1. Припомнивъ въ самыхъ общихъ чертахъ длинный путь, пройденный нами, мы найдемъ, что взглядъ нашъ на душевную дѣятельность значительно упростился и опредѣлился, хотя, конечно, вопросъ — *что такое душа?*—остался по прежнему неразрѣшеннымъ и самое понятіе о душѣ по прежнему же осталось только равносильнымъ понятію матеріи, какъ его прямая и необходимая противоположность. Но самая эта противоположность двухъ различныхъ *гипотетичныхъ субстратовъ двухъ различныхъ сферъ явленій*, доступныхъ нашему сознанію, пріобрѣла для насъ еще большую очевидность съ помощію многочисленныхъ частныхъ *анализовъ множества психофизическихъ явленій*. Поверхностное сужденіе легко приводитъ или къ идеалистическому, или къ матеріалистическому взгляду на человѣка; но внимательное, безпристрастное на-

[1]) См. выше, гл. XXXI.

наблюденіе самихъ психическихъ явленій вездѣ указываетъ на двойственность нашей природы, на два взаимодѣйствующія начала.

2. Кромѣ того мы можемъ уже теперь сказать съ увѣренностью, что не сознаніе составляетъ сущность души, а врожденное ей стремленіе къ дѣятельности, къ жизни, для котораго и самое сознаніе служитъ только однимъ изъ средствъ. Конечно, мы *знаемъ* только то, что доступно сознанію, ибо знаніе есть плодъ сравненія и различенія, т. е. дѣятельности сознанія. Но эта дѣятельность сознанія, обогативъ насъ познаніями, какъ о дѣятельностяхъ нашей души, такъ и о явленіяхъ внѣшней для насъ физической природы, привела насъ къ необходимой гипотезѣ стремленій, которыя предшествуютъ самой дѣятельности сознанія.

3. Мы нашли, что душа прежде всего есть существо стремящееся *жить*, тогда какъ организмъ есть только существо стремящееся *быть*. Это органическое стремленіе къ бытію отражается въ душѣ множествомъ врожденныхъ намъ органическихъ стремленій, но не составляетъ сущности души и не абсолютно обязательно для души *человѣческой*, которая можетъ отвергнуть и подавить эти органическія стремленія, если они противорѣчатъ ея собственному стремленію къ жизни.

4. Тройственное дѣленіе психическихъ явленій можетъ быть для насъ теперь сокращено въ двойственное; а именно вмѣсто *сознанія*, *чувствованія* и *воли*, мы можемъ признать только *чувство* и *волю*. Сознаніе есть теперь для насъ только одно изъ чувствъ, а именно душевно-умственное чувство различія и сходства, посредствомъ котораго совершается весь умственный процессъ.

5. Мы нашли очевидное указаніе, что душа наша существуетъ и внѣ процесса сознанія, существуетъ прежде, чѣмъ этотъ процессъ въ ней начинается, и въ тѣ промежутки времени, когда этотъ процессъ въ ней на время прекращается. Мы нашли, что сознаніе часто находитъ въ душѣ уже готовыя явленія, формировка которыхъ совершилась внѣ его, что оно ослабѣваетъ именно тогда, когда дѣйствуютъ другія чувства или когда дѣйствуетъ воля. Но тѣмъ не менѣе, сознаніе и теперь остается для насъ единственнымъ окномъ, черезъ которое мы можемъ заглянуть въ душевный міръ. Мы знаемъ только то, что различаемъ и сравниваемъ; но нѣтъ сомнѣнія, что само различаемое и сравниваемое существуетъ прежде того, чѣмъ мы его стали сравнивать и различать. Если бы душа человѣка, подобно душѣ животныхъ, могла обращать свое сознаніе только на явленія внѣшняго міра, а не на собственную свою дѣятельность, то отъ этого мы не перестали бы страдать и наслаждаться, любить и ненавидѣть, бояться или сердиться; но только не различали бы всѣхъ этихъ различныхъ состояній нашей души и, слѣдовательно, ничего бы о нихъ не знали. Только сознаніе, направленное на внутренніе факты нашей жизни, даетъ намъ знаніе этихъ фактовъ, точно также какъ направленное на факты внѣшняго для насъ міра — оно даетъ намъ всю систему нашихъ знаній объ этомъ мірѣ. Эти два

ряда душевныхъ фактовъ безпрестанно соединяются между собою, и символомъ этого соединенія, какъ мы увидимъ далѣе, служитъ слово, или *рѣчь* человѣческая, которая прежде выражаетъ для насъ не внѣшній міръ, а чувствованія, возбуждаемыя въ насъ вліяніями внѣшняго міра. Еслибы мы не могли сравнивать и различать нашихъ чувствованій, то не имѣли бы и дара слова, не имѣли бы и свободной воли, потому что безсознательно подчинялись бы этимъ чувствованіямъ, выражая ихъ въ нашихъ дѣйствіяхъ, какъ это дѣлается у животныхъ.

6. Душа со своимъ кореннымъ стремленіемъ къ жизни является уже не безразличною въ отношеніи вліяній на нее внѣшняго міра, какимъ является сознаніе, взятое въ отдѣльности. Для сознанія все равно, что ни сознавать: для души же это не все равно. Все, что удовлетворяетъ ея стремленію къ жизни, дѣйствуетъ на нее иначе, чѣмъ то, что противорѣчитъ этому стремленію, мѣшаетъ ему, задерживаетъ его и проч. Эти отношенія души къ міру мы должны признать первичными психическими актами, появляющимися еще тогда, когда душа ихъ не сознаетъ, т. е. не различаетъ отъ другихъ актовъ. Мы должны признать эти начальные душевныя явленія не потому, чтобы знали о нихъ что-нибудь опредѣленное; но только потому, что сознаніе наше находитъ ихъ уже готовыми. Изъ этого уже видны возможныя границы психологіи: она можетъ признать *матерьялъ* сознанія существующимъ прежде самаго сознанія; но на этомъ признаніи должна и остановиться. Всякая дальнѣйшая постройка была бы постройкою на гипотезѣ и слѣдовательно противорѣчила бы основному требованію науки, которая въ своихъ работахъ вездѣ начинаетъ съ фактовъ и оканчиваетъ гипотезою, хотя въ догматическомъ изложеніи вынуждена часто начинать съ гипотезы.

7. Признавъ чувствованіе обнаруживаніемъ свойствъ души, мы должны признать и явленія воли такимъ же первоначальнымъ обнаруживаніемъ нашихъ душевныхъ свойствъ. Воля оказалась для насъ первичнымъ, неразлагаемымъ болѣе актомъ души, въ которомъ душа обнаруживаетъ свою таинственную власть надъ тѣлеснымъ организмомъ. Объяснить этой власти мы не могли; но указали до очевидности ясно необходимость ея признанія. *Дѣятельная* душа оказалась въ многочисленныхъ анализахъ прямымъ антагонистомъ *инертной* матеріи, *самостоятельною* причиною движеній, т. е. такою причиною, дальнѣйшей причины которой мы не знаемъ. Въ систему міровыхъ движеній инертной матеріи, *ближайшую* причину которыхъ отыскиваютъ въ движеніяхъ солнечной массы, но дальнѣйшая причина которыхъ также не извѣстна, входитъ душа, какъ особая самостоятельная причина движенія,—или останавливающая, или измѣняющая въ сферѣ своей дѣятельности міровыя движенія, сообщаемыя организму или какъ физическому тѣлу, или въ нервномъ процессѣ.

8. Душа, со своимъ стремленіемъ—безпрестанно выходить изъ своего настоящаго положенія, оказалась для насъ прямымъ антагонистомъ матеріи, безпрестанно стремящейся пребывать въ своемъ настоящемъ

положенія, будетъ ли то состояніе покоя, или состояніе движенія. Какъ объяснить этотъ фактъ? Какъ примирить этотъ дуализмъ, котораго не хочетъ признавать человѣческій разсудокъ, стремящійся всегда къ единству? Этого мы не знаемъ и, отказываясь отъ всякихъ *мечтаній* монизма, останавливаемся на *фактѣ* дуализма, потому что положительная наука не имѣетъ ни правъ, ни обязанностей идти далѣе факта. Фактъ показываетъ намъ душу, какъ особый принципъ движеній въ сферѣ движеній міровыхъ, и для того, чтобы идти далѣе этого факта, мы не имѣемъ никакихъ данныхъ.

9. *Со своимъ свойствомъ самостоятельной дѣятельности*, противоположнымъ инерціи матеріи, душа *сама не можетъ* подчиняться движеніямъ, которыя могутъ быть объясняемы только съ помощію инерціи матеріи. Безъ инерціи, этого основнего закона механики, мы не можемъ понять возможности движеній; а потому напрасны были бы всѣ попытки объяснять душевныя явленія механическими движеніями. Фактъ показываетъ намъ только, что душа мѣняетъ свои состоянія; онъ но не обнаруживаетъ въ ней никакихъ движеній, а напротивъ нѣчто прямо противоположное движенію, и это понятно: какъ бы мы ни воображали себѣ неизвѣстную намъ первую причину міровыхъ движеній, но если это *первая* причина, то сама она не можетъ подчиняться движенію,—иначе она не будетъ первою причиною. Какъ бы мы ни воображали себѣ первую причину движеній внѣшняго для насъ міра, но въ самихъ себѣ мы чувствуемъ присутствіе такой же первой причины и проявляемъ это чувство въ каждомъ нашемъ произвольномъ движеніи, на которое только рѣшаемся. Идти далѣе этого факта значитъ фантазировать. Фантазіи эти могутъ увлечь насъ и въ идеализмъ, и въ матеріализмъ; но и въ томъ, и другомъ случаѣ онѣ увлекутъ насъ въ міръ фантастическихъ построекъ, въ которомъ долго пребывала психологія и философія и изъ котораго онѣ еще теперь только стремятся выйти.

10. Мы не можемъ назвать подробнымъ того анализа душевныхъ стремленій, чувствованій, желаній и склонностей, который мы сдѣлали; мы не можемъ даже назвать его точнымъ и тщательнымъ , какимъ бы онъ долженъ быть, еслибы каждому изъ анализируемыхъ нами явленій мы посвятили болѣе времени и труда. Поле, которое мы должны были обозрѣть, было слишкомъ велико; а потому понятно, что мы многое обозрѣли только поверхностно. Но уже и изъ того, что мы узнали, для насъ довольно ясно высказалась *норма* душевной жизни.

11. Признавъ за основное и коренное стремленіе души ея стремленіе къ дѣятельности, безпрестанно расширяющейся, мы видѣли также, каковы должны быть работы души, чтобы это коренное стремленіе ея удовлетворялось, не уступая удовлетворенію стремленій частныхъ, существующихъ только при коренномъ и для него. Съ этимъ вмѣстѣ для насъ опредѣлилось понятіе *счастья* въ отличіе отъ понятія *наслажденія*. Мы нашли, что понятіе счастья вовсе не тождественно съ понятіемъ наслажденія и что счастье для существа, стремящагося къ

безпрерывной и безпрерывно расширяющейся дѣятельности, есть сама эта дѣятельность, безпрерывная и безпрерывно расширяющаяся. Страданія же и наслажденія оказываются при этомъ только побочными явленіями, усиливающимися тогда, когда дѣятельность ослабѣваетъ, и ослабѣвающими тогда, когда дѣятельность усиливается.

12. Большинство людей уклоняется болѣе или менѣе отъ этой прямой дороги счастья; весьма не многіе, идутъ по ней прямо, а еще менѣе тѣхъ, кто сознаетъ прямизну этого пути. Вотъ почему мы нисколько не удивимся, если для многихъ такое опредѣленіе счастья покажется и невѣрнымъ, и тяжелымъ, и слишкомъ суровымъ. Такимъ критикамъ нашего мнѣнія мы можемъ подать только одинъ совѣтъ: пусть они глубже вдумаются въ то, что они сами называютъ для самихъ себя счастьемъ, пусть, какъ можно живѣе, и съ перомъ въ рукахъ, вообразятъ они себя полными обладателями того счастья, къ которому стремятся — и мы нисколько не сомнѣваемся въ томъ, что они найдутъ, что въ концѣ концовъ они называютъ счастьемъ тоже ничто иное, какъ душевную дѣятельность, безпрестанно расширяющуюся и расширенію которой они не видятъ предѣловъ. Чтобы помочь такому анализу, мы даемъ въ концѣ нашей книги, въ видѣ *приложенія*, нѣсколько примѣровъ различнаго рода пониманія счастья; но, безъ сомнѣнія, эти примѣры не исчерпываютъ всѣхъ разнообразнѣйшихъ представленій счастья; ибо у каждаго человѣка свое представленіе о счастьи именно потому, что у каждаго своя жизнь и своя жизненная дѣятельность, а самая эта дѣятельность и есть счастье.

13. Изъ внимательныхъ психическихъ анализовъ мы вывели, что трудъ свободный, излюбленный, задушевный, есть единственное доступное человѣку счастье, и что только на этомъ пути душа остается въ своемъ нормальномъ положеніи, не извращаясь и не увлекаясь частностями. Наслажденіе и страданіе — цвѣты и терніи жизни, но не сама жизнь; жизнь же есть процессъ дѣятельности, прогрессивной, свободной и вытекающей изъ самой души — дѣло, выполненіе котораго значитъ для насъ болѣе самой жизни, такъ что въ этомъ отношеніи психологія блистательно подтверждаетъ глубокія евангельскія слова, что, ища сберечь жизнь, мы ее губимъ, а тратя жизнь для дѣла, мы находимъ самую жизнь.

14. Глубоко мудръ совѣтъ Канта юношѣ: «люби трудъ и избѣгай удовольствій не для того, чтобы отказаться отъ нихъ, но для того, чтобы сколько возможно имѣть ихъ всегда только въ перспективѣ»[1]. Эти слова вырвались какъ бы нечаянно изъ души человѣка, долго жившаго, упорно и зорко наблюдавшаго, какъ онъ жилъ самъ и какъ жили его окружающіе. Но Кантъ не имѣлъ передъ собой той обработки психическихъ фактовъ, которая даетъ намъ теперь возможность такъ видоизмѣнить тотъ же самый совѣтъ: «поймите неизбѣжный психическій законъ труда и жизни и, если хотите жить сообразно съ законами души,

---

[1]) Kant's Antrop. § 59.

если не хотите страдать отъ ихъ нарушенія, то имѣйте серьезную цѣль въ жизни, которой бы вы могли достигать свободнымъ трудомъ; если же вы удачно выберите трудъ и вложите въ него всю свою душу, то счастье само васъ отыщетъ» Изъ того же глубокаго чувства соотношенія между трудомъ, жизнью и счастьемъ вырвались и тѣ задушевныя слова Канта, когда этотъ упорный мыслитель, стоя уже у предѣла своей долгой и дѣятельной жизни, говоритъ: «Чѣмъ болѣе мы думали, чѣмъ болѣе дѣйствовали, тѣмъ болѣе жили. Самое же вѣрное средство утишить всѣ бѣдствія заключается въ мысли, которой можно ожидать отъ всякаго благоразумнаго человѣка—въ мысли, что жизнь вообще относительно сопровождающихъ ее удовольствій, зависящихъ отъ обстоятельствъ, не имѣетъ никакой цѣны и что вся стоимость жизни измѣряется тѣмъ употребленіемъ, которое мы изъ нея дѣлаемъ, и тѣмъ дѣломъ, которое мы себѣ предлагаемъ» [1]).

15. Но неужели трудъ, вѣчный трудъ есть высшая и послѣдняя задача жизни? Когда же человѣкъ *успокоится*, наконецъ, отъ этого вѣчнаго труда? Отчего же душа человѣческая жаждетъ *покоя?* Но въ самомъ ли дѣлѣ она его жаждетъ? То, что называется покоемъ для инертной матеріи, оказывается вовсе не покоемъ для души человѣческой, которая именно при отсутствіи дѣятельности лишается покоя. Это смѣшеніе понятія *покоя физическаго* и *покоя душевнаго* вводило часто въ заблужденіе даже замѣчательныхъ мыслителей. Такъ блаженный Августинъ, говоря, что въ языческомъ Римѣ были, между прочимъ, и храмы богини *дѣятельности*, богини возбужденія, лѣни, рѣшимости, замѣчаетъ, что храмъ *богу покоя* былъ за воротами Рима. «Не потому ли, говоритъ Августинъ, римляне поставили этотъ храмъ за воротами города, что были врагами покоя, или не потому ли, что поклонники этого стада боговъ не могутъ наслаждаться тѣмъ покоемъ, къ которому призываетъ насъ истинный врачъ, говоря: «научитеся отъ Мене, яко кротокъ есмь и смиренъ сердцемъ и обрящете покой душамъ вашимъ» (Еванг. отъ Матѳея. XI. 29). [2]) Но не трудно убѣдиться, что покой, къ которому Христосъ призывалъ своихъ послѣдователей, вовсе не значитъ бездѣятельность. Придти къ Христу и научиться отъ Него—не значило ли принять на себя дѣятельность самую энергическую, дѣятельность и душевную, и тѣлесную, пренебрегающую не только наслажденіями, но и величайшими страданіями, не только удовольствіями жизни, но и самою жизнью? Слѣдовательно, это *какой то безгранично дѣятельный покой—невозможность въ мірѣ физическомъ и величайшая истина въ мірѣ психическомъ*, возможность которой мы всѣ понимаемъ и потребность которой всѣ мы чувствуемъ. Научиться покою у Христа — не значитъ ли научиться тому, какъ спокойна душа, вся отдавшаяся своему дѣлу, до того отдавшаяся, что она уже не замѣчаетъ наслажденій, не возмущается

[1]) Kant's Antrop. § 60.

[2]) La Cité de Dieu, de Saint Augustin (par Saisset) Г. IV. С. 16.

страданiями и, не думая о личномъ своемъ отношенiи къ дѣлу, не ощущаетъ и никакой гордости имъ, когда вся душа одна кротость, смиренiе и самое дѣло, когда вся она одно могучее *творческое* слово: «да будетъ!»

16. *Идея счастья, какъ мира, и идея покоя, какъ дѣятельности, къ которой увлекается душа любовью*, высказалась въ первый разъ въ христiанствѣ и высказалась притомъ болѣе на практикѣ, чѣмъ въ теорiи, въ которой, напротивъ, она часто искажалась. Мы беремъ здѣсь эту христiанскую идею, конечно, только въ ея формѣ, независимо отъ того спецiальнаго догматическаго содержанiя, которое было вложено въ нее христiанскимъ ученiемъ; но, тѣмъ не менѣе, мы не можемъ не назвать этой чисто психологической идеи, выведенной изъ глубокаго пониманiя души человѣческой и ея законовъ, не можемъ не назвать христiанскою; иначе мы были бы пристрастны и несправедливы. Такого глубокаго пониманiя души и ея кореннаго свойства мы не встрѣчаемъ нигдѣ: ни въ философско-религiозныхъ системахъ Востока, ни въ философскихъ системахъ классическаго до-христiанскаго Запада. Какое же право имѣемъ мы не назвать эту идею христiанскою? Для магометанина счастье представляется непрерывною цѣпью наслажденiй; для поклонника Брамы — однимъ какимъ нибудь наслажденiемъ, тянущимся миллiоны и миллiоны лѣтъ; для послѣдователя Будды — совершеннымъ бездѣйствiемъ, полнѣйшимъ физическимъ покоемъ въ лонѣ Будды; для классическаго философа — или цѣпью умѣренныхъ, умно разсчитанныхъ наслажденiй всякаго рода, или самонаслажденiемъ мудреца своею мудростью.

17. Это упоминанiе различныхъ религiозныхъ системъ въ такой *фактической* наукѣ, какою мы признаемъ психологiю, можетъ дать поводъ къ недоразумѣнiю, которое мы хотимъ предупредить, такъ-какъ въ третьемъ томѣ намъ еще чаще придется встрѣчаться съ религiозными мiросозерцанiями. Нужно ли доказывать, что всякая фактическая наука, — а другой науки мы не знаемъ, — стоитъ внѣ всякой религiи, ибо опирается на факты, а не на вѣрованiя, на извѣстности, а не на вѣроятности, на опредѣленныхъ знанiяхъ, а не на неопредѣленныхъ чувствованiяхъ? Нужно ли доказывать, что наука, которая бы опиралась, какъ на доказательства, уже не требующiя доказательствъ, на слова Корана или законовъ Ману, точно также невозможна, какъ и такая наука, которая указывала бы свой ultimum argumentum въ Аристотелѣ или Платонѣ! Но изъ этого никакъ не выходитъ, чтобы науки психологическiя, науки, имѣющiя своимъ предметомъ жизнь души человѣческой, къ которымъ мы причисляемъ и всю обширную систему историческихъ наукъ, могли какъ бы не знать о существованiи религiозныхъ системъ. Можетъ ли исторiя быть сколько нибудь исторiей, не излагая исторiи религiй? Она въ такомъ случаѣ опустила бы громадную и самую важную нить событiй и добровольно отказалась бы отъ объясненiя происхожденiя безчисленныхъ фактовъ жизни человѣчества.

18. Психологiя, въ собственномъ смыслѣ этого слова, находится

личія, а кому и чувственныя наслажденія. Съ одной стороны сенсуалисты, а съ другой іезуиты могли бы представить неопровержимыя доказательства, что часто человѣкъ находитъ свое счастье въ подчиненіи чужой волѣ; а если это такъ, то почему же ему и не подчинить ее?

4. Такимъ образомъ всѣми чувствуемая потребность провести рѣзкую границу между стремленіемъ къ счастью и стремленіемъ къ наслажденію до сихъ поръ не удовлетворена — до сихъ поръ этотъ важный вопросъ, столь основной для науки о нравственности и для теоріи воспитанія, остается въ полномъ туманѣ. Чтобы доказать это несчастное положеніе вопроса, мы приведемъ здѣсь слова знаменитѣйшаго современнаго мыслителя и самой логической головы современной Европы, слова Джона Стюарта Милля, которыми онъ заканчиваетъ свою «Логику». Если этотъ вопросъ въ такой ясной головѣ представляется съ такими непримиримыми противорѣчіями, то изъ этого уже можно заключить и то, какъ трудно его рѣшеніе, и то, въ какомъ хаотическомъ состояніи онъ долженъ находиться въ другихъ, менѣе логическихъ головахъ.

5. «Общій принципъ, говоритъ Милль, съ которымъ должны сообразоваться всѣ правила практической жизни, критеріумъ ихъ годности, есть польза, т. е. или счастія человѣчества, или скорѣе, всѣхъ чувствующихъ существъ, такъ что, другими словами, *стремленіе къ счастью* есть основной принципъ науки цѣлей или телеологіи» [1]. Но, написавъ эти слова, Милль не могъ не подумать о тѣхъ слѣдствіяхъ, которыя необходимо вытекаютъ изъ такого критеріума всѣхъ цѣлей жизни и на которыя мы указали выше, при разборѣ эпикурейскихъ идей. И это, безъ сомнѣнія, заставило Милля прибавить слѣдующее положеніе, находящееся въ прямомъ противорѣчіи съ принятой имъ теоріей эвдемонизма: «Стремленіе къ счастью, говоритъ Милль, есть оправданіе и должно быть повѣркою всѣхъ цѣлей; но оно не есть само единственная цѣль. Есть много добродѣтельныхъ дѣйствій и даже добродѣтельныхъ поведеній (хотя, какъ я думаю, эти случаи рѣже, чѣмъ предполагаютъ), въ которыхъ счастье приносится въ жертву, такъ какъ отъ этихъ дѣйствій происходитъ болѣе страданій, чѣмъ удовольствій» [2].

6. Еслибы Милль былъ психологъ, то онъ непремѣнно остановилъ бы свое вниманіе на этихъ *странныхъ исключеніяхъ изъ общаго правила*, которыя, какъ они ни попадались ему рѣдко, все же происходятъ изъ какихъ нибудь общихъ свойствъ человѣческой природы. Онъ остановился бы на этихъ исключеніяхъ съ особеннымъ вниманіемъ, какъ естествоиспытатель останавливается на уродливостяхъ именно потому, что онѣ-то и помогаютъ ему глубже заглянуть въ тайны природы, не знающей ни случайностей, ни уродливостей, а всегда дѣйствующей совершенно правильно, т. е. по закону. Если бы Милль внимательнѣе вглядѣлся въ эти исключительныя явленія человѣческой природы, то

[1] Mill's Logic B. VI Ch. XII § 7, p. 558.
[2] Ibid. p. 549.

непремѣнно нашелъ бы, что необыкновенна въ нихъ только степень проявленія принципа, а не самый принципъ, который общъ всѣмъ людямъ, но не во всѣхъ высказывается съ одинаковою силою и обширностью, а въ иныхъ едва замѣтенъ. Но если рѣдко встрѣчаются люди, у которыхъ принципъ самопожертвованія беретъ верхъ надъ всѣми другими стремленіями, то точно также рѣдко встрѣчаются и такіе люди, въ которыхъ стремленіе къ личному наслажденію никогда не уступило бы мѣсто другимъ стремленіямъ, въ удовлетвореніи которыхъ не самыя личныя наслажденія. Наконецъ общность этого принципа видна уже и изъ того, что поступокъ самопожертвованія въ каждомъ человѣческомъ сердцѣ возбуждаетъ удивленіе, симпатію, а часто и невольную зависть. Слѣдовательно есть что-то во всякомъ человѣкѣ, что ставитъ онъ выше стремленія къ удовольствію, хотя онъ и не всегда можетъ отказаться отъ удовольствій и поддаться этому высшему стремленію, особенно если оно доставляетъ страданія.

7. Но Миль, какъ бы почувствовавъ, что сказалъ слишкомъ много для того, чтобы его эвдемоническая теорія жизни, какъ стремленія къ счастію, могла держаться, спѣшитъ сдѣлать оговорку. «Такое поведеніе (т. е. безкорыстное), говоритъ онъ, единственно оправдывается только тѣмъ, что можетъ быть доказано, что вообще болѣе счастья будетъ въ мірѣ, если будутъ воспитываться чувства, которыя побуждаютъ людей въ извѣстныхъ случаяхъ не заботиться о счастьи.» Итакъ—добродѣтель является въ заблужденіи, какъ говоритъ Шекспиръ[1]). И такъ—чтобы быть счастливымъ, нужно въ извѣстныхъ случаяхъ не стремиться къ счастью! Стремленіе къ счастью, слѣдовательно, до того не главное въ человѣческой природѣ и до того ее не удовлетворяетъ, что, сдѣлавъ это стремленіе главнымъ принципомъ своей жизни, человѣкъ долженъ нарушать этотъ принципъ, чтобы быть счастливымъ! долженъ не соблюдать этого принципа, чтобы выполнить его! Въ словахъ Миля эвдемонизмъ наноситъ себѣ смертельный ударъ и оканчиваетъ свою недолгую жизнь самоубійствомъ. Но послѣдуемъ дальше за Милемъ, чтобы для насъ во всей полнотѣ выяснилось то противорѣчіе, въ которое пришелъ самый логическій умъ современной Европы, ступивъ на почву ложнаго ученія. Болѣе рѣзкаго паденія не можетъ имѣть ложная теорія.

8. «Я вполнѣ допускаю, продолжаетъ Миль, что образованіе идеальнаго благородства воли и поведенія должно быть для индивидуальнаго человѣческаго существа цѣлью стремленій, которымъ должно уступать дорогу преслѣдованіе своего собственнаго или чужого счастья; но я утверждаю, что самый вопросъ, въ чемъ состоитъ возвышенность характера, рѣшается по мѣрилу счастья. Идеальное благородство характера, или возможное приближеніе къ нему, потому должно быть главною цѣлью человѣка, что оно болѣе всего ведетъ къ тому, чтобы сдѣлать человѣческую жизнь счастливою: счастливою, какъ (сравнительно) въ низшемъ

[1]) Hamlet. Act III. Scene VI.

...ію, въ смыслѣ наслажденія и освобожденія отъ страданій, такъ и ...омъ смыслѣ, т. е. чтобы сдѣлать жизнь не такою, какова она ...ѣ теперь, дѣтскою и ничтожною — но такою, какой можетъ желать ...ѣкъ съ высоко развитыми способностями» [1]).

Изъ этихъ замѣчательныхъ словъ Милля мы видимъ, что онъ при... не одно счастье, а какія-то два — одно *низшее*, а другое *высшее*; ... что одно есть не болѣе какъ сумма пріятныхъ ощущеній, но ... пренебрегаетъ пріятными ощущеніями и указываетъ какую-то ... цѣль — развитіе способностей, идеальное благородство характера ...тельно возвышеніе жизни, теперь ничтожной, и наполненіе жизни, ... пустой, которой не могутъ наполнить наслажденія и стремленія ...ъ. Но что же служитъ здѣсь мѣриломъ *низшаго* и *высшаго*? И ... ли поступилъ Милль, когда, назвавъ *высшимъ* стремленіемъ ... къ идеальному благородству характера, заставилъ это *высшее* ... служить *низшему*, отъ котораго оно отвращается и которому ...рѣчитъ? Неужели же высшее счастье, идеальное благородство ха... и развитіе способностей служитъ только для того, чтобы уве... массу жизненныхъ наслажденій? Гораздо ближе къ истинѣ другое ... Милля, когда онъ говоритъ, что стремленіе къ высшему счастью ... наполнить *пустую* жизнь. Здѣсь, какъ мы увидимъ ниже, Милль, ... указываетъ на вѣрный психическій фактъ.

... Таково жалкое состояніе этого существеннѣйшаго изъ философ... вопросовъ. Не въ состояніи ли исторія этого вопроса отбить даже ... охоту заниматься его рѣшеніемъ? И дѣйствительно, едва ли что ... можно сказать новаго въ этой области, изслѣдованной вдоль и ...перекъ лучшими умами человѣчества. Однако же, мы думаемъ, слѣдуетъ ...дать этотъ вопросъ еще одному опыту, которому его до сихъ ... не подвергали; слѣдуетъ перенести его изъ области нравственной ... въ область опытной психологіи; другими словами, слѣдуетъ ...смотрѣть, не какъ человѣкъ *долженъ* жить, но какъ онъ дѣйствительно ...етъ, не какія цѣли *долженъ* имѣть человѣкъ, но какія онъ дѣй...тельно имѣетъ, и показать на основаніи несомнѣнныхъ психичес... фактовъ, что стремясь къ такой-то цѣли, человѣкъ достигаетъ та... результатовъ, а стремясь къ другой цѣли — такихъ. Рядъ невзгодъ ... этого: онъ не морализуетъ и не говоритъ человѣку: ты долженъ ... такъ или иначе, а только на основаніи несомнѣнныхъ и всѣмъ ... психическихъ фактовъ показываетъ, какіе результаты необ... ...детъ одна жизнь и какіе другая. Всякій можетъ жить, какъ хо..., и дѣло фактической науки состоитъ вовсе не въ томъ, чтобы ... людей тому, что они должны дѣлать, а только въ томъ, ... группировкою несомнѣнныхъ фактовъ уяснить явленія, необ... предшествующія каждому рѣшенію и каждому поступку, и явле... тѣхъ необходимо слѣдующія. *Мы только это и сдѣлаемъ*, и

[1]) Mill's Logic p. 546.
... Nat. Anthr. s. 71.

теперь у насъ набралось уже достаточно наблюденій, чтобы рѣшить и то еще, какою должна быть цѣль человѣческой жизни, а только и какое значеніе имѣетъ сама серьезная цѣль въ человѣческой жизни, какія явленія представляетъ жизнь, обладающая этою цѣлью, и какія явленія представляетъ другая жизнь, почему либо лишенная такой цѣли. Это мы и сдѣлаемъ, сколь возможно короче, въ слѣдующей главѣ, гдѣ [illegible] ко сведемъ результаты, добытые уже прежде нашими психическими анализами.

ГЛАВА XLVIII.

Стремленіе къ счастью; значеніе цѣли въ жизни.

1. Стремленіе къ наслажденію есть, конечно, общій терминъ, подъ которымъ мы должны разумѣть безчисленное множество всевозможныхъ желаній, между которыми общее то, что всѣ онѣ стремятся къ повторенію какихъ нибудь пріятныхъ, уже прежде испытанныхъ ощущеній. Человѣкъ не можетъ стремиться къ наслажденію, котораго не знаетъ и не представляетъ себѣ. Онъ стремится къ наслажденію послѣ того, какъ испыталъ его вслѣдствіе удовлетворенія какого-либо прирожденнаго стремленія. Къ отысканію пищи человѣкъ побуждается не стремленіемъ къ наслажденію, но мученіями голода, и только уже потомъ, испытавъ сладость удовлетворенія голода вообще или какою либо пищею въ особенности, человѣкъ уже стремится къ пищѣ, побуждаемый и мученіями голода, и представленіемъ наслажденія.

2. Это различіе между *прирожденными* стремленіями и *пріобрѣтенными*, вслѣдствіе опытовъ установившимися, стремленіями къ тѣмъ или другимъ наслажденіямъ не относится только къ первому ихъ происхожденію. И впослѣдствіи времени человѣкъ легко можетъ раздѣлить въ самомъ себѣ прирожденное стремленіе избѣжать мучительности прирожденныхъ потребностей отъ склонности къ наслажденіямъ или къ частности того или другаго желанія наслажденія. Такъ человѣкъ, сильно занятый какимъ нибудь дѣломъ, съ досадою и неудовольствіемъ замѣчаетъ въ себѣ пробуждающуюся потребность пищи или потребность отдыха, тогда какъ сибаритъ встрѣчаетъ тѣ же ощущенія съ удовольствіемъ. Наоборотъ, человѣкъ, уже не чувствующій голода, можетъ еще стремиться къ наслажденію вкуснымъ блюдомъ и это то стремленіе заставляло римскаго обжору, наѣвшись, принимать рвотнаго, чтобы имѣть удовольствіе снова поѣсть. Такимъ образомъ мы видимъ, что если стремленіе избѣжать мученій неудовлетворенія прирожденныхъ потребностей и склонность къ опредѣленнымъ наслажденіямъ часто соединяются, то бываютъ случаи, когда они выказываютъ всю свою отдѣльность, и что, слѣдовательно, психологъ долженъ строго различать эти явленія души человѣческой.

3. *Склонность* къ наслажденіямъ нельзя и назвать *стремленіемъ*. Это уже желаніе, потому что оно происходитъ вслѣдствіе опыта и воспоминанія и непремѣнно сопровождается представленіемъ, безъ котораго желаніе невозможно (ignoti nulla cupido). Желаніе какого бы [illegible]

ваго специальнаго наслажденія происходитъ уже вслѣдствіе того или другого врожденнаго стремленія. Оно-то и дѣлаетъ для насъ пріятнымъ свое удовлетвореніе, а испытавъ его разъ мы уже начинаемъ желать его, вторично. Желаній, не возникшихъ изъ врожденныхъ стремленій, не существуетъ, и если какое-нибудь желаніе намъ кажется неестественнымъ, а совершенно искусственнымъ, то, присмотрѣвшись къ нему ближе, мы всегда найдемъ, что оно возникло изъ врожденнаго стремленія души къ дѣятельности.

4. При этомъ однако слѣдуетъ замѣтить, что большинство желаній въ человѣкѣ — не простыя желанія, возникшія изъ одного какого-либо стремленія; но желанія сложныя, возникшія изъ разныхъ стремленій, которыя соединились вмѣстѣ какимъ-нибудь однимъ обширнымъ представленіемъ или обширною системою представленій именно потому, что разныя стороны этого представленія, или разные члены этой системы представленій, удовлетворяютъ нѣсколькимъ, различнымъ стремленіямъ человѣка. Такъ, напр., въ основѣ желанія почестей, которое носитъ названіе честолюбія, мы открываемъ и органическое стремленіе къ общественности, сопровождаемое чувствомъ стыда и самодовольной гордости, и стремленіе къ свободѣ, внушаемое удаленія всякихъ стѣсненій нашей воли, и особенное, хотя ложно понятое, часто уже человѣческое стремленіе къ самоусовершенствованію. Представленіе хорошаго обѣда удовлетворяетъ не только органическому пищевому стремленію и развившимся изъ него душевнымъ ощущеніямъ, но и стремленію къ общественности, почему для хорошаго обѣда необходимъ хорошій кругъ друзей и пріятелей, — удовлетворяетъ и эстетическимъ стремленіямъ, вслѣдствіе чего человѣкъ подаетъ обѣдъ въ изящныхъ сосудахъ, украшаетъ каждое блюдо, убираетъ столъ цвѣтами, сопровождаетъ обѣдъ музыкой и т. д. Вотъ почему можно сказать, что ѣдятъ и люди, и животныя, но обѣдаютъ только люди. Отмѣтивъ же, что въ основѣ каждаго желанія непремѣнно лежитъ врожденное стремленіе, мы можемъ и всѣ наши элементарныя желанія раздѣлять по роду стремленій, изъ которыхъ они возникли, на желанія органическія, *душевныя* и *духовныя*, помня однако при этомъ всегда, что въ одномъ и томъ же сложномъ человѣческомъ желаніи могутъ быть смѣшаны всѣ эти три рода желаній элементарныхъ.

5. Не признавая врожденности стремленій къ наслажденію, потому-что это уже желанія, образующіяся изъ опытовъ наслажденій, не должны ли мы однако признать врожденности *стремленія не страдать*? Но мы уже признали ее, признавъ самую врожденность стремленій и ихъ мучительное свойство, когда они не удовлетворяются. Если же было бы нужно особое названіе для общаго стремленія человѣка удовлетворить *всѣмъ* своимъ стремленіямъ, то мы предложили бы назвать это *стремленіемъ къ счастью*. Стремленіе къ счастью въ такомъ смыслѣ, конечно, будетъ врождено человѣку; но это уже никакъ не будетъ стремленіе къ наслажденіямъ; ибо человѣкъ, по врожденному стремленію къ счастью, можетъ стремиться къ удовлетворенію такихъ стремленій, удовлетвореніе которыхъ вовсе не доставляетъ ему наслажденій. Такъ мы упо-

ваемся и такою дѣятельностью, которая для насъ вовсе непріятна, которая даже можетъ насъ сильно мучить, но которая тѣмъ не менѣе увлекаетъ къ себѣ нашу душу именно тѣмъ, что ассоціація мучительныхъ представленій, усложнившихся ее, составляетъ въ сознаніи нашей души такую обширную и цѣпкую систему, что она даже противъ воли нашей перетягиваетъ къ себѣ собственную дѣятельность нашей души. Такъ системы горестныхъ или тяжелыхъ представленій вовсе не потому увлекаютъ къ себѣ нашу душу, что они могутъ доставить ей удовольствіе, но именно только потому, что душа наша, по природѣ своей требующая дѣятельности, по возможности широкой и свободной, увлекается тѣми системами представленій, которыя представляютъ ей въ данное время наибольшую степень такой дѣятельности,—увлекается независимо отъ того, доставляетъ ли ей эта дѣятельность удовольствіе или страданіе, и въ *результатѣ получается не наслажденіе, не страданіе, а дѣятельность*, которая можетъ сопровождаться какъ наслажденіемъ, такъ и страданіемъ; но эти сопровождающія ее чувствованія являются только случайными, отъ которыхъ само стремленіе не зависитъ. Развѣ каждый изъ насъ не испыталъ тяжелыхъ душевныхъ состояній, отъ которыхъ не можетъ оторваться именно потому, что они открываютъ для души сферу обширной и сильной дѣятельности, передъ которой тѣсны и слабы всѣ другія? «Человѣку, говоритъ Гидъ, стоило бы только не думать о томъ, что его мучитъ, чтобы не мучиться; но это-то именно и нельзя никакъ сдѣлать». Мы же думаемъ, что [illegible] несчастіемъ въ этомъ отношеніи будетъ та невозможность не думать, скука и тоска, которую испытываетъ конечно всякій, заключенный въ одиночную тюрьму. Кто бы не постарался отдѣлаться отъ этихъ страшныхъ мученій душевной бездѣятельности, если бы только могъ? Но *это уже для человѣка безусловно невозможно*; точно также невозможно, какъ невозможно для него отдѣлаться отъ своей собственной души, если это требованіе дѣятельности составляетъ сущность души. Замѣнить одну душевную дѣятельность другою человѣкъ можетъ, и это для него тѣмъ труднѣе, чѣмъ болѣе долженъ онъ придать себѣ силы воли къ той или другой душевной дѣятельности, для того, чтобы она могла уравновѣсить и вытѣснить ту, отъ которой онъ хочетъ отдѣлаться. Но отдѣлаться совершенно отъ стремленія къ дѣятельности для человѣка невозможно, также какъ отдѣлаться отъ стремленія къ жизни.

5. Мы видѣли уже, что всякое природное стремленіе человѣка при неудовлетвореніи своемъ заставляетъ его страдать, а при удовлетвореніи доставляетъ ему разнообразныя ощущенія, болѣе или менѣе пріятныя, смотря по напряженности самого стремленія и напряженности тѣхъ страданій, которыя возрастаютъ по мѣрѣ возрастанія неудовлетворенія стремленія. Мы видѣли также, какъ изъ опытовъ удовлетворенія врожденныхъ стремленій возникаетъ пріобрѣтенное стремленіе, или же склонность къ наслажденіямъ. Теперь же мы должны обратить особое вниманіе на то, что *стремленіе къ* [illegible] составляетъ

ательное исключеніе изъ этой общей исторіи образованія желаній. Неудовлетворяемое, оно мучитъ человѣка, какъ и всѣ прочія стремленія при своемъ неудовлетвореніи; но удовлетворяемое — оно не даетъ человѣку удовольствія. *Это замѣчательное существенное стремленіе души при своемъ удовлетвореніи даетъ въ результатѣ не какое-нибудь наслажденіе или пріятное чувство, а только дальнѣйшую психическую или психофизическую дѣятельность.* Конечно, дѣятельность, какъ при своемъ началѣ, такъ и при своемъ окончаніи, или наконецъ въ перерывахъ, можетъ сопровождаться пріятными или непріятными чувствованіями; но эти сопровождающія ее чувствованія будутъ для нея явленіями побочными, ослабѣвающими вмѣстѣ съ усиленіемъ дѣятельности и выступающими вновь, когда дѣятельность ослабѣваетъ. *Въ минуту же напряженной дѣятельности нѣтъ ни страданія, ни наслажденія; а есть только дѣятельность.*

7. Этотъ психическій фактъ очень легко можетъ быть наблюдаемъ каждымъ въ самомъ себѣ, а также и на другихъ. Посмотрите на дитя, когда оно занято какою-нибудь сильно увлекающею его дѣятельностью — и вы не увидите на лицѣ его ни выраженія удовольствія, ни выраженія страданій, а спокойное, серьезное и сосредоточенное выраженіе дѣятельности. То же самое замѣтите вы и на лицѣ художника, когда онъ вполнѣ углубился въ свою работу, и на лицѣ простаго работника, когда онъ вполнѣ поглощенъ своимъ дѣломъ. Въ минуту перерыва дѣятельности, когда человѣкъ, напр., останавливаясь на мгновеніе, любуется тѣмъ, что онъ сдѣлалъ, или выказываетъ неудовольствіе, замѣтивъ, что онъ сдѣлалъ не то, что хотѣлъ, или высказываетъ гнѣвъ, видя вдругъ неожиданное препятствіе, которое предстоитъ ему преодолѣть, — и въ душѣ его, и на лицѣ выступаютъ чувствованія удовольствія, страданія или гнѣва; но какъ только человѣкъ снова принялся за работу — выраженіе этихъ чувствъ исчезаетъ съ его лица, а самыя чувства изъ души его: *онъ только трудится. Вотъ это-то душевное состояніе и есть нормальное состояніе человѣка и то высшее счастіе, которое не зависитъ отъ наслажденій и не подчиняется стремленію къ нимъ.*

8. Человѣкъ конечно часто принимается за трудъ для достиженія черезъ него какихъ-нибудь наслажденій или для того, чтобы трудомъ избавиться отъ какихъ-нибудь страданій. Но, трудясь, онъ не чувствуетъ ни того, ни другого, такъ-что трудъ *самъ по себѣ*, независимо отъ тѣхъ цѣлей, для которыхъ онъ можетъ быть предпринятъ, удовлетворяетъ только потребности души человѣческой, ея стремленію къ дѣятельности, не давая ей ни страданій, ни наслажденій. Намъ же необходимо различать явленія, а не смѣшивать ихъ. Къ самому труду, независимо отъ тѣхъ цѣлей, для которыхъ онъ можетъ быть предпринятъ, человѣкъ побуждается прирожденнымъ стремленіемъ души, требующей дѣятельности; но *искать труда, какъ наслажденія*, человѣкъ не можетъ,

потому что трудъ самъ по себѣ наслажденій не даетъ. Слѣдовательно изъ удовлетворенія стремленія къ дѣятельности не можетъ возникнуть, какъ изъ удовлетворенія прочихъ стремленій, желаніе наслажденія. Но тѣмъ не менѣе, и не давая наслажденій, трудъ, которому человѣкъ предается, имѣетъ въ самомъ себѣ и самъ по себѣ увлекающее свойство. Кому не случалось, предпринявъ какую-нибудь дѣятельность для достиженія тѣхъ или другихъ наслажденій или для избѣжанія тѣхъ или другихъ лишеній, такъ потомъ увлечься самою дѣятельностью, что позабудетъ и о тѣхъ наслажденіяхъ, для достиженія которыхъ онъ предпринялъ тотъ или другой трудъ? И это не есть какое-нибудь частное, рѣдкое, исключительное явленіе, но свойство, общее всякой серьезной дѣятельности, котораго мы только потому не замѣчаемъ всегда, что оно высказывается отрывочно, моментально, перемѣшиваясь съ другими психическими явленіями, то ослабѣвая, то усиливаясь, по мѣрѣ нашего увлеченія самимъ дѣломъ. Это не только не исключительное явленіе, но такое общее, безъ котораго никакая серьезная и плодотворная дѣятельность не бываетъ и не можетъ быть. Кто, дѣлая что-нибудь, нисколько не увлекается самимъ дѣломъ, помимо тѣхъ расчетовъ, для которыхъ онъ предпринялъ это дѣло, тотъ не сдѣлаетъ ничего путнаго, да и самое дѣло не удовлетворитъ его стремленію къ дѣятельности, не наполнитъ той душевной пустоты, о которой говоритъ Милль. Это явленіе, повторяясь безпрестанно при каждомъ частномъ трудѣ человѣка, выказывается съ необыкновенною ясностью и въ обширной сферѣ дѣятельности человѣчества. Возьмемъ, напримѣръ, науку. Безъ сомнѣнія, она доставляла и продолжаетъ доставлять людямъ средства удаленія многихъ страданій и добычи многихъ наслажденій. Но если бы только эти пользы отъ науки сдѣлались цѣлью науки, то она не подвинулась бы ни на шагъ впередъ и перестала бы приносить пользу. Только человѣкъ, увлекающійся наукою, можетъ дѣйствительно сдѣлать въ ней шагъ впередъ; а такой, увлекающійся наукою человѣкъ, увлекается самою дѣятельностью, которую даетъ ему наука, а не тою пользою, которую она можетъ доставить ему или другимъ, и не тѣмъ удовольствіемъ, которого ищетъ въ наукѣ дилеттантъ. Люди, ищущіе полезнаго или пріятнаго въ наукахъ, менѣе всего содѣйствовали развитію наукъ и менѣе всего извлекли изъ нихъ той пользы или того удовольствія, которыхъ они единственно искали. Дѣйствительный же ученый занимается наукой для науки и, такъ сказать, по дорогѣ открываетъ въ ней средства для удаленія страданій или пріобрѣтенія новыхъ наслажденій; и конечно для себя они ему менѣе всего нужны, такъ какъ все его время занято тѣмъ, что исключаетъ страданія и наслажденія — занято серьезною и значительною дѣятельностью.

9. Мы видѣли, слѣдовательно, что Милль, говоря о какомъ-то высшемъ счастьи, которое должно наполнять пустоту человѣческой жизни, т. е. сдѣлаться ея содержаніемъ, напалъ на вѣрный психическій фактъ. Но Милль ошибается, думая, что это наполненіе пустоты человѣческой

мысли, что отысканіе дѣйствительнаго ея содержанія есть нѣчто, относимое человѣкомъ въ отдаленномъ будущемъ. Дѣйствительно слѣдуетъ желать, чтобы это наполненіе усиливалось для каждаго въ частности и для человѣчества вообще; но это самое явленіе и теперь не только существуетъ, но занимаетъ центральное мѣсто въ человѣческой жизни — это не подлежитъ сомнѣнію. Самъ Милль наполнялъ пустоту своей жизни, пиша свою «Логику»; каждый художникъ дѣлаетъ тоже самое, серьезно работая надъ своей картиной; тоже самое дѣлаетъ и скромный ремесленникъ, полюбившій свое скромное дѣло; наконецъ, мало-ли людей, которые болѣе или менѣе, хотя бы въ самой ничтожной степени, не наполняли пустоты своей жизни вольнымъ, излюбленнымъ трудомъ. Въ этомъ отношеніи мы не ждемъ никакихъ чудесъ отъ будущей исторіи, никакихъ коренныхъ реформъ: въ исторіи людей, какъ и въ исторіи природы, ничто не творится вновь, не происходитъ никакихъ внезапныхъ и коренныхъ реформъ, но идетъ вѣчная реформа элементовъ, уже существующихъ, при чемъ существенное и нормальное выступаетъ впередъ изъ несущественнаго и ненормальнаго. Серьезный и вольный, излюбленный трудъ, не стремящійся къ наслажденіямъ, болѣе или менѣе наполняетъ пустоту человѣческой жизни съ той самой минуты, когда человѣкъ появился на землѣ, и только слѣдуетъ желать, чтобы этотъ основной законъ человѣческой природы вошелъ въ общее сознаніе, и чтобы каждый зналъ, что трудъ самъ по себѣ, помимо тѣхъ наслажденій и страданій, къ которымъ онъ можетъ вести, также необходимъ для душевнаго здоровья человѣка, какъ чистый воздухъ для его физическаго здоровья. Еслибы Милль самъ вполнѣ сознавалъ этотъ психическій законъ, то онъ призналъ бы вольный, излюбленный трудъ, свойственный человѣку, а не счастье, высшимъ мѣриломъ достоинства всѣхъ практическихъ правилъ человѣческой жизни.

10. Этотъ *несомнѣнный фактъ* психической жизни человѣка съ полною ясностью выражается въ томъ громадномъ значеніи, которое имѣетъ для человѣка *цѣль жизни*, независимо отъ содержанія этой цѣли и даже отъ ея достиженія; ибо *цѣль* или *задача* жизни есть только другая форма или выраженія того же понятія — *трудъ жизни*. Удовлетворите всѣмъ желаніямъ человѣка, но отнимите у него *цѣль въ жизни* и посмотрите, какимъ несчастнымъ и ничтожнымъ существомъ явится онъ. Слѣдовательно не удовлетвореніе желаній, то, что обыкновенно называютъ счастьемъ, а цѣль *въ жизни* является сердцевиной человѣческаго достоинства и человѣческаго счастья. И чѣмъ быстрѣе и полнѣе мы будемъ удовлетворять стремленію человѣка къ наслажденіямъ, отнимая у него цѣль *въ жизни*, тѣмъ несчастнѣе и ничтожнѣе мы его сдѣлаемъ. Конечно, человѣкъ въ каждую отдѣльную минуту своей дѣятельности стремится къ *достиженію цѣли*, т. е. чтобы *уничтожить* ее, а не къ тому, чтобы *имѣть* ее, и никогда не стремился къ тому, чтобы ее отодвинуть далѣе, какъ этого ошибочно хочетъ Кантъ; но человѣкъ, относящійся къ душевнымъ явленіямъ, какъ объектамъ на-

блюденія, видимъ ясно, что для человѣка нужнѣе всего цѣль жизни (задачу, трудъ жизни), чѣмъ достигнуть ее. Понятно само собою, что эта цѣль должна быть такова, чтобы могла быть цѣлью человѣка, чтобы достиженіе ея могло дать безпрестанную и постоянно расширяющуюся дѣятельность человѣку, такую дѣятельность, которая требуетъ его души, чтобы не искать наслажденій и не пріобрѣтать страданія. Свойства цѣли опредѣляются уже особенностями человѣческой души и мы будемъ говорить о нихъ въ третьей части нашей «Антропологіи»; но теперь уже ясно, что эта цѣль для того, чтобы постоянно вызывать постоянно раскрывающуюся мускулатуру человѣческой души (ея стремленіе къ дѣятельности), должна быть такова, чтобы, достигаемая постоянно, она никогда не могла быть достигнута; при чемъ человѣкъ остался бы безъ цѣли въ жизни. Глубокое чувство всей силы этого психическаго закона заставило Лессинга сказать, что если бы ему предлагали на выборъ истину или дорогу къ истинѣ, то онъ предпочелъ бы дорогу къ этой самой истинѣ. Въ этомъ одностороннемъ выраженіи философа, предпочитающаго всему жизнь мысли, есть кромѣ того и другое заблужденіе: Лессингъ, какъ и всякій другой человѣкъ, безъ сомнѣнія, не удержался бы и взялъ истину, а не дорогу къ истинѣ; но это невольно вырвавшееся восклицаніе превосходно выражаетъ дѣйствительное положеніе человѣка въ мірѣ, глубоко прочувствованное, хотя и не вполнѣ сознанное Кантомъ. Для насъ важно не то, что могло бы быть, а то, что дѣйствительно есть.

11. Теперь намъ слѣдуетъ припомнить то отношеніе, которое мы открыли между стремленіемъ къ дѣятельности и другими стремленіями, врожденными человѣку и въ частности стремленіями органическими, о которыхъ преимущественно и будемъ здѣсь говорить. Всякое органическое стремленіе, будучи удовлетворено, прекращается; но душевное стремленіе къ дѣятельности или стремленіе души къ перемѣнѣ своихъ состояній, не имѣетъ этого свойства, оно никогда не удовлетворяется и, кромѣ того, требуетъ еще прогрессивности въ своемъ безпрестанномъ удовлетвореніи. Вотъ почему страсти и наклонности не могли бы образоваться изъ удовлетворенія однѣхъ органическихъ потребностей, если бы въ человѣкѣ не было душевнаго стремленія къ безпрестанной и прогрессивной душевной дѣятельности. Это-то стремленіе, если можно такъ выразиться, раздуваетъ въ пламя страстей тѣ искры наслажденій, которыя мелькаютъ при процессѣ удовлетворенія низшихъ органическихъ потребностей и тухнутъ, когда этотъ процессъ оконченъ и удовлетворенная потребность затихла. Мы видѣли, что всякое органическое, а также и душевное наслажденіе покупается какъ разъ равносильнымъ ему страданіемъ, страданіемъ лишенія. Если человѣкъ привлекается наслажденіемъ, то онъ какъ разъ на столько же отталкивается страданіемъ. Слѣдовательно человѣкъ, при такомъ отношеніи къ наслажденіямъ, не стремился бы къ нимъ и въ немъ не могла бы образоваться склонность къ наслажденіямъ. Человѣкъ не сталъ бы морить себя голодомъ для того только, чтобы испытать наслажденіе его удовлетворенія, и никто,

замѣчаетъ Броунъ, не захочетъ быть больнымъ, чтобы испытать удовольствіе выздоровленія. Слѣдовательно, если человѣкъ стремится къ этой безпрерывной смѣнѣ страданій наслажденіями и наслажденій страданіями, то существенно потому, *что ему нужна самая эта смѣна*, т. е. перемѣна душевныхъ состояній или, другими словами, нужна безпрерывная душевная дѣятельность.

12. Отсюда понятно, что если у человѣка нѣтъ *серьезной* цѣли въ жизни, т. е. цѣли не смѣняющейся и не наскучающей, такой цѣли, которую онъ преслѣдуетъ не изъ-за удовольствій или страданій, а *изъ любви* къ тому дѣлу, которое дѣлаетъ, то онъ можетъ найти себѣ дѣятельность только въ смѣнѣ наслажденій и страданій, причемъ конечно онъ будетъ гнаться за наслажденіемъ, стараясь увернуться отъ страданія,—и потеряетъ на столько лишится наслажденія, на сколько будетъ избѣгать страданія, т. е. попадетъ *на фальшивую* дорогу въ жизни, фальшивую не по какимъ-нибудь внѣшнимъ философскимъ и нравственнымъ принципамъ, а именно потому, что *она ведетъ человѣка не туда, куда онъ самъ же хочетъ идти*. Вотъ почему фальшивость этого пути не подлежитъ ни малѣйшему сомнѣнію. Эти-то уклоненія человѣка съ прямой дороги серьезной цѣли и серьезнаго труда на фальшивый путь исканія наслажденій и избѣганія труда займутъ насъ въ слѣдующей главѣ.

ГЛАВА XLIX.

Уклоненія человѣческой воли вообще.

1. Въ предшествующей главѣ мы отличили *стремленіе къ счастью* отъ *склонности* къ тѣмъ или другимъ, уже испытаннымъ *наслажденіямъ*. Стремленіе къ счастью есть дѣйствительно врожденное стремленіе не только человѣку, но и всякому живому существу: ибо это есть ничто иное, какъ общее стремленіе удовлетворить всѣмъ своимъ частнымъ врожденнымъ стремленіямъ, по мѣрѣ ихъ появленія, или возстановленія,—не болѣе какъ стремленіе вообще избѣжать тѣхъ страданій, которыя сопровождаютъ всякое неудовлетворенное стремленіе. Склонность же къ наслажденіямъ есть уже стремленіе *производное*, которое образуется вслѣдствіе опытовъ пріятныхъ ощущеній, сопровождающихъ удовлетвореніе всякаго *врожденнаго* стремленія. Но, образовавшись вслѣдствіе опытовъ пріятныхъ ощущеній, сопровождающихъ удовлетворенное стремленіе, склонность къ тѣмъ или другимъ наслажденіямъ можетъ потомъ превратиться въ стремленіе самостоятельное, которое будетъ побуждать человѣка искать наслажденій и тогда, когда стремленія, изъ удовлетворенія которыхъ они возникаютъ, уже удовлетворены. Стремленіе къ счастью не только есть стремленіе врожденное, изъ котораго уже возникаетъ склонность къ наслажденіямъ, но и болѣе обширное, чѣмъ это изъ него возникающее стремленіе. Человѣкъ стремится удовлетворять не только тѣмъ своимъ стремленіямъ, удовлетвореніе которыхъ можетъ до-

ставить ему наслажденіе; но и къ удовлетворенію такого стремленія, удовлетвореніе котораго непосредственно не сопровождается никакимъ наслажденіемъ, а именно, къ удовлетворенію самаго существеннаго стремленія души: ея стремленія къ дѣятельности.

2. Право на счастье составляетъ, конечно, самое неотъемлемое право человѣка; но только въ томъ случаѣ, если счастье не смѣшивается съ наслажденіемъ. Право же на наслажденіе находитъ себѣ оправданіе уже только въ высшемъ правѣ — правѣ на счастье. Наслажденія являются уже только сопровождающимъ явленіемъ, несущественнымъ и не исчерпывающимъ всего содержанія гораздо болѣе обширнаго понятія счастья. Человѣкъ можетъ быть счастливъ, не наслаждаясь, какъ счастливы всѣ тѣ люди, которые отдали всю жизнь увлекавшему ихъ дѣлу, доставлявшему имъ, быть можетъ, гораздо болѣе страданій, чѣмъ наслажденій. И наоборотъ, человѣкъ можетъ наслаждаться всю жизнь и не быть счастливымъ. Развѣ мы не видимъ, что люди, безпрестанно ищущіе наслажденій и имѣющіе для того всѣ средства, нерѣдко оканчиваютъ жизнь самоубійствомъ?

3. Если стремленіе къ счастью есть высшее, коренное и глубоко прирожденное стремленіе человѣка и всякаго живаго существа удовлетворять всѣмъ своимъ прирожденнымъ стремленіямъ, то легко видѣть, что при множествѣ и разнообразіи этихъ стремленій должно непремѣнно и безпрестанно возникать столкновеніе между ними при ихъ удовлетвореніи. Удовлетворяя одному стремленію, человѣкъ въ то же время можетъ не только не удовлетворить другому, но помѣшать его удовлетворенію. Отсюда возникаетъ необходимость привести врожденныя стремленія человѣка въ одну стройную систему съ тѣмъ, чтобы оцѣнить ихъ относительную важность и избавить человѣка отъ раскаянія, которое неминуемо слѣдуетъ, если, удовлетворивъ стремленію низшему, подчиненному, онъ тѣмъ самымъ нарушитъ другое стремленіе, можетъ быть гораздо болѣе обширное и существенное [1]. Поступая безсознательно, необдуманно, не давая себѣ отчета въ прошедшемъ, не заглядывая въ будущее, человѣкъ очень часто удовлетворяетъ стремленію, которое тѣснитъ его въ настоящую минуту, и этимъ удовлетвореніемъ нарушаетъ возможность удовлетворенія другихъ, болѣе обширныхъ стремленій, которыя тотчасъ-же, по удовлетвореніи менѣе существеннаго, возвышаютъ свой голосъ и переполняютъ душу человѣка мученіями, не только неудовлетворенныхъ стремленій, но и раскаянія. Въ мелкихъ размѣрахъ это явленіе ежедневно повторяется въ душѣ человѣка, въ размѣрахъ болѣе обширныхъ оно захватываетъ всю человѣческую жизнь и рѣшаетъ участь этой жизни. Вотъ почему, какъ для каждаго человѣка въ частности, такъ и для всего человѣчества вообще такъ необходимо придти къ ясному сознанію своихъ врожденныхъ стремленій и ихъ относительнаго значенія для жизни.

4. Мы раздѣляли всѣ врожденныя стремленія человѣка на три рода: *органическія, душевныя и духовныя*. Теперь намъ уже легко опредѣ-

[1] См. выше, гл. XL, п. 1—10.

ное относительное значеніе для жизни. Но такъ-какъ духовныя стремленія будутъ разсмотрѣны нами въ третьей части «Антропологіи», то здѣсь мы можемъ установить только относительное значеніе стремленій движенія и душевнаго стремленія въ дѣятельности. Душа, во всякомъ случаѣ, есть принципъ жизни въ организмѣ, или, другими словами, сама жизнь его, понимая подъ словомъ жизнь дѣятельность чувства и воли. Все назначеніе органическихъ процессовъ въ живомъ организмѣ состоитъ въ томъ, чтобы сдѣлать возможною самую жизнь. Не олицетворяя природы и не придавая ей человѣческой идеи цѣли, мы указываемъ только на фактъ. Все стремленіе растительной природы организма только бытіемъ организма, распространеніемъ и размноженіемъ его бытія въ пространствѣ и индивидуальнымъ и поколѣннымъ продолженіемъ его во времени. Къ такому выводу пришло современное естествознаніе въ идеяхъ своихъ лучшихъ представителей [1]). Удовлетвореніе этого стремленія достигается въ растительномъ царствѣ безъ помощи жизни, безъ помощи чувства и произвольныхъ движеній, выражающихъ чувство. Да и самого могла бы достигнуть природа одною системою безсознательныхъ роковыхъ рефлексовъ и въ организмахъ животныхъ, какъ это доказываютъ намъ тѣ же естествоиспытатели и тѣ изъ психологовъ, которые, всегда признавая, считаютъ сознаніе и чувство только случайными, несущественными явленіями, безъ которыхъ органическая жизнь могла бы держаться сама собою, только рефлектируя внѣшнія впечатлѣнія и отвѣчая на нихъ движеніями роковыми, безсознательными, несопровождаемыми чувствомъ [2]). Но такъ-какъ мы въ самихъ себѣ, кромѣ рефлексовъ, видимъ еще чувство и волю, то значитъ это явленіе природы должно быть признано явленіемъ самостоятельнымъ, которое можетъ быть полезно для органической жизни, но не необходимо для нея, такъ-что органическая жизнь продолжалась бы безъ сознанія и воли. Такое самостоятельное значеніе жизни, т. е. души, есть прямой результатъ современнаго естествознанія.

3. Признавъ же самостоятельность душевныхъ явленій въ отношеніи растительной природы, мы должны необходимо признать абсолютность этой самостоятельности въ отношеніи насъ самихъ. *Для насъ* вся природа имѣетъ значеніе настолько, насколько она даетъ намъ возможность жизни. Какое же значеніе для человѣка можетъ имѣть природа внѣ его чувствующей души? Какое бы значеніе имѣло для насъ существованіе вселенной и ихъ развитіе, если бы мы не могли ни чувствовать, ни желать. Для человѣка имѣютъ значеніе только психическія явленія; а вся вселенная настолько, насколько она отражается въ психическомъ мірѣ. Если мы предположимъ, что во вселенной нѣтъ существъ, что-либо чувствующихъ и желающихъ, то какой интересъ будетъ имѣть для насъ эта вселенная? Она не будетъ имѣть для насъ ни смысла, ни значенія.

[1]) См. выше, гл. XXXVI.
[2]) См. выше, гл. XXXII.

6. Изъ всѣхъ простыхъ и для каждаго ясныхъ положеній вытекаетъ само собою, что для человѣка бытіе имѣетъ только относительное значеніе, какъ средство жизни, а слѣдовательно и всѣ стремленія, утверждающія бытіе, являются только средствами для жизни, т. е. для удовлетворенія того душевнаго стремленія, которое мы назвали стремленіемъ къ дѣятельности и которое точно также можемъ назвать стремленіемъ къ жизни. Отсюда абсолютная для человѣка истина того простаго закона, что человѣкъ въ частности и человѣчество вообще не для того живутъ, чтобы существовать, а для того существуютъ, чтобы жить. Вотъ почему человѣкъ очень часто, потерявъ возможность жить, прекращаетъ свое существованіе. Каждый самоубійца, постыдно подымающій на себя руку, фактически доказываетъ намъ, какъ тяжело существовать человѣку, который потерялъ, или думаетъ, что потерялъ, возможность жить.

7. Теперь уже ясно, что органическія стремленія должны имѣть для насъ значеніе только по отношенію къ коренному стремленію души и ея стремленію къ жизни, т. е. къ дѣятельности сознательной и свободной. Для животнаго это отношеніе можетъ быть иное, потому что, будучи лишено самосознанія, оно не можетъ установить этого отношенія. Животное живетъ, какъ хочетъ природа; человѣкъ понимаетъ стремленія природы и можетъ противопоставить ея стремленіямъ свою собственную волю. Человѣкъ не только чувствуетъ въ себѣ стремленія природы къ бытію, но и понимаетъ, къ чему она стремится, и всѣ ея стремленія имѣютъ для него значеніе настолько, насколько даютъ ему возможность удовлетворить своему стремленію — стремленію, вытекающему изъ него самого, т. е. изъ его души, стремленію къ жизни, или точнѣе, стремленію къ дѣятельности сознательной и свободной.

8. Такимъ образомъ самая простая здравая логика заставляетъ насъ подчинить стремленіе къ бытію стремленію къ жизни, а потому и органическія стремленія — душевному стремленію къ дѣятельности сознательной и свободной — стремленію къ свободному, излюбленному труду. Всѣ наслажденія (за исключеніемъ духовныхъ) сопровождаютъ удовлетвореніе только органическихъ стремленій, а отсюда уже вытекаетъ и сама необходимость подчинить произвольное стремленіе къ наслажденію коренному, существенному стремленію души: стремленію ея къ дѣятельности сознательной и свободной. Такимъ образомъ въ обширной сферѣ стремленія къ счастью логически устанавливается порядокъ: всякое стремленіе удовлетворять своимъ стремленіямъ законно, но если мы ищемъ счастья, то должны удовлетворять низшимъ стремленіямъ настолько, насколько это сообразно со стремленіемъ центральнымъ, составляющимъ корень души человѣческой.

9. Всякая человѣческая свободная и сознательная дѣятельность непремѣнно предполагаетъ цѣль. Достиженіе цѣли составляетъ, повидимому, самое существенное для человѣка, но это только обманчивая видимость. Сама по себѣ цѣль, какъ это мы уже видѣли, еще необходимѣе для человѣ-

ія ея достиженіе. Если вы хотите сдѣлать человѣка вполнѣ и глубоко несчастнымъ, то отнимите у него цѣль въ жизни и удовлетворяйте немедля всѣмъ его желаніямъ. Нужно ли еще доказывать существованіе этого замѣчательнаго психическаго факта? Вмѣсто всякаго доказательства мы сошлемся на собственное сознаніе и тѣхъ лицъ, кому случалось, сказано, потерять цѣль въ жизни или почувствовать, что у него ея было,—что всѣ цѣли жизни, которыя казались ему такими, мелки, ничтожны и не стоятъ быть цѣлями жизни. Если такое душевное состояніе продолжается, то можно серьезно опасаться за человѣка. Цѣли жизни могутъ быть мелки, ничтожны; но если человѣкъ не замѣчаетъ ихъ ничтожности, не переросъ ихъ значенія, то онѣ для него серьезныя цѣли: онъ преслѣдуетъ ихъ и живетъ. Но отнимите у него эти цѣли и если онъ потеряетъ надежду отыскать другія,—то будетъ влачить свое существованіе, а не жить, или подыметъ на себя руку. Этого рѣзкаго явленія каждой человѣческой души, достаточно, чтобы убѣдиться, что цѣль жизни составляетъ самое сердце ея, помимо того, достигается ли эта цѣль, или нѣтъ.

19. Но отчего же такъ важна цѣль въ жизни человѣка? Именно оттого, что она вызываетъ душу на дѣятельность, на дѣятельность сознательную и свободную, вызываетъ душу на трудъ. Такимъ образомъ и съ этой точки зрѣнія мы приходимъ къ тому же убѣжденію, что сознательный и свободный трудъ одинъ способенъ составить счастье человѣка, и наслажденія являются лишь сопровождающимъ явленіемъ. *Но трудъ есть трудъ, что онъ труденъ* [1], *и потому и дорога къ счастію трудна.* Эта дорога, кромѣ того, какъ и всякая прямая дорога, одна; а потому человѣкъ безпрестанно съ нея сбивается и сбивается уже не на одинъ какой-нибудь путь, а на тысячи путей ложныхъ, ложныхъ потому, что они не ведутъ человѣка къ той цѣли, къ которой онъ хотѣлъ достигнуть: не ведутъ его къ счастью. Указать одну прямую истинную дорогу можно; но перечислить всѣ ложные пути, по которымъ бродятъ люди, то увлекаясь ими временно, то сбиваясь на нихъ окончательно,—нѣтъ никакой возможности. Этихъ ложныхъ путей, отклоняющихъ человѣка отъ прямой дороги на время, то на всегда, столько же, сколько человѣческихъ жизней, и еще болѣе, ибо каждый человѣкъ въ теченіе своей жизни перепробуетъ не одинъ такой фальшивый путь. Вотъ почему напрасно бы кто-нибудь старался перечислить всѣ ложныя уклоненія человѣка отъ прямаго пути, но есть возможность, по важнымъ существеннымъ признакамъ этихъ отклоненій, раздѣлить ихъ на *свои отдѣлы.*

(1) Иногда человѣкъ хитритъ съ трудомъ и старается обойти его трудность: отсюда возникаетъ *одинъ родъ* ложныхъ увлеченій и ложныхъ наклонностей. Иногда же человѣкъ ставитъ себѣ ложную цѣль въ жизни, такую цѣль, которая по своимъ качествамъ не способна быть

[1] См. книг. сл. XXIV, ст. 11, 12.

цѣлью *человѣческой* жизни: отсюда возникаетъ *второй родъ* извѣстныхъ уклоненій съ прямаго пути, ложныхъ человѣческихъ наклонностей и страстей. Разсмотримъ оба эти рода уклоненія воли съ прямаго пути.

12. Перваго рода уклоненія возникаютъ, какъ мы уже сказали, изъ того, что человѣкъ хочетъ удовлетворить своему врожденному стремленію къ труду, избѣгая трудности труда, что конечно невозможно; ибо трудъ безъ трудностей уже не трудъ и не удовлетворитъ стремленія души къ труду. Отсюда возникаетъ стремленіе къ *прихотямъ*, къ *новизнѣ*, къ *перемѣнѣ впечатлѣній* и *мѣста* и наконецъ *стремленіе къ лѣни*, когда человѣкъ уже прямо отступаетъ отъ труда. Всѣ эти произвольныя стремленія, которымъ можно дать общее названіе слабостей воли, имѣютъ такое важное значеніе для воспитательной дѣятельности и такъ много сама отъ нихъ зависитъ, что мы разберемъ ихъ подробно въ слѣдующей главѣ, такъ-какъ у насъ есть уже всѣ необходимыя предварительныя свѣдѣнія, чтобы анализировать ихъ.

13. Но мы никакъ не можемъ сказать того же самого о тѣхъ наклонностяхъ и страстяхъ, о тѣхъ уклоненіяхъ человѣка съ прямаго пути, которыя возникаютъ не оттого, что человѣкъ ложными средствами хочетъ достигнуть истинной цѣли, но оттого, что самая цѣль, выбранная имъ — ложна, т. е. не можетъ быть цѣлью человѣческой жизни. Для того, чтобы разобрать эти уклоненія воли, которымъ въ отличіе отъ уклоненій перваго рода мы даемъ названіе *заблужденій* воли, мы должны были бы прежде анализировать тѣ особенныя свойства, которыми отличается человѣческое стремленіе къ дѣятельности; тогда только мы могли бы оцѣнить, на сколько та или другая цѣль въ жизни можетъ вызвать душу человѣка на дѣятельность, соотвѣтствующую ея особеннымъ требованіямъ, чисто уже человѣческимъ. Это же мы можемъ сдѣлать только тогда, когда будемъ говорить объ особенностяхъ человѣческой души. Здѣсь же сдѣлаемъ только легкій намекъ на эти ненормальныя явленія, чтобы дать хотя какое-нибудь понятіе о томъ, что мы разумѣемъ подъ именемъ *заблужденій* человѣческой воли, въ отличіе отъ ея *слабостей*.

14. Предположимъ себѣ, что человѣкъ стремится къ власти для осуществленія какой-нибудь своей излюбленной идеи. Власть нужна ему не по тому наслажденію, которое она доставляетъ, а только, какъ средство для выполненія его любимой идеи. Въ этомъ случаѣ человѣкъ будетъ идти по прямой дорогѣ, хотя достиженіе той или другой цѣли и будетъ доставлять ему наслажденіе, будетъ доставлять именно потому, что человѣкъ при этомъ удовлетворитъ своему органическому стремленію къ общественности или, другими словами, доставитъ себѣ наслажденіе самодовольства [1]. Но если человѣкъ, попробовавъ разъ наслажденія, доставляемыхъ удовлетвореніемъ этого органическаго стремленія къ

[1] См. выше, гл. XXIII п. 14—16.

деятельности, попробовавъ наслажденій почета, сопровождающаго власть, будетъ стремиться къ власти изъ желанія наслаждаться ею, хотя бы у него и не было никакой идеи, для которой ему нужна была бы эта власть, единственно изъ-за тѣхъ пріятныхъ ощущеній, которыя она доставляетъ,—то это будетъ уже заблужденіе воли. Конечно и такое фальшивое стремленіе доставитъ человѣку трудъ и удовлетворитъ стремленіе его души къ дѣятельности; но вмѣстѣ съ тѣмъ оно, какъ мы увидимъ далѣе, непремѣнно нарушитъ всю гармонію человѣческихъ стремленій, а главное сдѣлаетъ человѣка какъ-разъ противоположнымъ тому, чѣмъ онъ желалъ быть. Властолюбіе, вытекающее изъ идеи, люди уважаютъ, хотя часто и возстаютъ противъ него; но властолюбіе, вытекающее изъ стремленія наслаждаться почетомъ и всѣми атрибутами власти, люди презираютъ. Такимъ образомъ человѣкъ, идущій по этому пути, испытываетъ наслажденія самодовольства только потому, что самъ заблуждается, или потому, что вводитъ въ заблужденіе другихъ людей. Если люди поняли бы, для чего такой человѣкъ добивается власти, то стали бы глубоко презирать его въ душѣ и издѣваться надъ нимъ, хотя можетъ быть и гнули бы передъ нимъ шею, если онъ уже дѣйствительно обладаетъ властью. Если бы самъ такой властолюбецъ понялъ, какія чувства возбуждаетъ онъ въ душѣ гнущихся предъ нимъ людей, то его стремленіе удовлетворять своему самодовольству было бы совершенно неудовлетворено; напротивъ, онъ испыталъ бы какъ разъ противоположное чувство, т. е. мучительное чувство стыда [1]. Слѣдовательно все счастье подобнаго властолюбія основано на заблужденіи другихъ людей или его собственномъ. Кромѣ того, по свойственной одному человѣку прогрессивности въ своемъ стремленіи къ дѣятельности, такой властолюбецъ, думая удовлетворить своему стремленію, въ сущности не удовлетворилъ бы ему, потому что оно росло бы безпрестанно. Власть, удовлетворявшая его сегодня, не удовлетворила бы его завтра, и онъ тѣмъ мучительнѣе чувствовалъ бы это неудовлетвореніе, чѣмъ болѣе привыкъ бы сосредоточивать свои наслажденія въ наслажденіяхъ властью. И единственное счастье, которое онъ получалъ бы при всемъ этомъ процессѣ, происходило бы все же отъ труда, предпринимаемаго имъ вновь и вновь для достиженія какой новой ступени власти, а вовсе не отъ самой власти.

15. Сократъ, какъ мы видѣли уже, пришелъ къ тому выводу, что наслажденіе само по себѣ не можетъ быть цѣлью человѣческой жизни и не можетъ составить ея счастья, и что для того, чтобы быть счастливымъ, человѣкъ долженъ перемѣшивать наслажденія съ мудростью и при томъ отдавать всегда предпочтеніе мудрости. Но еслибы Сократъ, или вѣрнѣе, Платонъ остался на почвѣ психологическихъ наблюденій и продолжилъ бы ихъ нѣсколько далѣе, то онъ увидалъ бы, что и въ самой мудрости человѣкъ можетъ относиться двояко: можетъ быть мудрымъ

[1] См. выше, гл. XXIII.

не наслаждаясь своею мудростью, и можетъ наслаждаться ею. Въ первомъ случаѣ онъ будетъ стоять на прямой дорогѣ, потому что будетъ весь увлеченъ своею душевною дѣятельностью и не будетъ при этомъ испытывать никакихъ наслажденій, а во второмъ попадетъ на ложный путь и не будетъ мудръ въ ту минуту, когда будетъ наслаждаться своею мудростью. Кромѣ того по односторонности, свойственной уже всему классическому міру, а также и германскимъ философскимъ системамъ, построеннымъ на системахъ классическаго міра, Платонъ слишкомъ вышаетъ значеніе философской мудрости для человѣка. Не одно же занятіе философіею составляетъ истинную дѣятельность для человѣка!

ГЛАВА I.

Слабость воли и склонности, изъ нея происходящія.

1. Показавъ, что нормальная дорога душевной дѣятельности состоитъ въ сознательномъ и свободномъ трудѣ, мы указали въ предшествующей главѣ и на два рода уклоненій отъ этого нормальнаго пути. Уклоненія перваго рода мы назвали *слабостями* воли именно потому, что эти уклоненія происходятъ отъ слабости воли; уклоненія втораго рода мы назвали *заблужденіями* воли, такъ какъ они происходятъ уже отъ ложнаго выбора цѣли, которая тѣмъ не менѣе можетъ быть преслѣдуема иногда съ поразительною силою воли. Для анализа слабостей воли мы имѣемъ и теперь уже всѣ необходимыя данныя; но анализъ заблужденій воли требуетъ предварительнаго разсмотрѣнія цѣлей человѣческой жизни, что находится въ тѣснѣйшей связи съ особенностями человѣческой души. Истинною цѣлью должна быть признана та цѣль, которая наиболѣе соотвѣтствуетъ душѣ человѣка, а потому мы можемъ опредѣлить эту цѣль лишь тогда, когда изучимъ его душевныя особенности.

2. Всѣ слабости воли происходятъ въ объективномъ смыслѣ изъ одного источника: изъ той антиноміи въ самомъ понятіи дѣятельности, на которую мы указали выше *). Всякая дѣятельность состоитъ въ преодолѣніи препятствія. Человѣкъ по природѣ своей стремится къ дѣятельности и отвращается отъ препятствій. Къ преодолѣнію препятствій могутъ его побуждать только два мотива: или сильное желаніе (сильная воля, въ смыслѣ желанія) достичь той или другой цѣли, или та тоска, которая возникаетъ въ душѣ при отсутствіи дѣятельности. Отсюда понятно, что если у человѣка нѣтъ какихъ нибудь сильныхъ опредѣленныхъ желаній, то, побуждаемый тоскою бездѣйствія, онъ старается, чѣмъ бы то ни было, но по *возможности съ меньшимъ трудомъ*, утолить этотъ голодъ души. Такимъ образомъ возникаетъ въ человѣкѣ стремленіе къ легчайшей дѣятельности, которое или выражается непосредственно такъ называемою *лѣностью*, или принимаетъ различныя формы: стремленія къ привычкѣ, къ подражанію, къ развлеченіямъ и новизнѣ.

*) См. выше, гл. XXIV, п. 10—15.

Склонность къ лѣни.

3. Лѣнь такъ рано проявляется въ человѣкѣ, что педагоги, которымъ чаще другихъ приходится бороться съ этимъ психическимъ явленіемъ, сложили даже извѣстную поговорку, что «лѣность родилась прежде человѣка» или, другими словами, что человѣкъ уже вноситъ съ собою въ сознательную жизнь стремленіе къ лѣни, какъ прирожденную склонность. Мнѣніе это о прирожденности лѣни раздѣляютъ нѣкоторые психологи и философы, хотя въ то же время признаютъ и прирожденность стремленій къ дѣятельности. Такъ Кантъ, въ одномъ мѣстѣ своей антропологіи, говоритъ о прирожденности лѣни, а въ другомъ о прирожденномъ стремленіи къ дѣятельности. Впрочемъ надо замѣтить, что Кантъ и примиряетъ это кажущееся противорѣчіе, признавая за душою стремленія переходить изъ одного состоянія въ другое, и въ то же время называя это стремленіе «тяжелымъ» [1]). Однакоже это примиреніе Канта требуетъ разъясненія и мы, послѣ изложенія явленій воли, имѣемъ всѣ данныя, чтобы глубже вникнуть въ это кажущееся противорѣчіе, анализируя самыя общеизвѣстныя явленія.

4. Прежде всего замѣтимъ, что самый лѣнивый человѣкъ не ко всему лѣнивъ: онъ не лѣнится мечтать, слушать, вообще испытывать всѣ пріятныя ощущенія, которыя не стоятъ ему ни малѣйшаго труда. Наоборотъ, лѣность именно и обнаруживается въ человѣкѣ стремленіемъ предаваться пріятнымъ или даже безразличнымъ для него ощущеніямъ, и не стоившимъ ему никакихъ усилій. Слѣдовательно, лѣность можно опредѣлить, какъ *отвращеніе человѣка отъ усилій*. Но конечно человѣкъ не имѣлъ бы причины отвращаться отъ усилій, еслибы они сопровождались пріятнымъ чувствомъ и еслибъ усиліе, само по себѣ, безъ отношенія къ той цѣли, которая можетъ имъ достигаться, не было бы всегда тягостно для человѣка, какъ мы это видѣли выше [2]). Что такое усиліе само въ себѣ, мы не знаемъ; но каждому изъ насъ очень хорошо знакомо то непріятное чувство усилія, которымъ сопровождается всякое наше произвольное дѣйствіе и которое выступаетъ тѣмъ яснѣе, чѣмъ затруднительнѣе для насъ это дѣйствіе. Затруднительность же дѣйствія измѣняется по степени трудности извлеченія тѣхъ силъ, которыя мы должны взять изъ запаса физическихъ силъ тѣла и обратить на тотъ или другой произвольный актъ. Изъ этого уже мы видимъ, что лѣность лежитъ въ сферѣ отношеній души къ тѣлу и есть явленіе психофизическое, для объясненія котораго мы должны припомнить тѣ противоположныя качества, которыя обыкновенно приписываются душѣ и тѣлу, и о которыхъ мы уже упоминали выше [3]).

5. Существенное качество матеріи есть *инерція*, а инерція есть

[1]) См. выше, гл. VIII, п. 30.

[2]) См. выше, гл. XXXIV.

[3]) Педагогич. Антр. Ч. I, гл. XXXVIII, п. 13.

свойство всякаго тѣла, по которому оно стремится оставаться всегда въ одномъ и томъ же состоянiи, будетъ ли то покой или движенiе. На этомъ *законѣ инерцiи*, какъ извѣстно, строится вся механика, принимающая, что тѣло, находящееся въ покоѣ, не можетъ само собою придти въ движенiе, а двинутое разъ въ одномъ направленiи — не можетъ само собою ни остановиться, ни перемѣнить направленiя. «Эта настойчивость пребыванiя въ своихъ состоянiяхъ, какъ говоритъ Ридъ въ одномъ изъ писемъ къ Джемсу Грегори, есть такой существенный признакъ инерцiи, что мы не можемъ приложить этого слова къ тому, въ чемъ замѣтимъ отсутствiе этой настойчивости» [1]. Инерцiя собственно и есть именно эта настойчивость всякаго тѣла пребывать въ томъ состоянiи, въ которомъ оно находится.

7. *Совершенно противоположное свойство открываемъ мы въ душѣ*: она, наоборотъ, всегда стремится выйти изъ того состоянiя, въ которомъ находится, не потому, чтобы ее влекло новое состоянiе, котораго она еще не знаетъ, но потому, что ей тяжело пребывать въ одномъ и томъ же состоянiи. Это стремленiе души выходить изъ того состоянiя, въ которомъ она находится, стремленiе, неудовлетворенность котораго обнаруживается чувствами скуки и тоски, а удовлетворенiе только дѣятельностью, и составляетъ то, что мы назвали стремленiемъ души къ безпрестанной дѣятельности. Въ этомъ отношенiи инертная матерiя, стремящаяся всегда пребывать въ томъ состоянiи, въ которомъ она находится, и безпрерывно дѣятельная душа, непрерывно стремящаяся выйти изъ своего настоящаго состоянiя, составляютъ двѣ совершенныя противоположности. Но чтобы, принявъ это положенiе, не сдѣлать изъ него ошибочныхъ выводовъ, слѣдуетъ строго отличать понятiе *инерцiи* отъ понятiя *неподвижности* и понятiе *дѣятельности* отъ понятiя *движенiя*. Мы называемъ тѣло инертнымъ не только потому, что оно не можетъ само собою перейти изъ состоянiя покоя въ состоянiе движенiя, но и потому, что, будучи двинуто, оно не можетъ само собою перейти изъ состоянiя движенiя въ состоянiе покоя. Инерцiя на столько не есть неподвижность, что она сама является необходимымъ условiемъ всякаго движенiя: только инертное тѣло можетъ быть двинуто и можетъ быть остановлено въ своемъ движенiи; только инертное тѣло повинуется законамъ механики, основаннымъ на инерцiи. Наоборотъ, понятiе дѣятельности прямо противоположно понятiю инерцiи и выводимому изъ него понятiю движенiя. Это есть уже чисто психическое понятiе, только переносимое часто и на внѣшнiй для человѣка, матерiальный мiръ. Это уже не движенiе, а причина движенiй: та перемѣна состоянiй, которою движенiя или вызываются или останавливаются. Во внѣшнемъ для насъ мiрѣ мы такой причины не знаемъ, хотя предполагаемъ ее то въ томъ, то въ другомъ; внутри же себя мы такую причину испытываемъ и называемъ ее волею или вообще душею. Но

[1] Reid's Work. v. I. p. 85.

[illegible]деніе заставляетъ насъ признать за матеріей инерцію, матеріалъ дви-[illegible], а самонаблюденіе заставляетъ насъ признать за душою начало дѣ-[illegible]ности — стремленіе безпрестанно выходить изъ своихъ состояній.

7. Чувство *усилія* именно и показывается при этой встрѣчѣ *стре*-[illegible]*ной* души съ *инертной* матеріей, инертной, какъ въ своемъ покоѣ, [illegible] и въ своихъ движеніяхъ. Почему это *преодолѣніе* инерціи матеріи, [illegible] до себѣ, неприкрытое другими сопровождающими его явленіями, [illegible] *непріятно* душѣ [1]) — этого мы не знаемъ; но таковъ фактъ, ко-[illegible] каждый изъ насъ испытываетъ въ самомъ себѣ. И чѣмъ сильнѣе [illegible]тивленіе матеріи, или въ своемъ движеніи, или въ своемъ покоѣ, [illegible] *тяжеле* для души преодолѣть это сопротивленіе. Но такъ-какъ [illegible] же самое время душа побуждается присущимъ ей стремленіемъ [illegible]нять свои состоянія, то для нея всегда пріятенъ такой исходъ, [illegible] она, не преодолѣвая инерціи матеріи и предаваясь теченію ея дви-[illegible]ній, вызванныхъ какими-нибудь другими причинами, можетъ измѣ-[illegible] свои состоянія. Слѣдуя разнообразнымъ движеніямъ матеріи, не [illegible]щимъ душѣ никакого усилія, душа открываетъ для себя возмож-[illegible] разомъ удовлетворить и своему стремленію къ перемѣнѣ своихъ [illegible], и своему отвращенію отъ преодолѣванія инерціи матеріи. Въ [illegible] возможности совершенно *пассивной* (вещной) дѣятельности кор-[illegible] начало лѣни и всѣхъ ея видоизмѣненій.

8. Открывъ для себя возможность въ такой *пассивной* дѣятельности [illegible]творять, безъ всякаго труда для себя, своему стремленію къ пе-[illegible]мѣнѣ своихъ состояній, душа человѣка удовольствовалась бы ею, [illegible] бы душѣ не было прирождено стремленіе къ прогрессу въ этой дѣя-[illegible]ности: если бы душа человѣка, какъ душа животныхъ, могла вра-[illegible]ся спокойно въ кругу одной и той же дѣятельности. Но самое [illegible]образіе движеній инертной матеріи болѣе или менѣе скоро надоѣ-[illegible] душѣ; повторяясь, движенія эти все болѣе и болѣе не удовлет-[illegible]ряютъ стремленію души выходить изъ знакомыхъ ей состояній. Вотъ [illegible] *абсолютная* лѣнь совершенно не возможна для человѣка. Онъ [illegible] можетъ довольствоваться одними и тѣми же періодически возрож-[illegible]щимися ощущеніями, доставляемыми ему тѣломъ; но *чтобы* воз-[illegible] увеличить число и разнообразіе этихъ ощущеній — всячески [illegible] и разнообразить простыя потребности тѣла. Однакоже онъ [illegible] уже искать и слѣдовательно быть дѣятельнымъ, преодолѣвать [illegible] чувство усилія. Вотъ почему человѣкъ такъ радъ, если кто [illegible] другой, а не онъ самъ, позаботится о томъ, чтобы разнообра-[illegible] пассивную дѣятельность его души. Но къ счастію и это для чело-[illegible] не вполнѣ возможно. Это пассивное зависимое состояніе души отъ [illegible], которыми она не распоряжается, но которымъ она только [illegible]ся, противорѣчитъ ея врожденному стремленію къ свободѣ [2]) и

[1]) См. выше, гл. XXXVIII, п. 4 и 5.

[2]) См. выше, гл. XLVI.

есть все же однообразное состояніе несвободы: если только душа сознаетъ это однообразіе своего состоянія и свою собственную несвободу, такъ и старается изъ него выйти. Однакоже, по многимъ причинамъ, одинъ человѣкъ можетъ болѣе и долѣе, чѣмъ другой, уклоняться отъ преодолѣнія тягости усилія и можетъ долѣе растягивать періоды своей пассивной душевной дѣятельности. Причины эти очень разнообразны, и едва ли мы можемъ изложить ихъ всѣ. Одни изъ этихъ причинъ можно назвать болѣе *физическими*, другія—*психофизическими*, а третьи—*психическими*.

9. Физическія причины лѣни скрываются, безъ сомнѣнія, въ самомъ организмѣ, въ силѣ совершенія его процессовъ и ихъ направленіи въ ту или другую сторону. Чѣмъ сильнѣе направлены процессы тѣла, наприм. къ росту и развитію организма, тѣмъ труднѣе для души извлекать оттуда силы изъ запаса силъ физическихъ и направлять ихъ на избранныя ею душевныя работы или на произвольныя движенія. Вотъ почему дѣти тучныя и сильно растущія очень часто оказываются лѣнивыми. Вотъ почему также всякій воспитатель, безъ сомнѣнія, замѣтилъ, что иногда прилежное дитя вдругъ становится лѣнивымъ и что это именно случается въ то время, когда, по неизвѣстной для физіолога причинѣ, развитіе тѣла, вначалѣ замедлявшееся, вдругъ идетъ очень быстро. Въ эти періоды дѣтства, которые у нѣмцевъ носятъ весьма грубое названіе, дитя не только выказываетъ лѣность, которой прежде въ немъ не замѣчалось, но и наклонность къ шалостямъ, что одно другому не противорѣчитъ, ибо шалости эти происходятъ не отъ стремленія души къ дѣятельности, но отъ избытка вырабатываемыхъ силъ, которыя уже по самому требованію природы должны идти на развитіе и въ случаѣ, для чего необходимо ихъ движеніе. Это, если можно такъ выразиться, шалости рефлективныя, которыхъ требуетъ организмъ и которымъ всего лучше удовлетворяетъ правильная гимнастика. Замѣтивши, что у дитяти начался такой періодъ физическаго развитія, не должно бросать занятій съ нимъ; но должно при своихъ требованіяхъ непремѣнно принимать въ расчетъ и особенное, временное требованіе физической природы. Такое сильное и обширное совершеніе и направленіе органическихъ процессовъ не ограничивается часто однимъ періодомъ дѣтства, но продолжается и долѣе, остается иногда и на всю жизнь. Вотъ почему между людьми тучными болѣе встрѣчается людей, расположенныхъ къ лѣни, чѣмъ между худощавыми. Въ малообразованныхъ классахъ народа, гдѣ душа не создала себѣ обширной сферы дѣятельности, ожирѣніе тѣла идетъ почти всегда вмѣстѣ съ развитіемъ лѣности, такъ что зажирѣть и сдѣлаться лѣнивымъ значитъ у крестьянъ и у купцовъ почти одно и тоже. Въ этихъ случаяхъ разбогатѣвшій крестьянинъ быстро толстѣетъ именно потому, что дѣятельность здороваго тѣла вдругъ прекратилась съ прекращеніемъ потребности работать, а силы, продолжающія обильно вырабатываться, за неимѣніемъ траты на умственную жизнь, идутъ въ развитіе тѣла; а потомъ человѣку уже становится трудно извлекать ихъ

силы изъ разросшихся органическихъ процессовъ, и оно становится лѣнивымъ.

10. Но если особенно сильное развитіе организма ведетъ за собою лѣнь, то и особенная слабость его можетъ повести къ тому же, если душа не занимала предварительно своихъ сильныхъ работъ. Дитя слабое, для здоровья котораго необходимы всѣ физическія силы, вырабатываемыя изъ пищи, можетъ также оказаться лѣнивымъ именно по своей физической слабости. Для такого дитяти труднѣе, чѣмъ для здороваго, отнимать у физическихъ процессовъ часть силъ для своихъ душевныхъ работъ. Тамъ обширность и сила органическихъ процессовъ, а здѣсь недостатокъ силъ для необходимыхъ процессовъ жизни вызываютъ одно и тоже явленіе. Конечно въ послѣднемъ случаѣ воспитатель еще болѣе, чѣмъ въ первомъ, долженъ съ большою осторожностью требовать душевной дѣятельности отъ ребенка и даже долженъ иногда совершенно прекращать эти требованія. Но при этомъ слѣдуетъ всегда опасаться, что ребенокъ, и поправившись, окажется уже привыкшимъ къ лѣни. Продолжительныя болѣзни часто имѣютъ своимъ результатомъ лѣность и капризы въ ребенкѣ. Вотъ почему съ больнымъ дитятею воспитатель долженъ быть очень остороженъ, чтобы не передать ни въ ту, ни въ другую сторону: не повредить ни физическому, ни душевному здоровью дитяти.

11. По тѣмъ же самымъ физическимъ причинамъ человѣкъ испытываетъ временное расположеніе къ лѣни всякій разъ послѣ сытнаго обѣда: во время переварки пищи человѣку становится труднѣе отвлекать органическія силы изъ этого физико-химическаго процесса. Вотъ почему сытный обѣдъ влечетъ человѣка къ неподвижности и сну. По окончаніи же переварки пищи, когда физическія силы уже готовы, дѣятельность становится для человѣка легкою. Отсюда понятно, почему чрезмѣрно обильное кормленіе дѣтей влечетъ за собою наклонность къ лѣни, а если слишкомъ растянутый желудокъ требуетъ потомъ и постоянно большаго количества пищи, то человѣкъ становится лѣнивымъ на всю жизнь. По этой-то причинѣ наше домашнее воспитаніе у достаточныхъ классовъ, помѣщиковъ и купцовъ, часто создавало положительныхъ лѣнтяевъ. Страшно подумать, что съѣдало въ день иное помѣщичье или купеческое дитя! Оно жевало и переваривало эту жвачку почти цѣлый день. Отсюда понятно, почему лѣность была весьма замѣтною и отличительною чертою нашего зажиточнаго класса. Но нигдѣ, можетъ быть, ѣда съ утра до вечера, такъ рельефно выставленная Гоголемъ, не шла въ такихъ фабричныхъ размѣрахъ, какъ въ Малороссіи. Не отсюда ли и еще сильнѣйшій оттѣнокъ лѣни у малороссовъ? Но въ этомъ отношеніи, конечно, имѣетъ вліяніе и болѣе теплый климатъ: особенно продолжительное и жаркое степное лѣто. Во время жара всякое произвольное движеніе для человѣка тяжелѣе, чѣмъ въ холодъ.

12. Къ *психофизическимъ* причинамъ лѣни слѣдуетъ отнести особенное обиліе и разнообразіе слѣдовъ пріятныхъ тѣлесныхъ ощущеній вса-

наго рода. Если въ дѣтствѣ человѣка ему доставляли въ обиліи разнообразныя тѣлесныя наслажденія, то самое разнообразіе слѣдовъ этихъ наслажденій дастъ уже ему возможность удовлетворить ими всѣ свои потребности душевной дѣятельности. Бенеке придаетъ особенную важность этому источнику лѣни и приписываетъ ему даже болѣе вліянія на порчу человѣка, чѣмъ можно приписать *). Но конечно, если серіи и ассоціаціи представленій человѣка будутъ взяты главнымъ образомъ изъ міра чувственныхъ наслажденій, то онѣ могутъ сильно усыпить всю высшую дѣятельность его души. Къ такимъ чувственнымъ наслажденіямъ Бенеке совершенно вѣрно относитъ не одно лакомство, но вообще всякую тѣлесную нѣгу и даже шалости, какъ удовлетвореніе тѣлесной потребности движеній. Если дитя слишкомъ сильно погрузится въ сферу тѣлесной жизни, если въ душѣ его завяжутся обширныя и сильныя ассоціаціи, содержаніе которыхъ взято изъ этой сферы, то трудно пробудить въ немъ жажду жизни духовной. Но при этомъ слѣдуетъ замѣтить, что обжорство происходитъ не столько отъ обилія лакомствъ, сколько отъ рѣзкихъ перемѣнъ въ отношеніи пищи. Обжоры воспитываются скорѣе всего въ тѣхъ заведеніяхъ, гдѣ голодомъ заставляютъ дѣтей постоянно думать о пищѣ, тогда какъ дома родители пичкаютъ тѣхъ же дѣтей, чѣмъ попало. Семинаріи наши много грѣшили въ этомъ отношеніи.

13. *Психическія* причины лѣни должны уже заключаться въ самыхъ опытахъ дѣятельности, въ томъ или другомъ исходѣ этихъ опытовъ. Дитя отъ природы не имѣетъ душевной лѣни, что легко можно замѣтить, наблюдая, какъ оно любитъ не только дѣятельность вообще, что могло бы быть еще объяснено обиліемъ выработки физическихъ силъ, но какъ оно любитъ самостоятельность дѣятельности. Оно хочетъ все дѣлать само, и это стремленіе должно беречь въ немъ, какъ самое драгоцѣнное, жертвуя для него и приличіями, для которыхъ нерѣдко матери и няни подавляютъ первое проявленіе самостоятельной душевной дѣятельности, не зная конечно, какой вредъ приносятъ онѣ ребенку. Если дитя останавливать или наказывать за всѣ его порывы къ самостоятельной дѣятельности, то это значитъ прибавлять къ ней еще новую внѣшнюю трудность, кромѣ той, которую представляетъ уже самъ физическій организмъ; почему и понятно, что дитя можетъ наконецъ отступить передъ этою слишкомъ большою для него трудностью. Эта же общая причина душевной лѣни дѣйствуетъ и тогда, если наставникъ требуетъ отъ дитяти непосильныхъ трудовъ. Неудача попытокъ удовлетворить этому требованію, слишкомъ тяжелое и непріятное чувство, сопровождающее эти попытки, могутъ запугать дитя и оно станетъ смотрѣть съ [illegible] уже на всякій трудъ. Вотъ почему чрезмѣрно требовательное ученіе, хотя бы оно даже давало въ началѣ блестящіе результаты, смѣняется потомъ отвращеніемъ къ труду и наклонностью къ лѣни.

14. Та же наклонность къ лѣни развивается и отъ совершенно про-

*) Erziehungs- und Unterrichts-Lehre.

противоположной причины, а именно, если дитя безпрерывно занимаютъ, забавляютъ и развлекаютъ, такъ-что почти одна *внѣшняя* дѣятельность наполняетъ жизнь его души и удовлетворяетъ ея требованіямъ дѣятельности. При этомъ, правда, воспитывается жажда дѣятельности, и дитя скучаетъ, если ничто его не развлекаетъ; но не развивается смѣлость и увѣренность, необходимыя для того, чтобы преодолѣвать трудности самостоятельной душевной дѣятельности. Въ этомъ отношеніи грѣшитъ и великосвѣтская жизнь дѣтей, и через-чуръ заботливая, но не совсѣмъ разумная педагогика, подсовывающая дѣтямъ дѣятельность и не дающая имъ возможности самимъ отыскать ее. По этой причинѣ такъ-называемые дѣтскіе сады Фребеля, какъ бы ни раціональны были принятыя въ нихъ занятія и игры дѣтей, могутъ подѣйствовать вредно на ребенка, если онъ проводитъ въ нихъ большую часть своего дня. Какъ ни умно то занятіе или та игра, которымъ выучатъ дитя въ дѣтскомъ саду; но они уже потому дурны, что дитя не само имъ выучилось, и чѣмъ назойливѣе дѣтскій садъ въ этомъ отношеніи, тѣмъ онъ вреднѣе. Это не значитъ, что мы вообще вооружаемся противъ дѣтскихъ садовъ и противъ идей Фребеля; но значитъ только, что, при настоящемъ состояніи всего этого дѣла, мы рѣшительно не можемъ сказать, приносятъ ли дѣтскіе сады въ настоящее время больше вреда или пользы, и во всякомъ случаѣ думаемъ, что время пребыванія дѣтей въ садахъ должно быть значительно сокращено. Нельзя вести на помочахъ волю ребенка, а надо дать ей просторъ самой расти и усиливаться. Если же дѣтей посылаютъ въ садъ потому, что ихъ некуда дѣвать, то слѣдуетъ въ самыхъ садахъ давать дѣтямъ какъ можно болѣе свободнаго времени, въ которое предоставлять имъ дѣлать, что имъ угодно. Даже шумное общество дѣтей, если ребенокъ находится въ немъ съ утра до вечера, должно дѣйствовать вредно. Уединеніе по временамъ также необходимо ребенку, какъ и взрослому. Совершенно уединенныя и самостоятельныя попытки той или другой дѣтской дѣятельности, не вызываемой подражаніемъ другимъ дѣтямъ или наставникамъ, совершенно необходимы и чрезвычайно плодотворны, какъ бы ни казалась для взрослаго мелка эта дѣятельность. Нѣтъ сомнѣнія, что дѣти болѣе всего учатся, подражая; но ошибочно было бы думать, что изъ подражанія сама собою выроститъ самостоятельная дѣятельность. Подражаніе даетъ много матерьяла для самостоятельной дѣятельности: но если бы не было самостоятельной дѣятельности, независимой отъ подражанія, то нечему было бы и подражать. Самостоятельная дѣятельность не появляется потомъ, съ возрастомъ; но зерно ея коренится въ свободной волѣ человѣка, рождающейся вмѣстѣ съ душою, и этому зерну должно дать и время, и сферу для развитія. Вотъ почему воспитатель по временамъ долженъ отступать отъ ребенка и совершенно предоставлять его самому себѣ. Зерно самостоятельности скрывается глубже въ душѣ дитяти, чѣмъ можетъ проникнуть туда воспитаніе, и самыя попытки туда проникнуть могутъ только помѣшать развитію зерна. Воспитаніе можетъ много, но не все.

Склонность къ привычкѣ.

15. Стремленіе къ привычкѣ есть только особенная форма стремленія къ легчайшей дѣятельности, что объясняется самымъ свойствомъ привычки. Направленіе физическихъ силъ на ту или другую работу, задаваемую душою, дѣлается для человѣка тѣмъ легче, чѣмъ чаще эта работа повторяется. Физіологической причины этого явленія, какъ и вообще физіологической причины привычки, мы не знаемъ; но тѣмъ не менѣе само явленіе есть фактъ, не подлежащій сомнѣнію. Душа, давая направленіе физическимъ силамъ на ту или другую избранную ею работу, пріучаетъ организмъ мало по малу все легче и легче выдѣлять и направлять свои силы для этой новой для него функціи, уже не природной, а созданной душою, такъ что впослѣдствіи времени физическія силы уже почти сами собою выдѣляются для отправленія той или другой психофизической работы. Вмѣстѣ съ тѣмъ усиліе, которое долженъ былъ употреблять человѣкъ для вызова физическихъ силъ на ту или другую произвольную работу души, становится все слабѣе и преодолѣвается душою все легче и незамѣтнѣе. Отсюда выходитъ не только привычка, но и объясняется склонность человѣка къ привычкѣ.

16. Мы видѣли уже въ первой части все громадное значеніе привычки въ жизни человѣка и въ его такъ-называемомъ развитіи [1]). Здѣсь же достаточно сказать, что если бы привычка не облегчала усилій души въ передвиженіи и направленіи физическихъ силъ тѣла и если бы всегда, и при всякомъ повтореніи дѣйствія, человѣкъ долженъ былъ, какъ и въ первый разъ, преодолѣвать тѣ же трудности усилій, то всякіе, даже сколько-нибудь сложные, произвольные психофизическіе процессы, какъ, напр., процессъ ходьбы, рѣчи и т. п., были бы невозможны. Человѣкъ именно потому и выучивается этимъ сложнымъ, произвольнымъ актамъ, что его нервный организмъ обладаетъ способностью привычки. Приводя въ исполненіе какой-нибудь сложный заученный психофизическій актъ, душа, такъ сказать, только пускаетъ въ ходъ сложную машину, уже выстроенную прежде многочисленными привычками. Наше сравненіе привычекъ съ машиною не случайно. Въ экономіи человѣческаго организма привычка играетъ какъ разъ ту же роль, какую машина играетъ въ хозяйствѣ. Ни привычка, ни машина сами собою не придутъ въ дѣйствіе. Но онѣ сохраняютъ, экономизируютъ человѣческую силу. Та же самая степень усилія, которая нужна человѣку, чтобы пустить въ ходъ паровозъ и управлять его движеніями, была бы не достаточна, чтобы перенести за версту пяти-пудовой камень; та же самая степень усилія, которая нужна теперь человѣку, чтобы произнести длинную рѣчь, не достаточна была бы для того, чтобы произнести два-три слова, если бы человѣкъ долженъ былъ повторить съ одинаковой трудностью всѣ тѣ усилія, которыя онъ дѣлалъ для произнесенія первыхъ звуковъ. Какъ

1) Педаг. Антр. Ч. I, Гл. XVII, стр. 9—18.

беспомощенъ былъ бы человѣкъ въ экономическомъ мірѣ, не имѣя другихъ орудій, кромѣ рукъ своихъ, такъ былъ бы онъ безсиленъ и въ психическомъ мірѣ, если бы не обладалъ способностью привычки. Какъ орудія даютъ человѣку возможность, при одинаковомъ количествѣ употребленныхъ имъ усилій, достигать громадныхъ результатовъ, такъ привычка даетъ человѣку возможность необозримо обширной психофизической дѣятельности при одномъ и томъ же количествѣ душевныхъ усилій. Сдѣлавъ изъ хотя громадно-сложную машину рѣчи, человѣкъ уже не заботится о движеніи каждой ея пружины и каждаго колеса, а это даетъ ему возможность сосредоточить свое усиліе уже на смыслѣ, направленіи и цѣли рѣчи. Дитя, начинающее учиться читать, какъ бы ни были велики его усилія, не можетъ схватить смысла сколько-нибудь длинной рѣчи именно потому, что силы его поглощаются и разбиваются мелкими трудностями произнесенія каждой буквы и каждаго слова. Человѣкъ, читающій много и на разныхъ языкахъ, часто не замѣчаетъ даже, на какомъ языкѣ онъ читаетъ, и если онъ углубленъ въ содержаніе книги, то не сразу даетъ отвѣтъ, на какомъ языкѣ она написана. Въ обоихъ случаяхъ степень усилія одинакова, но результатовъ нельзя и сравнивать.

17. Признавъ, что человѣкъ стремится въ одно и тоже время къ психической дѣятельности, по возможности легкой и по возможности обширной, мы поймемъ уже, почему онъ невольно склоняется къ дѣйствіямъ привычнымъ. Но если человѣкъ ищетъ въ привычкѣ не ступени для расширенія своей психофизической дѣятельности, а уклоненія отъ душевнаго труда, то ложность этого направленія обнаруживается сама собою. Дѣйствіе повторяющееся становится дѣйствительно все легче и легче, но вмѣстѣ съ тѣмъ все менѣе и менѣе занимаетъ душу. Жизнь, ограничивающаяся въ привычкахъ, дѣлается рутинною и дѣятельность души съуживается все болѣе и болѣе. Въ этомъ отношеніи привычка походитъ опять экономическій капиталъ, который можно употреблять какъ для расширенія дѣятельности, такъ и для того, чтобы жить процентами съ него. Но эта блаженная жизнь капиталиста вовсе оказывается неблаженною, именно потому, что душа человѣка попадаетъ въ положеніе, совершенно противное ея природѣ, если должна не расширять свою дѣятельность, а постепенно съуживать ее: привычное же дѣйствіе, чѣмъ болѣе повторяется, тѣмъ менѣе даетъ пищи душѣ. Это значеніе привычки въ экономіи человѣческой жизни долженъ имѣть всегда въ виду воспитатель. Онъ долженъ ясно сознавать, что на привычкахъ основывается возможность постепеннаго расширенія дѣятельности человѣка, но что самое это постепенное расширеніе дѣятельности есть цѣль соотвѣтственная природѣ души человѣческой, а привычка является только средствомъ къ постоянному достиженію этой цѣли. Вотъ почему, давая человѣку массу привычекъ, воспитатель долженъ заботиться, чтобы самъ человѣкъ не погрязъ въ этой массѣ и чтобы, переставъ употреблять машину, для чего она назначена, самъ не сдѣлался машиною. (Опреде-

ное воспитаніе дѣлаетъ въ этомъ отношеніи много большихъ и мелкихъ промаховъ и часто, пріучая человѣка довольствоваться дѣйствіями привычными, мало по малу пріучаетъ его къ душевной лѣни.

Склонность къ подражанію.

18. Подражаніе, какъ и привычка, основывается на необъяснимомъ физіологическомъ явленіи невольной нервной подражательности, о которой мы упоминали выше[1]). Сильныя движенія и сильныя выраженія чувствованій невольно вызываютъ подражаніе въ тѣхъ, кто ихъ видитъ. Нѣкоторыя породы животныхъ и дѣти поражаютъ своею подражательностью, въ которой однако не все невольно. Слабонервные люди, въ особенности женщины, не могутъ видѣть и слышать энергическаго выраженія чувствованій, чтобы не отражать ихъ, какъ въ зеркалѣ, на своемъ лицѣ и въ своихъ движеніяхъ. У людей съ сильными нервами подражательность не выражается такъ рѣзко, но все же и у нихъ можно замѣтить слѣды ея въ длинный періодъ. Мы невольно усвоиваемъ манеры людей, съ которыми живемъ, и они также усвоиваютъ наши, сами того не замѣчая. Замѣчаютъ, что наружности мужа и жены мало-по-малу дѣлаются сходными. Но здѣсь намъ слѣдуетъ говорить не о самой нервной подражательности, а о той *склонности*, которую вызываетъ человѣка къ дѣятельности подражательной. Склонность эта вытекаетъ изъ того же душевнаго источника, какъ и склонность къ привычкѣ, а именно изъ стремленія души къ *легчайшей* дѣятельности: подражая, человѣкъ находитъ возможность удовлетворять своему душевному стремленію къ дѣятельности, не трудясь самъ отыскивать или изобрѣтать эти средства. Этимъ легко объясняется сильная подражательность дитяти; дитя, по малому развитію своего ума и вообще бѣдному содержанію своей души, имѣетъ мало возможности самостоятельно открыть средства для своей душевной дѣятельности. Вотъ почему оно такъ охотно схватывается за дѣятельность подражательную. Вотъ почему также и въ зрѣломъ возрастѣ подражательность въ особенности сильна у тѣхъ людей, душевное содержаніе которыхъ такъ бѣдно, что не можетъ удовлетворить ихъ собственной душевной потребности въ дѣятельности. Отсюда происходитъ свирѣпство модъ въ классахъ, лишенныхъ необходимости трудиться и не сумѣвшихъ отыскать себѣ самостоятельнаго труда.

19. Подражаніе легко переходитъ въ самостоятельную дѣятельность и этимъ способомъ передается и увеличивается запасъ человѣческихъ свѣдѣній и приспособленій къ условіямъ жизни. Но есть характеры, которые всю жизнь свою только обезьянничаютъ, находя въ подражаніи легкое удовлетвореніе душевнаго стремленія къ дѣятельности. Чѣмъ же сильнѣе душа, тѣмъ скорѣе надоѣдаетъ ей дѣятельность рутинная, привычная, и дѣятельность подражательная, тѣмъ раньше и менѣе вызы-

[1]) См. выше, гл. XIV п. 13.

ляется въ ней стремленіе къ оригинальности, т. е. къ такому душевному труду, который вполнѣ принадлежалъ бы душѣ и удовлетворялъ ея сильной потребности дѣятельности. *Оригинальность* не слѣдуетъ смѣшивать съ *оригинальничаньемъ*. Оригинальность есть естественный плодъ богатой души, содержаніе которой сложилось самостоятельными душевными работами, и потому оно высказывается само собою, такъ-что человѣкъ оригиналенъ, вовсе не желая быть оригинальнымъ. Оригинальничанье же наоборотъ есть плодъ пустѣйшаго тщеславія. Подражаніе можетъ быть инстинктивное, или симпатическое, и сознательное, когда человѣкъ подражаетъ съ большимъ или меньшимъ сознаніемъ достоинства того, чему онъ подражаетъ, или наконецъ, изъ любви къ тому, кому подражаетъ. Чѣмъ болѣе осмыслено подражаніе, тѣмъ ближе оно къ переходу въ самостоятельную дѣятельность; изъ одного же подражанія самостоятельной дѣятельности не выйдетъ, и хорошее значеніе подражанія состоитъ лишь въ томъ, что оно даетъ матерьялъ для самостоятельной дѣятельности.

20. Въ склонности души къ привычкѣ и подражанію воспитаніе находитъ сильнѣйшее средство для воздѣйствія на воспитанника: вся сила примѣра основывается на нихъ. Но близоруко то воспитаніе, которое ограничивается только этими средствами, не содѣйствуя, а можетъ быть даже и мѣшая образованію самостоятельной дѣятельности, хотя бы, напр., тѣмъ что поглощаетъ все время дитяти на дѣйствія подражательныя или привычныя, не оставляя ему ни времени, ни сферы для самостоятельной жизни.

Склонность къ развлеченіямъ.

21. Склонность къ развлеченіямъ есть собственно стремленіе души къ *пассивной* дѣятельности, къ дѣятельности, не сопровождаемой трудностію труда. Это стремленіе болѣе или менѣе свойственно каждому человѣку; но тогда-какъ у однихъ оно играетъ весьма незначительную роль, у другихъ оно составляетъ самую выдающуюся черту характера и опредѣляетъ все направленіе ихъ жизни. Чѣмъ сильнѣе внутренняя самостоятельная работа въ душѣ человѣка, тѣмъ менѣе онъ ищетъ развлеченій. Если же человѣка съ дѣтства все забавляли и развлекали; если этими забавами и развлеченіями удаляли изъ души его томительное чувство скуки, а не самъ онъ побѣждалъ его самостоятельнымъ, излюбленнымъ трудомъ; если въ слѣдствіе этой или какой-либо другой причины въ душѣ его не завелось обширной, свободной и любимой работы, то онъ находитъ единственное средство удовлетворить своему душевному стремленію къ дѣятельности перемѣною впечатлѣній, которыя, равно какъ и ихъ разнообразіе, зависятъ не отъ самой души, а отъ внѣшняго для нея міра. Отсюда жадная склонность къ новостямъ, къ сплетнямъ, къ

развлеченіямъ всякаго рода, къ перемѣнамъ мѣстъ и т. п., словомъ, къ перемѣнѣ впечатлѣній.

22. *Любопытство* свойственно душѣ человѣка: это невольное стремленіе ея къ той сферѣ, гдѣ она думаетъ найти для себя дѣятельность. Но любопытство можетъ выработаться въ *любознательность*, а можетъ остаться только любопытствомъ. «Любопытный отыскиваетъ рѣдкости, говоритъ Декартъ, только за тѣмъ, чтобы имъ удивляться; любознательный же за тѣмъ, чтобы узнать ихъ и перестать удивляться»*). Но при этомъ слѣдуетъ имѣть въ виду, что сама *любознательность* начинается *любопытствомъ*. Сначала человѣкъ только любопытенъ, но когда въ душѣ его завяжется самостоятельная работа, а вмѣстѣ съ тѣмъ и самостоятельные интересы, то онъ перестаетъ уже быть любопытнымъ ко всему безразлично, но только къ тому, что можетъ быть въ какой-либо связи съ его душевными интересами. Если же человѣкъ и въ зрѣломъ возрастѣ остается жадно любопытнымъ ко всему безразлично, то это вѣрный признакъ душевной пустоты. Дѣти вообще любопытны, хотя и въ разной степени, что зависитъ уже отъ причинъ, изложенныхъ выше, и это конечно драгоцѣнное качество ихъ души. Но воспитатель долженъ съ одной стороны воспользоваться любопытствомъ дѣтей, чтобы передѣлать его въ любознательность, а съ другой не давать развиться пустому любопытству и опасной склонности — пассивною перемѣною впечатлѣній избѣгать необходимости самостоятельной душевной дѣятельности. Удовлетворять, какъ слѣдуетъ, любопытству дѣтей — одна изъ труднѣйшихъ и важнѣйшихъ задачъ воспитанія.

23. Склонность къ развлеченіямъ всякаго рода вообще — только измельчавшая форма того же безцѣльнаго и безразличнаго любопытства, обратившагося въ склонность или даже страсть. Когда потребность душевной дѣятельности съ дѣтства развита у человѣка только дѣятельностью пассивною, то понятно, что онъ жадно ищетъ этой пассивной дѣятельности въ перемѣнѣ впечатлѣній, въ отысканіи все новыхъ и новыхъ. Но такъ-какъ эти новыя впечатлѣнія собственно ни на что не нужны такой душѣ, не имѣющей собственныхъ серьезныхъ интересовъ, такъ-какъ она не можетъ приложить этихъ новыхъ впечатлѣній къ самостоятельной работѣ, то она и стремится или поскорѣе перемѣнить ихъ, или искусственно раздуть ихъ силу. Этимъ послѣднимъ стремленіемъ объясняется страсть, замѣчаемая у людей, ничѣмъ серьезно незанятыхъ, раздувать значеніе каждаго новаго явленія, превозносить до небесъ новый посредственный талантъ, о которомъ завтра же забудутъ, выискивать скандалы всякаго рода и раздувать ихъ значеніе, или даже и придумывать. Пустившись по этой дорогѣ, человѣкъ доходитъ до невѣроятныхъ сплетенъ, какъ дамы того города, гдѣ дебютировалъ Чичиковъ. Если эта страсть замѣчается въ цѣломъ обществѣ, то это вѣрный признакъ, что это общество пустое, скучающее, неимѣющее серьез

*) Descartes. Les passions, § 78.

ной дѣятельности. Характеръ любимыхъ общественныхъ развлеченій и степень склонности къ нимъ общества могутъ служить лучшею руководящею нитью для того, чтобы раскрыть душевное состояніе общества. Печально состояніе и тѣхъ людей, и тѣхъ обществъ, которые живутъ только пассивною дѣятельностью развлеченій и отъ нихъ однихъ ждутъ наполненія своей душевной пустоты!

24. Склонность къ перемѣнамъ мѣста имѣетъ тотъ же источникъ и тотъ же исходъ. У человѣка съ завязавшеюся душевною работою — это есть стремленіе расширить сферу своей душевной дѣятельности; въ человѣкѣ же безъ такой душевной работы это только стремленіе выйти изъ одного мѣста, въ которомъ ему тяжело, и попробовать, не будетъ ли лучше въ другомъ. Но и въ другомъ оказывается та же тягость. Такой человѣкъ, хоть изъѣзди онъ весь міръ, будетъ повсюду носить съ собою свою мучительную душевную тоску, и этотъ дѣйствительный, а вовсе не мечтательный *horror vacui* будетъ гнать его изъ края въ край. Въ толпахъ путешественниковъ, скитающихся за границами своихъ отечествъ, безпрестанно попадаются такія личности. Онѣ или отыскиваютъ гоняются за диковинкой, чтобы сдѣлать значительную мину передъ людьми (преимущественно англичане), или перебѣгаютъ съ мѣста на мѣсто, кажется, за тѣмъ только, чтобы проглатывать ихъ одно за другимъ (преимущественно русскіе). Люди эти бѣгаютъ отъ тоски, не замѣчая того, что возятъ ее съ собою въ пустотѣ души своей и въ туго полныхъ бумажникахъ. Для этихъ богатыхъ бѣдняковъ было бы величайшимъ счастьемъ, если бы они заѣхали наконецъ въ такую сторону, гдѣ не было бы комфортабельныхъ отелей и ничего нельзя было бы достать за деньги, а все слѣдовало бы добыть личнымъ трудомъ: тогда бы только разстались они съ своею мучительною спутницею.

Кажущееся стремленіе къ лѣни.

25. Отъ дѣйствительнаго стремленія къ лѣни слѣдуетъ отличать кажущееся стремленіе къ ней. Человѣкъ очень можетъ выказать замѣчательную лѣнь къ какой-нибудь дѣятельности именно потому, что душа его поглощена уже другою дѣятельностью, сфера которой, сравнительно съ тою, которую теперь ей предлагаютъ, гораздо обширнѣе. Такъ развитое дитя, именно потому, что оно уже хорошо развито и что у него завязались сильныя душевныя работы, можетъ оказаться лѣнивымъ къ скучнымъ и узкимъ начаткамъ какой-нибудь новой для него науки. Этимъ объясняется, почему многіе геніальные люди и великіе писатели были лѣнтяями въ гимназіяхъ и университетахъ, но конечно это только кажущаяся лѣнь.

26. Стремленія къ лѣни не должно также смѣшивать съ законнымъ стремленіемъ къ отдыху. Кантъ, перебравъ всѣ наслажденія и отвергнувъ ихъ всѣ, какъ заключающія въ себѣ противорѣчіе, останавливается на наслажденіи отдыха и называетъ его «высочайшимъ физическимъ

благомъ человѣка» [1]. Однако же благомъ отдыха назвать нельзя: благо въ самомъ трудѣ, а отдыхъ только законное, нормальное наслажденіе, вытекающее изъ этого блага. Отдыхъ дѣйствительно есть *физическое* наслажденіе, потому что душа уставать не можетъ; устаетъ же нервная система, на сколько она принимаетъ участіе въ психической дѣятельности, устаетъ потому, что силы ея истощаются и она требуетъ ихъ возобновленія. Это истощеніе силъ нервной системы отражается въ душѣ чувствомъ усталости, такъ-какъ душа употребляетъ все болѣе и болѣе усилій, чтобы извлекать запасныя силы изъ тѣла, уже истощеннаго, и направлять ихъ въ ту или другую область нервной дѣятельности. Нормальное возобновленіе нервныхъ силъ изъ пищевого запаса совершается, какъ мы это видѣли, только при остановкѣ дѣятельности тѣхъ нервовъ, силы которыхъ требуютъ возобновленія [2]. Вотъ почему, какъ бы ни были велики усилія души, время необходимого отдыха наконецъ наступаетъ. Однако же можетъ случиться и такъ, что слишкомъ раздраженные нервы сами начинаютъ поглощать силы изъ пищевого запаса и тогда начинается невольная нервная дѣятельность, сопровождаемая соотвѣтствующими ей психическими явленіями. Понятно, что такая дѣятельность можетъ уже продолжаться до совершеннаго истощенія тѣла. О вредѣ такой рефлективной невольной дѣятельности, вызываемой не душою, а мѣстнымъ раздраженіемъ нервной системы, мы уже говорили выше [3].

Мы говорили также о томъ, что частое возобновленіе нервныхъ силъ можетъ совершаться и одною перемѣною дѣятельности. Это и есть самая обыкновенная форма отдыха. Перемѣна физическаго труда на психическій и психическаго на физическій есть самая нормальная перемѣна; но, къ сожалѣнію, общественныя условія современной жизни слишкомъ удалили человѣка отъ этого нормальнаго и здороваго возобновленія силъ. На долю однихъ остается одинъ физическій трудъ, на долю другихъ — одинъ психическій. Такое же исключительное занятіе тѣмъ или другимъ трудомъ, хотя и возможно, но противно природѣ человѣка и, безъ сомнѣнія, оказываетъ свое дурное вліяніе какъ на его физическое, такъ и на его нравственное здоровье. Привычка впрочемъ можетъ сдѣлать многое въ этомъ отношеніи.

27. Но какъ бы ни мѣнялъ человѣкъ свой трудъ, какъ бы ни разнообразилъ его, все же подъ конецъ появляется потребность полнаго отдыха, или сна. Значеніе сна въ экономіи человѣческихъ силъ далеко еще не объяснено физіологіею. Психическое же самонаблюденіе показываетъ только, что физическая потребность сна испытывается душою въ то время, когда она чувствуетъ затрудненіе управлять психофизическими работами, давать *произвольное* направленіе мыслямъ, словамъ, тѣлес-

[1] Kant's Anthrop. § 86.

[2] Пед. Антроп. ч. I. Гл. V. п. 2.

[3] Тамъ же, гл. XI п. 4.

имъ движеніямъ. Психическое начало сна обнаруживается именно этимъ ослабленіемъ власти души надъ психо-физическими работами. Сначала это прекращеніе происходитъ перерывами, что мы называемъ дремотою. Душа то какъ бы схватываетъ кормило управленія, то какъ бы роняетъ его: въ головѣ мелькаютъ мысли чисто рефлективныя, которыхъ человѣкъ не звалъ и не ждалъ; въ ряды словъ, произвольно составленныхъ, вплетаются безсмысленныя слова, какъ бы подсунутыя рефлексами; въ движеніяхъ тѣла выражается та же перерывчатость дѣйствія воли. Это невольно наводитъ на мысль, что сонъ, хотя короткій, неизбѣженъ потому, что во время его возобновляются тѣ неизвѣстные намъ центральные органы нервной системы, посредствомъ которыхъ душа наша обнаруживаетъ свою волю въ организмѣ. Работа чувства и сознанія, какъ одного изъ чувствъ, еще возможна и она дѣйствительно продолжается въ нашихъ грезахъ, но проявленіе другой способности души, проявленіе воли, уже не возможно потому, что ткани того передаточнаго органа, чрезъ который проявляется дѣйствіе воли на организмъ, уже окончательно истощены. Чувство и сознаніе, какъ одно изъ чувствъ, имѣютъ за собой много органовъ, и тогда-какъ одни изъ нихъ устаютъ и прекращаютъ работу, другіе могутъ еще продолжать ее — и дѣйствительно продолжаютъ ее и въ грезахъ, и въ разсѣянности, и въ мечтахъ, столь близкихъ къ нашимъ грезамъ; но центральный мозговой органъ воли долженъ быть одинъ, такъ-какъ и воля можетъ быть только одна [1]. Вотъ почему при истощеніи этого органа сонъ наступаетъ непремѣнно: ибо всѣ усилія души вызвать произвольное движеніе къ нервамъ оказываются безсильными. Вотъ почему произвольная дѣятельность какъ умственная, такъ и тѣлесная не могутъ идти далѣе извѣстнаго предѣла и требуютъ хотя мгновеннаго перерыва, мгновеннаго сна; но дѣятельность рефлективная, сопровождаемая сознаніемъ, можетъ идти безъ перерыва чрезвычайно долго, не оставляя человѣка даже и во снѣ. Отсюда грезы, отсюда продолжительная безсонница, при которой человѣкъ не управляетъ болѣе ни своими мыслями, ни своими движеніями, а между тѣмъ не спитъ. Границу между сномъ и бодрствованіемъ именно потому и трудно положить, что грезы уже обнаруживаютъ бодрственное состояніе, продолженіе невольной дѣятельности сознанія; дѣятельность же эта можетъ быть болѣе или менѣе обширна. Отсюда возможность такого полусоннаго состоянія, что человѣкъ не можетъ опредѣлить, спитъ онъ или нѣтъ.

38. Но если дѣятельность есть такая существенная потребность души, то откуда же происходитъ то сладостное чувство, которое мы испытываемъ, отдаваясь частному отдыху, перемѣняя дѣятельность или отдаваясь дѣятельности невольной, какую представляетъ большая часть развлеченій, или, отдаваясь наконецъ полному отдыху, т. е. сну? Эта сладость происходитъ прямо отъ уменьшенія тягости, которую все бо-

[1] См. выше, гл. XL, п. 2.

лѣе и болѣе испытывала душа въ произвольномъ передвиженіи органическихъ силъ и въ произвольной переработкѣ ихъ изъ силъ запасныхъ въ силы живыя, изъ формы скрытыхъ химическихъ въ форму открытыхъ механическихъ[1]). Чисто душевное же наслажденіе опредѣляется здѣсь перспективой будущей дѣятельности, для которой необходимо это возобновленіе физическихъ силъ. Усталому человѣку сладко засыпать, но скажите ему, что онъ не проснется болѣе, и сладкое чувство обратится мгновенно въ самое ѣдкое. Кому не случалось, отдаваясь сладостному чувству засыпанія послѣ долгихъ трудовъ, наслаждаясь какимъ-то погруженіемъ въ море безсознательной природы, гдѣ идетъ тихое и безпрестанное обновленіе ея силъ, вдругъ вздрогнуть и проснуться? Это случается тогда, когда человѣкъ въ эту минуту подумаетъ о собственномъ своемъ положеніи: такъ несвойственно душѣ отдаваться въ лоно безсознательной природы!

29. Отдыхъ, безъ сомнѣнія, есть самое законное и самое нормальное наслажденіе человѣка. Однако же, если человѣкъ, подмѣтивъ сладость отдыха, начнетъ гнаться именно за этою сладостью, то изъ этой гоньбы за наслажденіемъ отдыха, точно также, какъ изъ гоньбы за всякимъ другимъ наслажденіемъ, можетъ образоваться извращеніе нашей природы и именно стремленіе къ лѣности. Отдыхъ—еще не покой; самый же покой лежитъ только въ трудѣ. Вотъ почему люди, работающіе всю жизнь для того, чтобы потомъ наслаждаться отдыхомъ, сильно ошибаются въ расчетѣ. Спросите у нихъ, когда они были счастливѣе: тогда ли, когда трудились, чтобы имѣть возможность наслаждаться отдыхомъ, или тогда, когда наконецъ стали наслаждаться имъ?

ГЛАВА LI.

Заключеніе.

1. Припоминая въ самыхъ общихъ чертахъ длинный путь, пройденный нами, мы найдемъ, что взглядъ нашъ на душевную дѣятельность значительно упростился и опредѣлился, хотя, конечно, вопросъ — *что такое душа?*—остался по-прежнему неразрѣшеннымъ и самое понятіе о душѣ по-прежнему же осталось только равносильнымъ понятію матеріи, какъ его прямая и необходимая противоположность. Но самая эта противоположность двухъ различныхъ *одновременныхъ существованій двухъ различныхъ сферъ явленій*, доступныхъ нашему сознанію, пріобрѣла для насъ еще большую очевидность съ помощью многочисленныхъ частныхъ анализовъ множества психофизическихъ явленій. Поверхностное сужденіе легко приводитъ или къ идеалистическому, или къ матеріалистическому взгляду на человѣка, но внимательное, безпристрастное на-

[1]) См. выше. Гл. XXXI.

изслѣдованіе самихъ психическихъ явленій вездѣ указываетъ на двойственность нашей природы, на два взаимодѣйствующія начала.

2. Кромѣ того мы можемъ уже теперь сказать съ увѣренностью, что не сознаніе составляетъ сущность души, а врожденное ей стремленіе къ дѣятельности, къ жизни, для котораго и самое сознаніе служитъ только однимъ изъ средствъ. Конечно, мы знаемъ только то, что доступно сознанію, ибо знаніе есть плодъ сравненія и различенія, т. е. дѣятельности сознанія. Но эта дѣятельность сознанія, обогативъ насъ знаніями, какъ о дѣятельностяхъ нашей души, такъ и о явленіяхъ внѣшней для насъ физической природы, привела насъ къ необходимой гипотезѣ стремленій, которыя предшествуютъ самой дѣятельности сознанія.

3. Мы нашли, что душа прежде всего есть существо стремящееся жить, тогда какъ организмъ есть только существо стремящееся *быть*. Это органическое стремленіе къ бытію отражается въ душѣ множествомъ раздробленныхъ имъ органическихъ стремленій, но не составляетъ сущности души и не абсолютно обязательно для души человѣческой, которая можетъ отвергнуть и подавить эти органическія стремленія, если они противорѣчатъ ея собственному стремленію къ жизни.

4. Тройственное дѣленіе психическихъ явленій можетъ быть для насъ теперь сокращено въ двойственное; а именно вмѣсто *сознанія*, *чувствованія* и *воли*, мы можемъ признать только *чувство* и *волю*. Сознаніе есть теперь для насъ только одно изъ чувствъ, а именно только умственное чувство различія и сходства, посредствомъ котораго совершается весь умственный процессъ.

5. Мы нашли очевидное указаніе, что душа наша существуетъ и внѣ процесса сознанія, существуетъ прежде, чѣмъ этотъ процессъ въ ней начнется, и въ тѣ промежутки времени, когда этотъ процессъ въ ней на время прекращается. Мы нашли, что сознаніе часто находитъ въ душѣ уже готовыя явленія, формировка которыхъ совершилась внѣ его, что оно ослабѣваетъ именно тогда, когда дѣйствуютъ другія чувства или когда дѣйствуетъ воля. Но тѣмъ не менѣе, сознаніе и теперь остается для насъ единственнымъ окномъ, черезъ которое мы можемъ заглянуть въ душевный міръ. Мы знаемъ только то, что различаемъ и сравниваемъ; но нѣтъ сомнѣнія, что само различаемое и сравниваемое существуетъ прежде того, чѣмъ мы его стали сравнивать и различать. Если бы душа человѣка, подобно душѣ животныхъ, могла обращать свое сознаніе только на явленія внѣшняго міра, а не на собственную свою дѣятельность, то отъ этого мы не перестали бы страдать и наслаждаться, любить и ненавидѣть, бояться или сердиться; но только не замѣчали бы мы всѣхъ этихъ различныхъ состояній нашей души и, слѣдовательно, ничего бы о нихъ не знали. Только сознаніе, направленное на внутренніе факты нашей жизни, даетъ намъ знаніе этихъ фактовъ, точно также какъ направленное на факты внѣшняго для насъ міра — оно даетъ намъ всю систему нашихъ знаній объ этомъ мірѣ. Эти два

ряда душевныхъ фактовъ безпрестанно соединяются между собою; а символомъ этого соединенія, какъ мы увидимъ далѣе, служитъ слово или рѣчь человѣческая, которая прежде выражаетъ для насъ не внѣшній міръ, а чувствованія, возбуждаемыя въ насъ явленіями внѣшняго міра. Еслибы мы не могли сравнивать и различать нашихъ чувствованій, то не имѣли бы и дара слова, не имѣли бы и свободной воли, потому что безсознательно подчинялись бы этимъ чувствованіямъ, выражая ихъ въ нашихъ дѣйствіяхъ, какъ это дѣлается у животныхъ.

6. Душа со своимъ кореннымъ стремленіемъ къ жизни находится не безразлично въ отношеніи къ вліяніямъ внѣшняго міра, какъ является сознаніе, взятое въ отдѣльности. Для сознанія все равно, что ни сознавать; для души же это не все равно. Все, что удовлетворяетъ ея стремленію къ жизни, дѣйствуетъ на нее иначе, чѣмъ то, что противорѣчитъ этому стремленію, мѣшаетъ ему, задерживаетъ его и т. д. Отношеніе души къ міру мы должны признать первичными дѣйствіями, проявляющимися еще тогда, когда душа ихъ не сознаетъ, т. е. не различаетъ отъ другихъ актовъ. Мы должны признать эти чувствительныя душевныя явленія не потому, чтобы знали о нихъ что-либо опредѣленное, но только потому, что сознаніе наше находитъ ихъ готовыми. Изъ этого уже видны возможныя границы психологіи: она можетъ признать моменты сознанія существующими прежде сознанія; но на этомъ признаніи должна и останавливаться. Всякая дальнѣйшая постройка была бы постройкою на гипотезѣ и слѣдовательно противорѣчила бы основному требованію науки, которая въ своихъ работахъ всюду начинаетъ съ фактовъ и оканчиваетъ гипотезою, хотя въ догматическомъ изложеніи вынуждена часто начинать съ гипотезы.

7. Признавъ чувствованія обнаруживаніемъ свойствъ души, мы должны признать и явленія воли такимъ же первоначальнымъ обнаруженіемъ нашихъ душевныхъ свойствъ. Воля оказалась для насъ не меньшимъ, неразгаданнымъ болѣе закономъ души, въ которомъ душа сознаетъ свою таинственную власть надъ тѣлеснымъ организмомъ. Объяснить этой власти мы не могли; но указали по очевидности всю необходимость ея признанія. Дѣятельная душа является въ многочисленныхъ движеніяхъ прямымъ антагонистомъ инертной матеріи, самопроизвольною причиною движеній, т. е. такою причиною, дальнѣйшей причины которой мы не знаемъ. Въ систему міровыхъ движеній инертной матеріи, ближайшую причину которыхъ отыскиваютъ въ движеніяхъ солнечной массы, но дальнѣйшая причина которыхъ также не извѣстна, входитъ душа, какъ особая самостоятельная причина движенія, — или останавливая, или вовлекая въ сферу своей дѣятельности міровыя движенія, сообщаемыя организму или какъ физическому тѣлу, или въ внѣшнемъ процессѣ.

8. Душа, съ своимъ стремленіемъ — безпрестанно выходить изъ своего настоящаго положенія, оказалась для насъ прямымъ антагонистомъ матеріи, безпрестанно стремящейся пребывать въ своемъ настоящемъ

положенія, будетъ ли то состояніе покоя, или состояніе движенія. Какъ объяснить этотъ фактъ? Какъ примирить этотъ дуализмъ, котораго не любитъ признавать человѣческій разсудокъ, стремящійся всегда къ единству? Этого мы не знаемъ и, отказываясь отъ всякихъ *мечтаній* поводу, останавливаемся на *фактѣ* дуализма, потому что положительная наука не имѣетъ ни правъ, ни обязанностей идти далѣе факта. Фактъ показываетъ намъ душу, какъ особый принципъ движеній въ сферѣ движеній міровыхъ, и для того, чтобы идти далѣе этого факта, мы не имѣемъ никакихъ данныхъ.

9. Со своимъ свойствомъ самостоятельной дѣятельности, противоположнымъ инерціи матеріи, душа сама не можетъ подчиняться движеніямъ, которыя могутъ быть объясняемы только съ помощію инерціи матеріи. Безъ инерціи, этого основнаго закона механики, мы не можемъ понять возможности движеній; а потому напрасны были бы всѣ попытки объяснить душевныя явленія механическими движеніями. Фактъ показываетъ намъ только, что душа измѣняетъ свои состоянія; онъ но не обнаруживаетъ въ ней никакихъ движеній, а напротивъ нѣчто прямо противоположное движенію, и это понятно: какъ бы мы ни воображали себѣ неизвѣстную намъ первую причину міровыхъ движеній, но если это *первая* причина, то сама она не можетъ подчиняться движенію,—иначе она не будетъ первою причиною. Какъ бы мы ни воображали себѣ первую причину движеній внѣшняго для насъ міра, но въ самихъ себѣ мы чувствуемъ присутствіе такой же первой причины и проявляемъ это чувство въ каждомъ нашемъ произвольномъ движеніи, на которое только рѣшаемся. Идти далѣе этого факта значитъ фантазировать. Фантазіи эти могутъ увлечь насъ и въ идеализмъ, и въ матеріализмъ; но и въ томъ, и другомъ случаѣ онѣ увлекутъ насъ въ міръ фантастическихъ построекъ, въ которомъ долго пребывала психологія и философія и изъ котораго онѣ лишь теперь только стремятся выйти.

10. Мы не можемъ назвать подробнымъ того анализа душевныхъ стремленій, чувствованій, желаній и склонностей, который мы сдѣлали; мы не можемъ даже назвать его точнымъ и тщательнымъ, какимъ бы онъ долженъ быть, еслибы каждому изъ анализируемыхъ нами явленій мы посвятили болѣе времени и труда. Поле, которое мы должны были обозрѣть, было слишкомъ велико; а потому понятно, что мы многое обозрѣли только поверхностно. Но уже и изъ того, что мы успѣли, для насъ довольно ясно выяснялась *норма* душевной жизни.

11. Признавъ за основное и коренное стремленіе души ея стремленіе къ дѣятельности, безпрестанно расширяющейся, мы видѣли также, какова должна быть работа души, чтобы это коренное стремленіе ея удовлетворялось, не уступая удовлетворенію стремленій частныхъ, существующихъ только при коренномъ и для него. Съ этимъ вмѣстѣ для насъ опредѣлялось понятіе *счастья* въ отличіе отъ понятія *наслажденія*. Мы нашли, что понятіе счастья вовсе не тождественно съ понятіемъ наслажденія и что счастье для существа, стремящагося къ

безпрерывной и безпрерывно расширяющейся дѣятельности, есть именно эта дѣятельность, безпрерывная и безпрерывно расширяющаяся. Страданія же и наслажденія оказываются при этомъ только побочными явленіями, усиливающимися тогда, когда дѣятельность ослабѣваетъ, и слабѣющими тогда, когда дѣятельность усиливается.

12. Большинство людей уклоняется болѣе или менѣе отъ этой прямой дороги счастья; весьма немногіе идутъ по ней прямо, а еще менѣе тѣхъ, кто сознательно принимаетъ этого пути. Вотъ почему мы нисколько не удивимся, если для многихъ такое опредѣленіе счастья покажется и невѣрнымъ, и тяжелымъ, и слишкомъ строгимъ. Такимъ критикамъ нашего мнѣнія мы можемъ подать только одинъ совѣтъ: пусть они строже вдумаются въ то, что они сами называютъ для самихъ себя счастьемъ, пусть, какъ можно живѣе и съ перомъ въ рукахъ, изобразятъ они себя полными обладателями того счастья, къ которому стремятся: мы нисколько не сомнѣваемся въ томъ, что они найдутъ, что въ концѣ концовъ они называютъ счастьемъ не что иное, какъ душевную дѣятельность, безпрестанно расширяющуюся и расширенію которой не видятъ предѣловъ. Чтобы помочь такому анализу, мы даже въ концѣ нашей книги, въ видѣ приложенія, выставимъ примѣры различнаго рода пониманія счастья; но, безъ сомнѣнія, эти примѣры не исчерпаютъ всѣхъ разнообразнѣйшихъ представленій счастья: ибо у каждаго человѣка свое представленіе о счастьѣ именно потому, что у каждаго своя жизнь и своя особенная дѣятельность, а самая эта дѣятельность и есть счастье.

13. Изъ положительныхъ психическихъ анализовъ мы вывели, что трудъ свободный, излюбленный, задушевный, есть единственное возможное человѣку счастье, и что только на этомъ пути душа остается въ своемъ нормальномъ положеніи, не извращаясь и не увлекаясь частностями. Наслажденіе и страданіе — цвѣты и терніи жизни, но не сама жизнь; жизнь же есть процессъ дѣятельности, прогрессивной, свободной и вытекающей изъ самой души — дѣло, выполненіе котораго значитъ для насъ болѣе самой жизни; такъ что въ этомъ отношеніи психологія блистательно подтверждаетъ глубокія евангельскія слова, что, сберегая жизнь, мы ее губимъ, а тратя жизнь для дѣла, мы находимъ самую жизнь.

14. Глубокая мудрость совѣта Канта «ищи себѣ трудъ и избѣгай удовольствій: не для того, чтобы отказаться отъ нихъ, но для того, чтобы сколько возможно имѣть ихъ всегда только въ перспективѣ»[1]. Эти слова вырвались какъ бы невольно изъ души человѣка, долго-долго жившаго, упорно и вѣрно наблюдавшаго, какъ онъ жилъ самъ и какъ жили его окружающіе. Но Кантъ не имѣлъ передъ собой той обработки психическихъ фактовъ, которая даетъ намъ теперь возможность такъ видоизмѣнить тотъ же самый совѣтъ: «поймите неизбѣжный психическій законъ труда и жизни и, если хотите жить сообразно съ законами души,

[1] Kant's Anthrop. § 55.

если не хотите страдать отъ ихъ нарушенія, то имѣйте серьезную цѣль въ жизни, которой бы вы могли достигать свободнымъ трудомъ; если же вы удачно выберете трудъ и вложите въ него всю свою душу, то счастье само васъ отыщетъ». Изъ того же глубокаго чувства соотношенія между трудомъ, жизнью и счастьемъ вырвались и тѣ задушевныя слова Канта, когда этотъ упорный мыслитель, стоя уже у предѣла своей долгой и дѣятельной жизни, говоритъ: «Чѣмъ болѣе мы думали, чѣмъ болѣе дѣйствовали, тѣмъ болѣе жили. Самое же вѣрное средство утишать всѣ бѣдствія заключается въ мысли, которой можно ожидать отъ всякаго благоразумнаго человѣка — въ мысли, что жизнь вообще отвлеченно сопровождающихъ ее удовольствій, зависящихъ отъ обстоятельствъ, не имѣетъ никакой цѣны и что вся стоимость жизни измѣряется тѣмъ употребленіемъ, которое мы изъ нея дѣлаемъ, и тѣмъ дѣломъ, которое мы себѣ предлагаемъ» [1].

15. Но неужели трудъ, вѣчный трудъ есть высшая и послѣдняя задача жизни? Когда же человѣкъ *успокоится*, наконецъ, отъ этого вѣчнаго труда? Отчего же душа человѣческая жаждетъ *покоя*? Но въ самомъ ли дѣлѣ она его жаждетъ? То, что называется покоемъ для инертной матеріи, оказывается вовсе не покоемъ для души человѣческой, которая именно при отсутствіи дѣятельности лишается покоя. Это смѣшеніе понятія *покоя физическаго* и *покоя душевнаго* вводило часто въ заблужденіе даже замѣчательныхъ мыслителей. Такъ блаженный Августинъ, говоря, что въ языческомъ Римѣ были, между прочимъ, и храмы богини *дѣятельности*, богини возбужденія, духа, рѣшимости, замѣчаетъ, что храмъ *богу покоя* былъ за воротами Рима. «Не потому ли, говоритъ Августинъ, римляне поставили этотъ храмъ за воротами города, что были врагами покоя, или не потому ли, что поклонники этого стада бѣсовъ не могутъ наслаждаться тѣмъ покоемъ, къ которому призываетъ насъ истинный врачъ, говоря: «научитеся отъ Мене, яко кротокъ есмь и смиренъ сердцемъ и обрящете покой душамъ вашимъ» (Еванг. отъ Матѳея, XI, 29)» [2]. Но не трудно убѣдиться, что покой, къ которому Христосъ призывалъ своихъ послѣдователей, вовсе не значитъ бездѣятельность. Придти къ Христу и научиться отъ Него — не значило ли принять на себя дѣятельность самую энергическую, дѣятельность и душевную, и тѣлесную, пренебрегающую не только наслажденіями, но и величайшими страданіями, не только удовольствіями жизни, но и самою жизнью? Слѣдовательно, что *покой не бездѣятельный, а дѣятельный покой — невозможное въ мірѣ физическомъ и величайшая истина въ мірѣ психическомъ*, возможность которой мы всѣ понимаемъ и потребность которой всѣ мы чувствуемъ. Научиться покою у Христа — не значитъ ли научиться тому, какъ спокойна душа, вся отдавшаяся своему дѣлу, до того отдавшаяся, что она уже не замѣчаетъ наслажденій, не возмущается

[1] Kant's Anthrop. § 60.

[2] La Cité de Dieu, de Saint Augustin (par Saisset) L. IV. C. 16.

страданіями и, не думая о личномъ своемъ отношеніи къ тѣлу, не знаетъ и никакой гордости имъ, когда вся душа одна кротость, смиреніе и самое тѣло, когда вся она одно могучее *творческое* слово: «да будетъ.»

16. *Идея счастья, какъ мира, и идея покоя, какъ дѣятельности*, изъ которой *уничтожается душа любовью*, высказалась въ первый разъ въ христіанствѣ и высказалась при томъ болѣе на практикѣ, чѣмъ въ теоріи, въ которой, напротивъ, она часто искажалась. Мы беремъ здѣсь эту христіанскую идею, конечно, только въ ея формѣ, независимо отъ того спеціальнаго догматическаго содержанія, которое было вложено въ нее христіанскимъ ученіемъ; но, тѣмъ не менѣе, мы не можемъ не признать этой чисто психологической идеи, вышедшей изъ глубокаго пониманія души человѣческой и ея законовъ, не можемъ не назвать христіанскою; иначе мы были бы пристрастны и несправедливы. Такого глубокаго пониманія души и ея нормальнаго состоянія мы не встрѣчаемъ нигдѣ: ни въ философско-религіозныхъ системахъ Востока, ни въ философскихъ системахъ классическаго до-христіанскаго Запада. Какое же право имѣемъ мы не назвать эту идею христіанскою? Для магометанина счастье представляется непрерывною цѣпью наслажденій; для поклонника Брамы — однимъ какимъ нибудь наслажденіемъ, тянущимся милліоны и милліоны лѣтъ; для послѣдователя Будды — совершеннымъ бездѣйствіемъ, полнымъ физическимъ покоемъ въ лонѣ Будды; для классическаго философа — или цѣпью умѣренныхъ, умно разсчитанныхъ наслажденій Эпикура, или самонаслажденіемъ мудреца своею мудростью.

17. Это упоминаніе различныхъ религіозныхъ системъ въ такой фактической наукѣ, какою мы признаемъ психологію, можетъ дать поводъ къ недоразумѣнію, которое мы хотимъ предупредить, такъ какъ въ третьемъ томѣ намъ еще чаще придется встрѣчаться съ религіозными міросозерцаніями. Нужно ли доказывать, что только фактическая наука, — а другой науки мы не имѣемъ, — стоитъ внѣ всякой религіи, ибо опирается на факты, а не на вѣрованія, на извѣстности, а не на вѣроятности, на опредѣленныхъ знаніяхъ, а не на неопредѣленныхъ чувствованіяхъ? Нужно ли доказывать, что наука, которая бы опиралась, вмѣсто доказательства, уже не требующаго доказательства, на слова Корана или законовъ Ману, точно также невозможна, какъ и такая наука, которая указывала бы свой источникъ непремѣнно въ Аристотелѣ или Платонѣ? Но изъ этого никакъ не выходитъ, чтобы науки психологическія, имѣющія своимъ предметомъ жизнь души человѣческой, къ которымъ мы причисляемъ и всю обширную систему историческихъ наукъ, могли какъ бы не знать о существованіи религіозныхъ системъ. Можетъ ли исторія быть сколько нибудь исторіей, не изучая исторіи религій? Она въ такомъ случаѣ опустила бы громадную и самую важную нить событій и добровольно отказалась бы отъ объясненія происхожденія безчисленныхъ фактовъ жизни человѣчества.

18. Психологія, въ собственномъ смыслѣ этого слова, находитъ

еще болѣе, чѣмъ исторія, въ тѣсномъ отношеніи къ религіознымъ системамъ. Она не можетъ не видѣть въ нихъ не только выраженій души человѣческой, но даже такихъ выраженій, въ которыхъ необходимо должна скрываться какая-нибудь психологическая истина, потому что иначе самое распространеніе той или другой религіозной системы было бы фактомъ необъяснимымъ. Если шаманство, фетишизмъ, браманизмъ, буддизмъ, магометанизмъ находили себѣ милліоны поклонниковъ, то безъ сомнѣнія потому, что удовлетворяли той или другой потребности души человѣка. Вотъ почему мы думаемъ, что тотъ оказалъ бы величайшую услугу наукѣ, кто изучилъ бы всѣ извѣстныя религіозныя системы, спеціально съ психологическою цѣлью, чтобы узнать, какою душевною потребностію можетъ быть объяснено распространеніе каждой изъ нихъ. Тогда бы для насъ уяснились и самыя потребности души человѣка, которыя, безъ сомнѣнія, въ сущности своей, не смотря на всѣ видоизмѣненія, всегда и вездѣ однѣ и тѣ же. Мы удивляемся суевѣріямъ шаманства; но можетъ быть, изучивъ ихъ ближе, мы нашли бы, что корень ихъ не чуждъ и нашей душѣ.

19. Кромѣ этого отношенія психологіи къ религіознымъ системамъ есть еще и другое. Всѣ религіозныя системы не только возникали изъ потребностей души человѣческой, но и были въ свою очередь своеобразными курсами психологіи; въ нихъ-то формировался болѣе всего взглядъ человѣка на міръ душевныхъ явленій, такъ что безъ помощи религіозныхъ системъ мы не можемъ объяснить себѣ общечеловѣческой психологіи, ея истинъ и ея заблужденій. Выходя изъ психическихъ потребностей, религія въ свою очередь распространяла то или другое психологическое воззрѣніе, и распространяла конечно обширнѣе и удачнѣе, чѣмъ можетъ распространяться какая бы то ни было кабинетная психологическая теорія. Великія психологическія истины, скрывающіяся въ Евангеліи, распространились вмѣстѣ съ евангельскимъ ученіемъ и этимъ только *фактическая* наука можетъ объяснить то умягчающее, гуманизирующее вліяніе евангельскаго ученія, которое оно вносило съ собою повсюду. Какая книга въ мірѣ представляетъ болѣе глубокую психологію, болѣе вѣрное знаніе людей, и какая книга въ мірѣ болѣе читалась, слушалась, обдумывалась? Если же евангельская психологія болѣе или менѣе глубоко понятая, сдѣлалась общимъ достояніемъ всего христіанскаго міра, т. е. всего образованнаго европейскаго міра, то какимъ же образомъ психологъ можетъ не знать этой психологіи, можетъ обойти ее, ограничивъ свои познанія теоріями Гербарта, Бенеке или какого-нибудь другого кабинетнаго ученаго?

20. Идея счастья, какъ покоя, и идея покоя, какъ вожделѣнной свободной дѣятельности, принадлежитъ, по нашему мнѣнію, къ самымъ глубокимъ и плодотворнымъ идеямъ христіанской психологіи. Но эта идея такъ обширна и такъ противорѣчитъ минутнымъ увлеченіямъ человѣка другими побочными и неотвязными стремленіями и его мимолетными отношеніями къ мимолетнымъ явленіямъ жизни, что неудивительно,

если идея эта постоянно обходилась, съ одной стороны, теологами, съ другой философами. Теологи, по большей части, рисуютъ счастье то въ той, то въ другой формѣ духовныхъ наслажденій, но во всякомъ случаѣ въ формѣ, противорѣчащей коренному требованію души, требованію свободной и самостоятельной дѣятельности. Философы же указываютъ счастье то въ мудрости, то въ умѣренности, то въ достоинствѣ, то въ свободѣ, то въ собраніи наслажденій всякаго рода. Высказываясь въ практической жизни христіанской Европы, въ жизни ея народовъ и съ особенною яркостью въ жизни лучшихъ представителей ея цивилизаціи, эта идея какъ то не сознавалась психологическими теоріями и не сознавалась именно потому, что эти теоріи подводятъ факты подъ систему, а не выводятъ системы изъ фактовъ.

21. Однако же, признавъ, что свободная, излюбленная дѣятельность одна способна удовлетворить требованію души человѣческой и дать ей тотъ миръ, котораго она такъ жадно ищетъ, мы не знаемъ еще самаго содержанія этой дѣятельности. Анализируя психическія явленія, мы нашли въ основѣ ихъ стремленія; а анализируя самое проявленіе стремленій и ихъ взаимное отношеніе, мы нашли самое коренное изъ нихъ, вокругъ котораго группируются всѣ остальныя. Но чтобы узнать, какова та дѣятельность, къ которой стремится душа человѣческая, мы конечно должны изучить прежде особенности этой души, чѣмъ мы и займемся въ третьемъ томѣ нашей «Антропологіи».

КОНЕЦЪ ВТОРАГО ТОМА.

ПРИЛОЖЕНІЕ.

ТРУДЪ

въ его психическомъ и воспитательномъ значеніи *).

Политико-экономическое значеніе труда вполнѣ уяснено наукою и труду давно уже отведено почетное мѣсто между природою и капиталомъ. Къ этому значенію труда, кидающемуся въ глаза повсюду, куда только ни поглядишь, мы не можемъ ничего прибавить. Намъ кажется только, что и въ экономическомъ отношеніи трудъ долженъ быть поставленъ во главѣ двухъ другихъ содѣятелей человѣческаго богатства, природы и капитала, а не рядомъ съ ними; ибо безъ труда природныя богатства и обиліе капиталовъ оказываютъ гибельное вліяніе не только на нравственное и умственное развитіе людей, но даже и на ихъ матеріальное благосостояніе.

Природное богатство острововъ Индѣйскаго архипелага оставило туземцевъ нагими, дикими и безсильными; драгоцѣнности обѣихъ Индій, несмотря на все богатство природныхъ качествъ испанца, убили могучіе зародыши испанской цивилизаціи; голландскіе же рыбаки, загнанные на пустынную отмель, отняли себѣ землю у морскихъ волнъ и положили начало европейскимъ капиталамъ.

Въ настоящее время мы видимъ еще болѣе поразительный примѣръ значенія труда въ жизни народовъ. Сравните сѣверные и южные штаты Сѣверной Америки за сто лѣтъ тому назадъ и въ настоящее время. Природа, капиталы, образованность населенія — все было на сторонѣ юж-

*) Статья эта была помѣщена мною въ Журналѣ Мин. Народ. Просв. 1860 г. въ № 7. Я позволяю себѣ перепечатать часть ея здѣсь, потому-что въ ней собрано довольно много примѣровъ тѣхъ жизненныхъ явленій, которыя утвердили во мнѣ главную руководящую идею моего теперешняго труда. Во второй части изложены психическія причины тѣхъ явленій, которыя въ этой статьѣ только описаны.

ныхъ штатовъ еще не задолго до войны за независимость. Одинъ упорный, можно даже сказать, страстный трудъ англійскихъ изгнанниковъ составлялъ преимущество сѣверныхъ колоній. Привозъ негровъ освободилъ жителей южныхъ штатовъ и отъ послѣдней необходимости личнаго труда — и какіе результаты! Въ крошечномъ Родъ-Айландѣ сумма образованія равно болѣе, чѣмъ во всѣхъ невольническихъ штатахъ, взятыхъ вмѣстѣ. Самое существованіе южнаго плантатора основано на нарушеніи коренного закона христіанства, и каждый новый шагъ цивилизаціи неудержимо приближаетъ его къ гибели. Онъ долженъ сдѣлаться защитникомъ торговли людьми, безнравственности, дикости, невѣжества, бѣдности и сложить въ этой нечеловѣческой борьбѣ — или приняться вновь строить свою жизнь[1]. Какое страшное, отвратительное положеніе! Вотъ къ чему довели жителей южныхъ штатовъ ихъ богатая природа, большіе нажитые чужимъ трудомъ капиталы и полуобразованность, пріобрѣтенная трудомъ.

Но ясно, что въ этихъ примѣрахъ отсутствіе личнаго труда дѣйствовало не тѣмъ, что уменьшало количество производимыхъ цѣнностей; отберите у Испаніи рудники Калифорніи и Австраліи, — это только сдѣлало бы ея еще глубже. Американскіе плантаторы еще богаты и защитники невольничества еще очень сильны[2]; но образованіе, нравственность, та жизненная энергія, которая горитъ въ грубомъ жилищѣ западнаго фермера, покинули уже навсегда роскошныя плантаціи южныхъ штатовъ, воздѣлываемыя руками негровъ. Недавно еще рыцарскіе нравы жителей Виргиніи обращали на себя вниманіе путешественниковъ; теперь они исчезли и замѣнились замѣчательною грубостью: соотечественникъ Вашингтона, вмѣсто слова, поднимаетъ палку въ сенатѣ, хватается за пистолетъ или ножъ тамъ, гдѣ нельзя доказать своего права. Къ такимъ дикимъ, варварскимъ поступкамъ приводитъ южнаго плантатора необходимость доказать право торговать людьми[3].

Но еще болѣе рѣзкій примѣръ того, что свободный трудъ нуженъ человѣку самъ по себѣ, для развитія и поддержанія въ немъ чувства человѣческаго достоинства, представляетъ намъ римская исторія.

Припомните характеръ римскаго гражданина въ тотъ періодъ, когда онъ изъ-за сохи переходилъ къ званіямъ консула и диктатора, и сравните его съ характеромъ римскаго обжоры временъ Домиціана, когда...

[1] Статья эта писана въ началѣ послѣдней борьбы между южными и сѣверными штатами. Мы тогда и не предполагали, чтобы эта нечеловѣческая борьба, не имѣющая себѣ примѣра какъ по своей громадности, такъ и по своей ожесточенности, была такъ близка; но мы были убѣждены, что она будетъ.

[2] Сила защитниковъ невольничества, обнаружившаяся въ послѣдней войнѣ, превзошла даже наши ожиданія.

[3] Этотъ намекъ относится къ одному событію, въ Вашингтонскомъ сенатѣ; къ чему же прибѣгали южные плантаторы во время послѣдней войны, это вѣроятно извѣстно всѣмъ.

ный міръ присылалъ въ вѣчный городъ изысканнѣйшія произведенія самыхъ отдаленныхъ странъ и когда всякое занятіе считалось предосудительнымъ не только для римскаго вельможи, но и для оборванной римской черни, когда тысячи рабовъ не только избавляли римлянина отъ необходимости что-нибудь дѣлать, но даже что-нибудь думать; и толпы германскихъ наемниковъ снимали съ него обязанность самому защищать свое отечество. Нечего говорить уже о нравственномъ достоинствѣ римлянъ въ этомъ періодѣ: картины, набросанныя Тацитомъ, кажутся невѣроятными. Рабы, избавивъ римлянина отъ необходимости трудиться, сдѣлали его самого такимъ добровольнымъ рабомъ, какихъ не несла, не знала еще представляла исторія. Но этого мало: въ который изъ этихъ періодовъ былъ счастливѣе римлянинъ? Тогда ли, когда онъ самъ пахалъ поле, а жена его ткала ему одежду, или когда онъ въ одинъ обѣдъ пожиралъ годовые доходы азіатскихъ царствъ, когда онъ безъ помощи другихъ даже не ѣлъ, не ходилъ и не думалъ? Изумительное, непостижимое для насъ равнодушіе къ жизни проглядываетъ, подобно какому-нибудь адскому страшилищу, въ безчисленныхъ картинахъ самоубійства, изображаемыхъ Тацитомъ. Вся жизнь Рима послѣднихъ вѣковъ представляется одною мрачною оргіею, въ которой столько же несчастія и душевныхъ невыдѣлимыхъ страданій, сколько разврата, рабства, нажитаго чужимъ трудомъ богатства и роскоши, не приносящей счастія. Почти можно выставить такую мысль: на сколько Римъ былъ богаче, на столько онъ былъ развратнѣе и несчастнѣе.

Но не показываетъ ли намъ и современное положеніе общества, что увеличеніе массы богатства не ведетъ еще за собою увеличенія массы счастія? Не видимъ-ли мы, напротивъ, на каждомъ шагу, что излишнее богатство прямо дѣйствуетъ разрушительно не только на нравственность, но даже и на счастіе общества, *если общество своимъ нравственнымъ и умственнымъ развитіемъ не приготовлено еще выдержать натиска привалившаго богатства?*

Дурную услугу оказалъ бы государству тотъ, кто нашелъ-бы средство отпускать ему ежедневно всю ту сумму денегъ, какая необходима его гражданамъ, отпускать для покупки за границею всего, что нужно для самой роскошной жизни.

Еслибы люди открыли философскій камень, то бѣда была бы еще не велика: золото перестало-бы быть монетою. Но еслибы они нашли сказочный мѣшокъ, изъ котораго высыпается все, чего душа пожелаетъ, или изобрѣли машину, вполнѣ замѣняющую всякій трудъ человѣка, то само развитіе человѣчества остановилось-бы: развратъ и дикость завладѣли-бы обществомъ.

Переходя отъ государствъ къ отдѣльнымъ сословіямъ, слѣдя за возвышеніемъ и паденіемъ ихъ, мы видимъ тоже самое: лишь только необходимость труда — будетъ-ли то наука, торговля, государственная служба, военная или гражданская — покидаетъ какое-нибудь сословіе, такъ оно и начинаетъ быстро терять силу, нравственность, и, наконецъ, и и самое вліяніе, начинаетъ быстро вырождаться и уступаетъ свое мѣсто другому, въ среду котораго переходитъ вмѣстѣ съ трудомъ и энергія, и нравственность, и счастіе.

Примѣры частной жизни представляютъ намъ то же самое. Кто жилъ и наблюдалъ достаточно, чтобы имѣть возможность припомнить нѣсколько благосостояній, созданныхъ и разрушенныхъ на его памяти, тотъ, вѣроятно, не разъ задумывался надъ однимъ страннымъ, періодически повторяющимся явленіемъ. Отецъ, человѣкъ, проложившій самъ себѣ дорогу, трудится, бьется изъ всѣхъ силъ, чтобы избавить своихъ дѣтей отъ необходимости трудиться и, наконецъ, оставляетъ имъ обезпеченное состояніе. Что же приноситъ это состояніе дѣтямъ? Оно весьма часто не только бываетъ причиною безнравственности въ дѣтяхъ, не только губитъ ихъ умственныя способности и физическія силы, но даже дѣлаетъ ихъ положительно несчастными; такъ что если сравнить жизнь отца, тяжкимъ, упорнымъ трудомъ нажившаго состояніе, и жизнь дѣтей, проживающихъ его безъ всякаго труда, то мы увидимъ, что отецъ былъ несравненно счастливѣе дѣтей. А между тѣмъ бѣднякъ трудился цѣлую жизнь, чтобы дѣтямъ его не нужно было трудиться — бился цѣлую жизнь, чтобъ разрушить ихъ нравственность, сократить ихъ существованіе и сдѣлать для нихъ счастіе невозможнымъ! О [illegible] не [illegible], къ чему это? — были бы деньги! Пусть-де воспитываются тѣ, у кого ихъ нѣтъ. И не подумалъ онъ, что трудъ и за нимъ и счастіе сами сыщутъ бѣдняка; а богачъ долженъ еще умѣть отыскивать ихъ.

Изъ всѣхъ этихъ примѣровъ мы видимъ, что трудъ, исходя отъ человѣка на природу, дѣйствуетъ обратно на человѣка не однимъ удовлетвореніемъ его потребностей и расширеніемъ ихъ круга, но собственною своею, внутреннею, ему одному присущею силою, независимо отъ тѣхъ матеріальныхъ цѣнностей, которыя онъ доставляетъ [1]. *Матеріальные плоды трудовъ составляютъ человѣческое достояніе; но только внутренняя, духовная, животворная сила труда служитъ источникомъ человѣческаго достоинства, а вмѣстѣ съ тѣмъ и нравственности и счастія.* Это животворное вліяніе имѣетъ только личный трудъ на того, кто трудится. Матеріальные плоды трудовъ можно отнять, наслѣдовать, купить; но внутренней, духовной, животворной силы труда нельзя ни отнять, ни наслѣдовать, ни купить за все золото Калифорніи: она остается у того, кто трудится. Недостатокъ-то этой незримой цѣнности, производимой трудомъ, а не недостатокъ бархата, шелку, хлѣба, машинъ, вина погубилъ Римъ, Испанію, губитъ Южные-Штаты, вырождаетъ сословія, лишаетъ нравственности и счастія многія тысячи людей.

Такое значеніе труда коренится въ его психической основѣ: въ прекр-

[1] Эта внутренняя психическая сила труда объяснена нами въ Антропологіи.

нежели выразить психологическій законъ труда, мы должны еще сказать, что мы разумѣемъ подъ словомъ трудъ, потому что значеніе этого слова исказилось услужливыми толкованіями свѣта, облекающаго этимъ серьезнымъ, честнымъ и почетнымъ именемъ иногда вовсе не серьезныя, не полезныя, не честныя и не почетныя дѣйствія.

Трудъ, какъ мы его понимаемъ, есть такая свободная и совершенно согласная съ христіанскою нравственностью дѣятельность человѣка, на которую онъ рѣшается по безусловной необходимости ея для достиженія той или другой истинно человѣческой цѣли въ жизни [1].

«Всякое опредѣленіе опасно», говорили римляне, и мы не признаемъ нашего неуклюжаго опредѣленія неуязвимымъ; но намъ хотѣлось отличить въ немъ разумный трудъ взрослаго человѣка, съ одной стороны, отъ работы животныхъ и работы негровъ изъ-подъ палки; а съ другой, отъ забавъ малыхъ и взрослыхъ дѣтей. Машина и животное работаютъ; работаетъ и негръ, боящійся только плети надсмотрщика и неожидающій для себя никакой пользы изъ своей работы. Несвободный трудъ не только не возвышаетъ нравственно человѣка, но низводитъ его на степень животнаго. Трудъ только и можетъ быть свободнымъ, если человѣкъ самъ принимается за него по сознанію его необходимости; трудъ же, вынужденный на пользу другому, разрушаетъ человѣческую личность того, кто трудится или, вѣрнѣе сказать, работаетъ. Не трудится и капиталистъ, придумывающій только какъ бы прожить доходъ съ своего капитала. Купецъ, надувающій покупателя, чиновникъ набивающій карманъ чужими деньгами, шулеръ, въ потѣ лица подделывающій карты,—плутуютъ. Франтъ, сбивающійся съ ногъ, чтобы задать балъ на удивленіе, перещеголять своего пріятеля, стащить соблазняющую его бирюльку—играетъ, а не трудится, и его дѣятельность, какъ-бы она тяжела для него ни была, нельзя назвать трудомъ точно такъ же, какъ и игру дѣтей въ куклы, въ бирюльки, въ солдатики. Скряга, работающій изъ всѣхъ силъ, чтобы набить свой сундукъ блестящими кружочками—безумствуетъ, но также не трудится. Есть и такіе господа, которые, не имѣя уже рѣшительно никакого дѣла въ жизни, придумываютъ себѣ занятіе ради душевнаго и тѣлеснаго моціона: точатъ, играютъ на билліардѣ или просто бѣгаютъ по улицамъ, чтобы растрясти плотный завтракъ и возвратить аппетитъ къ обѣду; но такой трудъ имѣетъ тоже значеніе, какое имѣло рвотное за столомъ римскаго обжоры: возбуждая обманчивую охоту къ новымъ наслажденіямъ, оно помогаетъ разстроивать душевный и тѣлесный организмъ человѣка. Трудъ—не игра и не забава, онъ всегда серьезенъ и тяжелъ; только полное сознаніе необходимости достичь той или другой цѣли въ жизни можетъ заставить человѣка взять на себя ту

1) Понятно само собою, что мы въ отдѣльной статьѣ не могли выразить самой психической основы этого явленія.

тяжесть, которая составляетъ необходимую принадлежность всякаго истиннаго труда.

Трудъ истинный и непремѣнно свободный, потому что другого труда нѣтъ и быть не можетъ, имѣетъ такое значеніе для жизни человѣка, что безъ него она теряетъ всю свою цѣну и все свое достоинство. Онъ составляетъ необходимое условіе не только для развитія человѣка, но даже и для поддержки въ немъ той степени достоинства, которой онъ уже достигъ. *Безъ личнаго труда человѣкъ не можетъ идти впередъ, не можетъ оставаться на одномъ мѣстѣ, но долженъ идти назадъ.* Тѣло, сердце и умъ человѣка требуютъ труда, и это требованіе такъ настоятельно, что если, почему-бы то ни было, у человѣка не окажется своего личнаго труда въ жизни, тогда онъ теряетъ настоящую дорогу и передъ нимъ открываются двѣ другія, обѣ одинаково гибельныя: дорога неутолимаго недовольства жизнью, мрачной апатіи и бездонной скуки, или дорога добровольнаго, незамѣтнаго самоуничтоженія, по которой человѣкъ быстро спускается до дѣтскихъ прихотей или скотскихъ наслажденій. На той и на другой дорогѣ смерть овладѣваетъ человѣкомъ за-живо: потому-что трудъ, личный, свободный трудъ — и есть жизнь.

Что физическій трудъ необходимъ для развитія и поддержанія въ тѣлѣ человѣка физическихъ силъ, здоровья и физическихъ способностей, этого доказывать нѣтъ надобности. Но необходимость умственнаго труда для развитія силъ и здороваго, нормальнаго состоянія человѣческаго тѣла не всѣми сознается ясно. Многіе, напротивъ, думаютъ, что умственный трудъ вредно дѣйствуетъ на организмъ, — что совершенно несправедливо. Конечно чрезмѣрный умственный трудъ вреденъ; но и чрезмѣрный физическій трудъ также разрушительно дѣйствуетъ на организмъ. Однакоже можно доказать многочисленными примѣрами, что бездѣйствіе душевныхъ способностей и при физическомъ трудѣ оказываетъ вредное вліяніе на тѣло человѣка. Это неоднократно было замѣчено на тѣхъ фабрикахъ, на которыхъ работники являются дополненіями машины, такъ-что занятіе ихъ не требуетъ почти никакого усилія мысли. Да это и не можетъ быть иначе, потому-что тѣлесный организмъ человѣка приспособленъ не только для тѣлесной, но и для духовной жизни. Бодрый же умственный трудъ, на оборотъ, приводя въ дѣйствіе нервную систему, дѣйствуетъ благотворно на обращеніе крови и на пищевареніе. Люди, привыкшіе къ трудовой кабинетной жизни, чувствуютъ возбужденіе аппетита скорѣе послѣ умѣреннаго умственнаго труда, чѣмъ послѣ прогулки. Конечно, умственный трудъ не можетъ развить мускульную дѣятельность и особенная живость нервной системы замѣняетъ этотъ недостатокъ *). И если умственная дѣятельность не избавляетъ смер-

*) Это объясняется тѣмъ важнымъ и еще не вполнѣ раскрытымъ явленіемъ, которое связываетъ дѣятельность нервной системы съ процессомъ

шенно отъ необходимости движенія, то значительно уменьшаетъ эту необходимость. Человѣкъ безъ умственныхъ занятій гораздо сильнѣе чувствуетъ вредъ сидячей жизни. Это въ особенности замѣтно на тѣхъ ремесленникахъ, ремесла которыхъ, не требуя значительныхъ физическихъ усилій, требуютъ сидячей жизни и весьма мало умственной дѣятельности. Смотря на блѣдныя, восковыя лица портныхъ, невольно желаешь всеобщаго введенія швейной машины.

Сильное развитіе нервной системы умственнымъ трудомъ даетъ необыкновенную живучесть тѣлу человѣка. Между учеными въ особенности встрѣчается много людей, доживающихъ до глубокой старости, и люди, привыкшіе къ умственнымъ трудамъ, выносятъ перемѣну климата, дурной воздухъ, недостатокъ пищи, отсутствіе движенія не хуже, а часто и лучше людей, у которыхъ сильно развиты мускулы, но слабо и вяло дѣйствуютъ нервы. Причины этого надобно искать въ томъ важномъ значеніи, которое имѣетъ нервная система въ жизни остальныхъ частей человѣческаго организма, и въ томъ участіи, которое принимаетъ она во всѣхъ его отправленіяхъ.

Конечно, всего полезнѣе было-бы для здоровья человѣка, еслибы физическій и умственный трудъ соединялись въ его дѣятельности; но полное равновѣсіе между ними едва ли необходимо. Человѣческая природа такъ гибка, что способна къ величайшему разнообразію образа жизни. Самый сильный перевѣсъ труда умственнаго надъ физическимъ, и наоборотъ, скоро переходитъ въ привычку и не вредитъ организму человѣка; только совершенныя крайности въ этомъ отношеніи являются гибельными.

Но если для тѣла необходимъ личный трудъ, то для души онъ еще необходимѣе.

Кто не испыталъ живительнаго, освѣжающаго вліянія труда на чувства? Кто не испыталъ, какъ послѣ тяжелаго труда, долго поглощавшаго всѣ силы человѣка, и небо кажется свѣтлѣе, и солнце ярче, и люди добрѣе? Какъ ночные призраки отъ свѣжаго утренняго луча, бѣгутъ отъ свѣтлаго и спокойнаго лица труда — тоска, скука, капризы, прихоти, всѣ эти бичи людей праздныхъ и романическихъ героевъ, страдающихъ обыкновенно всѣми страданіями людей, которымъ нечего дѣлать. Читая какой-нибудь великосвѣтскій романъ, гдѣ бѣдная героиня, эфирное и совершенно праздное существо, томится неизъяснимой тоской, не одинъ разъ кажется, что эта тоска исчезла-бы сама собою, еслибъ героиня вынуждена была потрудиться. Романисты въ особенности любятъ такія праздныя существа именно потому, что здѣсь-то и выростаетъ весь тотъ бурьянъ страстей, прихотей, капризовъ, неизъяснимыхъ страданій, по которому такъ привольно блуждать туманному воображенію, несмыслящему свѣта дѣйствительности.

Но человѣкъ скоро забываетъ, что труду былъ обязанъ минутами

ченія и вообще на растительные процессы организма. Объ этомъ вліяніи мы говорили въ другомъ мѣстѣ.

высшихъ наслажденій и неохотно покидаетъ ихъ для новаго труда. Онъ какъ-будто не знаетъ неизмѣннаго психическаго закона, что наслажденія, если они не сопровождаются трудомъ, не только быстро теряютъ свою цѣну, но также быстро опустошаютъ сердце человѣка и отнимаютъ у него одно за однимъ всѣ его лучшія достоинства. Трудъ непріятенъ намъ, какъ узда, накинутая на наше сердце, стремящееся къ вѣчному, невозмутимому счастью; но безъ этой узды сердце, предоставленное вольности своихъ стремленій, сбивается съ дороги и, если оно порывисто и возвышенно, быстро достигаетъ бездонной пропасти нѣмой, неутолимой скуки и мрачной апатіи,—если-же оно вяло, то будетъ погружаться день за днемъ, тихо и незамѣтно, въ тину мелкихъ недостойныхъ человѣка слабостей и животныхъ наслажденій.

Этотъ неизмѣнный законъ труда каждый легко можетъ испытать на самомъ себѣ въ той потребности мѣнять наслажденіе, которая оказывается весьма скоро послѣ того, какъ трудъ покидаетъ человѣка. Потребность этой мѣны доказываетъ уже, что человѣкъ не способенъ постоянно наслаждаться. Но это наилучшее средство—удерживать въ сердцѣ наслажденіе—само быстро теряетъ свою силу. Чѣмъ больше человѣкъ мѣняетъ наслажденія, тѣмъ кратковременнѣе каждое изъ нихъ приноситъ ему удовольствіе. Мѣна неудержимо дѣлается все быстрѣе и, наконецъ, превращается въ какой-то вихрь, быстро опустошающій сердце. Если-же человѣкъ по природѣ своей способенъ предаваться какому нибудь одному наслажденію, то это наслажденіе дѣлаетъ его рабомъ своимъ и мало-по-малу низводитъ на крайнюю ступень человѣческаго униженія. Напрасно человѣкъ старается внести нѣкоторый порядокъ и мѣру въ свои наслажденія: не смотря на этотъ порядокъ, они быстро теряютъ свою цѣну и настойчиво требуютъ перемѣны, или одно изъ нихъ требуетъ усиленія и, не останавливаясь на одной ступени, увлекаетъ за собой человѣка въ бездну душевной и тѣлесной гибели. Такъ, напримѣръ, дѣйствуетъ привычка къ вину, къ опіуму, къ разврату, къ пустой свѣтской жизни, къ картамъ и проч. Человѣкъ неудержимо увлекается этимъ вихремъ, пока онъ не выброситъ изъ сердца его послѣднюю человѣческую идею и послѣднее человѣческое чувство.

Этотъ психическій законъ, по которому наслажденія должны уравновѣшиваться трудомъ, прилагается къ наслажденіямъ всякаго рода, какъ бы они возвышенны и благородны ни были. Возьмемъ, напримѣръ, наслажденіе искусствомъ: полнота и постоянство этого благороднаго наслажденія покупается тоже трудомъ. Только художникъ, посвятившій всю жизнь свою художническому труду, можетъ вполнѣ, постоянно и безопасно наслаждаться произведеніями художества. Но если онъ броситъ трудъ, если перестанетъ изучать законы художественнаго творчества, а станетъ только любоваться, то наслажденіе быстро начнетъ утрачивать для него свою силу и, наконецъ, совершенно исчезнетъ. Дѣлаясь развлеченіемъ отъ скуки, наслажденіе искусствами быстро перестанетъ быть наслажденіемъ, а скоро потомъ перестанетъ быть и развлеченіемъ. Страст-

что собиратели картинъ и статуй начинаютъ можетъ быть наслажденіемъ, а оканчиваютъ пустѣйшимъ тщеславіемъ, и дорогая картина, которая могла-бы сдѣлаться неисчерпаемымъ источникомъ наслажденія и изученія для художника, дѣлается часто вредною для души богача, который ее купилъ. Поэзія, музыка, живопись, ваяніе могутъ быть или отдохновеніемъ послѣ труда, или должны находиться въ живой связи съ трудомъ человѣка; когда же они дѣлаются предметомъ праздной прихоти, тогда не только теряютъ всю свою развивающую силу, но дѣйствуютъ отрицательно на нравственное и умственное совершенство.

Но пойдемъ еще выше, до самой высокой ступени человѣческихъ наслажденій. Удовлетвореніе благороднѣйшихъ стремленій человѣческаго сердца, великаго великодушія, патріотизма, любви къ человѣчеству содержится не для наслажденій и даритъ человѣка только мгновеннымъ счастьемъ, которое блеснетъ, какъ искра, и исчезнетъ. Если же человѣкъ захочетъ взять болѣе обильную дань и съ своего благороднаго подвига, остановить эту чарующую нѣгу, то она не только немедленно начнетъ тускнѣть, но, потухнувъ, наполнитъ сердце его смрадомъ тщеславія и самымъ пошлымъ самодовольствіемъ. Если же вопреки этому человѣкъ все будетъ усиливаться остановить потухающее наслажденіе, то выйдетъ еще хуже: онъ можетъ остановиться на постоянномъ созерцаніи своихъ мнимыхъ или даже и истинныхъ добродѣтелей и сдѣлаться самымъ несноснымъ, самымъ безполезнымъ существомъ и безвозвратно погибнуть нравственно.

Но возьмемъ самое спокойное, самое продолжительное изъ наслажденій, наслажденіе семейнымъ счастьемъ, и мы также увидимъ, что безъ труда и оно невозможно.

Вотъ два молодыя существа, которымъ судьба дала все, кромѣ необходимости трудиться и возможности сыскать кругъ жизни. Оба они хороши собой, богаты, молоды, добры и умны; оба страстно любятъ другъ друга и страстно желаютъ принадлежать другъ другу. Наконецъ, желаніе ихъ исполняется. Они *плаваютъ* въ блаженствѣ; но долго ли продлится плаваніе? Увы, очень недолго! Скоро притупляется чувство удовлетворенной страсти, и въ промежуткахъ наслажденій незамѣтно начинаетъ закрадываться скука.

Жена создана Богомъ помощницею мужу; но въ чемъ же она будетъ помогать ему, если онъ и самъ ничего не дѣлаетъ? Такимъ образомъ главное назначеніе жены не можетъ быть выполнено, а вмѣстѣ съ тѣмъ мало-по-малу исчезаетъ и самое значеніе брака. Чувство любви притупляется; какъ ни тормошатъ его супруги, оно продолжаетъ откликаться все слабѣе и слабѣе, и наконецъ совсѣмъ умолкаетъ; а сердце все не перестаетъ требовать счастья, наслажденій, каждую минуту и во всю долгую жизнь человѣка. Тогда оба супруга начинаютъ посматривать по сторонамъ, искать наслажденій внѣ домашней жизни, и вихрь свѣта быстро уноситъ ихъ въ разныя стороны. Появляются дѣти; но за дѣтьми есть кому присмотрѣть и безъ матери: есть для этого бонны, гувернянтки и гувернеры. А отцу что дѣлать съ дѣтьми? Приласкать, когда прійдутъ, прогнать, когда надоѣдятъ — вотъ и все. Сердце же между тѣмъ все не перестаетъ требовать жизни и счастья, каждую минуту, долгіе дни, мѣсяцы и годы! Оба супруга, не находя счастья другъ въ другѣ, ищутъ его по сторонамъ: она — на балахъ, въ нарядахъ, въ романахъ, поджигающихъ исканіе счастья, въ кокетствѣ, въ отысканіи новаго чувства, новой любви; онъ — въ клубахъ, въ пирушкахъ, въ картахъ, рысакахъ, въ танцовщицахъ; еще одинъ шагъ, и святость брака разрушена, тотъ розовый вѣнокъ, котораго они такъ добивались, разорванъ, брошенъ, затоптанъ въ грязь и позабытъ навсегда. Такова судьба всѣхъ браковъ по страсти у людей, которымъ нечего дѣлать. Взгляните черезъ пять, шесть лѣтъ на такихъ супруговъ и вы даже не подумаете, что сильное чувство любви когда-то соединило ихъ: ни признака какого-нибудь чувства! Въ простой крестьянской семьѣ, гдѣ мужъ выбиралъ въ женѣ только работницу, а она искала въ немъ кормильца и хозяина, вы найдете часто гораздо больше и чувства, и истинной супружеской привязанности. Они трудятся вмѣстѣ: ровно, дружно, какъ двѣ выѣзженныя лошади, подымаютъ они тяжелую борозду ихъ жизненнаго пути, и всѣ ссоры и разсчеты быстро исчезаютъ передъ ежедневно-возникающею необходимостью обоюднаго труда. Ихъ соединяетъ трудъ, и онъ-то свято поддерживаетъ слабую искру взаимнаго сочувствія и проводитъ ее безопасно черезъ всѣ ссоры и даже пороки и преступленія, которыя могутъ быть сдѣланы супругами другъ противъ друга, — проводитъ отъ алтаря до гробовой доски. Такъ полно глубокаго смысла то выраженіе Библіи, гдѣ Господь назначаетъ жену помощницею мужу; такъ оправдывается оно ежедневно передъ нашими глазами, и мы, если не хотимъ быть слѣпыми, то убѣдимся, что безъ труда, дѣльнаго, серьезнаго труда, семейное счастье есть ни что иное, какъ романическая химера. Читая въ какомъ-нибудь романѣ, какъ два ничего не дѣлающія существа сгараютъ взаимной страстью и какъ потомъ эта страсть увѣнчивается бракомъ, такъ и хочется спросить, что-же было потомъ? Шутка Теккерея, въ которой онъ дорисовываетъ картину Вальтеръ-Скотта и знакомитъ насъ съ семейною жизнью Айвенъ-Го и Ровенны, внушена ос[illegible] глубокимъ знаніемъ сердца и острою наблюдательностью того, что на каждомъ шагу встрѣчается въ жизни.

Но этого мало: если мужъ трудится, чтобы добыть средства къ жизни, а жена только пользуется плодами его трудовъ, не раздѣляя самаго труда, то и тогда семейное счастье невозможно. Женщина, какъ кумиръ, вѣчно отдыхающая отъ лѣни на ложѣ изъ розъ, самое нелѣпое созданіе романистовъ. Такое понятіе о женщинѣ, весьма распространенное въ модномъ свѣтѣ, оскорбительно и для женщины, и для мужчины.

Перебирая, такимъ образомъ, всѣ пріятныя ощущенія, которыя только дано испытывать человѣку на землѣ, мы видимъ много наслажденій и нигдѣ не находимъ счастья, потому-что именемъ счастья человѣкъ упорно называетъ идеалъ ничѣмъ невозмутимаго и безконечнаго

богатство, которое бы не унижало, но возвышало его человѣческое достоинство [1]). Такого счастія нѣтъ на землѣ. Наслажденія, какъ бы ихъ много ни было собрано въ одну жизнь, еще не счастье. Это только мишурная пыль съ крыльевъ того неуловимаго призрака, за которымъ упорно гонятся люди. Трудъ есть единственно-доступное человѣку на землѣ и единственно достойное его счастье. Наслажденія порхаютъ вокругъ свѣточа труда, какъ золотые мотыльки, привлекаемые свѣтомъ и, чѣмъ ярче горитъ трудъ, тѣмъ больше ихъ толпится; но потушите его, и эти золотые мотыльки превратятся въ хищныхъ птицъ, которыя мигомъ расклюютъ всѣ сокровища сердца и оставятъ его въ жертву пустотѣ и отчаянію.

Что же это такое, спроситъ читатель, къ чему ведетъ эта рѣчь? Не приходимъ-ли это на избитую истину, что праздность есть мать всѣхъ пороковъ? Но развѣ эта избитая истина, которую въ первый разъ высказалъ какой-нибудь греческій мудрецъ, глубоко вдумавшійся въ жизнь человѣка, не превратилась для насъ въ пустую, непонятую фразу? Изъ чего же видно, что эта избитая фраза, надоѣвшая намъ изъ прописей, понята нами, какъ глубокая и вѣчная, къ каждому изъ насъ приложимая истина? Не показываемъ-ли мы во всѣхъ нашихъ желаніяхъ, что эта истина не проникла до нашего сердца, что мы не вѣримъ тому, что она истина?

Много-ли можно встрѣтить между нами такихъ людей, которые не смотрѣли бы на богатство, какъ на завидную привилегію ничего не дѣлать, а на трудъ, какъ на тяжелую и даже унизительную принадлежность бѣдности? Кто не желаетъ обезпечить возможность праздности для себя, или, по-крайней-мѣрѣ, для дѣтей своихъ? Самое образованіе дѣтей не ставитъ-ли большинство ниже ихъ независимаго состоянія? Мало-ли такихъ людей, которые смотрятъ на образованіе только какъ на средство добывать деньги и многіе ли видятъ въ немъ средство отыскать трудъ — не забаву, не украшеніе, а дѣльный трудъ?

Самое воспитаніе, если оно желаетъ счастья человѣку, должно воспитывать его не для счастья, а приготовлять къ труду жизни. Чѣмъ богаче человѣкъ, тѣмъ образованіе его должно быть выше, потому-что тѣмъ труднѣе для него отыскать трудъ, который самъ напрашивается къ бѣдному, таща за спиною нищенскую котомку. Воспитаніе должно развить въ человѣкѣ привычку и любовь къ труду; оно должно дать ему возможность отыскать для себя трудъ въ жизни. Но таково ли воспитаніе въ настоящее время?

Много ли найдется матерей, которыя бы не заботились устроить праздную жизнь для дочерей своихъ? Мало-ли есть такихъ, которыя готовы купить для своихъ любимыхъ дочерей право праздности, пре-

---

1) Въ статьѣ о стремленіи къ счастію и о призваніи къ наслажденію мы подробнѣе объясняли, что разумѣемъ подъ тѣмъ и другимъ понятіемъ, и потому съ надеждою, что будемъ поняты правильно.

дамъ имъ молодость, красоту и горячее сердце человѣку, о которомъ знаютъ, что онъ не можетъ внушить никакой любви?

«Есть недугъ, его-же видѣлъ подъ солнцемъ», говоритъ Экклезіастъ, «богатство хранимо отъ стяжателя во зло ему». Не много надобно наблюдательности, чтобы убѣдиться, что этотъ недугъ существуетъ и въ полдень XIX столѣтія. Противъ этого-то недуга, какъ въ частномъ воспитаніи, такъ и въ воспитаніи цѣлаго народа, должно бороться. Чѣмъ большія богатства ожидаютъ человѣка, тѣмъ болѣе онъ долженъ пріучаться нравственнымъ и умственнымъ развитіемъ къ тому, чтобы выдержать свое богатство.

Взгляните на крестьянина въ сѣрыхъ лохмотьяхъ, грязной рукой стирающаго потъ съ своего утомленнаго лица: давно уже носитъ онъ подъ дождемъ тяжелую соху и съ самаго ранняго утра топчетъ своими лаптями изнанную землю; онъ промокъ до костей, горячій потъ на лицѣ его смѣшивается съ холодными каплями осенняго дождя, руки его дрожатъ отъ усталости; онъ черенъ, угрюмъ, лицо его изрыто морщинами, которыя скорѣе похожи на борозды, проводимыя по полю его тяжелой сохой, чѣмъ на легкія черточки времени; весь онъ запачканъ грязью и облитъ потомъ. Но всмотритесь въ его физіономію, въ его усталые задумчивые глаза, и вы найдете въ нихъ выраженіе человѣческаго достоинства, котораго напрасно стали-бы искать на обѣломъ, гладкомъ, румяномъ, какъ крымское яблоко, и, несмотря на его глянецъ, лицѣ сидѣльца въ енотовой шубѣ, поглаживающаго одною своей лавки. Отъ нечего дѣлать этотъ сытый господинъ заигрываетъ съ своимъ, такимъ-же разбухшимъ сосѣдомъ: морда толстаго кота, выглядывающая изъ окна той же лавки, кажется разумнѣе!

Но какъ ни бѣденъ крестьянинъ, одною сохою выбивающій себѣ насущный кусокъ хлѣба, какъ ни тяжекъ трудъ его и какъ ни скудно вознагражденіе, но когда послѣ долгаго рабочаго дня онъ возвращается домой, то трудъ, какъ закатывающееся солнце трудового жилища, облекаетъ пурпуромъ и золотомъ самые скудные, самые грубые предметы, встрѣчающіе его дома. Не многосложна и духовная жизнь крестьянина, но она все-же есть, и въ ней много истинно человѣческаго достоинства; онъ любитъ семью, въ воскресный день радостно затепливаетъ свѣчу передъ образомъ, и, встрѣчая нищаго, ломаетъ пополамъ свою краюху хлѣба или вытаскиваетъ изъ-за голенища свой грязный кошелекъ, гдѣ лежатъ три мѣдныя копѣйки, добытыя тяжелымъ трудомъ.

Но вамъ кажется, что бѣднякъ стоитъ лучшей участи? Бросьте же ему горсть золота, которая бы разомъ избавила его отъ необходимости свободнаго труда и полюбуйтесь превращеніемъ.

Видите-ли вы этого расплывшагося мужика? Это сальное и безсмысленное лицо, маленькіе заплывшіе глаза, исполненные хитрости, наглости и, вмѣстѣ съ тѣмъ, низкаго раболѣпства передъ вашей высокой особой, напоминаютъ вамъ и вашего цѣловальника, и цѣловальника въ красной рубахѣ, и знакомого вамъ содержателя постоялаго двора, и разбутнаго купца—миллiонера, котораго вы помните еще за прилавкомъ питейнаго дома, а можетъ быть и кого-нибудь изъ вашихъ друзей. Это тотъ-же самый крестьянинъ; онъ похитрѣлъ и въ то же время поглупѣлъ, сдѣлался жаденъ и жестокъ, обираетъ и обкрадываетъ народъ и отъ всей души презираетъ своего бывшаго собрата. Онъ сильно сколачиваетъ копѣйку, хотя уже много серебряныхъ рублей лежитъ въ его желѣзномъ сундукѣ, на которомъ онъ примостилъ себѣ перину и дрыхнетъ въ ожиданiи кондрашки. Онъ весь предался тому сорочьему инстинкту, который медицина должна была-бы причислить къ самому неизлечимому роду сумашествiя. Прощай человѣкъ! остался толстый мѣшокъ, наполненный жиромъ и имѣющiй одно свойство—копывать деньги.

Кто наблюдалъ надъ жизнью простаго народа, тотъ знаетъ, какъ неизбѣженъ такой законъ превращенiя и какъ быстро ожирѣнiе одолѣваетъ крестьянина, избавленнаго отъ необходимости личнаго физическаго труда и незнакомаго съ трудами умственной жизни. Могучая природа его тѣла, закаленная на русской печи и русскомъ морозѣ, продолжаетъ вырабатывать все новыя и новыя силы, которыя, за неимѣнiемъ расхода на трудъ, обращаются въ жиръ, потопляющiй и глаза его, и сердце, и мозгъ.

Можетъ быть и другаго рода превращенiе, которое, по нашему мнѣнiю, ни чѣмъ не хуже перваго: внезапно разбогатѣвшiй крестьянинъ, если его натура пошире и сердце поблагороднѣе, можетъ вовсе бросить трудъ и, что называется, закутить. Быстро исчезнетъ съ него тогда человѣческiй образъ: обрюзглая, посинѣвшая физiономiя, губы красныя, какъ огонь, и мутные глаза выразятъ въ тѣлесныхъ формахъ нестерпимую тоску его души.

Эти два превращенiя, которыя въ такихъ рѣзкихъ формахъ высказываются въ простомъ быту, идутъ и выше—гораздо выше! Формы мѣняются, но смыслъ остается тотъ же.

Если духовныя силы, вызывающiя свободную дѣятельность человѣка на новый серьезный трудъ, духовный болѣе прежняго, не растутъ вмѣстѣ съ матерiальными средствами удовлетворять своимъ нуждамъ и прихотямъ, то не только нравственное достоинство человѣка, но и счастье его понижаются по мѣрѣ увеличенiя его богатства, будетъ-ли онъ прибавлять капиталы къ капиталамъ или растрачивать ихъ на наслажденiя, будутъ-ли этими наслажденiями простая сивуха или шампанское, орловскiй рысакъ или болотная знаменитость. Богатство растетъ безвредно для человѣка тогда только, когда вмѣстѣ съ богатствомъ растутъ и духовныя потребности человѣка, когда и матерiальная, и духовная сфера разомъ и дружно расширяются передъ нимъ. Большая разница въ томъ, понадобится-ли разбогатѣвшему крестьянину книга, рояль, картина, или тонкое сукно и тонкое вино; захочетъ-ли онъ дать хорошее воспитанiе своимъ дѣтямъ или заведетъ себѣ любовницу; будетъ-ли побуждать его къ новому труду желанiе расширить сферу своей общественной дѣятельности или желанiе затащить еще тысячу въ свой сундукъ. Вотъ почему, по-крайней мѣрѣ, наравнѣ съ заботами политичесной экономіи добывать бархатъ, тончайшія сукна и золотыя кисеи, должны идти заботы объ умственномъ и нравственномъ развитіи народа, о его христіанскомъ образованіи, иначе всѣ эти кисеи и бархаты не увеличатъ массы счастья, а напротивъ уменьшатъ его. Но для чего-же вся эта промышленная суматоха, если не для счастья? Не для того-же, конечно, чтобы доставить политико-эконому и статистику удовольствіе считать число фабрикъ и тюки товаровъ. Роскошь, которая въ послѣднее время такъ быстро начала распространяться между всѣми сословіями, и которой такъ радуются иные статистики, политико-экономы и фабриканты, также быстро можетъ съѣсть нравственность и счастье людей.

Роскошь развиваетъ фабрики, фабрики развиваютъ роскошь; капиталистъ скопляетъ новые капиталы, но капиталистъ бѣднѣе его выбивается изъ силъ и лѣзетъ въ долги, чтобы не отстать въ роскоши отъ капиталиста; человѣкъ вертится на своемъ бархатномъ креслѣ, придумывая, чтобы добыть бархатныя драпри; потребность большихъ и большихъ капиталовъ для всякаго самостоятельнаго производства увеличивается; число самостоятельныхъ производствъ уменьшается, одна громадная фабрика поглощаетъ тысячи маленькихъ и превращаетъ самостоятельныхъ хозяевъ въ поденщиковъ; одинъ дурѣетъ отъ жиру, другой дичаетъ отъ нищеты; одного губитъ богатство, другого крайняя бѣдность превращаетъ въ машину; тотъ и другой приближаются къ состоянію животному; а новыя потребности, создаваемыя неумолкаемою промышленностью, увеличиваютъ число недовольныхъ жизнью. Такимъ путемъ идетъ экономическое развитіе общества, *не опирающееся на духовномъ и нравственномъ развитіи его содержанія и формы.*

Такъ начерталъ Господь законъ свободнаго труда и во внѣшней природѣ, и въ самомъ человѣкѣ, въ его тѣлѣ, сердцѣ и умѣ. Вызывая человѣка на трудъ, Творецъ сдѣлалъ трудъ необходимымъ условіемъ физическаго, нравственнаго и умственнаго развитія, и самое счастье и достоинство человѣка поставилъ въ неизбѣжную зависимость отъ личнаго труда.

www.ingramcontent.com/pod-product-compliance
Lightning Source LLC
LaVergne TN
LVHW061217100826
845148LV00004B/786

* 9 7 8 1 5 3 5 8 0 7 0 2 9 *